妈妈送给青春期女儿的书

妈妈送给青春期女儿的书

田萍——编著

江西美术出版社
全国百佳出版单位

图书在版编目（CIP）数据

妈妈送给青春期女儿的书 / 田萍编著 . -- 南昌 :
江西美术出版社 , 2018.5
ISBN 978-7-5480-5980-6

Ⅰ . ①妈… Ⅱ . ①田… Ⅲ . ①女性 - 青春期 - 健康教
育 Ⅳ . ① G479

中国版本图书馆 CIP 数据核字 (2018) 第 026182 号

出 品 人：周建森
责任编辑：陈军 廖静
责任印制：谭勋

妈妈送给青春期女儿的书 田萍 编著

出 版：江西美术出版社
社 址：南昌市子安路 66 号 邮编：330025
电 话：0791-86566274
发 行：010-88893001
印 刷：三河市双峰印装有限公司
版 次：2018 年 5 月第 1 版
印 次：2018 年 5 月第 1 次印刷
开 本：850mm × 1180mm 1/32
印 张：22
ISBN：978-7-5480-5980-6
定 价：39.80 元

前言

PREFACE

青春期，一个听上去充满朝气与活力的词语，然而对很多父母来说简直就是一道令人头疼的紧箍咒。它的科学定义是由儿童发育成为成年人的过渡时期。这个时期的孩子生理上逐渐发育成熟，同时也有了与儿童明显不同的社会心理特征，但他们又不同于真正的成年人，他们虽然有一定的独立性，但还没有完全独立，这种介于儿童和成人的过渡阶段的地位，使得青春期的孩子成为社会学上所说的“边缘人”。他们的地位的不确定性和社会向他们提出的要求的不确认性，使他们面临着前所未有的生理变化和诸多特殊的心理问题。他们对有关于“性”的话题充满好奇甚至跃跃欲试，他们对师长、对社会总是怀有莫名的反叛情绪甚至充满敌意。在这成长的关键时期，如果师长因为无所适从而听之任之，或是因为恨铁不成钢而简单粗暴地对待孩子，很容易亲手把花季少年变成问题少年；如果孩子们得不到科学、有效的指导与帮助，也许会因一念之差而毁了自己的人生。因此青春期教育已经不仅仅是一个简单的教育问题，而变成了不可逃避、亟待解决的社会问题。

很多母亲都有这样的体会，自己的女儿进入青春期突然变得陌生起来。她开始在意脸上的小痘痘，开始向往精致的高跟鞋，开始悄悄试用妈妈的化妆品，开始和心仪的男孩子“谈恋爱”，甚至开始跟父母强调起了“自由”，追问起了未来；不可避免的，她也不再愿意把所有的小秘密都告诉妈妈，不再把老师的话当“圣旨”，不再坚定地认为“学习”是自己唯一该做的事，甚至专挑那些师长反对和禁止的事来做，似乎只有这样，才能证明她的存在与长大。

因为自己曾同样经历过这段“成长的烦恼”，所以母亲最能理解女儿面临各种情形时心中的不安与困惑，了解女儿充满疑问，却又无人可问的无助与迷茫。可以说母亲是青春期女儿最合适的老师。但事实上，并不是每个母亲都是合格的老师。一方面是因为我们面对女儿突然的变化，自己没有做好充分的准备，所以在与女儿沟通时显得不得要领、不知所措，只能端起家长的架子强硬管教。这种方式对于敏感、叛逆的青春期孩子简直是火上浇油，不但不会起到帮助女儿的作用，反而会导致自己贴心多年的“小棉袄”不愿意再跟你亲近，甚至与你针锋相对；另一方面，女儿进入青春期后，面对自身产生的种种变化，或紧张或尴尬，很多问题即使面对母亲也羞于启齿，再加上那种自以为成年的心理让她开始有意识地保护起了自己的隐私，跟妈妈的知心话也越来越少了。这两方面的原因导致原本亲昵无间的母女，在最需要沟通交流的时候却产生了严重的障碍。母亲作为“过来人”的经验、教训，没有办法以最恰当的方式教给女儿。

其实，很多时候方法决定效果。换一种交流方式也许会有一个意想不到的结果。为亲爱的女儿编写一部“青春期百科全书”怎么样？既然口传心授不适用，不如把所有我们经历过的、我们想到的、我们看到的困扰女儿的种种情形和问题列举写出来，并给出最佳答案和解决方法，相信没有一个女儿不愿意收到这样一份来自母亲的温暖礼物。

《妈妈送给青春期女儿的书》是一本专属于青春期女孩儿的百科全书，从生理变化到成长烦恼，从自我防卫到心理剖析，从学业指点到修养提升，从形象气质到礼仪交往，几乎无所不包，面面俱到；它也是一本能够让妈妈和女儿一起阅读的亲子书，一字一句都凝结着母亲的疼爱与呵护，让女儿感受到母亲的浓浓爱意与细致入微的关怀；它还是一本送给天下父母的青春期女儿成长笔记，让父母可以从中得知女儿那些不肯讲出来的烦恼和秘密，理解女儿产生种种变化的原因，面对女儿的教育时不再束手无策，成为女儿青春期最知心的良师益友。

青春期是人生中最美丽的成长岁月，让女儿度过一个安心、无忧的青春期，绽放出炫丽的光彩、留下动人的回忆，是所有父母的心愿。希望这份妈妈送给女儿的“礼物”让天下父母如愿以偿。

目录
CONTENTS

生理 & 变化——给悄悄变化的你

胸部变化的小秘密

甩不开的“大姨妈”

安全 & 健康——给需要保护的你

起居生活谨防意外

外出游玩安全第一

看穿常见的骗人术

不容忽视的急救、自救常识

食物中毒的预防和急救要领

传染病的预防和突发性疾病的急救

学校 & 学习——给苦练“内功”的你

正确的信念——相信我能行

艺术 & 情趣——给灵动聪颖的你

有诗意的女孩会读书

笔墨纵横间，漫卷清朗气

用绘画直抒胸臆

试着享受音乐和舞蹈

从容地独立于世

生活百味都需要品尝

打扮 & 服饰——给渴望美丽的你

让皮肤净白无瑕

展现美丽的部位

礼仪 & 交往——给细心周到的你

懂礼仪的我更受欢迎

我有我的社交圈

谁说万人迷就一定虚伪

找啊找啊找朋友

都是社交惹的祸

把握处世的度

品格 & 品质——给温润如玉的你

友爱别人就是善待自己

生理&变化

——给悄悄变化的你

胸部变化的小秘密

总是觉得胸部胀痛，甚至发痒

彤彤平时在家里，遇到困难会向爸爸妈妈说，但是这几天彤彤感觉有些不舒服，不敢告诉爸爸，也不敢告诉妈妈，只能自己忍着，咳！

原来，彤彤的胸部最近总是感觉有一种轻微的胀痛，这是之前从来没有过的，别提多难受了。是不是我生病了呢？她自己不知道，也不敢和妈妈说，多不好意思啊。

不过，在私下里，彤彤会和自己的好伙伴说，她才知道原来在她的小伙伴们也有的会感到疼，而且还说这是正常的现象，女孩乳房发育的时候都会感到胸部有胀痛，而且有的还会有“痒痒”的感觉。同伴说得特别肯定，让彤彤大吃一惊。奇怪，她们都是从哪里听到的这些呢？

不过，和伙伴们交流之后，彤彤的心中毕竟释然了许多：原来不只自己一个人难受啊，这下可算是放心了。不过这种疼痛究竟要持续多长时间呢？还是无从知晓。

妈妈对我说：

彤彤，看着你一天一天地长大，真的从心里感到为你高兴。

很多女孩进入了青春期之后开始乳房发育，在乳房发育的过程中会出现一些轻微的胀胀的疼痛或是痒痒的感觉，感觉很像是伤口结疤或愈合时的那种又痛又痒的感觉。不要怕，这是乳房生长过程中的正常现象，过一段时间就会好的。

不过，在这段时期要注意对乳房的保护。无论是在体育课上，还是到任何公共场所中，比如乘公交、去商场等，要小心不要让别人或坚硬的东西碰撞到乳房；在读书、写字的时候，身体要与桌子保持合适的距离，不要把前胸紧贴桌沿，以免挤压到乳房；当感觉乳房又疼又痒的时候，千万不要用手去捏或者去抓痒，防止伤害到乳房。

乳房中好像有硬硬的包块

元元晚上感觉到胸部有点微微的胀痛，她不禁用手按了下去。奇怪，摸到了一个硬块的东西，而且碰到了之后会感到很痛。

这个硬硬的包块究竟是什么呢?

元元很好奇，以前从来都没有感觉到过。

妈妈对我说：

元元，那个硬硬的包块，它有自己的学名，叫作“乳核”。

一般来讲，女孩乳房的发育，是一个时间比较长的过程。最初在从9–10岁左右乳头开始长大的，并且出现“乳蕾”，乳头周围的色素开始沉着，乳晕向周围开始扩大。女孩在这时一般不会感觉到有明显的疼痛，所以也不太会注意到乳房正在发育。

到了11岁左右的时候，乳腺就开始发育了，这时的女孩才会逐渐感觉到胸部的变化：乳头周围颜色较深的彩晕部分开始隆起，觉得胀胀的，痒痒的。同时在这一时期形成乳核——就是你摸到的那个硬硬的小包块。

不过不要紧，随着乳房的进一步发育，乳核会慢慢消失的。

当你看到自己的乳房渐渐隆起成为半球形，明显高出胸部且富有弹性的时候，那说明你的乳房已经发育成熟了。

为什么有的女孩胸部大小不一样

今天小婉洗澡的时候照了照镜子，结果被镜子里的自己吓了一跳：原来，小婉发现自己的乳房好像有点不一样大小，左边的比右边的更大一些。小婉的心里感到很惶恐：如果等胸部长起来之后，两边不一样大小，那得多难看啊！

一定要想想办法把它矫正过来，不能任其发展。

有什么好办法呢？

问问妈妈吧。

晚上，妈妈还像从前一样进到小婉屋里来给小婉送水果，小婉拉住妈妈，低声地跟她说："妈妈，有件事情，我想跟您说。"

妈妈慈爱地坐了下来："好啊，说吧。"

"嗯……"小婉磨叽半天，一句话没有说出来。

"到底要和我说什么呢？"妈妈感到更奇怪了。

"妈妈，今天我洗澡的时候，看见胸部……两边……不一样大。"她鼓起了勇气说了出来。

遇到问题一定要找妈妈，如果万一耽误了矫正的时间可怎么办？小婉心里是这样想的。没想到的是，妈妈却很不以为然，轻描淡写地说了一句："哦，没事，以后它自己就好了。回头我帮你去选个合适的内衣吧。"

呃……原来不是什么大事啊！小婉如释重负。

妈妈对我说：

小婉不要担心，青春期发育时期的少女两侧乳房大小不同并不是病。随着少女身体的发育成熟，两侧的乳房会逐渐趋向对称的。一个少女，她两侧的乳房发育是有先后顺序的，至于哪个先发育、哪个后发育，则是由两侧乳房对体内雌激素、孕激素的敏感性不同所引起的。敏感性较强一侧的乳房会先发育，而敏感性较差一侧的乳房要后发育。这种暂时性的乳房大小不一样的现象很正常，等到青春期过了，乳房发育成熟，就会慢慢长成差不多大小了。所以，你不必为此而担忧，只要戴上合适的内衣加以保护就好了。

即便是发育成熟的乳房，两边也不是没有差异的。每个人的乳房看上去虽然大体一致，但还是存在一些细微的差异，左右有些不对称。其实，人身体的很多器官都是这样，表面上是左右两侧对应的，但实际上并不是完全的对称。

如果发育成熟之后的乳房呈现出很明显的差别，有碍美观的话，你可以通过加强乳房较小一侧的胸肌锻炼来矫正，或者进行手术矫正。

我该穿文胸了

一天妈妈下班回家后，直接走到丹丹的屋里来。

“丹丹，这是妈妈买给你的。”妈妈笑盈盈地对丹丹说着，从书包里掏出来一个袋子，里面是白色的胸罩。

“呃……”丹丹显得有点不好意思了。

妈妈说：“女孩在胸部发育到一定程度时，就应该开始穿文胸了。否则的话胸部就有可能下垂，影响美观。”

于是，在妈妈的指导下，丹丹开始学习如何穿戴文胸，还真是有点麻烦呢。首先，要用手将松散的胸部收到胸罩罩杯中，然后再将内衣最突起的地方与乳头重合，使整个乳房被覆盖，最后再把被扣扣上，把肩带调整到松紧适当。

丹丹穿好衣服之后走到镜子前照了一下，觉得自己漂亮了很多，不像从前那样的邋遢了。

穿上胸罩，虽然好看，但是不舒服，感觉有点透不过气来。妈妈说，这可能是刚开始不太适应的缘故，以后就能慢慢适应了。

呵呵，丹丹觉得自己长大了。

妈妈对我说：

丰满的乳房能够衬托出女性特有的曲线美，而佩戴文胸是保护乳房最便捷的方法。

乳房发育的初期，是不需要佩戴文胸的。一般说来，当女孩子的乳房发育到乳头变得明显，跑动时会感到乳房摇动的时候，就说明她应该佩戴文胸，保护逐渐发育的乳房。

可能在最开始，你对于佩戴文胸感到很不习惯，觉得穿戴起来太费事，而且穿上之后又不舒服。不过，妈妈还是希望你能够坚持佩戴，因为佩戴文胸有很多的好处：

1. 佩戴文胸能够有利于乳房保持清洁。

2. 佩戴文胸可以起到支持和衬托乳房的作用，使其血液循环畅通，有助于乳房的发育。

3. 能够避免行走、运动或劳动时乳房的过度摆动，防止乳房松弛甚至下垂。

4. 可以促进乳房内的脂肪集聚，使乳房更丰满，还可以弥补乳房过小等生理缺陷。

怎样选择文胸

这天，小青青穿上了文胸来到学校，课间的时候，妙妙看到小青青穿上了文胸，跟她说："小青青，你现在变得有型多了。"

小青青望着妙妙，似乎明白了她的心意，对她说："其实，你也可以穿啊。"

"你陪我去内衣店，我也想去买。"妙妙把心里话掏了出来。

"好。"

就这样，两个小家伙来到了内衣店，只是看到了满屋挂满了各种各样的内衣，这两个"小不点"不禁眼花缭乱，不知道买哪一个好。这时，导购小姐走了过来："请问您需要什么款式的内衣？"

妙妙也不知道她需要什么样的，因为她之前也没有穿过嘛。于是问小青青："你穿的是哪一种啊？"

妙妙的这个问题真把小青青难住了，因为小青青的妈妈也没有对她讲过。

于是小青青就指着妙妙，对导购的小姐姐说："您看她能穿什么样的？”

导购小姐打量一下妙妙，娴熟地为她推荐了几款文胸。妙妙挑了一个自己喜欢的买了下来，然后，她们两个人高高兴兴地回家。

只是在回家的路上小青青一直在想：“妈妈帮我选的文胸到底是哪一种呢？”

妈妈对我说：

小青青，妈妈为你选择的是“运动型文胸”，穿上去会很舒服。不知道白天你带着妙妙买的是哪一种，我真担心你们会买错了。

如今市场上有各种不同材料的文胸可以选择，青春期时候的女孩子比较好动而且新陈代谢旺盛，建议你们最好选择纯棉质地、透气性好、吸汗的文胸，这样不仅穿着起来很舒服，还可以防止汗液聚集。

要提醒你们注意的是，不要选择带有厚海绵垫和钢圈的文胸，因为这种文胸适合我们大人，并不适合你们。青春期少女的乳房还在发育中，需要给它留出足够的发育空间才行。如果佩戴那种带钢圈的文胸很有可能会压迫到胸部的血管，影响正常的血液循环。

至于文胸的尺寸，可以在购买的时候请售货员阿姨帮助量一量，这样就可以选择合适的尺码。由于你们这个时候的乳房还在发育，所以肩带的宽度不要窄于2厘米。

对了，有一个事情妈妈忘了提醒你们，穿上文胸之后，每天晚上睡觉之前要记得把它摘下来，并做几次深呼吸和伸展运动，让胸部彻底放松。

清洗文胸的时候要注意什么

思思是个好孩子，从来都是自己的衣服自己洗。

周日的时候，思思把换下来的脏衣服，包括穿脏的文胸，都一股脑地扔进洗衣机，然后再倒入一些洗衣粉和足够的水，机洗15分钟。

妈妈看到了思思这样洗文胸，就仿佛看到了恐龙，她急忙上前阻止思思说：“思思，快把你的文胸拿出来，不可以那样洗。”

啊？为什么？思思感到很诧异。

妈妈拿过来一个盆，把思思的文胸放进去，跟她说：“文胸不可以和其他的衣服放在一起洗，而且最好是要手洗才行。”

看到妈妈在那里示范怎样洗文胸，思思不禁在心里抱怨：“文胸真是个麻烦的东西。”不过抱怨归抱怨，还要听妈妈的话，自己动手洗文胸吧。

妈妈对我说：

思思，文胸是贴身穿的内衣，怎么可以和其他的衣服混在一起洗呢？这样很不卫生，所以一定要和其他的衣服分开单独洗才行。而且，文胸的一个重要作用就是整形，如果用洗衣机洗的话难免用力太猛，这样很容易使文胸变形、松垮，所以最好是用轻柔的手洗。

在洗文胸的时候，选择什么样的洗涤物品也很关键，最好不要使用含磷的洗衣粉，因为洗衣粉中的磷会对皮肤有刺激性的影响，甚至会使皮肤产生一种灼热的感觉，所以千万不要使用含磷洗衣粉清洗内衣，可以用肥皂或者是无磷洗衣粉来代替。当文胸清洗干净之后，还要用清水把它冲洗干净，最大限度避免洗涤成分残留。

还要注意的是，洗好的文胸要放到通风、干燥的地方阴干，然后收好。

乳房在发育过程中，应该注意些什么

进入中年的妇女是否都有爱唠叨的习惯？

兰兰观察了一下自己的妈妈：嗯，这绝对是铁的定律。

吃饭的时候，妈妈会在旁边唠唠叨叨：“兰兰正在长身体，所以不可以挑食。”说着，就把一块最容易让人发胖的牛扒放到兰兰碗里；写作业的时候，妈妈又在旁边唠叨：“兰兰，身体和桌子不要贴得太近，那样会压到胸部。”一边说着一边走过来帮兰兰矫正姿势；走路的时候，妈妈会依然在兰兰旁边唠叨：“兰兰，走路一定要挺胸抬头，这样才会保持良好的身姿，否则的话就变成鸵鸟了。”

玩电脑的时候，妈妈还在唠叨：“兰兰，不可以总是猫在家里玩，要有固定的时间出去锻炼身体，会使身体更加健美。”

……

总之，不管兰兰在做什么，妈妈总会在旁边唠叨几句。兰兰不禁向苍天问道：这是为什么啊?

妈妈对我说：

兰兰，女孩乳房发育的时候，要懂得如何保护自己的乳房，这对乳房的丰满健康，以及身材的美丽优雅来说，都很重要。

1. 注意饮食均衡。有些女孩进入青春期之后，总是拒绝吃油腻的东西，怕自己会变得不漂亮。适量地多吃一些，不仅不会发胖，而且可以增加适量的脂肪，保持乳房的丰满，不要片面地追求“苗条”而过度节食，这很不利于乳房的生长发育。

2. 注意身体姿势。很多小女生对乳房发育感到很害羞，就会含胸驼背，这样不利于乳房的生长发育。平时走路的时候要保持抬头挺胸的姿势，保持背部是平直的；坐下的时候也要挺胸端坐；睡眠的时候也要讲究姿势，最好是仰卧或者是侧卧，不要俯卧，以免压迫到乳房。

3. 注意锻炼身体。多做一些胸部健美运动，比如：每天清晨或夜晚多做几次深呼吸，可以使胸部得到充分的发育；适当地做一些扩胸运动或俯卧撑，会使胸肌均匀发达，乳房健美而有弹性。要提醒你的是在运动的过程中注意保护乳房，不要被撞击或是被挤压。

4. 多做胸部按摩。洗澡时要注意避免用热水刺激乳房，盆浴的话不要在水中浸泡太久，以免乳房的软组织松弛。在洗澡的过程中适当地按摩乳房，促进血液循环，促进乳房的生长。

兰兰，你明白妈妈为什么这样唠叨了吧。养成良好的生活习惯，你才会更加健康地成长。

甩不开的“大姨妈”

下边出血了，我该怎么办

今天，薇薇经历了一件重大事故：早上起床的时候发现内裤上面沾满了血！

这是怎么回事？

过了大约半个小时，薇薇隐约感觉到又在流血，赶快跑到卫生间里“观察”一下：真的，流血没有结束，还在继续。

薇薇忍不住惊慌害怕起来：这别再是什么不治之症的前兆吧？如果自己生病死了怎么办？

想到这里，薇薇拿出自己最心爱的大号SNOOPY毛绒玩具，准备好要把它送给好朋友。

……

薇薇哭着去找妈妈：“呜呜，我下面流了好多血。”

妈妈看到薇薇这副样子，不但没有着急，反而笑着说：“薇薇，不要怕，没事的。”

嗯？在薇薇正哭得投入的时候，妈妈这一句话让她感到很诧异，薇薇好奇地望着妈妈。

“薇薇，这是正常的生理现象，每个女孩都会有。它的学名叫‘月经’，每个月都会有一次出血。”

“那流的是血啊！”薇薇还是有点难过，“如果血流没了怎么办？”

“不是，流出来的是废的血，对你的身体有好处。”妈妈耐心地为薇薇解释。

听妈妈这样一说，薇薇平静下来点了。

“薇薇，妈妈帮你把卫生巾垫上吧。”

“好。”

妈妈对我说：

薇薇，估计你到现在也没有想明白为什么要有“月经”这种东西吧，让妈妈来告诉你。

女孩的身体中有一个器官叫作“子宫”，就好比一个装东西的空房间。将来当你有一天怀孕生小孩的时候，子宫就是装未出世的婴儿的地方。但是现在，这个子宫一直都处于空闲的状态。我们平时在生活中都有这样的常识，当房间很久不住人的时候，就需要打扫，否则就会很脏。子宫也就好比是这个房间，隔一段时间就需要打扫一下。所以，子宫内膜的保护层在每隔28天的时候会自动脱落排出，于是就造成了月经。对于“月经”的到访，你应该感到欣喜和高兴才对，根本用不着担心害怕。

大部分的女孩在11–15岁这段时期经历第一次月经，以后就会逐渐规律，每隔一个月左右就来一次。每个女孩的“月经周期”都不尽相同。

在一般情况下，月经周期是从一次月经开始的日子，到下一次月经开始的那一天为一个周期，一般在22–32天，多数人约为28天。在月经期间，出血时间一般是3–7天，多数人是4–5天，其中第二天、第三天的出血量会比较多一些。

接受这个“新朋友”吧，以后每隔一个月左右，它便如约而至，和你相会。

为什么月经周期不规律

那次的“出血事件”险些把薇薇吓得半死，后来听妈妈一说才明白，原来每个女孩都会遇到这个“小麻烦”。

虽然“月经”有点麻烦，但毕竟是成人的自然现象，再说以后它每个月都要和自己会面，所以，无论如何也只好接受这个“伙伴”呀。

薇薇记得上次妈妈跟她说月经的周期是差不多每隔一个月左右就会来一次，距离上次的月经，都过了一个多月了，怎么还没有来呢？

难道是自己的月经不正常吗？薇薇要问问妈妈，妈妈一定会知道的。

妈妈对我说：

薇薇，现在的你，一定在为“好朋友”没有准时到访而感到焦虑不安吧？

其实，这是很正常的现象。月经本来应该是在每个月固定的时候来才算正常，但也是因人而异，有的隔一两个月来，也有的过了半年还不来，还有的一个月会经历两次。尤其是女孩在初潮之后的月经都是不太准确的，所以你不要过于担心。

在月经初潮的时候，由于卵巢的功能和调节机制都不稳定，所以在月经初潮后的半年到一年时间内，月经不一定按照规律每月来潮，初潮后，有的隔几个月、半年甚至是一年才会有第二次来潮。而且每次月经的时候经血量的多少也不一样。这些都算是正常现象，并非病理现象，因为身体的发育受很多因素的综合影响，而且月经对于女孩来说也是一个大的转折，需要一段时间来发展完善。一般来讲，从不规律的月经逐渐到规律、正常的月经，这个过程所需要的时间，最多不会超过2年，以后你就会逐渐按月规律地来潮。

当然，对于月经的早来与晚来，其他的因素也有很多。比如月经对周围的环境就很敏感，如果近段时间你的心情太过于紧张，月经往往就会跳过不来了，还有就是如果你现在正在进行“魔鬼减肥计划”或者是“野外大探险”之类的活动，身体忙于适应这种新的生活环境的时候，月经也会跳过不来。再告诉你一点小常识，如果肚子里怀有宝宝的时候，也不会来月经。

可见，月经与我们的心理和周围环境有很密切的关系。

肚子疼啊

那天放学之后，几个小伙伴原本计划要去旁边新开的“鲜酿酸奶刨冰”那里尝尝味道，而小琴却提前撤了，说道：“你们去吧，我要先回家。”

同伴们都觉得很奇怪，这太不符合小琴的性格，要知道，她可是个好奇心很强的女孩，如果是在以前，她怎么会轻易放弃品尝新鲜的机会呢?

小谷走过去问她：“你怎么不去呢？”

小琴对小谷说：“大姨妈来了，肚子疼啊。”

“大姨妈来你家啊，哦。”小谷于是依文解义道，“以前从来没有听说过你还有个姨妈。”

“不是……”小琴看着小谷好像是在盯着一块木头，“每个月都要来的，那个……来了。”

小谷一听便乐了，原来月经还有这么个“雅称”啊。

此姨妈非彼姨妈也。

“还不错嘛，有个姨妈，月月都来看你，哈哈哈哈。”小谷拿她打趣。

“我肚子很疼啊，你居然拿我找乐。”小琴对小谷说的话很是不满，故作深沉地说道：“哎！交友不慎啊。”

看小琴急了，小谷的话也收住了，关切地问她：“很疼吗？”

“嗯。”小琴跟小谷说：“是啊。肚子又疼又涨，腰酸，特别难受。”

“你真可怜，那回去好好休息吧。”

转天，小琴准时来到学校上课，却没有迟到，小谷暗自佩服她的精神。

课间的时候小谷去找小琴：“你的那个姨妈，还疼吗？”

“好了，不疼了。”小琴笑了笑，“昨天回到家，妈妈帮我放了一个热水袋在肚子上，喝了很多热水，睡了一觉，今天就好了。”

看到好朋友不难受了，小谷的心也舒服很多。看来，肚子疼不是病，疼起来要人命。

妈妈对我说：

小琴，在月经期间，很多女孩都会感到不同程度的下腹胀痛或腰部酸痛，这些是正常的现象。

在月经期间，由于子宫内壁的肌肉会不断收缩，以便排出萎缩脱落的子宫内膜和经血，所以在行经的第一二天，会出现腹痛、腰痛等现象。在经期的后期，伴随着子宫内充血的减轻，这些不适的症状就会自然缓解了。

如果在月经期间感到腹痛的话，最便捷的方法是多喝热水或者姜糖水，也可以在肚子那里放一个热水袋，躺在沙发或床上休息。在月经期间不要做剧烈运动，但是轻微的运动可以有助于排出子宫内的充盈物，缓解疼痛。需要注意的是寒冷、淋雨、洗凉水澡这些因素都会加剧腹痛，所以应该在经期尽量避免。

一般的经期腹痛等不适，不需要特别地治疗，也不会影响到正常的学习和生活。但是有些女孩子在经期会出现下腹剧烈疼痛，并伴有头晕、出冷汗等症状，以致无法进行正常的学习生活，那就是痛经了。

痛经要人命

这一天，樱兰经历了一场灾难。

从中午开始，樱兰的肚子感觉有剧烈的胀痛，而且浑身开始出冷汗。实在是没有办法听课，樱兰只好趴在了桌子上，紧闭着眼睛，默默地忍受这一切。

“樱兰，上课不要睡觉，起来回答问题。”老师以为樱兰在课上睡觉，故意把她叫起来。

樱兰强忍着痛，无精打采地站了起来。

老师好像发现到樱兰有一些异常，走过来问她："是不是有些不舒服呢？看你的脸色煞白煞白的。"

"嗯。"樱兰疼得近乎麻木，发出一个鼻音回应老师。

"哦，那就继续趴着休息吧。"老师良心发现，谢天谢地。

下了课之后，樱兰实在是忍受不住疼痛，只好麻烦同伴陪着她，回家休息。

疼啊！但愿以后不会每个月都这样疼吧！

妈妈对我说：

樱兰，看你难受的样子，一定是痛经在困扰你吧。

有些女孩在月经的前几天，下腹部、腰部都会出现剧烈的胀痛、绞痛甚至阵痛，有时还会伴有恶心、呕吐或出现头晕、面色苍白、手脚冰凉、全身出冷汗甚至突然晕倒的现象，这就叫痛经。

引起痛经的原因比较复杂，主要有以下几种：

1. 生理因素。由于子宫内膜前列腺素增多，使子宫收缩过度或不协调，子宫局部缺氧导致痛经。

2. 心理因素。来月经的时候，恐惧的心情会加重疼痛感。

3. 饮食习惯。有的女孩特别喜欢吃冷的食物，导致子宫内的充盈物凝滞在一起无法排除，导致痛经。

4. 受到寒凉。由于天气寒冷或者穿的衣服太少，使身体受寒，也会加重疼痛。

发生痛经之后，首先不要紧张，消除对月经的恐惧和紧张情绪，保持精神愉快。还可以请周围的人帮你准备热水袋或者热毛巾盖在肚子上面，按摩小腹，多注意休息，这些做法都能有效地缓解经痛。同时，忌食刺激和生冷的食品，注意身体保暖也是非常有用的。

如果在短时间内，痛经无法通过以上的方法缓解或长期出现经痛者，应该去看医生，并在医生的指导下服用适量的止痛药物，可以达到治疗痛经的目的。

痛经是青春期女孩子中比较多发的症状，以后伴随着子宫的充分发育以及内分泌功能的稳定，痛经自然会有好转，所以樱兰，你不必过于担心。

“特殊时期”可以游泳吗

学校的游泳馆建好了，大家都想在第一时间过去体验。

“露露，下午我们一起去游泳馆吧。”媛媛和露露商量着。

“嗯……”露露正要答应，“不行，我的大姨妈来了。”

“我有办法，你可以戴上卫生栓，这样就没有问题了。”媛媛帮露露想出一个好主意。

“好，那我和你去看看吧。”看媛媛实在是太想去了，露露想就先陪她过去吧。

来到学校新盖的游泳馆，真气派啊！游泳池里已经有很多同学了。媛媛换好了泳衣，跳下水去游了起来。看着她舒展的动作，怪不得媛媛的身材那样好。据说游泳是对减肥最有效的运动了。

“露露，快下来啊。”媛媛兴冲冲地冲着露露喊。

露露看着下面凉丝丝的水，心里不觉有点打怵。上次来事的时候，那种疼痛让她十分后怕。不行，不能下去。露露在上面冲着媛媛喊道：“我不下去了，在上面等你。”

露露和自己搏斗了半天，最后，理智告诉露露，还是不要沾凉水为好。

回到家一定要把这件事告诉妈妈，到底在这种关键时刻可以游泳吗？

妈妈对我说：

露露，妈妈为你做出的判断感到高兴，你是个为自己负责的好孩子，这样妈妈也会很放心。

确实，在月经期间绝对不可以游泳，经期前后几天也不可以，最好是在经期结束三天之后再去游泳。

因为经期游泳很容易引起生殖系统的安全，而且极容易导致月经失调。游泳池中的水都会使用消毒药，具有强烈的刺激性；而且游泳池是公共场所，存在着交叉感染的问题。有的女孩自认为：只要戴上安全栓就OK了，其实这种方法并不可取。经期从子宫流出的血本身就是病菌繁殖的培养基，而且在月经期间的子宫都是开放的。卫生栓被水浸湿之后，病菌极容易透过棉层进入体内，造成生殖系统的感染。同时，游泳池中的水温一般都是低于身体的温度，冷水会刺激腹部紧缩带来不适。

月经期间不仅不要游泳，最好连凉水都不要沾。因为女孩在月经期间身体相对比较弱，再者经期使用凉水容易引起风湿。

当然，经期可以洗澡，但是不可以用凉水洗澡，也不可以用盆浴。因为在这个时候子宫口是张开的，容易受到污染，所以洗澡最好还是采用淋浴。经期阴部容易产生异味，尤其是在夏天，如果条件允许的话，每天都要洗个热水澡。

能上体育课吗

柔柔爱玩，但是偏偏不喜欢上体育课，每当“大姨妈”来的时候，她就会名正言顺地请假休息，自己跑到一边玩去了。

当大家都列队整齐地站在那里，跟着老师，照猫画虎一般地学习太极拳，柔柔在一旁坐着看同学们打拳的样子，在那里笑个不停。

“喂，有那么好笑吗？”看到她笑，柔柔的好朋友京京反而倒不自在了，把大家都当成了动物园里的猴子。气！

下了课，柔柔便跑过来跟京京说：“京京，你们打太极拳的样子太可爱了。哈哈，笑得我肚子疼。”

“哼哼。”京京不服气，“下次体育课，我也请假，看你打拳，样子肯定不比我好看。”

终于等到了京京来“大姨妈”的时候，她也大大方方地向老师请假了，不过京京没有看柔柔她们打拳，而是干脆回家看电视去了。

妈妈看京京回家这样早，很奇怪："京京，你怎么这么早就回来了。"

"下午是体育课，我正好来事，所以就请假了。"

"哦，那你的肚子很疼吗？"

"没有啊，不疼，我就是不想上。还有，老师说了，来例假的同学可以不上体育课，所以我就回家了啊。"

听京京这样讲，妈妈皱了一下眉："京京，原来你是偷懒，故意不上体育课啊，这样不好哦。"

"嗯嗯。"估计老妈又要对京京进行说教了，京京应声附和着。

"不要因为'大姨妈'的光临就可以偷懒而不敢活动，这样会变得更加无精打采。我还是建议你可以根据自己的情况适量做一些轻微的活动，对你是有好处的。比如散散步、练练瑜伽之类的慢活动。"

妈妈对我说：

京京，月经不但不影响日常的活动和运动，而且做适量的运动有助于调节疲倦感。比如做体操等可以使腰部灵活，而不至于有疲倦感，轻松的户外运动可以给人带来一些好心情，转移了对月经过多的注意力，减轻了经期的不适应。

但是在这一段时期，注意不要做过于剧烈的与活动。那么，在月经这段特殊的时间内，在做运动的时候都有哪些要注意的呢？让妈妈来告诉你吧：

1. 经期可以运动，但是要注意控制运动量，月经期间并不是说要禁止一切运动，但是高强度、大运动量的运动（比如长跑、跳跃、仰卧起坐等）在月经初期还是应该要尽可能避免或减少，以免加重痛经或增加出血量。

2. 运动之后要注意保暖，避免运动后大量出汗而受风感冒。

3. 如果在运动过程中感到头晕、恶心、心慌、则应该立即停止运动。

妈妈不让我乱吃东西

要说芷云最喜欢的食物，莫过于冰镇的饮料和可口的冰糕。尤其是夏天的时候，芷云完全可以在一天之内吃 10 支雪糕，活像一只加菲猫。

其实不仅仅是芷云，没有哪个女孩子不喜欢吃冷食，看看芷云周围的朋友们：A 说她在喝任何饮料之前都会放到冰箱冰镇一会儿，滋味就美妙了很多；B 说她喜欢把袋装的酸奶冻成冰块之后再吃，口感特别好；C 说她会把果冻都放在冰冻室里，冻成冰块之后再拿出来慢慢享用。

大家都是喜爱冷食的。“冷食也是一种艺术，没有人可以阻拦我们追求艺术的脚步。”

但是，让芷云心痛的是，妈妈竟然阻止她过度地吃冷食，理由就是芷云来了“大姨妈”，真是岂有此理。这种折磨让芷云怎么能忍受得了呢?

这天中午，趁妈妈还在睡觉，芷云蹑手蹑脚地走进了厨房，打开冰箱门。哈！这么多的雪糕，芷云的口水都要流出来了。吃哪一个好呢? 她左挑挑，右拣拣，都挺想吃的。干脆，先拿一个，吃完之后可以过来再拿。

芷云抱起一个小号桶装的冰淇淋溜进了屋独自美美地享用一番，还好妈妈没有醒。对于冰淇淋，芷云有超强的战斗力，那一桶冰淇淋被她不容分说消灭掉了，同时也勾起了肚子里的馋虫——还想再去拿一个吃。

一不做，二不休，芷云又来到冰箱前，打开冰箱门，刚要拿起一只雪糕，被妈妈抓住了。

“芷云，妈妈告诉过你不可以吃冷的东西，你太不听话了。”妈妈很生气的样子，而且更不幸的是她发现了芷云嘴边周围的奶油，“啊！你已经吃了一个啦，嘴巴都没有擦干净。”

“不好！”芷云马上舔舔嘴，可惜晚了。

在这个时候芷云悟出了道理："毁尸灭迹"一定要做得彻底，否则总会有破绽。不仅挨骂，而且失去了一个吃冰淇淋的机会。

妈妈对我说：

芷云，不要怨妈妈管你，在特殊时期真的不可以吃冷的食物啊，后果会很严重。

女孩子在月经期间如果为了贪口腹之欲而对自己的饮食不加节制，会对身体有很大的危害。冷饮和生冷的食物，它们温度过低会使女孩的血管收缩、血液凝滞，从而引起经血淤滞、排泄不畅，很可能会导致痛经或者以后的月经不调等情况，所以，经期应该忌食。这看似简单的道理，其实是一个相当重要的医学常识啊。

除此之外，女孩子在月经期间还有哪些饮食的讲究呢？妈妈帮助你做了一个比较完整的总结：

1. 禁食辛辣生冷食品。这些食物有比较强的刺激性，容易使盆腔血管收缩而引起经血量过少或是突然停止，甚至还会出现痛经的状况。所以即便是在酷暑炎热的夏天，经期也不可以吃冷食。月经期间的饮食以温热为主，这个时候适宜吃一些温补类的食物，比如桂圆、红枣等。

2. 在月经期间不要喝浓茶和咖啡。咖啡和浓茶中含有咖啡因，这种物质可以刺激神经和心血管，使人兴奋，基础代谢加快，容易产生痛经。所以在月经期间对这些饮品应该加以回避。

在月经期间，适宜吃含蛋白质较多的食物，妈妈建议你多吃豆类及豆制品食物，这样可以补充一些因流血所损失的营养素、矿物质。

哪些因素可以使经期改变

学校组织大家这个周末去郊区的自然保护区旅游，听说晚上还有篝火晚会，尔竹真盼望这一天能快点到来。

可是，一算时间发现，那天，正好会赶上她生理周期中的"那几天"，这让尔竹很是沮丧。如果中途累了跟不上队伍怎么办？有没有一种方法可以把这几天提前或者错后？嘻嘻，很想“调度”一下啊。

尔竹的同学对她说：“好像是有一个偏方，喝一瓶醋，越酸越好……建议你喝山西老陈醋。”

“真的管用吗？”听了同伴的话，尔竹有点半信半疑。

“这我也说不好了，我又没喝过，你试试呗。”

那还是算了，尔竹可不想试试！喝一肚子醋，比痛经还难受呢！

还有一个同学对尔竹说：“咳！我想到了一个好方法，可以到药房去买点避孕药，就可以推迟经期。”呵呵，这个主意还挺靠谱的。只不过，自己还这么小，可以买避孕药吃吗？这件事情，还是回家问问妈妈吧。

妈妈对我说：

尔竹，妈妈想告诉你的是，你没有必要因为这样的小事就想到要推迟月经周期，月经是自然的生理现象，凡是顺其自然的规律才是最科学的，人为的改变并不一定就是最好的。

有些女孩子，她们因为经期赶上了大考或是有其他特殊的原因，怕经期的生理反应影响成绩，希望通过服避孕药来改变周期，使之错过考试。其实在一般的情况下，经期的生理反应不会对学习生活造成太大的影响，只要自己注意调节心情、注意休息就可以了。

如果使用药物不当或者使用的次数过于频繁，就会影响生理上调节功能的正常运转，引起月经失调，反而会对身体造成不利的影响。至于你的好朋友说喝醋可以改变月经周期，更是没有任何科学道理的说法。

通过擅自服用避孕药等方法人为地将原本正常的月经进行调整，这样的做法是不可取的。如果你真的有比较严重的痛经问题，可以告诉妈妈，妈妈会带你到医院去就诊，请医生给予帮助。

白带里为何会出现血丝

这天在洗澡的时候，瑶瑶很意外地发现内裤上的白带里有血丝。要知道瑶瑶这个人最忌讳看到血，出血了，总不是好现象吧。而且妈妈以前告诉过她，正常的白带是呈白色稀糊状，看来，是有点不正常了，不行，瑶瑶决定要赶快问问妈妈。

从浴室出来，瑶瑶走过去找妈妈："您以前跟我说的那个白带……好像有点问题，上面有血。"

妈妈听说这么一说，很关切地问她："是经常有血，还是偶尔有？"

"我刚看见的，不多，所以才问您啊。"

"哦，那没事。"老妈不紧不慢地说，"不用担心，青春期女孩的白带里有少许血丝是正常现象。"

"为什么会有血丝呢？"瑶瑶百思不得其解地问道。

"呵呵，是这样，"妈妈认认真真地讲瑶瑶听，"在月经来潮时，我们女性会出现排卵期，而此后，我们体内的雌激素水平下降，这一变化会使子宫内膜有小片剥离，并引起出血。因此，会在白带中出现少量的血丝。这种情况是青春期女孩发育的正常现象。现在明白了吗？"

呵呵，原来是这样啊，听了妈妈的讲解之后，瑶瑶一下子就明白了。

妈妈对我说：

瑶瑶，关于白带的相关问题，妈妈想和你仔细地讲一讲。

少女在经历了青春期之后，随着卵巢功能的完善，阴道内会有一种乳白色或是透明状的液体流出来，量有时会比较多，有时会比较少，这种黏稠的液体就是白带，白带的作用主要是保护阴道黏膜湿润。

白带和月经一样，不是病态，而是我们女孩子都会有的一种正常的生理表现。

观察白带是否正常，需要从量、色、质地、气味几个方面来观察。

正常的白带应该是乳白色或是无色透明，略带腥味或无味。白带的分泌量、质地受到体内雌激素、孕激素水平高低的影响，排除的量随月经周期而时大时小，具有周期性的变化。

而白带中的血丝，分为生理性和病理性两种，而你的情况是属于“生理性”的，所以不用担心紧张。但是，如果你的白带很长时间持续的异常，比如异味、含血量多等情况，那你要立刻告诉妈妈，以便及早就医。

卫生巾选择什么样的好呢

今天，妈妈带着晗灵来到了购物超市，帮助她挑选卫生巾。

超市货架上两排都摆满了各种品牌、各种不同类型的卫生巾，看得晗灵眼花缭乱。要不是妈妈帮助，晗灵肯定不清楚到底如何挑选和购买。

“嘿嘿，如果是让我选，我就选包装最好看的。”晗灵说出了自己的看法。

妈妈随手拿过来几包不同的卫生巾给她：“你看，这几种卫生巾，它们的特点各有不同，有带护翼的，有的不带护翼；有日用的，也有夜用的；有的是超薄型，也有的是丝薄型。”

啊！原来看似很平常的卫生巾，居然有这么多的讲究呀。刚开始晗灵还觉得有点奇怪，听了妈妈的讲解之后晗灵才明白，月经在开始和快结束的时候，流血量是不一样的，所以要根据不同的情况来选择不同的类型。

“晗灵，你看，这些卫生巾的外包装都写明了长度和厚度，也是为了方便挑选更适合自己的。”妈妈指着包装上面标注的规格标准给晗灵看。

就这样，妈妈一边给晗灵讲解，一边帮助她挑选。

“妈妈，我们一次性多买一些吧，这样就省得以后再买了。”

“不可以哦，”妈妈说，“卫生巾一定要用新鲜的。”

新鲜的卫生巾？晗灵觉得老妈真搞笑。

“卫生巾的卫生要求是非常严格的，离生产日期越近，质量就越有保证。一般的卫生巾是通过高温消毒的手段来达到无菌的，而一次性消毒灭菌的有效期毕竟有限，超过了期限也就没有无菌的保障了。如果卫生巾贮藏的时间太久，即使不拆封也会变质、污染，所以不能一次性买太多。”

嗯，妈妈讲的，还都是很实用的知识呢。

妈妈对我说：

晗灵，相信你了解了不少关于卫生巾如何选购的知识了吧。不过，妈妈还有一些想嘱咐你的内容，你要看仔细了啊。

1. 对于药物卫生巾，应谨慎购买使用。

药物卫生巾可以对女性的私处起到保护的作用，防止妇科疾病的发生，但并不是对每个人都适合。因为每个人的体质差异很大，有些人的皮肤接触到某些物质就会引发感染。

2. 卫生护垫不要经常使用。

月经期的前后几天，卫生护垫不失为一种方便、实用、清洁的选择，但有的人习惯用卫生护垫，即使不在经期，也要保持垫护垫的习惯，觉得这样是比较干净卫生。其实这是一个误区，因为娇嫩的皮肤需要一个非常透气的环境，如果封闭的过于严实，使湿气聚集，就容易滋生病菌，造成各种健康问题。

在使用卫生巾时，还有很重要的一点需要你注意：在月经期间，卫生巾一定要经常更换，因为经血中有丰富的营养物质，容易滋生大量的细菌，所以要记得经常更换。

用过的卫生巾，千万不要丢到马桶里啊，把它包好放到垃圾箱里吧。

赶走“月球表面”，还回纯净的脸

不再当“满天星”，我要祛痘

不知为什么，枫枫的脸上新长出来很多红色半透明的疙瘩，用手摸一摸，有点痛。如果只是痛的话枫枫也能忍，最烦人的是它确实让枫枫“破相了”，这些疙瘩密密地分布在枫枫的脸上，同学都笑她，说她是“满天星”。

实在是气愤，怎么搞的！

回到家，枫枫闷闷不乐地告诉妈妈这一切，妈妈不但没有替她打抱不平，反而开心地笑了出来。

原来这种疙瘩叫“青春痘”，貌似不是青春年少的人还长不出来哩。

唉！

妈妈对我说：

枫枫，青春痘是青春的象征，也是走过青春的痕迹，为什么要怨恨青春痘呢？不要着急，让妈妈告诉你一些好方法，帮助你正确地去掉青春痘吧。

你们现在正处在长身体的时候，所以新陈代谢的速度很快，皮肤大多数都是油性的，很容易形成油脂包，而油脂包会堵塞住毛孔，就逐渐形成了青春痘。

所以，对待青春痘，最好的方法就是要做好皮肤的清洁工作。

平时妈妈总是提醒你，洗脸一定要洗干净，洗仔细，不要像小花猫那样用手抹抹就算洗完了。否则的话，脸上会滞留很多的油脂和细菌，增加青春痘发生的可能。当脸上正遭遇着青春痘的时候，应该在每天早晨起床后和晚上临睡前，认真彻底地清洁面部皮肤。要注意的是，选择清爽型的洁面乳对皮肤有益，尽量不要使用含有油脂的洗面乳。如果脸上的"痘况"实在是很不乐观的话，你可以试试到药店去买一些药膏涂抹在发炎的部位，这样可以使发炎的部位变干，然后用凉水清洗干净。坚持每天用药膏清洗发炎部位，能帮助你的皮肤更快地恢复正常。

怎样有效地预防青春痘呢

这两天枫枫的心情格外的爽，为什么这样讲呢？因为前段时间那个嘲笑她是"满天星"的女生，脸上也开始连绵不绝且以泛滥成灾的速度长痘了，那架势，绝不亚于凹凸不平的月球表面。

看到那个女孩一副可怜的样子，枫枫不禁动了恻隐之心。要知道，这是个很漂亮的女孩，她有高高的鼻梁，薄薄的嘴唇和白皙的皮肤。可能是由于皮肤太好的缘故吧，所以一颗颗的痘格外显眼。

长了一脸痘的女孩，失去了往日的神气，不再像从前一样咋咋呼呼，可能是担心大家看到她的痘痘。

枫枫最近的状况还好，可能是由于从前每天晚上她都要向妈妈抱怨的缘故，妈妈也因此更加注意她的饮食搭配、睡眠休息还有卫生清洁方面，痘痘得到了很好的控制。

枫枫只求自己永远都不要长痘。

妈妈对我说：

亲爱的枫枫，妈妈最近一直都很关注你的皮肤呢。首先想劝你的是，不要在心理上有压力，青春痘的出现是自然的生理现象，心地平和地接受现实，顺其自然就好了。毕竟，这是每个花季少女都无法躲开的，到了 20 岁以后，往往就不治自愈了。

如果你想预防和减少痘痘的发生，最重要的是从日常的清洁、护理以及饮食上注意：

1. 如果你能保证每天用温水洗脸 1 ～ 2 次，洗掉脸上的油脂和灰尘，就会大大减少长青春痘的机会。因为面部的清洗使毛囊口的排泄通畅，使脸部皮肤可以呼吸到新鲜的空气。

2. 青春期女孩的皮肤是最娇艳动人的，所以根本没有必要做任何修饰。尽量不要使用彩妆，在选择护肤品要注意不要使用香脂类和油性的产品。

3. 不要自己动手挤破痘痘，以免发生感染，留下疤痕。

4. 注意饮食要尽量清淡一些，多吃水果、蔬菜，少吃油腻食物或甜食，枫枫你平时最喜欢吃甜的零食，你要注意克制啊。因为含油多和含糖高的食物会使皮脂腺皮脂增多。还有就是不吃或少吃辛辣刺激性食物，减少对皮肤的刺激。

5. 养成按时排便的习惯，并保持大便通畅，及时排出体内毒素。

6. 为了防止感染，可以使用蘸有酒精的棉签涂抹长痘痘的地方，也可以涂抹少量的红霉素软膏；如果痘痘数量较多或伴有局部红肿和炎症的话，要及时去皮肤科治疗，千万不要自己随便处理，否则很可能会弄巧成拙。

7. 养成良好的卫生习惯。个人的卫生、生活习惯，决定了青春痘在脸上停留的时间，因为青春痘形成的一个重要原因是新陈代谢混乱。所以你要努力做到早起早睡，生活规律，保证充分睡眠。

8. 夏天的时候要做好防晒措施。因为阳光中的紫外线，一旦经过了青春痘的伤口直射穿透表皮层，就会在伤口部位形成黑色斑点。

9. 愉快的心情是治愈青春痘的良方。不要以为天下只有你长了青春痘，正确地对待它，别让它干扰你的生活，这是最重要的。

枫枫，如果以上这些你都能做到的话，青春痘会自然而然地远离你的。

雀斑能治好吗

青春期不仅仅是“战痘的年代”，也会有其他的状况出现。最近莎莎又开始出了新的状况——脸上长出了一些小黑点，那形状就像是一粒一粒的小芝麻。几天之后，脸上又多了两个小黑点。如果以这样的速度进展下去，用不了多长时间，莎莎的脸就会成为地道的“芝麻饼”。

“Hi，莎莎，看到你的脸，我口水都流下来了，真想吃一口。”莎莎仿佛又听到了同学的嘲笑。

莎莎自认为自己是个苦命的孩子。那天晚上做了个噩梦，梦到自己脸上的小黑点越来越多，直到整个的脸都变成了黑颜色……

早上醒来，莎莎还记得前一天夜里的梦，起身小心翼翼地照照镜子，还和以前一个样子。莎莎不禁倒吸了一口凉气，梦里的样子实在是太可怕了。

莎莎赖在床上。

“长得丑不是你的错，出来吓人可就不对了。”老师同学会不会在背后笑话自己呢？正当莎莎在犹豫还要不要去上学。

这时妈妈走了过来：“莎莎，这都几点了，你怎么还不起床，上学快要迟到了。”

莎莎可怜巴巴地望着妈妈：“我不想去上学了，你看我的脸上都长满了小黑点。”

妈妈凑过来看看莎莎的脸，说道：“是比前段时间多了不少。但是不能因为这点小事不去上学啊。”

莎莎还是赖在床上，一声不吭。

妈妈又安慰莎莎说：“以前我的脸上也长过雀斑，后来，你姥姥教给我一种民间偏方，一用就好。怎么样，晚上你放了学回来，我告诉你。”

莎莎的眼睛一亮：“哈，真的有吗？那妈妈现在就告诉我。”

妈妈故意卖了个关子：“听话，先去上学，要不然的话我就不告诉你了。”

“嗯嗯。”莎莎听了之后，高兴地起床了。

妈妈对我说：

莎莎，你不用担心。你脸上长的那种像芝麻一样的小黑点，叫作雀斑。

雀斑是一种很常见的皮肤病，它是由于皮肤的色素沉着而形成的，所以对身体健康没有任何影响，但有可能会影响到容貌。雀斑从少年儿童的时期就会出现，但到青春期的时候就会明显增多。所以不仅仅是你，相信你班上有很多女孩也和你一样遭受着雀斑的困扰。

造成雀斑的原因主要有以下几种：一种是遗传因素，如果父母就患雀斑，那很可能下一代也会有雀斑。妈妈小的时候就长雀斑，所以你现在也长雀斑。有的时候，即便是父母没有雀斑，而爷爷奶奶外祖父母有雀斑的话，也会隔代影响到你们这一代。还有一种原因是有的女孩皮肤对阳光很敏感而导致的雀斑。

妈妈在年轻的时候也有雀斑，当时你姥姥教给了一些有效的民间偏方，我到现在还记得，你也可以试一试：

方法一：可以养成喝柠檬水的习惯。因为柠檬中含有大量的维生素C、钙、磷、铁等，不仅可以美白肌肤，还可以起到祛斑的效果。

方法二：可以在每天晚上洗完脸之后，敷一些黄瓜汁或柠檬汁40 ~ 50分钟，然后用清水冲掉，再涂上护肤霜。连续涂抹20天，可以起到很好的祛斑效果。

方法三：还有一种方法就是可以用干净的茄子皮敷脸，过一段时间后，脸上的小斑点就没有那么明显了，很管用的。

使用妈妈告诉你的“独门秘籍”吧，相信你很快就可以战胜雀斑了。

我可以用用化妆品吗

慧慧那天去参加一个同学的Party，发现所有的女孩们个个都打扮得非常漂亮，木木涂了鲜艳的炫彩口红，花花涂上了肉粉色的指甲油。夸张的是葱头，她居然抹上了紫色的眼影，穿着艳丽的裙子，好像这里真的变成了交谊舞会。

再看看素面朝天的自己，像是埋没的灰姑娘一样，没有丝毫光彩，慧慧的心情也不禁有些黯然了。

回到了家，慧慧还在想着 Party 上一个个靓丽的倩影，不知自己化妆之后的效果怎样，真想试一试。

慧慧有一个端庄又高贵的妈妈，她的镜台前摆了很多优质的化妆品，嘻嘻，慧慧想应该可以偷偷用一用的吧。于是乎，慧慧一个人坐在妈妈的镜台前，像个小大人一样独自打扮起来，一边忙活，还在心里抱怨：妈妈真是的，她有这么多好看的化妆品，为什么从来都不会分给自己的女儿用呢？

正在自我陶醉的时候，慧慧听见有人拧钥匙的声音。

不好！妈妈回来了。慧慧想赶快躲到卫生间去洗掉，但是已经来不及，还是被妈妈发现了。

“慧慧，你在做什么？”妈妈叫道，“这些东西你是不可以用的。”

慧慧心里感觉很委屈啊，忍不住要和妈妈辩论：“为什么妈妈可以用，我就不可以用？”

“妈妈是大人，所以可以用。你还小，没有必要化妆。”

“为什么大人可以化妆，小孩就不可以化妆呢？”慧慧还是不依不饶。

妈妈无奈地看看慧慧，说道：“你现在的年纪是皮肤最好的时候，如果遮盖住了多可惜啊。”

慧慧不信，凑过去仔细看看妈妈的脸，其实真的是这样啊。妈妈的脸色偏黄，皮肤有轻微的褶，眼睛旁边有很多细碎的纹路。

忽然间，觉得妈妈一下沧桑了很多。

妈妈对我说：

慧慧，妈妈有的时候也很羡慕你呢。你是这样的年轻，有朝气，多好啊。当然，爱美之心，人皆有之，你对化妆的渴望，妈妈很理解。

但是，我相信你并不了解化妆的意义吧。

为什么世上自古以来都是女人在化妆，很少有男人在化妆，原因是什么？你是否思考过呢？因为男人和女人相比而言，气血充足，所以不需要化妆脸色也一样是红润润的。女人则不是，女人和男人生理结构的不同造成女人的气血不像男人那般充足，所以女人更容易憔悴变老，成年女子如果不经过化妆的话，脸色就会比较难看，所以女人化妆是合情合理的。

通过化妆，女人可以把美好展示给别人，一样美丽动人，让人看到会很舒服，这也是礼仪的一种恰当表示。

而你现在正值花季，是一生中最美丽的时候，有什么美能抵得过自然之美呢？少女的肤色柔和、自然，时时体现着健康之美。多少人都羡慕青春的面庞，而你却怎么会想把这样的年轻藏在脂粉里面呢？如果化妆是出于流行，处于从众的心理，那就没有任何意义了。

一般来讲，18 岁以后的女孩就可以用化妆品了，20 岁以后最适合用面膜。而你现在的皮肤正处在自我调节能力的最佳状态，如果用太多的化妆品反而会使成年以后的皮肤变得更差。所以，青春期的女孩只要用一些温和的宝宝霜就好了。此外，你还要知道，所有的化妆品无一例外都是由化学物质组成的，对人体健康或多或少都有些影响。比如说口红的质量，参差不齐，有的口红中甚至含有有毒物质，如果随饮食进入体内，久而久之会造成不小的危害。

至于涂指甲油，一样也会对健康产生不小的影响。当指甲油覆盖在指甲上面，会阻断指甲的“呼吸”。并且在洗掉指甲油的同时还会带走指甲的天然保护层，使指甲变得脆弱、易折断、失去天然的光泽。

所以，慧慧，你要明白，并不是妈妈不愿意给你买那些化妆品，而是不愿意伤害你的天然美，你能够理解到妈妈的一番好意吗？

怎么变成了“小毛孩”

长“小胡子”了

很多人都羡慕茜茜有一张洁白细腻的脸，有一次在学校与同学一起吃饭，那位同学一边吃饭一边在赞美茜茜：

“茜茜，你的脸很白，也很细腻。”那位同学很认真地对茜茜说。

听到有人这样夸奖，茜茜高兴地笑了笑。

“还有，你的牙齿很白，而且长得很齐。”那位同学仔细观察了一下，再次发言。这下茜茜哈哈大笑起来：“我还有些什么优点，你一气都说了吧。”

“嗯，是这样，你的整张脸看上去都非常和谐。”那位同学推了一下眼镜，很肯定地对茜茜说。想必当时的茜茜觉得自己的知己一定是非她莫属了吧。

不过最近，茜茜洁白细腻和谐的脸上出现一些不好的动静——在鼻子下面，也就是嘴的上面，长出了很多细细的毛毛。这不禁让茜茜联想起来了爸爸脸上的胡子。

“哇！长胡子了！”茜茜觉得这实在是一件很恐怖的事情，该怎么办?

妈妈对我说：

茜茜，你脸上长出来的，不能叫作胡子，只是体毛比较重而已，这也是青春期发育的正常现象。

你之所以会长出所谓的“胡子”，那是你身体内雄性激素起的作用。正常的女性，不只是分泌雌激素，也会分泌少量的雄激素促进女性特征的发育。在这些雄性激素的作用下，女性的面部就会长出毛毛。曾经有过数据统计显示：在 15 ~ 44 岁的正常女性中，有 30% 的人有“小胡子”，9% 的人面颊部分汗毛明显，6% 的人面部两侧的毛发较重。

所以，这些都是正常现象，你不要担心，这些变化不会影响到你的容貌。如果你不相信的话，可以去看看你的同学，她们肯定也有“小胡子”呢。

当然，这种“小胡子”的变粗也有可能是病理性表现，但是极为少见，而且会有其他的现象伴生：身体其他部位的体毛不断增加，额角的发髻后缩、喉结突出、声音粗闷、阴蒂肥大、月经不调，这就很可能是卵巢功能异常，应该及时到医院检查。

我是不是小猿人

看了《十万个为什么》，妮妮才知道人类的进化需要漫长的时间，人类的祖先，和类人猿长得很像呢。其实，妮妮的身体也长很多的毛毛，除了“小胡子”之外，身上都长有汗毛，而腋下和阴部这些地方长的毛则是又黑又长。

人类还是没有进化好吗？可能百万年之后的人就不会长毛了吧。

妮妮最羡慕的是班上的小白，她就没有这么多的毛毛，还得意地抬起胳膊向大家炫耀：“你们看，我从来都不会长那些黑乎乎的毛，多难看啊。”

妮妮想，小白可能就是从猿人进化的比较彻底的那一类吧。

“我不认同。”有同学否认妮妮的想法，“小白一点都不聪明，学习成绩也不好，怎么可以说是进化的彻底呢？”

看来，衡量进化是否彻底的标准是有分歧的：是以长毛的多少来衡量，还是以智商为衡量的标准？

回到家，妮妮把白天讨论的问题跟妈妈讲了讲，妈妈听了之后笑得前仰后合，“我的孩子啊，你们怎么会想出这么龌龊的问题啊？”

“人家不懂啊，问问嘛。”妮妮撅着嘴，对妈妈的反应表示抗议。

妈妈接下来耐心地对妮妮讲道：“女孩在进入青春期之后就开始长体毛，首先在外阴处长出‘阴毛’，这是女孩们进入青春期之后最先注意到的变化。所以，你不是什么小猿人，这是每个女生都会有的正常现象。”

“嗯，原来是这个样子啊。”妮妮继续问妈妈，“不过这些毛毛有点……不雅观啊。”

妈妈温和地摸摸妮妮的头，对她说：“当女孩的生殖器官逐渐发育成熟时，外生殖器附近开始长出阴毛。有的少女会和你现在的反应一样，对阴毛产生厌恶的心理。其实，每一个人都会有，又有什么可感到害羞的呢？在欧洲，有人称阴毛这个部位叫‘维纳斯丘’，听起来还很美妙呢。”

听罢妈妈的讲述，妮妮豁然开朗起来。原来，身上长的毛，和进化没什么关系啊！

妈妈对我说：

妮妮，我猜你会以为“阴毛没有什么用”，实际上你不知道，阴毛就是为了保护我们的身体而长出来的，它能够吸收这些部位分泌出来的汗和黏液，所以有利于身体的健康。

在过去的古代，民间流传着这样的说法，老人们都把不长阴毛的女人称为“白虎”，把不长阴毛的男子成为“青龙”，认为这是不祥之兆。这个迷信的说法也从侧面反映出不长阴毛的人是多么的少见。

像你们这个时候所长出来的那些毛毛，相对于成人来说，显得细而且短，也比较少。

人类的种族、气候、地域、性别、营养以及情绪等，都可以影响毛发的生长。及时是同一个种族的人，毛发的生长也有早晚、快慢、多少、出息、长短以及颜色深浅的区别，这些都属于正常的现象。

身上的汗毛好像越来越重了

和阴毛和腋毛相比，妮妮四肢的汗毛就显得清淡多了——当然，这也只是相对比较而言。

夏天里的女孩都喜欢穿漂亮的裙子，妮妮当然也不例外。

经过了一个夏天，妮妮忽然发现自己的汗毛变长了。记得以前的汗毛很细小微弱，现在看起来变得茁壮了很多。

“你看，我的汗毛是不是重了很多？”妮妮把一只胳膊伸到同桌的面前。

“呵呵，是不是因为你太爱出汗，所以汗毛就变重了呢？”同桌眨巴眨眼，这样问妮妮。

“出汗多和汗毛重，有必然的联系吗？”妮妮真的很纳闷同桌的理论。

“当然有关系啦！你想，汗毛就好比是一株植物，当你流的汗水很多，就相当于给它浇花了，汗毛当然会长得很茂盛啦。这都是被滋润出来的。”

居然有这种理论！

“不对，不对，你瞎扯，怎么可能。”妮妮摇摇头。

同桌很不服气：“那你说，你的汗毛是怎么变重的呢？”

这个，妮妮也说不上来。

妈妈对我说：

妮妮，呵呵，你和好朋友的辩解真是有趣。怎么说呢，你想，你的身体在不停地长大，汗毛也在长大，这有什么奇怪的呢？

处于青春期发育阶段的女孩，由于体内激素的分泌不平衡，雄激素水平较高，刺激了毛囊，会使胳膊和腿上的汗毛很重，包括你的“小胡子”也会变得更重。于是，有些女孩夏天不敢穿裙子或短袖衬衣，并且还会想方设法消灭这些毛毛，甚至会担心自己是不是有病了，整日忧心忡忡。

一般说来，因为青春期激素分泌的不平衡造成的这种多毛现象，经过了一段时间，等到激素的分泌趋于稳定之后，体毛就不会变重。而且随着年龄的增长，人的体毛也会慢慢减少，这是自然规律。

汗毛会不会越剃越长

夏天来了，班上的同学们都先后穿上了漂亮的裙子。

前不久妈妈给然然买了一件新的粉色百褶裙，然然特别喜欢，决定转天就把它穿到学校，肯定会在班上大出风头。

晚上回到家，然然拿出了新裙子，决定先在房间里穿上“臭美”一下。当她换好裙子站在镜子面前的时候，发现自己腿上的汗毛有点扎眼，把裙子的美感破坏了不少。嗯，怎么办呢？然然特别想把腿上的汗毛剪掉。

这时，然然突然想到了爸爸平日里经常用的电动剃须刀，赶紧跑到了厨房里，拿起剃须刀，刮掉了腿上的汗毛。电动的剃须刀特别好用，只要一会的工夫，然然的腿上还有胳膊上面的汗毛都没有了，皮肤看上去更加的光洁漂亮。

然然高高兴兴地穿上新裙子跑到妈妈面前：“妈妈，我的同学都穿裙子，明天我就穿这个新的去上学，好吗？”

“好啊，好啊，这一件就是好看。”好像妈妈也很喜欢这件新裙子。

“而且，你看，我把腿上的汗毛刮掉了，这样腿会更白，穿上裙子之后会更好看。”

“咦？你刮汗毛了？”妈妈看了看然然的腿，“其实你的汗毛也不是特别重，为什么要刮掉呢？而且汗毛是很奇怪的，你越是刮掉它，它就会长得越快，长得越粗。”

啊！原来是这样，汗毛是不可以随便刮的。这次记住，以后不可以再刮汗毛了。

妈妈对我说：

然然，如果你想让自己漂亮，就不要再刮汗毛了，因为汗毛会越刮越粗，越刮越重。

绝大多数身体多毛的女孩并非是病态，对身体健康也没有影响。如果想使局部的毛发暂时脱落或减少，最好是在医生或是家长的指导下使用正规厂家生产的脱毛膏，但这也是为了能够暂时去掉毛发，并不能根治。

如果你实在是想把汗毛去掉的话，妈妈可以教给你一个科学使用脱毛膏的小方法：

1. 可以先用热水润湿除毛的部位，大约是2–3分钟，让毛发软化。但是要记住的是不可以淋浴太久，因为如果淋浴太久的话会使皮肤产生褶皱及膨胀感，在除毛的时候会更容易伤到皮肤。

2. 顺着毛发生长的方向涂脱毛膏，然后按照产品使用说明进行脱毛。

3. 在去除汗毛之后，一定有短碎的汗毛留在身上，这时可以用温水把脱落的汗毛清洗掉，再用干毛巾擦干。

4. 脱毛成功之后，可以再使用一些润肤乳液涂抹及保护除完毛的皮肤，让除毛后的肌肤更加光洁细腻。

为什么身上会有体味

“倩倩，以后你一定每天都要洗袜子，还有，明天一定要换一双鞋子。”妈妈强烈要求倩倩这样做。

“哼。”倩倩很不服气，可是没有办法，谁叫自己的脚总是那么臭呢？

妈妈说倩倩有“汗脚”，就是这个脚特别爱出汗，而且闷在鞋子里一天，会有一种奇臭无比的味道。回到了家，只要倩倩把鞋脱掉，立即就会“殃及四方”。

倩倩记得自己小的时候，脚上可没有这么大的味道。哎，可是现在……尤其是个女孩子，身上总是带着一股臭味，多难为情啊。想到这里，倩倩确实也感到很沮丧。

妈妈告诉倩倩说，最好的方法只有每天都要洗脚换袜子，而且帮倩倩挑选鞋子的时候都买那种透气性比较好的，这样可以起到一定的缓解作用。

哎！倩倩总是在幻想，自己的那一双臭脚，什么时候能够不臭呢？

妈妈对我说：

倩倩，妈妈很想对你说，体味的问题确实是青春期的烦恼之一。

这个时候，当身体大部分都在“突飞猛进”地变化时，受到了激素分泌增多和新陈代谢旺盛的影响，汗腺也会变得异常活跃，所以青春期时候的男孩女孩都很容易出现比较严重的体味。尤其是身上汗腺分布较多的地方，如腋下、手心、脚心等处汗腺分泌旺盛的地方，如果参加体育活动或是赶上天气炎热的季节，就会流很多的汗。当这些大量的汗液聚集在这些地方时间久了，就会散发出不好的气味。而女孩子在月经期间，如果不太注意个人卫生的话，也很容易散发不好的气味，不仅会使旁边的人感到很不舒服，自己也很没有面子。

所以要想改善这些状况，首先是要勤擦身、勤洗澡、勤换衣服；如果仍然觉得身上有味道的话，也可以用一些清新淡雅的身体芳香剂使自己变得芬芳起来。不过在使用这些东西之前，一定要保证自己身上是没有异味的，如果身体本身的异味很大，再与这些芳香剂混合在一起，恐怕这种混合的味道会更加让人不敢恭维了。

不过，妈妈想提醒你的是，千万不要把芳香剂这类的化学制剂喷洒在阴部，因为这样很容易引起阴部敏感皮肤的过敏。

做到了以上的这些，相信身上的体味就不会影响到别人的情绪，也不会使自己尴尬了。

呀，掉了好多头发

这两天，小雪总是一副闷闷不乐的样子，她精致的脸上展现出愁容，让人看着也怪心疼的。

“小雪，你怎么了？”奕奕不禁关切地问她。

“奕奕，你看我的头发，每天都会掉一把。再这样掉下去，我的头发没有了怎么办？那样谢顶的脑袋多难看啊！”小雪说着说着就把嘴巴撅了起来。

奕奕感到大事不妙，必须打断她的话，生怕小雪会哭出来。

其实奕奕觉得小雪多虑了，再怎么掉头发，也不置于谢顶啊。

晚上回到家，奕奕从电脑里翻出一张小雪的照片，用PS的方法把照片上的头发去掉，得到一个谢顶的小雪，然后独自欣赏了好半天，伴有傻笑……

奕奕不觉得自己是“小坏孩”，谁叫小雪她总是杞人忧天呢。

“奕奕，你在干吗？”妈妈可能是听到了屋里有动静，所以走进来观察一下。

“妈妈，你看，如果小雪没有头发了，她就会变成这个样子。”奕奕指着自己的“杰作”对妈妈说，“小雪这几天可郁闷了，就因为掉了几根头发，居然担心自己会谢顶。”

“奕奕，你真是太淘气了。”妈妈对奕奕的行为感到很无奈，“小雪爱美，掉了头发心里当然难过啦。你呀，要体谅她才对。”

“嗯，我也没有说她什么啊。”奕奕明白妈妈的意思，同学之间不可以开过头的玩笑，毕竟大家都是好朋友嘛。

妈妈对我说：

奕奕，飘逸的长发是少女青春美丽、生机盎然的象征。而处于青春期的少年，导致脱发的原因有很多，也很复杂。根据现代医学的研究，青春期脱发主要是由以下原因所引起的：

1. 遗传因素。脱发与遗传因素有一定的关系，如果父母脱发，其子女也会出现脱发的现象。

2. 营养失调。头发的生长发育状况与蛋白质、维生素和矿物质有着密切的关系。而由于有的女孩为了预防肥胖，采取了不当的节食措施，很容易使机体内营养失衡，某些必要元素的摄入不足是导致脱发的一大致因。

3. 内分泌紊乱。少女进入青春期之后，体内的各种激素水平开始发生重大变化，无论是雄性激素分泌过多，还是雌性激素分泌过少，都会引起脱发。

4. 过度用脑。青春期的女孩一般都有很大的课业负担，以至用脑过度。大脑长久处于紧张状态，致使头部血液主要集中于脑部，头皮的血液相对减少引起脱发。

5. 疾病因素。如果患有真菌感染、头发湿疹、贫血等症状都会导致脱发、秃发。

基本上所有青春期的女孩都有脱发的现象，因为一个人的头发大约有 10 万根左右，时时处于新陈代谢之中，每昼夜脱落 20 ~ 40 根头发仍是很正常的。即使头发脱落得过多，有些也是暂时性的。

对于脱发的女孩，应该注意的是要保持健康心理，学习之余注意休息，多吃一些富含铜、铁、氨基酸的食物。

富含铜的食物有核桃、榛子等；含铁的食物有蛋类，菠菜等；芝麻、核桃、花生等食物富含硫氨酸和胱氨酸，多食用可以毛发迅速生长。

甩不开的“大姨妈”

我要减肥，努力减肥

经过了一个寒假回到学校，很多同学都说冰冰胖了不少。

“冰冰，小脸有肉了。”居然连老师看到冰冰都会这样说，弄得冰冰有点不好意思了。

女孩的身材很重要啊，谁不希望自己能瘦一点呢？冰冰很羡慕那些长得瘦的孩子，人都显得很精致。冰冰也很怨自己，谁叫自己在家里吃了这么多东西，怎么会不发胖呢？

不行，冰冰要给自己安排一个“减肥计划”。冰冰拒绝吃各式快餐，而且饮食以素食为主，鱼肉之类坚决不要碰。不仅如此，米饭也要尽量少吃，因为稻米属于“淀粉类”的食物，吃多了也会发胖。所以，要想成功减肥，就要管住自己的嘴。

妈妈似乎看出来冰冰有点不好好吃东西，除了吃饭的时候叨叨两句之外，这几天把饭菜做得色香味俱全，今天是“叉烧鸡腿”，明天是“蟹棒炒虾仁”，总之，拿出十八般武艺，希望能勾起冰冰的食欲。

看到老妈做出的菜肴，冰冰口水都要流出来了，恨不得把一整盘菜端到眼前大吃一气，可是，自己已经下定决心要减肥了啊，在苗条和美食之间，一定要舍弃一个。

“无论多么好吃的菜，都诱惑不了我。冰冰，千万不能吃，吃了你总还是那么胖。”冰冰在和自己作心理斗争，还好，抗住了，她没有动筷子夹一口尝尝。

“来，冰冰，就吃一口，你一定会喜欢妈妈做的菜。”妈妈给了冰冰温柔的一刀。

“不行，一口也不吃，不想吃。”面对如此的考验，冰冰要保持住自己的气节。

冰冰拿起筷子，只吃桌上的那一盘“素炒笋片”，希望自己能保持住吃素的持续。

“冰冰，最近一段时间，看你总是不好好吃饭，是怎么回事啊？”妈妈直截了当地问她，“是不是想减肥啊？”

看到妈妈胸有成竹地问话，冰冰点点头承认了。

“俗话说了，一口不能吃成胖子，一下子也不可能吃成瘦子啊。你现在正处于青春期的发育阶段，身材稍稍胖一点没有什么不好啊。可能你认为，你的体重是和你每天吃多少有直接关系的，如果你超重或是肥胖，一定是与你长期过度饮食有关。所以你就觉得如果以后吃得少了，就可以减肥了，对吧？”

“是啊，我就是这样想的。”老妈真是神算啊，“胖了一点都不好看。”

“其实你这样想是错的，这是一个误区。事实上，如果你吃得很少，体重当然会减轻，但减得更多的是肌肉，而不是脂肪。我们的身体非常聪明，它会在食物充足的时候贮藏能量，在你饿的时候节约能量。当你在绝食或者减少饮食的时候，他的身体会以为饥荒来了，它就会尽可能地节约能量，把你的新陈代谢水平降下来。而肌肉往往被首先划分出来供给能量。这时，你会觉得不想动，总想休息，无精打采。”妈妈很专业地帮冰冰分析了一下这样减肥的不可行性。

“如果用这样的方法减肥，我敢断定你不会坚持太久，因为强烈的饥饿感和食欲会逐渐超过你最开始减肥的决心。到了那一刻，你又开始了原来的饮食习惯，继续大吃大喝，你的体重也会迅速增加，甚至超过了你原来的重量。”

听了老妈的一番分析，冰冰恍然大悟，顿然觉得妈妈所说的一席话，省了她少吃10顿饭！

妈妈对我说：

冰冰，青春期是人体生长发育最旺盛的时期，身体需要充足而均衡的营养，而节食势必造成营养缺乏，从而给身体造成极大的危害。

首先，节食会使人体的各种维生素摄入不足，谷类中含有丰富的维生素B2，如不足时会出现口角炎等病症；而蔬菜中则含有大量的维生素C，缺乏时会造成坏血病症；维生素D缺乏则可引起骨代谢异常，身体长不高，甚至骨骼变形；维生素A缺乏则会出现夜盲症。

其次，节食会引起蛋白质摄入不足，女孩的青春期发育一般较男孩子早，同时伴有明显的内分泌变化。蛋白质不足的后果最为严重，造成营养失衡，从而使发育缓慢、消瘦，抵抗力下降，智力发育也会受到一定的影响，严重者还会出现营养不良性水肿。

最后，节食还会导致人体所需的热量不足，处于青春期的女孩机体代谢旺盛，活动量大，机体对营养的需要相对增多，每日所需要的热量一般不少于12552千焦，如果达不到这一要求，就会对生长发育产生影响，青春期的热量应高于成年期的25%～50%。

青春期厌食症会导致人的体重下降、消瘦、营养不良、闭经等。要改善营养状况，就要吃东西，少量多餐，逐步增加消化能力。不能完全由饮食补充时，需静脉补充，当体重下降了原体重的35%～40%，或在3个月内体重下降25%～30%时，就会出现心律不齐或贫血，在消化能力逐渐好转的情况下，可用药物刺激食欲。

总之，处于青春期的女孩正是长身体、长知识的重要阶段，这一阶段的体质将影响到一生的健康。所以，单纯为追求外表美而不科学地节食是不可取的。所以，妈妈劝你要慎重地考虑节食这件事。

怎样可以帮助我长高

今天的体育课上，同学们组织了一场小型的篮球比赛。

在这场比赛中，成绩最好的要算是蒜瓣了。也难怪她的成绩好，因为她长得很高，而且平时又热爱运动，所以只要轮到她投篮，十有八九会投进。况且，蒜瓣投篮的姿势可帅了，竟然引来好多小女生在旁边为她喊："蒜瓣，加油！蒜瓣，加油！"

"不公平哦，人家全靠长得高嘛。"嫒嫒一脸的不服气。

确实如此，身高当然是优势，不仅可以使女孩子看起来亭亭玉立，还可以在篮球比赛上获得优势。

冬冬的海拔低得可怜，也只好和嫒嫒一起哀叹起来。不过，看到蒜瓣的英姿飒爽，居然希望自己也可以长得很高。

冬冬觉得很奇怪呢，要说自己的爸爸妈妈，都长得很高啊，为什么偏偏自己会长得这样矮呢？

回到家，冬冬迫不及待地问了妈妈："妈妈，我想长高一点，您有好办法吗？"

"就你这样，怎么会长得高。"妈妈说话明显带出了抱怨的口气，"整天这个也不吃，那个也不吃，又不喜欢锻炼。要想长高，就要多吃多运动。"

"你现在正处在生长发育的关键阶段，这时候身体对能量和各种营养素的需求逐渐加大。人体 50% 的体重、15% 的身高在此期间获得，体内脂肪开始积累，骨骼增长加速，上下肢比躯干长得快，肩宽和骨盆开始增大，从少年状态开始转变成青年、成人状态。营养不良的孩子青春期发育可以推迟 1 ~ 2 年，所以呀，你现在就是营养不良了。知道吗？你如果想长高，以后就要好好吃饭，还要多运动。"

妈妈对我说：

冬冬，在人的一生中，只有两个快速生长时期，第一个是在婴儿期，第二个就是青春期。青春期的女孩一般从 9 ～ 11 岁开始，身高每年增加 6 ～ 8 厘米，甚至有的可以每年加高 10 ～ 12 厘米，是人生一个重要的生长高峰。过了青春期，身体各方面基本发育成熟，骨骼完全钙化，身高也就停止增长，到那个时候要是再想增高就比较困难了，所以冬冬，如果你想让自己变得更高，一定要好好把握这几年啊。

你要知道，人体的长高，是全身性的增长，但是最突出的是四肢的增长，尤其是下肢的增长。而组织学家认为，人体的长高关键在于长骨的增长。长骨的两端骨骺和骨骺板与身高的进展关系极为密切。软骨的骨化不断地在骨骺和骨骼板内进行。骨骼内的骨化不断地向干骺方向延展，从而使骨长轴增长，人也就长高了。而一旦骨骺的骨化完成以后，骨骺板与骨骺同骨干就会完全融合，自此以后，人也就再不可能长高了。

10 ～ 16 岁是女孩的黄金发育期，16 ～ 25 岁，是长高的关键冲刺阶段。这时的女孩明显长高，对钙离子需要量也特别多，每多吸收 3 万毫克的钙离子，身高便可多长 1 厘米。

所以，冬冬你现在就需要特别注意饮食，只要你遵照妈妈告诉你的饮食方法，一定有助于你长高：

首先，应该多吃蛋白质，尤其是含有氨基酸的食物，比如：面粉、小麦胚芽、豆类、海藻、牛奶、乳酪及深色蔬菜等。

另外，像白米、糯米、甜点这些食品则应该尽量不吃。可乐与果汁也应该少吃为妙，因为过多的糖分会阻碍钙质的吸收，吃多了不利于骨骼的发育。盐也是增高的大敌，所以要养成少吃盐的习惯。

女孩也会神经衰弱吗

眼看着马上重要的期末考试就要来临了，可是林蝶根本就没有心思学习。因为从这个学期开始她迷上了武侠小说，晚上回到宿舍里总是急不可待地翻开看，那样引人入胜的故事情节，相信任何人都很难拒绝。由于看了太多的小说，林蝶的学习时间被大量的占用，以至于很多功课亮起了“红灯”，套用一句经典的话就是：大红灯笼高高挂——看上去很美。

老师不得不把林蝶“召”进了办公室：“林蝶，我们可要努力好好学习，你看班上的差生里面，哪有像你这么乖巧规矩的小孩啊。”

林蝶曾经是个好学生，而且长着一张文静的脸。

是啊，从办公室走出来的那一刻，她就发誓：一定要把成绩追上来！但是，林蝶发现自己再想进入学习的状态很难了，而且最近每天晚上都要躺在床上很晚才能睡得着，即便是睡下了也总是多梦，醒来会觉得很累。这种状况一直持续了很长时间。可能是因为这个原因，林蝶的头老是觉得发胀，上课的时候也是昏昏沉沉。平时与人交谈的时候还总是觉得自己语句混乱，语气变重、烦躁，还很容易着急。

妈妈好像发现了林蝶的异常，那天还跟她说：“林蝶，看你这几天不太精神，话也变少了，不像从前那样爱说爱笑，脾气突然又变得这么暴躁。你是不是不舒服，或者有什么烦心的事呢？”

这实在不是林蝶愿意的啊。

看到林蝶这样憔悴的样子，妈妈好像也有几分难过，她会买来很多很多健脑的补品，但是林蝶吃了之后还是一点效果都没有。

以前当林蝶感到劳累的时候，只要稍微休息一下或者睡一觉还觉得可以调整过来。但现在却不是这样，越休息反而越想休息，睡觉睡得越多反而就更想睡觉。当她强迫自己坐下来学习或是做作业的时候，也常常感到注意力不集中，因而感到特别吃力。不仅如此，林蝶还经常会感到疲劳无力、经常忘记要做的事。

妈妈实在没有办法，带着她去看医生，体检没有发现任何的异常，经过医生的诊断，确定林蝶有一些神经衰弱。

“我好歹也是个孩子哦，怎么会是神经衰弱？”林蝶很不服气，气呼呼地问妈妈，“神经衰弱不是中老年才有的疾病吗？”

“林蝶，相信医生的话，你要学会放松自己的心情啊。”

妈妈对我说：

林蝶，神经衰弱是由于长期过度紧张，而造成大脑的兴奋与抑制机能失调。有很多女孩由于工作与学习的负担过重，或者是因为长期的心理冲突、压抑得不到解决，从而导致大脑机能系统功能失调，引起神经衰弱。

当女孩患了这种神经衰弱的病症以后，就会表现得情绪不稳、失眠、乏力、抑郁寡欢，对极其重要的事情会感到茫然无所知觉，对声音极度敏感，甚至是轻微的声音也会惊恐得心跳、冒汗。

神经衰弱也是一种常见的心理神经疾病，多发生在青少年求学与就业期间，特别是青少年学生和青年知识分子的发病率远比其他神经病要高。

林蝶，妈妈想要告诉你的是，千万不要背上一个“我有病”的包袱，也不要向和自己不相关的人叙述自己的病情和痛苦，不仅别人无法帮助你分担痛苦，而且还会让自己更加坚信自己“有病”，原本无所谓的事情就让自己这么一嘀咕反而变得严重了。

一个人在成长的过程中，心理上的变化，大多得益于对自己与社会的正确认识，并及时地进行心理调适。所以，面对神经衰弱，首先要认清它的本质和发病原因，然后要树立生活和学习的信心，把消极的情绪转变为积极的情绪，才是治疗的关键。在日常的生活中，改变不良习惯、加强体育锻炼、作息时间有规律，不仅可以有助于克服精神衰弱，而且有利于神经衰弱的预防。

成长&烦恼

——给满腹疑问的你

爸爸听我说，妈妈听我说

爸爸妈妈，请你们理解我

媛媛是个“乐天派”，平时总是让大家哈哈大笑，很少有生气的时候，可有一天她却哭得非常伤心。原来，她和妈妈刚刚大吵了一架！

夏天来了，媛媛去品牌店买了一件自己早就看上的白色的上衣，准备和好朋友芳芳来一个“姊妹装”，芳芳的那件也是白色的，她觉得穿着特别精神。可媛媛自己买的那件衣服却引起了妈妈的强烈不满，不是因为贵，而是因为式样不好。那件衣服后面的布料整个都是透明的薄纱，穿上之后，内衣带都可以看得一清二楚。

媛媛觉得自己穿上小背心就没问题了，没想到妈妈反应如此激烈，不由分说直接拿剪刀把那件衣服毁掉了。

“这件衣服是用我自己节约的零花钱买的，她凭什么剪了？”媛媛气呼呼地对好朋友说。

“而且我还没有来得及说明自己不是穿在外面的，她就……”媛媛越说越委屈，开始数落起妈妈的毛病来：

“她从来就是这么不讲道理的人，每次只要是我喜欢的她就反对，我看她就是故意的。以前我小的时候，什么都听他们的，但是现在我都已经长大了，什么都不能做主，活着真没劲！”

媛媛越想越气，竟待在好朋友家不肯回家了。害得妈妈打出打电话问女儿的下落，同学们个个都知道了媛媛与妈妈之间的这场剪衣风波。

妈妈对我说：

每个人在长大的过程中必定会从依赖父母走向独立和成熟，而这个过程中也必定充满许多误解和挑战。第一次自己做主买衣服，第一次自己选择异性朋友，第一次去书店买与课文无关的书回来，这些都是独立的开始，但也往往是矛盾的开始。因为很多的父母还没有适应孩子的变化，他们依然会按照以往的习惯，为孩子安排好一切，也许这看上去有点“多管闲事”了，其实都是因为满腔的母爱使然。

媛媛对妈妈的数落实在太严重了，她觉得妈妈从来不讲道理，那是她当时的心情太差，所以对父母产生偏见甚至仇视，这让妈妈的心里多么难过。在现在的很多家庭中，中年父母与青春期子女之间有一些强烈的冲突都是不可避免的。尤其是40多岁的母亲，其实也一样处在一个特殊的阶段，就是“更年期”。更年期中的妈妈脾气会比平时更躁一些，个性也会变得更加固执。如果我们希望别人理解处于青春期的我们自己，那么妈妈同样也可望被理解。所以，当某一天妈妈和你发生了冲突，请你也先原谅妈妈的暴脾气好不好？希望被理解的心情是一样的，而只顾自己发脾气，对任何一方都是不利的。

著名的爱国将领林则徐小时候也经历过脾气暴躁的年纪，据说他因为自己才情高，对周围的人都不太客气。后来他自己意识到发脾气对自己、对别人都不好，于是就在自己的客厅里挂了一块“制怒”的匾额，提醒自己不要轻易发火。

人人都是凡夫俗子，都会发脾气。但要努力克制自己，在平静的时候好好沟通，什么样的隔阂都会很快消失。

我也是家庭的一员

亚男的家里只有一台电脑，每个人都需要它。爸爸会用它来玩“拱猪”，妈妈喜欢用它来做展示PPT，而亚男则更是喜欢和电脑在一起。所以每每会出现“用脑紧张”的状况。

据于此，爸爸提议：家里是否应该买一台新的电脑。

“好啊！”还没有等妈妈表态，亚男就开始投了自己的关键一票。

“我的意思是先不用买了。”妈妈想了想，说出了她的看法，“我觉得咱们家里并非特别需要买一台电脑。首先，虽然一台电脑是不够用，但是将就着也可以，不会太耽误事。而且我还怕有了新电脑之后亚男贪玩，成绩掉下来怎么办？”

“怎么会啊？有了电脑，我的学习效率会提高得更快哦。”亚男很不服气妈妈的说法。

妈妈和善地对女儿说：“好女儿，不是妈妈看轻你哦。你看平时你坐在电脑旁总是岿然不动的样子，如果将来玩电脑上瘾了怎么办呢？”

“怎么会呢？妈妈你一点也不相信我，还要翻旧账。”接下来，妈妈每说一句，她都要反驳，而且是据理力争。不过几轮舌战下来，妈妈确实是被亚男惹恼了，她压住了心中的不悦，说道：“亚男，你有自己的想法是对的，可是，你这样的态度很不好。你等妈妈说完了，再发表自己的看法好吗？妈妈知道你喜欢表达自己的观点，但是你也应该理解别人的想法是不是？”

“嗯，妈妈。其实，我只是想表述我非常想买一台电脑，所以……”这时亚男才知道自己刚才有点不礼貌，不好意思地低下了头。

“是啊，我们确实需要一台新的电脑呢，我也相信孩子一定能自觉地安排自己的时间。”还好有爸爸关键一票的支持，家里的电脑讨论会最终在“友好”的氛围下顺利解决了，亚男此后对妈妈也不再那样据理力争了。

妈妈对我说：

孩子能自主起来是一件令做母亲的高兴的事情。其实，妈妈不是为了让孩子一直需要而存在的，而是为了让孩子有一天可以不需要妈妈而存在的，也就是说，让孩子独立是做母亲的责任。但是，因为觉得有道理，就和长辈不依不饶的，这样的表现也比较不令人满意。

要知道，固执己见地反驳别人，并不是表达自己意见的最佳方法。

著名的作家龙应台女士，本是一个习惯和别人在报章上辩论的人。但当她进入仕途之后才发现，争论并不能解决问题。当有人朝她大喊大叫、冤枉他、给她扣上各种莫须有的罵名时，她忍住火气，并对别人指出来的自己的错误道歉。有一次开会，很多人迟到了。她没有声讨那些浪费大家时间的人，只是请乐队来了一曲交响乐，在听音乐的过程中抗议那些不守时的人。无声的抗议，有时会更让对方自觉和自省。

妈妈想给你提点小意见，当你要表达自己的意见时，不妨注意以下几个方面：

在发表意见的时候要端正自己的角色。尽管我们任何人在发表意见之前都经过了反复推敲、深思熟虑，但是难免是一己之见，在常人看来可能是有些肤浅，不值得听。如果能认识到这一点的话，你在发表意见的时候就不会咄咄逼人了，要想根据自己的角色位置做出自然得体的发言，首先要按住性子，不唐突发言；其次是发表意见，不要长篇大论占过多的时间；再次要注意语气谦和，尽量以探询、请教的口吻面对大家，不要自以为是、态度乖张。

如果你确实有自己独到的见解时，当然应该大胆发表出来，但为了不致造成误会，取得更好的接受和领会效果，应该注意阐述的角度和方式：其一，从侧面说，把自己的意见折射出来，让别人悟出本意所在，这容易得到人们的谅解和接受。其二，采用探询商讨的方式，引导听者参与其中：一则意见可以得到进一步验证；二则可给人深切透彻的感受，从而把意见阐述得更正确，更易取得他人认同。

日记被父母偷看怎么办

“妈妈，这几天我回家会比较晚哦。”陈果和妈妈提前打了招呼，就去学校了。陈果想要做什么呢？

原来，她已经和死党约好，这几天每天晚上都要去学校的广场练习肚皮舞的跳法。肚皮舞是一种很有争议的舞蹈，据说古代只有妓女才会练习，不够端庄，陈果担心妈妈反对她学习，就偷偷地进行。

“果果，你为什么每天都这么晚回来呢？”

“我晚上和囡囡在一起。”

“你们都干什么了？”妈妈穷追不舍地问道。

“在学校的操场，我们练习长跑了。”陈果编了一个谎话，企图瞒天过海。

一天，陈果回家之后看到妈妈脸色很难看地说道：“果果，你今天晚上去做什么了？”

“去操场长跑了。”

“你不要骗我，你们根本就没有在操场，我刚刚从操场回来。说吧，你做什么了？”

眼看纸里包不住火，陈果怒气冲冲地问妈妈：“为什么我做什么都要告诉你呢？我又不是三岁小孩。”

“你去跳舞妈妈又不会反对，为什么要对妈妈撒谎？”看着妈妈手里拿着自己的日记本，陈果哇的一声哭了出来。

妈妈对我说：

有人说如果你想要知道什么是提心吊胆的滋味，就养一个女儿吧。我们总是习惯将女孩子看得很娇弱，因为事实证明，女孩子就是比较容易上当受骗。晚上不按时回家，难怪妈妈会提心吊胆，毕竟你已经长大了，又不好问来问去，只有通过看日记的极端方式来解决了。

其实妈妈也有错，如果平时对你无话不谈，你也不会对妈妈隐瞒什么。妈妈知道看别人的日记是不对的，妈妈向你道歉，请你原谅妈妈。

为了不让这样的事情再发生，我们约定，以后以诚相待。偷看你的日记，这是头一次，你要相信妈妈的本意并不是伤害你，理解妈妈对你的期望，妈妈实在是太害怕你有一点闪失了，否则的话，我又为何要提心吊胆地去看你的日记呢?

我们常说一个巴掌拍不响，其实你的做法也很不妥当呢。你有什么事情不主动跟父母谈，这样也不对啊。既然都有责任，那就都为自己的错误承担这个小小的争吵吧。无论什么时候都要记住，女儿对妈妈是可以毫无保留的。

我也想多做些家务

今天看到葱头穿上了漂亮的裙子，不禁让雯雯的眼球一亮：“葱头，新裙子很漂亮啊。在哪里买的？”

“好看吧！”葱头得意地炫耀了一番，“我和妈妈在那条意式风情街买的，好贵呢。”

“哈,你妈妈舍得给你买这么贵的裙子,你是怎么磨的,教教我。”别说，看到了葱头的裙子，雯雯从心里喜欢。

“没有，我怎么会让妈妈给我买呢？这完全是我的劳动所得换来的。”

什么？不是听错了吧？劳动所得？“葱头，你到外面打工了吗？哪里找到的工作？”雯雯问道。

“没有啊，我是给妈妈打工，然后妈妈付给我报酬。”葱头得意地笑笑。“现在我在家里可勤快了,洗碗啊,扫地啊,样样都抢着做,因为我每做一样事情，都是有工钱的。现在是市场经济，什么都要讲究效益的，你也可以试试看啊。”

雯雯一听心里痒痒了，没有想到这也是一条生财之道啊，回家和爸爸妈妈商量看看成不成。

晚饭后，雯雯正式向妈妈宣布：“从今天以后，我每天抽出一个小时来为你们做家务好不好？”

“好啊，当然好啊，女儿变得懂事了。”妈妈显得喜出望外。

“嗯，行啊……就是有个条件……”要提到关键点，雯雯还真有点不好意思。

“什么啊？你还有条件啊？”妈妈貌似察觉出来这里有“猫腻”。

“嗯，是啊。你要不要给我算报酬作为奖励啊。”

妈妈听明白她的意思了，笑着说：“连你都懂得市场经济啦，呵呵。那我们反过来算一算，现在包括以前，我每天都在为你和爸爸打工，你们要给我算多少钱的工资呢？”

让妈妈这么一问，雯雯马上像跑气的皮球一样——瘪了。是啊！妈妈每天都为这个家任劳任怨，几时提到过回报呢？

“嗯，那这样吧，妈妈，我以后每天要抽出时间帮你们做家务，工钱我一分不要了好吧。”

老妈听她这样一说，欣慰地笑了。

妈妈对我说：

雯雯，起初听到你的这个建议，妈妈特别高兴，因为做家务对于你来讲，实际上是必需的功课。为什么这样讲呢？妈妈想告诉你的是：通过做家务，可以锻炼很多能力，你信么？

首先，通过做家务可以培养你的独立生活能力。当你掌握的生存技能越多，你的独立性也就越强，也就增强了生活的自信和对生活的适应能力。当你面对生活中的很多难题之后，就可以去努力克服解决了。

其次，通过做家务劳动还可以锻炼一个人的身体协调能力、动手能力，有助于锻炼一个人的逻辑思维能力以及对事情的分析、判断、安排、统筹的能力，多做家务可以帮助你更好地认识事物。

还有就是，通过做家务，可以锻炼一个人与人交流、合作的能力，以及团队的意识。在家务劳动中，我们会面对共同的劳动任何和目标，经过相互的沟通，然后分工合作，最后在各自的努力中达成目标。在这个过程中锻炼了一个人的分析能力，沟通的能力，培养了合作的意识和团结的精神。通过做家务还可以增强智力，激发创新能力。劳动让人的双手灵活，有益于左、右脑的开发。劳动的过程中还会带给你很多灵感，让你不知不觉就想到很多好点子。如果你能把家务做好，以后很多事情妈妈也就都放心地交给你了。因为你已经有了责任心，有了创造能力和统筹的能力。

让妈妈每天的劳动而不觉得累的原因，就是你和爸爸。我感到自己正在做对你们有用的事情，想想就会觉得很开心。同样，当你为你在乎的人做一点点事情的时候，你也会觉得开心的。每个人都不光是为自己活着的，也是为别人活着的。劳动能让我们体会到活着的意义。

也许你会觉得惊讶，一个小小的家务劳动而已，妈妈怎么想得这么多。不错，不要小看劳动，要知道，人类所有的文明都是人们劳动创造出来的。所以有很多人宁愿自己在家做饭而不是去餐厅点点菜，因为劳动有金钱换不来的感情体验。

雯雯，妈妈希望你明白，帮助别人与获得报酬的劳动是不同的。帮助人是为了给人以快乐，并不是为了获得金钱。你要明白干家务活是体谅、帮助父母，是家庭成员应尽的义务。

另外，妈妈还想告诉你的是，适量的家务劳动还能使你变得更加快乐呢。

美国哈佛大学历时40年研究，发现了一个值得注意的问题，适量劳动可以使人快乐。研究人员在波士顿市旧市区内研究过456名青年的生活。当他们到了中年的时候，研究人员发现：不论智力、家庭、收入、种族背景或教育程度如何，那些童年时参加过劳动，甚至是简单的家务劳动的人，也比那些小时候不做事的人生活得愉快。

所以，雯雯，妈妈希望你也成为一个更加快乐的孩子，好吗？

父母要离婚，我该怎么办

有一个可怜的小女孩点点，平时她总是独自一人在角落里学习，写作业，不爱和大家在一起玩。听别的同学说她的父母一直在闹离婚，都三年了法院还没有下最后的判决，想必点点的心也一定是备受煎熬吧。

如果不是这样，为什么她总是独自一人默默不语？为什么她总是独自一人望着窗外的风景发呆？为什么她的微笑看起来那样的彷徨？

可怜的点点，她幼小的心里一定装了数不尽的难过。同学们从来都没有看到过点点的父母在她放学的时候接她回家，点点她心里也一定有种说不出的滋味。她很害怕同学们谈起自己的父母，因为那个时候她会觉得自己和别人不一样，自己是个被抛弃的孩子。

有时候她很想找人说说话，但同学们都像有点躲避她似的，不爱和她交流。点点越来越觉得自己和别人交流困难，有时候还没有说清楚事情，脸就红了，或者结巴地说不上来。

“为什么别人都有完整的家庭，只有我什么都没有呢？”点点痛苦地问妈妈，这一次，妈妈也流下了眼泪。

妈妈对我说：

妈妈和爸爸分开，既不是你的错，也不是惩罚你。爸爸妈妈只是想要换一种生活方式，这是对我们都好的选择。但妈妈知道你希望有一个完整的家庭，你会很在意这件事情，妈妈能理解。

其实，单亲家庭的孩子和别的孩子没有任何区别，一样能得到父爱母爱，一样可以争取好成绩，考上自己喜欢的学校，读自己喜欢的书。只是有的人觉得单亲家庭的孩子很可怜，让你也会怀疑自己是不是真的很可怜。

点点，不要怀疑妈妈对你的爱，妈妈永远爱你，爸爸也永远爱你。不要在意那些不了解你的人的看法，我们唯一个要在意的，就是珍惜自己的人。

如果有人瞧不起你，不要难过。那只是说明你们不适合做朋友，你会遇上理解你的人，和那样的人成为朋友不是更好么？

其实，很多优秀的人也是出自单亲家庭，例如美国总统奥巴马，从小就和妈妈一起生活，他不但没有觉得自卑，反而非常自信，成为美国总统！

西方说当上帝关上一扇门的时候，一定会为我们打开一扇窗。失去某一样东西，那么你就会在另一方面得到补偿。父母的婚姻失败了，但你可以更理解父爱和母爱的珍贵，你会比其他人更懂得珍惜亲人之间的感情，不是么？

生活中的酸甜苦辣

同学在背后说我的坏话，我怎么办

海琼的英语很差劲，但是语文成绩异常优秀，以至于每到考试的时候，同学都希望能和她坐得近一点，还会和她商量着：“海琼，一会考试的时候就拜托你啦。”甚至会有同学在考试之前找海琼借笔，说一定要“沾沾喜气。”

有一次考试，坐在海琼旁边的同学一直疯狂地抄袭，由于他没有干扰海琼答题，所以海琼也就没有理会他，任他一直抄下去。但是，老师却都看在眼里了，并且记住了那个同学的名字。

试卷判完之后就发了下来，海琼的成绩又是全班第一。话说抄她卷子的那个同学，却只得了 54 分，那个同学也觉得有点不对劲，他把海琼的卷子拿了过来，和海琼试卷上的答案一一核对，发现老师把他的分数算错了。

下课之后，这个同学居然就跑去找到了老师：“老师，您看，我的这个题目答案和海琼的一样，都是一样的答案，您把分数给我算错了。”

海琼坐在下面哭笑不得，心想：这个同学可真是够呆的，这种问题居然好意思找老师问。而且把自己也抖了出来，要知道自己可不是协助他作弊啊。

没想到老师连理都不理他，自己收拾好课本走出了教室……

从那天以后，海琼发现有几个同学好像看到她之后眼神怪怪的。还有一次，海琼在课间写作业的时候不经意间抬起了头，忽然发现有四个女生眼睛齐刷刷地往她这里盯着看，海琼的汗毛直竖。

“究竟是为什么呢？好像是有人在背后说我坏话了吧。”海琼的心里暗自嘀咕。

果然不出她的所料，海琼的一名“铁杆战友”向她透露，有的人在背后说老师偏向她呢。

这……海琼觉得，真是令人无语……

妈妈对我说：

海琼，俗话说得好：好话不背人，背人没好话。如果有同学在后面议论你的话，你要做的是首先要反省自己，如果确定自己确实没有错的话，大可不必担心，凡事只要正大光明就好。

对于你同学的那些行为，你大可不必为此劳心费神，更不必大动干戈，妈妈给你提了一些意见，相信会对你有帮助：

1. 敬而远之，泰然处之。如果你觉得从没有招惹他们，自己也是于心无愧的话，那就是他人的问题了。其实在生活中还是有这种人的，他们喜欢有意拿人讥笑，求得自己的欢乐，这种人不值得交往，那就对他们敬而远之。他们有议论的自由，那么我们也有不听的自由，对他们背后的坏话，大可不必斤斤计较或是费心去打听。他们在背后议论是非，有损的是他们的形象，与我们无关。

海琼，你要知道，没有一个人是可以通过贬低别人能够抬高自己的，你只要泰然处之、安心学业，对这样的人不去理会，时间长了，他们自己就会觉得没趣，而你呢，却丝毫不受影响。更关键的是，同学都看在眼里，记在心上，说不定到那时你的威望还会提高呢。

2. 公开说话，以求心理平衡。如果你自己觉得有被人议论的话题，或是得罪了某人，就应该主动和他们去沟通，诚心诚意地去征求他们对你的看法，有话当面说，隔阂一定可以消除，除非他们进行人身攻击，有意中伤，甚至触犯了法律，那就又另当别论了。如果是你自己有做的不周到的地方，那么要先把自己的缺点改掉，改得越快越彻底，他们就没有在背后议论的素材了。总之自己要把握好的是：不看别人做的对不对，先要看自己做的对不对。

3. 保持一点洒脱和达观。一个巴掌拍不响，只要你不去拍另一个巴掌，洒脱一点，矛盾就不会被激化。生活中碰到的厌烦事常常都有，问题是如何来面对它们，最好的方法是在清醒中求快活，去解除无可奈何的烦恼，我们既不求能糊里糊涂地浪费时光，也不必对一切事物都过分认真苛求，最好的态度是在认真严肃的一面之外，仍要有洒脱达观的一面。

海琼，一个肯向上的人，有崇高理想的人，是不会把时间浪费在这些鸡毛蒜皮的小事上的，对于你现在的处境，妈妈希望你不要往心里去。对别人的非议，宁肯不屑一顾，也绝不肯轻易浪费自己宝贵的时间和精力去斤斤计较，这才是真正的聪明之举。“走自己的路，让别人说去吧！”这句话，你一定听说过吧。

同学总是嘲笑我怎么办

梦舒是一个看上去还算是可人的小女孩，除此之外，她还有一个大优点就是——她的成绩很稳定——每次考试都是全班倒数第一名。每当总结考试的时候，老师就会说：“梦舒，希望你以后能够取得进步，不要多，只要前进一个名次，对你而言就是一个纪录。”

课间休息的时候，就会有几个调皮捣蛋的小男生小女生过来起哄：

“梦舒，这次又是你考倒数第一，你的底盘够重的啊，我们挪都挪不动了。”

同学的奚落给原本安静的教室气氛活跃不少，同学们在旁边听到了这些都忍不住想笑出声音来，只是那个可怜的梦舒成了大家谈笑的笑柄。

这个班里，似乎没有梦舒的话，同学中间会少了很多欢乐。只是这一点都不好玩。

不过梦舒很老实，对待大家的奚落，她从来都不还击，有时只是走过去，笑一笑，看上去确实过于柔弱。难道学习成绩差的孩子就理应遭受这种待遇吗？梦舒有的时候也在这样想，觉得实在是不公平不合理。

那天，几个淘气的女孩居然把她的文具盒还有书包，顺着教学楼的窗台扔到楼下去了，而梦舒居然什么都不说，只是乖乖地跑到楼下把东西拣过来了。

同学们很少看到梦舒和其他的同学在一起玩，因为她道他们肯定会嘲笑她。

可是即便是在课间的时候没有什么事情做，梦舒也不敢在这个时候写作业，因为如果她在学习，肯定会有同学过来奚落他。所以，她只好在课间的时候一个人闭目养神。

那天梦舒请同学们吃饭，可能是为了求他们不要再欺负她了吧，那些同学不客气地接受了她的邀请，然后还是一如既往地欺负她。梦舒觉得自己很孤独，很难过，因为在班上没有一个好朋友和她玩，相信她的心内也一定很痛苦，很挣扎……

妈妈对我说：

梦舒，其实每个人都有他各自的优点和缺点，像你班上的那些同学都这样对待你，可是你从来都不发脾气，这本来就是很难得的优点啊！也许是因为你觉得自己的成绩差，所以理所应当接受别人的嘲笑，这就是你的认识有误区了。人最重要的是首先是自己不能看不起自己，更不能自卑，要先找到自己的优点，还有就是要正确对待自己的缺点。成绩对于学生来说固然重要，但也不是说成绩就可以说明一切，比如说一个人的品德、能力、素质等等，那怎么是单凭成绩可以衡量的呢？像班上那些欺负你的同学，成绩虽然比较好，但是能说他们是品德高尚的人吗？他们将来会成为社会上有能力的人吗？

当周围的人都比自己强的时候，处于自尊心可能会感受到有压力，觉得别人怎么都是这样厉害，觉得自己很孤独，好像是被抛弃了，其实大可不必这样想，因为每个人都有无限的潜力，只要通过自己的努力，成绩一定会有所提高。以前妈妈的班上就有一个女同学，起初她的学习成绩特别不好，她的上进心很强，就放弃了自己很多玩耍的时间，每天在家里暗自努力，最后考上了重点学校。所以首先要对自己有信心，加上付出的努力，才会使人对你刮目相看。

还有就是，人生中遇到什么样的挫折都是有可能的，当遇到困难的时候，如果用逃避来解决问题，这一定是最愚蠢的做法。最重要的是不可以自暴自弃，也不要轻易否定自己，比如你的那些同学，他们素质真的是特别低，又爱嘲笑人又爱欺负人，这样的人也不值得去交朋友，所以不要因为他们而对生活失去信心，在我们周围还是有很多人关心我们的。

勤工俭学会被人瞧不起吗

秀影在垃圾箱旁边寻找可以卖钱的塑料瓶的景象又一次被大家发现了，为了不想让别人过多地关注她，秀影只好绕开走了。

秀影从小爸爸就过世了，生活的重担完全由她的妈妈一个人来承担，可想而知，家里的境况应该不会太好。对于秀影，同学对她更多的是同情，也很佩服她的精神，为了求学，她忍受了很多常人想象不到的艰辛。为了节省几元钱的车钱，她会选择步行来上班，为了想让自己多一些工作赚钱的机会，她经常会在学校的公告栏处寻找兼职的信息，甚至还会自己从小商品市场去批发一些小文具，在学校的生活区兜售。

对于秀影的行为，同学们褒贬不一。一般说来大家都比较同情她，对她也很友善，然而也有一些同学则对她充满了鄙视，甚至是嘲笑。所以秀影脸上的表情总是木然，她的内心一定被自卑和忧伤笼罩着。

很多不喜欢她的同学在背后议论她，说她小小年纪就知道赚钱，浑身沾满了铜臭味。这样的讲法对吗？也许，生活在那些生活条件相对比较好的环境中的孩子，是无法体会到秀影的处境吧。

妈妈对我说：

秀影，说真的，你真是一个了不起的好孩子，在经济那样困难的情况下还以如此积极的心态坚持求学，要知道，和你同龄的孩子，不知道有多少事情需要父母来代劳才行。你和那些孩子们相比，不知道要比他们强多少。

毫无疑问，勤工俭学对这些家庭环境贫寒的学生来说是正当而且是非常必要的。因为他们需要倚靠自己的劳动来获得一定的收获，以维持自己的求学生活，为父母分忧。其实这在他们的人生路上要迎接的一场挑战，半工半读比中途辍学来得更有勇气。

人最怕有享受的念头，因为由俭入奢易，由奢入俭难，那些嘲笑你的同学，可能是仰仗着自己目前的家庭状况比较好而气焰嚣张，但是将来很有可能比不上你呢。秀影你也要记住，艰苦的生活既是一种磨难，又是一笔财富；那既是命运对你的挑战，又是命运给予的恩赐。勤工俭学的日子虽然苦，却可以帮助一个人在意志、能力等方面得到磨炼，为将来的生活、事业打下基础。那些温室里的花儿们永远也没有机会"利用"这一切。所以，抓住这特别的机会努力吧！一个人生命中经历的磨难越多，体验欢乐的能力才会越强。

世界唯一不变的是永不停止的发展和运动，情绪的起落自然会如风如云。要在别人的关注和议论中走自己的路，而且要走得心静如水。再说走艰难的路肯定不会有太多的好心情，烦躁与不安是雕琢性格的刀，想成器，别怕疼，如果能够承受苦难的岁月，还怕接受苦难的心情吗？

老师侵犯了我的隐私权，怎么办

雨婷平时喜欢上网，而且特别喜欢上论坛网站上去灌水。其实论坛是个藏龙卧虎的地方，很多"高人"在论坛上舒展自己的言论，所以，一有时间雨婷就会到论坛上面泡着。

后来一次偶然的机会，她在论坛上看到了一篇写关于古龙小说人物大串烧的帖子，那篇文章写得如此精彩，可以看得出作者对古龙的小说有着很精深的研究，巧的是，雨婷也是个古龙小说迷，心想如果可以和这位朋友多多交流，那多有趣啊。

后来雨婷在网上认识了这位朋友，而且他讲给雨婷讲了很多关于古龙以及小说中的很多故事。后来，这位朋友出国了，虽然两个人可以通过网络来联系，但是那位朋友说写信是个更好的方式，因为这样的话雨婷可以得到一些外国的邮票。于是，雨婷就把学校的通信地址留给了他，而且一直期待着他的来信。

那天下午，课间的时候，有个同学过来告诉她说："雨婷，老师找你，快去办公室吧。"

嗯？难道有犯错误吗？雨婷心里琢磨着就来到办公室，只见老师手里拿着一封信，对她说："雨婷，这是你的一封信。老师想提醒你，现在还在求学阶段，其他与学习不相关的事情最好不要去涉及。"

那封雨婷盼了很长时间的带有外国邮票的信，居然在老师的手里。

定睛一看才发现，老师居然把她的信拆开了，怎么可以私自拆别人的信件呢？雨婷不禁火冒三丈，可是面对老师又觉得不好发作，于是只好对老师说："那是我认识的一个笔友，经常通信讨论古龙的小说。"

老师似乎也没有抓到雨婷什么小尾巴，而且雨婷也根本没有做什么不好的事情啊，只好说："嗯，以后多注意专心学习，和学习无关的事情最好少做，现在本来功课就很紧张，你的成绩还有很大的提升空间。"

雨婷心里很生气，居然这样就把自己私自拆信的行为掩饰过去了……无奈……

妈妈对我说：

雨婷，妈妈想和你说的是，这件事确实不怨你，不过妈妈希望你也能和从前一样尊敬自己的老师，好吗？作为一名老师，私自拆学生的信件，虽然是个别现象，但是确实存在，而且这种事情更容易发生在班主任或是政教老师的身上。应该说的是，这种行为是违法的、不道德的。但是究其原因，这样做大多是出于无奈，无奈的后面也是对你的关心。因为青少年正处于与同学、同龄人之间发生横向联系的年龄，由纵向年龄到横向年龄的发展是人生中心理发展的正常阶段，也是人长大走向成熟所不可少的。老师们也是由于了解到了这个特点，所以才会为你们而担心。由于像你们现在这个年龄的青少年思想活跃，很想独立处理一些问题，但又不免有天真幼稚的一面。横向交友是必要的，但有时把握不好分寸，会出现一些不正常的倾向，比如和社会上不三不四的人或外校不太好的学生建立联系，甚至形成团伙，或者是在校外交了异性朋友，经常有书信往来，耽误了学习等等。老师们抱怨同学在交友方面出现偏差，影响品德和学习，这种关心和担心是十分必要的，也是老师对学生负责的表现。

一般同学的这种交往带有隐蔽性、封闭性。有的老师苦于不了解你的思想动向和交友目的，只能采取私自拆信的行为。私自拆信严格说来是一种违法行为，即便是家人之间可没有互相拆信的权力。老师私自拆学生信件的行为同样是错误的，但其出发点是好的，所以你对老师这样的行为还是要予以谅解。

雨婷，你是个善解人意的孩子，相信你是可以理解老师的良苦用心的，希望你也能够对老师的良苦用心予以谅解。要想很完满地解决这个问题，可以有以下的几种方法：

第一，开门见山、直截了当地向老师提出意见，指出这种做法是违法行为，不希望老师这样做。但要注意的是，首先应说明理解老师的心情，理解老师只是采取的方法不好，在谅解的基础上善意地提出意见，我想老师是会接受的。

第二，你可以有意识得主动接近老师，常和老师交流自己的想法，使老师能了解你们的思想动向。

第三，从思想上、行动上严格要求自己，树立正确的交友观，如果是不三不四或者底细不清的人最好不联系，把主要的精力放在学习上，以行动让老师放心，这才是最根本的。

不管怎么说，老师私自拆学生的信是错误的，是侵权行为，是不容许的。但我们要从实际出发，具体问题具体分析，要在理解的基础上解决好这个问题。

和老师发生了顶撞冲突，该如何收场

雅芙的英语老师有一个美丽的绰号名为“三丽”，为什么这么说呢？因为她第一节上课的时候就向大家这样做自我介绍：“My name is Lilili.”依娜听到了，在下面直接跟了一句：“好家伙，直接叫三丽算了。”所以，“三丽”的雅称由此而来。

有一次上课，雅芙感觉后面有同学碰了她一下，之后递给她一张纸条，上面写着“给依娜”，于是，雅芙就顺手递了过去。

这一幕让“三丽”老师看到了，她对着雅芙说：“上课不许传纸条。”

“是别的同学给我的。”雅芙很不服气，本来嘛，之前那么多的同学在传，为什么单单只说她呢？

“我就看到了是你在传纸条。”老师一口咬定是雅芙。当着全班同学的面，雅芙感到特别的难为情，依娜在雅芙旁边说了这么一句：“嘿！快别说了，三丽要怒了。”在她说完这句话之后，“三丽”把目光从雅芙这里转向了依娜。

“你刚才说什么？”老师向依娜问道。

“我是告诉雅芙，不要再和老师顶嘴了。”依娜一脸真诚地告诉老师。

“三丽”那一双又圆又亮的眼睛狠狠瞪了她们两个人一下，继续讲课。

“好险！”依娜长舒一口气。

可是，雅芙还是感到委屈，这件事情，真的并不怨她啊……

妈妈对我说：

如果在学校里老师和同学的关系处理不好，直接会影响一个学生的生活和学习，发展下去还会影响身心健康。

首先，我们要明确的是，老师也是人，是有感情的，当然更喜欢相处和谐的人，不喜欢同自己闹别扭的人，即使自己是学生，也不例外。美国的口才大王卡耐基曾经有一个观点就是说：一个人事业上的成功，只有15%靠他的专业技术，另外85%是靠人际关系，这种估计可能夸大了，但也足见人际关系的好坏，在很大程度上影响一个人事业的成功。

如果在学校中想处理好与老师的关系，必须做到以下几个方面：

1. 学生要懂得尊敬老师。师生关系是教育与被教育的关系。老师是教育者，又是长者，阅历丰富，学有所成。而学生则是被教育者，年龄小、阅历浅，许多事情不懂不会。虽然我们常说，老师学生是平等的，无高下之分，但这主要是指在人格方面。在学识、职位和年龄方面，老师就是老师，学生就是学生。我国历来都有尊师的好传统，如“一日为师，终身为父”，“师徒如父子”。把师生关系说成是父子关系，就是说要一个学生要像是尊敬自己的父亲那样尊敬自己的老师。你想，如果在学生的眼中作为老师一点尊严都没有，他能教育好自己的学生吗？反过来说，做学生的要向老师学习知识，却不虚心，甚至全不把老师放在眼里，那学生又能学到什么呢？所以作为学生一定要对自己的老师有恭敬的心，才能虚心受教。

2. 要了解你的老师。人们常说“千人有千脾气”。老师也不例外，也有自己的生活习惯、工作习惯、业余爱好、待人方法、喜怒哀乐等情绪。了解了老师的这些特点，你才有可能准确地把握老师对你的态度、意见或是对事物的看法，不至于产生误解，甚至费力不讨好。有的老师很严厉，批评起来如疾风骤雨，过后就云开见青天，对于这种老师的批评，就不要太介意，做错了只要改便是，没有必要搞得自己心情沉重；而有的老师批评人很含蓄，语言委婉，甚至寓批评于故事之中，这也并不说明他对你意见不大。有的老师性格粗放，不拘小节，那你只要大事不糊涂就好了；有的老师管理细致，你就要一丝不苟，认真仔细。总之，要因人而异。

3. 要善待老师的缺点。老师并不是圣人，也不是完人，老师也一定有自己的缺点，对此要有分析，区别对待。如果老师的缺点与工作无关，则没有必要去管它；如果有碍工作的话，可以适当提醒。老师之所以是误认为你做错了事，一是工作不细心，二是有可能与你有类似缺点有关。何况你的强硬态度使老师下不来台，难免关系弄僵。

4. 要以诚对待。作为学生，应该真心实意地尊敬老师，对老师讲实话，维护老师的威信。这样老师才能做出正确的决策。有时对老师进行一些适当的赞扬，会使他增加信心，对班级工作有好处。这与为谋私利的阿谀奉迎不是一回事儿。

所有的老师都希望自己的学生早日成才，即使最严厉的老师也有一颗善良的心，天下没有一个老师不希望自己的学生能够取得好的成绩。与老师相处不快的时候，要学会“换位思考”，假若我是老师我会怎样？这样使很多不快就会烟消云散。师生感情是世界上最纯洁的感情。而且，如果你能够结识并深交一位品德高尚、学识渊博的老师，对你一生将有大的裨益。尊重老师，就是尊重知识，也是尊重你的未来。我建议你主动与老师谈心，承认顶撞老师是不对的，请求老师的谅解，并说明真相，消除误会，把你心上的石头放下来。这样，你就会放下思想包袱，满怀信心地去迎接明天的太阳。

我不是丑小鸭

怎样克服自卑感

美莲最近心情总是沉闷的，格外的郁闷，老是觉得自己比不过别人。

她有一次和同伴调笑说：套用刘邦的那句话，就是“夫论聪明伶俐，油头滑脑，吾不如小 A；善解人意，出谋划策，吾不如小 B；时尚靓丽，吾不如小 C。呜呜……”

（想知道当时刘邦是怎样说的吗？“夫论运筹帷幄之中，决胜于千里之外，吾不如子房。镇国家，抚百姓，给馈饷，不绝粮道，吾不如萧何。连百万之军，战必胜，攻必取，吾不如韩信。此三者，皆人杰也，吾能用之，此吾所以取天下也。”）

美莲不知当时刘邦怎么这样自信，如今这话从自己嘴里说出来的时候，只剩下悲伤的眼泪了。

是的，美莲确实很自卑，觉得自己的心路历程很郁闷，不知自己何处有所长。

回到家，她居然莫名其妙地问妈妈：“妈妈，我是不是毛病特别多？”

“没有啊，很多叔叔阿姨都很喜欢美莲。”妈妈很诧异地望着美莲，却不知道怎样来安慰这个孩子。

“嗯，那就好。”

可能是由于美莲想得太多了吧，为什么总是对自己不自信呢？

妈妈对我说：

美莲，其实你的这种心理，在现在的生活中大有人在。有许多像你这样年纪的女孩性格孤僻、害怕与人交往，常常觉得自己是茫茫大海上的一叶孤舟，喜欢一个人顾影自怜，或是无病呻吟。他们不愿投入火热的生活，却又抱怨别人不理解自己，不接纳自己。这种封闭自己的自卑心理，后来就会衍生出一种与世隔绝、孤单寂寞的情绪体验，也会感到自己越来越孤独。孤独的人往往将自己封闭于一个自我的狭小范围内，独自在这块小小圈地里品尝寂寞，并且拒绝他人的善意介入。这样的人，到头来损失最多的还是他自己。

美莲，妈妈不希望你变成这样的人，年轻人应该是朝气蓬勃，蒸蒸日上的。妈妈想用一个故事来启发你，想让你明白，自卑的人总是觉得一切对她而言都毫无意义，最终也不会创造出多彩的生活。

有位自卑的孤独者倚靠着一棵树晒太阳，他衣衫褴褛，神情萎靡，不时有气无力地打着哈欠。这时有一位智者由此经过，好奇地问道：“年轻人，如此好的阳光，如此难得的季节，你不去做你该做的事，懒懒散散地晒太阳，岂不辜负了大好时光？”

“唉！”孤独者叹了一口气说，“在这个世界上，除了躯壳外，我一无所有。我又何必去费心费力地做什么事呢？我的躯壳，就是我做的所有事了。”

“你没有家？”

“没有。与其承担家庭的负累，不如干脆没有。”孤独者说。

“你没有你的所爱？”

“没有。与其爱过之后便是恨，不如干脆不去爱。”

“没有朋友？”

“没有。与其得到之后失去，不如干脆没有朋友。”

“你不想去赚钱？”

“不想。千金得来还复去，何必劳心费神动躯体？”

“噢！”智者若有所思，“看来我得赶快帮你找根绳子。”

“找绳子？干吗？”孤独者好奇地问。

“帮你自缢！”

“自缢？你叫我死？”孤独者惊诧了。

“对。人有生就有死，与其生了还会死去，不如干脆就不出生。你的存在，本身就是多余的，自缢而死，不是正合你的逻辑吗？”

孤独者无言以对。

“兰生幽谷，不为无人佩戴而不芬芳；月挂中天，不因暂满还缺而不自圆；桃李灼灼，不因秋节将至而不开花；江水奔腾，不以一去不返而拒东流。更何况是人呢？”智者说完，拂袖而去。

你看，如果一个人如果不能把自己打败，那谁也救不了他。

造成自卑的原因多而复杂，比如学习上的挫折，缺乏与异性的交往，失去父母的挚爱，周围没有朋友等。此外，自卑心理的产生，也与人的性格有关。比如有的人情绪易变，常常大起大落，容易得罪别人，因而使自己陷入一种自卑的状态。

至于如何克服自己的自卑心理，妈妈给你提出以下的几个小建议吧：

1. 用补偿心理超越自卑。

补偿心理是一种心理适应机制，从心理学的角度来分析，这种补偿其实就是一种“移位”，克服自己生理上的缺陷或者是心理上的自卑，把更多的精力用于发展自己其他方面的长处、优势，赶上或超越他人的一种心理适应机制。这种心理机制的作用，使自卑感反倒成为许多成功人士的动力，他们的自卑感越强，寻求补偿的愿望就越大，成就大业的本钱也就越多。

2. 用乐观的态度来面对失败。

在自我补偿的过程中，还需要正确的面对失败。要知道，人生的道路上，一路顺风的人少，曲折坎坷的人多，成功是由无数次失败构成的，美国通用电器的创始人沃特曾经说：“通向成功的路，就是把你失败的次数增加一倍。”

面对挫折和失败，唯有乐观的心态，才是正确的选择。其一，做到坚忍不拔，不因挫折而放弃追求；其二，注意调整、降低原先脱离实际的目标，及时改变策略；其三，用“局部成功”来激励自己；其四，采用自我心理调适法，提高心理承受能力。

害怕一个人孤独，怎么办

静香其实是个文静漂亮的小女生，平时看上去总是高高兴兴、快快乐乐的。可是有一天，在没有人招惹她的情况下，静香居然一个人偷偷地哭了起来。

“静香，你怎么了？”看到静香在哭，同伴赶快过来安慰她，心里怪难受的。

“呜呜……有的时候，我在想，人活着为什么要有众多的烦恼？我的脑子里经常出现许多离奇的幻想，坐在窗台前，看到蓝天白云，思绪就会如同江水一样伸展到遥不可及的远方。有的时候我会幻想自己走在春光明媚的森林中，清澈的小溪从我的脚下欢快地流过。这时候我的白马王子走了过来，轻轻地拥着我飞过小溪，远方有一匹骏马在等着我们……我只有在幻想的时候，才能看得到很多美好的事物，以至于对周围的人毫无反映。”

啊？听到了静香的这一番陈述，同伴感到不知所云。静香的脑袋里究竟想的都是什么啊！

“静香，其实我也觉得你总是有一种忧郁气质。”同伴小心翼翼地对她说，生怕伤了她的脆弱心灵。

“是啊，我以前总是开朗活泼，现在却越来越怕见人了，一个人整天生活在自己的世界里，觉得在现实生活中的事情没有什么意义。我很想改掉这个爱幻想的毛病，可是怎么也摆脱不了。现在我更喜欢一个人独处，并且喜欢发呆，而且还觉得和任何人说话都有一种畏惧感。”

可怜的静香，她怎么会变成这个样子？

“说真的，我最近都开始怀疑自己是否得了神经病，好像有点喜欢孤独又害怕孤独。我自己也不知道究竟是怎么回事。”

静香自己也不敢相信自己了，会不会真的是在情绪上出什么故障了？

妈妈对我说：

静香，如果妈妈没有判断错的话，你应该是有一些孤独心理在作祟。

处于青春期时期的女孩，一般很容易就会感到孤独，她们都有这样一种体验：觉得自己是大人了，于是总想在一夜之间成熟起来。父母的关系不再像过去那样暖融融地打动心扉，反而觉得唠叨刺耳；老师似乎也失去了往日的威信，就连平时最要好的同学，现在也不是那么亲密无间、无话不谈了，自己一肚子的心事，不知道该和谁诉说，难怪女孩们总是要感叹：“没有人理解我！我好孤独。”

这时候的女孩往往不知道自己想干什么、自己能干什么，自己是一个什么样的人。社会赋予的角色一下子增加了许多：不仅要做子女，还要当学生；在同学中，想成为被人接纳和喜爱的人；希望得到成年人的尊重和信任。可是她们又想表现得独立和成熟，一方面又不愿意敞开心扉，所以德国心理学家斯普兰格说：“没有谁比青年人从他们孤独的小屋里，更加用憧憬的目光眺望窗外的世界了，没有谁比青年在深沉的寂寞中更加渴望接触和理解外部世界了。”这种孤独感正是青少年自我意识发展的一种表现。

青少年孤独心理的形成，虽然与个人性格发展及生活经历有关，但是起更重要作用的是人际环境的制约作用。所以当一个女孩形成了孤独心理之后，最最需要的是家长、老师、同学的共同协助。所以静香，你更应该多和他人接触，才能改善自己的情绪。

如果想克服孤独感，必须从以下几个方面入手来对治：

1. 放开自我，真诚、坦率地把自己交给别人。要主动亲近别人，关心别人，因为交往是一个互动互助的过程，所以别人也会对你以诚相待。这样你就能扩大社交面，融洽人际关系，不再形单影只，孤独感自然就会消退了。

2. 尽量缩小与同龄伙伴的距离。既不自傲清高，做脱离集体、高高在上的“超人”，也不自卑多虑，脱离同伴，做索然独居的“怪人”。从文化教养到兴趣爱好的各个方面，都应该与同代人互相沟通、互相学习。

3. 培养广泛的兴趣、爱好。为自己安排好丰富有益的业余生活，把思想感情从孤独的小圈子中解脱出来，投入到广泛的高尚的活动中去。

受到挫折之后有哪些可以调适的好方法

若雨最近的状况真的是可以用“屋漏偏逢连夜雨”来形容，倒霉的事情都连成一串了。

首先是，期中考试考砸了，少不了挨批评。家长会后，被爸爸狠狠地教训了一顿。

“若雨，我看你最近是玩疯了，看看你的成绩啊，是怎么考的！”爸爸的眼睛向来很大，那天一瞪眼，活像一只青蛙，把若雨吓坏了。

“嗯……”经爸爸的一番训诫，若雨一句话都不敢说了。

伤心难过之余若雨不禁觉得父母太绝情了，从小爸爸妈妈总是习惯宠着若雨，她哪里有遭受过这样的委屈呢，真是让她伤心欲绝啊。看来应试就是不好，差点把亲情都断了。

哎，若雨心想什么都别说了，到底自己是个学生啊，学习成绩不好当然无法交差。以后只有自己多努力，不要让爸爸再发脾气才好。

不过没想到的是，倒霉的事情还在后面。刚刚挨了爸爸批评的转天，在学校组织的运动会上，若雨在跑步的时候把脚脖子扭掉了。全班因为她的失误丢掉了一个荣誉。虽然没有同学责怪若雨，可是若雨的心里很自责啊，怎么就这么寸啊，偏偏在这个时候把脚扭伤！

一定是自己倒霉透顶，才造成这样的结局，最近真是，倒霉事都赶到一块了。所以，最近的几天中若雨都是闷闷不乐，一蹶不振。

妈妈对我说：

若雨，妈妈可不希望看到你因为这点小事就变得如此一蹶不振。人生是一个漫长的过程，如果要实现人生的目标需要数十年的奋斗。鲁迅先生在“风雨如磐”的旧社会，特别强调要坚持“韧性的战斗”。许多卓有成就的革命家、科学家、文艺家之所以取得成功，除了他们的才能之外，无一例外都具有意志坚韧这一心理品质。正是这种坚韧，使他们克服种种艰难险阻，百折不挠地向前搏击。而你，怎么会因为这点小挫折就不敢向前了呢？

克雷吉夫人曾经说过：“美国人成功的秘诀，就是不怕失败。他们在事业上竭尽全力，毫不顾及失败，即使失败也会卷土重来，并立下比以前更坚韧的决心，努力奋斗直至成功。”有些人遭到了一次失败，便把它看成拿破仑的滑铁卢，从此失去了勇气，一蹶不振。可是，在刚强坚毅者的眼里，却没有所谓的滑铁卢。那些一心要得胜、立志要成功的人即使失败，也不会视一时失败为最后的结局，还会继续奋斗，在失败后重新站起，比以前更有决心地向前努力，不达目的决不罢休。

世界上有无数强者，即使丧失了他们所拥有的一切东西，也还不能把他们叫作失败者，因为他们有不可屈服的意志，有一种坚忍不拔的精神，有一种积极向上的乐观心态，而这些足以使他们从失败中崛起，走向更伟大的成功。在我们学习那些坚忍不拔、百折不挠的生活强者时，我们也能将失败像蜘蛛网那样轻轻抹去，只要我们心里有阳光，只要我们面对失败也依然微笑，我们就能说：命运在我手中，失败算得了什么！

面对迎面而来的挫折，希望你能够坦然地接受，过关了，以后才能承担更重大的责任。有的时候，挫折是慈悲的，如果你永远吃棒棒糖，整天泡在蜜罐里，一帆风顺的，那你也就永远长不大。

妈妈来帮你支招，教你正确地看待挫折：

1. 以正确的心态来面对挫折，将挫折作为人生的新起点。

有句俗话说得好，人道谁无烦恼，风来浪也白头。是说世间的万事万物都有烦恼。拿破仑曾经说过：人生的成功不是没有失败记录，而是能够百折不回。所以失败并不可怕，因为是失败之后的态度和举动才是真正决定你今后的一切。历史上清朝有名的大臣曾国藩，开始带领湘军镇压太平天国运动的时候，由于刚开始战略战术不好，经常被打得打败，有次竟然是全军覆没，曾国藩急得要跳河自尽。师爷急忙拉住了他，同时，还建议把写给皇帝奏章上的“屡战屡败”写成“屡败屡战”，皇帝看到了奏章之后，大大地嘉奖了曾国藩，曾国藩也从那个奏章上看到了希望，从此改变态度，打败了太平军，终于成为一代中兴重臣。你可以想一想，如果曾国藩当时无法接受挫折，一气之下就跳河了，历史还会记住他吗？所以说，对待挫折也要有一个正确的态度，正是我们刹那间的念头，左右或者是决定了我们的人生，面对挫折，勇敢地跳过去，人生将别有一番天地。

2. 通过适当的发泄来忘记痛苦。

据说在国外有一种专门的发泄馆，只要是人有了不高兴的事情，就能够跑出去发泄，通过发泄来释放自己的苦恼，心情也就平静了。虽然现在在中国还没有类似的发泄馆，但我们也可以找到其他的方式来排解心中的挫折感，比如可以做些重体力的运动，找一个没有人的地方，尽情地大吼几声。通过这样的发泄，你的心情就会快乐许多，这种自我发泄不失为一种好方法，它可以在不知不觉中将你的烦恼发泄得一干二净。当然，比如听听歌等各种自己认为满意的方式，都是可以采用的。找你认为恰当又不伤害他人的方法即可。

3. 找好朋友倾诉，丢掉心理包袱。

曾经有一位哲人曾经说：我有一个苹果，你也有一个苹果，我们彼此交换，每人都还是有一个苹果。可是，你有一种思想，我有一种思想，我们彼此交换，每人就有两种思想。同样的道理，你有一份快乐，我有一份快乐，我们彼此交换，每人就会收获两份快乐。但是，当你把你的悲伤倾诉给另外的一个人，你就只有二分之一悲伤。

所以，当我们遭受了挫折，而自己又不能够排遣的时候，我们可以试着将自己的挫折诉说给别人，让他们来替我们解开那个我们自己打不开的心结。倾诉的对象可以是父母老师，也可以是自己的同学或者其他好朋友。不要把挫折和悲伤埋藏在自己的心中，否则的话你只会变得越来越忧郁。

4. 找到用成功来取代挫折的突破口。

之所以感到挫折，是因为我们遭受了失败的打击，由于难以及时走出失败的阴影，所以拿破仑曾经说过“避免失败的最好方法，就是下决心获得成功”。当遭受了挫折且在一定时间内无法排解和战胜的时候，最好的方法就是绕道而行。将挫折暂时搁置，用另外一件事情来代替它。只要你留心，就能够发现，以前的痛苦在今天看来，已经不再是痛苦，我们对此早已坦然面对。

所以当我们遭受痛苦的时候，有时并不一定要急忙去解决这个痛苦，而是采用冷置法，先将痛苦掩藏起来，视而不见。先去做我们认为容易成功的事情。而当我们在其他的领域取得成功的时候，再回过头来看以前的挫折，那时的挫折早已经烟消云散。

金钱，让我欢喜让我愁

钱，怎么这么不禁花呢

“我的奖学金发下来了，有300元呢。”寄蓉兴奋地向大家炫耀。

“请客呀，这么大的一笔钱。”向来眼里不揉沙子的花花见缝插针。

寄蓉本来就是一副侠骨柔肠，加之架不住花花的那张利嘴，所以顺理成章地要做东请客了。“那我们去好伦哥吧。”

“不行，一定是必胜客。”原来精明的花花早就想好了地方。

“好伦哥。”寄蓉试图侃侃价钱。

“必胜客。”花花在旁边不依不饶。

最终寄蓉架不住花花的狂轰滥炸，只好把伙伴们召集到了必胜客餐厅。豪爽的寄蓉大方地为大家点菜。

“这么多足够我们吃了。”同伴们看到寄蓉过分好爽，反而觉得有点不好意思了。

而寄蓉却笑着说：“多要一点，吃不了兜着走呗。”

最后结账的时候，服务员过来拿了张小票：“一共369。”

“啊！”寄蓉不禁大惊失色，“有这么多吗？”她把票拿过来自己点点算算，确实没错。

“我只有300啊。”这时的寄蓉一副很窘的样子，还好她的伙伴们将最后的零头帮她分摊了。

其实，钱是很不禁花的，我们往往不觉得自己花多少钱时，它却流走了。就像寄蓉，一个学年的努力得到了这300元，区区一顿饭就报销了。

妈妈对我说：

生活中，不管是电视报道，还是身边的事例，有些情况并不陌生：有的人过分节省、一分一分抠着花，有的人过于奢侈，身上有多少钱花多少钱，还有的人为了消费，于是办了很多信用卡，当把信用卡里银行的钱统统花了，又像奴隶一样想着怎样去还钱。贷款上学、贷款买车、贷款买房，但到最后不去还贷。

这些离我们并不遥远，我们的身上有时也会出现类似的情况。

也许你有一小笔数目可观的积蓄，但却一直存着，分文不动。也许你的零花钱和压岁钱数目不小，但往往眨眼之间就不再属于你。也许你为了证明自己的能力，自己通过各种方式去挣钱，但等到钱拿到了手上，你却一筹莫展，因为面对自己的辛苦钱，你不知道如何合理的利用……

潍坊市有一所中学曾对学生进行了一次“假如我有1000万”的调查，这些中学生的答案五花八门，但不少学生在一两天之内就把1000万“花”完了。

如果他们真的有1000万，也许这一笔财富将眨眼间就化为乌有。

这其实正是在向我们揭示了一个让我们不得不重视的现实：我们严重地缺乏理财意识。

也许有人觉得这是小题大做，根本就不要什么理财，下面的这个故事将告诉你理财的重要。

当杰克还是个孩子的时候，他们家的生活是艰难的，但即使经济不宽裕，他的母亲总是尽一切力量，在可能的时候带给孩子们一些惊喜。无论何时她有了额外的钱，都一定会为孩子们买点什么——或者为杰克买一个新游戏机，或者带他们去看露天电影。杰克认为，他们总是一有了额外的钱就把它花掉，因此他们从来没有多余的钱可以存下来。

当杰克开始赚到很多钱的时候，他注意到一些奇怪的现象，即使他的收入高了许多，但是每到月底仍然是一分不剩。

几年前，杰克第一次想投资置产。他知道他至少需要3万美元的现款，但他自己从来没有存过那么多钱。所以他订出一个时间表，想在6个月以内存够钱，一个月要存5000美元，这个数目似乎很遥远，但是杰克凭着信心开始了。

杰克做的第一件事是把被称作“头期款”的新账单放进抽屉里。每个月5000美元的账单看起来似乎很难付清，事实上，在最初一两个月，杰克试着想不理它，不过他还是照计划执行，并且试试看有什么其他方式，能确保这笔额外的账单可以和其他账单一块儿付清。

一件有趣的事随之发生了。因为杰克专心生财并且要保住他赚到的5000美元，他愈来愈注意到自己曾经把钱轻率地花掉了。他也开始留意到一些以前没有注意到的机会：他开始冒比较大的风险，要客户为他的服务支付更多的金钱；他为他的产品开发新市场，并寻找利用时间、金钱和人力的方法，以便在较少时间内做完更多的事情。因为“头期款”的账单，他加强、放大了一向拥有的能力。很快的，杰克的财富一步步地累积了起来……

也许对于理财，你现在心中毫无概念，其实，当你面对自己的积蓄时，是拿出一些钱来投入到学习领域，还是和朋友们享受一个欢乐的暑假，这些都属于理财。

理财并不是一件困难的事情，而且成功的理财还能为你创造更多的财富，困难的是你自己无法下定决心理财！如果你不学习理财，终将面临坐吃山空的窘境。

所以，我们要培养正确的理财意识，认真地“思考”着如何理财。对于我们而言，理财可以从“压岁钱”开始。你可以从以下几点做起：

1. 花费要有一定的计划，不能随便乱花，要把钱用到实处，抗拒“现在要享受”的诱惑。

2. 将压岁钱用于娱乐应当适可而止。过节娱乐是必不可少的，但有的同学却无度地吃喝玩乐，不仅伤财，而且伤神。所以，应当避免不必要的开支，养成勤俭节约的好习惯。

3. 将零用钱用于一些有意义的事。例如，购买学习用品和日常生活所需之物，把过年储存的压岁钱拿来交学费，或者向灾区或贫困地区捐款，等等。这些都不失为合理开支的好方法。

网购会上瘾也会上当

“我遇到骗子啦。”平时最喜欢装成淑女样子的诗珊慌慌张张地跑了过来，一副六神无主的样子。

“诗珊，你怎么了？”同伴不禁好奇地问她道，“你先静一静，不要慌张。”一边说着一边安抚诗珊的情绪。

原来，诗珊那天逛了逛网上商店，结果发现了一部心仪已久的摩托罗拉 V3 手机，而且标价只有 800 元，这样令人心动的价格让诗珊高兴得手舞足蹈，她二话不说当即就订购了一台。

由于诗珊平时早已习惯了网上购物，怎么也没有料到自己会上当受骗，不过这次，她确实遇到了骗子。

看中了这部手机之后，诗珊就通过银行给对方的账号上汇了 300 元的首付款。3 天之后她接到了一个陌生人打来的电话，通知她已经到货，不过要自己亲自去取。诗珊无奈，只好自己亲自去。不料那个人却不肯露面，一定要诗珊把剩下的 500 元也打到银行的账号上才可以拿到货物。

尽管这样，对方后来又以各种理由要求加钱，就是不给诗珊交出货物。这个时候，诗珊终于意识到自己上当了。

“唉，诗珊你要知道便宜没好货，好货不便宜啊。天上掉馅饼的事情怎么能相信呢？算了，就算是花钱买个教训吧。”同伴听了诗珊的遭遇之后，在旁边连连开导她。

“太出乎意料了。”诗珊振振有词地说，“我看了他们家的卖家信誉，还是五星的，怎么会是骗子？我以后再也不敢去网上买东西了。”

网络世界中本来一切都是虚拟的，而江湖骗术又是防不胜防，所以小心谨慎才行啊。

妈妈对我说：

互联网在近些年的高速发展，给我们的生活带来了巨大的便利，但同时也带来了许多新的烦恼。当你在享受丰富的网络资源时，又不得不面对着众多的安全威胁。而随着网络经济的繁荣，网上购物由于其快捷、便利、价格较低的优点，已经成为许多青春期女孩的时尚购物方式。尽管这种购物方式使你享受到了足不出户、送货上门的方便，但一些不法分子利用网络购物行骗也经常令购物者防不胜防。那么，对于缺乏相关安全知识的我们，怎样才能防止自己在享受网络带来的便利时又保护好自己，免受不法分子的侵害呢？

下面妈妈给你介绍一些经验和方法，给你提供一些小小的帮助。

当你在网上冲浪时，你可以采取如下保护措施：

1. 用杀毒软件保护电脑，及时更新软件。杀毒软件可以最大限度地保护电脑免遭病毒侵害。同时病毒的发作就像每年的流感病毒一样，新的病毒和病毒变种不断产生，所以一定要保证有规律地升级杀毒软件，例如一周升级一次。

2. 不要打开不明来源的邮件。收到了可疑的邮件，最好的处理办法是直接把整个邮件删除，包括其中的任何附件。即使知道是谁发来的邮件，对看起来有点奇怪的或者是预料之外收到的邮件，也要提高警惕。

3. 使用较复杂的密码。在网络世界里，即使不告诉别人自己的密码，“黑客”们也能利用一些手段对密码进行暴力破解，因此把密码尽量设置得复杂一些是绝没有坏处的。微软曾推出过一个密码强度测试软件，如果你有兴趣的话不妨试试看。

4. 定期下载安全更新补丁。有时程序漏洞会成为他人攻击你的电脑的切入点，因此经常去一些主流软件公司（如微软）的网站看看有没有发布最新安全更新补丁，也是保护电脑的有力措施之一。

网上购物，你也需要注意以下几点：

1. 网托诱惑

一般的消费者看到“卖家好评率”和“卖家信用”时，便会放心地把款汇到对方账户。于是卖家往往会找身边的好朋友来当“托儿”，对自己的网店进行留言，网站则根据这些点评生成“卖家的信用等级”。

2. 货品标价

在很多网站都会看到一些价格上超乎想象的“宝贝”，进去一看，还确实是好产品，再寻思这个“天上掉馅饼儿”的价格，难免会有消费者动心。但实际上，这类商品往往或者质量有问题，或者是无法保修的“水货”，或者干脆就是商家设下的一个骗局。

3. 看图买货

看了图片引起购买欲望的消费者不占少数，但买了之后后悔的也不少。实际上，有的网站对照片没有任何要求，既可以从网上下载，也可以实物拍摄。因此，卖家随意发布产品图片信息，以次充好的事情就总是会出现。

如果选择网上购物，一定要选择那些信誉度比较高的网站，同时，也需要提高自己的鉴别能力，不要在购物的时候让网络骗子得手了。

所以，当我们在体验网购的快速与便捷的同时，一定要学习一些网络安全知识，对于可能出现的各种诈骗方式，自己一定要提高警惕。只有这样，才能在享受网络资源的便利的同时，保护好自己的权益不受侵害。

我该怎样赚钱

韩巧和妈妈一起去买东西的时候，韩巧习惯于只要看到想要的东西，就会直接丢到购物筐里，而妈妈在挑选一样东西的时候总会比较一下在同类商品中哪一个牌子的更加物美价廉。

“妈妈，不用这样挑啦，差不了多少啊。”韩巧经常会这样跟妈妈说道。

“呵呵，你是不当家不知道柴米贵。在收入有限的前提下，更加俭省才是硬道理。”妈妈耐心地对韩巧说。而韩巧却是不停地摇头。

韩巧心里暗想，如果有一天自己长大了之后，千万不要像妈妈那样买东西挑挑拣拣。只要是自己喜欢的，连价钱都不要问直接买过来，那多爽啊。将来自己要赚好多好多钱，才会得到喜欢的东西。

韩巧也不知道将来自己要如何去挣，才会过上想要的生活。人生不过是如此吧，有梦想，有希望，而中间的主打，不过是努力二字而已。

妈妈对我说：

韩巧，其实每个人都可以拥有财富梦想，即便是处于成长阶段的你们，如果想实现你的财富梦想，那么有一点非常重要，那就是要拥有财富思维，一种有意义的、健康的财富思维，不妨从现在开始，训练你的财富思维，以便为日后提供有益的帮助。

实践证明，拥有财富思维，这会让人产生一种巨大的力量，如果选择使用这种力量，那将使一个人的财富状况发生变化。然而现实中很多人都没有正确地使用这种力量，从而导致他们成为自己最不愿面对的那种东西的奴隶。他们选择让自己继续在贫困中生活，但却没有意识到这一点。他们没有意识到选择的巨大力量。从来没有人会因为生活节俭而被别人指责。很多人只能精打细算地过日子，否则他们的生活就没法过下去。这些人完全可以选择这种巨大的力量，他们本可以用生活中那些美好的东西来充实自己的大脑。

我们每天都会听到有人在抱怨：“我很想买那件东西，但我没有钱。”“我要省钱。”

这是事实，但不能这么说，假如你继续说“我没有钱”，那么，“没有钱”将会伴你一辈子。选择一种上进的思想，例如，“我得买下它，我要拥有它。”当要买下它、拥有它的思想出现在你的脑海时，你就逐步地建立了期待的想法，于是你的生活就出现了希望。千万不要毁灭自己的希望。假如你毁灭了它，你就会将自己带进一种无聊、困惑、失望的生活中去。

杰姆是一位十分能干的年轻人，但他却不能挣到一点儿钱，尽管任何事他都做得很成功。人们都不明白这到底是怎么回事。杰姆很有上进心，长相也不错，很讨人喜欢，无奈他一年又一年的奋斗都是徒劳的。在金钱方面，他没有收获。后来，杰姆请求一位智者为他指出问题的所在。他对智者说："我能做好任何事情，除了挣钱之外。"智者为他指点了迷津，当他明白出现在自己身上的问题其实很简单，只不过是自己对关于赚钱的思维选择不对的时候，一切都改变了。他再也不说："我能做好任何事情，除了挣钱。"他开始说："我能做好任何事情，包括挣钱。"以后的几年里，年轻人的财务状况发生了明显的改变，他开始赚到钱，他逐渐在财务上让人刮目相看。现在，人们都认为他已经是个富翁了。

这个年轻人本来很有可能终生面临一个困惑，即能做好任何事情却赚不到钱。但他一旦明白这一切都是因为自己选择了错误的想法后，便立即积极地改变了这种想法，于是，他的财务状况也随之发生了变化，开始朝好的方向发展。选择的力量能够给人带来更好、更有效的赚钱方式。

韩巧，相信你已经能够从上面的这个故事中得到一些启发了，拥有财富思维对一个的重大影响，所以，如果当你怀抱着财富梦想迫切地想实现时，那就尝试着从现在开始做起，有意识地培养一种有意义的、健康的思维吧！

我不是在故意唱反调

我有自己的主张

有一次依云在和同学一起逛商场的时候，看到了橱窗里有一处别具匠心的设计：设计者在玻璃板上挖出若干个可以窥视的小孔，其余部分涂上颜料，并在上面赫然写着“不许偷看”四个大字。由于好奇心的驱使，依云反而特别想去那里一睹究竟商家葫芦里卖的是什么药。他们看到旁边无人看管，赶忙跑去“偷窥”，结果不看不知道，一看忘不了，原来在橱窗里面摆放着各种设计精美、新颖独特的商品。

其实，这就是设计者利用了客人的逆向思维而设计，如果它上面不写着“不许偷看”那依云肯定就真的不去看了，正是因为那几个字，所以依云才想去看个究竟。依云总是有自己的主张，不喜欢听令于别人。

在她的班上有个女同学逆反心理就特别的严重，因为她与一个男同学玩得很好。父母为了防微杜渐，就禁止这个女生和那个男生往来，结果不说还好，由于家长的训斥，使那个女生产生了逆反心理，结果就真的和男生谈恋爱了。依云觉得，这也是一种逆反心理在作祟吧。

是不是在女孩青春期的年纪，就真的多少有点逆反心理呢？

妈妈对我说：

依云，一个孩子从小长到十二三岁的时候，是儿童生理上的基本成熟，这段时间是理想、信念、世界观开始形成的重要时期。在这个阶段，由于生理成熟与心理成熟的不平衡性，受自我意识觉醒等因素的影响，青少年心理发展呈现错综复杂、矛盾重重的局面，逆反心理的表现就显得十分突出。

可能你也说不清楚自己是否有逆反心理，现在让妈妈帮你分析一下逆反心理都有哪些表现：

1. 一个逆反心理很强的孩子，她习惯对正面的宣传做反面的思考。很多青少年习惯对学校、领导、老师的宣传，表现出一种不认同、不信任的反向思考。他们往往以社会上某些个别的不公正的事实来以偏概全地全盘否定正面宣传。

2. 有些孩子，习惯否定那些受到表彰的先进人物。因为有的老师或家长在教育孩子的过程中，总是会提出一些好的榜样来激励他们，而最后的结果往往是适得其反。她们会对身边的榜样，给予无端的嘲笑和排斥。

3. 还有的孩子，对于不良的倾向会产生情感上的认同。在一些孩子的眼中，打架斗殴被看作是有胆量；与老师、学校领导公开对抗被看作是有本事；哥们儿义气这些不良的行为倾向赢得了很多人的赞同。而对于那些遵守纪律的同学则被肆意讽刺、挖苦，造成在集体氛围里好人好事无人夸这样的局面。

4. 还有就是这些孩子不愿意遵守学校纪律，并对老师提出的要求消极抵抗。

基于以上来判断你的话，依云，你的行为并不是叛逆，也说不上错，只是好奇心强而已。你是一个好孩子，这是最让妈妈高兴的。至于你的那位同学，则是有一点小叛逆，当然，这也不完全怪那位女同学，有时候这也与家长的批评不当有很大关系。

造成逆反心理的原因是复杂的，但是总的来说有以下几点：

1. 处于这一时期的孩子都是思想活跃，精力充沛，独立意识逐渐形成，并慢慢增强，自以为能力已很强，希望摆脱家长和教师的管束。他们讨厌仍被人视为“孩子”，具有很强的自尊心；为了表现出自己已有独立思考的能力，他们对周围事物常持批判态度。

2. 大多数的孩子具有强烈的好奇心，越是不让干的事偏要干，越是不想让他们知道的事偏要知道，越不接触我越要接触一下。好奇心过强就形成一种特殊的心理需要，要满足这种需要，就往往对老师的要求表现出逆反。教师管得越厉害，学生逆反心理就越强。

3. 知识面狭窄，看问题过于简单，甚至相当片面，往往抓住一点，不顾其他。有时喜欢钻牛角尖，固执己见，走向极端。

4. 意志薄弱，缺乏自我克制和分辨是非的能力。由于你们的年龄还小，知识经验不丰富，因而自我克制与分辨是非的能力较弱。求知欲旺但易转移兴趣，自尊心虽强但又很脆弱，批判能力也往往是盲目的。这些正是导致逆反心理滋生的主观原因。

作为一个青少年，强烈的逆反心理肯定是无益于自身的发展，那我们应该如何进行矫正呢？

苏联著名的教育家苏霍姆林斯基曾经说过：“真正的教育是自我教育，教育就是要迫使人去思考自己。”科恩在《自我论》中谈到自我教育时也说：“在关系到最高生活价值方面，教会别人是不可能的，每一个人都应该自己教会自己，可能做到的只是帮助他更深刻地理解周围世界和自己，成为自己，实现比他身上现有的更好的东西。”科恩的论述，绝好地说明，克服逆反心理的最好方法是进行自我教育，别人不能代替。

我也想“叛逆”一回

都说青春期是女孩们的“叛逆期”，但是妈妈觉得宣萱一点也不叛逆，是个乖孩子，眼见着周围的同学一个个都“叛逆”起来了，宣萱也感到有点奇怪，为什么自己就不叛逆呢？

平常在家里，只要是老爸老妈的吩咐，宣萱一定会老老实实地去做。所以，同学们常常笑她说：“宣萱，你是班上唯一幸存的乖乖女了。”

实际上，宣萱并非不想叛逆，只是老爸老妈的教育方式很民主，不管什么事情都会设身处地地替她来想一想，所以即便是宣萱想叛逆也没有机会啊。

不过这段时间老妈对宣萱的要求有点严，为什么呢？因为她觉得宣萱的英语成绩一直都不好，给宣萱定了一个计划，要在下次考试有大的起色才行，同时还给她报了英语补习辅导班。宣萱不喜欢学英语，更不想上什么英语课，心里暗想这次自己一定要找到机会“叛逆”一次。

周五的晚上，妈妈对她说：“宣萱，我们明天去上英语辅导班。”

宣萱听了之后，当然不愿意了：“我不想去。”

“你的英语成绩本来就不好，再不补习一下，肯定会落在同学后面了。”妈妈耐心地对她说。

“我说不去就不去，懒得去上学。好不容易周末休息。”这大概是宣萱第一次拒绝妈妈的安排吧。

宣萱的一反常态也让妈妈感到有些吃惊，不过她没有着急，而是和气地问道：“为什么不想去呢？你有什么想法，和妈妈说说好吗？”老妈使出了“以柔克刚”的高招，让宣萱实在招架不住。

“妈妈，我一周休息两天，如果都把时间占满了上英语课，我就没有时间安排自己的事情了。那样会很累的。”

“嗯，你要是不说我还真没有注意。那这样好不好，如果我们一周就上一天，好吗？另一天留给你自己休息。”妈妈试探着和宣萱商量。

“好。”宣萱爽快地答应了。

偶尔“叛逆”了一下，其实没有想象中的那样好玩。宣萱决定，以后还是要做“乖乖女”。

妈妈对我说：

宣萱，你的偶尔“叛逆”是很正常的事情，我虽不能说为你的“叛逆”高兴，但我很理解你想要“叛逆”的心情。

现在的你正在处于“心理断乳期”的关键时刻，所以你一定多少会产生一些独立倾向。在这个阶段的你情感起伏不大，变化不大却难以驾驭。当你有了喜怒哀乐，不但不愿意向爸爸妈妈吐露，甚至要埋怨我们不理解你。如果我要是处置不当，对你的看法予以否决的话，这一定会增加你的反抗情绪。所以，我只好采取了一种“和平协议”的方式来应对你这个小叛逆。

看到你的情绪稳定了，妈妈才稍稍松了一口气。

宣萱，虽然说你现在已经长大了，已经开始有自己的想法，不过妈妈还是希望你能够和我直接地表露自己的心声，明确地告诉我对于一件事情你想怎么做。如果你不说的话，我和爸爸肯定不会猜透你的内心。所以有想法一定大胆地说出来，只要你的想法是合理的，妈妈一定会尊重你的选择。

如何摆脱“自恋情结”

那天在回家的路上文文遇到了一个新开张的护肤品小店，由于刚刚开业，店里举办了免费试用大酬宾。

“文文，我们去看看吧。”同伴很高兴地对文文说。

“好啊，走吧。”

这家小店的规模不是很大，但是服务态度还挺不错，那里的售货小姐会用仪器免费测试肤质，并推荐试用最适合肤质的化妆品。所以，当文文和同伴进去之后，首先开始要进行的就是免费测试肤质。

“您的皮肤为中性，皮脂和水分分泌适宜，是最健康的一种皮肤，它结实柔滑，富有弹性，不见毛孔，肤色红润有光，对外界刺激也不太敏感。建议您使用我们这里的营养霜和为皮肤量身打造的营养水，使您的皮肤长期处在不紧不松的状态。”

当然，由于那套化妆品的定价过于高昂，文文实在无法承受，就和同伴一起回家了，但是售货小姐的一番话却让文文感到飘飘然，原来自己的皮肤有这么好啊。平时却从来没有注意过。

从那以后文文对自己的相貌产生了自信，当文文走在路上的时候，看到有男生从她的身边走过，心里就觉得怪怪的："他是不是也觉得我的皮肤很好呢？他是不是喜欢多看我一眼呢？"

后来又觉得班上的男生看她的眼神都不对了："是不是有人喜欢我呢？有可能吧，我的皮肤这样的好，一定很漂亮。"

从那以后，文文变得开始注意保养皮肤了。每天晚上，她都坚持用黄瓜片敷脸，到周末的时候还要定期做一次面膜，每周的周三还要用磨砂膏来去去脱落的角质层。文文的这种行为，很快引起了妈妈的注意。

"文文，妈妈发现你现在和这张脸干上了。"

"妈妈，我喜欢我的这张脸，那天卖护肤品的阿姨对我说的，说我的皮肤结实光滑、富有弹性，我的皮肤没有多余的毛孔，我的脸色总是那样的红润有光泽，所以我的皮肤这么好，我要好好保养。"文文说道。

妈妈听了文文的话，不禁笑道："我的文文啊，哈哈。像你这个年纪，哪个女孩的皮肤没有弹性？哪个女孩的脸色没有红润的颜色？哪个女孩皮肤表面不光滑呢？并不是只有你一个人是这样啊。"

妈妈说的话似乎更有道理，文文觉得有点不好意思了。对啊，当时那家小店的售货员阿姨也夸同伴的皮肤好啊。

妈妈对我说：

文文，从你最近的表现来看，我也觉得你最近的是要端正自己的心态，走出"自恋"的束缚。

传说在希腊神话之中，有一名美少年叫作瑟纳西思。某日，口干舌燥的他来到森林深处，发现一潭清冽之泉。当他弯下身探近水面时，发现水精灵也正探出美丽的面庞，仿佛注视着他。因此，瑟纳西思情不自禁地爱上了泉水里的美丽精灵。事实上，那是自己在水中的影子，但瑟纳西思却不晓得，他一直深深爱着的水精灵其实就是自己的倒影。瑟纳西思整日在水边留恋，最后，他终于溺死水畔。不久，泉水边开出一朵清雅的花儿，这就是瑟纳西思的化身——水仙。后来人们就把一个人对自己的形象、身姿、感情或经历等过分关注、过分爱怜的行为叫作“水仙情结”，后来就干脆称之为“自恋情结”。

一般说来，如果一个漂亮女孩有一点自恋的倾向是很自然的，但如果这种情结严重到影响了正常的人际交往和生活态度，那就属于心理异常了。人人本来就都应该爱自己，但是爱得太过度就危险了。自恋者自我欣赏，又很在乎别人是否关注自己，并且期望得到别人的认同或赞美，但因为缺少与他人平等相处、沟通的能力，所以活得很辛苦。

那么如何才能摆脱“自恋情结”呢？最好的方法是要学会关爱别人。我们生活的世界是一个人与人相互依托的世界，学习工作上不可能不寻求别人帮助，感情上不可能不寻求寄托，而我们学着从对自我的绝对关注中解放出来，把眼光投向身外世界，以欣赏的、轻松的、乐施好善的心态去对人对事，就会感受到人与人之间的沟通并不困难，包括与异性的沟通也不难，因为异性中有很多善良、文明、智慧之士，与他们相处完全可以在知识上、性格上、心态上产生互补，也更可以体会到自己被宠爱、被呵护的幸福。可是试着想一想，当你尝试着去关爱别人，也能够接受别人的关爱时，人与人的关系就会变得十分融洽。

调适内心的迷茫

被强迫的洁癖

向秋是个看上去清爽可人的小女孩，但是她也有一个要不得的毛病就是：洁癖得厉害。

“向秋，那边有个空座位，过去坐吧。”同学一片好心，看到一个座位很想让给那位站在公交车上老是扶不住的向秋。

“嗯，不去，那个椅子太脏了。”向秋宁可站着，也不愿意坐在那里，可见她有多么的洁癖。

“切！那我去坐了。”那个同学看自己的好心被人当成了驴肝肺，心里同样不爽。可是向秋，她也不是针对某个人，只是从小在家就洁癖习惯了，怎么办呢？

根据向秋的自我介绍就得知：她自己卧室里用的塑料凳子，如果有第二个人坐过的话，她就不会再用了，其洁癖程度可见一斑。

那天向秋从店里买来一块好吃的比萨饼，放在桌子上正要准备和伙伴们一起享用，这时隔壁的小宠物狗跑过来嗅了一嗅饼的外包装。不幸的是，这一幕，让天性洁癖的向秋看到了，向秋只好把饼分给了大家，自己坚决一口不吃了。

“如果狗刚才带进去狂犬病毒怎么办？不行，我不敢吃，你们几个吃了吧。”

其实，向秋也知道这样做是不对的，但是她自己却控制不住自己，即便明知道不对，也无法摆脱。她从小就习惯了，所以到现在，也只好这样听之任之。

这就是向秋，不知她的这种症状是否有点强迫症呢？

妈妈对我说：

向秋，你的习惯真的有一点强迫症呢。

让妈妈来告诉你什么是强迫症吧。

所谓的强迫型人格是一种以强烈的自制心理和指控行为为主要特征的人格障碍。患有强迫症的青少年凡事要求严格和完美，容易把冲突理智化，平时总是有不安全的感觉，对自我习惯过分的控制，过分注意自己的行为是否正确、举止是否恰当，因此表现得特别死板、缺乏灵活性。一般具有强迫性人格的人责任心都很强，往往用十全十美的高标准要求自己，追求完美，同时又墨守成规。在处事方面会表现得谨小慎微，难以做出决定。他们的情感以焦虑、紧张、悔恨时多，轻松愉快时少。不能平易近人，也表现的难以热情待人。

强迫型人格障碍与幼年时的家庭教育和生活经历有直接关系。父母管教地过分严厉、苛刻，要求子女严格遵守规范，绝不准自行其是，造成孩子做事过分拘谨和小心翼翼，生怕做错了事而遭到父母的惩罚，做任何事都思虑甚多，优柔寡断，并慢慢形成经常性紧张、焦虑的情绪反应。另外还要注意的是，有的时候正常人也可能会有一些强迫特征，不应与强迫型人格混淆，强迫型人格患者的职业或社交能力一般会受到严重限制甚至损害。

对强迫型人格障碍的治疗，主要应采用自我心理疗法。下面介绍两种具体的方法：

1. 听其自然法：比如你担心门没有关好，就让它没关好；桌上的东西没有收拾好，就让它收拾不干净；字写得别扭，也由它去，与自己没有任何关系。由于强迫型人格的主要特征是把冲突理智化，过分压抑和控制自己，所以强迫型人格障碍的纠正主要是减轻和放松精神压力，最有效的方法是对任何事情都听其自然，该怎么办就怎么办，做了以后就不再去想它，也不要对做过的事进行评价。

2. “棒喝”法：所谓“棒喝”法是借用宗教中的“德山棒，临济喝”的说法。德山常常以大棒惊吓学生，使执迷不悟的学生顿然开悟，而临济以模棱两可的问题提问学生，当学生犹豫不能作答的时候，临济就会大喝一声以示警醒，那些弟子为何会执迷不悟呢?原因是他们过分依赖自己头脑中呆板的教条。

强迫型人格障碍患者把行动的自主权交给了“规矩与习惯”，把自己活泼的心智缩进了牢笼。因此要打开锁链，打开牢笼，让曾被囚禁的自由思想主宰自己的行为。“棒喝”便是打开牢笼的妙法。

当一个人过分执着于经典与规矩时，他对多变的现实就常会感到无所适从。患强迫型人格障碍的人已经习惯于按教条办事，总是按“应该如何，必须如何”的准则去做，在某种程度上像个机器人。要改变这种状况，就应努力寻找生活中的独特事件，让这些独特事件带来新的观念和解决问题的新思路、新方法，以起到“棒喝”的作用，改变以往墨守成规、循规蹈矩的习惯。

另外，自己也可以对自己做些暗示，制造一些“棒喝”，当感到将要不能控制某些行为的时候，对自己大喝一声“stop”或“no”，都是有效的，这时人的思维、行为的习惯被打乱，自我意识就能起作用了。如自己对他人办事不放心，迟疑着不肯把事情交给手下人去办时，就可以对自己大喝一声“当断则断”，在那一瞬间抛弃所有的顾虑，把人物很快交给下级。

不由自主地偏执

在班上有一个可怜的小女孩点点，她的父母离婚之后，妈妈又给她找了一个继父。点点和那个继父的感情一直都不好，她不愿意回家，所以在同学当中她就像是一只孤独的小燕子。这个破碎的家，给她的身心带来不小的创伤。

和其他同学相比，点点的性格有点多疑，常会因为一点鸡毛蒜皮的小事而心里难过。由于她的性格多疑，所以很难和同学融合在一起。后来听同学们在私下里议论她，说点点有时会去找老师打小报告，认为某某同学喜欢说她的坏话，某某同学联合别人孤立她。而通过了老师的调查发现事实并非如此，就好言劝告点点不要不相信同学，而点点不仅看不到自己的问题，而且还认为是老师有意偏袒。

同学们都知道点点是个很可怜的小女孩，也很想与她一起玩，可是由于点点的戒备心太强了，以至于大家都感到很难与她相处，逐渐地也就都不理她了。点点与同学的关系日益紧张，如果她听到有人在小声地交谈，就会多疑别人是在议论她，如果看到大家大声地说笑又要怀疑是在嘲弄自己。她甚至向老师哭诉过，而老师通过调查发现事情根本没有她说的那样严重，所以就建议她要善待别人。

俗话说：可怜之人必有可恨之处。而实际上，可恨之人必有可怜之处。看看点点就知道了，她之所以这样地多疑，不是源于家庭带给她的不安全感吗？在这个社会上，一定有很多和点点一样有这种心理障碍的人吧，真想帮帮他们。

妈妈对我说：

点点，你可能是存在着偏执型的人格障碍。

偏执型人格障碍，也叫妄想型人格，是一种以偏执为主要症状的人格障碍类型。具有偏执型人格障碍的青少年，敏感多疑，心胸狭隘，对人过分警觉和嫉妒，常处于戒备和紧张的状态之中，对他人的中性或是善意的动作歪曲而采取敌意和藐视，对事情的前后关系缺乏正确评价，容易发生病理性嫉妒；自我评价过高，总觉得自己是最主要的，做错事之后拒绝批评，对挫折和失败过分敏感，而且冲动好斗；经常有一些超价值观念和不安全感，经常感到不愉快。

实际上，偏执型人格障碍更多见于男孩，不过也会有女孩存在这种人格障碍，一般是从幼年发展而来。患有这种性格障碍的人群普遍有以下几个特点：

1. 感觉过于敏感，对别人的侮辱和伤害耿耿于怀。

2. 思想行为固执死板，敏感多疑、心胸狭窄。

3. 爱嫉妒，对别人获得的成就或容易感到不安，妒火中烧，喜欢寻衅争吵，背后说风凉话，或者公开抱怨或指责别人。

4. 自以为是，对自己的能力估计过高，关于把失败和责任推究给别人，在工作和学习上往往言过其实。

5. 自卑，总是过多过分地要求别人，但从来不信任别人的动机和愿望，认为别人存心不良。

6. 不能正确、客观地分析形势，习惯从个人的感情出发，主观片面性大。

7. 如果这样的孩子将来建立了自己的家庭，也会经常怀疑自己的配偶不忠实。

对于这种偏执型人格障碍的治疗应该采取心理治疗为主，以克服其多疑敏感、固执、不安全感和自我中心的人格缺陷。主要有以下几种方法：

1. 认识提高法：由于患者对别人不信任、敏感多疑，不会接受任何善意忠告，所以要首先与他们建立信任关系，在相互信任的基础上交流感情，向他们全面介绍其自身人格障碍的性质、特点、危害性及纠正方法，使其对自己有正确、客观的认识，并自觉自愿产生要求改变自身人格缺陷的愿望。这是进一步进行心理治疗的先决条件。

2. 交友训练法：鼓励他们积极主动地进行交友活动，在交友中学会信任别人，消除不安感。

交友训练的原则和要领是：

首先，要真诚相见，以诚交心。本人必须采取诚心诚意、肝胆相照的态度积极交友。要相信大多数人是友好的、可以信赖的，不应该对朋友，尤其是知心朋友存在偏见和不信任态度。必须明确，交友的目的在于克服偏执心理，寻求友谊和帮助，交流思想感情，消除心理障碍。

其次，交往中尽力主动给予知心朋友各种帮助。这有助于以心换心，取得对方的信任和巩固友谊。尤其当别人有苦难的时候，更应该鼎力相助，患难中见真情，这样才能取得朋友的信赖和增进友谊；最后，注意交友的“心理相容原则”。性格、脾气的相似和一致，有助于心理相容，搞好朋友关系。

另外，性别、年龄、职业、文化修养、经济水平、社会地位和兴趣爱好等亦存在“心理相容”的问题。但是最基本的心理相容条件是思想意识和人生价值观的相似和一致，所谓“志同道合”。这是发展合作、巩固友谊的心理基础。

3. 自我疗法：具有偏执型人格障碍的人遇事喜欢走极端，这与头脑里的非理性观念相关联。因此要改变偏执行为，偏执型人格患者首先必须分析自己的非理性观念。比如“我只相信我自己”、“要比他更强”、“我要表现得很强”、“我不能容忍别人一丝一毫的不忠”等等。必须对这些非理性的观念进行改造，除去其中极端偏激的成分。每当故态复萌时，就应该把改造过的合理化观念默念一遍，以此来阻止自己的偏激行为。

4. 敌意纠正训练法：偏执型人格障碍患者容易对他人和周围环境充满敌意和不信任感，采取以下训练方法，有助于克服敌意对抗心理：

（1）经常提醒自己不要陷于“敌对心理”的旋涡之中。事先自我提醒和警告，待人处世时注意纠正，这样会明显减轻敌对心理和强烈的情绪反应。

（2）要懂得只有尊重别人，才能得到别人尊重的基本道理。要学会对那些帮助过你的人说感谢的话，而不要不痛不痒地说一声“谢谢”，更不能不理不睬。

（3）要学会向你认识的所有人微笑。可能开始的时候会很不习惯，做得不自然，但必须要做，而且努力去做好。

（4）要在生活中学会忍让和耐心。生活在复杂的大千世界中，冲突纠纷和摩擦是难免的，这时必须忍让和克制，不能让敌对的怒火烧得自己晕头转向。

总是习惯依赖妈妈

凡凡是班上的一位“小不点”同学，之所以叫她“小不点”，一则是因为她长得比较小，二则是因为她的心理年龄也很小。周末放学回家了，这个“小不点”同学不会和同学们一起坐公交车回家，而是等妈妈开着车子来接她。在平日上课的时候，她的妈妈也会隔三岔五地来看她，送点好吃的点心或是应季新到的新鲜水果，总之，“小不点”同学就是在妈妈的细心呵护下成长，不会受一点委屈，所以也就习惯地依赖妈妈了。

如果妈妈不在，“小不点”同学也会和同学们相处得很好，看上去乖乖的。不过她的行为习惯还是特别像个小孩子，自己很难独立，如果别人说去哪里，她总是像一只小尾巴跟着大家。虽然大家都很爱护凡凡，但即便是同龄人也会觉得她和大家有代沟，所以和“小不点”同学的谈话很难深入。

凡凡的妈妈也为她的孩子感到担忧：“我的小不点啊，你以后长大了之后可怎么办啊？”

小不点啊小不点，难道以后就真的长不大了吗？

妈妈对我说：

凡凡，你很有可能存在着比较严重的依赖型人格障碍。依赖型人格障碍是一种以依赖心理为主要特征的人格障碍类型，青少年患者一般缺乏自信、自以为难以独立、自愿从属别人、任凭别人左右，如学业、职业的选择需要靠父母和他人决定，为了获得别人的帮助，不惜逢迎讨好。

这种依赖性的人格障碍一般是源于个人发展的早期。有的父母过分溺爱子女，并且鼓励子女依赖父母，不让他们有长大和自立的机会，以致久而久之，在孩子的心中就会逐渐产生对父母或是权威的依赖心理，长大之后依然不能自主，缺乏自信心，总是依靠他人来做决定，终身不能负担起独立选择采纳各项任务、工作的责任，形成依赖性人格障碍。

对这种依赖性人格障碍的治疗，可以采用如下的方法：

1. 习惯纠正法：依赖性人格的依赖行为已成为一种习惯，治疗首先必须破除这种不良习惯。仔细检查自己的行为中哪些是习惯性地依赖别人去做，哪些是自己决定的。对于自主意识强的事件，以后遇到同样的情况应该坚持自己的决定。比如自己喜欢穿颜色艳丽的衣服，那么以后就要坚持下去，而不要因为周围人的闲言碎语而放弃自己的想法。这样的事情看上去很小，但却是纠正依赖他人这种不良习惯的突破口。

依赖的行为并不是轻易就可以消除的，一旦形成了习惯以后，就会发现自己想决定每件事情都很难，可能会不知不觉地回到老路上去了。为了防止这种现象的发生，简单的方法就是寻找监督者来监督自己。

2. 重建自信法：如果只是简单地破除了依赖的习惯，而不从根本上找原因，那么依赖的行为也可能复发。重建自信的方法便是从根本上加以矫正依赖型人格障碍。

第一步，清除童年的不良印迹。依赖型的人一般都缺乏自信，自我意识十分低下，这与童年时期的不良教育在心中留下的自卑痕迹有关。最好的方法是回忆童年时父母长辈说过的对自己有不良影响的话，比如："你真笨，什么也做不出来。""瞧你那笨手笨脚的样子"等，把这些话仔细地整理出来，然后一条一条加以认知重构。

第二步，重建勇气。可以选作一些略带冒险性的故事，每周做一项，例如：独自一人到附近风景点作短途旅行；独自一人去参加一项娱乐活动或是一周规定一天"自主日"，这一日不论什么事情，决不依赖他人，通过做这些事情，可以增加勇气，改变以往事事以来他人的弱点。

心理&秘密

——给躁动不安的你

我就是要最出众

我希望自己永远是最漂亮的

南南和妈妈走在街上碰到街坊邻居，阿姨总会和妈妈寒暄几句："和女儿一起出去走走啊。""你们家的南南长得越来越漂亮了。"每次听到这句话，南南心里都美极了。

是啊，妈妈有时也会看看南南，说："南南确实是越变越好看了，也变得秀气了。以后脾气再温和一些就更好了。"

"妈妈，您也很漂亮啊。"南南对妈妈说道。

妈妈笑着摇摇头："上了年纪，你看我的眼角都有了皱纹，皮肤上的色斑也增多了。再看看你的皮肤多么光泽，呵呵，你们现在正年轻嘛。"

"嗯，"南南看看妈妈的脸，确实，虽然经过了修饰但是依然抵挡不住岁月的痕迹，"妈妈，我想让自己看上去永远都年轻漂亮。"

"是啊，"妈妈说道，"女孩子 20 岁的时候漂亮是天生的，而以后年龄大了依然美丽那就是修行来的了，所以在日常也要注意保养，不仅是保养自己的皮肤、身材，还有气质。"

"嗯，妈妈你多介绍给我一些保养经验吧，我想让自己永远是最美丽的。"南南央求妈妈道。

"好，好，"妈妈说，"让我来给你讲讲名人的保养经验吧。"

妈妈对我说：

南南，怎样让自己永远保持最漂亮呢？妈妈给你介绍张曼玉的保养秘籍吧，也许你就会得到答案了。张曼玉，刚出道时是以青春无敌、清纯可爱取胜，只是那时的美似乎来得有些单薄，经不起推敲，毕竟这个世界上从来不缺少漂亮的年轻女孩。而张曼玉不同于别人，她的美经得起时光雕琢，岁月似乎只是给她时间，让她一丝丝地绽放出那份独特的韵味。

著名导演王晶谈到张曼玉时，他说：张曼玉的美丽是一种很自我的美丽，“不伤害别人的自我”，是那种美丽得男人都喜欢，女人也都很喜欢的类型。

罗大佑对张曼玉的评价似乎更为贴切，他说：“张曼玉年轻的时候，她外表美丽却很不懂事，即使漂亮也是从角色里透出来的；如今虽然年华已逝，但她的美丽却由内而外地散发出来，即便在角色中，大家也能清晰地看到那就是张曼玉自己。”

听听张曼玉自己的话吧，她说：“魅力是一点一滴经营的，绝非一朝一夕之功。的确，完美肌肤也需要坚持不懈地呵护，只有长期为肌肤进行基础保养和调理，才会尽可能长久地保持肌肤完美的状态。我不赞成采用那些快速见效的美肤方法，那样与自然不符。美最重要的是一个人开心、自信的状态。”这是张曼玉对美的看法。

1. 保养

银幕上的张曼玉皮肤光滑洁净，媚眼如丝，风情万种，但是日常生活中的她也会遇到皮肤困扰。张曼玉的T区有很多小痘痘，是由于经常化妆造成的，所以，她很注意皮肤清洁，除了卸妆必须使用深入清洁的乳液外，日常清洁只用洗面液和清水。

为了保养皮肤，在饮食方面张曼玉也很注意。她很少吃煎、炸、辣的东西，不吃容易上火和对胃会产生刺激的东西。而且每天早上起床后，张曼玉都会喝两大杯温水，她很形象地表示：早上喝过温水以后好像是冲走了前一天吃过的不好的东西。

还有就是睡眠，张曼玉说："要尽量避免熬夜造成的伤害，珍惜夜晚的黄金时间，让肌肤进行自我修护。无论工作多繁忙，时间安排多么紧张，我都不会缩短睡眠的时间。而且，在任何时候我都会保证睡眠时空气畅通，这样才能使皮肤更加充分地呼吸。"

她还总结道："我觉得心态很重要，保养皮肤关键是心态。第二是自己照顾自己好一点儿，睡眠好，多吃一点儿好的东西。第三是心情，我觉得笑容和眼神是从里面出来的，这是保养所不能做到。"

2. 瘦身

高挑的张曼玉身高足有1.7米，身材一向匀称得让人羡慕。不过张曼玉说自己是那种很容易发胖的人，稍不注意就会出现发福的迹象。为此她专门拟订了一套瘦身计划：对油炸、脂肪类以及厚味食品等退避三舍；少吃加工食品，多吃有益健康的食品和清淡新鲜的食物。她还说，作为演员，通常要吃得很少，因此一定要保证营养。比如每天喝3杯牛奶，用来补充人体所需要的营养，还可以为女性补充钙质，是很好的瘦身和滋养佳品。

另外，张曼玉早上起床一定要先用盐开水清肠，她认为人身诸恶莫过于肠毒，肠毒去除干净了，人也会变得身材苗条。她的早餐常常是一杯果汁配上面包、鸡蛋或者黄油。至于午餐，她通常选择果汁、水果或一小块三明治。晚餐就尽可能简单化。她还认为吃饭的时候一定要细嚼慢咽，把吃饭的速度减慢下来，再加上每天早晚两次称体重，就是控制体重的妙方。

张曼玉反对不健康的减肥方式，她说："长期坚持不健康的减肥方式，消化系统就会受到严重的破坏，身体健康也会受到影响。减肥最好的方法就是依靠自己的意志力，在少吃的情况下多运动。为了一生都能健康美丽，旁门左道还是少用为妙。"另外，早睡早起、饮食定时、勤练健康舞也是她保持身材的法宝。

其实，张曼玉真正的美丽还在于她内心的丰盈，她认为美女不光要长得好看，自信、修养、知识也很重要，她说："（知识）会让女人变得更加自信，尤其是随着年龄的增长，更应该随时跟社会保持联系，通过学知识来‘保养’自己，不与时代脱节！”这种通过学习培养起来的知性气质是永远不会老的，这或许也是张曼玉越来越美的秘诀之一吧。

怎样让自己更美丽

兰兰刚才因为一件小事大为恼火，自己一个人气嘟嘟的样子。

妈妈走了进来安慰兰兰：“你看，妈妈给你一面镜子，照照你现在的样子吧。”

兰兰拿过镜子看了一眼自己，发现镜子里的自己变得特别难堪，脸涨得红红的，而且表情也扭曲得很恐怖。

“不看了。”兰兰扔下镜子。

“呵呵，”妈妈笑着说道，“所以一个想让自己美丽的女孩不可以随便生气，要不然会变丑的。”

“嗯，真的是这样。”兰兰并不否认妈妈的话，“只是刚才我真的忍不住了。”

妈妈对兰兰说：“因为情绪的变化会影响到人的整个新陈代谢系统，而且有研究表明在发脾气的时候人的体内会分泌一种毒素，对身体产生不好的影响。而且，你想，一个情绪不好的人，肯定面相也不会很好，久而久之，人就变丑了啊。”

原来是这个道理，听了妈妈的话，兰兰恍然大悟：“那我以后不可以发脾气了，否则就会变丑了。”

“这就对了，”妈妈说道，“聪明的女孩一定会让自己保持好脾气，这是美丽永驻的秘诀呢。”

兰兰决定以后再也不发脾气了。

妈妈对我说：

哪个女人不怕自己有天会变成“黄脸婆”？所以她们想尽各种办法来挽救自己的容颜，买高级护肤品，去美容院做美容，还想方设法找偏方，其实只要你保持一个乐观平和的好心态，就可以让你的肌肤焕发出靓丽的光彩。因为心情的好坏，直接影响到皮肤尤其是脸色的好坏。

现代生理学研究表明，人在心情愉快时，其内脏器官活动会发生改变，如心脏跳动更均匀有力、肺活量增加、肠胃平滑肌蠕动加快，呼吸、消化、循环系统都得到很好的开发，机体免疫功能增强，人就会容光焕发。

“人逢喜事精神爽”，这句话也道出了一个人的心情与其精神、气色的关系，心情好，精神、气色自然就好。因此，对人谦让宽容、性情豁达，会令你散发出迷人魅力，小美女就不会变成黄脸婆了。

医学研究表明，怒伤肝，肝伤了，就更容易怒。因为肝主情志，喜疏泄，不能有郁积之气。肝郁气滞必然血行不畅，也就容易引发女性常见的血淤症，使人面无光泽，并出现色斑。

可是人不可能遇事永远都会心平气和，遇到让自己不愉快的事怎么能不生气、不发怒呢？除非是神仙，作为凡人的我们要学会将这种怒气宣泄出去，这样就不会伤身了。

1. 舒肝解郁

想拥有美丽肌肤的你可以选择玫瑰花茶，如同时有腹胀，可在茶中加入橘络。另外，按摩太冲穴可排解烦闷之气。

2. 慎待月经

不要小视经前紧张综合征及月经不调，要注意保暖，补充钙及B族维生素；月经期间可少量服用益母草、红糖茶，促使经血排出；月经后需养血，多服用红枣、当归、乌骨鸡等补气血之物。

3. 运动

约上几个朋友爬山、跑步、打篮球都可以解除不良情绪，因为运动可以流汗，流汗可排出人体内过高的肾上腺素，肚子里的怒气也会随之发泄出去。

4. 目标不要太远大

人从紧张到放松是有一个周期的：目标出现→身体分泌肾上腺

素→身体紧张→达到目标→脑部分泌多巴胺→人感到松弛及满足感。如果你把这战线拉得太长，迟迟不犒劳紧张的身体，没到终点你就顶不住了。最好设定短期目标，时时奖励自己。不要说：等宝宝大了、等我有足够的钱了……没等到那时候你就成黄脸婆了。

5. 其他

情绪不佳时，你可以找人倾诉，及时将心中的不快吐露出来；或是听听减压音乐，舒缓一下相对紧张的状态，等等。此外，还可以采取一些心理防御手段暂时缓和有害情绪，如迁怒、投射、退避、否认以及补偿等。而对于某些自身情绪已经偏离情绪平衡点较远的人们来讲，如果没有能力进行自我调节，这时就应该积极寻求心理医生等专业人士给予帮助。

心情好，自然会散发出女人的魅力，爱生气的女人不可爱，更不会美丽，所以女人们不要动不动就情绪化。

学大人化妆、穿着奇装异服会变漂亮吗

公园里的杏花已经开放，同学们三三两两地相约在周末一起到公园里去照相。

欣欣穿着“盛装”准时出现在同学们的面前，从她远远的走过来，就吸引了不少人的驻足观看：她的上身穿着一件翠绿色的小毛衫，而下面却搭配一条米黄色的超级小短皮裙，还有一双黑色皮靴。

等她走近了，同学们才注意到她的打扮更加吓人：她的眼睛周围抹上了流行的烟熏妆，脸上却涂抹了一层又一层的白色。美白加烟熏妆让人联想起什么呢——骷髅。

“为什么这样看我，我为了拍照特意换了一件衣服。”欣欣面带微笑地对大家说道。

可是同学们都不喜欢欣欣的衣服，更不喜欢过路的人由于关注欣欣而连带着关注她们。

“欣欣这个样子真的是丑死了。”一定有很多同学会这样认为。

妈妈对我说：

女孩在进入了青春期之后，都会有很强烈的爱美之心，整天不知道会拿出镜子照多少次。我们经常可以看到有些女孩会把各种各样合格或者是不合格的化妆品往脸上堆，穿着的牛仔裤一定要扎个窟窿才算入时，裙子已经短的不能再短，而头发却偏偏要染成五颜六色的“冰淇淋”。原本这个年纪的女孩是出水芙蓉，可是却偏偏喜欢把自己打扮成妖艳皇后。

有的时候，妈妈也在私下里问过这些女孩究竟是什么心理，为什么喜欢奇怪的穿着，她们说这样的穿着就是为了表达内心对生活的反叛，为了追求自由的最大化。这些女孩极尽自己的所能打扮自己，希望让自己靠近女性的时尚圈，她们认为只有想穿什么就穿什么是对生活平凡乏味的对抗。

青春期的女孩在生理、情绪、思维能力等方面都处于急剧变化的阶段，尤其是性意识、自我意识的觉醒和日渐成熟，让这些女孩对外在的形象感知变得特别敏感，同时希望得到更多异性的关注。根据英国的一项研究发现，许多年轻女孩为了让自己显得更加性感迷人，受到周围人尤其是异性的关注，就会去大胆地尝试暴露的服装，传达出她们已经是一个性成熟的女性了。

英国著名的剧作家莎士比亚曾经说过“如果我们沉默不语，衣裳和体态会泄露过去的经历。因此，无论你追求个性，还是追赶潮流，最好还是选择符合自身年龄、身份的装束，这样才能为美丽加分。”如果因为夸张的打扮让人对你的身份产生了不好的联想，那就说明你的装扮很不合时宜。

为什么喜欢在男孩面前大声说话

夏瑶本来就是一个喜爱炫耀的女孩，只是如果有男孩子在旁边，她会炫耀得更厉害。

有一次夏瑶和几个女孩围在一起说话，有一个男同学坐在了离她们不远的地方。这时夏瑶故意地抬高了自己的声调："你们看爸爸新给我买的镯子好看吗？是翡翠的呢。"

夏瑶一边说话一边用眼睛瞟了一下旁边的男同学。

"你们知道吗？翡翠分为好多种呢，有ABCD四种货，爸爸给我买的是A货呢，纯天然没有经过人为加工的，所以很珍贵。"夏瑶用她的大嗓门继续说道。

"真的很漂亮呢。"一个同学在旁边夸奖道。

"哼，市场上卖的好多翡翠都是不值钱的，我一眼就能看出货色来呢。"夏瑶得意地炫耀。

这时，坐在她们旁边的那个男孩子走了。夏瑶一下失去了刚才的亢奋。

妈妈对我说：

现在的时代变化很大，女孩子不再像从前那样被要求"笑不露齿"或是只能文静、柔弱了，她们和男孩子一样渴望能更多地探索这个世界、了解这个世界，也在与很多男孩子共同的学习、生活中发现他们身上的很多优点。比如：勇于冒险、敢于尝试、兴趣广泛、知识丰富，又比较开朗大度，和男孩子在一起能避免很多女孩子之间的小冲突、小矛盾，没有那么多斤斤计较，"小心眼"的麻烦。所以，很多性格比较外向、活泼开朗的女孩子常常喜欢和男孩子在一起玩。

到了青春期以后，也会有女孩子"一反常态"地喜欢在男孩子面前表现自己。比如，当有男孩子在场的时候，会特别注意自己的发型、衣着，会有意大声说话或者是说些自认为是很深奥、很吸引人的话题，或是大声唱歌、扭动着身体走来走去等等。其实，这与男孩子调皮捣蛋、出洋相一样，是为了吸引异性，尤其是自己喜欢的异性的注意。

情愫徜徉心间

老师说我们进入了“危险年龄”

小丝的老师在卫生课上讲过：青春期是女孩在成长过程中的一段“危险年龄”。

为什么这样说呢?

因为，首先，在进入青春期之后，很多同学的思想、情感和性意识开始萌动，但是又常常非常的不成熟，还不能很好地分辨是非、分清优劣，容易受到周围的人和环境的影响。如果一旦遭遇到不良的引导和蛊惑，很容易会接受错误的观点。

再有一点就是进入青春期之后的女孩会出现越来越强烈的独立意识，使女孩的逆反心理加强。在小丝的班上就有很多同学不愿意接受爸爸妈妈的管教，也不愿意与他们多交流，暴露自己的思想，甚至是故意去违背他们的意愿以示“反抗”，或者是以“隐私”为借口拒绝大人的指导和帮助。

女孩觉得自己长大了，总会时不时地自以为是，所以说进入了“危险年龄”。因为，一个涉世未深的孩子，本来对是非善恶没有太强的辨别能力，如果不愿意听从父母长辈的教导，那将是件危险的事情。

在小丝的同学当中就有这样的，他们什么事情都不愿意和父母沟通，认为父母太唠叨，认为父母的观念过时了，认为父母过多的管束制约了他们的成长，这样的同学大部分脾气比较易怒，甚至在晚上彻夜不回家，家长都不知道他们去了哪里。

不过还好，小丝一般不怎么发脾气，小丝觉得自己有一个好妈妈，她还能在生活上给自己很多的帮助和指导，感谢都来不及，怎么可以发脾气呢？

妈妈对我说：

小丝，很多女孩都会有这样的体验，进入了青春期就不再有“乖乖女”。青春期的情绪，有时像一轮冉冉升起的朝阳，总是充满着无限的活力、希望和快乐；有时又像一艘难以驾驭的航行在茫茫大海里的航船，随时都有遭遇风暴袭击的危险。很多女孩子进入青春期后不仅身体见长，脾气也见长，言语和行为上都有很大的改变，尤其是批评不得，常常不讲道理地乱发脾气。难以驾驭的情绪变化、冲动易怒的脾气和随之而来的烦闷心情，这不正是处于青春期的女孩们最典型的情绪特征吗？

从生理上来说，据国内外专家的研究，青少年性激素的分泌，比其性发育前增长了 8 ~ 16 倍。成长的加速度就是一种“生理能量”，同时有些孩子神经系统本来属于“强型”，例如，心理学中所说的“胆汁质”或“多血质”的气质类型，当然就更是“不由自主”地容易冲动了。从心理特征上来看，孩子进入青春期以后，成人感和独立意识渐渐成熟，所以这个时期的孩子们总是想在自己的事情上自己做主，想得到别人的理解和尊重。与此同时，日渐多元的社会文化和时尚观念无时无刻不吸引着成长中的女孩们。他们渴望参与精彩的社会生活，期望体验各种时髦的东西，常常会与父母、老师“对着干”。

一方面，“生理能量”如果没有健康的释放渠道，就可能转化为一种“心理行为能量”，

正如平日所说的，“有劲没处使”，这种能力释放的破坏作用是非常危险的。冲动易怒、脾气暴躁是一种极其消极的情绪，这不仅对个人的身体健康、个性培养不利。而且也会对身边的朋友、亲

人造成伤害，走向社会后更是影响着人际关系，影响着一个人的进步和成才。

相信青春期的你们也会有这样的烦恼——“总爱发脾气怎么办？”方法是多种多样的，只要你真的用心去尝试。

要勇于承认自己爱发脾气，以求得他人帮助。如果周围人经常提醒、监督你，那么你的坏情绪会得到抑制。同时，意识控制就是一种很好的方式。当情绪即将爆发之时，可以进行自我暗示，提醒自己保持理性，暗暗告诉自己“别发脾气，以免伤己伤人”。相信每一个有涵养的人都可以做到。更重要的是，凡事要将心比心、推己及人，如果任何事情你都能够站在对方的立场来想一想，那么你会觉得似乎没有理由再发脾气。另外，宽容永远是一种高贵的美德，当你能够做到“笑口常开”、“大肚能容”时，冲动易怒的坏毛病也就自然消失了。所以试着从现在开始，学会克制、学会宽容、告别冲动易怒的“小刺猬”吧！要相信，深厚的涵养足以使一个人获得良好的人际关系并赢得众人的尊重，也可以使一个人从此具有一种人格的魅力、一种高贵的光芒。

为什么会莫名其妙地多愁善感

涵涵这几天就像是一只病病歪歪的小动物，变得不像从前那样爱笑了。奇怪，一向阳光的涵涵怎么突然抑郁了呢？是不是出了什么事情？

“涵涵，看你不是很高兴，你没什么事情吧。”同学蕾蕾关切地问她。

涵涵被蕾蕾这么一问，实话实说了：“我最近一直都挺好的，什么事情也没有发生。最近我在听电子音乐，都是很苍凉的那种，听上去很有沉重的感觉，可能是因为这个原因吧。”

确实，音乐确实能够改变一个人的情绪，看来涵涵的忧郁不是不正常的现象。

听涵涵这样一解释，蕾蕾松了一口气。

“其实涵涵，你可以试着听乡村音乐，那个调子比较欢快。”蕾蕾提出了建议。

“我那里有很多调子轻快的音乐，只不过沉重的音乐听起来更有感觉，呵呵没事。”涵涵向蕾蕾解释说。

蕾蕾记得以前妈妈曾经教育过她“年轻人不可以有衰丧气”。正因为年轻，所以才应该是朝气勃勃的，如果一个年轻人却总是暮气沉沉的样子，那是很忌讳的。所以，蕾蕾也习惯了高兴的样子，后来发现，一个习惯真的可以形成一种性格，因为一旦习惯了高兴，所以人就看上去很开朗。

蕾蕾觉得莫名其妙的多愁善感，难免会给周围的人造成压力。希望涵涵努力做个快乐的人吧。

妈妈对我说：

林黛玉是忧郁的，也是美的，但是正是她的忧郁美，害得她在如花的年龄里过早地离开人世，留给后人无限的惋惜。

忧郁不独文学作品里有，现实生活中，忧郁似乎更是如影随形。根据世界卫生组织的研究发现，平均每一百人中就有3人罹患忧郁症，其中因为忧郁症所带来的身体疾病，甚至自我毁灭的例子比比皆是。继癌症、艾滋病后，忧郁症已成世纪三大疾病之一。

很多女孩当遇到学业退步，与朋友吵架、和家人冲突时，都很容易有疏离感而导致忧郁。多数忧郁的女孩，或多或少会在言语、行动上流露蛛丝马迹，例如，觉得“我觉得没什么未来”、“生活不可能好起来了”；严重的甚至有“活着没意思”、“我不会再烦你了”、“没有我，你们会过得更好”、“我很希望一觉就不再醒来”。所以，当女孩突然写信、把心爱的东西送走、告诉朋友师长绝望想放弃的感觉、有自伤的行为、对药物或武器的来源突然感兴趣等状况，就有可能走入自我伤害的歧途。

抑郁症在西方社会被称为“精神上的流行性感冒”，其传播范围之广，受其影响之容易，可以从“流感”二字看出来。在东方社会，抑郁症也并不少见，尤其是中国人，性格内向，往往真实想法不愿暴露，宁愿被抑郁情绪折磨，也不愿找精神病专家进行心理咨询。如此发展下去，可由抑郁情绪跨入抑郁症患者的行列，有的人便以自杀了结。

如果你们持续两个星期以上表现出以下5个甚至更多的症状，你就需要就医或咨询心理健康专家了：

1. 心神不宁或急躁不安。

2. 躯体症状持续对治疗没有反应。

3. 注意力难以集中，记忆力下降，决策困难。

4. 疲劳或精神不振。

5. 持续的悲伤、焦虑，或头脑空白。

6. 睡眠过多或过少。

7. 体重减轻，食欲减退。

8. 失去活动的快乐和兴趣。

9. 感到内疚、无望或者自身毫无价值。

10. 出现自杀或死亡的想法。

忧郁是成功之路上最不受欢迎的敌人，它是悲观的孪生姐妹。一个人整天沉浸在忧郁的阴影中，还有什么乐观、积极向上的心态去追求成功呢？最重要的就是不要去看远方模糊的幻象，而要做手边清楚的事。

忧郁是一道无形的网，它不仅网住了你的思想，还网住了你的行动。如果你心中梦想的是成功，那么请你尽快地走出忧郁的低谷。

这里介绍几种帮助青春期女孩走出忧郁的方法：

1. 问你自己：可能发生的最坏情况是什么？如果你必须接受的话，就准备接受它。然后想办法改善它。

2. 忧郁的人往往变得邋遢，你应反其道而行之。服装整洁，理理发，洗个澡，多对自己笑一笑。

3. 反复地说出自己的名字，给自己打气。说："这没有什么了不起！"这是一种积极有效的心理暗示术。

4. 尝试着改变交往的对象，结识新朋友。

5. 多做做自己感兴趣的事，如跑步、唱歌、听音乐等。

帮助别人，做一些公益性的事。你将会找回自我的价值，感受到生活中有比个人忧愁更为重要的事。

还有其他一些方法，例如，让自己忙碌。卡耐基说，忧郁的人一定要让自己沉浸在自己喜爱的事情、工作里，否则只有在绝望中挣扎。

青春期的女孩正如含苞待放的花朵，应该享受的是阳光的照耀。不要让忧郁蒙住了自己的眼睛，尝试走出忧郁的沼泽地，你会收获温暖的快乐，温暖的美丽。

老师说我大喜大悲

“夏楠，45 分；白雪，49 分；花花，53 分……”老师在班上念每个同学的分数，一直都没有一个人及格。

“杨凡——”念到杨凡的名字的时候，老师又仔细地看了一眼试卷，“75 分。”

“耶——”杨凡情不自禁地在自己的座位上抓狂起来，难道自己的成绩是全班最高分吗？

“杨凡，淡定。”老师的脸上没有表情，继续念了下去，“黄岩，78 分；葱头，82 分……”

原来事情是这样的，老师按照成绩从低到高的顺序念试卷，班上的最高分是 89 分，而且，一向语文成绩不错的杨凡这次的考试结果并不理想。

杨凡想起自己刚才还在班上得意地大叫，忽然觉得这样很丢脸，一时情绪不稳定，眼泪止不住地“啪嗒啪嗒”落了下来。

“这一次考试说明不了什么问题，成绩不理想的同学希望以后能继续努力，争取好的成绩。”难道老师的话是在安慰自己吗？杨凡心想。

放学之后杨凡想一个人走回家，觉得自己今天的表现实在是不正常，在十分钟的时间内，一会大哭一会大笑，似乎脸变得也太快了些。再说了，这有什么可丢人的？不就是没控制好情绪叫了一声吗？也不至于难受得要哭啊？杨凡越想越觉得自己奇怪。

妈妈对我说：

情绪是人对事物的一种最浮浅、最直观、最不用动脑筋的情感反应。它往往只从维护情感主体的自尊和利益出发，不对事物做复杂、深远和智谋的考虑，这样的结果，常使自己处在很不利的位置上或为他人所利用。本来，情感离智谋就已距离很远了（人常常以情害事，为情役使，情令智昏），情绪更是情感的最表面、最浮躁的部分，凭情绪做事，焉有理智？不理智，能有胜算吗？

“东边日出西边雨”不仅是对一种自然现象的客观描述，而且也是对青春期女孩情绪特点的形象比喻：一边是情绪逐渐地趋向成熟、愉悦、平静、稳定，积极的情绪因素不断增加；一边是情绪问题陆续地出现，厌学、抑郁、焦虑、冷漠，诸如此类的情绪给我们的成长与发展罩上了阴影。有的阴影随着时间的推移而自然消逝，可有的阴影却需要施加人为的驱散力量，促使各类情绪问题的顺利解决。

我们现在正处于身体发育或社会经验形成的增长时期，情绪波动比较大，所以容易发怒。我们正像是一部正在磨合的汽车，对情绪的控制远远没有到达得心应手的境界，经常会因为一点小事耿耿于怀，也经常由于“不顺心”、“不如意”而怨天尤人、意志消沉。

这些都是正常的现象，因为我们正处在思维以及人生观的“大碰撞”时期；另外，这些也是不正常的现象，因为人若是不能有效地控制自己的情绪，就变得和动物没有什么分别了。

其实，我们情绪的“开关”就掌握在自己手上，是我们自己而不是别人在控制我们的情绪。在同样的负担下，谁的情绪更好、身体更健康，取决于谁更善于控制这些“开关”，从而保持一种积极健康的情绪。

控制情绪不是一件非常容易的事情，因为我们每个人心中永远存在着理智与感情的斗争。自我控制、自我约束也就是要求我们按理智判断行事，克服追求一时情绪满足的本能愿望。一个真正具有自我约束的人，即使在情绪非常激动时，也能够做到这一点。

我们每个人都在努力做使自己生活更有意义的事，并且在向着未来的目标奋进。但是，生活在现实的世界中，我们绝不应该采取仅使今天感到愉快而丝毫不顾及明天可能发生的后果的态度。我们的情绪大都容易倾向于获得暂时的满足，所以我们要善于做好自我约束。因此，在追求一种有意义的生活时，我们应当努力控制自己的情绪，使自己向好的一面发展。

问一问自己，你常常头脑发热吗？你曾经因冲动犯傻吗？你试过控制自己的情绪吗？

还是介绍几种控制自己情绪的方法吧：

1. 正确评价自己。

任何情绪和情感的产生都有其根源，有时它隐藏得很深，我们很难觉察，但是它却似一只无形的手，牢牢地把握着情绪的方向和发展，我们只有紧紧抓住这只无形的手，才能从被动转为主动，才能使情绪控制在自己理智所及的范围之内。有时候，情绪和情感发生的原因十分简单和明显，但我们却可能故意避开这种伸手可及的原因，找出许多次要的无关宗旨的理由，因为要正确地找出某些情绪的原因常常是使人痛苦的。例如，当我们内心受到严重的伤害时，我们不敢也不愿承认自己之所以受到伤害是由于自己本身的脆弱和无能，我们可能曲折而迂回地从外界去找原因，或把自己完全置于无辜的位置，以求得内心的平衡。不敢正视自己，不敢正确评价自己，阻碍着我们对自己进行理智的认识和评价。我们一定要克服这种毛病。

2. 转移注意力，换个环境。

当我们受到无法避免的痛苦打击时，长期沉浸在痛苦之中，既于事无补，不能解决任何问题，又影响自己的学习和工作、损害健康，所以我们应该尽快地把自己的注意力转移到那些有意义的事情上去，转移到最能使你感到自信、愉快和充实的活动上去。

这一方法的关键是尽量减少外界刺激，尽量减少它的影响和作用。

3. 品尝各种愉快的生活体验。

每一个人的生活中都包含各种体验，建议你可以多回忆积极向上、愉快的生活体验，这有助于克服不良情绪，保持乐观的心理状态。比如说一次考试失利，不要总是沉浸在懊丧里自怨自艾。也许有些题目你的答案正确，可是分数高的同学却没有做出来，这说明你还是有能力的，成绩不好不过是暂时的。在这种情况下，振作精神，客观冷静地找出原因要比灰心丧气好得多。

同样，我们要有意识地搜集能让我们快乐的生活片断，将它们剪辑到我们的记忆中，并时时在脑海的荧幕里播放。

4. 学会换位思考。

有一句话说得好，保持情绪的最好方法就是多看看比我们还不幸的人。悲观的失败者视困难为陷阱，乐观的成功者视困难为机遇，结果就有两种截然相反的生存轨迹。

凡事从好处想，就会看到希望，有了希望才能增添我们生存的勇气和力量。面对不良情绪困扰的时候，我们不妨换个角度想想，别人能做到的，我们为什么做不到呢？

一说话就脸红，我也觉得窘

历史老师风趣幽默，同学都很喜欢他，霜霜自然也不例外。她很想找机会亲近这位可爱的老师，可是不知道该怎么办比较好。

霜霜的同伴给她出了一个好主意："你想个问题问他，他一定会很耐心地给你解答。这样的话你不就可以和老师近距离的接触了吗？"

霜霜觉得那个同学说的有道理，于是苦思冥想了很长时间，终于想出一个可以向老师请教的问题。

这天等到老师下了课，夹起他的教案正要走的时候，霜霜快步上前拦住了他："老师，我有一个问题想问您。"说到这里，霜霜开始感到自己脸上有点发热了。

老师静默地站在那里等待霜霜提问。

"是这样，那天您上课的时候讲东汉时期我国出现了瓷器，而在讲商朝的历史时又说那是出现了原始青瓷，这两种说法是否矛盾？"霜霜在提问的时候还在想思考这种问题似乎有点钻牛角尖。

"不矛盾。"老师很肯定地告诉霜霜，"商朝出现的原始青瓷，只是在材料的使用、烧成的温度、具有挂釉的特征这三个方面有瓷器的特征，而关于瓷器的其他特征比如吸水率、显气孔率等都没有达到标准，所以不是真正的瓷器，而只能成为原始青瓷。"

"可是，老师，"霜霜听了老师的一大堆术语，居然没有听懂，而且还想和老师多套两句话，就继续胡搅蛮缠地对老师说，"如果这样说的话也不对，因为后来明朝、清朝制造瓷器的标准在汉朝的时候也达不到的，为什么不把汉朝的瓷器也归结成为原始青瓷？"

"汉朝的瓷器已经达到了瓷器的标准，所以才将汉朝作为瓷器历史的开始。"老师绕开了霜霜无聊的问题。

霜霜眨眨眼睛看着老师，胡乱地抓抓头，冒冒失失地说了这么一句："不明白……算了我不问了。"

老师温和地看她，居然笑了出来。霜霜觉得更不好意思了，匆匆地回到了自己的座位。

妈妈对我说：

霜霜，你碰见陌生人时觉得害羞吗？当你问人问题时，觉得害羞吗？如果你必须在讲台上演说，你会害羞吗？如果你忽然看见一棵可爱的树、一朵纤美的花，或是一只在巢中唱歌的鸟儿，你会觉得有点不自在而又想静静站着观赏吗？你知道，害羞是一件好事。但是对大部分人来说，害羞隐藏着难为情。过多地关注自己，势必把自己装在一个精神的茧壳里。

害羞是一种难以描绘的情感屏障，是人人都能触及的精神茧壳。而人往往又在这种心理的网罗下，作茧自缚，所以，要破茧成蝶，就要打开束缚，勇敢地面对生活。

假想你现在正在参加一个酒会，你只认识少数的几个人，你和他们交谈了几句以后，他们就走开去和别的朋友谈话。这时，你发现有一群人还颇吸引你，你会怎么做呢？微笑着走过去，然后介绍你自己？还是站在这一群人旁边，等他们发现你？或是另外去找你已经熟悉的人？还是找个充分的理由离开这个酒会？

如果你不太容易向陌生人介绍自己——即使只是假想自己在宴会里会碰到陌生人——你就可能有点害羞了。就像成千上万的其他人一样，你总是有点害怕见到陌生人——甚至连你已经认识的人也怕见到。你最害怕的情况可能是参加宴会，也可能是其他具决定性意义的场合，譬如应征工作进行面谈，或拜见未来的岳父母。或许，你常会因为害羞而变得退却。你可能在一个地方工作了几个月以后，想认识一下其他办公室的人，但又觉得不好意思，而打了退堂鼓。或者，你发现一个很吸引人的异性，却不知道怎么接近他。或许，你不敢去看医生或理发，因为你不知道该怎么告诉他你的情况和要求。

“真的，我本应该非常快乐。”一位女孩曾经这样说道，“但是，我并不快乐。一种可怕的害羞使我每次发现他人看着我的时候都会羞红了脸。我该怎样做呢？”

马克·吐温说，人类是唯一会害羞的动物，人类有时也需要害羞一点。可是，人们却不应该在正常行事的过程中害羞，同样也不应该在一个连动物都会害羞的场合下无动于衷。

害羞有时会是一种痛苦。它是一个令人麻烦的东西，使我们变得懦弱、不安、不快。我们会感觉自己很愚蠢，像一只被观赏玩弄的动物一样。但是，害羞是可以克服的。当然，这不是一蹴而就的事情，否则我们就会发展到一个极端，这是更可怕的，尤其是对别人来说。

萧伯纳年轻的时候就非常害羞。有一次，他到一条街去付账，他在街上来回走，就是没有勇气去敲门。

今天，人们可以对萧伯纳做出很多种评价，但是没有人会说他害羞。他之所以喜欢做惊人之举，从心理学的角度讲，是为了弥补自己的害羞。

在美国有40%的成年人有害羞表情，在日本60%的人为自己害羞，在我国则几乎所有的人都有害羞的时候，连宋代大诗人苏轼也曾有过“归来羞涩对妻子”的尴尬场面。有专家认为，害羞心理并不都是消极的，适度的害羞心理是维护人们自尊自重的重要条件。有人调查表明，害羞的人能体谅人，比较可靠，容易成为知心朋友，他们对爱情比较忠诚，保持自己贞操。女性适度的害羞，可以使之更显得温柔和富有魅力。一个害羞的女大学生对潇洒的男子来说其吸引力可超过一个漂亮的交际花。当然，这里讲的是“适度”，如果过于害羞，那就成了心理障碍。

我们如何才能控制自己害羞的情绪呢？答案就是：不要再考虑自己，下定决心，勇敢地着手做自己不敢做的事情。

下定决心去做自己不敢做的事情，当然，这样做最初是很困难的，但是，如果我们能够勇敢地面对我们感到害羞的事情，我们就可以控制它。摆脱自我的约束即便不是最重要的艺术，也是人生的首要艺术。

面对异性，该怎么办

我总是不敢抬头看男生

曼云开始怀疑自己是否有一些心理障碍，为什么当自己只要一看到男生就会感到特别的紧张和害怕？有的时候，如果有的男同学坐在曼云旁边，曼云从来都不敢抬头看一眼，也不敢同人说话，自己感觉难受，对方也会觉得不自在。

在一次全校举行的运动会上，曼云到现场的时候比较晚，基本上都没有座位了。同班的同学对曼云大喊："曼云，那边有个空位，坐过去吧。"曼云顺着同学指的方向一看，空位旁边是个男同学。曼云宁可自己站着，也不愿意坐过去，多别扭啊！曼云和同学摆摆手，示意自己不过去坐了，要一直站在原地。

那场运动会一直持续了三个小时，而曼云就在那里站了三个小时也不愿意坐过去。其害羞程度可见一斑。

妈妈对我说：

曼云，我能够感受到你在不敢看男生的时候心情很紧张，压力也很大。但是，妈妈想告诉你的是，事情并没有你所想象的那么严重，你应该先让自己放轻松。

你可以选择听听音乐、唱唱歌，或者读点优美的诗词，看点富有哲理的散文，给自己的思想一个自由奔涌的机会，然后坐下来，静静地向日记倾诉，再现一个自然的你。

真的，你实在是不应该自我压抑。一个刚刚进入青春期的女孩，即便喜欢上了班上的某个男同学，也是很自然的一件事情，这种感情不同于儿童，也不同于成人，是非常纯洁的，应该珍惜。

你可以把它作为秘密，甜甜地埋藏在心里，也许永远都不会被人知道，但是不要因自己的这种心理现象而埋怨自己，因为每一个进入青春期的女孩都会多少有这样的情感产生。你之所以看到男孩子会感到紧张，是把这种原本正常的、可以理解的感情，当成了肮脏的、不该有的东西，因而在内心的深处产生了深深的自责。

那么，应该怎样做到既珍惜这种少女之情，又不陷入早恋以致影响到学习和身体健康呢？许许多多的过来人都有一条共同的经验，即是将自己的目标投向了更加美好的未来，为了自己理想的实现，你会将自己的注意力转移到许多有益的事情上来，当你在和男同学相处的时候，可以把他们作为参与竞争的伙伴而在一起坦然地学习，探讨问题或是完成某项事情，如果以性别而论，社会就是由男人和女人组成的，一个自立于社会的女性不仅要掌握现代的科学文化知识，也得具备各种与人打交道的本事。作为成长阶段的中学生，自然是需要全面锻炼自己的，哪能见了男生就不敢抬头呢？

妈妈还想告诉你一个秘密：有不少学生，在异性同学的面前都会有或多或少的不安和紧张呢。不过，他们大多数将自己的情感藏在了心里，努力让自己做到坦然、大方，渐渐地也就真的习惯成自然了，你只要留意调整一下心态，也会变得落落大方的。

男孩子会注意到我们的变化吗

波波从前一直是个“假小子”式的人物，还有很多女孩夸她长得帅来着。有时当波波看到比自己更弱小的女孩，甚至会自然地想到要保护她。从小玩变形金刚、打弹球长大的波波，现在居然变得文静和内敛了很多，自己都不明白这其中究竟是什么原因。

难道只要女孩到了青春期，心理上也会随之而改变吗？再看到陌生的人不会像从前一样疯疯癫癫地无所顾忌，而是学会了含蓄。有时看到了男生，波波也不像以前那样可以从容热情地打招呼了。总之，波波发现自己变化了很多。

记得有一次，波波来到学校迟到了，匆匆忙忙地奔进教室开始慌乱地收拾，无意之间看到有几个男生在那里冲着她笑，心里一下就慌了，后来才知道当时她的头发翘起来一撮。男孩是不是也在观察女孩的变化呢？波波也不知道。只是希望自己能够把握好心态，不要因为这些变化而扰乱了心情。

妈妈对我说：

北宋大文豪苏东坡写西湖，曾经有“欲把西湖比西子，淡妆浓抹总相宜”的佳句。这句诗既有对西湖的赞美之情，更有对女人一种接近天然之美的由衷感叹。在他的眼中，女人好比西湖，像一幅淡淡的水墨画，呈现在眼前的是一种本色、纯净的美。可见在古人的心目中，男人眼中的女人是清新的，有着春风的柔和，有着春雨的缠绵，更多的是感官上的宜人。女人之美在于淡然的有韵味的遐想。

当男孩喜欢上一个女孩的时候，就会喜欢上这个女孩的一切，包括她的所有缺点。此时，这个女孩的一言一行、一颦一笑，他都会感觉很美。也许是这种极端的表现，恰恰证明了某一阶段的女孩在男孩心目中的位置。

很多男孩在谈到他真正欣赏的女孩的时候，都会提出一些共性的观点。看看这些“男性宣言”就会发现，男孩的要求其实很简单。

“当我指出她使我感到压力时，她能够欣然接受，而不是指责我吹毛求疵。我希望她能够依我们讨论的方法将彼此关系拉近。

“她能承认自己也有自私的一面，我不是唯一以自我为中心的人。此外，我也不希望她潜意识里隐藏着一些对男人的刻板印象及负面感觉。

“她知道沟通应该是双向的。当我们争执后能平静地讨论原因，我希望她知道我的激烈反应有的是受她的影响所致。。

“我不希望自己只是去满足她的浪漫幻想，因为我知道现实并非如此，结果可能会令她更失望。

“她不会因我或我们的关系而牺牲她身边的其他事物；因为她这样做，会使我感到被迫付出多于我愿意付出的。

“她能够容许我有自己的意见，不会认为我的意见不当，而强迫改变我。当碰到问题时，她能够与我并肩作战；当我们发生争执时，她能够视它为一种拉近彼此距离的沟通方法，而不会认为我提出问题是在找麻烦。

“她不会过分要求我超越自己的能力去令她快乐。我也不希望她改变自己来迎合我，并希望我为她的牺牲负责。

“她不要只告诉我对我们的关系有何不满，而是要提出一些如何改善的方法。我不希望老是要猜测她的想法，或者现在她是否不高兴？当问题出现时，被告知它的存在是不够的，我更希望她与我一同解决问题。

“我也许是比较自我的人，但我不希望我的动机被误会，更不希望当我有什么做得不恰当时，就被认为是不重视这份感情。

“她能够给予我所希望得到的，而不是她希望我得到的东西。

“她不会过分高估或低估我，我只是一个普通人——有优点也有缺点，我跟她一样也有脆弱的一面。”

由此可见，你不用闭月羞花、沉鱼落雁，你也不用为自己的体形不够完美而自寻烦恼。只要你是个温柔体贴、善解人意的女孩，就会具有无穷的魅力，男孩会无法抗拒你的魅力所散发出的强大吸引力。

暗暗地喜欢上一个男生，该怎么办

晓轩最近有一点魂不守舍的样子，周围的同学都感觉到她有点不太对劲。不仅如此，以前的那股泼辣劲也有所改变，连班上感觉最不敏锐的同学都看出来了，觉得奇怪：“晓轩近来温柔了许多。”

那天，晓轩在说话的时候不经意地向大家透露了她的小心思，原来她喜欢了班上的一个男生。

“那道题目他会做，我要去问他。”

“你们觉得他是不是对人有点冷？”

晓轩和同学说话时在拐弯抹角之间还是会透露出自己想去靠近他，想让同学帮助客观地评价她这样的美好愿望。只不过，那个男生看上去像块木头，对晓轩并无半点的感觉。虽然是落花有意，可惜流水无情，弄得晓轩抑郁了很多。

其实同学们都猜到了晓轩的心思，可是晓轩却和大家对此不挑明了说，一个人把心情小心地收藏起来。可以想见，晓轩的内心该有多么的痛苦。

“如果将来我要是喜欢一个男生，我就直接跟他说。喜欢就喜欢，不喜欢就算了，至于这么磨叽吗？把一个好端端的人都整成半神经了。”同学们很想帮帮晓轩，但是却感到无从下手，只是希望她不要耽误了学习才好。

妈妈对我说：

晓轩，青春靓丽的女孩，自然喜欢吸引男孩子的注意。但是你所喜欢的那个男孩，却很可能是一个保守而又内向的人，也很可能因为你不曾与他见过而怯场；虽然他想认识你，但因为顾虑重重，很可能保持沉默。生活中经常会出现这样的情况：一对本来可以相识、相恋的男女，因各自的心理作祟，或者在一个清风习习的早晨，或者在一个月儿朦胧的夜晚，却擦肩而过了。这种情况固然有一种神秘的美丽，但终究没有收获和拥有，是不是感到有一些遗憾？甚至是终身的遗憾？

所以，爱除了心灵的感应与感觉外，还有行动的表白。不论是爱或者被爱，都是一件很幸福的事，可幸福不是等来的，它需要努力，需要创造。

爱，需要勇敢地表白。很多男人在表达爱意时比女人更胆怯，所以，女孩们应该学会鼓励那个自己心中也暗暗喜欢的男孩。

当你遇到一位自己喜欢的男孩，在什么都没有开始时，你要是以为“他不一定喜欢我”，你可能会永远失去他，失去选择的机会。

还有的女孩刚开始就想：“如果被拒绝了，那该怎么办？”或者“他态度很冷淡，我如何是好？”

其实大可不必存在这些顾虑，如果每个人都这么想：“如果被拒绝，我该怎么办？”那么，你永远也得不到一份真爱！

很明显，问题并不在于会不会被拒绝，而在于如何克服这种自卑不安的想法以及自愧不如人的心理。

假如你很想与自己喜欢的男孩约会，你可能会在电话机旁呆坐半天，拿起电话想拨号却又放下了，就这样反反复复，犹豫不定。

事实上，只要你勇敢地拨一次电话，事情就会完全解决，你也就从此摆脱了那种焦急如焚的心境。即使遭到拒绝，也没有什么大不了的。你只要保持轻松、宽容的心情就会感到焦虑不安是多余的，因为你做了一件值得也应该做的事情。

情场如战场，勇敢地迈出第一步，主动一点，往往就会赢得爱人的心。

如果你真的遇到了一个喜欢的也值得你喜欢的男孩，不要羞涩，要学会发挥自己的魅力，用魅力来垂钓。下面一些技巧不妨试试。

1. 记住对方的资料

在男女交往中，免不了互相介绍，这时候你一定要全神贯注，千万要记住他的名字，否则会让他觉得你过于高傲或心不在焉，就可能对你敬而远之。除了对方的名字，他的职业、籍贯、电话号码、兴趣爱好、饮食口味等，都要牢记在心。在适当的时候，不经意地让他知道你对他的小细节记得很清楚，他便会开始留意你。

2. 不露声色地展示自己

中国人普遍都有着含而不露的性格特征，男性大多喜欢含蓄、内向型的女性，开放型的女性虽然可以朋友遍天下，但在绝大多数男性心目中，她们容易走近却不容易走进，只可为友却不可为妻。假如你觉得自己没有足够的能力改变他的这种观念，却又无法割舍对他的感情，不妨投其所好，经常让他眼睛一亮，发出由衷的惊叹：原来她是这样优秀！

3. 与其他异性交往要把握分寸

事实证明，男人的嫉妒心是一笔可以利用的资源，一个被若干异性爱慕着的女性比落落寡合的女性魅力大得多。只要使用得法，你所钟情的男子会出于对其他异性的嫉妒而对你产生兴趣，但是最好是点到为止。“欲擒故纵”不失为一种好办法，但要记住“物极必反”，你如果过于讨人喜欢，而且来者不拒的话，你的形象将会大打折扣。

4. 要做一个“变形金刚”

太阳每天都是新的，人也是一种喜新厌旧的动物，当你心仪的男孩仍对你无动于衷的时候，不要着急，冷静思考一下，是不是自己哪些地方落伍了？也许在忙忙碌碌中放弃了自我更新。你不妨时时改变自己，让他每次见到你都有一种全新的感觉。譬如，改一下打扮，变一下发式……当然，最根本的还是精神面貌的改变，注意万变不离其宗，需要改变的是你的弱点，而不是优点，盲目改变不如不改。

5. 鼓励那个自己暗暗喜欢的男孩

有人曾做过一个这样的小测试，如果遇到一个你极满意的异性，你是否会主动搭讪建立联系？答“会”的女人为 55.7%，而男人们竟比女人们还低 5.7 个百分点。

如果不主动与那个自己喜欢的异性联系，有 24.3% 的女人和 28.5% 的男人是因为认为这样做有违自己的行事准则，23% 的女人和 21.3% 的男人是因为担心受到冷遇，4% 的女人和 14.3% 的男人怕被笑话。因为缺乏勇气而不与自己喜欢的异性搭讪的男人为 49.9%，女人为 30.8%。可见男人在表达爱意时，比女人更胆怯，女孩们应该学会鼓励那个自己心中暗暗喜欢的男孩。

如果你能够掌握以上方法，并灵活运用，相信你心仪的男孩一定会乖乖地到你身边来！

同桌总是没话找话说，太烦人了

“这是新来的同学，大家欢迎他。”老师把一位新转学到班上的同学介绍给大家。

“你先坐到迎迎这边吧，她这里正好有个空位。”老师说着，就把这位男同学带到迎迎旁边空着的位子。

唉！迎迎实在是不欢迎这个男生坐过来。要知道，以前，这张大桌子是属于迎迎一个人的，现在要匀出去一半的地方给他，迎迎心里很不爽呢。也许迎迎的不情愿被那个男同学看了出来，他竟然主动地向迎迎打招呼：“迎迎，谢谢你帮我腾地方出来。”

迎迎没有表情地冲他摆摆手，示意他没有关系。

经过了几天的适应期，那个男孩暴露出了他的本来面目：他是一个又淘气又爱说话又招人烦的男生，这天底下怎么会有男生差劲得这么具体呢！

有一次，他一边上课一边偷着吃口香糖，当他把口香糖吐出来之后，故意放在了迎迎的茶杯盖上，似乎想要激怒迎迎。而迎迎确实是怒了，毫不客气地把口香糖拿下来直接粘在了他的头发上。所以，从那以后他的头发很明显的少了一块。

可是，这个男孩依然老毛病不改，有事没事的还是老招人烦。那天，他跟迎迎说：“迎迎，我新配制出一种‘好爽’饮料，你想不想体验一下？”说着，他拿出一个瓶子。

迎迎好奇地把盖子打开，闻到了一股难闻的气息，生气地冲他大喊：“这是什么！臭死了！”

“哈哈哈哈。”他得意地笑了，“这是我特意研制出来的，里面含有臭豆腐汤、方便面汤，还有洗脚水，将三种精华混合又闷了三天才发酵出来的味道。这可是我的防身用品，哪天遇到了贼，我就用这个对付他。”

面对这个捣蛋又爱说话的同桌，迎迎实在是感到哭笑不得。

妈妈对我说：

每当想起旧日里的同学，总不会忘掉那些往日在一起的欢乐时光，尤其不会忘记那些与你朝夕相处、并肩作战的同桌。同桌之间，不管是同性还是异性，多半都会成为将来终生相契的好朋友，那一份至真之情不是昔日一张小小的课桌所能包容的，它往往是两个人的性格、爱好、意志的共同反映和体现。在和同桌相处的过程中，也同样需要两个人的包容、关怀和维护。迎迎，也许你的同桌把你看作是他的好朋友，所以和你才是无话不谈，无话不说。也许你的同桌性格毛躁、办事粗糙；也许你的同桌忘性太大，记性太差；也许你的同桌喜爱谈笑，却又缺乏幽默感；再或许你的同桌很喜欢你，找各种借口和你一起交谈、聊天……也许，这些“也许”都不成立，只有一种你或他知道的真正原因。但是，请你要相信一点的是，他希望和你和睦相处，成为要好的朋友。

既然大家都是善意的，你为什么不能从自己身上找到一些原因呢？不管怎样，你对他的态度都是不够友好的，对吗？

其实，在茫茫人海，你和他能在同一所学校、同一个班级上课已经实属不易了，又何况是成为同桌呢？也许这就是人们所说的缘分吧！两个本来没有什么联系的人，不经意被老师安排在了一处，也许彼此的性格并不相同，为什么不能相互影响、相互弥补一下呢？用你的文气为他增添一些内秀，用他的活泼来感染你的灵气。也许你们的爱好迥然不同，为什么不用你的小诗为他带去问候，用他的歌声为你带来祝福呢？两个人在一起相处，难免会有一些小小的摩擦和碰撞，只要从对方的角度，多替别人想想，问题总会能够解决的，这正是锻炼如何与人相处，提高修养与涵养的好机会吧，不是吗？

如果你的同桌确实是喜欢你，或者由于某些你现在还不愿意接触或不懂的原因才这样做的，你人要对他坦诚相待，实在不行时再去求助老师，要以一些别人可以接受的方式，比如因视力等原因调换位子。记住，千万不要在背后说别人的坏话，不要过分伤害或是影响他的情绪情感，这样对你们都有利，对吗？

早恋，甜甜的苦涩

男孩和女孩不可以交往吗

放学的时候下雨了，而冰海又没有带伞，这下糟糕了，怎么回家呢？冰海只好一个人坐在窗外，心里祈祷着雨能快些停下来。

“冰海，你怎么还不回家呢？”坐在冰海前面的一个男同学问她。

冰海沮丧地说：“没有带伞，怎么回家呢？”

“我这里有一把伞，你拿去用吧。”他不知从何处“变”出了一把伞。

“那你怎么回家？”如果冰海把伞拿走，那他用什么呢？冰海不禁关切地问了他一句。他却憨憨地笑了一下，用无所谓的语气说：“没事，我就跑着回去。”

听到这里，冰海的心里确实是有点感动，于是就提议到：“我们一起回家吧，反正也是顺路。”

他听了之后，乐得直点头。

就这样，冰海和他同时打着一把伞“漫步”在雨中。冰海心想自己从小长这么大，还是头一次和男孩子在一起打伞走路呢。这种只有在电影里面才会常常出现的浪漫电影情节，没想到今天却在自己的身上上演了。

老天似乎在和他们作对，雨越下越大，一把小伞根本就无法遮挡住这瓢泼大雨。他倒是挺绅士的，把雨伞不停地往冰海这边挪，自己瞬间就变成了“落汤鸡”。

这一刻，冰海的心中突然变得暖暖的，有高兴，也有感动。

晚上，冰海躺在床上，怎么也睡不着，脑海里总是浮现着他那特殊的憨憨的笑容，难道自己就喜欢他了吗？唉！也许，女孩就是不应该和男孩交往，只不过是一起走回家而已，为什么自己却会很晚都睡不着觉呢？

妈妈对我说：

青春期正处在一生中最重要的阶段。无论在生理方面，还是在心理方面，都在迅速发展和变化。身材越来越高大，内脏器官变得越来越成熟。与此同时，知识越来越丰富，认识活动由具体思维向抽象思维过渡，开始对外部世界形成总体的看法和认识。由于体内荷尔蒙的分泌发生了变化，性器官的发育开始萌动，对异性开始产生兴趣。并且开始有了自己是一个成人的感觉，再加上外界、媒体的影响，因此在这一期间青少年朋友出现早恋行为并不奇怪。

有些人对“早恋”有恐惧心理，认为喜欢异性是不正常的，是件不光彩的事情，尤其是家里的好儿子、乖乖女，他们认为喜欢异性就不是好孩子了，会受到谴责。所以，一方面，对喜欢的人放不下，心理又十分矛盾，从而背上了沉重的心理负担。其实大可不必。当我们弄清早恋产生的原因后，就不会过度恐惧、担忧了。

早恋指青春期或青春期以前的少年出现过早恋的现象。早恋习称牛犊恋，多与环境因素引起早熟性兴奋和性萌发有关；一部分也与孤独、空虚、心理上缺乏支持有关。陷入早恋之中的少年男女因受到相互的吸引、互相爱慕、互相支持，情绪是欢愉的，情感是纯真的。由于情感处于主导地位，通常缺乏理性。多数人有肉体和性接触的意向，但不一定都付诸实践。相当多的早恋少年满足于温馨的即景般的情感交流和卿卿我我的言语交流。

早恋是由于受了外部“催化剂”的性早熟的结果，很难指向一个固定的性对象；对某一异性对象的爱慕或倾倒是非理性的。例如有的少年称他所以喜欢班上那个女生，是因为她的一双手长得灵巧美丽；有的则认为对方的声音好听；有的认为他的异性伙伴有部带遥控的玩具汽车。

如果发现自己有喜欢某个异性的倾向，或身边的朋友、同学出现了早恋现象，不要感到震惊和恐惧。早恋并不是道德品质差的表现。早恋不是罪，但早恋却会给青少年朋友带来不好的影响，它会影响到你的学习，恋爱会分散精力，尤其是我们现在还不能很好地控制自己，一旦早恋，很有可能将过多的注意力转移到异性身上，而放在学习上的精力和时间就会不自觉地减少。所以，我们并不提倡早恋。到了一定的年龄，出于正常的情感需求，每个女孩都多少会产生与异性接近的欲望，这不是病态，也不是可怕的事情。但是在与异性相接触的过程中要把握好分寸，才能使自己的身边有更多的好朋友。对于早恋，我们最好不要轻易尝试。

真正的爱情是什么

晓晴早上来到学校，看到班上的同学一阵骚动，难道有什么事情发生吗？同学示意她看了一眼黑板，上面写着“某某，我爱你。”

原来如此，再看看那个女生，她的脸上一阵欣喜，向大家骄傲地炫耀这一切。

“啊！实在是太浪漫了，太动人了！”晓晴掩饰不住内心的激动，相信她一定也很希望这一幕在她的身上上演吧。

回到家，晓晴和妈妈提到了今天的这些事，妈妈却说道：“你们这群孩子，你们懂得什么是爱吗？简直是瞎胡闹。”

“为什么？那个男孩可以在黑板上把自己的想法写出来，还让全班的同学都看到的，这是多么需要勇气啊！”晓晴跟妈妈提出异议。

“不管是喜欢，还是爱，那是两个人的事情，没有必要向其他的人炫耀。晓晴你觉得呢？而且，很多时候我们都会对爱有一种认识的误区，以为对某人有了朦胧的好感就是爱，其实是错误的。你想，两个人根本就没有什么了解，就爱了，这不是很草率吗？这样的爱，不过是自己一时情绪上的波动，不会持续太长的时间。你们现在正是学习的大好时候，不要把心思都用在这些方面。”

听了妈妈的话，晓晴感到很汗颜，是啊，“爱”是一个多么沉重的字，怎么可以随随便便就说出来呢？

妈妈接着告诉晓晴说：“其实我认为，你们现在小小的年纪，虽然说对异性有好感比较正常，但是却实在不适合谈论爱这个字，因为爱字不仅仅包括两个人彼此的好感，还包含着很多的责任和承担，你们现在太小，根本没有能力去爱。还是把心思都放在学习上，是最好的。”

晓晴明白了，爱，不是可以随便说说的。

妈妈对我说：

晓晴，爱是需要证明的，但爱用什么去证明最有说服力呢？也许你会认为最浪漫的就是拥吻吧，而且最好是当街的那种，众目睽睽之下的那种，这样才足够真诚。太多的小说或电影，描述了这样的场景——女孩慢慢闭上眼睛，微仰着头，男孩缓缓俯下，镜头拉近，完了之后，男孩特温柔地说：“这就是我的证明！是我对你的爱的证明！”

人是很脆弱的，没有办法抵挡这种浪漫感觉的诱惑。但是用拥吻来证明爱，实在是太乏力了。当街拥吻，是要告诉别人，你们是很相爱的。可是你们是否相爱，只有你们明白，用不着别人评点。如今情侣之间，转瞬之间的分分合合太正常了，拥吻能代表的东西实在太少太少。

那到底什么可以证明真正的爱呢？玄一点来讲，也许是时间。两个人的世界，会有争吵，会有矛盾，会有伤害，会有坎坷，也许相爱的人会受到诱惑，会遭到信任的危机，会有对人生的困惑，事业上会遭到打击不顺，生活上会有种种的压力和责任，但是两个人不会退缩和逃避，而会手牵手走到最后。当我们看到两个老人相濡以沫，白头到老，忠贞不渝时，我们发现，这是时间给爱证明的证词。但是我们不能等到老成那样才弄明白这到底是不是一份真正的爱。在实际的生活里，两个人是否能够做到换位思考，互相体贴，这非常重要。我们可以从很多很多的细节中感知到爱真诚与否。我们很容易发现，两个人在争吵的时候，开口的第一个字往往是我，而不是我们，其实这是对感情最大的伤害。如果做到始终从“我们”的角度，而不是从“我”的角度思考问题，那么爱情就会变得更加真实一些。

到底什么能证明爱呢？也许网上盛传的“两只小猪的爱情故事”可以解答这个问题。

从前有两只小猪，它们很幸福地生活在一起。渐渐的，公猪爱上了母猪，从此以后凡事处处都让着母猪——吃饭会等母猪吃了，再吃剩下的，喝水也是等母猪先喝了再喝，睡觉也一样，最好的位置让给母猪，夏天为母猪驱蚊，冬天给母猪遮风，母猪开始变得肥胖起来，而公猪只剩一副骨头架子。一天，主人带着收猪的来到了猪圈，指着圆滚滚的母猪对收猪的说：“等过了元旦，我把这头肥猪卖给你。”听到这话，公猪开始急了，这可是它爱人啊！于是从这天开始，公猪对母猪的态度开始变了，食来就抢先吃了，该睡觉了，首先占据好的位置，让母猪吹风淋雨，慢慢地，母猪开始消瘦下去，而公猪开始肥胖起来。母猪觉得公猪变了，不爱它了。

主人约好的时间到了，带着收猪的来到了猪圈。结果看到的是肥胖的公猪，最后把公猪带走了，母猪拼命地想要冲出去拦下公猪，但这只是徒劳。无意中，母猪回头，看到了旁边的一行字，终于明白了公猪的良苦用心，眼泪顿时夺眶而出！墙上的那句话是：“如果爱情不能用言语来表达，我愿意用生命来证明！”

青春期的女生要知道，爱情是需要爱的行动来证明的！

我只想一个人怀念他

诗诗曾经和妈妈一起去参加一个夏令营，有一个大男孩吸引了她的注意。他在那个夏令营里面做志愿服务生，看上去高高瘦瘦，温文尔雅，不知为什么，诗诗总是把他和长颈鹿联系在一起。

有一次，诗诗不经意闯入了这个夏令营的厨房，看到那个像长颈鹿一样的大男孩在那里准备中午的饭菜，当时吃了一惊："原来你的工作就是负责日常的伙食啊。"诗诗很难想象这样一个相貌秀气的男孩为什么愿意把自己放到这样低微的位置上。

而男孩却笑了笑对诗诗说："我们是来这里参加学习，做什么工作不是利益别人呢？立下心来让自己做最基本的工作，才会真正树立服务社会的精神。"

诗诗听他这样一讲，觉得有道理，心里更加尊敬和佩服他了。

以后，诗诗总是会抽时间特意跑到那里去看他在做什么，如果是集合的话，诗诗也会努力希望能够从人群中找到他。有时看到他不忙了，诗诗还会找机会和他一起聊聊天。

"我也在这里当志愿者，好不好？"诗诗问他。

"其实，只要你具有这样的精神，身在哪里都一样，真的。"他一脸真诚地对诗诗说。

"我很想留下来，能多学一些。"诗诗任性地不依不饶。

他看看诗诗："等等，我找点东西给你。"说着，他跑去了一间小仓库，不一会又出来，原来他要送给诗诗一本书。

"我找了半天，只剩下最后一本了，封皮有点破了，不过还好，内容还是新的，你拿回家去好好学习吧。"他把书递到了诗诗的手里。

从夏令营回来之后，诗诗经常会一个人默默地想念他，想起他高高瘦瘦的样子，想起他那张俊秀的脸和在厨房里工作的辛苦，想起临走时他对自己的鼓励，想起了他的出语不凡……总之，诗诗总会想起他，总会在晚上睡不着的时候翻开他送给自己的那本书。

妈妈对我说：

诗诗，我们每个人都会做梦。

男孩子小时候也许都梦想自己是一个英俊的王子，历尽千辛万苦，终于找到了自己心目中的公主，她美丽大方、温柔体贴，最喜欢的就是她那双会说话的大眼睛；女孩子小时候也许都梦想自己是一个美丽可爱的公主，等着白马王子来迎接自己，他英俊高大、机智幽默，你最喜欢的就是他深沉且略带忧郁的眼神。

之后，男孩和女孩都长大了，并在现实生活中寻找自己的公主和王子。当发现某个人的某种特质与自己梦中的理想对象相符时，就会对对方产生好感，也就是我们说的喜欢。可能你认为这就是爱，而实际上，这两者是有本质区别的。

喜欢是尊重对方，认为对方有其优点值得自己去尊重，且有好评，也认为对方的态度与自己相似。这就是喜欢的情感。而爱情则包含亲密的感情，关怀对方，和情绪上的依赖。由此可见许多人的爱情感觉，其实只是有浓烈的喜欢感觉而已。不只是异性同学，甚至是学校老师，荧幕媒体的明星偶像，都是爱慕的对象，这只是个人产生好感，认为对方某些部分与自己相似而喜欢对方而已。但有些人却将这种喜欢当作爱情，认为对方与自己的关系和别人不同，因此有时候会产生认知的偏差，误以为我对你这么好，你怎么可以不理我，怎么可以和别人嘻嘻哈哈，不是认为自己已坠入爱河，就是自己在单恋，或者失恋。一见钟情也就是这种将对方的某些特质与自己梦中情人特质吻合配对的喜欢情感而已，只不过误以为是爱情。这是时下许多女孩的苦恼来源。因为这种感情欠缺相互亲密的成分。

心理学家认为爱情应该从情绪、动机和认知三种因素来探讨，真正的爱情不只是比喜欢更浓烈，它需要涵盖三种因素，才是真正的爱情。一是在情绪上有亲密的感受；另一是在动机方面要有激情，包含生理需求及冲动；第三种是在认知上要有承诺。情绪的亲密感受会使个体产生喜欢接近对方、相互联系、彼此相互感到温暖的感觉，而不是只有单方面才有这种感觉，否则只是单恋或暗恋。在动机方面的热情，则表现在异性间的吸引力，这种因为生理冲动与需求会有激情的感觉，很喜欢接近对方，碰触、抚摸。但需要自尊自重、自我控制，有些人往往因为这种冲动而不能自制，而造成进一步性关系，而无法发展更进一步的心理分享，也就容易造成日后的分手。除了亲密与激情外，还要在认知上能理性地承诺，这种承诺是自己在理性选择下所做的决定，愿意为维持双方关系而做的决定。有人提出爱就是付出而非占有，意思指双方要相互尊重对方的决定和意愿，不能勉强。有些人往往自己认为我已经对你付出这么多，你相对的也要对我如何如何，否则的话，我就要对你采取什么动作，这就是一种强求手段。那就是误解了感情的含义。

因此从爱情的因素组成来看，亲密、激情和承诺都没有就是无爱，只有亲密时那只是喜欢，只有激情，称为迷恋，只有承诺就称为空爱；缺乏承诺的爱情是浪漫的爱；缺乏亲密的爱情是愚蠢的爱；缺乏激情的爱是友谊式的爱。只有亲密、激情与承诺都具备才是完全的爱情。

仔细想一想，你对他的感情究竟是喜欢还是爱。要把青春期所自然萌动的对异性的喜欢或好感与爱混为一谈。这是两种绝对不一样的感觉，是很不同的心理状态：喜欢就像一条小溪，清澈见底；爱则是一片汪洋，浩瀚无边。你需要用心去聆听，才能将二者分辨出来。如果不经过理性的思考，只是跟着感觉走，就会混淆二者，导致判断失误，以致自作多情，甚至自寻烦恼，耽误了青春和学业。也许现在我们还不成熟，考虑问题还不全面，随着日后知识的增长、视野的开阔、心智的成熟，很容易“见异思迁”。其实并不是你“变心”了，而是本来并没有去爱。爱一个人是要求感情专一的，而喜欢则不是，你可以在不同时间喜欢不同的人，甚至可以在同一时间喜欢着不同的人。

所以，不要轻易说你爱谁。只有弄懂了爱的深层含义，你才有资本说出这个字。爱一个人，是要负责任的，问一问自己，已经做好准备了吗？

我和他，怎样开始如何结束

呀，情书

这天绝对是紫萱有生以来最值得“纪念”的一天，她收到了第一封情书——虽然说只能算是一张小纸条，不过，也可以称之为“微型情书”。“情书”的作者是坐在紫萱前面的同学当当，没有想到平时不爱说话的他，居然还挺有“勇气”的。这封信的内容如下：

“紫萱，我十分欣赏你的气质。

我很希望能够和你一起超越友谊。

让我走近你，了解你，好吗?

即便是你不同意，也不要逃避，我仍然愿意和你做好朋友。”

呵呵，这封情书写的真是精彩啊，可是为什么当当同学的作文水平不是很好呢?

紫萱得意地把这张纸条收好，但是心里却忍不住臭美了起来，直到晚上回家，她还沉浸在兴奋的状态中，而妈妈一眼就看出了紫萱有什么事情。

紫萱把这张纸条递给妈妈看，并且问道：“妈妈，我应该怎样处理这封信呢？要给他回信吗？”

妈妈没有立刻回答紫萱的问题，沉吟了一会儿说道：“你对这封情书是怎么看的？”

紫萱实话实说：“没有什么特别的看法啊，只不过心里有一点高兴，那种感觉是没有办法形容的。”说完之后，小脸居然有点红了。

妈妈拍拍紫萱的头说："你可以好好保留这张小纸条，若干年之后，或许这是你宝贵的青春记忆呢。至于是否要回信，你自己看着办吧。妈妈相信你能处理好的。不过你要准确地将自己的意思传达给他，一是要感谢，二要礼貌地回绝。"

听了妈妈的话，紫萱的心里一阵感动，有这样一位善解人意的妈妈真的是太幸福了。

妈妈对我说：

紫萱，爱是一种崇高而无私的人类关怀，就像纯正的巧克力一样，含在口里，慢慢地融化、消失，不带半点杂质；它芬芳、甜美，悄无声息地渗透到人心的最深处；它是令人感动的、艳羡的。每个女孩都渴望爱情，都希望沉醉在爱河中感受人生的幸福。

爱如玫瑰，娇艳欲滴，当你忍不住伸手采撷的时候，玫瑰之刺划破了你的双手，血像那火红的玫瑰，疼痛让你揪心。然而，不疼又怎知爱情的酸甜，不痛又怎知爱情的苦辣？

爱情是复杂的，正如我们常说的，心有千千结，情有千千结。人的感情世界，千姿百态。而爱情处于人类感情世界的中心与巅峰，是人感情最敏感、最瑰丽、最奇妙、最神秘并且变化无穷的部分。难怪王尔德说："生命对于每个人都是很宝贵的。坐在绿树上望着太阳驾着他的金马车，月亮架着她的珍珠马车出来，是一件多么快乐的事。山楂的气味是香的，躲藏在山谷里的桔梗同在山头开花的石楠一样是香的。可是爱情胜过生命……""不管哲学是怎样的聪明，爱情比它更聪明，不管权力是怎样的伟大，爱情却比它更伟大。爱情的翅膀是像火焰一样的颜色，它的身体也是像火焰一样的颜色。它的嘴唇像蜜一样甜，它的气息香得跟乳香一样。""爱比'智慧'更好，比'财富'更宝贵，比人间女儿们的脚更漂亮。火不能烧毁它，水不能淹没它……"

爱是一种无声的默契。爱是洗尽铅华、发如乱草般靠在你肩头的疲惫的脑袋；爱是尽敞脆弱，任酸楚与失意的泪水在你面前无须掩饰地真情流露；爱是飘雪冬夜的一杯热茶，是低落时爱人唇边一缕暖暖的微笑；爱是情愿为漂流如风的自由套上缰绳，躲在斗室的柴米油盐中相依相守。女人是爱的使者，在爱情中妙龄男女情深深、意浓浓，彼此无微不至地关怀，相互之间寻求心灵最和谐的默契，相视一笑间最是动人。

爱情于女人来说，是阳光下的瀑布，流光溢彩、绚烂辉煌。

爱情是女孩一生中最华美的篇章，它为女孩的生命增添了五彩的光华，女孩的气质因为有了爱情而有了精华和灵气。

情感是阳光下的瀑布，璀璨夺目；爱情像七彩的花环，绚丽而夺目。古往今来，多少痴情少女不顾一切地奔向爱情，投入爱情的怀抱，抱着找到另一半自我的梦想，至死不悔。爱情是美好的，是迷人的，是绚丽多姿的。她就像一场春雨，冲去了大地所有的污秽，让世界充满新鲜泥土的清香。正如艾青所写的：

“这个世界，什么都古老，只有爱情，却永远年轻；这个世界，充满了诡谲，只有爱情，却永远天真。只要有爱情，鱼在水中游，鸟在天上飞，黑夜也透明；失去了爱情，生活像断了弦的琴，没有油的灯，夏天也寒冷。”

爱情是人类永恒的话题，是人生永久的颂歌，爱情让平淡的生活绽放光彩，让短暂的生命源远流长。女人，因为有了爱，所以就有了追求美丽的动力。

想拒绝，又怕伤害友情

自从那件事情发生以后，紫萱和当当的矛盾激化了很多，紫萱不得不重新来考虑自己下一步究竟应该怎么做！紫萱觉得自己毕竟是一个学生，最重要的事情是好好学习，将来考重点大学，在前面还有多少美妙的梦想在等待她的实现。自己怎么可以因为这么一个家伙而辜负父母的期待，草率地耽误自己呢？仔细想想，这样做，是对家人的不负责，是对自己的不负责，又对得起谁呢？

紫萱很想找个机会拒绝他。

唉！紫萱都快后悔死了，都怪自己不好，想当初就不应该答应他，早知如此，何必当初呢？谁知道后来会发展到这么闹心的地步！

那么要怎么和他说呢？如果在他刚刚开始写信给紫萱的时候不理会或者是不回信的话，那还比较好。可是，两个人都在一起有一段时间了，紫萱的好伙伴们都嘲笑她“重色轻友”了，同学在有意无意之间也在观察她们的情况，老师也一定在暗中观察她，很有可能紫萱会成为班上的负面形象……紫萱想了又想，觉得自己左也不是，右也不是，真不知道应该怎么办才好！

最关键的，是那个当当，紫萱只是和他中止这样的关系，我不想让他来牵扯自己的精力。但是紫萱并无恶意，还希望和他成为好朋友，紫萱希望他不要误会自己，也不要抱怨……

妈妈对我说：

紫萱，如果说传道授业是教师的天职，保家卫国是军人的天职，救死扶伤是医生的天职，那么，你们现在的职责就是学习。

学业应是你心中的第一重要事项，没有任何事可以动摇学业在你心中的地位。包括情感。

对于谈恋爱会不会影响学习，众说纷纭。

学生常持的观点是：他们在交往中尽量不影响学习。也有许多恋爱的学生反映，恋爱不会影响他们的学习；更有少部分人认为，恋爱可以促进学习成绩，因为两个人在一起可以互相帮助、共同进步。

然而，家长和老师的观点则是：恋爱会对学习产生不良影响。

现实中，人们也会看到恋爱成为学习的动力的事例，但毕竟是少数，而且少得可怜。人们看到更多的是不愿看到的后果：因为谈恋爱，双方耗费了大量的时间和精力，不再能集中注意力到学习上，从此学习成绩一落千丈，一蹶不振。

以前妈妈曾听说过有一个小女孩丽丽，她上高三了，学习成绩一直是班级前 10 名，考名牌大学本来没有问题。但就在大家为了高考而拼命学习的时候，她喜欢上了班长张亮。张亮为人热情、开朗，成绩与丽丽相仿，而且是个体育健将，篮球场上经常能看到他帅气的身影。大家都很喜欢张亮，也有其他女生向张亮传递着“喜欢”

的信息，但他一概不接受，唯独对文静娇小的丽丽怀有一种特殊感情。他愿意关心和帮助丽丽，丽丽也喜欢被他关心和帮助。就这样，在黑色的六月来临前不久，张亮开始和丽丽交往了。

老师看在眼里，急在心里。这可是考大学的两棵好苗子，如果因为恋爱而影响成绩，就得不偿失了。老师开始分别找两人谈话，对他们晓之以理，动之以情，好话赖话说了一箩筐，结果两个人都对老师表态："不会分开，但请老师放心，不会影响成绩。"

从此，篮球场上不见了张亮的影子，操场上多了两个遛操场的人；自习室、饭堂多了两个总坐在一起的人。丽丽开始更加关心张亮的生活，好吃的为他留一份，有时还为他洗衣服。

高考成绩发榜时，老师吃了一惊：张亮的成绩未受影响，而丽丽却与本身水平相差一大截，险些名落孙山。之后，很自然地，张亮和丽丽去了不同的大学，再后来，两个人就分开了。

看到这个故事，也许你并不陌生。很多学生恋情都会有这样的结果：恋爱对男生的影响要小于对女生的影响。这其中有几方面因素：一是，由于性格和心理素质的男女差别，情感问题对女生情绪的影响要大于男生。实验表明，女生看待问题更为感性，而男生较为理性一些，所以，遇事时女生的情绪波动比男生大。也可以用此来解释女生在恋爱时会更加影响学习成绩。二是，每个人的自控能力不同。面对同一件事，不同的人会有不同的反应，每个人平衡生活、学习与其他事物的能力也不尽相同。恋爱也是如此，如果把握好尺度，调配好与学习的时间安排和精力投入，就不会对学习产生太大的不良影响；而如果心中没有这个尺度，或不能很有效地控制自己的行为来遵循这个尺度，因恋爱而影响学习和现象也就不奇怪了。

所以说，我们还有很长一段路要走，需要用更多的知识来充实头脑，所以，需要学习。学业对于青春期女孩的意义是其他事情所不能取代的，也是其他事情所无法挑战的。

情感 PK 学业，注定你是最后的输家。

这样愚蠢的事情，不要做！

安全&健康

——给需要保护的你

起居生活谨防意外

危险的蜡烛

快要临近考试了，大家都忙着复习，直到考试那天。

那天考场上少了很多人，然然心里都很纳闷：奇怪，怎么那么多人没有过来参加考试呢?

原来，有一个宿舍的同学，他们平时不好好学习，临近考试的时候着急了，临阵磨枪。可是宿舍的管理有规定，晚上11点准时熄灯。眼看转天就考试了，还有很多没有看完，怎么办？其中一个同学急中生智，他想到了蜡烛，于是开始了“秉烛夜读”。其他的同学纷纷效法，大家都点起了蜡烛学习，应付转天的考试。其中有一个同学实在是太困了，在看书的过程中没有撑住睡了过去，把蜡烛碰倒了，于是蜡烛把床上的棉被烧了起来……

所以，有很多人没能准时参加考试，然然点点人数，都是那个宿舍的同学。

妈妈对我说：

现在使用蜡烛进行照明的人家已经很少了，但是如果遇到了停电或者是其他的特殊活动比如红白喜事、烛光晚餐等，还是常常会使用到蜡烛。还有住校的学生，熄灯之后在床上帐里点蜡烛看书的情况也比较多见。日常生活中如果蜡烛使用不当也经常会引发火灾。

使用蜡烛时，应在蜡烛点燃之后牢牢地固定在烛台上，如没有烛台应将其固定在不燃物体上，切不可放置在床头、茶几、纸箱等可燃物体上。蜡烛要放置得当，且周围没有易燃可燃物品，以防碰倒后引起火灾。

点燃的蜡烛必须远离蚊帐、门帘、窗帘、挂历等易于飘动的可燃物，更不能接近摩丝、杀虫剂等这些易燃的物品，这样做的目的是防止受热后会发生爆炸。如果是办丧事，在挽幛、花圈的附近不要放置蜡烛，点燃的蜡烛应该有人专门负责看管。

蜡烛应该放在平稳的地方，防止倒下引燃其他的物品。

如果是在室内使用蜡烛照明，就最好不要放置汽油、煤油等遭遇明火极易燃爆的物品。

外出或是睡觉之前，千万不要贪图方便，而不将烛火熄灭。

还有就是千万不要用蜡烛照明寻找物品。尤其是在仓库、资料室或床下、柜橱以及堆放易燃物的地方，也不要一手拿着蜡烛一手寻找东西，这样的做法都是很危险的。

蜡烛用完后应该及时熄灭。临时停电时用蜡烛，在来电后要及时熄灭。在举办活动时点燃的蜡烛，在活动结束应该及时将其熄灭。

煤气泄漏，我没有看到啊

妈妈下班去学校接红瑾回家。

进屋之后，妈妈感觉屋里有股怪怪的味道："红瑾，你有没有闻到一股怪怪的味道？"

"好像是，有点撞头。"红瑾也感觉到有点不对劲。

"你在门外等等，妈妈进去看一眼出来。"妈妈把红瑾撂在门口，自己先进去了。

"弄不好煤气泄漏了，我们先不要进屋，请安全检查的人过来看一下吧。屋里有味道。"妈妈说着从屋里走出来，马上拨通了煤气站的电话。不一会，就有检查维修的叔叔过来进行测试，原来是早上厨房的阀门没有关紧导致的煤气泄漏。

好险啊！幸亏发现及时，否则说不定还会发生什么意外呢！红瑾和妈妈都很后怕。

妈妈对我说：

家庭中的煤气中毒主要是一氧化碳、液化石油气、管道煤气、天然气中毒这四种，如果家中出现了跑气的现象，而屋内又是门窗紧闭，就很容易发生煤气中毒的事件。

人在煤气中毒时最初感觉为头痛、头昏、恶心、呕吐、软弱无力，但还意识不到已经中毒。当人意识到中毒时，常常会挣扎着下床开门、开窗，但到这时一般很少有人能打开门窗，因为这时的病人会迅速发生抽搐、昏迷的症状，而且两颊、前胸皮肤及口唇部位呈樱桃红色，如果救治不及时，很快就会因为抑制呼吸而死亡。煤气中毒依照其吸入空气中所含一氧化碳的浓度、中毒时间的长短，常分为三种：

1. 轻型：中毒时间短，中毒的早期症状主要是头痛眩晕、心悸、恶心、呕吐、四肢无力，甚至会出现短暂的昏厥，但是神志比较清醒，如果能及时吸入新鲜空气，脱离中毒环境，症状会迅速消失，也不会留下后遗症。

2. 中型：中毒时间稍长，会出现虚脱或昏迷的症状。病人的皮肤和黏膜呈现出煤气中毒特有的樱桃红色。如过抢救及时，可以迅速清醒，并在数天内恢复，一般不会留下后遗症状。

3. 重型：发现时间过晚，吸入煤气过多，或在短时间内吸入高浓度的一氧化碳，病人呈现深度昏迷，具体表现为各种反射消失，四肢厥冷，血压下降，呼吸急促，甚至会很快死亡。一般说来，昏迷的时间越长，就会留下越严重的后遗症，比如痴呆、记忆力和理解力减退、肢体瘫痪等。

如果发现有人出现煤气中毒症状，应及时采取以下措施：

1. 立即打开门窗，马上把人员转移到通风良好且空气新鲜的地方，并注意保暖。找人查找煤气漏泄的原因，排除隐患。

2. 帮助病人松解衣扣，保持呼吸道通畅，清除口鼻内的分泌物，如过发现病人呼吸骤停，要立即进行人工呼吸，并做出心脏体外按摩。

3. 立即给病人足够的氧气，立即转医院高压氧舱室作高压氧治疗，这样不仅可使病者苏醒，还可使后遗症减少。

4. 静脉注射50%葡萄糖液50毫升，加维生素C500～1000毫克。这样不仅能补充能量，而且有脱水之功，早期应用可预防或减轻脑水肿。

另外，煤气中毒常常是在缺乏相关安全知识的情况下发生的，其实，只要做到以下几点，煤气中毒就会远离你：

1. 平时不要在密闭或通风不良的居室中使用煤炉取暖、做饭。

2. 使用燃气热水器的，要注意检查热水器是否泄气，热水器使用寿命一般不超过6年，超过6年的要及时更换。洗澡时门窗不能紧闭，洗浴时间不要过长，水温不宜过高。

3. 要经常检查煤气管道是否漏气，开关是否拧紧。

4. 当感到呼吸越来越困难，头昏眼花，或是厨房内传出臭鸡蛋气味时，便可判定是煤气泄漏，这时应赶紧打开门窗通风。注意不要划火柴、开关电灯和启闭其他电器。

5. 如发现煤气中毒者，应速将中毒者盖好被子，抬到空气流通处，并尽快将其送往医院抢救。

6. 煤气中毒者醒后应注意休息，避免活动后加重心肺负担及增加氧的消耗量。

7. 对昏迷不醒、皮肤呈青紫色的严重中毒者，应通知急救中心，然后就地进行抢救，及时施以体外心脏按压和人工呼吸。

预防气体燃料着火

晚上，周围一片静悄悄的，菲菲在灯下写作业，妈妈在屋外看书。

这时，菲菲听到外面有一阵骚乱的声音，很多急促的脚步声和嘈杂的说话声，哭声，议论声。

“怎么回事？”菲菲走出来问妈妈，妈妈也摇摇头不知道。

转天晚上放学回家，吃饭的时候妈妈跟菲菲说：“菲菲，邻居阿姨昨天晚上在洗澡的时候被煤气熏到了，幸好发现及时，否则的话会有生命危险。”

啊！菲菲才明白，原来昨天她们听到的那一阵嘈杂的声音，一定是很多人帮阿姨送去医院的声音吧。

“那现在阿姨没有事了吧？”菲菲问道。

“已经脱离危险了。菲菲，你在使用煤气的时候也要注意安全，因为煤气中毒很可怕，会随时夺去人的生命。除此之外，还有比这更可怕的，就是由于使用煤气而引起的火灾或者是爆炸，那就是家毁人亡了。这些灾难看起来离我们很远，但是如果在平时的生活中不小心，就会为灾难的发生埋下隐患。”

“嗯。”菲菲乖乖地答应妈妈。

妈妈对我说：

家庭中所使用的燃料，一种是煤气，一种是液化石油气，二者虽然都算是气体燃料，但却并不完全是一回事。煤气是用煤做原料制造成的，它主要来自于城市的煤气厂。一股说来，生产煤气的方法有很多种，一种叫作煤气，在煤焦炉子干馏时产生的，主要成分是甲烷、氢气、一氧化碳称为焦炉和煤气；第二种叫作水煤气，是用水蒸气和炽热的无烟煤或焦炭作用而生成的，主要成分是一氧化碳和氢气；还有一种是用空气和少量的水蒸气跟煤或焦炭在煤气发生炉内反应而产生的煤气，主要是一氧化碳和氮气，称为发生炉煤气。

除了煤气，大部分的家庭使用的是液化气，液化气的全称是“液化石油气”，是石油炼制厂的一种副产品，经过加压液化后装入钢瓶里，打开阀门的时由于压强减小，液化气由液体变成气体，点火后，燃烧生成二氧化碳和水，产生大量的热。液化气跟煤气相比有以下优点：首先，是液化气比煤气的热值高；同体积的液化气和煤气完全燃烧，而液化气的热值却是煤气的 20 倍。

第二是它没毒，而煤气成分中的一氧化碳有毒，甚至会造成生命危险。

虽说液化气有很多优点，不过它的缺点也很致命，就是易爆炸，当空气里混入 12.5% ~ 74.2% 的一氧化碳或 4% ~ 74.2%的氢气，遇明火就会爆炸，而爆炸时的破坏性极大。

在家庭中使用煤气、液化气不仅可以节省时间，减轻家务劳动的强度，而且还可以改善环境卫生。但是，如果我们对这两种气体燃料的性能不是十分熟悉，使用时稍不注意，就有可能发生火灾、爆炸或者中毒事故。因此，为了正确、安全地使用煤气和液化气，应该注意以下几点安全事项：

1. 装有煤气表的厨房或场所，不可以作为卧室，如果一旦因煤气表、煤气管损坏而漏气，就会有煤气中毒危险。

2. 正确掌握煤气开关的使用方法，不可以随意玩弄煤气开关，因为如果弄坏了煤气灶开关或忘记关闭煤气就要造成煤气漏气和大量煤气冒出，极有可能发生危险事故。

3. 在使用煤气时应有人照看，在临睡前，最好能将煤气灶的开关检查一遍，一定要做到关闭所有的煤气开关，如能将煤气表上的总开关关闭则会更为安全。

4. 在煤气表的附近不要堆放废纸、塑料品、汽油、干柴等易燃烧的物品，这样做的目的是防止煤气表被烧坏引发煤气泄漏或爆炸事故。

5. 在使用煤气时，一定要先点火，后开气。如果没有将炉灶点着，应该先把煤气关掉，待煤气散尽后再点火开气。

6. 如果嗅到特异臭气或者是类似于煤油的气味，应警惕是煤气泄漏，这时应打开门窗通风，并立即通知煤气公司。如果气味很浓，切勿开、关电器（或点燃火柴等明火）以防引起爆炸。

在使用液化气时，应该注意：

1. 气瓶和燃烧器都应该放置于通风良好的厨房内，在同一厨房内不得同时使用液化气和煤气。

2. 气瓶、角阀、调压器、胶管及其连接处要密封好并保持清洁。

3. 使用液化气之前，要用嗅觉检查室内有否漏气的现象，如果发现有漏气的可能，千万不要点火，而是应该打开门窗进行通风。

点火时，先开角阀，后划火柴凑近燃烧器再开小开关。使用中，人不得离开，防止风将火焰吹灭和被沸水溢出熄灭。使用完之后，应该及时关闭阀门。

4. 如果发生漏气或着火，应该迅速关闭阀门，然后打开门窗进行通风，这时一定不要使用室内电灯开关。如果漏气制止不了，应立即转移到室外通风良好没有明火的安全地方，通知液化气站过来及时修理，并同时报警。

5. 严禁私自拆动液化气相关设施，严禁用火烤、热水烫。严禁将气瓶倒置使用和擅自倾倒残液，严禁随意将气瓶在地上翻滚、碰撞。

燃放烟花爆竹，我要躲远点

曼玉爸爸的单位里发了几挂鞭炮，这天吃过晚饭之后，爸爸对曼玉说：“曼玉，我们下楼把它放了好吗？”

“好。”曼玉高兴地和爸爸下楼了。

父女两人来到一片空地，爸爸把鞭炮平放在那里，把引线点燃，然后跑出距离鞭炮 5 米的地方。曼玉就站在爸爸旁边，捂着耳朵，兴奋地看着不远处的火光迸发，听着噼噼啪啪的响声。

这时，好像有一个小火点蹦到曼玉的鼻子尖上，好烫。

“爸爸，我被鞭炮崩到了。”曼玉对爸爸说道。

“哪里？没有啊。”也许是因为户外光线昏暗，爸爸并没有注意到曼玉有什么不同。

放完鞭炮之后，曼玉跑上楼找妈妈：“妈妈，我被鞭炮崩了一下。”

“在哪里？让妈妈看一下。”听到曼玉一嚷嚷，妈妈放下了手里的活跑了过来，“可不是吗？你看鼻子上有个小红点。你是不是离鞭炮太近了？”

“没有，我们跑出 5 米之外的距离呢。还好多亏没有蹦到我的眼睛里。”

“是啊，”妈妈说道，“燃放鞭炮，其实是件很危险的事情，所以一定要小心才行。”

妈妈对我说：

在喜庆的日子，人们往往燃放烟花爆竹，表达喜悦之情，增添欢乐气氛，但是在燃放烟花爆竹的时候需要特别小心：

1. 首先要正确选择烟花爆竹的燃放地点，不可以在繁华街道、剧院等公共场所、在有电的设施下以及靠近易燃易炸物品的地方燃放。具体的细则还要遵守当地政府的安全规定。

2. 燃放烟花的时候不可倒置。吐珠类烟花的燃放最好能用物体或器械在地面上进行固定之后燃放，如果确实需要手持燃放时，只能用手指掐住筒体尾端，点火后，要将手臂伸直，烟花火口朝上，尾部朝地，对空发射。禁止在楼群间和阳台上燃放。

3. 在对喷花类、小礼花类、组合类烟花进行燃放时，平放地面将其固牢，燃放中不得出现倒筒现象，点燃引线之后马上离开。

4. 燃放旋转升空及地面旋转烟花的时候，一定要注意周围的环境，将烟花放置于平整地面，点燃引线后，离开观赏，燃放手持或线吊类旋转烟花时，用手提线头或者用小竹竿吊住棉线，点燃后向前伸，身体不要离烟花太近。燃放钉挂旋转类烟花时，一定要先将烟花钉牢在壁或木板上，用手转动烟花，再点燃引线，离开观赏。

5. 手持烟花不应朝地面方向燃放。

6. 爆竹应在屋外空旷处吊挂燃放，点燃后切忌将爆竹放在手中，燃放双响炮应直竖地面，不得横放。

7. 有时在燃放过程中会出现些异常情况，比如遇到熄火现象时千万不要再点火，更不许伸头、用眼睛靠近观看，也不要马上靠拢产品，并停止燃放其他产品，要明确熄火的原因，再进行处理，一般是等 15 分钟后再去处理。

用蚊香来灭蚊，不是熏自己

妍妍最讨厌过的就是夏天。因为夏天不仅气温高，而且还会有讨厌的蚊子在旁边发出“嗡嗡”的响声，经常打搅妍妍整个晚上睡不好。

这天，妍妍躺在床头旁看小说，正看得饶有兴致，就听见旁边一阵阵“嗡嗡嗡嗡”的声音。哎呀！又是该死的蚊子，讨厌！

妍妍不想让这些蚊子扰了自己看书的雅兴，只好下床找来一盘蚊香，点燃放置在床旁边。再安心地继续读书。

不知不觉中，妍妍居然躺在那里睡着了，手中的书也掉落在了地上。

隐隐约约中，妍妍闻到了一股很呛鼻子的味道，一下子惊醒，睁开眼睛看周围出现了什么状况，而眼前的景象简直让她不敢想象：掉落的书正好放在蚊香旁边，被香头点着了，都已经烧掉一个书角了……

多亏妍妍及时醒来，否则的话后果一定不堪设想。

看来，以后点蚊香也要注意安全。

妈妈对我说：

炎热的夏季，许多家庭都需要点蚊香。蚊香的火头很小，往往不会引起人们足够的重视。而实事说明，如果在点燃蚊香的时候不注意防火，也会酿成火灾，甚至会造成不可收拾的局面。曾经有人说得好，“三九留心火炉，三夏留心蚊香”。

蚊香引起火灾，主要原因是由于蚊香安放的位置不妥。有的人把点燃的蚊香直接放在地板、纸片上，有的人把它放在靠近蚊帐、窗帘、被服、家具等可燃物品的周围，甚至放在了床头。一旦蚊香倒下来，或者在附近的可燃物品碰到蚊香，就有可能发生火灾。

一只已经点燃的蚊香，在焰心部位的温度最高可以达到200℃ ~ 300℃，这样的温度远远超过了家庭日常用的棉布、纸张、木材等物品的点燃温度，因此不能因为蚊香的火头很小而麻痹大意。

点蚊香时需要注意以下几点：

1. 点燃的蚊香一定要放在金属支架上或金属盘内，而且要与桌、椅、床、蚊帐等可燃物保持一定的距离。

2. 点燃的蚊香要放在安稳的地方，保证不会轻易被人碰倒或被风吹到。

3. 如果室内有易燃的液体（汽油、酒精等）或可燃气体时，不宜在室内点燃蚊香。

4. 在睡觉之前注意检查点燃的蚊香放置的位置是否合适，周围是否有不该放的东西，在确保安全之后，方可去睡觉。

电灯线起火了

玲玲的学校旁边新开了一家“柳州螺蛳粉”，不出两个月的光景，学校里的学生已经是无人不知无人不晓了。那家店的老板是地道的广西人，所以大家都把他们家的螺蛳粉奉为正宗。由于生意兴隆，每天放学之后，去吃螺蛳粉的人总是浩浩荡荡的。玲玲和同学们也经常去那里。

不过这天玲玲来到学校，好朋友凑过来对她说：“玲玲，告诉你一个惊天大消息。”

什么消息？还能惊天的？玲玲笑着对好朋友说：“别说的这么玄，快告诉我吧。”

“是这样，那家柳州螺蛳粉，关门了。”听同伴这样一讲，玲玲大吃一惊。

“啊？不会吧，还说再去吃一次呢。因为什么呢？”玲玲急忙问道。

“昨天晚上着火了，幸好没有人员伤亡，不过那家店已经歇业整顿了。你知道是因为什么吗？他们的电灯泡着火了。”

“电灯泡着火？”玲玲感到匪夷所思。

“咱们以前物理实验讲过的啊，就是电线短路了。他们在装修店面的时候，使用的电线是劣质产品，所以就烧短路，然后就火灾了啊。”同伴向玲玲解释道。

“原来是这样，那不就关门了，等他再开张之后，我们还可以再去的啊。螺蛳粉还是可以吃到的。”玲玲长舒了一口气。不过这个安全问题嘛，但愿以后不会发生了。

妈妈对我说：

我们在日常生活中所使用的照明电器主要有白炽灯和荧光灯两种。这两种看似普通的电器灯具，在一定条件下都有可能引发火灾。

白炽灯在工作的时候，如果周围的散热条件比较好，灯泡的表面温度与其功率大小成正比。当功率越大的时候灯泡表面的温度就越高。白炽灯的灯丝在接通电源后，温度在高达2000～3000℃时发光，灯泡外壳温度也会相应随之升高。在一般情况下，接通电源一分钟后，40W的灯泡外表温度足有50～60℃，100W的灯泡外壳温度可高达170～220℃。如果纸灯罩长时间贴在灯泡的外壳处，甚至会被烤焦着火。还有一点需要注意的是，因为供电电压有一定的电压差，所以当供电电压超过电灯额定电压时，就有可能引起电灯外壳玻璃受热不匀，这时如果有水滴溅上，都会引起灯泡爆炸，高温钨丝带着火星落入可燃物上而发生火灾。

日光灯的结构相对复杂，它是由灯管、启辉器、镇流器和灯座等部件组成，镇流器是由铁芯和线圈组成，因其本身耗电且在工作起来具有较高的温度，如果产品制造粗劣会造成散热条件不好，当工作时间过长，镇流器内部就会由于温度升高破坏线圈的绝缘层，造成匝间短路，产生高温，会使积聚在镇流器上的灰尘以及周围可燃物烤焦起火。

所以我们在日常使用电灯的时候，应该注意以下几点：

1. 安装电灯时一定要正确选用适合的灯具型号。对于发生火灾危险概率较高的场所，要留心选择防爆、隔爆或安全密封型的灯具。

2. 电灯与可燃物应保持适当的距离（一般不应小于0.5米），更不能紧挨易燃物，以保证安全。

3. 电灯最好是安装在绝缘且不易燃烧的基座上，严禁用纸、布或类似的可燃材料做灯罩。

4. 选用导线时应注意导线的绝缘强度和截面规格，特别是临时线路更要注意，不要乱拉乱接，防止导线绝缘层受损而产生短路，发生事故。

触电怎么办

莉莉看了一下：“就是一个改锥啊。”

“呵呵。”豆豆笑笑摇摇头，“这个不是普通的改锥，它有一个学名叫试电笔，是观测电源是否有电的工具。”

“嗯？”莉莉看看豆豆手里的那个家伙，问道“怎么玩？”

“来，我给你做示范。”豆豆拿着这个锥子就往电源里面戳。

会不会很危险？莉莉心里一打转。

“豆豆，别玩了，我也不想看，太危险了。”莉莉着急地阻拦住了豆豆。

“嗯，那好吧。”豆豆看着莉莉很担心的样子，也就不再试验了。

妈妈对我说：

莉莉，你们的经历真的把妈妈吓了一跳，触电极其危险。所以在日常生活中应该特别注意用电安全。生活中，应对随时可能出现的触电现象，你需要掌握以下应对方法：

如果遇到了触电者，首先要帮助触电者脱离电源。若在室内，则应立即切断电源；若在室外，电源无法切断，则应用木棍将电线挑开，或用干的衣服将触电者拉开。

当触电者脱离电源后，应根据其不同情况分别采取不同的紧急救护措施：

若触电者尚未失去知觉，还有呼吸和脉搏（心还在跳），则应立即设法把触电者送往附近医院救治。

若触电者已失去知觉，但呼吸、心跳都没有停止，应在通知医院抢救的同时，将触电者放在平坦、空气流通的地方，然后让他嗅阿摩尼亚（可用尿液代替）；同时可向触电者的身上洒些冷水，再摩擦他的全身，使其全身发热。一旦发现触电者呼吸困难，逐渐变弱，或者断断续续有痉挛现象出现，应立即为他进行人工呼吸。

若触电者呼吸停止，心脏也停止跳动，急救人员要马上为他做人工呼吸，否则，触电者会很快死亡。

最后，妈妈要提醒你们的是，在用电过程中一定要注意保护好自己的生命安全。一旦发现有人触电，切不可慌乱无措，应按照以上步骤对之进行紧急处理，这样能够最大限度地保存他人的生命。

学会安全用电

香香下午在家里闲着没事做，决定去找月月玩去。

“月月，你在做什么？”当香香来到月月家里的时候，看见月月正把一个插线板浸在水里。

“我在洗插线板，刚才我做卫生，发现我的插线板脏了，估计里面也一定脏了，没办法擦，只能用水洗一洗，要不然的话太脏了。”月月笑笑着说。

哎，这个月月也太过于洁癖了吧。“那个……你洗完之后还能用吗？都泡水了。”香香咧着嘴问月月道。

“嗯，没问题的。上次我洗过一次了。”月月胸有成竹地对香香，“等洗好之后，晒干就可以用了。”

晕！

不过，香香还是觉得这事怪危险的呢。

妈妈对我说：

电力是人们生产生活的重要能源，在现代家庭中不可缺少。但是如果不懂得安全用电知识，就容易造成触电、火灾、电器损坏等意外事故，所以，“安全用电，性命攸关”。在日常生活用电的过程中需要注意以下事项：

1. 不要随意拆卸、安装电源线路、插座、插头等。
2. 即使是安装灯泡等简单的事情，也要先关断电源。
3. 当与电线接触时，最好穿上绝缘胶鞋或站在干燥的厚木板上。
4. 不要用铁丝、钉子、别针一类的金属锥体去扎室内电线。

5. 不要用纸、布等包灯泡，也不要让灯泡靠近蚊帐、窗帘等易燃物，因为灯泡难以散热会导致温度升高，使纸、布等达到燃点而燃烧。

6. 不要在电线上晾衣物，因为擦破绝缘皮或使电线断裂，就会造成触电。

7. 使用电器前，必须擦干双手。有漏电情况时，应及时拔掉插头，或以木棍等绝缘物品将插头松脱，避免用手接触而触电。

8. 带金属外壳的电器应使用三脚电源插头。有些家电出现故障或受潮时外壳可能漏电。一旦外壳带电，如果用的是两脚电源插座，人体接触后就有遭受电击的可能。

9. 耗电大的家用电器要使用单独的电源插座。因为电线和插座都有规定的载流量，如果多种电器合用一个电源插座，当电流超过其额定流量时，电线便会发热，塑料绝缘套可能熔化，从而导致漏电。

10. 要选用合格的电器，不要贪便宜购买使用假冒伪劣电器、电线、线槽（管）、开关、插头、插座等。

11. 要选用与电线负荷相适应的保险丝，不要任意加粗保险丝，严禁用铜丝、铁丝、铝丝代替保险丝。

12. 漏电保护开关应安装在无腐蚀性气体、无爆炸危险品的场所，要定期对漏电保护开关进行灵敏性检验。

13. 要将电视机室外天线安装得牢固可靠，不要高出附近的避雷针或靠近高压线。

害怕宠物咬我

有一个孤寡老人张大妈就住在花花的学校旁边，由于没有亲人，她只好养一只大花猫来解闷。那只猫很乖，跟随了张大妈很多年。

那天花花放了学，和同学一起去看张大妈，捎带着去看看那只大花猫。

已经很长时间没有去看望她了，大妈看到有孩子们来看望她，特别高兴，热情地把花花她们让进了屋。两个孩子坐在那里和她聊了起来。

不一会，大家都听到了院子里传来了一阵阵的猫叫声，忽高忽低，持续不断，她们两个人都好奇地走出去看。原来，大花猫在和另一只猫弓着身子相互嚎叫，它们是不是要决斗。

“张大妈，它们是不是要决斗，我们帮帮它吧，我去找块砖头，把那只猫轰走。”花花说道。

张大妈看了一眼，笑着对花花说：“没事，它是在和别的猫玩呢，如果打扰了它会不高兴的。”

花花不死心，还是出去好奇，她拾起一块小石子向另一只猫砸了去。谁知，这个大花猫居然不高兴了，回头冲着花花拼命地号叫，并且去追它的好朋友。

“花花，不要再打扰它了，否则它会把你咬伤的。”张大妈着急地呼唤花花。

原来这么温顺的花猫也有脾气，让它好好玩吧，花花看到这样，也就不再打扰它了。

妈妈对我说：

花花，现在有不少人家为了丰富生活，喜欢种花种草，养猫养狗。在一般的情况下，宠物是不伤人的。但是如果它被你逗着玩耍而失态时，或者当它在发情期与异性玩耍而遭到干涉时，就会伤到别人。

所以在饲养宠物的时候，不仅要能够掌握它的特性，而且还要在它玩耍的时候注意它的脾气，以防伤人。过去在农村很盛行养狗养猫，目的是为了看门防贼捉老鼠。近几年来，城市也刮起了一阵养狗风，多数是观赏犬——狮子狗、哈巴狗等。在城市里，人们养狗的目的主要是为了玩耍消遣，也有用作看门护院的。当然，不管是出于何种目的、养什么样的狗，都应该防范伤人。特别是当你独自一人与宠物相处的时候，要格外注意不要被宠物所伤害。关于这方面的教训实在是太多了：有的是在家玩狗而被咬伤；有的是在家纠正宠物的不良习惯遭其伤害；有的是在喂宠物食物的时候被咬伤……诸如此类，数不胜数。

为了家庭成员和社会的安全，我们在养宠物的时候务必做到：

1. 每年定期到兽医站为宠物注射疫苗。

2. 像狼狗、草狗这样的动物应该实行圈养，防止他们乱跑伤人。

3. 注意在喂食的时候安全操作，不要用手直接喂食。

4. 不要用手或者是脚来逗弄宠物，以免受到伤害。

5. 保持宠物的清洁卫生，防止传染病。

会“手机中毒”吗

那天晚上，梦露和妈妈正在客厅聊天，忽然听到妈妈的手机响了一下就挂断了。

“妈妈，有人打您的电话，我帮您把手机拿过来吧。”梦露说着就跑去把手机拿了过来。

妈妈看看手机上的号码：“奇怪，这个号很陌生，不认识啊。”

“妈妈，您给打回去问问不就知道了吗？”梦露对妈妈说道。

妈妈笑了一下对她说：“梦露，不用理会，这很有可能是诈骗电话。”

“啊？”梦露听了一愣，“怎么电话还会有诈骗呢？”

“嗯，不信，我们可以上网查查这个号码的归属地，一定是外地的。”结果梦露和妈妈上网输入这个号码一查，果然显示的是广东潮州。

“这种电话诈骗的方式是拨通其他手机的电话，然后响两秒钟就会挂断，不知情的人一旦回拨过去，就要交高额的电话费。”

啊！原来是诈骗！

妈妈接着说：“利用电话诈骗的方式有很多，而且防不胜防，最好的方式就是不要相信陌生人的来电，如果遇到状况及时通知家长，就可以避免受骗。”

妈妈对我说：

手机在现代社会已经得到普遍应用，而手机短信更是人们互相联络的得力助手。可是，手机短信中存在着诸多安全隐患，很多不怀好意的人往往会通过发送诈骗短信来牟取钱财。因此，常与手机短信打交道的女孩们一定要提高警惕，防止自己掉入不法分子的短信陷阱里。梦露，妈妈想向你介绍一些常见的电话诈骗方式：

骗术一："手机号为13★★★★★★★★★,您的朋友为您点播了一首歌曲，以此表达他的思念和祝福，请您拨打9★★★★收听。"遇到这种情况，你最好不要拨回电话接听歌曲，因为这样很有可能会给你带来高额话费。

骗术二：听到铃声想起，一旦你接听，电话会马上挂断。当你按照号码回拨后，听到的可能是这样一段电话录音："欢迎您致电澳门六合彩……澳门中心竭诚为广大彩民爱好者提供信息，透露密码。联系电话1395983★★★★。"遇到这种情况，你也一定不要回拨，因为这是以非法"六合彩"招揽客人，如果你回拨电话，既可能会损失话费，又很容易上当受骗。

骗术三："您好，移动通信公司现在将对您的手机进行线路检测，请您暂时关闭手机3个小时。"此种情形很可能是机主因为某种原因泄露了家庭电话号码，行骗者可能会在机主关机的时候，以"要求汇款"等事由诈骗事主的家人和朋友。所以，有关这一点，要格外留意，防止上当受骗。

骗术四：当你收到开头为0941或0951的未接来电，一回拨即收费500元。因为这是典型的利用0941、0951加值型的付费电话。对此种来电，你一定要格外小心。

而黑短信诈骗通常会采取以下4个步骤：

1. 首先发送虚假消费短信，提示你"您在某地刷卡消费多少多少元，如有疑问，请拨某某银行信用卡服务部电话查询"。

2. 当你按提示电话号码回拨，接电话人会自称是某个银行工作人员，谎称你的卡出了问题，并指示你按其所提示步骤将钱转入所谓保密账户。

3. 这时你很可能会按照“银行工作人员”所提示的步骤，将所持卡上的钱转入所谓“保密账户”。

4. 通过电话获得受害者的卡号和密码后，不法分子会迅速将你卡上的所余金额转走。

刚刚步入青春期的女孩会相对缺乏社会经验，而彼此间的联系又多是通过手机或手机短信进行的，这就给那些不法分子提供了很多可乘之机，这就需要在平时注意提高警惕，面对这些手机或短信诈骗，要提高自己的防护能力。

自己拉响安全警钟

“当当当——”屋外有人敲门，但却不说话。

“是谁？”妮妮问了一句，当时屋里只有妮妮一个人，可是外面没有人搭话。

那个神秘的人拧开了妮妮家的防盗门，直接敲妮妮家的木门。

糟了，妮妮这才想起来妈妈出去的时候她忘记了锁防盗门。

“当当当——”声音听起来这样刺耳。可是这个人到底是谁啊？妮妮躲在屋里，有点害怕了。她再次鼓起勇气大喊一声：“你到底是谁啊？”

可奇怪的是外面的那个人仍然不说话。

妮妮心想让他在外面敲门吧，不理他就是了。

可是，如果这个人把家里的门撬开了怎么办？妮妮一个人在屋里，越想越害怕。情急之下，妮妮马上拨通了妈妈的电话：

“妈妈……防盗门没有锁……有个人在一直敲门不说话……我害怕……他在撬门。”

“妮妮，你冷静一点，我就在楼下，马上回家。”

原来，妈妈就正在回家的路上，而且确切地说就在楼下，妮妮心里一下踏实了，跑到门口听听一会儿妈妈会和那个神秘的人说什么。

"请问您找谁？"不一会儿，妮妮就听到了外面妈妈的声音。

那个人依旧不说话，不知在外面做什么，然后就走了。

妈妈在外面喊："妮妮开门吧。"

妮妮打开门，马上就问妈妈："刚才外面的那个是个什么人，吓死我了。"

"他是个聋哑人，而且看样子是从很贫穷的地方来，只是想讨一点钱，没有别的恶意。"妈妈向妮妮说道，"不过，妮妮你这样做是对的，对待陌生人一定要多几分防备才行。害人之心不可有，防人之心不可无啊。"

妈妈对我说：

"小妹妹，我是修水表的，你爸妈打电话让我现在过来，给我开门吧。"

"小同学，你看，我手机没电了，我又急着找我儿子，他在上大学，我找他有急事，你手机借我用一下行吗？用完了就还你。"

很多情况下，我们往往是不假思索地就相信了对方，开了门、递给对方手机，而却没有意识到要保护自己，这不能不说明我们自我保护意识太过于薄弱。

1998年11月18日是"流星雨之夜"。凌晨3点多钟，北京市八里庄地区14岁的女中学生马某和她表弟在看完流星雨回家的路上，遇到了罪犯庞某。庞某自称是联防队员，要察看马某的证件。当马某的表弟被支走回家取学生证时，庞某以去派出所为由将马某带上出租车，随后诱骗到一公园内隐蔽处，猛然将马某摔倒在地，并用木棍殴打马某的头部，见马某昏死过去，便对其进行流氓活动。当庞某发觉马某已经死亡，便用草覆盖尸体后逃逸。

据庞某交代，他将马某带走的路上，曾不止一次遇到行人，当时他心里很紧张，但马某并没有呼喊求救。另外，罪犯遇到马某姐弟的地方，离马某的家不过300米！距离凶案现场却有很长一段路程，庞某还打了一辆出租车。事后据那位出租司机反映，当时马某是自己打开车门上的车，一路上，她也一直没有向司机示警或求救。那位司机说“这个小姑娘死得太可惜了，其实当时只要她有一点暗示，我肯定会帮助她。”

女孩的死给我们以警醒，我们也不难看出正是因为她毫无自我保护意识才给不法分子提供了以可乘之机，悲剧也由此展开。这样的事例不在少数，这其实也要求我们一定要时刻提高警惕，并增强观察、识别能力，不被坏人的甜言蜜语所迷惑，谨防上当受骗。

不光如此，我们还要学会在适当的时机与歹徒巧妙周旋、斗智斗勇，尽力保护自己，以增强感性认识和自我保护能力。如何帮助自己树立强烈的自我保护意识并尽可能地实行自我保护呢？不妨从以下几个方面做起：

1. 遇事要冷静，不要让所谓的哥们义气害了自己，也害了朋友。学会拒绝不正当要求，坚决不与坏人同流合污。

2. 不要随意泄露个人及家庭情况，以免不法分子利用。

3. 独自在家时，不要给陌生人开门。如有人撬门爬窗，应立即大声呼救或电话报警。

4. 平时尽可能多地学一些法律知识，学会用法律武器保护自己的合法权利。

5. 遭到严重暴力侵害时如绑架、劫持、伤害等，一般不要与其硬拼，但更不要吓得不知所措，屈服于恶势力。这时要镇静、机智地与之周旋，以寻找机会脱身并报警。

生活有美好、阳光的一面，但生活中也处处存在着危险。我们正处于成长时期，阅历相对简单，社会经验相对不足，鉴别是非的能力也较弱，所以更应该加强自我保护意识，从而将伤害降低到最小。

外出游玩安全第一

小心“海盗车”

美美和伙伴们在征得了父母的同意之后，利用暑假的时间一起坐船来到了风景秀丽的杭州旅游。当他们刚刚下了火车，便有当地的人主动迎了上来，热情地问道：“你们是来旅游的吗？我们的旅馆离西湖不远，你们出去游玩很方便。我们的收费也不贵，对于你们学生来说是最合适了，怎么样？走吧。”

美美和其他几个同伴合计一下，觉得挺划算的，再说，她们人也不算少，怕什么，于是就打算跟这个人走了。那个人看她们同意了，直接拎起了她们的包放在车上，把她们带上一辆中巴车。

汽车驶进了市区，秀丽的西湖出现在眼前，美美她们激动地一阵欢呼。可是没等几个人激动的心情平静下来，汽车又驶出了市区。

“究竟还要开出多远啊，再往前开就到郊区了啊。”美美心里有点着急了。

“马上就到。”那个人说道。

过来很久，车终于停了下来，美美他们下了车一看，中巴车已经把我们拉到了农村，周围一片荒凉。

“你不是说离西湖不远吗？”美美发觉自己上当了，很生气地质问他道。

“是啊，这里总比你家离西湖近多了吧。”那个人露出了狰狞的面孔。

“走，我们不住了。”美美果断地喊道。

“不住，可以啊。可是交通费你总要付吧。一个人 50 元，够我收回成本，合情合理。”那个人不紧不慢地说。

这里可是他的地盘，而美美几个人都是人生地不熟，怎么能和他硬碰硬呢？哎！认倒霉算了，以后可不能图便宜了。美美和伙伴们只好乖乖地交钱，下车了事。

妈妈对我说：

每当假日来到，可能有很多同学想外出旅游或者是到亲戚家做客。当你到达目的地的时候，迎面而来的经常是一大批的拉客者。这时，你可一定要小心谨慎了。因为在现实生活中，因为轻易相信拉客者的花言巧语而受骗上当的教训实在是太多了。

关于这方面的案例有很多，媒体的报道也很多，有的女同学因为轻信了拉客者而被骗到了肮脏的个人小旅馆，遭到他人的无端侮辱；还有的同学被那些拉客者利用威胁、恫吓等手段猛“宰”一刀，使自己随身携带的现金所剩无几。

所以，当我们在没有父母的陪同下独闯外地，对那些拉客者应始终保持清醒的头脑，如果是到亲戚家，那么最好不要理睬那些拉客者而是直奔目的地；如果你是去旅游却事先没有联系好住的地方，那么你应该根据自己的经济状况，选择合适的旅社投宿，那些没有营业执照的“地下旅舍”，切不可住。万一你发现自己被人骗了，也要机智一点——先把他们拉客车辆车牌号记下来，再记下他们旅社的门牌号码或具体位置，随后拨打 110 报警，或者等到第二天，你假装外出旅游，再向有关部门举报。

想敲诈？没那么容易

放学之后，婷婷背着书包独自一人往家走，经过一个自由市场，突然有一个叼着香烟的大孩子从旁边擦了过去，重重地碰了婷婷一下，随之听见“咣当”的声响，一个 MP4 摔在了地上。婷婷当时并没有在意，继续往前走。

而这个大孩子却把婷婷拽住了：“喂，你把我的 MP4 碰掉了，摔坏了。你要赔偿！”

面对这个大孩子的威吓，婷婷反而感到奇怪：“我并没有碰你啊，是你自己撞上来的。”

“你居然狡辩，这个 MP4 是我自己新买的，花了我 600 元，难道我要自己把它摔坏吗？你赶快把钱给我，否则的话我就和你玩命。”他一边说，还朝婷婷瞪圆了眼睛，挥着他的拳头。

看他这副样子，婷婷想自己一定是遇到了碰瓷的，这分明就是敲诈啊！怎么办？婷婷绞尽脑汁想解决的办法。

“我身上没有这么多的钱，你让我回家拿给你好吗？”婷婷和他商量。

“回家？”这个大孩子似乎识破了婷婷的伎俩，“等你回了家，我上哪里去找你啊？你现在有多少钱就都给我吧，要不然的话，今天就别想回家。”

婷婷心里有点着急，这可怎么办呢？这时婷婷想到了要报警。

“我想起来了，我的卡里有钱，你等等我去取好吗？”婷婷再次和他商量。

大孩子满意极了：“嗯，行啊，我在这里等你。”

婷婷趁这个机会赶快跑进了取款机，并请周围的人帮助她报了警，然后，她假装在取钱，然后稳稳当当地走了出来。

“你可真磨叽，把钱给我就走人吧。”

“真对不起，我卡上没有钱了。我现在钱包里只有 10 块钱，都给你吧。”婷婷开始和他周旋。

“嘿！你怎么回事，惹急了我揍不死你！老实点，让我翻翻你的钱包。”大男孩有点急眼了。

“要不这样吧，你看看我的书包吧。”婷婷一边说着，把书包里的书，还有作业本，还有文具袋，一个一个不紧不慢地翻给他看。

其实这时婷婷心里可着急呢：警察叔叔，你们快点到啊。

不一会，婷婷就听见了警车的声音，大声喊道："在这里，这里。"

大孩子一看不妙，转身就跑，但最终没有逃过警察叔叔的身手敏捷。

原来，这个大孩子经常用这种方法来欺诈小同学的金钱，已经有十好几次了。看来，婷婷今天不仅成功保护了自己，还立了一个大功呢！

妈妈对我说：

社会上有一些人心术不正、好逸恶劳，于是虚张声势，专做讹诈蒙骗的恶事，极尽拙劣表演之能事。路遇讹诈，和他们相比我们一般处于弱势，此时要保持清醒的头脑，分析问题，不要被讹诈者的强横声势吓坏，盲目屈从而被骗钱财。应据理力争，巧妙地向旁人、父母、警察求救。

青春期女孩缺乏社会经验和防备心理，往往容易受到骗子的欺诈而丧失钱财，因而外出时，必须特别小心谨慎。诈骗作案的手法多种多样：有的歹徒以做好事为幌子骗走你的钱财，如利用帮助你购买车（机）船票或者提取行李包裹之机，把你的钱骗去，把包拎走；有的歹徒冒充车站码头工作人员，以查验车票为由，用短途票换走你的长途票；还有的骗子故意在你附近丢下财物，由其同伙捡拾后，强拦住你分钱，然后骗子以失主身份查验你的钱物，乘机偷盗作案。

也许，很多女孩在遭遇了敲诈之后会一时感到茫然不知所措，那么，在此时要切忌哪些要点呢？

1. 保持镇静，不要害怕，不要脑子发热，更不能鲁莽行事。要在人身安全确实有保证的前提下，采取必要的措施。

2. 善于分析问题，镇定自若。遇到突然的情况，不要被骗局所迷惑。善于从不同的角度分析问题，在细微地方发现狐狸尾巴。

3. 灵活机动，果断处置。如果当时环境复杂，情况对自己不利，也可以运用缓兵之计，先答应条件，确保安全脱身后，再及时报警。

路遇抢劫须镇静

这一天美林独自一人走在回家的路上，突然有一个大汉横在她面前，挡住了美林的去路，大汉对她说："把你的钱全部都掏出来。"美林心里不禁有点后怕，自己只是一个学生，能够有什么钱呢？看到大汉一脸杀气的样子，美林支支吾吾地说："我……没有钱。"

而大汉并不吃这一套，他不由分说，直接抢过美林的书包，利索地翻了起来，拿走了美林钱包里的所有零钱，还有爸爸新给美林新买的电子词典。

抢劫结束之后，大汉冷冷地对美林说："孩子，今天算你倒霉，回家去吧。"然后把书包往地上一扔，就跑没影了。

美林心里又害怕又难过，两腿发软，却一路跑回了家。到了家之后，就把这件事情从头到尾和妈妈说了一遍。

"天啊！我的孩子，你没有什么事吧？"妈妈关切地问美林，可能是怕她受到惊吓，不住地摸她的头。

"没事。他把我的钱还有电子词典抢走了。"美林向妈妈抱怨。

"美林，你是不是走的地方很背静，很偏僻？"妈妈问道。

"嗯，是走了另一条路。"

"他的容貌特征，你有记住吗？走，妈妈现在带你去报警。"妈妈说着，带着美林去了派出所。

妈妈对我说：

美林，遇到歹徒的时候，你千万不要慌张，首先要冷静地分析一下歹徒的目的。如果他们要的是钱，先给他们，同时仔细记下歹徒的相貌、身高、口音、衣着、逃离方向等，事后立即向民警或公安部门报告。

如果遇到凶恶、带有杀机的歹徒，自己又无法脱离危险，就一定要奋力反抗，免受伤害。反抗时，要大声呼喊以震慑歹徒；动作要突然迅速，打击歹徒的要害部位，在此过程中要不断寻找脱身机会。应切记，不到迫不得已时不要轻易与歹徒发生正面冲突，最重要的是要运用智慧，急中生智，随机应变。

在放学回家的路上要提高警惕。要做到：路上不单独行动，尽量结伴而行；路上不要多耽搁；不去偏僻的地方；不走人迹稀少的小路。

还有在平时，我们应该多了解一些自护知识，以备不时之需。

1. 如歹徒拦住你的去路，千万不能惊慌失措，应迅速判明歹徒的身体状况和周围的环境条件，再确定防卫方法。

2. 学会"呼救脱身法"、"周旋脱身法"、"恐吓脱身法"、"对犯罪分子进行说服教育法"等脱险方法。

3. 若歹徒是迎面而来，等到歹徒靠近后，猛地提起膝盖向他胯下猛撞；亦可迅速抬起并拢的手掌直击其喉头。乘他慌张之机，就可立即逃跑。

4. 面对迎面而来的歹徒，迅速丢下手中的物品，两指成"V"形，直插歹徒的眼睛。

5. 若歹徒从后面突然勒住你的脖子，并试图抓你右手时，你可微微转身，并以腾出的左手猛力向歹徒肋骨撞去，待其松手时，立即逃跑。若前一招没有使歹徒松手，你可迅速改变招式，用力踩歹徒的脚面，或狠踢其小腿骨，待他松手时，可马上逃跑。也可握紧拳头，举起手臂，用力向后撞击其腹部，使他喘不过气来，待他松手时，自己便可脱身逃跑。

6. 伞和其他长的硬物都是很好的自卫武器。当歹徒靠近时，可用双手紧握雨伞，用伞尖猛击匪徒的胯下，或猛刺他的脸部，乘他疼痛难忍之机，迅速逃跑。

好像有人跟踪我

这天秋荷一个人走在路上，总是觉得后面有人在跟踪她。秋荷总共回头看到了三次，都是同样一个人。奇怪，那个人为什么总是要跟踪自己呢？难道是个别有企图的人吗？

秋荷想了一下，决定把他甩开，就躲进一家小卖部假装买东西，而他偏偏也跟着秋荷进了同样一家小卖部。看到他进来之后，秋荷马上就跑出来了，而他也跟着秋荷出来了。

秋荷的心里开始有点着急了，这可怎么办啊？旁边没有熟人可以帮她啊！

这时，秋荷看到路边有一个卖瓷器的小摊，有办法了！

秋荷走到那家小摊前，拿起一个大号的瓷罐子，然后故意摔碎，发出了很大的声音。

摊主看到他的商品被秋荷摔碎了，急忙跑了过来："这个小同学，你把我的东西摔坏了，你要照价赔偿。"

"凭什么要我赔偿？我又不是故意要摔你的东西。这种破瓷罐子，能值几个钱。算了，您就认倒霉吧。"

秋荷故意这样说道。

摊主一看秋荷这态度，跟她火了："小同学，你怎么这样不讲道理。明明是你把我家的东西摔坏了，就应该赔。咱呀，找个地方说理去吧。"

"走就走，谁怕谁啊！"秋荷和那人继续吵，而且毫不避讳地嚷嚷要去公安局。

秋荷一边吵，一边观察那个跟踪她的人，他已经走了。

于是松了口气，对那个摊主说道："真是对不起，我回家的路上发现总有一个人在跟踪我，躲不开，实在没有办法才找碴儿跟人吵架。现在他人走了，多少钱，我照价赔偿您吧。"

摊主明白了事情的来龙去脉，也就不再和秋荷争吵："原来是这么回事。小姑娘，在外面一定要多小心啊。"

就这样，秋荷成功甩掉了一个讨厌的人。

妈妈对我说：

秋荷，一般来讲，陌生人的尾随，多数情况下是有预谋的，也有个别情况是因为我们自身存在着某种诱因。一般来说，尾随的目的有两种：一是尾随到僻静的地方，寻机下手，进行抢劫、绑架，或想占女孩子的便宜；另一种是尾随到家，乘开门之机，进入家中进行抢劫等犯罪活动。

所以，一个人在外行走时，须保持警惕，注意观察有没有人总是跟着自己或总是在自己附近时隐时现，要提前做好准备，想好应对措施。在单独回家快要进入单元门口时，先不要急着进去，应该注意观察有无可疑之人尾随。如果发现情况异常，应该迅速向楼外人多的地方走，或者求助邻居。进了单元门后，突然发现走廊有形迹可疑之人，不要开门，要巧妙地走出单元门，告诉小区的值班人员。另外，还应该主动打电话把情况向爸爸、妈妈说清楚，以防不测。

1. 发现自己被歹徒盯上，不能惊慌，要保持头脑的清醒、镇定。同时，根据自己的体力和心理状态、周围情况、歹徒的动机等积极寻找智对良策。如果只是被歹徒盯上，应迅速向附近的商店、繁华热闹的地段跑去，那里人来人往，歹徒不敢轻举妄动；还可就近进入居民区求得群众帮助。

2. 如果在近家处碰上了尾随者，而且又难以摆脱时，不要急于进家门，要先想好哪个邻居家里经常有人，先到他家去敲门呼喊：“大爷，我有事找你！”“奶奶！开开门，我是×××，有点事！”爷爷、奶奶们一定会帮助你的。如果邻居家也没人，可以乘机快跑到家，紧锁窗门，然后再打电话设法与外界联系。

3. 如果在上学的路上被人跟踪，可马上加快脚步，甩掉那个陌生人，跑到学校报告老师。

4. 为了摆脱跟踪，我们可以向路上一些陌生人借机打个招呼，问一些事情或无关紧要的问题，这样能够给尾随者一些心理压力，让他不敢对自己下手。

5. 甩掉盯梢人后，应及时打电话报警，将盯梢人的长相、高矮、胖瘦、大约年龄等特征告诉警察，便于他们调查、破案。

走路也要讲究安全

那天夏寒和同伴一起去公园玩耍，走到一个路段的时候走不过去了，上面写了一个牌子“前方施工，请绕行”。

“唉！真麻烦，我们要是绕行的话，就走得远了。”夏寒无奈地抱怨道。

夏寒的同伴一拍脑袋瓜：“我想起来了，要不这样，我们顺着下面的河走吧，能少走很多路。”

“这样会不会比较危险？”夏寒担心地问道。

“不会，即便掉下去也没关系啊，我们一定再把你拉上来，不会不管你的。”同伴冲着夏寒一脸的坏笑。

“不好，不好，我们还是绕远走吧。”夏寒实在是不敢走河边，如果不小心掉下去呢。

“夏寒，如果我们抄近道的话，可以提前半个小时到公园，你忍一忍，我们走河边吧。”同伴一个劲地怂恿我。

夏寒实在是感到很为难，最后同伴也不好再为难她的，还是决定重新选择了一条安全的路。

妈妈对我说：

夏寒，也许你忽视了这一点呢，其实在走路的过程中也是要注意安全的。在走路的时候，要选择平整、坚实、安全的道路行走，尤其是在晚间走路的时候更要小心，不要为了急于赶时间而抄近道，也不要为了图省事而行走坎坷不平的路，或者是跨越小溪赶路，甚至在冬天的时候在冰上走路，这样的做法都是非常危险的，因为在这样的地方走路，容易跌倒摔跤，掉入水中，沉入河底，危及生命。

还有些女孩，在路上与伙伴行走的时候喜欢追逐打闹，这样的做法也是很危险的。因为在打闹的过程中，注意力就不能集中，所以极容易发生失足摔跤、皮肉受伤、甚至发生骨折、亡命等不安全问题。

现在学生上学和放学大都是在清晨和傍晚，而这两个时间段人流量少，有一些违法犯罪分子就抓住这个时间，往往乘机实施拦路抢劫等暴力犯罪。这类案件在农村的发生率会更高一些。

犯罪分子实施此类犯罪，一般有两种手段：一种是尾随伺机下手；另一种则是在某个固定地点守候，一旦目标出现就立即采取袭击。对于第一种犯罪，一般来说比较好对付，当发现有形迹可疑的人一直尾随你的话，你可以走到人群密集的地方，然后停下来对尾随者大喊一声："你想干什么？"尾随者因做贼心虚，一般都会撒腿而逃，否则也会引起周围的成年人的警觉和干预。对于第二种犯罪手段，如果一旦遭遇到歹徒的袭击，首先应保持冷静，不要惊慌失措；要善于观察，如果发现周围有砖头、木棍之类的东西，可以捡起来作为自卫武器，震慑对方；假如你觉得自己年幼力薄，那么应该尽量记住歹徒的体貌特征，以便事后向公安机关侦破提供线索。当然，这只是不得已的情况下采取的自卫手段，如果能做到防患于未然就更好了。

怎样做到防患于未然呢？一般说来，女孩子最好不要在夜间出行，如果有事一定要出行，也应该结伴而行。如果不得不独自夜行，那么千万不要贪近而走乡间小道，因为一些惨无人道的奸淫案常常发生在这些人烟稀少的地方。如果是在夏天夜行，要尽量选择路灯较亮、行人较多的道路行走，最好也是结伴而行。

找个安全的地方住

白曼和同学们利用假期的时间一起外出旅行。因为没有预定好住的地方，所以要在天黑之前找到安全的住所，养精蓄锐，才能保证明天精力充沛地玩。

"不行的话，我们住星级酒店吧，绝对安全。"其中一个同学这样建议大家。

"好贵啊，你要是请客，我们就去。"不过这个建议很快就遭到了其他同学的反驳，"我们只要是在市中心去找，应该都不会太危险吧。"

"我想起来一个好方法。"白曼一拍脑瓜，想出了一个好主意，"我们上网找一找政府信息网，就能找到最安全，且价格最实惠的旅店了。"

“对对，还是白曼的这个主意好。我们现在就去吧。”大家都对白曼的意见表示赞同。

大家顺着白曼的建议，在景区的附近，找到了一家看上去很干净的旅馆，只是价格稍稍有点贵，不过质量有保证，住得会比较舒心。

“就我们几个人，可以开一个包间了。”白曼建议道，“我们分摊费用，也就和白天的打车费差不了多少，呵呵。”

“嗯，对，不能和别人混住一屋，太不安全了。”同伴说，“我们去看房子吧。”

就这样，大家顺利地找到了合适的住处。

妈妈对我说：

旅社是社会上最为复杂的公共场所之一，不论是好人还是坏人都有可能会在旅社栖息过夜，白曼，旅社是社会上最为复杂的公共场所之一，不论是好人还是坏人都有可能会在旅社栖息过夜，而更有一些犯罪分子又常常把作案地点选择在旅社。所以我们在投诉旅社的时候要有足够的警惕，要处处注意安全。首先，自己携带的贵重物品，除了洗漱用具和换洗衣服之外，应当全部寄存在旅社的包裹存放处，或者锁在客房内的保险箱里。若与其他旅客同住一事，要防止别人趁你熟睡的时候掏你的口袋，因此最好存放少量现金在内衣口袋，然后穿着内衣入睡。在与同房间的旅客闲聊的时候，不要太热情，更不要轻易暴露自己的家庭住址及家庭成员的详细情况，以防被别有用心的人利用；当对方给你喝饮料、抽香烟或者给你吃糖果时，应该婉言谢绝。

除此之外，在投宿旅社的时候，还有许多需要注意的地方：

1. 选择投宿旅馆要谨慎，最好避免选择投宿环境复杂的小旅社。在投宿期间最好是要早出早归，切忌单独外出。

2. 要告知家人旅馆的名称、电话及相关的联系方式，如果是团队出游，一定要记下队友的房间电话。

3. 入住旅馆之后，应该首先察看安全门和安全通道，最好是试走一次，以备危险时刻得以迅速离开，同时还应该注意周围的安全逃生出口及紧急电话联络系统。

4. 留心看一眼旅馆内门窗、钥锁等设施是否安全，入睡前一定将房内插拴扣好。

5. 如果有访客敲门须经再三确认，不可以随便让陌生人进入，如果遇到棘手的事件不好处理，应该打电话请旅馆柜台派人处理。

6. 外出时，应将贵重物品应随身携带，千万不要放在房间内。

7. 在使用旅馆电梯时，尽量让自己站在控制钮旁，如果遇到问题，可以立即按警报器求救。

8. 在入住客房期间，应该由服务人员陪同检查旅馆房内的橱柜、浴室是否有可疑人物。洁身自好，自尊自爱，不要理睬陌生电话骚扰。

9. 在休息的时候不能卧床吸烟，另外还应该注意电器的使用安全，有必要阅读旅馆制作的安全宣传手册。

10. 一旦发生火情，首先要要冷静，不要慌乱，立即拨打火警电话“119”，并马上与服务台、消防控制室联系。

遇到恶劣气候不忘自我保护

入春之后，经常会刮沙尘暴。昏黄的天气让安波的心情分外不爽。每天放学回到家之后，安波用纸巾擦一擦脸，会发现有一层黄色的印迹，照照镜子，鼻孔处居然会有黄色的尘粒。

那天不仅是沙尘，还刮起了五级的大风。放学之后，安波两步并作一步，抓紧朝家的方向奔去。

好不容易到了小区门口，离安波家还有一段的距离，安波加快了脚步。这时，只听她的身后一声“咣当”的响声。

安波回头一看，原来是从楼上被风刮下来的空调架，离她只有一步的距离。假如安波再慢些走的话，很可能她的头就扁了吧……

想到这里，安波更加害怕，一溜烟地跑回家了。

回到家之后，安波向妈妈讲述了她今天惊心动魄的一幕，还和妈妈逞能道：“妈妈您说我算不算是大难不死？必有后福。”

妈妈对安波说道："安波，今天这件事还真是够吓人的。不过你今后要注意，在刮风的时候最好不要走在居民楼中间，因为从住家的阳台上被刮下来东西是很平常的现象，即便是分量不重的物品，从很高的楼上掉下来，也足可以让人致命。你千万不要当作儿戏啊。"

"嗯，妈妈我知道的，您放心吧。"

妈妈对我说：

俗话说：天有不测风云，人有旦夕祸福。其实，有时人的旦夕祸福正是由天有不测风云所造成的。比如说，夏天的雷击及刮大风、台风时的树枝、高压电线折断，都有可能造成人员伤亡。对此要有自我保护意识，不可麻痹大意。

当你在室外或者是在田野上遇到雷雨的时候，最好是把身上所有的金属物品全部放下归在一处，然后一定要远离这些物品，找个没有高耸的竖立物的地方蹲下。如果手持金属柄的雨伞，也要放下。在水里的应立刻上岸，因为水是导电的。

刮风的时候，最好不要沿着屋檐走，防止瓦片花盆等物品被刮落砸伤头部。一旦发现高压电线段落，万万不可接近断落的电线，尽快向供电部门报告，以便让有关人员及时赶到进行检修。

这样的游戏，会不会把人玩死

"啊！蹦极！我一直都想玩，就是不敢。你们有人玩过么？掉下去的感觉是什么样的？"阳阳看到了远处的游乐设施，问周围的几个同伴。

"其实我觉得吧，如果一个人实在是想自杀了，最好就是去蹦极。一来是真的有可能会玩死，二来如果没有死，他也多少会有死而复生的快感，又经历了要死之前的恐怖，说不定就不自杀了。这样说来的话，蹦极还是有积极意义的。"含桃一本正经地发表她的言论。

"要不，我们去试一试吧。你们都在，我胆子大。"阳阳按捺不住她的好奇心，"我们和那些人商量一下，用绳子把我们几个捆在一起，这样大家一起往下跳，我就不害怕了。你们觉得怎么样？”

“阳阳，难道你就没有一点顾虑吗？如果那根绳子无法负重的话，我们玩的就不蹦极了。我们玩的是命！”含桃一脸恐怖地对阳阳说道，“我们还是惜命一点为好。”

周围的同学听了两个人的对话，都开心地大笑了起来。

含桃又说道，阳阳掉下去之后，肯定免不了阵阵惨叫，那声音，不知会吓死多少人呢！或者让多少人旧病复发也说不定呢！

“哼！有那么严重吗？不玩就不玩。”阳阳气呼呼地甩甩头发。

妈妈对我说：

阳阳，如今，在许多的游乐园内都设置了高空游览车、悬升飞机、过山车、碰碰车、滑车、溜冰、水上漂流、高山滑梯、赛车等等娱乐项目。这些游乐活动具有很大的刺激性和吸引力，但是有一定的不安全性，其中不少项目很惊险。

对于惊险刺激的游乐项目，很多女孩具有一种矛盾心理：很想玩但是又害怕玩，不玩吧又不甘心。所以，我的建议是：参加任何体育活动都必须把人身安全放在第一位，做到量力而行，不勉强，不逞强，并且严格遵守游乐规则。

所谓的量力而行，就是说惊险的项目不是每一个青少年学生都可以玩的。因为这些游乐项目比较激烈，玩起来让人神情紧张，惊心动魄。所以胆小、体弱、心理承受能力较差和患有心脏病、恐高症、眩晕等疾病的女生不能去玩这些惊险项目，以免身心健康受到损害，导致休克、晕厥、旧病复发等现象，甚至会危及生命安全。

确保惊险项目的游乐安全，还有一条非常重要，就是要自觉遵守游乐规则。在游乐园里，每一个惊险项目都会明文规定游乐规则。这些规则，实际上是保护了游客人身安全的有效措施。比如：玩高山滑梯时，严禁身穿背后有拉链的游泳衣裤，防止在滑行的过程中拉链与滑道摩擦，伤害人体；玩碰碰车时，驾车人的双腿不得伸出车外，而且身体与方向盘之间应保持一定距离，以防止两车相碰导致驾车人的腿脚被轧伤、撞伤；玩旋转上升的运动项目，必须系好安全带，人体不得探出运动器外，以免在激烈的游戏过程中发生人身伤亡的事故，等等。对于这些游乐项目的规定，在玩之前一定要了解清楚，以免因无知而酿成无法弥补的遗憾。

注意人身安全，玩得更开心

在笑笑的两只眼睛之间，有一道深深的疤痕，那是笑笑在小学一年级的时候，有一次和姐姐出去游玩，由于笑笑的淘气，放着光明大道不走，非要围着铁栅栏走，结果脚底下不听使唤，一下子重重摔倒在铁栅栏上，把两个眼睛中间的地方划破了，当时笑笑倒没有什么反应，反而把她的姐姐吓哭了。

就因为这道疤，大夫给笑笑缝了三针。

记得当时大夫夸了笑笑，至于夸奖的内容，有两个中心思想：其一是笑笑没有哭，所以夸她勇敢，那个大夫还特意用橡皮膏在笑笑缝针的地方贴了一个大老虎的“王”字，呵呵；其二，是说笑笑命大，因为这个伤口，如果往左偏一点，就会伤到鼻梁骨，如果偏右一点，就会伤到眼睛。

不过这个危险的经历给了笑笑一个沉重的教训：那就是千万不可以玩的得意忘形，一定要注意安全。

从那以后笑笑走路就小心了许多，以至于同伴总把她当成是胆小鬼，可能是因为别人不知道笑笑缝针的滋味有多疼吧。

妈妈对我说：

笑笑，爱玩是孩子的特点，在课余适当地进行户外活动，放松一下自己，这是必要的也是应该的，不仅有利于身体健康，而且还能提高学习效率。但是，在户外玩耍时务必要注意安全。

如果在没有家长、老师的监护下，夏天最好不要到河流中游泳，冬天不能在结冰的河面上溜冰。很多女孩喜欢在夏天的时候下河玩水，但是这样非常危险，因为我们不好判断河水的深浅，如果不多加小心的话，很容易溺水而亡。

平时在户外活动的时候，不要随便攀登树枝，这样既有利于绿化，又有利于自身的安全。尤其是在秋天，因为树枝会因为干枯更容易断裂。在伙伴在外面游玩的时候，还要注意马路上井盖的完好程度，防止落入井中酿成不幸。不要在建筑工地周围游戏追逐，防止建筑架上的东西掉下来伤人。

在户外游玩的时候，千万不要因为追求新鲜，好奇刺激而忘记了自身安全。否则，就会受到伤害，甚至是付出鲜血、生命的代价。

学学旅游保健知识

学校要组织春游了，小鹿一高兴，买来一条新裙子。

“宁宁，你看我的裙子漂亮吗？”小鹿在家里穿上之后得意地向宁宁炫耀。

“嗯，好看。”宁宁随口附和，投其所好。

“真的，你真有眼光。”小鹿高兴极了，“春游的时候，我就穿这个吧。”

“等等，小鹿，我们要去爬山啊，你准备穿裙子呀！可要考虑好了啊。”宁宁提醒了一下她。

小鹿一听到宁宁的提醒，想起来大家是要去爬山的，不是去公园，一下子为难了：“那可惨了，我的新裙子没有用武之地了。我就是想穿上新裙子，照相的时候好看哇！宁宁，你说我们要爬什么样的山，如果那个山像平地一样，会不会穿裙子就可以了？”

小鹿为了要穿裙子，居然希望山上能开出一块平地来。

“那里我之前也没有去过，你最好考察一下地形。不过像平地一样的山毕竟比较少。”

“真是为难，如果不穿裙子的话，我还要另外准备衣服，还要另外想穿什么鞋子。嗯……”小鹿一脸的不情愿。这个小鹿啊，真是臭美的有点可爱了。

妈妈对我说：

小鹿，外出旅游，掌握一些有关的保健知识，对于健康和安全都是十分有益的。这些保健知识主要包括：外出旅游时间、衣着、饮食以及随身携带保健药物选择，等等。

外出旅游的时间，以选择气候适宜、风景优美的春秋两季为宜。冬天气温低，天寒地冻外出旅游容易冻坏身体；夏日赤日炎炎，室外活动过长，容易中暑。如果不是出于特殊的目的，一般来说，夏天适宜在北方旅游，冬天适宜往南方出行。这样，可以减轻不良气候对身体健康带来的负面影响。

此外，在感到身体不舒服或者是在患病期间，也不适宜外出旅游。如果身体不适却勉为其难外出旅游，很可能由于中途劳累而降低免疫力，导致生病，影响身体健康。而身体在患病期间坚持外出旅游，将会妨碍疾病的正常治疗，延缓康复的时间，甚至会使病情加重，造成更严重的后果。

还有就是紧张的考试刚刚结束时，也不宜外出旅游。因为在连续考试阶段，人的大脑和神经高度紧张，可能有的女孩会错误地认为，考完试之后应该出去旅游，松弛一下神经，有利于迅速调整、恢复神经。但实际上，这种做法是有害身体健康的。医生告诉我们，人的中枢神经系统要想从一高度集中的状态松弛下来，需经过几天的休息调整。而随即的外出旅游会使体力大量消耗，造成劳累，这对学生的身体素质影响很大，极易致病。

外出旅游的衣着，应该根据季节、气候的变化和旅游活动的特点而有所选择。春秋两季早上气温较低，外出时最好是多穿一件外套，以免受寒。夏秋之交和秋冬之交，气温由高转低，有时变化无常，隔日如隔季，温差很大，应该随身多带一两件衣服，以防气温骤降冻坏身体。爬山越岭，不要穿太宽松的服装，女孩最好不要穿裙装；如果是到度假区休息，则不妨考虑穿得宽松休闲。在参加体育锻炼性活动，最好是穿运动服。

在旅游过程中，若因步行、登山等剧烈活动浑身冒汗，可把外套衣服衬衫纽扣解开，停下来休息一会儿，不能为了贪图一时的凉快而急忙脱衣换装，也不可以到风大的地方去吹风解热，要知道这样的一冷一热，体质不强的学生是很容易着凉生病的。

外出旅游穿鞋也是有讲究的。切忌穿高跟、中跟皮鞋或塑料底鞋去旅游，因为穿这样的鞋子走路不会太稳，特别是走在台阶上或坡路上，容易摔伤、扭伤，而且如果是长时间的行走，容易造成双足的疲劳。外出最好的选择旅游鞋或者是球鞋，因为这些鞋子首先是平跟的，而且质地较软，具有弹性，穿着舒服，可以预防在山地或坡路上行走时扭伤，而且有助于缓解因长时间步行后双足产生的疲劳。

还有就是，旅行中的饮食也关乎我们的健康，健康是愉快旅游的前提，所以不可以忽视。最关键的一条原则是，在饮食中要讲究卫生和营养科学。

1. 不可以吃腐败变质、生冷或者是被苍蝇污染过的食物，这些食品中含有大量的消化系统致病菌，吃了会患上肠道感染之类的疾病，如果发现带的食物中有异样的变化，一定要抛弃，以免因小失大。如果是到饭店用餐，应该挑选卫生条件较好的店家，不可以为了省钱而到价格便宜但是卫生条件较差的饭店用餐。

2. 无论是在什么地方用餐或吃零食，都不要用脏手直接拿着食品吃。因为手上占有大量的细菌病毒，切忌病从口入，引发疾病。

3. 不要喝生水。生水中往往含有伤寒、痢疾杆菌等病毒，如果喝了这种生水，或者是食用了这种生水洗涤过的瓜果、凉拌菜，都会引发肠胃痢疾。

4. 不要吃过多的饮料和冰棍雪糕。饮料和冰棍雪糕都是冷食，而且含有过多的糖分。冷食吃得过多，会刺激肠胃，引起疼痛。糖分在体内消化时需要水分，食用饮料、冰棍过多，反而会感到更加口渴。所以，长时间外出旅游者，应带上冷开水供解渴引用，或者购买质量可靠的矿泉水，以备饮用。

不管外出者怎样注意身体健康，也不管外出旅游者原来的体质如何强健，在旅途中都不可避免会犯点小毛病，所以外出旅游的学生应该根据自己的体质情况，有针对性的带上一些保健药物，以防病时能随即进行简单的自我治疗。

感冒是一年四季都可能患上的疾病，以冬秋两季为多，俗称伤风。在旅行的过程中可以携带感冒片、银翘解毒片、羚羊感冒片等。

在天气较热的时候外出旅游，极有可能会发生中暑。人如果中暑，轻则无力言语，无力动作；重则突然晕倒，不省人事。为了防止外出旅游中暑，可带人丹、清凉油等，在身受暑热侵袭感到不适的时候，随即服用。若已中毒，可服用暑湿正气丸、解毒片等药物。

野外迷路怎么办

暑假来临，航航很想出去来一次户外探险，她把她的想法和小伙伴们一说，没想到她们比航航还支持户外旅行。其实大家心里都很想去啊，既然志同道合，马上一拍即合。

那天，几个人把目标选定在附近郊区的一座海拔 800 米左右的山上。进入景区，大家一阵兴奋。

“既然是探险，那我们就不走寻常路了，好吧？”其中一个同伴建议道。

“那你想怎么个走法？”航航问道，“难道你想自己开路啊？”

“你怎么这么明白呢？我就是这个意思，你们觉得好吗？”那个同伴得意地征求大家的意见。

“嗯，听起来是很好玩，可是如果迷路绕在里面了，那就不好玩了。而且在山上，手机有时都没有信号，我们没有任何方法与外界保持联络。”航航凡事都会想得很周到，善意地提醒她说。

“哈，我早就想好啦，你们看，我都带好了工具。”那个队友得意地拿出了一捆长长的尼龙线，“我们走到哪里就把线缠在哪里，然后在沿途做上记号，这样保证万无一失。”呵呵，原来早就“预谋”好了啊。

“那太好啦。”航航高兴极了，“那让我们来一次与众不同的探险吧。”

“注意安全，如果发现不对头我们马上往回走。”

“圈K，出发！”

妈妈对我说：

航航，和朋友一起结伙到户外去探险旅行，本来是增长见识和团队精神的好方式，也是提高解决问题能力的好途径。但是，由于对地形的不熟悉，有时难免会出现迷路或者是找不到同伴的现象，这在户外是非常危险的。因为爱好探险的人都有这样的体会，当顺这小路登上山顶之后，往往想希望走下一条从来没有走过的新路线下山，所以会经常迷路，甚至会被困在山里。如果在旅行的过程中万一迷路了，该怎么办呢？妈妈来给你们提一些小建议，以备不时之需。

1. 迷路之后，应该立即往回走，争取回到原来有旅游山路的那座山上去。即使你们已经走到了谷底，即便有多么疲惫，也要咬牙爬回去找到原来的路线。这是性命攸关的时候，不可以偷懒，也不要存侥幸心理去试别的路线。

2. 如果你们已经回不到原来的路了，那就要仔细观察周围的环境，争取能找到一条小溪，并顺着溪流走。在一般情况下溪流会把你们带到山下去。如果在顺着溪流的过程中遇到了瀑布的阻隔，也要想尽办法绕过瀑布继续沿着溪流前进。

3. 如果你们既找不到原来的路，又看不到溪流，那就比较麻烦，不过还是有可以解决的办法，怎么办呢？这时你应该做的，仍然是想办法能登到山顶上，根据太阳或找到远方的参照物（比如远处山下的一些建筑等），辨别出大致的方位，并在这个方位上选定一个距离合适、也相对容易辨认的目标山冈，向着目标山冈前进。

如果你们一起迷路的人数很多且都在一起的话，可以考虑把人员分成两组。将第一组人员留在原地山顶，第二组人员下山，向另一处选好方向的山冈前进。下山的第二组人员要时常回头和第一组人员保持沟通，征询留在山顶的第一组人员对自己前进方向的意见。如果第二组人员在行进的过程中偏离了正确方向，山顶的第一组人员要用声音或手势提醒他们改正行进路线。当第二组人员登上另一个山冈时，再指挥原来留守山顶的第一组人员下山前进。用这种“接力指挥”的方式交叉前进，可以使全部人员转移到安全的地方啊，而不是在原地打转。

4. 如果迷路的只有你一人的话，那么你唯一可以做到的，就是在辨别好方位下山时，在向着自己选好的目标山冈行进的过程中要不断抬头看着目标，防止偏离正确路线。这个时候千万不要慌，只要你沉着冷静地想办法，一定可以走出大山，脱离险境的。

如果你们以后再遇到了迷路的状况就不会手足无措了吧？那么，在外出旅行的时候怎样才能避免迷路受困呢？是不是要配齐装备，带上指南针、地图，就不会迷路了呢？对于那些缺乏野外活动经验的一般登山旅游者来说，这些用处实际上都不特别大。最稳妥的办法还是沿着旧路走，千万不要冒失地离开原有的路线而从“新路”下山。如果你是有意去走新路“探险”的话，一定要提前做好充分准备，在出行前告诉家人及朋友，并带上充足的食品及饮水，在沿途做好醒目的路标，以备走不出去时原路退回。

看穿常见的骗人术

我要和什么样的人成为朋友呢

雪松说她新从社会上认识了一个朋友，大家都替她感到高兴。因为雪松的朋友也是大家的朋友，圈子又可以扩大了。而且听雪松介绍说，那个女孩特别会打扮，喜欢时尚。

大家都一个劲地叮嘱雪松，一定要让她们都见见雪松的新朋友，雪松豪爽地答应了。

一个周日的下午，雪松邀请大家坐在蛋糕店里，那个时尚女孩如约而至，雪松热情地向大家介绍。

“萝莉来了，这些都是我的好朋友。”雪松把她的这些朋友们都介绍给了萝莉。

“HELLO。”萝莉做了一个时髦的手势向所有的人打招呼，然后大家一起亲切地交谈起来。

在谈话的过程中，雪松的好朋友中就有人很敏感地意识到这个“萝莉”有可能是个不良少年。因为她刚坐下，就开始介绍她昨天的经历，什么和人去蹦迪啦，晚上又跟人熬个通宵啦，今天刚刚睡醒就来认识我们啦之类，不知是否在炫耀她的朋友很多、她的个人魅力很大呢？

但是，根据她说话的内容可以判断出来，她的大部分时间都是用来消磨的。

只是这个习惯于以貌取人的雪松，应该是被萝莉的时尚外观蒙蔽了吧。

朋友们从心里有点替她着急哩。

“等哪天咱们找个时间，我带你们去打保龄球吧，没关系，我认识的一个哥们是开球馆的。”这个萝莉大方的对大家说。

雪松一脸的兴奋，这个新朋友大大地满足了她的虚荣心，她说道，“那我们就去吧，我们还从来没有玩过呢。”

而雪松的朋友们却都一个个的默不作声。

和那个“萝莉”再见之后，雪松的几个好伙伴就在一起相互合计：“这个女孩和雪松才见面不久，为什么对我们这么大方呢？她一直没有上学而在社会上混，又认识这么多三教九流的人物，肯定是个复杂的人。回来我们要提醒一下雪松。”

“嗯，我也这么认为。不过万一那个萝莉是个好人呢也说不定，不过给我的感觉不好。我想我们还是委婉地提醒一下雪松，让她不要上当才好。接下来雪松应该会看着办了吧。”

对于这个萝莉，大家都商量好了对策，准备找个好时机劝劝雪松呢。

妈妈对我说：

雪松，喜爱交朋友是青少年的普遍特点。这样有助于扩宽我们的生存空间，也有益于在学习生活中相互帮助、取长补短、增进友谊。可是，如果万一不慎与思想品德不好的人结为朋友，则会身受其害，到那时也许就后悔莫及了。

无论任何人在一生当中总要结交一些朋友，而交什么样的朋友，对自身的发展来说至关重要。常言道，近朱者赤，近墨者黑，如果我们的朋友是比自己更优秀的人，那么我们也会变得更优秀。朋友就像是书籍一样，好的朋友不仅是我们的伙伴，也同样是我们的老师。在交朋友的时候，一定最重视她的品行，如果是一个品格不好的人，即便有再有十八般武艺我们也要敬而远之。正如孔子所说：“友直，友谅，友多闻。”如果你想让自己能够变得更优秀，就一定要交到比自己更优秀的朋友，通过这样的方法不断刺激自己力争上游。我们在生活中会遇到形形色色的人，所以练就一双火眼金睛，在对朋友友善的同时也不妨有一点防备之心，正所谓的“交浅不言深”，“与人只说三分话，未可全抛一片心”。对于和我们还不是很熟悉的朋友，也不要完全地相信。对于新认识的人，如果不好判定她是否值得交朋友，一定要征求父母长辈的意见，并且和最亲近的朋友商量商量。最好的方式是认识他周围的人，我们才能更客观地了解他。在与朋友交往的过程中要尽量减少自己感情上的喜恶，以客观的态度看待事和人。

那么，怎样防止自己在交友过程中，误中坏人的圈套呢？关键是在初次交往的时候，要注意听其言、观其行，认真识别对方道德品质的好坏。如果觉得对方的人品不端，那就不妨敬而远之，避免继续往来；即便不得不往来，由于有了警觉，也不至于发展成为“深交”。倘若认不准对方的情况，则可以从侧面继续了解。一般说来，同班、同级的学生和经常往来的近邻，互相都很熟悉，只要自己有端正的伦理道德标准，明确是非观念，在上述伙伴中择友，通常是不会选错的。还需要注意的是，交友的范围不宜扩大到社会上去。

我们在与人交朋友的时候，一定要切记真诚待人，多关心对方，多了解对方。结交朋友不论贵贱，而且与智商完全没有关系。

当然，我们也有可能遇到不好的朋友，甚至会因为结交朋友而上当受骗，对此，我们自己要先能够合理防备，不要对于交朋友有抵触心理，因噎废食。

“洁身自好”防诡计

不出大家所料，雪松终于上当受骗了。

那天雪松跟大家说：“今天萝莉想请我们一起去打球，你们要是没什么事的话，大家就都一块去吧。”

“嗯……我的作业要写。”

“嗯……我要和妈妈去博物馆，票都买好了。”

“嗯……我要去看望爷爷，他想我了。”

大家都分别编出了各种理由来搪塞她。

雪松有点不高兴了："我的朋友，你们为什么总要躲开呢？她哪点不好呢？哼，我有这样一个酷酷的朋友，别的人都嫉妒我呢。哼，我自己去了。"

"雪松，我们没有说你的朋友不好，可是你想想，即便是再好的朋友，打一场球价格很贵呢，让好朋友破费，而你也没有经济来源，多少有些不好吧。其实我劝你也不要去了，和你的朋友好好解释一下，让她了解你的善意，她是不会生气的。"

"为什么要不去呢？没事啦，她说是她的好朋友开的，本来就不用花钱，原来你在顾虑这个呀。"雪松不耐烦地对大家说，"打打球又没有什么不好，还正好长长见识。如果要不是有人请客，我们谁也不会舍得画这么多的钱去打球，是不是？所以啊，人脉，这是无形的财富，是资源，你们懂不懂啊？不去算了。"

雪松撇下大家，一个人会朋友去了。

到了下午，大家都突然接到了雪松的电话："你们快来帮我啊，我上当被骗了。"

原来，那个萝莉就是个骗子，她把雪松约到了一处很高级的球馆里，两个人玩得很尽兴之后，她就借口出去打个电话溜走了，把雪松一个人甩下……

最后，当然是雪松自己结账了，一共800多呢！

雪松没有钱，所以被扣下了。

"多亏我们没和她一起去，否则就要和她分摊了。"

"我们快给雪松的家长打电话吧，我们现在过去找雪松去。"朋友们都很替雪松着急，马上开始行动。虚荣的雪松，这下你知道谁是真正的朋友了吧。

妈妈对我说：

雪松，社会的复杂，首先表现为人际关系的复杂。凡是有人群的地方，总会有好人和坏人。如果我们是和好人或者是和比较好的人交往，一般不必担心会受到伤害，但是，如果我们是与坏人交往的话，那就要小心谨慎了。但是坏人也不是一眼就可以识破的，这就要求我们在与人交往的时候，首先要小心谨慎，自己为人正派，与人为善，同时又能明辨是非，不受邪恶行为的影响。特别是在受到对方恩惠的时候，更要保持清醒的头脑。

艰苦朴素是中华民族的传统美德，没有钱我们可以生活简朴，而有了钱也不可以随意挥霍，特别是不能有虚荣心。与其说你是被骗子所骗，不如说是被自己的虚荣心所骗。外表美也并不在于穿得花哨，衣着朴素整洁，言行文明礼貌，这才是真正的外表美。虽然我不反对学生要吃得好一些、穿戴得漂亮一点，但是我们作为学生，在衣食方面应该适可而止，不应该有过高的追求。现在，社会上有很多中学生为了满足自己的物质欲望，利用课余的时间打工挣钱。应该说，在不影响学业的情况下，倚靠自己的劳动收入减轻家庭的经济负担，改善学习、生活条件，这是好事。但是，学生打工应该有所选择，不能到歌舞厅、咖啡厅、卡拉OK厅、游戏机房等人员复杂的娱乐场所去打工。因为那些娱乐活动同样不利于未成年人的身心健康。我们还是学生，往往涉世不深，难免在复杂的环境中缺乏免疫能力而受到不良影响，甚至会被人利用，惹出灾祸。

遭遇“校园霸王”

念薇的班上有一个老老实实的男生，但是总是被人欺负。因为他家里很有钱，而且他喜欢乱花钱，所以经常有几个男生一起凑过来找他起哄：“我说，今天就是周末了。那天你找我们借过作业笔记本，怎么感谢我们呢？”

那个老老实实的男生明白了大家的意思，于是放了学之后就请他们吃火锅去了。

“唉！这个人也是，怎么这么老实，就让人拿住了！”念薇经常听到有女孩在背后议论他，“真是太窝囊了。”

“如果是我的话，拼死也不请他们吃饭。”念薇也觉得有点过分。,

“有句话叫什么不可杀不可辱的，反正就是不可以受到别人侮辱的意思。”

“大姐，那句话叫‘士可杀不可辱’。”同学耐心地帮她纠正，“不过那个男生就是太老实了。”

“如果是我的话，我会有自己的原则。”念薇“我知道什么事情是应该做的，什么事情是不应该做的。他们这样威胁他，有第一次，一定会有第二次，那他以后怎么办呢？”

妈妈对我说：

念薇，妈妈想告诉你的是，心正则斜不侵。首先我们在日常的生活中要对自己的言行多加注意，如果一旦遇到了类似的“小霸王”，也要斗智斗勇，在保护好自己的前提下给对方以威慑。

杜鹏家里很有钱，他平时吃的、穿的、用的都比别人要好一些。这天，杜鹏下午放学后，独自一人往家走。刚出校门，几个经常小偷小摸的高年级同学盯上了他，并装模作样地对他说：“杜鹏，走，咱们不是说好了要去踢足球吗？”另一个同学小声说：“别说话，跟我们走，否则后果自负。”杜鹏无奈，只好让他们拉着来到一条偏僻的街道。杜鹏看看四下无人，这些人又虎视眈眈地望着他，不禁有些害怕。这时，其中一个长得比较凶的同学冲着他说：“小同学，穿得挺好嘛！家里挺有钱吧？哥们儿我这几天缺钱花，跟你借点儿，行吗？”杜鹏心想照眼下形势，不给他们是过不了关的，就用心记下了他们每个人的特征，把自己身上的钱给了他们。那个比较凶恶的同学说：“小兄弟，不错嘛，挺识相的。不过，你要是把今天这事说出去的话，小心你的命。”说完狠狠瞪了他一眼，然后离开了。杜鹏回家后就把这件事告诉了爸爸妈妈，并随爸爸妈妈到公安机关报了案。没过几天，那几个高年级同学就受到了相应处分。

杜鹏遇到高年级同学勒索钱财时的做法很妥当。面对“小霸王”，首先不要害怕，勇敢地应对，可大声呼喊同学和老师，寻求帮助，要随机应变，不轻易妥协。应以人身安全为准则，在寻求解脱困境不成时，可以把钱给对方，然后用心记住对方的特征，事后向老师、家长报告。我们要意识到，报告老师、家长并不是什么怯懦的行为，而是勇敢的一种得体形式。

当校园“小霸王”碰巧是自己认识的人的时候，下面这种解决方法也不失为一种良策。

肖勇所在学校里有个叫张健的“小霸王”，留过两次级，比班里同学都高大，总找碴儿敲同学的钱、和同学打架，专门欺负弱小的同学和新同学。有一天放学后，肖勇就被张健给拦住了，他往肖勇面前一站，说：“喂，借我100块钱，怎么样？”肖勇有些害怕了：“我没有钱。”“没有钱就回家去取！明天不把钱交给我，就叫你尝尝我的厉害！”张健说着，狠狠地在肖勇的肩膀上捶了一拳。肖勇回到家，哭着把这件事告诉了爸爸。爸爸说：“对待欺负你的人，你越软弱就越受他欺负，最好的办法是要表现出不害怕，既勇于谴责和抵抗，又要以诚心对他，帮他改正。”肖勇认真地点了点头。

第二天，当张健又来找肖勇要钱的时候，肖勇鼓起勇气大声地对他说：“我又不欠你的，凭什么给你钱？你要是再这么霸道，我们就一起去老师办公室评评理！”听到肖勇的声音，旁边好多同学都围上来，他们平时都受过张健的欺负，早就对张健不满，见肖勇这么勇敢，纷纷过来支持他。张健一看形势对他不利，很心虚，只得放过了肖勇，嘴里却还硬硬地说：“好小子，下次你等着瞧！”后来肖勇了解到张健的身世。张健父母离了婚，都不在他的身边，他只好和上了年纪的奶奶一起过。奶奶身体不好，没有人给张健辅导功课，更没有人和他玩，所以他脾气暴躁，不讲理。肖勇想，张健一定也很想和大家一起玩，只是大家都不接受他。一天中午，肖勇看见张健独自在操场上打篮球，一连投进了很多球，不禁为他喝起彩来。张健一看有人为他喝彩，心里十分得意。肖勇走上前说：“你打得真好，不知可不可以也培养培养我？”“小子，你还真有眼光！”张健更得意了，早忘了那天的不快。从此肖勇每天和张健学打球，有时间还帮张健补习功课。他俩居然成了一对好朋友。渐渐的，在肖勇的帮助下，张健不但学习有了很大进步，还改掉了欺负人的毛病，有了更多的朋友。对此，他十分感谢肖勇。

如果正巧你所遇到的“校园霸王”是熟悉的同学或平常接触过的同学，在事后应设法了解对方的性格和家庭情况，努力地发掘并赞扬他的优点，把握自己的原则，不卑不亢地与他相处，帮助他，这样可以为你赢得一个朋友。毕竟许多学坏的同学内心都是向善的，只是受了某些因素影响而暂时误入歧途。当然，首先要保证对方处在学校、社会的教育控制之下。如果对方被利益迷了眼睛和精神，且已不顾一切行为的后果，则应坚决地把这种事交由老师、警察处理。

这里有一些方法能够教你如何正确面对校园暴力：

1. 上学放学时同学们最好结伴而行，遇到危险时要团结一致、互相帮助。

2. 不随意花钱，不张扬用钱，在培养勤勉、节俭美德的同时，淡化勒索者的注意力，避免“恶少”纠缠。

3. 处于险境，紧急求援。当自己无法摆脱坏人的挑衅、纠缠、侮辱和围困时，立即通过呼喊、打电话、递条子等适当办法发出信号，以求民警、解放军、老师、家长及群众前来解救。

4. 千万不要跟对方“私了”，不要私下一个人赴“恶少”的“约会”，以免遭到他们的伤害或长期欺压、纠缠。

面对校园“小霸王”，不要硬碰硬，这样往往容易使自己吃亏甚至受伤。面对校园暴力，要不卑不亢，机智应对。即使自己真的应付不了，那也不是自己的错，不需要隐藏，而要在事后及时地寻求家长或老师的援助，这样才能够让自己尽快地走出困境。

不想去做客

这两天璇璇成绩下滑比较快，为了帮助璇璇更快更好地提高成绩，妈妈从家教中介那里帮璇璇找来一个大学生家教，到家里来给璇璇辅导功课。

“璇璇，你要用心学习，不会的要多问问那个大学生姐姐，这样进步才会更快。”妈妈好言教导她。

咳！璇璇心里暗自琢磨，自己都已经到了吃小灶的地步了，妈妈为了自己也是用尽了苦心，还是好好学习吧。

不过那个大学生姐姐对璇璇特别好，而且她的成绩也特别好。只要是璇璇不懂的问题，她都能帮璇璇做出来。不仅如此，她还讲给璇璇很多特别好用的学习窍门，据说都是她的“独门秘籍”。

时间长了，璇璇开始喜欢这个姐姐了。

“璇璇，什么时候你有时间，到我家里去玩吧。”这个大姐姐热情地邀请璇璇。

“嗯……”璇璇心里想，这个姐姐的家在偏远的农村，那里能有什么好玩的呢？

“嗯……再说吧，谢谢你。”璇璇笑着拒绝了。

等那个大学生姐姐走了之后，璇璇把那个姐姐的话告诉了妈妈，妈妈对璇璇说：“璇璇，我们和这个姐姐并不熟，如果我们要是去她的家里，会打扰她和家人的正常生活，对吗？”

璇璇一想，还是妈妈说的有道理，“是啊，我本来也不想去她家里。”

“璇璇，还有就是希望你记住，以后可能你还会遇到类似的状况，可能与你不是很熟的人要请你去家里玩，你呢，不管是出于礼貌，还是出于安全的考虑，最好是拒绝，记住了吗？”妈妈对璇璇说道。

“嗯。”璇璇点点头。

妈妈对我说：

璇璇，同学之间互相往来，你到我家来玩玩，我到你家去写写作业，这是常有的事。可是，在现实的生活中，却发生过有的学生到同学或者他人家去，遭到主人家的宠物伤害，甚至遭到主人侮辱、杀害的事实。这就不能不引起警惕了。我们不要轻易到陌生人的家中，这不仅是为了出于安全，也是一种文明礼貌的表现。至于纯粹从安全的角度考虑，有六种人的家是不应该去的：

1. 陌生人的家里。

2. 初结识者的家里。

3. 思想品德不好的人家里。

4. 曾经被公安机关打击处理过而现实表现不好的人的家里。

5. 单身汉或者是单身在家者的家里。

6. 养有狗、猫等宠物的人的家里。

骗术就像是魔术

这天千兰和媛媛一起去逛街，正好赶上中原商店两周年的店庆。她们从老远的地方就看到那里围满了人，一打听才知道原来这家商店要举行感恩回馈、礼品赠送的活动。

千兰和媛媛不禁都动心了，连忙跑过去也凑凑热闹。

主持这个活动的是中原商店的经理，他首先拿出了一瓶护手霜，他说："这瓶护手霜在我们店的售价是38元，不过今天我要把它送给一位幸运的朋友。"说着他就随即将这瓶护手霜送给了其中一个人。

接下来，经理说："第二个环节，我要低价出售这瓶护手霜，只要5元，您就可以把它拿回家。谁愿意买？"这时一位老太太拿出5元钱要买，而经理在把商品交到她手里之后却退还了5元钱，说："今天是我们商店的周年店庆，希望您日后支持我们的商店，不收您的钱了。"

接下来，他又陆续拿出了很多商品，都是先开价，等周围的人去买，当人拿出钱来之后，他总是把东西送出去却分文不取。

千兰和媛媛看了之后心里乐开了花，心里合计着待会儿两个人一定要抢一个大块头。

不一会儿，这位经理拿出了一个大礼包，说道："这是我店为了回馈客户而特意准备的大礼包，里面有价值1600元的数码相机一台以及高级旅行套装，现价只要40元，谁愿意出钱购买？"

"媛媛，就这个了。"千兰一边喊着一边拿出了40元，交给那位经理，他把大礼包给了千兰。

媛媛也不甘示弱："我也想要。"说着，她也拿出40元给了那个经理，同时拿到了大礼包。

可是奇怪的是，那位经理并没有把钱退给她们，等人们都把钱交给他之后，他就宣布结束活动了。

"完了，千兰，咱们上当了。他没有给我们钱。"媛媛似乎明白了。

"他是不是看亏本太多，玩不起了啊？没事，包里有东西呢，我们先看看相机的质量怎么样。"说着，两个人打开了大礼包。

打开包之后她们都傻了，这哪里是什么数码相机，而是一种最原始的"傻瓜"相机。

千兰和媛媛就近找了一家照相馆，请那里的人来帮她们看一看这个相机到底价值几何。

一个好心的叔叔告诉她们："孩子，这个相机虽说能用，但是它的成本很低，用来照相很容易曝光，且浪费胶卷。"

这个大骗子，千兰顿时感到怒火中烧，同时明白了一个道理：天上不会掉下馅饼，而天下也不会有白吃的午餐。

妈妈对我说：

千兰，知道了你们上当被骗，还好只是金钱受到一些损失，就当作是买个经验教训吧。确实如此，社会上各种骗人的把戏有很多，而目的都是为了坑人钱财。除了今天你所遇到的。妈妈在日常的生活中也经常会遇到过一些骗子，把我经历过的五花八门的骗子说出来让你见识一下吧。

骗术一：我曾经在街上遇到一男一女带个小孩，拦住我，对我说孩子病了，没有钱回家，让我帮助给点路费让他们回家给孩子治病，还说他们好几天都没有吃饭，让我给点钱好让他们买点吃的东西。遇到这样的情况，最好的方法是告诉他们可以去找警察来寻求帮助。

骗术二：我曾经在路边看到过一个青年男子，穿得破破烂烂，身上挎一个包，用粉笔在地上写着"找不到工作，太饿，求好心人给点食物。"一般看到这样的，可以断定是个骗子。听说在我国的某些地方，这样的骗局在同一个城市可以同时上演上百起。

骗术三：如果在路上遇到一沓人民币，千万不要抱有侥幸心理去捡，尤其是在银行门口，那一定是有人埋伏下的圈套。以前听说有一个人走在路上看到有一沓钱，就捡了起来，当时就有两个猛汉跳了出来，把他捡到的"一摞钱"交出来，然后告诉这个人这摞钱是假的，威胁他把真的钱交出来。最后这个人有理也说不清，只好自认倒霉。

骗术四：还有一种很陈旧的行骗方法，就是发短信通知你中奖了。如果你真的信了，按照上面的账号汇钱过去，那寄出去的钱也就石沉大海了。

基本上所有行骗的手段，都是用到了人们的怜悯心和贪便宜的心理才会得逞。骗子的把戏可以说是五花八门，令我们防不胜防，这就要求我们在遇到一些事情的时候要冷静考虑一下，如果遇到那些似乎不通过付出就可以得到的东西一定要谨慎，很可能你就已经被人骗了。

躲开那些不靠谱的"江湖术"

最近，娜娜的班上特别流行用星座理论来算命，比如千琴对此就尤为投入。

作为千琴的好朋友，娜娜太了解她的变化了，自从千琴开始研究星座之后，逢人就免不了问一句："咳！你是什么星座的？"

"千琴，星座很有趣，随便玩一玩乐一乐就行了，你真的把它当成学问来研究吗？"娜娜含蓄而委婉地劝说道。

千琴自己新买了一个文件夹，把她自己研究的资料整理好，小心翼翼地放在里面存档，什么"四十八星区图"啦、"十二星座谱"啦，"星座与血型对照"啦，反正让人感觉比较崩溃。

"娜娜，你听我说，星座这个东西，它是有科学依据的，根据我的研究，是这样的一个情况。"千琴极力纠正娜娜对于星座认识的误区，企图使娜娜用"科学"的高度来解读星座，"你看，人在不同的月份降生的时候，由于这个月的星座与地球特殊的磁场关系，人就受到了辐射而多少带上了星座的个性，所以不同星座的人个性鲜明。"

千琴根据这一重大理论，发现星座中有很多值得研究的内容，从此一发不可收拾，成了地地道道的星座教主，同学们经常可以听到她的讲演："星座是在人类的天文地理知识极大丰富之后才有的理论，可以说是人类文明不断发展的产物，星座占卜的最初目的，是根据人们出世时行星和黄道十二宫的位置，来预测他们一生的命运。后来以此发展成为几个分支，一种是专门研究重大的天象（如日食或春分点的出现）和人类的关系，叫作总体占星术；另一种则是选择行动的吉祥时刻，叫作择时占星术；还有一种叫作决疑占星术，根据求卜者提问时的天象回答他的问题……"

"但是还有一点我弄不明白的，就是星座理论中所谓的幸运日、幸运数和幸运颜色是怎么来的，我一定坚持研究下去。"

唉！这个千琴，娜娜真服了她。

妈妈对我说：

千琴，一般而言，人们都希望能够预知自己的未来，还希望自己现在所做的事情能够得到外力的积极帮助，迷信活动运用的便是这种心理，而同学之间玩一玩"扑克算命""看手相"也是这种心理的一种反映。玩而不信算不上是迷信活动。但是如果已经到了痴迷的地步，那就很有可能迷信上了。

迷信活动不仅荒诞，而且对青春期女孩的成长是极为不利的。

1. 影响青春期女孩心理发育的健康正常。

青春期女孩的心理尚未完全成熟，正处在发展的过程之中，而热衷于迷信活动很容易导致心理负荷和承受能力之间的平衡失调，甚至会产生一些心理偏差。如果卜算的结果并不好，就有可能对女孩造成不好的心理暗示，长此以往，肯定是不利的。在成长的过程中的女孩如果一旦碰到了困难和挫折没有得到正确引导，就极容易受到各种迷信活动的影响，轻信荒唐的迷信预言。

还有一些迷信活动的过程和结果会在女孩的心理上长期产生惧怕感，比如很多学生中盛传一种叫作"笔仙"的游戏，关于请笔仙预言等等玄而又玄的传说，往往使参加者精神上变得疑神疑鬼，产生一些心理阴影，甚至出现精神恍惚或精神分裂。

2. 参加迷信活动不利于青春期女孩树立正确的人生观。

如果一切都是命中注定，那我们还有什么必要努力进取呢？只要坐享其成就可以了，我们也不用整天辛苦地背书考试，命里注定考试过不了，背了也是白背。这些观点不是很可笑吗？青春期女孩缺乏足够的鉴别能力，而且心理承受力尤其脆弱，如果经常接触这些迷信活动，很容易在碰到挫折的时候为自己找到借口——一切都是命运的安排，导致逃避责任和不敢面对困难，不思上进，完全把希望寄托在荒诞的猜测上，将整个人生建立在虚幻的运程上，陷入唯心主义和命定论的泥潭而不能自拔。长此以往，必将形成错误的世界观和消极的人生观。

3. 热衷与迷信活动一定会影响到正常的学习生活。

大多流行于学生中的迷信活动具有刺激性、神秘性、交流性和娱乐性，这些迷信所带有的明显特征却恰恰契合了青春期女孩好奇心强、寻求刺激的特点，加之自控能力差，很容易沉湎其中，甚至她们对于迷信的一些东西非常熟透，迷信的东西比科普知识还要普及。迷信思想也会误导学生作弊，因为她们看了《十二星座学生作弊指数》对“作弊指数”的分析说：“双子座：作弊指数 90%。作弊对于双子座来说，简直是家常便饭，而且作弊时绝对没有一点犯罪感……”如此这样的迷信理论堂而皇之地被学生们津津乐道，无疑是对学生的正常学习活动产生了严重的影响，也败坏了校园健康向上的学习风气。

4. 迷信活动也会给社会治安带来隐患。

近年来，我们也经常可以听到一些由于迷信上当受骗的案例，社会上利用封建迷信扰乱社会治安的事情也时有发生，足够引起我们的重视。作为一个学生，我们不应该传播或参与封建迷信活动，因为我们的是非观并非完全建立，而且我们还在求学阶段还有更重要的事情要做，对么？正常的宗教活动与骗人的迷信活动的主要区别是：后者是以骗人、坑人钱财为主要目的，甚至是有意触犯法律。

因此，即便是最虔诚的宗教人士都会对迷信活动加以抵抗反对的，而我们就更不应该相信，你说是不是呢？

陌生人与你搭话怎么办

那天瑶瑶和好朋友从游乐园玩了一天，乘公交车回家。

在车上，瑶瑶发现有一个大男生总是往她这边看，感觉怪怪的，还好，旁边有小伙伴给她壮胆。

下了车之后，瑶瑶和同伴继续往前走，结果那个大男孩从后面跑上来拦住了她。

“我叫付伟，你能把你的电话留给我吗？”他走过来主动和瑶瑶说话。

瑶瑶愣了一下，不知道该怎么办好，说：“我不认识你啊，为什么要把电话给你？”

“你只要给我电话就行，我只要你的电话号码。”他一副不达目的不罢休的样子。

这时，瑶瑶旁边的小伙伴们看不过去了，她们马上担负起为瑶瑶护驾的责任：“你这个人真是招人烦。我们又不认识你，凭什么要把电话号码给你呢？你要是再不走我们可就报警啦。这一大马路上都是人，肯定能把你抓住。”

可是，那个大男孩居然不理会她们的话，只是对瑶瑶说：“我只要你的电话号码。”

瑶瑶实在不知道说什么好，只好走自己的路不理他，可是他把路拦住，不让瑶瑶走了。

瑶瑶一下子急了，冲着他大吼：“闪开！别招我烦。”

这下，他总算知趣地离开了。

妈妈对我说：

瑶瑶，当你外出时遇到素不相识的成年人（包括女性）与你搭讪，最好不要理会，更不要过分热情。如果对方以各种理由提出带你离开时，千万不可轻信；即使你经过盘问考察，自以为对方可以相信，也要告诉熟人、邻居，听取他们的意见，至少让他们知道你的去向，否则是十分危险的。

路遇陌生人突然上来与你搭话，要抱持戒备之心，对其所说的话不可轻信。如对方需要指路或钱财帮助，可以告诉他去找警察帮助，或为他直接拨打“110”求助。

平时不搭乘陌生人的便车，也不要接受陌生人的钱物、玩具、礼物、食品、饮料、香烟等。如果陌生人在你放学途中强行接你走或纠缠你，应立即向附近的巡警、交警报告，或往人多的地方跑，千万不要跟随陌生人到僻静的角落去。

由于这世界上存在很多无法预料的事情，所以一定要提高自我保护意识，防范可能出现的各种危险。

戒除网络游戏

“蓉蓉，你在做什么？”看到蓉蓉辛苦地埋头伏案，林林好奇地凑了过去。

“我在写一篇小论文。”蓉蓉推了一下掉下来的眼睛，一本正经地看着林林。

啊？论文？这是上人学才需要写的吧。

“那蓉蓉……我斗胆问一句，你论的是什么啊？”林林“胆战心惊”地问她。

“是关于网络游戏的。”蓉蓉说道，“我在研究为什么有这么多人会为网络游戏而痴迷。现在有一家杂志社在举行论文大赛，如果得奖了还可以得到一笔不小的奖金呢。”

“那蓉蓉，你是怎样开展研究的呢？”

“这简单，首先是开展调研。在咱们这些同学中，有活生生的例子可以辅佐我的观点——林林，你还不知道吧，有的同学把自己的饭钱都省下来了，用来充值玩游戏；还有的同学以头悬梁的精神熬夜到半夜两点；还有的同学，玩起了游戏，可以连续忍四个小时不去厕所，你说他们容易吗？我就很奇怪，是什么力量在支持他们。所以我要好好研究，好好写，说不定真的会出成果。”

呵呵，听蓉蓉这样一分析，林林也觉得这个课题很值得研究了。

妈妈对我说：

林林，迷恋网络游戏，犹如利剑高悬在头顶，随时会有灭顶之灾。不断的医学事实证明：“网络成瘾症”容易使人产生暴力倾向，使大脑发育迟缓，分不清现实世界和虚拟世界，没有表情，非常健忘，感情控制能力差，容易突然发怒等。可造成人体植物神经紊乱，体内激素水平失衡，使免疫力功能降低，引发心血管疾病、胃肠神经功能病、紧张性头疼、焦虑、忧郁等，甚至导致死亡。

网络游戏又被称为“网络罂粟”，因为它吞噬掉了很多美好的东西。网络游戏的虚拟性、隐蔽性和交互性，使青少年在网络游戏中能够随心所欲地宣泄自己的情感，做出现实社会规范所不允许的事情。遇到现实问题首先想到用游戏中的规则来认识和解决，无视社会现实和社会习俗。且其大多以“暴力、凶杀、色情”为主要内容，长期玩飙车、砍杀、爆破、枪战等游戏，火爆刺激的内容使游戏者模糊道德认知，人格异化引发道德沉沦、行为越轨，甚至导致违法犯罪的问题增多。

网络游戏会像吸食精神鸦片一样，使人丧失理性，脱离法制约束，丧失了人与人之间的真诚，甚至会使人丧心病狂地抢劫、杀人、谋财害命，最终把自己送上刑场。因此，青少年在思想上首先要筑起牢固的防线，提高明辨是非的能力。

要想防止自己陷入网络游戏的漩涡，应在平时的生活中培养科学、健康的兴趣和爱好，学会利用网络获取知识、获取信息、培养创造力，学会利用网络进行科学研究，学会利用网络资源提高学习效率。同时，要树立起科学的闲暇意识和闲暇态度，合理地安排自己的闲暇活动。热爱大自然，忘情于阳光、沙滩、海浪、草地、森林之中，在自然中培养情趣、放松身心。

网络爱情，拜拜

“花花，怎么一副魂不守舍的样子，上课又走神了吧。”老师在课上同着全班同学批评了花花。

确实如此，最近花花是点不太对劲，突然一下子变得温柔了许多。

原来，花花买了一台新电脑，然后学会了网上交友。在网上，她认识一个叫“一水隔天”的网友，逐渐两个人就聊上了。

这个“一水隔天”在网上和花花坦白，他是个无业青年，但是花花却觉得他很诚实，一心认定他是一个难得的人。

“花花，你是不是刚才又在想那个一水隔天了？”下了课，同学紫兰跑到了花花那里，想问个究竟。

“紫兰，你看。”花花拿出了一个精美的小本子，上面记满了“一水隔天”给她的绵绵情话：

“你是天上的月亮，我就是陪伴在你身边的星星。”

“你知道我时刻在想你吗……”

看着这些情意绵绵的词句，紫兰觉得浑身发软，更不要提那个已经深陷其中的花花。

“紫兰，我想和他见面，好吗？”花花问道。

“反对，你了解他吗？”紫兰问道，毕竟是旁观者清。

“怎么不了解？你知道吗？我每天用在和他聊天的时间不少于3小时。”

紫兰心里觉得汗！怪不得她最近成绩下滑得这么厉害。

不管紫兰什么态度，花花执意要和那个“一水隔天”在公园见面，而且还想把他介绍给大家。

有一次，紫兰和花花在回家的路上不经意看到了“一水隔天”。

“花花，你快看，快看啊！”花花顺着紫兰手指的方向，看到了他在和另一个女孩在一起。

“啊！”花花一下子就傻了，随后大颗的泪珠落了下来。

妈妈对我说：

花花，青春期女孩对社会及爱情的理解还很肤浅，判断力、成熟度较差，容易被那些虚构的凄美动人的网恋小说、网恋故事所感动。于是，不少女孩在网络聊天室寻觅“知音”，自认为拥有网上知音是一种精神刺激和满足，是心情自由放飞的空间，沉迷于网上交友，模仿着小说中的恋爱故事。先是出于好奇，进而模仿，发展到后来就不能自拔了。在虚拟的网上与人谈情说爱，这是很危险的事，会使人沉迷于虚幻的情爱之中，想入非非，无法与现实接轨，造成情绪异常，甚至会引发严重后果。在网上谈恋爱、“结婚”不仅会影响青春期女孩世界观的形成，还会影响他们对未来婚姻的态度。在这种虚无缥缈的感情里游走，只会让人变得玩世不恭、萎靡不振。

对与刚刚迈进青春期的女孩来说，情感开始萌动本是一件自然的事情，无可厚非，但是，在这个敏感的时期，一定不要陷入网恋的情感旋涡中。少女们在平时要认清网友的真面目，拒绝与网友交流生活、感情、私密的问题，注意防范人身安全。在日常生活中，要经常与家长或所信赖的亲友、师长沟通，感受来自周围的温暖关爱。

步入青春期的女孩需要知道，爱情是一个奇妙的东西，它会在属于自己的季节如期到来。而在它到来之前，每个人都需要仔细守护自己的情感地带，切不可因为网恋而伤害了自己。

远离性骚扰

上个周末，妈妈带着艳之去听一场关于“女生应该如何自护”的报告会，收获很大。让艳之想不到的是，女孩在日常的生活中难免会遇到“意外骚扰”，这个时候要变得勇敢坚强，自己保护自己。

记得那次在公交车上，艳之就会遇到有一个不怀好意的人，借着拥挤的人群，有意无意地触碰她的手和腰部。真讨厌！艳之故意地踩了他一脚，他好像还没有什么反应，于是艳之决定换个地方站，就来到了女性乘客比较多的地方。

像这样类似的事情，也许很多女孩都会碰到一些，比如在网上聊天，有时就会碰到一些和自己并不认识的人说想交朋友，甚至会说一些“有色语言”，这个时候，就应该义正词严地拒绝和这样的人交流，以免自身受到伤害。

妈妈对我说：

总之，性侵犯泛指一切与性相关且违反他人意愿，对他人实施而造成身心侵害的行为，包括强奸、诱奸、性骚扰在内的行为都可算是一种性侵犯，而暴露、窥淫等也可算是性侵犯的一种。

许多研究表明，遭受性侵犯的女孩会在相当长的时间里，不同程度地表现出一系列心理症状，比如恐惧、焦虑、抑郁、暴食或厌食、不喜欢自己的身体、对身体有异样感、低自尊、行为退缩、攻击性行为、注意力不集中、药物滥用、自杀或企图自杀等。如果没有得到足够的帮助，成年后多会在人际关系方面遇到困难，难以与异性建立亲密关系，有人还会多次受害。由此可见，性侵害对青春期女孩的身心健康有长期的影响。

对于性侵犯，我们一定做好预防的准备，最重要的是提高自我的防范意识、学会自我保护。例如，不与异性在过于隐蔽的环境中单独相处，尽可能夜间不要在外逗留时间过长或单独出行，不与异性到成年人的娱乐场所玩乐，等等。而在上述这些预防性侵犯的注意事项中，有一点需要特别指出并加以强调，那就是女孩子在走夜路时的安全警惕问题。这里有一些建议，希望可以给女孩子提供帮助：

1. 保持警惕性。如果是经常走的街道，要记住晚上营业的商店、治安岗亭或附近居民住宅、派出所等；如果是陌生的街道，要选择有路灯、行人较多的路线。同时，还要对路边黑暗处要有戒备。

2. 陌生男性问路时不要为他领路，如发现有人跟踪尾随，要设法摆脱。

3. 最好不穿过分暴露的衣服。

4. 不要搭乘陌生人的车辆。

5. 如遇不怀好意的男性挑逗，要及时斥责，表明态度；如遇坏人，首先应高声呼救；若四周无人，则要保持沉着冷静，要利用自己随身所带的物品进行自卫。

如果不幸被侵害，那么不管侵害你的人是陌生人还是家里的长辈、老师等熟人，你都要理智地做到以下几点：

第一，尽快告诉自己信任的亲人、老师或学校领导。有些女孩出于羞耻感，或是怕家人或老师批评而不敢告诉自己本应该相信依靠的人，而宁愿自己一个人默默承受这份难当的痛苦。其实，被侵害，错不在自己，错的是施害者。只有在这些值得你相信的长辈的帮助下，你才能真正走出困境。

第二，要懂得用法律来维护自己的权益。对于那些失去理智、纠缠不清的无赖或违法犯罪分子，千万不要惧怕他们的要挟和讹诈，也不要怕他们打击报复。要大胆揭发其阴谋或罪行，学会依靠组织和运用法律武器保护自己。当施暴者是熟人时，也不能沉默，否则性侵害者更加有恃无恐。也千万不能“私了”，“私了”的结果常会使犯罪分子得寸进尺，没完没了，而应当勇敢地站出来指证，这样不仅可以防止性侵害进一步发展，而且有利于事后公安机关搜集其犯罪证据。

第三，学会保护证据，如不要洗澡，保留对方的毛发、精斑、血液、抓痕和现场遗留物。如果可能的话，你还应该让别人拍下能证明你所受伤害的照片，同时，最好还能找一个证人，把她（他）的证词做好记录。

第四，受到伤害后，应尽快去医院检查，以防止内伤、怀孕或感染性病等，并及时进行心理咨询、心理治疗，医治精神创伤。

当然，青春期女孩需要注意了，在平时的生活中一定要掌握一些保护自己的技巧。如果不幸遭遇了性侵犯，也不要乱了分寸，要在第一时间里最大限度地减低自己可能遭受的伤害，然后记得要勇敢地拿起法律武器保护自己。

不容忽视的急救、自救常识

啊！蛇

“我昨天去看大蟒蛇啦。”幻灵得意地向全班同学炫耀。

原来，幻灵在周末的时候和姐姐一起去动物园，就是要专门观看特地来巡展的泰国蟒蛇。

“我看了又看，觉得不过瘾，又摸了摸它，然后还觉得不过瘾，就抓起一条蛇放在脖子上照了相片留个纪念。蟒蛇是一种很乖很听话的动物，比班上那些调皮的女孩安静很多。”幻灵一边说，一边掏出照片让大家开开眼。

“简直是变态，哼，恶心扒拉的，请我我都不去呢。”班上一个很小巧的女孩直言不讳地表示自己对于蟒蛇没有什么好感。

“那里只有蟒蛇吗？”有同学问道。

“不，还有毒蛇。”幻灵继续向大家介绍说，“那个毒蛇比蟒蛇长得可漂亮多了，只是我实在不敢拿着它照相。实际上越是外表漂亮的蛇其实越毒，真的。我很替那些和蛇朝夕相处的人担心，因为他们整天都和蛇在一起，如果有一天万一被咬到怎么办？那不就会被毒死了吗？”

“幻灵,有时间我们也去看那些蛇呢。听你这样一讲,挺有意思的。”

“嗯，好啊。”幻灵点点头，“不过你们要提前做好预防工作，不要被蛇咬到”。

妈妈对我说：

我国的毒蛇种类很多，而且多分布在长江以南的广大省份。毒蛇咬伤多发生于夏、秋两季。如果一旦不幸被蛇咬伤，首先要判断咬伤自己的是否为毒蛇。一般的毒蛇有如下特征：头部呈三角形，身上有彩色花纹，尾短而细。毒蛇咬伤的伤口表层通常会有一对大而深的牙痕，或两列小牙痕上方有一对大牙痕，有的大牙痕里甚至留有断牙。且伤口的颜色会在较短时间内变成深色甚至乌色。如果一时无法判断是否被毒蛇所伤，为了安全起见，还是要按照毒蛇咬伤进行处理。下面是被毒蛇咬伤后的处理措施：

首先要防止毒液扩散和吸收。被毒蛇咬伤后，一定不要惊慌失措、奔跑走动，这样会促使毒液快速向全身扩散。被毒蛇咬伤者应立即坐下或卧下，自行或呼唤别人来帮助，迅速找来一些鞋带、裤带之类的绳子绑扎伤口的近心端，如果是手指部位被咬伤要绑扎指根，手掌或前臂被咬伤可绑扎肘关节上，脚趾被咬伤可绑扎趾根部，足部或小腿被咬伤可绑扎膝关节下，大腿被咬伤可绑扎大腿根部。绑扎的目的与止血目的不同，仅在于阻断毒液经静脉和淋巴回流入心，而不会妨碍到动脉血的供应。故绑扎无须过紧，它的松紧度掌握在能够使被绑扎的下部肢体动脉搏动稍微减弱为宜。绑扎完成后还需要注意，接下来要每隔 30 分钟左右松解一次，每次 1 ～ 2 分钟，这样可以避免血液循环受阻，造成组织坏死现象。绑扎完成后，接着要迅速排除毒液。这需要立即用凉开水、泉水、肥皂水或 1 ∶ 5000 高锰酸钾溶液冲洗伤口及周围的皮肤，以洗掉伤口外表毒液。如果伤口内有毒牙残留，应迅速用小刀或碎玻璃片等其他尖锐物将之挑出，使用前最好用火烧一下刀片以对之进行消毒。器物准备好以后，以牙痕为中心作十字切开，深至皮下，然后用手从肢体的近心端向伤口方向及伤口周围反复用力挤压，以促使毒液从切开的伤口排出体外，同时要边挤压边用清水冲洗伤口，冲洗挤压排毒需持续 20 ～ 30 分钟。如果随身带有茶杯此后可以对伤口作拔火罐处理。拔火罐时，要先在茶杯内点燃一小团纸，然后迅速将杯口扣在伤口上，使杯口紧贴伤口周围皮肤，利用杯内产生的负压吸出毒液。如无茶杯，也可用嘴吮吸伤口排毒，这种情况下一定要注意，吮吸者的口腔、嘴唇必须无破损、无龋齿，否则就有中毒的危险。吸出的毒液要随即吐掉，吸后要用清水漱口。排毒完成后，伤口要湿敷，以利毒液流出。必须注意，蛇毒是剧毒物，极小量就可致命，所以绝不能因惧怕疼痛而拒绝对伤口切开排毒的处理。去野外旅行的时候，最好随身备一些药，这样一旦被毒蛇咬伤就可立即口服以解内毒。伤者如出现口渴，可以给予足量清水饮用，切忌不可饮酒精类饮料，因为这样可能会加速毒素的扩散。经过切开排毒处理的伤员要尽快用担架、车辆送往医院做进一步的治疗，以免出现在野外无法处理的严重情况。转运途中要安抚伤者，尽量使其保持安静。

在野外，为了避免被蛇咬伤中毒，应做好以下预防工作：在野外时，尤其在夜间，最好穿长裤、蹬长靴或用厚帆布绑腿。持木棍或手杖在前方左右拨草将蛇赶走，夜间行走时要携带照明工具，防止踩踏到蛇体招致咬伤。选择宿营地时，要避开草丛、石缝、树丛、竹林等阴暗潮湿的地方。在野外应常备解蛇毒药品以防不测。

那边有人溺水啦

柔柔和同伴们一起来到了美丽的城市中心公园，暖风习习，吹得人很舒服。

柔柔向大家建议：“我们去坐游艇，好不好？”

正当同伴们要表示赞同的时候，忽然发现一只游艇意外地掀翻了，船上的游人都纷纷落下了水。

“啊！你们快看，那里有一只游艇翻了！”一个同学失声大叫起来。

“那船上的人可怎么办呢？”柔柔看到了心里一阵着急，“我们都不太会游泳，怎么办？”

不过还好，很多人注意到了那边有落水的人，而且正巧的是在不远处有一群游泳爱好者在锻炼身体，当他们看到有人落入了水中，都游了过去，过不了太长的时间，大家都获救了。

真是惊险的一幕，柔柔和同伴们也都长舒了一口气。

“那，我们还要不要坐快艇？”柔柔再次征求大家的意见。

“嗯，咱们还是玩脚踏船吧。”大家不约而同地换了主意。

妈妈对我说：

柔柔，溺水对生命最大的威胁是水能堵住人的呼吸道，造成窒息缺氧死亡。溺水往往具有发生突然、危险进程快的特点，一般情况下 4 ～ 6 分钟就可能因呼吸和心跳停止而死亡。所以如果是自己不慎落入水中，应该采取一些自救方法：

1. 保持镇静，采取仰面位，即在水中头向后仰，口鼻向上并尽力露出水面。

2. 呼吸要注意做到呼气浅而吸气深，并防止发生呛水。

3. 不要向上伸手臂进行挣扎，这样只能使人加速下沉。

4. 因腿抽筋不能游动导致下沉时，应及时呼救；如附近无人，应保持镇静，设法向浅水或岸边靠近。

这是自己不小心掉入水中之后应该采用的方法，如果我们看到有其他的人落入了水中，应该怎么办呢？

发生的溺水事件的时候，有不少的溺水者都是由于没有得到及时有效的救助而延误了抢救时机，甚至为此丧失了性命。那么如果当我们发现有人溺水了，应该怎么样呢？如果是一个会游泳的人，可以下水去救，而如果你并不会游泳，就没有必要下去了，而且即便是下水也帮不上什么忙，甚至威胁到自己的安全。

1. 找会游泳的人下水救人。

发现有人溺水时，如果你不会游泳，就应该尽快用竹竿、木条或绳子等把溺水的人捞上来。如果会游泳的话，能到水里就到水里，但是需要注意的是在水中尽量不要从其正面游过去，而是要从其背后过去。靠近溺水者以后，用手拖住溺水者，让其头部露出水面，然后送往岸上进行抢救。

2. 让溺水者吐水。

当把人救出水面以后，如果附近就有医务室的话，应该及时送往医务室。如果没有的话，救人者就应该快速进行现场的抢救工作：首先要做的事情是要把溺水者胃里和肺里的水倒出来，救人者一腿跪地，一腿曲起，把溺水者头朝下放在大腿上，让膝盖和腿顶着其胃部，然后挤压其背部，让溺水者把水吐出来。

3. 进行人工呼吸。

当溺水者将脏水吐净之后，应马上对溺水者进行人工呼吸，这是抢救工作中最为关键的一个环节。最常用的方法是口对口地进行人工呼吸——把溺水者平放在地面上，头向后仰，救人者托住其下巴，然后深深地吸一口气，捏紧溺水者的鼻子对着嘴巴用力吹，吹完以后要松开鼻子。

4. 为溺水者做胸外按摩。

在进行人工呼吸的过程中，还要对病人进行胸外按摩：双手交叉，用手掌根部放在病人胸前往下压，每分钟要做 60 ~ 80 次，如果溺水者是年龄较小的小孩或者婴儿的话，做的次数就要适当增加。在做胸外按摩的时候，力量不可以太猛，不然容易对病人的身体造成损害。

抢救工作最好有两个人一起来进行，这样能保证人工呼吸和胸外按摩同时进行。如果只有一个人进行抢救的话，这两项工作就要轮流进行，即每人工呼吸一次就要胸外按摩 3 到 5 次。

5. 在抢救的过程中注意保暖。

在把溺水者救醒后，马上要对溺水者进行保暖，喂热茶、热糖水之类的，有条件的话还可以给其打抗生素，最后还要送医院接受进一步的治疗。

惹火烧身，好疼

蕊蕊听说前一天班上一位同学家着火了，虽然火势不算很大，但也给他们家带来不小的损失。当时正值晚上 6 点，正是交通拥堵的时候，所以消防车到得稍稍有点晚，还好没有人员伤亡。

看到同学很落寞的样子，蕊蕊过去安慰了她：“你有被烧到吗？”

那个同学回答说：“嗯，没有被烧伤，但是当时就在一片火场里，很热而且感觉呼吸困难，还好我们逃得及时。当时我用一条湿毛巾捂住了鼻子和脸，所以没有感到很难受。”

蕊蕊以前听妈妈说过，当发生火灾的时候，完全寄希望于消防车也是不可取的，因为很有可能当消防车到了的时候一切都有点晚了。平时自己有意识学习一点自救知识，才能更好地配合消防工作，也给自己的生命多一份保障。

妈妈对我说：

火是一把双刃剑，一不小心就会引火烧身。所以不要随意玩火，遇到火灾，一定要保持冷静，不要慌。

如果不幸遭遇火灾，应采取正确有效的方法自救逃生，减少人身伤亡。

一旦身受火灾威胁，千万不要惊慌失措，要冷静地确定自己所处的位置，根据周围的烟、火光、温度等分析判断火势，不要盲目采取行动。

身处平房的，如果门的周围火势不大，应迅速离开火场。反之，则必须另行选择出口脱身（如从窗口跳出），或者采取保护措施（如用水淋湿衣服、用温湿的棉被包住头部和上身等）以后再离开火场。

身处楼房的，发现火情不要盲目打开门窗，否则有可能引火入室。不要盲目乱跑，更不要跳楼逃生，这样会造成不应有的伤亡。可以躲到居室里或者阳台上。紧闭门窗，隔断火路，等待救援。有条件的，可以不断向门窗上浇水降温，以延缓火势蔓延。

在失火的楼房内，逃生不可使用电梯，应通过防火通道走楼梯脱险。因为失火后电梯竖井往往成为烟火的通道，并且电梯随时可能发生故障。

因火势太猛，必须从楼房内逃生的，可以从二层处跳下，但要选择不坚硬的地面，同时应从楼上先扔下被褥等增加地面的缓冲，然后再顺窗滑下，要尽量缩小下落高度，做到双脚先落地。在有把握的情况下，可以将绳索（也可用床单等撕开连接起来）一头系在窗框上，然后顺绳索滑落到地面。

逃生时，尽量采取保护措施，如用湿毛巾捂住口鼻、用湿衣物包裹身体。如身上衣物着火，应迅速脱掉衣物，或者就地滚动，以身体压灭火焰，还可以跳进附近的水池、小河中，将身上的火熄灭。总之要尽量减少身体烧伤面积，减轻烧伤程度。

火灾发生时，常会产生对人体有毒有害的气体，所以要预防烟毒，应尽量选择上风处停留或以湿的毛巾或口罩保护口、鼻及眼睛，避免有毒有害烟气侵害。

如果外出活动被困在商场等高楼里，应当利用周围一切可利用的条件逃生，记住要利用消防电梯、室内楼梯进行逃生，普通电梯千万不能乘坐。同时发生火灾时，商场可能会乱成一团，所以逃生时应紧紧地抓住楼梯扶手，以免被混乱的人群撞倒；另外，也可以利用阳台、过道以及建筑物外墙的水管进行逃生。

如果在野外游玩时碰上火灾，一旦发现自己身处的森林着火了，应当使用沾湿的毛巾遮住口鼻，附近有水的话最好把身上的衣服浸湿，这样就多了一层保护。然后要判明火势大小、火苗延烧的方向，应当逆风逃生，切不可顺风逃生。

灾难是不期而遇的，但是只要做好准备，没有什么可怕的，你的力量是薄弱的，但你的智慧是无穷的，只要有足够的准备加求生的欲望，再大的灾难也能躲过去。

胳膊好像拧不过来了

“哎哟！疼啊！”乐乐一声惨叫。

原来，乐乐在下楼的时候把脚扭伤了，然后走路就是一崴一崴的样子。

“乐乐不要紧吧。”看到她那副很痛苦的样子，宣宣不禁关切地问道。

“我要坐在那里缓一缓。”宣宣扶着乐乐坐到了椅子上。

还好，乐乐扭伤的不是很严重，歇了大半天就好多了，等放学之后阿姨来把她接回家，再回去休息一下应该就没什么事了吧。

“哎！为什么总是我出这种意外状况！我想起了我小的时候。”乐乐把她的经历向大家讲述，“记得有一次我回家往楼上爬楼梯时抬起胳膊用手扶了一下墙，结果我的胳膊就突然动不了了。”

“啊？这样也会扭伤啊？”宣宣很吃惊地问道。

“怎么会？如果是扭伤那还不错呢！结果妈妈就带我去医院，大夫说是骨折了。”乐乐说，“所以我小学的时候有过一次骨折，就是因为用手扶了墙。”

想不到乐乐有这么倒霉的时候。

“可怜的娃。”宣宣对乐乐曾经的遭遇深表同情。

妈妈对我说：

我们在日常的运动、劳动时经常会发生一些小关节扭伤，比如比较常见的“崴脚”、“戳手”就是踝关节、腕关节的扭伤。发生关节扭伤的主要原因是由于关节没有充分准备，遇到了过猛的扭转，超过其正常的活动范围，所以撕裂了附着在关节外面的关节囊、韧带及肌腱，造成扭伤，也有人俗称之为“筋伤”。扭伤大多是在我们运动的过程中遭遇的损伤，而发生在下腰部的扭伤，就是我们所常说的“闪腰岔气”。扭伤的常见症状是疼痛、肿胀、关节活动不利等，痛是必然出现的症状，当然也会伴随出现其他的症状比如肿、皮肤青紫、关节不能转动等。

由于小关节扭伤这种情况比较常见，所以很多人习惯自己进行处理，觉得不是什么大病，不必去医院。但是有时由于自己对处理原则掌握不准确，就会采取错误的做法。有人在关节扭伤后，马上用很烫的热水浸泡或者是用烧热的白酒揉搓扭伤处。我们却不知道，在刚刚扭伤的关节内的许多毛细血管正在出血，此刻用热水浸泡揉搓扭伤处，不但不能止血，反而会使血液循环加快，结果会使毛细血管出血更多，扭伤处关节内瘀血越多，肿胀越甚，对扭伤关节的恢复越不利。

扭伤后又一个常见的错误做法是：盲目地揉搓患处，一是为了止痛，二是认为这样揉搓可以活血祛瘀，理筋通络，加快扭伤的恢复。殊不知，用力揉搓患处会使肌肉间的组织液渗出增多，结果使扭伤的关节更加肿胀疼痛，加重了扭伤的症状。

正确的做法是采取冷却止血的措施，可以用冰袋或冷水敷在患处约 10 分钟，使血管收缩，降低局部血流量，达到止血的作用，然后待肿痛基本消散之后，再改用温水敷患处，以达到活血化瘀消除关节内瘀血的效果。同时，可以将患处抬至高处，以加快血液的回流，不至于使血流到血管破裂处而大量渗出，这样的做法可以使血肿消散。

所以，发生扭伤后，一是不要用热敷，二是不要揉搓患处。我们在进行急救的时候还应该注意以下几点：

1. 在运动中扭伤手指，最常见于打篮球的争球时，末节手指触球的瞬间，突然感到有触电样的疼痛。在受伤后应立即停止运动，将手指泡在冰水中冷敷 15 分钟左右，然后用冷湿布包敷。再用胶布把手指固定在伸直位置。同时注意检查手指的活动度，如果手指的伸直弯曲都受限或者末节手指呈下垂样，可能是发生了撕脱性骨折，一定要去医院诊治。

2. 再比如踝关节扭伤，急救时可以用毛巾包裹冰块外敷局部，48 小时后可以用热毛巾外敷（皮肤破损不严重），首先要做到制动休息，用枕头把小腿垫高，促进静脉回流，瘀血消散。另外也可以用茶水、黄酒、蛋清等调敷云南白药、七厘散等敷在伤处，外加包扎，促进瘀血消散，都会有比较好的效果。

3. 腰部扭伤多见于突然的转身或二人抬物时的用力不均，应在局部作冷敷，尽量采取侧卧，或者仰平卧屈曲等姿势进行静养，膝下垫上毛毯之类的物品。止痛后，最好是卧硬板床送医院或找医生来家治疗。

以上扭伤在家都可以口服药物活血止痛如云南白药胶囊 2 粒，一日 3 次；或三七片 2 片，一日 3 次，并加服止痛药如散利痛 1 片，一日 2 次。

地震来了，该往哪里跑

“我们国家在地震安全教育方面还需要加强一下。”上课的时候老师向同学们讲道。

世界上对于地震的预防和安全知识宣传最为到位的莫过于日本。因为日本是个岛国，而且下面地壳的运动频繁，所以会经常发生地震。而日本又是一个地少人多的地方，所以高层建筑很多。如果不进行到位的安全宣传，一旦发生地震，后果不堪设想。和日本孩子比起来，中国孩子对于地震的应急能力就要差一些了。我们总是以为地震离我们很远，而实际上做好应急防范的准备，无论何时何地，都是有必要的。

妈妈对我说：

自然灾害是可怕的，灾难可能明天降临，你将怎么办？面对自然灾害，人类是非常脆弱的，非常渺小的，但是我们还必须沉着面对！

从地震发生到房屋倒塌，一般有 12 秒左右的时间，要在 12 秒内做出正确躲藏的抉择，保持镇静和避免惊慌非常重要。

强烈地震发生时，人们往往会茫然若失，条件反射地采取本能行动，即恐慌和乱跑。这时候，至关重要的是要保持清醒的头脑和镇静自若的态度。只有镇静，才有可能运用平时学到的地震知识判断地震的大小和远近。

1. 当你正在学校上课时发生地震怎么办。

如果发生地震时，你正在教室里上课，最好是就地避震。这时候应该蹲在课桌下，“蹲下”的姿势使自己能躲到桌子或写字台下，同时将一个胳膊弯起来护住眼睛不让碎玻璃击中，另一只手抓紧桌腿或写字台的一边。地震时在椅子之间蹲下也是安全的。在学校中某些书桌实际上是扶手上带有一块写字板的椅子，高中生或大学生实际上是躲不到书桌下面的，但他们却可利用排椅来保护自己。在大型课堂，排椅提供了一个非常好的藏身之地，学生们可以躲到座位下，也可躲在排椅之间。

如果地震的时候，你正在操场或室外，可原地不动蹲下，双手保护头部，注意避开教学楼及附近高大建筑物，不要马上回到教室去。

2. 当你正在楼房内时发生地震怎么办。

如果发生地震的时候，你正在楼房里，要保持头脑清醒，迅速远离外墙及门窗。可选择厨房、浴室、厕所、楼梯间等开间小而不易塌落的空间避震。千万不要从楼上跳下，也不能使用电梯。因为事实证明，地震时一些严重伤亡者正是那些朝室外匆匆逃出的人。不可站立和蹦跳，要尽量降低重心。地震过后要迅速撤离，撤离时要走楼梯。

3. 当你正在户外时发生地震怎么办。

如果你在户外，就停留在户外，不要因为你的家人还在屋里，就冒着大地的抖动进屋去抢救，你要相信他们在屋里也会做好应急保护的。即使震后将家人压埋在废墟下，你在外面还可以及时抢救，将他们营救脱险。国内外很多震例表明：在地震发生的过程中，在短短的几十秒内，人们匆忙进入或离开建筑物时，砸死砸伤的概率最大。在户外的时候，要停留在开阔的地方，要远离可能掉下东西的建筑物或有高压电线的地方。

总之，当我们遇到地震发生时，一定要做到：

1. 争分夺秒最要紧。地震时，门框会因变形而打不开，所以在防震期间，最好不要关门。夜间地震时，要争分夺秒向安全地方转移，不要因寻找物品和穿衣而耽误时间，如有可能，要立即拉断电源，关闭煤气，熄灭明灯。震时照明最好用手电筒，不要使用蜡烛、火柴等明火。

2. 一旦被埋要保存体力。地震时，如已被砸伤或埋在倒塌物下面，应先观察周围环境，寻找通道，千方百计想办法出去。若无通道，则要保存体力，不要大喊大叫，要静听外面的动静，如听到有人走过的声音，可敲击铁管或墙壁使声音传出去，以便救援。同时要在狭小的空间里，寻找食物维持生命，创造生存条件，耐心等待救援。

3. 地震时不要急。破坏性地震从人感觉振动到建筑物被破坏平均只有12秒钟，在这短短的时间内你千万不要惊慌，应迅速根据所处环境做出保障安全的抉择。

我会人工呼吸

今天在卫生保健课上，老师向同学们介绍了人工呼吸的重要性和适用性。以前莎莎对于人工呼吸并不是很了解，觉得这种急救方法实在是离自己太遥远了。其实，好好掌握一些急救方法的要领，在关键的时刻可以救人呢，这样一想，学习急救知识也是一件很有意义的事情。

人工呼吸的适用范围很广，如果一个人休克了，可以使用人工呼吸；煤气中毒了，可以使用人工呼吸；药物中毒了，可以使用人工呼吸；溺水了，可以使用人工呼吸；触电了，可以使用人工呼吸……可见，人工呼吸是一件神通广大的本领。

回到家，莎莎向妈妈兴奋地炫耀白天的学习收获：“妈妈，我真希望能在近期遇到个什么人出现点状况，我就可以过去试试我的人工呼吸法好用不好用了。”

妈妈听了莎莎的话，严肃地说：“莎莎，你的愿望是善良的，但是急救是性命关天的事情，怎么可以试呢？人工呼吸在操作的过程中是有很多的细节需要注意，如果忽略了，那做人工呼吸也不会起到任何有益的效果。也许因为这些小的疏忽，会把一个原本可以保全的生命的人耽误了。你敢保证自己把这些要领都掌握了吗？”

妈妈这样一问，莎莎才恍然大悟：是啊，自己只是看看课本上的简单介绍，怎么就以为自己会做人工呼吸了呢？这里面一定还包括很多技巧吧。

“妈妈，你给我好好讲解一下人工呼吸都有哪些需要注意的地方吧。”莎莎诚恳地向妈妈“拜师”。

“好啊。”妈妈的态度和缓了，“你也应该多了解一些相关的知识，以备日后的不时之需。”

妈妈对我说：

人工呼吸的方法有很多，最常用的是口对口吹气法、俯卧压背法、仰卧压胸法这三种，其中以口对口吹气式人工呼吸最为方便和有效。

1. 口对口吹气法：这是最容易掌握的人工呼吸方法，而且气体的交换量比较大，接近正常人呼吸的气体量。对大人、小孩的效果都很好。

操作方法：

(1) 让仰卧平躺，即胸腹朝天的姿势。

(2) 救护人站在病人头部的一侧，自己深吸一口气，对着伤病人的口将气吹入，造成吸气。在做这个动作的时候要注意两嘴对紧不可以漏气。为了使空气不从鼻孔漏出，此时可用一手将病人的鼻孔捏住，然后救护人嘴离开，再将捏住的鼻孔放开，并用一手按压病人的胸部，以此帮助呼气。这样反复进行，每分钟做 14 ~ 16 次。

如果病人的口腔有严重外伤或者牙关紧闭，可对其鼻孔吹气，即为口对鼻吹气，在做此动作的时候务必把口堵住。救护人吹气力量的大小，应该依病人的具体情况而定。一般以吹进气后，病人的胸廓稍微隆起为最合适。口对口之间，最好放一块叠二层厚的纱布或一块薄手帕，但注意不要因此影响气流的出入。

2. 俯卧压背法：这种方法的应用普遍，是人工呼吸中一种较古老的方法。由于病人取俯卧位，舌头能略向外坠出，不会堵塞呼吸道，救护人不必专门来处理舌头，节省了时间以便及早进行人工呼吸。这样使气体交换量小于口对口吹气法，但抢救成功率相对更高。

在抢救触电、溺水时，现场还多用此法，但对于孕妇、胸背部有骨折者不宜采用此法。

操作方法：

(1) 伤病人取俯卧位躺下，即胸腹贴地，腹部处可以微微垫高，头偏向一侧，两臂伸过头，一臂枕于头下，另一臂向外伸开，以使胸廓扩张。

(2) 救护人面向其头，两腿屈膝跪地于伤病人大腿两旁，把两手平放在其背部肩胛骨下角，大拇指靠近脊柱骨，其余四指稍开微弯。

(3) 救护人俯身向前，慢慢用力向下压，用力的方向是向下、稍向前推压。当救护人的肩膀与病人肩膀将成一直线时就不再用力。在这个向下、向前推压的过程中，即将肺内的空气压出，形成呼气，然后再放松回身使外界空气进入肺内，形成吸气。

(4) 按照上述的动作，反复有节律地进行，每分钟做 14 ~ 16 次。

3. 仰卧压胸法：用这样的方法便于观察病人的表情，而且气体交换量也接近于正常的呼吸量。但这种方法最大的缺点是，伤员的舌头由于仰卧而后坠，阻碍了空气的出入。所以做本法时要将舌头拉出。这种姿势，对于淹溺及胸部创伤、肋骨骨折伤员不宜使用。

操作方法：

(1) 病人取仰卧位躺下，背部处可稍加垫，使胸部凸起。

(2) 救护人屈膝跪地于病人的大腿两旁，把双手分别放于乳房下面，大拇指向内，靠近胸骨下端，其余四指向外放于胸廓肋骨之上。

(3) 向下稍向前压，其方向、力量、操作要领与俯卧压背法相同。

食物中毒的预防和急救要领

海鲜也有毒

“我不喜欢吃海鲜，每次都会拉肚子。”妍妍说，“虽然海鲜好吃，可是肚子是自己的啊，所以我基本上都不敢吃海鲜。”

“嗯，我吃海鲜会过敏。”方方不甘示弱地说，“每次吃完虾之后，我的脸上都会起很多红色的疹子，要很长时间才能恢复。不过即便如此，我还是挡不住美食的诱惑。”

了解方方的人都知道，在方方看来，形象比任何都重要，她居然会为了口腹之欲而放弃自己的形象，实在也不能不算作是一种大义凛然啊。

由吃海鲜而引起的症状还远不止于此呢。妍妍听说有的人吃过海鲜之后会呕吐，有些人吃过海鲜之后会肚子疼，有些人吃过海鲜之后会浑身发痒，总之，不同的人吃海鲜，总会有各种各样的不适应症。

所以，人们都说，海鲜实际上是有毒的。所以在日常的俗语中，人们用“敢于第一个吃螃蟹”、“敢冒死品尝河豚”这样的说法来评价一个人的有魄力和勇敢，也是不无道理的吧。

妈妈对我说：

海产品含有丰富的营养物质，但是不宜多吃。因为受到海洋污染的影响，海产品免不了会含有毒素和有害物质，过量食用一定会导致脾胃受损，引发胃肠道疾病。如果食用方法不当，还很可能会发生食物中毒。所以食用海产品要注意适量适度，一般每周一次即可。

对于不同种类的海鲜，在食用之前应该做好处理，将有毒或有菌的部分剔除掉，保证食物的安全：

1. 海鱼：在吃之前一定要洗净，去掉鳞、腮及内脏，无鳞鱼可用刀刮去表皮上的污腻部分，因为这些部位往往是海鱼中污染成分的聚集地。

2. 贝类：在煮食之前，应该用清水将外壳洗擦干净，并浸养在清水中7～8小时，这样，贝类体内的泥、沙及其他脏东西就会吐出来。

3. 虾蟹：清洗并挑去体内的脏物，或者用盐渍法，即用饱和盐水浸泡数小时后晾晒，食前用清水浸泡清洗后烹制。

4. 鲜海蜇：新鲜的海蜇含水较多，而且还含有毒素，需用食盐加明矾盐渍3次，使鲜海蜇脱水3次，才能让毒素随水排尽，为了保险起见，在食用海鲜之前不要怕麻烦，一定处理干净后再食用。或者清洗干净，用醋浸泡15分钟，然后热水焯，就可以放心食用了。

5. 干货：海鲜产品在干制和加工的过程中容易产生一些致癌物，所以在食用虾米、虾皮、鱼干之前最好用水煮15～20分钟再捞出烹调食用，将汤倒掉不喝。

食用海鲜的最佳方法：

1. 用高温加热食用：细菌大都具有怕加热的特点，所以烹制海鲜，一般用急火熘炒几分钟即可安全，螃蟹、贝类等有硬壳的海鲜种类，则必须加热彻底，一般需煮、蒸30分钟才可食用。

2. 与姜、醋、蒜一起食用：海产品性味寒凉，姜性热，与海产品同食可中和寒性，防止身体不适。而生蒜、食醋本身具有很好的杀菌作用，对于海产品中一些残留的有害细菌也起到了一定杀除作用。

3. 将海鲜产品酥制：将鱼做成酥鱼后，鱼骨、鱼刺就会变得酥软可口，连骨带肉一起吃，不仅味道鲜美，还可提供多种必需氨基酸，维生素A、维生素B、维生素D及矿物质等，特别是鱼骨中的钙是其他食品所不能及的。

不宜采用的食用海鲜方式：

1. 生吃：生的鲜海产中往往含有大量的细菌和毒素，生吃极易造成食物中毒，而且海鱼中含有较多的组氨酸，生吃更容易导致过敏。

2. 熏烤：熏烤的温度往往达不到海鲜杀菌的要求，只是将表面的细菌杀死，中心部分依然存在未杀尽的虫卵和细菌。

3. 涮食：有的人为贪求求鲜嫩的口味，将海鲜放入火锅涮食时间极短就拿出来食用，而在半生不熟的海产品中，如果不将寄生的虫卵杀死，食用后被感染的概率会高出很多倍。

4. 腌渍：用糟卤、酱油、烧酒等调料腌制或炝制海鲜，这种做法不具备杀灭细菌的功能，即使腌制24小时后仍会有部分虫卵存活，这样制法的海鲜几乎等同于生吃，实在是对健康不利。

鱼刺把喉咙卡住了

“喝醋是可以软化血管，但是喝醋可以软化鱼刺吗？”小枫想起了一个怪问题。

“好像不管用，有一次我的喉咙里卡到了刺，喝了很多醋都没有效果，最后还是吃了一块馒头才把鱼刺咽了下去。”米米聊起了自己的经验之谈。

“那是不是因为你喝的醋不够酸？”小枫问道。

“不是啊，山西陈醋，最酸的一种醋了。”米米辩解道。

“昨天我就被鱼刺给卡住了，难受。”小枫说道，“而且我发现喝醋的说法不是对每种情况都完全适用。”

“那你是怎么治的？”米米问。

“爸爸妈妈直接带我去的医院。”小枫说道，“我吃饭的时候聚精会神地看电视，所以有一颗很大的刺我吃下去了居然没有感觉，所以卡住了。我妈妈说以后再也不让我吃饭的时候看电视了。”

“如果是我妈也不会在让我吃饭的时候看电视的。”米米说道。

“然后我就和我妈谈判了一下，我说以后只有在吃鱼的时候不看电视了好不？她终于同意了。”小枫说完之后，狡猾地眨眨眼。

“以后建议吃鳕鱼，是很有美德的一种鱼，全是大块的肉啊。”米米建议说。

“我们一会儿就去吃好不好？”看来，小枫比米米还着急。

妈妈对我说：

鱼肉营养丰富，含有丰富的蛋白质，所含的必需氨基酸的量和比值最适合人体需要，是我们日常生活老少皆宜的食物。但是如果在进食的时候，一不小心把鱼刺卡在喉咙里，这个时候该怎么办呢？不用急，让妈妈教你一些鱼刺卡在喉咙里的简单处理方法，来学学吧。

1. 如果是较小的鱼刺，有时随着吞咽，自然就会顺着食管滑落到肠胃中去了，我们有可能都会浑然不觉。如果在吃鱼的时候感觉到有刺痛，可以用手电筒照亮咽部，并用小勺将舌背压低，主要检查一下喉咽的入口两边，因为这是鱼刺最容易卡住的地方，如果鱼刺不是特别大，并且扎得不深，就可用长镊子将其夹出来。

2. 如果是较大或扎得较深的鱼刺，无论怎样都不能使疼痛减弱，并且在喉咙的入口两边及四周都看不到鱼刺，那就应该马上去医院治疗。

3. 当鱼刺卡在嗓子眼里时，千万不能囫囵吞咽大块的馒头、烙饼等食物。因为这样的做法有时可以把鱼刺除掉，但有时不仅没把鱼刺除掉，反而使其刺得更深，更不宜取出，严重时引起感染发炎就麻烦了。

4. 如果大口咽饭鱼刺仍不掉时，自己就不要再采取其他的措施。有时鱼刺已经掉了，但还遗留有刺的感觉。所以要等待观察一下，如果仍感到不适时，一定要到医院。

在一般情况下，鱼刺、骨渣及果壳等异物最容易刺入的部位主要是扁桃体下端、舌根部等部位，枣核则容易卡在食道中。卡了异物，人的咽部会感到刺痛，很难受，如果异物较大的话会连吞咽都很困难。如果异物刺激到了喉黏膜，则会引起剧烈的咳嗽，并因反射性喉痉挛及异物阻塞而出现呼吸困难，可能会有不同程度的喘鸣、失音、喉痛等。最严重的是，如果异物较大，而且嵌在声门上，则很快会造成窒息死亡。

蔬菜一定要洗干净

“妈妈，请问，在炒菜之前是要先洗菜还是要先切菜？”兰兰一本正经地向妈妈提问。

妈妈很差异地望着兰兰说：“当然是先洗菜然后再切菜，如果菜还没有洗就切的话，那样很不卫生。兰兰，你不会连这点常识都不懂吧，看来以后真的要让你干点家务了，居然连这都不知道了。”

“呵呵，这个问题不是我不知道，而是我的同学不知道。”兰兰笑着跟妈妈说，“那个同学在家里，家长这样宠她，这样的问题她不懂，很正常啊。”

“哦，你们这一代的孩子啊，就是应该要加强锻炼喽。”妈妈说道，“兰兰，正好你帮我把这捆菠菜洗了吧。”

兰兰抓起这捆菠菜，放到不锈钢盆中，跑到水池边，简单地冲了冲就拿了过来：“妈妈给你我洗完了。”

“这么快！”妈妈面对兰兰的“火速”也觉得很吃惊，“兰兰，看你洗得一点都不干净，你看这里还有黑色的泥，这里也有……这些根都是应该拔掉的。你看看你，粗心了吧。”

兰兰一看，还真是怪脏的。

“兰兰，你不要小瞧洗菜，如果洗不干净，我们怎么能保证到健康饮食呢？”妈妈说道，“而且这菜里的泥沙也都没有洗干净，一定会影响到口感。看来，你也需要练一练洗菜了。”

“嗯，我再去洗一遍。”

妈妈对我说：

兰兰，农药残留是指使用农药后，残存在植物体内、土壤和环境中的农药原体及其有毒代谢物和杂质的总称。如果在择菜洗菜的时候清洗不彻底就很可能对食用者的身体健康造成危害。农药对人的毒性可分为急性和慢性两类，我们把没有洗干净的蔬菜水果拿过来食用，是一种慢性中毒，时间长了对身体健康极为不利，下面可以通过6种方法有效降低水果蔬菜中的农药残留。

1. 选择安全的蔬菜。来路不明的蔬菜水果尽量不买，目前市场上供应的无公害蔬菜水果以及绿色农产品基地生产的蔬菜、瓜果很安全。

2. 用清水浸泡洗涤蔬果。这种方法主要用于叶类蔬菜，比如菠菜、生菜、小白菜等。最好是先用清水冲洗掉表面的污物，剔除很明显的污渍过多的部分，然后将剩下的蔬菜用清水漫过5厘米左右，浸泡15～30分钟，再用清水冲洗2～3遍即可。

3. 用碱水浸泡清洗。大多数有机磷类杀虫剂在碱性环境下，可以迅速分解。一般在500毫升清水中加入食用碱5～10克配制成碱水，将初步冲洗后的水果蔬菜放置在碱水中，根据菜量多少配足碱水，浸泡5～15分钟后用清水冲洗水果蔬菜，重复洗涤3次左右效果会更好。

4. 将蔬菜清洗后烹饪加热。这种方法常用于芹菜、圆白菜、青椒、豆角等。由于氨基甲酸酯类杀虫剂会随着温度升高而加快分解，一般可以将清洗后的水果蔬菜放置于沸水中2～5分钟后立即捞出，然后用清水洗1～2遍后置于锅中烹饪成菜肴即可。

5. 清洗蔬果的时候去掉外皮。对于带皮的水果蔬菜，可以用削皮器去掉外皮，这种方法的目的是为了能够去掉残留在外皮上的农药，只食用肉质部分。

6. 储存一段时间再食用。如果有条件的话，可以将某些适合于储存保管的果品买回家存放一段时间，大约4～5天即可，食用前再清洗并去皮。这样去除残留农药的效果会更好。

如果我们在食用蔬果的时候意外发生了食物中毒事件，应该采取以下方法进行急救。

一旦发生蔬菜水果农药残留中毒后，要立即对中毒者进行催吐。在患者神志清楚且能合作的时候，让患者喝300～500ml的温水，然后用手指或筷子戳进刺激咽喉后壁或舌根，这样可以诱发呕吐。

如此反复进行，直至胃内的容物完全吐出为止。记得要将呕吐物用容器或者塑料袋装下以备检验用。将中毒者简单处理后应立即送往医院急诊治疗。必须注意的是，如果中毒者已经处于昏迷、惊厥状态时，绝对不能催吐，以免因呕吐物进入气管导致窒息而引发生命危险。

酒精中毒要人命

在节日的聚会中，蕾蕾和家人享受着丰盛的美味。

蕾蕾的爸爸很高兴，拿出了珍藏多年的老酒，请最喜欢酒的邻居叔叔过来品尝。

“蕾蕾，你现在也是个大孩子了，喝一点酒没事。”邻居叔叔居然想劝蕾蕾喝酒。

妈妈及时地帮蕾蕾拦住了：“她太小了，怎么能让她喝酒呢？蕾蕾，你只能喝饮料。”

“嗯。”蕾蕾点点头。

“哎呀，其实小女孩喝点没事。将来走上社会，不会喝酒怎么行呢？像我们平时工作和客户谈生意，都是在酒桌上谈成的。”叔叔也许是好意吧，这样劝蕾蕾的妈妈，“现在她还小，不让她多喝，也要让她逐渐适应，要不然等到长大了不会喝酒，会被人笑话的。”

爸爸在旁边笑了：“蕾蕾现在就想学习，离将来工作还远。再说了，一个小女孩，还是滴酒不沾的好。”

等聚会结束之后，蕾蕾问妈妈：“为什么要喝酒？喝酒很不好吗？”

妈妈严肃地对蕾蕾说：“蕾蕾，邻居叔叔的话你千万不要听啊，他是有名的酒鬼，记得有一次，他在外面和别人喝醉了，居然躺在楼下，你说这样子是不是很丑？”

啊，原来是这个样子啊，蕾蕾庆幸多亏有妈妈提醒，否则的话自己都被绕糊涂了。

“我们是小女孩，应该自重自爱，你希望自己喝得醉醺醺地不省人事吗？到时候就会被人利用或者是上当受骗了。你看爸爸，他平时从不喝酒，只有逢年过节的时候，喝一小盅，尝尝醇厚的滋味而已。至于你现在，身体正在发育，智力也正在发育，酒精对人的发育都有不利的作用，所以你不可以喝酒，明白吗？”

“嗯，明白，明白。”蕾蕾说，“我也一直奇怪，酒有什么好喝的呢？还是汽水好喝。”

妈妈对我说：

蕾蕾，青春期的女孩充满好奇心，对一切的新奇事物都想尝试，但是由于对事物缺少防备心理，往往会上当受骗，酗酒也就成了健康杀手。酗酒不仅影响我们的身体健康，还影响着学习、生活等方面。

上海儿童医院陈付国博士曾遇到过一位9岁的小“酒仙”，只要有人让他喝酒，不论什么酒端起来就下肚，颇有点“千杯不醉”的味道。原来只是亲友聚会时，家长为了逗乐，让其敬酒或陪大人喝，后来孩子渐渐对酒成瘾，最终因为经常头痛被送入医院。

据介绍，酒精进入人体内主要由肝脏进行解毒，最终代谢产物为二氧化碳及水，对机体亦不能提供任何营养成分。一次过量饮酒可对肝、肾造成损害，并影响脑细胞代谢。青少年正处于生长发育阶段，各脏器功能还不是很完善。此时饮酒对机体的损害尤为严重。有人做过试验，青少年即使饮少量的酒，其注意力、记忆力也会有所下降，思维速度将变得迟缓，严重影响智力发育。除此，青少年对酒精的代谢解毒能力低，饮酒过量轻则会头痛，重则会造成昏迷甚至死亡。

不少人认为少量酒精刺激能使人注意力集中，但是这是一个误区，实际结果并非如此。少量酒精仅有一些镇静作用，摄入较多则对记忆力、注意力等有严重伤害。饮酒太多会造成口齿不清，视线模糊，失去平衡力；对于肝脏来说，长期大量饮酒，几乎无可避免地会导致肝硬化或急性胰腺炎的发作；从皮肤方面说，酒精是血管扩张剂，可使身体表面血管扩张，身体组织过分散热，造成天冷时全身冰冷，体温过低；大量饮酒的人还会发生心肌病，更会导致严重胃炎及胃出血，给人体造成极大伤害，也给公共安全增添隐患。

由此可见，酗酒对青春期女孩的成长绝对是个毒害，我们千万不要自以为青春年少，朝气蓬勃，认为疾病离我们还很远，就随心所欲，放纵自己，本着对自己负责，对社会负责，赶紧远离酗酒的毒害吧！

吃错药了

晚上，曼曼一个人躺在床上翻来覆去地就是睡不着，折腾了好半天，拧亮台灯——已经是半夜一点多钟了。可是曼曼一点也不觉得困。

反正也是睡不着，还不如坐起来看看书算了。曼曼从床上爬起来，坐到书桌前准备看看书。可是却感觉头晕晕沉沉的，难受极了。

曼曼的心里顿时感到烦躁，躺下吧就是睡不着，看书吧头又发重，那该怎么办呢？

这时曼曼想到了家里的药箱有安眠药，曼曼走了过去，拉开箱子，准备拿出一点吃。

吃完药之后曼曼顺利地入睡了。

转天，妈妈在旁边一直叫曼曼起床："曼曼，快点起来吧，要迟到了。"

估计是药劲还没过去，曼曼在迷迷糊糊中听到了妈妈的声音，可就是睁不开眼睛。

"妈妈，我再睡会儿，困啊……"曼曼的嘴里嘟嘟囔囔的。

妈妈看实在是拽不起来曼曼，只好作罢。

可想而知，这一天曼曼上学迟到了。

晚上回到家，妈妈对曼曼说："曼曼，昨天晚上是不是你吃安眠药了？"

"嗯，我一直睡不着，所以就吃药了。"

"那是药，不可以随便乱吃。你只不过是有点失眠，只要安静下来肯定就可以睡着了，根本就没有必要吃药。安眠药有很大的副作用，而且对人体有很多的不利影响，人如果习惯于吃安眠药，那就会养成依赖性，一天不吃药就一天睡不着，那将是十分可怕的。”

原来，吃安眠药有这么多不好的，曼曼以前从来都不知道呢。

“嗯，我不知道的。妈妈放心，以后我绝对不会乱吃药了。”曼曼向妈妈保证。

妈妈对我说：

曼曼，妈妈很理解你的难处。一个人黑夜躺在床上翻来覆去难以入眠，这是痛苦难熬的。导致失眠的原因很多，如情绪变化、环境改变、用脑过度、神经衰弱、神经官能症、更年期综合征、疼痛等，如若为了解除失眠的痛苦，在对症治疗的前提下适当用些安眠药来改善睡眠质量是可以的，但不能无所顾忌。是药都有副作用，失眠患者在服用安眠药时，需遵照医嘱，谨慎服用。

青春期的女孩正处于多梦而迷茫的年龄，青春期的发育，美妙的幻想，加上紧张的学习，容易产生烦恼和压力。如果意志薄弱、耐不住挫折，甚至幻想从药物中求“安定”，是很危险的选择。当然，也有的女孩是出于无知和好奇，什么都想试一试。

安眠药属于二类精神药品，按照规定的剂量服用，可以改善患者失眠、精神紧张等症状，大剂量或长期服用，有可能会导致中毒。青春期女孩的大脑和中枢神经系统发育尚不成熟，滥用安眠药等镇静药物，会造成生理上和心理上的一系列损害。

在服用安眠药的时候，有一些禁忌是必须要注意的：

1. 绝对不可以过量。

生活中我们会遇到一些失眠的人为了睡得更好而长期超剂量服用，他们以为这样的效果会更佳，实际上这是医盲药盲的做法。长期超量服用安眠药既损害肝肾等器官的正常功能，又会增加药物的耐受性和毒副作用，使原本虚弱的身体变得更衰弱，有百害而无一利，只会给精神上增加更多的痛苦。

2. 不可以长时间服用。

不论什么种类的安眠药，都多少含有一定配量的毒品，如果长期服用一定会成瘾，而一旦有了药物瘾，没有安眠药便无法入睡，这就造成了一种恶性循环。可以这样说，服药的时间越长，身体受损失越大。

3. 在服药期间不可以吸烟，也不可以饮酒，喝茶叶、咖啡、可乐等刺激性很强的饮料。

4. 在失眠的时候不要轻易救助于安眠药。

即使经常有些失眠的状况，如果能不吃安眠药就尽量不要服用。失眠多是由于神经衰弱所致，最好的解决方法是从改善神经功能入手。此外，还有一些有效的调节方法可供选择，比如练习气功、太极拳、睡前用热水泡脚等，都会产生不错的效果。如果这些方法都不能奏效，再考虑服用小剂量的安眠药也为时不晚，而且一定要听从医师的建议。

5. 安眠药并不是适应所有种类的失眠，切忌药不对症。

安眠药对于神经官能症、神经功能紊乱、精神病以及环境改变或情绪变化等引起的失眠比较适宜。而对于肺炎、支气管哮喘、肺心病、疼痛及其他慢性病引起的失眠，服用再多的安眠药也不会有多大效果。

服用安眠药会产生一系列的副作用，比如：

1. 长期服用安眠药会引起对药物的依赖，为了防止这种现象的发生，可采用多种安眠药交替服用的方法来加以缓解。

2. 有的人在服用安眠药之后会引起皮疹、多形红斑等过敏反应，一旦发现，应该马上停止使用。如果以前就有药物过敏史的人，最好不要服用安眠药。

记住，药是不可以随便吃的。你还不是大人，所以要和大人多商量，他们多请教，这样才是最好的自我保护。

传染病的预防和突发性疾病的急救

感冒真难受

“涛涛，上课不要无精打采，你来说说这道题的解题思路。”

老师在课上，看到涛涛眯在那里有气无力的样子，把她叫了起来。

涛涛站起来，木木地看着黑板，摇摇头。

“你是不舒服吗？”老师似乎看出来她有点不对劲。

涛涛轻轻地点点头。

老师走下讲台，摸了摸涛涛的额头：“怎么这么烫！你发烧了，快回家打针吃药吧。”

“嗯，下了课我就走。”涛涛一直撑到了下课，才收拾书包回家休息。

放了学之后好朋友去看望涛涛：“你好点了吗？”

“嗯，其实刚开始不难受的，就是到了后来越来越难受，终于发烧了。如果刚开始注意一下呢，也许不会这么糟。”

感冒看似是小病，如果发展成为高烧，那也是很严重的。

妈妈对我说：

涛涛，当人体温度超过39℃以上，病人面色潮红、皮肤烫手、呼吸及脉搏增快时，要立即采取急救处理。

1. 冷敷。用冰袋或冰块外包毛巾敷头部。

2. 酒精擦浴。用酒精加冷水（无酒精时可用白酒）擦拭病人头部、颈部、四肢、腋窝和大腿根部。

3. 多饮凉开水。
4. 口服退热药物。
5. 针刺10个指尖出血可泻热降温。
6. 出现抽搐，可针刺人中、合穴、涌泉穴。
7. 立即送医院就诊。

预防禽流感

“自从爆发了禽流感，我就再也不吃鸡肉了，连鸡蛋都吃得很少，因为这种动物已经不正常了。”凡凡说道。

“其实用不着这样担心，妈妈告诉我说只要是做熟了吃，是没有问题的。”燕燕安慰她说。

“真的吗？”凡凡有点怀疑。

“当然是真的，扒鸡店的生意现在好着呢，我们家门口还新开了一家烤鸭店，每天都有很多人排着队去买。如果大家都像你一样，那连肯德基也早都关门了吧，呵呵。”燕燕安慰她说。

“难道大家都不担心被传染上疾病吗？”凡凡觉得很纳闷。

“不是的。这个道理是，得禽流感并不一定要通过吃禽类的肉才会传染上，只是可能的一种。如果你真的想预防的话，还要多从几个方面做好防护，只是戒掉鸡肉是不管用的。”其实，燕燕看凡凡傻起来也挺可爱的。

“原来是这样，燕燕。哎！其实我早就想去买烤翅了，就是不敢去。”凡凡不打自招，把实话兜了出来。

“那好，我们一起去吧。”

“好。”

妈妈对我说：

凡凡，禽流感是禽类流行性感冒的简称，是由甲型流感病毒所导致的传染病，高致病性禽流感是其中较为严重的一种，发病率和死亡率都很高，危害极大。由于目前还没有治疗人禽流感的特效药，所以只有在日常生活的各个方面做好防护，在衣食住行各个方面都多加注意。

首先是在饮食方面，一定将禽类的肉煮熟煮透之后再食用。

其次是要养成良好的个人卫生习惯，做饭时一定要坚持生食与熟食分开，比如切生肉的案板和刀就最好不要再去切熟食，否则直接入口的熟食就容易沾上病菌，假如这只生鸡正好是一只病鸡，那么人就很可能被传染上禽流感。

第三就是不要喝生水，鸡肉、鸡蛋之类的食物一定要煮熟了吃。因为禽流感病毒对低温抵抗力比较强，在22度水中可存活4天，即便是在0度的水中也可以存活30天以上，在粪便中可存活3个月。但是禽流感病毒对热比较敏感，100度以上的沸水里煮2分钟即可灭菌，所以用高温是消灭禽流感病毒的最好方法。

第四，养成勤洗手的习惯，把可能存在的病毒清洗掉。因为在公共场所里很可能会接触到病毒，如果不及时洗手清除掉，被传染上的概率就比较大。

第五，居住的环境最好经常开窗通风。每天最好都要定时开窗通风换气两次。因为在直射阳光下特别是在紫外线的照射下，可以迅速破坏感染性。而且新鲜的空气有稀释病毒、清洁室内空气的作用。

人患禽流感的潜伏期一般是在7天以内，早期症状主要与其他流感非常相似，主要表现为发热、流涕、鼻塞、咳嗽、咽痛、全身不适，部分患者有恶心、腹泻、腹痛、细水样便等消化道症状，有些患者会有眼结膜炎，体温大多持续在39度以上，一些患者胸部X线还会显示单侧或双侧肺炎，少数患者伴有胸腔积液。一旦出现以上的症状应该及时就医，以免延误治疗时机。

艾滋病毒很恐怖

体检的时候需要抽血，安安最讨厌挨针扎。

等轮到安安的时候，她居然这样对大夫讲：“大夫，我可以拒绝抽血吗？我很担心会传染上艾滋病。”安安镇定地对大夫说。

面对安安这一突如其来的提问，大夫顿时愣住了，可能她从来都没有想过这个问题，她对安安说：“同学，你不用怀疑我们的医疗器具，都是经过了严格消毒的。”

“如果万一被传染上怎么办？我害怕……”安安和大夫泡起了蘑菇，以至于把班主任老师招了过来。

“安安，你是不是害怕打针啊，过来过来，我给你治治，不要难为大夫。”老师一针见血地拆穿了安安的阴谋。

安安无奈，只好把一只胳膊伸了出来，摆出一副英勇无畏的架势：“来吧，你抽我吧。”

哈哈！

同学们在一旁看到她这个样子，很好笑呢。

就这样，一场闹剧总算是结束了。

其实安安以前是听说过类似的事故，有一些小医院的确会通过输血等途径将艾滋病毒传播给病人，所以也不能不小心啊。

妈妈对我说：

安安，艾滋病是人体免疫系统被 HIV 所破坏而引起的一种严重传染病。当艾滋病病毒感染者的免疫系统受到病毒的严重破坏，以至不能维持最低的抗病能力时，感染者便发展成为艾滋病病人，出现原因不明的长期低热、体重下降、盗汗、慢性腹泻、咳嗽等症状。艾滋病毒在侵入人体之后会破坏人体的免疫功能，使人体发生多种难以治愈的感染和肿瘤，最终导致死亡。

艾滋病病毒对外界环境的抵抗力较弱，离开人体后，常温下只能生存数小时至数天。高温、干燥以及常用消毒药品都可以杀灭这种病毒。但是目前还没有能够治愈艾滋病的药物，已经研制出的一些药物只能在某种程度上缓解艾滋病病人的症状和延长患者的生命。积极接受医学指导和治疗，可以帮助艾滋病病人缓解症状、改善生活质量。

艾滋病主要通过性接触、血液和母婴三种途径传播：

1. 在世界范围内，性接触是艾滋病最主要的传播途径。艾滋病可通过性交的方式在男性之间、男女之间传播。性接触者越多，感染艾滋病的危险越大。

2. 共用注射器是经血液传播艾滋病的重要危险行为。输入或注射被艾滋病病毒污染的血液或血液制品就会感染艾滋病。使用被艾滋病病毒污染而又未经消毒的注射器、针灸针或其他侵入人体的器械会传播艾滋病。

3. 有三分之一感染了艾滋病病毒的妇女会通过妊娠、分娩和哺乳把艾滋病传染给婴幼儿。大部分感染了艾滋病病毒的婴幼儿会在3岁以前死亡。

怀疑自己有可能感染艾滋病病毒的妇女，应在孕前到有条件的医疗机构作艾滋病病毒抗体检查和咨询。怀疑或发现感染艾滋病病毒的孕妇，应到有关医疗机构进行咨询，接受医务人员的指导和治疗。

除此之外，其他的一些行为不会造成艾滋病毒的传染，比如：

1. 与艾滋病病人及艾滋病病毒感染者的日常生活和工作接触不会感染艾滋病。

2. 在工作和生活中与艾滋病病人和艾滋病病毒感染者的一般接触不会感染艾滋病。

3. 艾滋病不会经马桶圈、电话机、餐饮具、卧具、游泳池或公共浴池等公共设施传播。

4. 咳嗽和打喷嚏不传播艾滋病。蚊虫叮咬不传播艾滋病。

即便是如此，我们也应该树立一些意识来预防艾滋病：

1. 洁身自爱，遵守性道德。避免与HIV感染者、艾滋病病人及高危人群发生性接触。

2. 在输血、注射、使用血液和血液制品的时候，必须要进行HIV检测。进行穿破皮肤的行为时要确保用具经过了严格的消毒。

禁止共用注射器和针头。

3. 当献血、献器官的时候要做HIV检测。

讲究卫生，防止肝炎

班上新来了一个新同学倩倩，性格很内向，和大家都不怎么说话。

下了课，香香向自己的好朋友们透露了小道消息："听说那个倩倩小的时候得过乙肝，现在治好了。我们还是尽量少和她说话吧，如果一不小心被传染了怎么办。"

"如果只是说说话，也不至于传染吧。她是新来的同学，如果不理她的话，那样也很不友好。"冰冰说道，"况且，如果你真不想得乙肝的话，我劝你最好从今天开始少吃那些小摊小贩的食物，那些东西不干不净的，最容易传染上乙肝呢。记得有一天，那里刮了好大的风啊，我看你一个人站在马路边上吃铁板鱿鱼，那简直就是吃铁板加沙子啊。"

香香觉得比较没有面子："我只是好意提醒你们，无所谓啦。我就是喜欢吃铁板鱿鱼，日日如此，而且风雨无阻。"

香香回到家之后马上就这个问题问了问妈妈："妈妈，我们班上新来的一个同学，听说以前得过乙肝，您说，我们如果和她在一起玩，会不会被传染呢？"

妈妈告诉她说："不要和她共用东西，最好也不要在一起吃饭。平时一起说说话话，玩一玩，那没有关系啊。"

"哦，"香香长舒一口气，"那就好，可把我吓了一跳。"

"还有，香香。虽然说我们与她保持一定的距离，但是还是要和她友好地相处。毕竟生病不是她的错，而且我们只要不和她过于亲密接触，是不会被传染的。当她遇到困难的时候，我们也要想尽方法来帮助她，你说是不是呢？"

"嗯，妈妈我知道。"香香使劲地点点头。

后来，大家才知道，这个倩倩还是个小才女呢。她参加全区的演讲比赛，获得了第一名的好成绩。

妈妈对我说：

香香，肝炎是肝脏受到损害，出现肝功能异常的肝脏炎症性疾病的统称。其中以病毒性肝炎最为常见。病毒性肝炎是由肝炎病毒所引起的，目前主要有甲、乙、丙、丁、戊、己、庚七种类型，具有传染性强、传播途径复杂、流行面广泛、发病率高等特点。

1. 病毒性肝炎的患者主要有食欲减退，乏力，恶心，厌食油腻，肝脏肿大以及肝功能异常等症状。有些人还会出现发热和黄疸等症状，极少数病人表现为重症肝炎。急性肝炎和慢性肝炎是根据黄疸的有无、病情的轻重和病程的长短划分的。

2. 急性肝炎分为甲型和乙型。二者的临床大致相似，早期症状主要为乏力、食欲不振，恶心。腹胀、发热、黄疸以甲型肝炎为多见，乙型肝炎比较少见，另外肝区胀痛也是重要症状。

3. 慢性肝炎又分为慢性迁延性肝炎和慢性活动性肝炎两种，其病程常超过半年，有的长达10年以上，迁延性症状较轻，活动性症状较重，发展较快。

乙型肝炎的传染源主要是急、慢性病人和病毒携带者。传播途径包括：

1. 在输血的过程中或者在血制品的使用过程中，使用了污染的注射器或针头。

2. 与乙肝病人在生活上的密切接触。

3. 母婴垂直传播。

对于乙肝病毒，我们应该在平时就做好积极的预防工作：

1. 严格控制传染源。对急性甲型肝炎病人应采取早期隔离措施。

(1) 与健康人不可以在一个床上睡眠，健康人的被、褥、衣物要与病人的分开，并进行消毒。

(2) 健康人的食具、脸盆、毛巾、便盆等生活日用品也与病人的分开使用。病人吃剩下的食物最好不要给他人吃。我们也不要接受病人赠予的食物。

(3) 病人的书报、刊物、玩具等最好不要借给他人传阅、玩耍，如果一定要用的话，一定要经过消毒处理后才能转借别人。

(4) 在病人生病和隔离期间，邻居和亲友不要到病人家串门，尤其要看好自己的孩子不要与病人一起玩耍。

(5) 在病人患病期间不要串门、不要到公共场所，更不要和把病人带到饮食部门用餐。

2. 想办法切断肝炎病毒的传播途径。

(1) 提倡用流动的水洗手，不使用他人生活用具，搞好个人卫生。

(2) 非必要时不要输血及血制品；输血员要进行筛选。

(3) 消毒也是切断传播途径，控制、消灭传染源的另一方法。肝炎病人确诊后，病家应及时做一次较彻底的消毒，食具、漱口用具、毛巾等要煮沸 30 分钟，家具、物体表面、地面要用 3% 漂白粉液擦拭。

3. 通过药物进行预防。可选用以下任何一方水煎服，连服 7 ~ 10 天，可以起到预防乙肝的效果。

(1) 茵陈蒿 30 克，生甘草 10 克。

(2) 决明子 15 克，贯众 15 克，生甘草 10 克。

(3) 茵陈蒿 30 克，凤尾草 30 克。

(4) 茵陈蒿 30 克，大枣 10 枚。

中暑了怎么办

洋洋在军训的时候，总会看到有人中暑晕倒，然后就可以不训练了，坐在树荫下面喝水看着我们训练。还记得那个时候洋洋总是羡慕那些晕倒的同学，而且纳闷为什么自己不晕倒。

不过有这么一次经历让洋洋不再羡慕中暑的同学了。

那是一个女生，在站军姿的时候没有坚持住，重重地摔在了地上。由于她摔得过快过重，以至于把门牙摔掉了半颗。

摔掉了半颗牙，比较不好看，没办法补，也没办法拔，着实地破相了。

从那以后，洋洋再也不盼着中暑了，而且可以想象，中暑的同学一定也很难受吧。

妈妈对我说：

洋洋，人体长时间在烈日下暴晒或处于高温潮湿的环境中，体内的热量散发不出去，就会引起机体调节和代谢机能的紊乱以及神经功能的损伤。这时人会有自感乏力，头昏眼花，出现大汗、口渴、心悸等不适症状，这就是中暑。中暑后不及时救治会有生命危险。

1. 预防中暑的措施。

（1）在夏季高温、高湿的天气里，应避免做剧烈活动和长时间在太阳下暴晒。

（2）要多饮用清凉饮料，如绿豆汤、淡盐水、凉茶等。

（3）注意穿宽松、通风、吸汗的服装。

2. 中暑发生后的自救互救措施。

（1）夏季户外活动自身感到不适时，应尽快采取措施，终止活动，适当休息。不要因为其他原因而硬挺着，使不适加重。

（2）发现有人中暑应立即将病人抬到阴凉通风的地点，为其松开衣领、裤带，通风降温。

（3）给中暑病人服淡盐水、十滴水、人丹等，并用清凉油、风油精涂抹太阳穴。

（4）对高温昏迷的病人可用冰块、冷毛巾敷在头部、腋窝、腹股沟等处，进行物理降温。

（5）重度中暑的病人应及时送医院抢救。

学校&学习

——给苦练『内功』的你

正确的信念——相信我能行

女生真的不如男生聪明吗

听说玩魔方玩得好的人往往是很聪明的人。

不知道这个谣言是从哪里传来，最近班上还真的刮起了一阵玩魔方的风气。

只要一到课间，就看见男生们几乎人手一个五颜六色的魔方。他们常常三两个聚在一起，好像吵架一样争个不休：“你这玩法不对，是这样的！”

“看我的！看我的！这一步我玩得比你快！”

“我才不信呢！”

“要不咱俩比比！”

……

刚开始的时候，女孩子凑过去看，他们根本不让。

小军甚至用讥讽的语气说：“这是男孩子们玩的游戏！你们女孩子有那么聪明吗？能玩得了这个吗？”

“你凭什么这么说！别以为你们男生会玩个破魔方就有多了不起了！居里夫人还拿过两次诺贝尔奖呢！有几个男的能获得这样的荣誉？”宁宁很好强，她的优越感容不得别人轻易否定女生。

“有几个科学家是女的？居里夫人全世界不也就是那么一个？再说了，你是居里夫人吗？有本事你把我手上的魔方拼回去了，我就服你！”小军也不甘示弱。他平时被宠惯了，家里拿他当小皇帝一样地待着。真可以“用含在嘴里怕化了，捧在嘴里怕摔了”来形容他们家对他的溺爱程度。

宁宁一听小军拿这样的话来激她，急得抢过来小军手里的魔方就拼。可是不管她怎么拼，也没能拼出六面都分别是同一个颜色图案出来。

眼看着课间十分钟就过去了。宁宁急得什么似的，可是又无可奈何。

小军得意地拿过魔方，临了还不忘补一句：“我就说你们女生没男生聪明吧。还不信！”

教室里弥漫着一股浓厚的硝烟的气味。

只见宁宁气得眼泪都快出来了。

“宁宁，是英语课吧？”同桌故意岔开话题，好分散她的注意力。话音刚落，英语老师夹着书面带微笑地进了教室。

“Good morning!Everyone!”可怜的张老师对刚刚发生的教室里一触即发的没有硝烟的战争毫无察觉，她正笑眯眯地看着大家，开始分发试卷呢！

“老师要特别表扬王小军同学，这次英语测验，小军同学拿了十分优秀的成绩。”

自从国家提倡素质教育后，老师们都变得委婉了，从不在课堂直接说最高分是谁谁谁，或者某某同学得了多少多少分，而换成上面这种说法。不过时间久了，大家也心知肚明，这意味着王小军又拿了最高分！

得意的王小军忍不住回头挑衅地看了一眼满是怒火的宁宁，眼神好像在说：“看吧，我说得没错吧？女生怎么能聪明过男生呢！”

接下来有更气的。只听张老师在讲台上说：“这一次测试，男生总体平均分高过女生。女孩子们要加油啊！”

这下气得宁宁直接趴在桌子上哭起来：“难道女生真的不如男生聪明吗？”就这样，宁宁迷迷糊糊地听完老师对试卷的分析。放学后，她垂头丧气地回家了。心里却一直在问：“女生真的不如男生聪明吗？”

妈妈对我说：

宁宁，你千万不可以这么想。女生在智力上和男生是没有本质上的区别的。很多事情证明，女生和男生一样，可以十分优秀。

首先，妈妈要告诉你：王小军同学错了。

他以自己某一方面的优秀就否定其他同学，甚至还加上性别区别来把大家分类对待，这是很不友好的做法，而且，单单说到这一点，他就不能算得上是个聪明的男生。

真正聪明的人是谦虚好学的人，而不是骄傲的，总是一副居高临下、不可一世样子的人。你不是喜欢看武侠片吗？那些争强好斗，总是找人挑战，想夺得天下第一称誉的人，往往不是真正的天下第一。真正的高手常常是既有高超的武艺，更有超然的武德，像你最喜欢的《笑傲江湖》里的风清扬老前辈。

人的聪明与否，不是性别决定的。大家表现得不一样，大多是因为各自的兴趣不一样，从事的工作领域不一样，所以取得的成就也肯定不一样。这和是男生还是女生是没有什么关系的。

最后，魔方游戏虽然是一个益智游戏，但和其他的游戏没什么本质的不同。只要是游戏，学会了规则，就可以玩，之前没学过，当然就不会玩，并不能由此证明男生比女生聪明。如果你想学怎么把魔方拼成六面都各自是同一个颜色，这很容易啊，妈妈可以告诉你，因为妈妈很小的时候就会玩这种游戏了。当然，前提是你有兴趣学。

开始厌学了怎么办

不知道什么时候开始，彤彤觉得每天都只是在做一件事：学习，学习，还是学习。每天的生活也似乎变成了三点一线的简单重复：课堂，食堂和寝室。

英语课开始，彤彤打开英语教科书，老师开始讲一堆英语语法点，带读课文，然后做练习，再讲解；轮到数学课，打开数学教科书，老师又灌输一大堆数学公式，然后是似乎总不会完结的应用题，做题，再讲解；再到语文课，打开语文教科书，老师写了一堆不认识的汉字——就不明白，为什么从小学学到现在一直有不认识的字，怎么也学不完？然后讲解段落大意，揣测作者的写作意图（彤彤暗自揣测，作者为什么要这样做关自己什么事呢？），总结中心思想，布置作文，自己写……

彤彤感觉自己很像个重复作业的机器，不明白这样做有什么意义，也不知道这个机器的零件哪天就要坏掉，停止不走。真是讨厌这样没有目标，没有方向，不知所谓的学习啊！

更糟糕的是，之前一直制订的学习计划和目标一直完成不了。上次月考的成绩又出来了，彤彤的名次不但没有提前，反而落后了。这可怎么办啊？

越来越不想学习了！

彤彤怀疑是不是自己的智力比别人低？还是根本不适合学校的学习生活啊？

妈妈对我说：

彤彤，你说的这个现象，有个专门的名称：厌学。

厌学是个很普遍的现象，彤彤用不着担心是因为自己的智力问题，因为厌学和智力水平是没有关系的。也就是说，彤彤，或者你们班的其他同学如果也出现了这种厌学的情绪，不是他们不聪明，不适合学校的学习，相反，如果能像你现在这样思考问题，反而证明了你的智力水平没有问题，因为你懂得了反思，懂得去思考学习的意义，只是因为一时没有找到答案而苦恼。妈妈说得对不对？

厌学常常主要是由于非智力因素的原因，比如如兴趣、动机、意志、情绪等心理方面的原因，还跟家庭、学校、社会都有一定的关系。比如彤彤，你就是因为对学习暂时缺乏动机和兴趣，不知道为什么要学而厌学的。这是心理的原因，是内在原因。

总的来说，厌学的原因有两类：内在原因和外在原因。内在原因常常是由于你们在学习过程中的消极情绪体验和自我认识存在偏差；而外在原因则往往是社会、学校、家庭等外部环境的不良影响。

妈妈发现，无论是哪个年级的哪个班，班里都多多少少的有一些厌学的学生。他们日常表现为对学习失去兴趣；不认真听课，不完成作业，怕考试；甚至恨书、恨老师、恨学校，旷课逃学；严重的还发展到当老师在课堂上管教他时，他能公然的反抗甚至辱骂、殴打老师。彤彤，除了对为什么要学习这个问题，求而不解产生厌学外，还因为自己制定的学习目标短期内得不到实现，产生了焦虑情绪，所以进一步加重了厌学的想法。那么，又该怎样消除厌学情绪呢？

首先，彤彤，你应该找到学习的乐趣。因为，假如学习是你的乐趣所在，那学习的意义就是乐趣。假如你认为它是负担，那它就变成负担。关键是你自己怎么认为的。学习相对游戏，确实是一件枯燥的事情，可是它绝不是你想象的枯燥而无意义的重复。要知道，知识在于积累。正是我们在青少年时期，有了对各科知识的踏实的日复一日的慢慢积累，才有我们日后对知识的应用和创新，才有可能成为对社会有用的人才，也才有可能实现自己的梦想。

再说到你成绩不进反退的事情。你是订好了计划，可是有没有切实地按计划执行呢？就算你按计划执行，认为自己很努力了，可是排名还是在往后掉的话，你又有没有想过，别人也许比你更努力？学习有时候会出现“高原效应”，也就是说有一段时间学习看上去进步很慢，甚至几乎停滞不前。处于高原效应的学生有的在很短的时间内，比如一两周，就能走出来，有的则要很长，甚至要一两年。这个视个人情况而定。不过你不要害怕，暂时性的退步，不代表什么，也不意味着你就进入可怕的一两年的“高原效应”了，更不能因此而产生厌学心理。

你想想反正也要学，怀着高兴的心情也是学，怀着厌恶的心情也是学，为什么不怀着高兴的心情学呢？而且心理学家也说了，怀着高兴的心情吃饭，有利于消化。连吃饭都是这样，学习就更是如此了。而且，就算出现了学习上的“高原效应”，只要调整计划，放松心情，然后切实地坚持计划，那么恭喜你，走出“高原效应”的时间不会很长，并且你一旦走出，成绩将会更上一个台阶！

我上课又走神了

小梅一下课就冲到思思的课桌上着急地喊："思思，思思！快把你上课笔记借我抄抄！我上课又走神了！"

小梅一边急急忙忙地抄着笔记一边沮丧无比地自言自语："思思！你看怎么办才好啊。我怎么这么多内容没听到啊？这抄了也没用啊，你还是给我讲讲好不？"

说到这儿，她停下笔，抬起头，露出一副十分可怜的样子。

"小梅，你怎么回事啊？最近上课怎么总是走神啊？你这样下去可怎么办？"思思一边替小梅暗暗焦急，一边责怪她上课不用心。

"我也不知道怎么回事。"小梅又继续埋头苦抄，"思思，你说是不是人大了心也大了，所以精神就不容易集中了啊？"

"你都想些什么啊？"思思疑惑看着小梅。

"我也不知道自己想些什么，就是无缘无故地听着听着，老师的声音就像催眠曲一样，和我的耳朵就共鸣了，然后我就不知不觉走神了。"小梅无不委屈地说道。

"其实我有时候也走神，但像你这样一走就连笔记都抄漏了的情况还是和在冬天看见荷花开一样，是十分罕见滴……"思思说道。

"思思，你就别嘲笑我了，我难过着呢。可能越是这样，我就越着急，越着急，结果就越走神。思思，你说我是不是老了啊？"小梅认真地问道。

"哈哈，你胡说什么啊！还没到20呢，老什么老！"思思半开玩笑地说，还顺便用手拍拍她的肩膀，"我们正是花一样的季节，呵呵。抄完了没？抄完了我们快看看吧。待会儿又要上别的课了！"

"好好好！快讲快讲……"小梅的表情终于是雨过天晴了。

思思一边讲，一边注视着时而皱眉，时而微笑的小梅，心里在想："我一定要帮助小梅分析分析她走神的原因，然后找到解决上课走神的办法。"

对！回家问妈妈去！

妈妈对我说：

呵呵，思思，其实你大可不必那么紧张。上课偶尔走神是正常的，只要不是太严重，就没必要太害怕。不过如果总是走神，到了小梅的地步，都影响到学习了，就要好好查查原因了。

人的注意大致可分为有意注意和无意注意两种。而你们上课时，就要求调动积极的有意注意，尽量延长有意注意的时间，而缩短无意注意的时间。小梅走神就是一种无意注意。

小梅经常上课走神也许是以下几个原因中的一个，或者兼而有之：

第一，晚上没睡好，所以精神不好。睡眠不足会影响人的注意力集中度，如果前一天晚上没有好好休息，第二天课堂就有可能会走神。如果是这个原因，你可以告诉小梅让自己调好生物钟，按时作息，保证充足的睡眠，这样上课才有精神。

第二，上课前没有好好预习。要想课堂上能够取得最好的学习效果，莫过于带着问题听讲。那么怎样才能发现问题呢？最好的办法是课前预习。在预习的过程中，可以粗略地把容易理解的，一知半解的和完全不知所云的东西用不同的标记方法标记出来，这样就可以在有一定的背景知识（那些理解了的）的情况下，专心去听那些一知半解和完全不知道的知识点，这样做，不仅心里有底，也是带着一定的问题和目标去学习，那么上课走神的情况就会得到根本性的减少，甚至会没有。这种做法也是妈妈最推荐的“有意注意”加强法。

第三，就是不要胡思乱想。上课的时候，要跟着老师走。具体的做法是，老师板书的时候，认真看板书，老师讲解的时候，可以注意老师的眼睛。当然，这里说要跟着老师走，并不是说思想也被老师牵着鼻子走，而是要养成边听边思考的习惯。比如：老师打算怎么解决这个问题呢？我之前的想法和老师有什么地方的不同呢？其实做到第二点，这第三点也就自然而然地能做到了——因为你一直在记着为自己的疑问从老师那里、从课堂上寻找答案，这时哪里还有心思走神啊？

不知道，小梅听到了这些，会有什么想法？

当学生会主席真的会影响我吗

新一届的学生会就要举行改选了，青文很想去参选学生会主席。因为她一直觉得自己很优秀，学习成绩很好，而且一直以来在班上担任学习委员，后来又担任班长。现在她想要到一个更大的锻炼自己的地方——学生会。

青文是个很有上进心的女孩，她总是既想把成绩搞好，也希望自己的人际交往能力有所提高。学生会主席在她看来，就是一个很好的锻炼机会。可是她在参选的前一周又开始犹豫了，因为她打听到学生会主席需要做很多的事情。像制定这一年的任期内对各个部门展开工作的规划啦，召开各个学生部门部长级别的会议啦，参加各个部门组织的活动啦……而且好像有谣言说，前两届担任学生会主席的学姐学长成绩都下滑了。

虽然不知道谣言是不是空穴来风，但是一想到这些，一向把学习放在首位的青文开始犹豫了：如果当了学生会主席，真的会影响我吗？我会不会和传说中的他们一样呢？

这个问题一直纠结着青文，她甚至连上课都开始走神了。

竞选大会马上就要到了，究竟要不要去切实履行这个从一年级开始就有的小小的梦想呢？青文实在拿不定主意了，她找自己的好伙伴聊了两个小时，还是没能做出决定。

妈妈对我说：

青文，这其实是没有绝对的事情。当学生会主席就一定影响学习的推论就像当学生就一定会成绩好一样是没有道理的。究竟会不会影响，那要看个人怎么处理。

青文，你一定听过“凡事预则立，不预则废”的古训吧？现在你面临的问题其实只有两个难关需要解决：一、信心。二、计划。也就是我刚刚说的“预”。

我们先说说信心。信心在做任何事情时都是十分重要的。人只有首先相信自己了，才能相信自己即将做的事会向成功的方向走，而不是相反。青文你在这样的时候犹豫不定，其实是缺乏自信的表现。你从不知道哪里听来的前两届学姐学长当了学生会主席成绩变差的结论，推断出自己也可能会像他们一样影响到自己的成绩，这是你不自信的表现之一。别人做得不好，且不管是真是假，就算是真的，就能说明自己也将会做得不好吗？如果这样，中国奥运会的第一块金牌恐怕就不能在 1984 年摘得了——因为之前一直也没人拿过啊。

不单单是这样，你不是一直想着要做学生会主席，想锻炼自己的管理能力和人际交往能力吗？既然是一个梦想，为什么走到眼前了却没有胆量去面对它、实现它呢？岂不是现代版的叶公好龙？

你如果一直犹豫不决，就可能错失机会，如果迟迟不递交参选材料，就算她曾经想了多久，并且为之努力了多久，最后也是不能实现的。因为梦想不会眷顾对自己怀疑，缺乏信心的人的。

当然，如果没有一个良好而切实可行的计划，新增加的任务无疑会影响你的学业。

刚开始时，你一定要知道，万事开头难，起步阶段肯定会占用一定的学习时间和精力。但是如果你始终把学习放在第一位，每天该学的时候都学了，而且给自己规划好切实可行的学习时间，然后雷打不动地坚持下去，该学习的时候学习，该处理学生会工作的时候就认认真真处理事务，这样就一定不会影响到学习。

而且担任学生会主席也不是说就是主席一个人要管理所有的学生部门的工作，具体的部门工作是交给各个部长处理的。学生会主席其实不纯粹是对事的管理，更主要的是对人的管理。

妈妈觉得你一直一直很优秀，能当好学委和班长，妈妈相信，只要你能放下心理压力，相信自己，并好好规划自己的时间，就一定也可以当好学生会主席的同时而不影响学习。你说，是吗？

求学的方向在哪里

学习到底有什么用呢

含云最近不知道怎么回事，在社会上老是听到“念书无用论”的调调。班上甚至有同学直接辍学，说要去工作挣钱，说起来理由还一套一套的：什么念了大学又怎么样？出来工资还不是一两千？有的甚至都比不上农民工。

来自农村的小华甚至还给含云举例，说他的表哥小军去年大学毕业，在一家私企上班，每个月的工资才 1500 块，还不如他在外面给人粉刷墙壁的爸爸，每个月有 4000 呢！表哥全家人就培养出那么一个大学生，都指望着他大学毕业拿比村里人都高的工资，期望着高收入高回报呢，谁知道竟是这样？早知道就不念大学了，白白花了好几万，耽误青春不说，光是花掉的钱都不知道哪一年才能挣回来。

小华说还有更严重的，他们隔壁村有个大学生毕业都快一年了，至今都没有一份像样的工作，每个月还得靠家里往外寄钱，过着和大学生差不多的生活。加上在外工作，不比在学校念书，房租相对低廉，父母寄的生活费有时甚至比以前还更多了。

大家听到小华这样说，都纷纷发表意见，说得最多的是读书无用，不知道要读来干什么。

时间久了，一些同学甚至开始厌学，课前也不预习了，上课也不认真听讲了，课后就更不用说了，看小说的看小说，玩游戏的玩游戏。反正也没目标了，这学还念个什么劲啊。

看到大家这种厌学的情绪一天高过一天，班里学习的氛围则是一天低于一天，含云都开始感到迷茫了：学习到底是为了什么？或者说学习到底有什么用呢？

妈妈对我说：

含云，听没听过一句话：学习也是一种信仰。

你们班上有极少数同学辍学去工作是心太急，跨了阶段去提前做了一些不该在青少年阶段做的事情。这有点像你们小时候学的一个寓言故事里说的“揠苗助长”，他们过早地把自己从学习的阶段拔到社会的阶段，是错误的行为，日后某个时期，不管过了多久，或长或短，他们多多少少会为自己当年草率的行为后悔的。

而且，社会上所谓的“读书无用论”也是完全站不住脚的。你想想，那个只拿1500的大学毕业生才出来工作多久？而那个拿了4000的给人刷墙的爸爸又有了多少年的工作经验了呢？所以这样两种情况根本就不具有可比性。

一个很简单的例子，妈妈20年前的工资才300块呢，现在已经有了3000多了。你能说我当时拿那么少的工资是因为当时妈妈念的书没用吗？

再说说小华邻村那个总是找不到稳定工作的大学生。这两年经济危机让很多人失业，大学生就业形势严峻也是众所周知的事情，国家正在大力解决大学生就业的问题；而且能不能找到工作，或者能找到什么样的工作，与个人能力也是很相关的，并不能就此推断读书是无用的。如果这样，那些优秀的大学生，像我们隔壁的真真姐，她也是大学毕业，一个月工资有1万多，那听到这个消息的小华，是不是又会认为读书还是有用的呢？

问题的关键之处不在于读书有用没用，这是个不容讨论的问题。我们必须读书，而且要有终身学习的想法，就像我前面说的：学习是一种信仰。因为读书本来就不是和钱直接挂钩的，我们当然也就不能根据以后工作挣钱多少来判定现在读书是否有用。读书应该是培养一个人的知识储备、素质涵养、思考问题、解决问题的能力以及具备怎样的视野等等综合素质的一个过程。

我们每个人都有一个成长的过程，在成长的过程中，我们都要学习一定的基础知识和技能。只有当我们的知识储备和能力达到了一定的水平后，我们的人生梦想才有可能实现的一天。

人的一生是分阶段的，到了什么阶段就应该做什么事，而不能提前预支自己的能力。当然了，更不能停滞不前，故步自封。

你应该知道有句古语叫“欲速则不达”吧？说的就是做事也好，为人也好，都要一步一个脚印，慢慢地来。你们现在正处在读书的阶段，以后走到社会，这样一心只读书的机会将会越来越显得弥足珍贵，所以，该好好学习的时候为什么不好好学习，而要去想些看不着的明天呢？我们只有把握好了今天，把握好了能把握住的今天才能有更好的将来。何况，我们也只能活在今天。

什么专业才是我真正适合的

“有谁知道哪个专业最挣钱？”

“‘工商管理’是个什么东西，有没有知道的？”

“‘土木工程’怎么样？”

“计算机专业好像也不错。”

“不是都说市场饱和了吗？赶快别选那个了！”

“以后想念什么专业啊？这也太难为人了，选自己喜欢的吧，爸妈说冷门；选个热门的吧，也不知道几年后，就业形势是不是还会这么热？愁死了……愁得我现在都开始冒热汗了！”

“是啊！我也不知道将来学什么专业好呢。可是这就要文理分科了，总不能先分科，后考虑以后的专业吧？那万一我想学的专业不能报就惨了！这个一定得先定！”

果果的班上马上就要文理分科了。这些天一到课间，大家几乎把所有的课余时间都用在讨论将来选什么专业的问题上。不过，由于大家大多对各个专业并不了解，也不知道要如何去了解，所以，答案依旧没有，问题仍在讨论。

妈妈对我说：

果果，专业的选择确实是件很重要的事情。

那么，在专业的选择上，究竟什么才是最适合自己的呢？

妈妈认为：选择自己喜欢的专业，才是最适合自己的。

因为很大的可能，你选择了一门专业后，以后的学习也好，生活也好，工作也好，都与你的专业紧紧连在一起。试想，如果一个人选了自己不喜欢的专业，不管他当初出于什么初衷，大家说是热门专业也好，老师说的是容易上的专业也好，还是父母说会有稳定工作的专业也好，最后要面对这个专业的不是别人，而是正在从事专业本身的你。天天与那个专业打交道，却发现每天都觉得那么讨厌，这日子还怎么过？恐怕只有得过且过了。

所以，专业的选择就显得尤为重要。要是能一次选好永不后悔，无疑是再好不过的。

那么，怎样才能最大限度地确保一次就选好呢？

首先，要确定人生目标，多问自己几个什么？比如，你究竟想成为什么样的人？你想要过什么样的生活？你能为你的目标做些什么？

在问了若干个这样的“什么”之后，接下来容易理清思路了。你需要做的事就是想尽一切能想到的办法了解将要选择的专业究竟学的是什么，你对它是不是真的感兴趣，它是不是真能帮你解决之前问到的几个“什么”，比如，学了之后是否能获得关于以后想做的工作的知识和能力等等。

那么，有什么办法或者渠道了解到那些想选的专业呢？

第一，可以上网搜索。举例说，你只要输入专业名称，然后点击“百度百科”，就很容易知道你要学的专业将开设什么课程，学的大致内容和方向是什么。

第二，问父母。父母永远是我们随时可以寻求帮助的老师之一。如果父母博学多闻，征求父母的意见无疑是最安全可靠的，但是，也不排除父母对我们想要学的专业知之甚少，或者根本不知道的情况，这个时候，或许要倒过来，和父母好好沟通，把你想学的专业究竟是什么和他们说说，并说说自己的打算，只要不是太离谱，父母都会支持的。这可是一种可观的精神支持力量哦。

第三，问学长或者学姐。能找到正在念这个专业的前辈，听听他们的看法和可观评价，当然是最好不过的了，他们兴许还能给专业方面的意见呢。

第四，问亲朋好友。当然是对这个专业有所了解的亲朋好友，如果有从事这个专业工作的，那更好了。

第五，问老师。老师也不是随便逮着哪个就问哪个，选择有经验的老师来问，相对比较好。因为有些老师带过很多毕业生，那些毕业生可能在各个不同的专业学习，或者不同的领域就业，他们会和这些老师有联系，有沟通。不过，很多情况下，聪明的老师不会给你明确的选择，而只会给你参考意见。能给出比较好的参考意见的老师，就已经很不错了。

……

总的来说，千万不能稀里糊涂，随波逐流，看见大家选什么，自己也跟着选什么，或者大家不选什么，自己偏选什么。理性的思考很重要。

我们的人生我们做主。既然这样，何不从专业选择开始就理性做主呢？

是学文科好呢，还是学理科好呢

“要文理分科了！没想到高二上学期这么快就要结束了！可是我还不知道下个学期要选文科还是理科呢！”姗姗跑过来和春春说话，一副找到救星的样子，“你看我烦的，我们班的同学我都差不多问遍了，他们也不能给我个答案！听说你是个小小‘万事通’，所以我来向你咨询来了。呵呵……”

“你也太高看我了。哪里是什么‘万事通’啊。只是喜欢和大家聊聊自己的感受罢了。”春春当然要谦虚一下，姗姗的性格她是知道的，只要是把自己贬低，姗姗反而会认为对方说得是对的，至少，是诚恳的。

事实证明春春的推断是正确的。

因为姗姗一屁股坐在春春可怜的同桌的凳子上，全然不顾人家正在写作业。她笑嘻嘻地说：“我有重大问题要问春春。你不介意我占用你的凳子十分钟吧？”

同桌无奈地笑笑：“没关系，我刚好有个题目要和莉莉商量，你坐吧，我去莉莉那儿。”

可怜的同桌拿着作业本往莉莉那儿去了。

“春春！你打算选什么？”

“文科。”春春的视线从同桌那里转回来。

“为什么？”姗姗穷追猛打，“她们都说文科要背的东西很多，很难记的！你不怕啊？”

“那理科好了。”春春又笑了笑，改了答案。

“听说理科要做很多很多题目，很多理科生都要每晚奋斗到11点，有的甚至到12点呢！”姗姗又发难了。

“啊？这样啊。那还是文科吧。”

“春春！你到底要选文科还是理科啊！怎么改来改去的，我都被你弄晕了！”姗姗开始后悔她一来就说的“我终于找对人了”。

“好像是你要选文科还是理科的问题啊，怎么改成问我了？”春春其实心里早就想好了，只是不知道姗姗犹豫不定的原因在哪里，所以就故意兜了几个圈。

“也是哦。我倒不是怕文科的背诵理科的题目，就是不知道以后哪个就业更好，我会更喜欢哪个……”姗姗一脸的犹豫。

妈妈对我说：

春春，你可真调皮！人家姗姗已经很着急了，你还在那里兜圈子。看把姗姗急的。

不过，你的做法也没有错。弄清犹豫不决的原因，才能对症下药，做出正确的选择。

选文科还是选理科，是每个学生在求学的路上迟早必须要面临的一次重要选择，关系到你们的未来。从这点看，姗姗没说错，文理分科确实是件重大的事。对于大多数像姗姗这样的孩子来说，他们考虑得太多，想到了文科的困难，也考虑了理科的负担，更想到了以后的自身发展。想得适当长远一点是好事，但如果想不明白自己的心思，那好事就可能变成坏事。这也是他们犹豫不决的主要原因。

要想明白自己的心思，其实不难。妈妈认为想好两个方面就行了：

第一，自己喜欢什么。

第二，自己擅长什么。

喜欢的不一定擅长，但是不喜欢的就一定不会擅长。

要想弄明白自己喜欢什么，那首先要客观地了解所要面对的事物。

有人认为，普通高校招收文史类专业的人数要比理工类专业少得多。所以，为了方便好考，有些喜欢文科的学生最后逼着自己改学了理科。他们总认为文科不好考，理科好考；文科出路窄，理科将来就业机会多。

实际上这种看法是没有道理的。文科固然招的人少，但报文科的人数也比理科少得多，文科的升学率并不比理科低。具体到个人，意思就是，不管学文科还是学理科，都是需要努力的，都是有竞争的，事实是：文科理科都不轻松，不要以为学文科只是背，历史中的很多分析题都是很需要逻辑思维的。想挑简单的事做，在学习中是没有的，如果有，那只能是不做。

至于说文科面窄，这种说法就更没有道理了。目前我国经济正在迅速发展，经济越发展，需要的管理方面的人才就越多，而这些人才大多数来自于文科院校。因此近几年重点文科院校的学生就业趋向非常好。

事实上，普通高等学校的文科和理科专业的设置是根据社会发展的需要定的。无论读文科还是读理科都是国家需要的，都能为国家建设做出自己的贡献，毕业后都可以找到好的出路。文科和理科本身并无好坏优劣之分。

所以，妈妈认为，选科一定要是自己喜欢的，不然读起来会很痛苦。

如果很不幸，你没有相对更喜欢的学科。那就选自己擅长的学科。看自己哪些科目的基础知识比较好，是文史地，还是数理化。最好把以前的试卷拿出来，做一次客观的分析，看看总体成绩和平均成绩哪些科目的平均分和排名比较好和相对稳定。如果自己不知道怎么判别，也可以让老师，比如班主任，或者父母帮助分析分析。

如果这个还不行，你的文科和理科成绩不相上下，你不知道哪个会学得更好，那你就可以考虑一下自己以后想学的专业是从属文科，还是理科，然后再正确地做出选择。这样依次把问题考虑清楚，文理分科的选择就不是看起来很难抉择的“重大”的事情了。

希望你的朋友姗姗早点做出自己喜欢的选择。

我考不上名牌大学，好苦恼

“看我这成绩，考名牌大学是没希望了！不念大学吧，爸爸妈妈肯定不同意；念吧，自己觉得难度实在是太大了。”思蓝和好朋友有一搭没一搭地聊着。

“不光光是面子问题，我都在想，名牌大学和普通大学的差别会不会很大啊？”思蓝发表自己的见解，“真是郁闷啊。这破成绩不上不下的，恼死人了！”

“你说咱非得上名牌大学不可吗？那么多普通大学就不是大学了？那么多普通大学毕业的毕业生就都没有名牌大学的学生优秀？”文文当然也有自己的见解。

“我看不一定吧。再说了，不是有一句话是这样的吗：师傅领进门，修行在个人。”思蓝居然表现出自信来，“不过考不上名牌大学确实是件让人沮丧的事，起码高兴不起来。我都不知道接下来的日子要拿什么做奋斗目标。哎，都怪自己一直以来不够努力，才到今天这个地步……”

这两个好朋友就如同很长一段时间没有说话一般。上课铃声很快就响了，她们也都各归各位，停止了谈话。

看着老师在黑板上讲得有声有色，思蓝却一点都提不起兴趣来。因为她在想，“是啊，名牌大学那么少，而成绩优异的人最终毕竟是少数。那些考不了名牌大学的学生，他们该怎么办呢？该怎么面对这种残酷的优胜劣汰的选拔性考试呢？”思蓝陷入了沉思中……

妈妈对我说：

思蓝，你问得很好。问到了问题的根本矛盾，就是：不是每个人都能上名牌大学，即使大家都想上名牌大学。

你还有好朋友文文的苦恼正是由于存在的这个矛盾产生的。也许你们也知道自己可能上不了名牌的原因：以前没能好好努力。既然知道问题产生的原因，那就从原因下手好了：现在开始努力。

什么事情，只要现在开始努力都不算晚。

也许到最后你们还是上不了名牌大学，但至少，你们努力过，可以问心无愧了。

我们把事情往不好的，也是相对现实的地方讲，大多数人是上不了少数的名牌大学的。其中你们就很有可能是在这大多数人中。就算结果是这样，也没有关系。普通大学也是大学，和名牌大学一样，它们也是国家培养优秀人才的地方。中国有很多的企业家、领导人等成功人士就不是名牌大学毕业的。可是他们通过自己的努力，都取得了事业的成功。

大学的存在，应该是以培养出完美的人格，增强人的现代公民意识为目标。可以说，专业知识的学习是相对最为基础而更需要学生自己付出努力的地方，与学校是否是名牌关系不大。

而且以后到社会上就业，公司在录用人员的时候，绝不是凭你一纸文凭来判断要不要录用你。是名牌还是不是，对你的事业并无影响。进了大学后，将是一个完全不同于高中阶段或者九年义务阶段的学习模型。更多的时候，你将会自己决定要学什么，要成为什么样的人。

可以说，进入了大学，大家又重新站到了同一条起跑线。

而四年后，你要成为什么样的人，决定于大学四年期间你对自己人生规划的确定和切实的努力。优秀与否很大程度上与学校的品牌无关，而与你对大学意义的　　　　　认识和实际行动密不可分。

所以，如果上不了名牌，就大大方方的上普通大学，如果上不了普通大学，就上大专或者职业技术院校，如果还是不行，就去学自己感兴趣的东西，并且制定目标，越细越好，然后真正地全身心投入。

记住了，每一个新的开始，你都不比别人差，你们都将站在同一条新的起跑线上。如果最后，你还是落于人后，那是因为你停止了奔跑。

用最少的时间，获得更多的收获

时间是挤出来的

“怎么这么多作业！又是数学试卷，又是英语试卷的！还让不让人活啊！”铭铭大发牢骚。

“是啊！这次连语文老师也来凑热闹。居然让我们写什么‘我最难过的事’，还从500字提升到800字！我看啊，写完这些作业就是我目前最难过的事了。”程程也跟着起哄。

“写作业倒不是我最难过的。”铭铭很想阐明说明自己的意图。

“那什么才是你最难过的啊？”程程莫名其妙地朝媛媛发问。

“时间啊！我都不知道时间怎么够用？恨不得一天有48个小时。”铭铭看上去真的一副很焦虑的样子。

“倒也是，我们怎么忙也忙不过你。又要去见你的钢琴老师吧？”程程同情地说。

“可不是。就要考过级考试了，本来就要练曲子，又加上这么一堆的作业，看来，和朋友出去春游的事这段时间都不用想了。”铭铭说得可怜兮兮的，“之前约好的，看来又要推掉。”

妈妈对我说：

铭铭，随着我们年龄的增大，要面对的事情也会越来越多，那么如何分配好自己的时间，在有限的24小时内做好自己需要做的事情呢。妈妈可以送给你一个字：挤。

没错，就是要挤时间。时间是挤出来的。

不相信吗？你不仅要完成老师布置的作业啊。除此之外，还要练习钢琴曲，如果不挤时间，又怎么做得到呢？即便希望自己有48个小时，这当然不可能，爱因斯坦虽然提出了相对论，不过他也做不到。那么怎么挤时间？它又不是我们沙发上的靠椅，看不见，摸不着啊。

很简单，为时间做一份详细的计划表。而且计划表最好能够分等级，比如说大的等级可能是这一年内我要实现什么目标：比如语文成绩提高20分。接下来就是一些更细的计划：为了年末的语文成绩能提高20分，我要全面提高基础知识部分的得分，估计为5分；作文部分的得分，力求提高10分；阅读理解部分的得分，也是提高5分。

然后，怎样才能提高基础知识的得分呢？每月学习30个新字新词，平均下来每天一个字或词。每月看一本世界名著或者中国名著。这个可以计划为每天放学后阅读半个小时或者一个小时，具体时间看书的厚度和页码来定。每月自己给自己加10个阅读理解的练习，每隔两天做一次，每次时间大约为半小时，定在吃中饭后午休前的休闲时间。

有一个对待读书的看法，我们需要改变：就是太把读书当一回事儿。

中国人常常由于把读书看得太重，而多多少少浪费了一些可以利用起来的时间。把读书看得重，虽然不是件坏事，但在妈妈提倡的“挤时间”学习法上可能也不能算是一件好事。比如很多人觉得，读书就一定要有大把大把固定的时间，然后专心致志地坐在书桌前什么也不做，只看书。人们难以想象10分钟，或者20分钟可以拿来看看书。其实，在美国人那里，他们甚至在马桶旁边都放着书，这些书绝不是我们很多人认为的乱七八糟的杂志，而常常是文学名著啊，新闻早晚报啊之类的书刊——当然，这样容易引起便秘，所以妈妈也不提倡。还有些人，在书包里随时放一本近期想看的书，在等公交车或者乘坐地铁的时候拿出来阅读。这样积累下来的时间，对一个天天要坐地铁的人，甚至可以在一周内看完一本小散文随笔。

如果真能做到这样，那可是真正地算“挤”时间了，而且把学习融入生活中了。这种心态就是妈妈所说的“太把读书当回事儿”。说得简单点，就是心无旁骛、见缝插针地随时学习。

现在我们回头再来看看上面的计划，算是很详细而且有层次。从年到月再到天，甚至小时。计划这么细而全的好处是，既能保证做到切实可行，又能有目标。人们在做一件事情的时候一旦有了目标，就不会觉得盲目而不知所从了。

大目标，比如这里的年计划，需要很强的意志力和耐心去坚持，而这些坚持只要每天认认真真地完成一个一个的小目标就可以了，这样算下来，大目标变得不再遥远而不可为了。你要做的，就是脚踏实地地做好每一步。

当然，在计划执行的时候，常常会碰到意外情况，这可能会打乱你已经做好的计划。那怎么办呢?

首先，要冷静，不要浮躁。如果可以，最好每个月，调整一下计划，并且在计划里预留一些可能会发生的意外情况，别把时间排得太满，比如，某个中午该做阅读的时间，临时去做数学老师发的试题去了，那么就改为第二天中午，或者当先下午。总之，尽量不要破坏整个计划的进度。如果你订的那个计划，执行了一周，发现很多地方都完成不了，那么可以在周末，利用放假时间，好好调整原有计划，重新制定一个可以落实的。

要能落到实处，是制订计划的首要原则。不然，订了等于没订，就可能给自己带来沮丧感。

另外，制订计划的又一个原则是：充分利用白天的时间。科学研究表明，白天学习一个小时几乎等于晚上学习一个半小时。白天学习的效率还是很高的。所以，白天能做的事，别拖到晚上再去做。

当然，“身体是革命的本钱”，这句话什么时候都不过时，所以，再怎么挤时间，也不能挤了应该休息的时间，能吃能睡，才能好好学习嘛。

睡觉前后，我能做点什么

“我说，寒寒，这些天，我晚上总睡不着，怎么办啊？”华华着急地问道。

“你也是啊？最近我也总这样呢！一躺下去就是半个小时都睡不着，有时候甚至要等一个小时才能入睡，急死我了。又不知道怎么办才好。大把的时间就这样白白浪费掉了！”听了华华的话，寒寒就像是找到了知音，一个劲地抱怨着。

看来由于快期中考试了，大家压力都很大，开始有了轻度失眠的现象，寒寒对此也是深有同感。

“睡不着还算好的。我现在是晚上该睡的时候睡不着，早上该起来的时候起不来。”华华接着寒寒的话，两人好像比赛着谁更能失眠一样。

“晚上睡不好，早上自然不想起。”寒寒笑了笑，看来她比华华稍微好点，早上不存在起不来的问题。

“就是就是！我躺在床上吧，想起来，又想着，再睡一会儿吧，还没到时间呢。可是妈妈在厨房做饭的声音都能听到。觉得自己老是迷迷糊糊的。”华华说，“要是能做点什么就好了，这样也太让人难受了。”

妈妈对我说：

华华，其实你们遇到的事，很多像你们这么大的孩子都会遇到，就是入睡前常常要过上近半个小时，睡醒后又有点“赖床”，不想立刻起来。这不用太紧张，不算是失眠症状。不过，你们不必过于担心这个问题。华华说得好，要是能用这些时间做点什么，比如学习，会不会很好呢？

答案是肯定的。

据心理学家试验研究表明，在睡前和刚刚醒来后学到的东西，保持记忆的时间最长。我们完全可以利用这些片段的时间来学些东西。科学上叫作“睡前醒后学习法”。

那么，为什么睡前醒后的记忆相对能保持得最长呢？

研究发现，人的大脑在睡眠期间，大脑皮层的神经细胞会受到抑制，转入抑制状态，也就是大脑皮层的活动比起人醒着的时候要缓慢得多。所以，入睡前，如果学习一些东西，这些信息会因为神经细胞的抑制而不受到干扰，清晰地记在大脑皮层上。如果睡醒后，我们试着去回忆入睡前看到的知识，会发现能很清楚地分辨出自己记住了哪些，遗忘了哪些。

这个原理其实也可以根据记忆的干扰理论来解释。记忆的干扰理论认为：先学习的材料会对人们回忆后学习的材料产生一定的干扰作用。当然了，后学习的材料也有可能对先学习的材料起一定的干扰作用。在这里，干扰作用不利于我们记忆东西。

而我们睡觉休息的时候，由于大脑皮层的活动规律，早晨醒来后，大脑还没有接受外界刺激的时候，我们便去回忆前天晚上临睡前学到的东西，这时记忆的干扰作用降低，从而使记忆量保持最大。

有的认知神经科学家说，人在半睡半醒的时候的记忆是隐性记忆，耗能少，效率高。这可能也是某些学生在临睡前对一个数学题冥思苦想都得不到接到的方法，等睡了一觉，第二天醒来，竟奇迹般地想通了，会做了！可能睡眠中，记忆也在帮忙呢。

所以，你看，我们完全可以用这段时间来学习一些较难的记忆内容，比如背外语单词，背语文课文，记数理化公式。妈妈还推荐用这睡前睡后的半个到一个小时来收听英语广播。

如果是记忆外语单词的话，妈妈建议，量不要过多，20到30个就行。并且最好能做到把常用的搭配及用法——做动词还是形容词或者名词使用——记住，同时建议临睡前看着英文中文含义。而到第二天早上起来，还是复习这些单词。最好先仍然从英文想中文含义，并且尽力回忆他们相关的常用搭配和用法，然后再多做一步，从中文想到英文。到了第二天晚上，重复一遍中文到英文的过程，这样，这 20 到 30 个单词的记忆就会非常牢固。

如果是语文课文呢，就没这么复杂，重复背诵就好了。

数学公式等等也是这样。当然，可以想想白天老师是怎么推导这些公式的，以及通常在解答什么类型的题目时需要用到这些公式，这样，就不会出现单纯地为了背公式而背公式，到最后，背出了公式仍不会用的情况。

至于用它来听英语广播，有的专家甚至认为，如果是播放效果好的工具，可以让它整夜开着，这样会不知不觉提升英语的语感。不过，最好别戴耳机，因为久了可能会造成听力下降。所以，最好是外放。声音也不能太大，不然不仅吵到别人，你自己也可能半夜被惊醒。

其实，像你们这么大的孩子，每天满足 8 个小时的睡眠就可以保证学习时所需要的精力了。如果能把每天躺在床上发呆的时间或者数绵羊的时间用来学习，长期坚持下去，你会发现有意想不到的收获。

不过，不能走极端，把睡觉的时间“挤”出来学习哦，不然就得不偿失了。

到了睡觉的点，有困意的时候可以随时放下书本安心睡觉。

专心致志地学，开开心心地玩

雅致正在一心一意地背着历史老师李老师留给大家每天必须完成的任务。

“还给我 10 分钟，就可以搞定这个历史题了！”雅致在心中默念着，很高兴地再一次忍不住去翻自己抄写的历史笔记。

她惊喜地发现：按照李老师要求地去做，每天花半个小时记住十个小题和两个大题是件多么容易的事！她已经不知不觉背了大半本历史书了！

这些题都是李老师每天的历史课抄给大家的。他说：“我和你们一起加强记忆。”所以，从第一天要求大家准备一个历史“背诵本”时，他就坚持把这些题一字不漏地板书在黑板上，而不是用幻灯片打出来。

他说：“这样，显得我们大家都干了一样的活，很公平。呵呵。”

李老师说到做到。尽管大家都知道，粉笔字写起来远比钢笔字要吃力。

也可能正是因为感念李老师的辛勤工作，大家对他要求的每天完成的背诵任务基本没有怨言。

每天中午，午休时间一过，大家便不约而同地拿出前一天抄写的历史笔记开始背诵。

这样的习惯形成后，李老师开始每天抽背一些学生，表示对大家的鼓励。

历史课上总会听到李老师对当天抽背的学生的表扬。

良性循环发生了作用。班级的历史成绩发生了翻天覆地的变化。由上个学期的平均30分上升为平均60分。而这只花了半个学期的时间。

毕竟，就快考试了，大家都明白，每分钟都应该踏踏实实地学点什么。

就在雅致完成今天的背诵任务，并高兴地松了一口气时，一张小纸条递到了她的手里。

上面写着：雅致，你是怎么静下心来的？我有点着急，看不进书了。你教教我。

雅致笑不起来了。因为她知道纸条是好朋友花花写的。好朋友的笔迹她一眼就看出来了。

关键是雅致和花花已经有近一个月没讲话了。她们吵架了。

现在花花主动求援，看来她是真的急了。

雅致知道，花花心事重，性格温和，是个犹豫不决的人。她常常在学习的时候想着要去哪里哪里玩，而玩的时候呢，又担心自己没做完的功课。

上次吵架就是因为雅致说了一句“你到底想怎样？”把花花彻底惹怒了。

面对这张纸条，雅致很替朋友着急，因为一眼就看出来的不仅是好朋友的笔迹，还有泪痕。

看来面对期末考试，花花的心静不下来了。

“我该怎么帮她？”雅致暗自揣度，“她看不进书，我现在比她还急。”

妈妈对我说：

雅致，你真是个好女孩。看到朋友有困难，首先想到的是想办法帮助朋友，而不去计较之前的过节。再说到花花现在面对的困难，其实你可以把自己是如何集中精力做到专心致志学习的想法理清楚再原原本本地告诉花花就很好了。

你说得很对，花花的心不静，她太浮躁了。

面对升学，每个人都有压力。更何况是以前基础很差，现阶段需要大量背诵的科目，这就更需要大家踏踏实实地去学习，去积累。玩的时候想着学习，学习的时候又想着玩，这种“人在曹营心在汉”的心情最后只能学也学不到什么，玩也玩得不开心。对花花来说，这个时候，良好的心态特别重要。

首先花花要弄清楚一个问题。如果学习的时候，心里想着课间或者周末去哪里玩，又或者想着其他的什么别的事，这样时间会停下来说：“你先想吧，我等你想好了，再继续往前走吧”吗？不会！你在胡思乱想的时候，时间仍在毫不留情地继续往前走，时间在流失。说得严重一点，你在浪费自己的时间。而在浪费时间的时候，你什么也没学到，什么事也没做，唯一做的就是：浪费光阴。

有句名言是“浪费时间等于浪费生命”。所以，一定要善待时间，珍惜时间，就像珍惜自己的生命一样。

就像生命只有一次一样，某一年某一月某一分某一秒也只有一次。在这一去不返的时间里我们所能专心做的事也只有一件。花花应该明白这个道理。

那么学习的时候怎样做到专心致志呢？花花可能会想：糟了，我已经落于人后了，我赶不上大家了，怎么办？这样想又有能有什么用呢？只是让自己更着急而已，反而加重思想压力，难以取得好的学习效果。

不要害怕，做什么事情，只要我们愿意开始，都不算晚。

既然觉得自己落于人后了，那么就只能追赶。

制定好计划：比如别人每天背 10 个小题和 2 个大题，我大不了背 15 个小题和 3 个大题。这样每天都多出来一些，如果总共只有 1000 个小题和 100 个大题，就算别人已经背到第 200 个小题和 40 个大题了，那么 40 天后，你们会重新站在同一个起跑线上：大家都将背完 600 道小题和 120 道大题。就是这么简单的一个计算。

只要有计划，有目标，并切实地去努力实践它，再加上对自己的自信心，剩下的就是去完成这些小而具体的计划了。这个时候，你每天关注的只是自己必须要完成的事，想不静下心来学习都是很难的事了。

但是，在学习的过程中，可能会觉得很无聊。这时可以给自己设一些完成任务的小奖励。比如：40 天后如果完成这次背诵计划，奖励自己放假一天，好好地约上死党们疯狂地玩一天。

又或者，每天在枯燥的学习时，告诉自己：如果一小时内搞定这些，就奖励自己吃一颗棒棒糖，或者，听一首喜欢的音乐。这些奖励都可以帮助自己减轻对即将面临的学习任务的压力感和枯燥感，使每次学习都看起来那么具有诱惑力。

专心于事，而不是好高骛远，踏踏实实地想着手边的东西，那么心自然能静下来。不仅学习是这样，以后的工作也是这样。

真能如此，学得踏实了，玩起来还有不踏实的道理吗？那是从未有过的事。因为你的心里再不会有牵牵绊绊让你不安的事了。

爱读书不如会读书

选最精华部分诵读

“每天早上都读读读，你说，咱读的什么啊？”丛丛放下正在朗读的语文课本，回头问洋洋。

“老师好像说这几段最重要，写得很棒。”洋洋马上回答，“可能这样才让我们背诵的吧。”

“关键是读了好多遍后背倒是能背了，不多久就又给忘了啊。”丛丛说，“你说着背诵有用吗？”

“应该有用吧。不是说‘书读百遍其义自见’吗？”洋洋知道丛丛准是又背不下来，钻牛角尖了。索性不背了，把书放下来打算听她说会儿。

“那人家是说读书，没让背书啊。”丛丛开始抗议，“我一想到要背东西，就有压力，怎么也背不下，读读还行。”

“实在背不了也没关系吧。老师不是说了吗，一定要在早自习上大声朗读，就算背不了，熟读也行。”洋洋为她支招。

“诵读真的有用吗？”丛丛怀疑地自问了一句。

妈妈对我说：

丛丛，你们语文老师说得对。文章中的精彩部分是应该大声多朗读几遍，也就是诵读。

当然，诵读的次数多了，可能自然而然就能背下来；也有可能像你一样，怎么也背不下。但是，没关系。书总是读的好，不然怎么说“读书”，而不说“看书”呢？

洋洋说得没错。“书读百遍其义自见”。就是说，书读得次数多了，文章的意思自然而然就明白了。

诵读就是很好的读书方式。

诵读，说得通俗点，就是大声地朗读。这种方式很适合需要记忆的材料。比如诗词、古文、散文等文学作品，还有外语、科技书籍等的精华部分。

通过诵读，往往不仅帮助人记忆，在读的过程中，也会让人思考所读的材料的思想内容和中心主题，可以通过诵读时的气势节奏，抑扬顿挫的读音来更深刻地理解材料。

比如一首诗歌。它被写在纸上和被吟诵出来，可能给你两种完全不同的感觉。光用眼睛看，觉得就仅仅是文字而已，可能一不留神还看漏字，或者看串行了。而诵读就不一样了，它要求每个字都通过视觉系统先进入到大脑，然后大脑进行一系列的传输，指示发音系统发出声音。这个过程，大脑被更大程度地调动了积极性和主动性，所以，理解上和记忆上也会跟着启动。

不仅如此，诵读还可以锻炼培养口才，提高演讲的能力。

有些人，可能看了很多东西，也学了很多东西，可是一到跟别人说的时候，往往发现很多都是话到嘴边就没了，说不出什么来。出现这种情况通常是因为平时缺乏训练或者锻炼的机会。这样久而久之，可能出现“茶壶里煮饺子——有嘴倒不出”的现象。

那么，在这样一个社会，一个不善于表达自己的人，要想获得成功比起那些善于自我表达的人来说，也许就要困难许多。

有句话说，有机会我们一定要成功；没有机会，我们创造机会也要成功。

其实有时候，机会就在我们身边，能不能抓住就看你平时准备的是否充分。

训练自己的口才，可以通过平时的诵读来得到提高。

不过，诵读也不单单只是大声地朗读一件事。在做到眼到、口到的同时，还得做到心到。不能像个菩萨念经一样，有口无心。就算一段材料再怎么是精华，怎么精彩，如果只是像个复读机一样充当复读的功能，最后也达不到诵读的目的。

其次，诵读的时候也是讲究方法的。

如果以背诵为目标，一般分为三个步骤。

首先观察要背诵的有多少个段落。如果有两个或两个以上的段落，先通读一遍。通过第一遍诵读，解决认识的生字生词，并且能知道整个要背诵部分的大概意思。

然后，最好是一个段落一个段落地解决。如果一次就想把整个段落背下来，那也是不切实际的做法，就如同想一口吃个大胖子一样，是办不到的事。要一口一口地吃。做好的做法是一句话一句话地记忆。如果一个句子太长，则按逗号分开的地方记忆。记好一句话后，再记下一句话。当第二句也记好了时，不妨及时复习，尝试着把第一句和第二句一起记忆。就这样，一句一句地往下记，每次多记一个句子。滚雪球地往下记，直到记完一个段落。

这时及时复习刚记完的那个段落。觉得准确无误了再按照同样的方法记第二段落，第三个段落……直至更多。

注意：在记第二个段落或者之后的段落时，不用重复上一个段落，一个段落为一个整体。

最后，就能由整段整段的记忆试着去记所有连在一起要记忆的段落。在段落之间，可能会卡在下一段的第一句话上。别担心，试着去回忆，如果实在记不起，可以看看书本，并有意识地提醒自己下次背到这里时加以特别注意。

这样整篇地记忆大概两到三遍，基本上就能十分熟练了。那么，你的背诵任务也就顺利完成了。

当你认真地完成一个背诵任务时，你会不知不觉地发现，学习又进了一步。

这段文字需要仔细推敲

“扬扬，你知不知道这段话讲的是什么意思啊？我怎么觉得看来看去都看不懂呢！”冰波捧着被她画了很多红的蓝的的语文书，一副焦急的样子。

“其实我也不是很清楚，呵呵。”扬扬又开始傻笑。

“那你现在在做什么？”冰波一把抢过扬扬正在写的作业本，“读——后——感！”

“老师布置的作业。”扬扬看自己遮也遮不住了，只好不打自招。

“你不是说你不是很清楚吗？那怎么还写读后感啊？”冰波觉得自己看到了迄今为止最不可思议的事情，吃惊地连用了两个问句。

“就是不懂才要写读后感嘛，这叫仔细推敲。懂不？”扬扬还颇以为得意，完全不把冰波的疑惑放在眼里。

妈妈对我说：

冰波，不管扬扬对她要写的段落是不是真的理解，不过，妈妈很赞成她的做法。至少，她对学习是十分用心的。

在学习上，我们要做个有心人。“做个有心人”，这句话听起来似乎很容易，不过，很多时候，做起来并不是一件很容易的事。

我们碰到的学习材料常常可以分成以下三类型：

第一类：知道了解型。这一类材料，往往要求学习者能够知道，了解。别人说起的时候知道对方说的是什么。比如学习物理、化学等科目，老师介绍的某个理论的首创者和发展过程等等。

第二类：记忆背诵型。这一类材料对学习者的要求相对较高，要求学习者能对所学的材料熟记于心。比如语文、英语等科目中常常有这类要求。

第三类：灵活应用型。这一类材料对学习者的要求最高。学习者面对这种材料，不仅要能记忆，更重要的是能用学到的知识解决以后碰到的问题。比如语文中的写作，解答数学应用题等等。

扬扬针对她不理解的那段文字，打算通过自己的思考，写一点读后感的做法就属于第三类。这样做，不仅可以通过对文字的仔细推敲加深对课文的理解，帮助记忆消化，也可以锻炼她的写作水平，可以说是一举三得。

那么，“推敲”是什么意思呢?

“推敲”通常用来比喻写文章时，字斟句酌，反复琢磨。说得不好听点，你也可以认为是“咬文嚼字”。这样的情况常常出现在下面的语文思考题中。比如老师可能这样提问：“在鲁迅的《祝福》里，有这么一句话‘你放着吧，祥林嫂！四婶慌忙大声说。’请大家思考这里为什么用了‘慌忙’，而不用‘惊慌’？”这实际上就是对文字的仔细推敲的一个典例。

这也符合“推敲”一词的最初来源。

“推敲”这个词语其实是从一个故事里发展出来的。

这个故事是这样的：唐代诗人贾岛骑着驴去北京赶考。一天，他一边走，一边吟诗，忽然想到了两句诗:“鸟宿池边树，僧推月下门。”

贾岛自己觉得这两句还不错。不过呢，他又觉得下句“推”字不够好，既是月下的夜里，门早该关上，恐怕推不开了，不如改为“僧敲月下门”。他心里这么琢磨着，嘴里也就反复地念着“僧推……”、“僧敲……”，右手也不知不觉地跟着表演起来：一会儿伸手推，一会儿举手敲。正在这时，著名的大作家、京兆尹兼吏部侍郎韩愈恰巧从这儿经过。按当时的规矩，大官经过，行人必须远远回避让路，否则就算犯罪。贾岛这时正沉迷在自己的那句诗里，根本没有发觉，等到韩愈的车走近了，他想回避也来不及了。所以他当即就被差役们扭住，带到了韩愈的马前。韩愈问明原委，不但没有责备贾岛，还很称赞他认真的创作态度。

过了一会儿，韩愈说：“还是‘敲’字好。”

于是，两人并骑而行，还谈了一些关于诗文写作的问题，并且从此成了朋友。

“推敲”的出现，就是由于这个故事。后来，这个词用来形容反复地研究措辞、斟酌字句，以便取得最好的表达效果。

文学作品本来是借文字来表现作者的思想感情的，可是文字有时候可能含糊不清或者晦涩难懂。这时候，就需要通过“推敲”来对文字进行筛选、修正、审定，从而起到调整文章思想感情的作用。作者在写的时候是这样思考的，那么我们读者在读的时候也可以来个逆向思维：对某些含义隽永的文字进行细细“推敲”，从而理解作者为什么要挑这些文字。很多时候，这些文字往往是通篇文章中的画龙点睛之笔，也就是文章的“文眼”！

一般人也许根本不了解文字与思想感情的密切关系，以为随意更改一两个字，能够使一篇文稿基本通顺就行了。其实，修改了文字，往往就同时修改了作者所需要表达的思想感情，内容和形式都有可能发生本质的变化。因此，我们无论是阅读文章还是写作，推敲的“腹稿”工夫是需要我们逐渐养成的好习惯。

那么，在对文字进行推敲的时候要注意些什么呢?

首先，要弄懂这些字的字面意思。这是最基本，也是必须要做的一步。

然后，要结合上下文，主要看所要仔细推敲的文字的前后几句所要表达的意思，这样来确定作者为什么要这么写。有时候甚至要联系全篇来看。前后看明白了，意义也弄懂了，并且也清楚了为什么非用原文中的词不可的时候，“推敲”的任务也就完成了。

这个时候，如果有什么心得体会，不妨写下来。相信善于推敲的你，如果真能努力探求语言文字上的精炼贴切，你的文字也一定能够随着思想感情而喷射出来，写作也就成了轻而易举的事了。

边读书边做笔记

“宛秋，你在写什么呢？”阅览室里，大家都捧着书在看，只有宛秋，边看还边写。小雪觉得好奇，凑过去问了问。

“做笔记呢。”宛秋停下来，抬头笑了笑了，算是回答。

“看小说还做笔记啊？”小雪很不理解宛秋的做法。

“‘不动笔墨不看书’，听说过吧？”宛秋得意地说，“这叫随时读书，随时笔记，知道不？”

“那边读边写岂不是很浪费时间？”小雪看来不大赞同宛秋的做法。

“可是你光读了不写，还不知道自己最后能学到多少呢。说不定看完了，也忘完了。”宛秋毫不退让地反驳道。

妈妈对我说：

小雪，宛秋真是个会读书的好孩子。

她说得没错，随时读书，随时笔记。善于读书的人，往往也是善于记笔记的人。

当然，不是说，看到什么就记什么，那样简单的机械劳动对做好笔记，读好书基本起不到作用。记笔记是讲究方法和策略的。

那么，如何来做笔记呢？怎样记笔记才算是好的笔记呢？

虽然说文无定法，但是我们还是有一些规律可以参考的。

首先，标记法。就是在读书的时候，把自己认为的重要的部分用不同形式的标记圈点出来。当然了，在图书馆里看书，不能用这个方法，因为那是公共财产，不是你一个人的书本。

其次，摘录法。有些书，我们可能是借来的，不能在上面随便地写写画画，而其中有些地方我们觉得十分精彩有用。这时候，就可以准备一个笔记本，有目的、有选择地摘抄所需的材料。摘抄也是分情况的：第一种情况，把相关的材料通读，找出需要抄写的部分；第二种，边读边写，如果怕遗漏，旁边可以夹些小纸条或者书签之类的东西；第三，如果是没有目的的阅读，比如看小说、散文或者杂文之类的，可以摘抄其中的典故、幽默词句或者名人名言，警句格言等，拣喜欢的抄就行。

如果这时，自己对所读到的材料有自己的见解或者感受，对某个观点或论点想发表一下自己的看法，那么也可以随手把它记到笔记本上。说不定哪天要写什么读后感或者心得笔记的东西的时候就能用得上。即使用不上，通过表达自己的想法，也可以起到巩固记忆，启迪思路，引发创意的作用。

再次，提要法。这常常是对一本书或一个章节的内容而言。比如在读哲学书的时候，可以根据书的编排体例，自己在笔记本上列个小提纲，下面用括号注明每一章节的主要哲学派别，代表人物，年代和该哲学派别的主要言论观点等等。如果自己对这些观点有不同的理解，可以顺势在旁边注上。这样，整本书读下来，大体的脉络将十分清楚。

这种方法在学数学时也是十分适用的。不过，花括号后面的内容将改为数学思想和公式。

最后，速写法。常常用在记录一闪而过的想法方面。比如，平时想到什么好的句子，或者对某个问题突然产生了疑问，而这时又想不到将来哪篇写作中可能用到这些句子，或者一时找不到问题的答案，这个时候，可以把这些想法先记在笔记本上。因为不记下来，这些一瞬间产生的灵感可能就永远消失了。

各个科目最好有一个笔记本，笔记本的大小和颜色以选择与相应的教科书对应为最好。比如，红色封面的教科书配红色封面的笔记本，A4 大小的教科书配 A4 大小的笔记本，这样不仅方便区别，也方便提取。

不管用什么方法，读书的时候记好笔记，都有助于我们在读书时充分调动自己的积极主动性，让我们开动智慧的机器，而不是看了就看了，什么也没留下。

而那些在读书中记录下来的笔记，将帮助我们整理出书中的要点和线索，为我们进一步学习提供方便。相信，随着时间的流逝，在边读边写的过程中，你的知识会不断得到积累和成长，最终积沙成塔，集腋成裘，取得意想不到的良好效果。

书中落满了我的圈圈点点

尔露发现，波波读书有个奇怪的习惯：手里总是拿着三种颜色的水笔，一支红的，一支蓝的和一支黑的。

而且她经常读一会儿就停下来，拿着那三支笔在书上画着什么，有时候，旁边还夸张地放了类似日记本那样的东西，整个书桌看上去，除了书就是笔记本了。

这样观察了一段时间，尔露在想：波波为什么总是一只手拿着三支笔呢？她到底在做什么？况且这怎么好写字啊？难道她根本不是在写字，而是在书上画画吗？

尔露越想越觉得有蹊跷，在好奇心的驱使下，她忍不住在某节课的课间趁波波不在的时候跑去问花花。

花花说："应该是做笔记吧。"

"三支笔怎么做笔记？"尔露还是觉得奇怪。

"要不，我们偷偷地看一眼她的书？"花花悄悄地建议。

"这不好吧，人家不在看人家的东西。"

尔露有点犹豫。

"没关系啦，看看语文书，又不看她的日记本。"花花边说边去找波波的语文书。

"你们干什么？"没想到，波波这么快就从洗手间出来了，把尔露和花花逮了个正着。

"没……没干什么。"尔露脸涨得通红，只剩下结巴的分了。

"就是语文笔记抄漏了，想借你语文书看看。"还是花花反应快。

"没关系，看吧。"波波大大方方地说，"左边第三本。要我给你们拿不？"

"不用了，谢谢。我们找到了。"幸好波波不介意，不过尔露心里想：下次还是别做这种事了，提心吊胆的，难受死了。

一翻开书，尔露就惊呆了。只见书上随处可见不同颜色的标记，有些空白的地方还用这些颜色的水笔做了很详细的注释——难怪波波的语文成绩一直是班里数一数二的！

妈妈对我说：

尔露，下次记得要动别人东西前先和对方商量，征得别人同意后才用，这是基本的礼貌问题，是对别人隐私的尊重。波波很大方，不介意把笔记借给你们看，但是并不代表笔记就不是一个人的隐私了。当然，后来你们是在征得波波同意下看的，这很好。你自己也意识到这点了，妈妈就不多加批评了。

妈妈想说的重点还不是这个。妈妈最想说的是波波的读书笔记的事。

相信你也看到了做笔记的好处。虽然波波的语文成绩好，并不一定就全是因为她笔记做得好，但是笔记做得好，才有可能把所学的东西弄懂弄透了。俗话说：好记性不如烂笔头。所以，学会边读书边做笔记对学习很有帮助。

那么，做一份好的标记，需要注意哪些方面呢？

首先，要对自己所要使用的符号体系有一个完整而系统的规划。比如，下面画红色波浪线的为重点记忆部分或者关键词句，下面画蓝色直线的为新学的知识点，下面画黑色双横线的为理解时要注意的地方。又或者前面标有三角形的为泛读的，只要知道的地方，标有红色五角星的为重点段落和篇章，带蓝色问号的是存有疑惑的需要等待老师进一步讲解的地方。

建议用红色代表需要重点学习的地方，因为红色相对课本中的黑色印刷字比较醒目，容易引起人的视觉注意。

不管怎样，总的原则是，自己心里明白什么图形标记代表什么意思，何种颜色表示需要重视的程度，并保持这些规则不变。如果总是更改颜色符号标记代表的意思，最后就可能失去了做笔记的原本的意图，书上只剩下连自己都不懂的花脸“大花猫”了。

其次，并不是说在书上做了标记后就完事大吉了。要适时对做过标记的地方加以整理。比如认为是提纲挈领的重点内容的地方，可以找个笔记本摘抄下来。以前打了蓝色问号的地方已经找到了答案的，可以把答案标注在课文旁边的空白处。也有些同学特别爱惜自己的教科书，不喜欢在上面写写画画，那么可以仍旧用蓝色的笔把这些已经解答了的问题抄到笔记本上。等到以后复习的时候，一看颜色，心里就明白了：当时在这个地方我是不大明白的。然后再对照现在心里是如何理解这个问题的，慢慢地，你就会发现，当初有疑问的地方已经通过你的重点注视，并顺利得到解决了。

最后，需要强调的一点是。不仅可以用颜色来给所学的知识分类，那些小符号也可以，比如空心的小三角形，小圆圈，小五角星或者像“※”、“？”等等这样的符号。只需要注意一点就是：符号越简单越好。不然，如果弄得过于复杂，最后自己都可能会被自己当初划的符号搞得晕头转向，到时候，别说起提醒作用，恐怕只剩下让人头疼的费解了。

标记做得好，常常是在对文章很好地理解的基础上的。所以，未理解前在书上随意乱画一气的做法是不可取的。光有标记，没有用心思考，也难以取得最好的效果。

如果在理解了之后，又有好的标记，那么复习时就可以提高效率，这时，你想学不好也不是件容易的事。

休息也是学习的一部分

看电视也是一种学习

“采儿！猜猜我是谁？”一天晚上，采儿突然接到一个国际长途，里面还莫名其妙冒出来这么一句。

“你是谁啊？快报上名来，好不？那么多人，我哪记得啊。”采儿没心思和对方玩猜名字的游戏，因为还有一大堆作业要做呢。

“娜娜啊！你不会连我都忘了吧？”娜娜在电话那边开始不满，“你小学的同桌兼死党——”

“娜娜！是你啊？”采儿高兴得不得了，“怎么才打电话过来？在英国还好吧？学习上跟得上不？英语听不听得懂啊？”

“你十万个为什么啊？一口气问那么多，我怎么回答你啊。”娜娜开始笑开了。

“到底怎么样吗？”采儿也乐了。

“采儿，你知道不，刚来英国上课的第一周，我可沮丧了。每节课能听懂老师讲的单词的没几个。可是没办法啊，谁让我过来了呢，只好硬着头皮听了。”娜娜开始诉苦，“到了第二周就好多了，大概能听懂七八成。不过街上听当地人讲话，还是叽里咕噜的，不知道讲什么。后来我没办法了，只好没事就把电视机打开，不看的时候也放着。你知道的，全是英语台，开始的时候，也和听老师讲课一个感觉，只能听懂几个单词，我也没管它，连睡觉都开着电视机……”

“那岂不打扰到别人啦？”采儿打断娜娜的话。

“不会，我把声音调得刚刚好，关上门，只有我自己听得到，也能睡得着。这样听了一个月，有一天我突然发现，里面的单词几乎每一个都能听懂了！你说神奇不神奇？电视居然还有这种学习功效！”娜娜在那边激动地说着。

妈妈对我说：

采儿，娜娜说得没错。其实不光是语言可以通过看电视来学习，还有很多知识都可以通过看电视来学习呢。人们啊，通常把这种学习方法叫作电视学习法。

相比较起广播学习法来，用电视来学习的最大好处就在于，它增加了视觉在学习中的作用。

可别小看视觉的作用哦。现代心理学试验证明，多种感觉器官一起上阵参加学习，要比一种感觉器官单独学习的效果好。而且多个器官同时使用时，并不是简单的数学相加。比如，人从听觉器官获得的知识，能够记住15%，而从视觉获得的知识能够记住25%，把听觉和视觉结合起来，则能够记住所获得知识的60%，而不是40%，神奇吧？

所以，如果可以，在学习过程中，我们提倡多器官共同参与学习，以提高学习效率。

可是，很多家长或者老师认为：看电视可能导致学生学习成绩下降。这个结论经过调查研究证明是不可靠的。因为看电视与学习成绩其实并无直接的关系。电视只是众多媒介工具的种类之一，广播、书籍、电子游戏机等也属于学习的媒介工具。而且学生的学习成绩好坏，常常受许多因素的影响，比如教师对儿童的态度、家庭关系、儿童的成就需要、儿童的自我接纳程度、儿童的同伴关系等等，电视不能直接决定孩子学习成绩的好与坏。

那么是不是就提倡无节制地看电视呢？

当然不是。

每种东西都几乎有其两面性，要如何利用它们为我所用，达到我们想要达到的目标，怎么达到我们要实现的目标，这才是问题的关键所在。

要想利用好电视这个媒介来帮助我们学习，要做到以下几点：

第一，正确引导。电视可以说是某种程度上的双刃剑，可以让孩子变得聪明，也可以让孩子变笨。所以，我们有时候就要有意识地去挑选一些能让自己变聪明的节目去看。比如，你想学习英语，就可以每周锁定中央二台的《希望英语》，也可以选择中央九台，也就是中国国际频道，这个频道全天都用英语播放节目，是非常好的学习英语的电视资源。

第二，掌握好度。每件事情往往都有它自己的规律，也就是“度”。要想做好一件事情，我们常常要掌握一个尺度，既不能太过，又不能不足。利用电视来学习也是这样。不整成天都只在看电视，这样就过度了。对于一般的青少年儿童来说，最好是每天看电视的时间不超过 2 个小时。过了时间，就要有这个自制力将电视关掉。

因为看电视的过程往往是心智被动接受的过程。看太多的电视，就可能剥夺孩子的自我创造力、自我信赖、学习和其他社会互动的时间。据研究表明，看电视容易造成脑部“惯性思考”的发展，容易使攻击行为增加、容忍度降低，集中注意力的时间减少。

所以，给自己规定每天看电视的时间点和时间长度，到点了就关机。如果做不到，可以请爸爸妈妈来监督管理。

第三，不养成不好的习惯。比如，边看电视边吃饭或者做作业。看电视的时候就安安心心看电视，吃饭的时候就认真吃饭，一心两用的结果常常是两件事都得不到最好的效果。

第四，制定一个可行的电视学习时间表。详细列出自己每天想看的节目以及节目播出的时间和长度，甚至可以制定出一天完全不看电视，选择户外活动。这样可以检测自己对电视的依赖程度究竟有多少。

如果能够做到这些，相信电视学习法能让你取得良好的学习效果。

读图比读字更直观

“菲菲，你这草稿本上怎么全是图片啊？你在学画画吗？”婷婷随手拿起菲菲手边的草稿纸，发现上面很多奇奇怪怪的图画，有鱼啊，鸟啊，甚至飞机的简笔画。

“没有啊。我没学画画。不过喜欢画画倒是真的。”菲菲笑了笑，从婷婷手里接过她的草稿纸，“看我画得好不？”

“还挺不错的。这个鸭子好像是一笔画成的吧？你怎么做到的啊？”婷婷接着问。

“画久了就会了呗。”菲菲得意地说。

“这是什么意思呢？”婷婷还是觉得不解。

“我们昨天不是学了‘丑小鸭的故事’吗，我画它来帮助记忆的。”菲菲边说边给婷婷解释，“看见没？这里还有个小池塘呢，‘丑小鸭’到池塘和大家一起游泳，大家都不理它，我用了个箭头表示它们和丑小鸭走了相反的方向，然后丑小鸭一天天长大，接过发现自己长成了白天鹅。在这儿呢——美丽的白天鹅。怎么样，思路很清晰吧？”

“行啊，菲菲，真有你的！”婷婷边顺着菲菲指的看着她画的图边听故事，觉得自己也一下子就记住了，“很形象啊。”

妈妈对我说：

婷婷，确实是这样。图形比起文字来，有一个十分明显的优势：就是直观。直观的最大的好处就是便于记忆。所以你随手去翻翻你们的教科书，常常在课文后配有相关的图片。尤其是小学的教科书，上面更是几乎每篇文章都配有插图。这样做，就是为了方便小朋友们更好地记忆学到的东西。

再看看现实生活中的例子：路边醒目的广告牌，报纸上刊登的广告等等，常常是大幅大幅的图片配上少量的文字。商家们这么做，也是利用了这一点，希望人们能够记住他们的广告，从而去购买他们的产品。

菲菲真是应用了这种方法来帮助记忆。

其实每段文字材料，往往都是某种客观事物的反应。如果一篇课文结构清晰的话，常常表现的就是一个很好的场景。我们如果要在头脑中背诵或者复述的话，就可以用这种图形法构造一个良好的语言环境，通常，人们把这种语言环境叫作人工语言环境，以便帮助人们记忆相对比较复杂的、大量的文字材料。

相对人工语言环境而言，还有一种叫自然语言环境，说简单点，就是我们每天生活在某种语言社会里，每天用自己的母语与别人交流、沟通的这个环境。构造一个人工语言环境，可以比自然的语言环境更规范、更浓缩，从而更具有学习的价值。这就是人们为什么要用图片来帮助记忆的原因。

另外，从生理结构上来说，人类右脑对于图像有强大的记忆功能，所以我们大可以利用这种强大的功能来学习和记忆。

人的大脑分为左右两个半脑，即左脑和右脑。他们的分工是有些不同的。粗略地讲，左脑部分主要负责语言、逻辑、数学和次序等等，而右脑部分主要处理节奏、旋律、音乐、图像和幻想等等。传统的机械记忆，人们往往只用到了左脑，而浪费了可以利用的大好资源的右脑。

如果能通过图片将记忆内容与相关的画面联系起来，那么我们就是同时使用了左右脑来进行记忆，这将大大有利于提高记忆力和记忆效果。

图片记忆法，不仅可以用于记忆大段大段的文字材料，还可以用来记数理化公式，英语单词，生物的遗传变异规律等等。

在应用这种方法时，使用的图片与内容越直接相关越好。同时，还可以在这些图片的旁边适量地写些字词，画些表示先后顺序或者关系的线条，作为记忆时的关键提示。

图形学习法，可以将抽象的难记的知识转化为形象的、直观的、便于理解和记忆的图形，是一种很好的记忆方法，也是一种很好的学习方法，值得一试。

艺术&情趣

——给灵动聪颖的你

有诗意的女孩会读书

书是我的气质时装

这一周学校开展了“读书月”活动，每个同学都要在一个月之内读几本好书，要不然的话怎么可以叫“读书月”呢？可是关于读什么书，同学们有各自不同的想法。

小茹喜欢读科幻小说，于是她决定在一个月之内，看完两本科幻小说。

宣萱平时就喜欢在家里摆弄电脑，于是她决定在这个月要看一些关于计算机硬件的书。

花花喜欢看漫画，这个月她可高兴了，因为她可以借此机会看许多的漫画书。

不过涵涵和她们相比，要深沉许多，因为涵涵平时很少能看世界名著，所以打算用一个月的时间看看《浮士德》。不同的书是否就给人以不同的人生航向，涵涵想这二者之间应该多少是有联系的吧。因为不久学校做了一个关于同学理想的调查，结果是这样的：小茹将来也想写一部科幻小说。

宣萱将来立志要当工程师。

花花想自己画一本漫画出版，同时想参加签名售书活动。

涵涵将来很想在文学领域有所作为。

看啊！大家的理想，竟然和自己喜欢看的书有着这么贴切的联系。

妈妈对我说：

涵涵，美国著名作家杰克·伦敦在19岁以前，还从来没有进过中学。但他非常勤奋，十分热爱读书，最终通过不懈努力，使自己从一个小混混成长为一代文学巨匠。

杰克·伦敦的童年生活充满了贫困与艰难，他整天像发了疯一样跟着一群恶棍在旧金山海湾附近游荡。说起学校，他不屑一顾，并把大部分的时间都花在偷盗等勾当上。不过有一天，他漫不经心地走进一家公共图书馆，开始读起名著《鲁滨孙漂流记》，他看得如痴如醉，并深受感动。在看这本书时饥肠辘辘的他，竟然舍不得中途停下来回家吃饭。这时候他才发现原来自己那么喜欢文学，于是他决心要当一名文学家。

从这以后，一种酷爱读书的情绪便不可抑制地左右了他。一天中，他读书的时间达到了10～15个小时，从荷马到莎士比亚，从赫伯特斯宾基到马克思等人的所有著作，他都如饥似渴地读着。19岁时，他决定停止以前靠体力劳动吃饭的生涯，改成以脑力谋生。他厌倦了流浪的生活，他不愿再挨警察无情的拳头，他也不甘心让铁路的工头用灯按自己的脑袋。

于是，就在19岁时，他进入加利福尼亚州的奥克德中学。他不分昼夜地用功，从来就没有好好睡过一觉。天道酬勤，他也因此有了显著的进步，只用了三个月的时间就把四年的课程念完了，通过考试后，他进入了加州大学。

他一直渴望成为一名伟大的作家，在这一雄心的驱使下，他一遍又一遍地读《金银岛》《双城记》等书，之后就拼命地写作。到1903年，他已经有6部长篇以及125篇短篇小说问世。他成了美国文艺界最为知名的人物之一。

杰克·伦敦的经历一点都不让我们感到惊讶，是阅读改变了他的人生航向，让他重新发现了自己的人生追求。

哈佛的教授总是这样告诫自己的学生：知识爆炸的年代需要我

们每个人学习的东西越来越多，社会知识量的急剧增长也要求我们多读书、多学习，在阅读中把握人生的航向。

读书，可以让我们了解世界，看清自己的未来。通过读书，我们更能正确地把握人生的航向。也许每一个人所需要的书不一样，但人们在阅读中受到的知识熏陶是一样的。读书不一定能改变人生的长度，但它一定可以改变我们对待生命的态度。

人非生而知之、生而能之，知识都是通过不断学习获得的。就算一个天才，他也要通过不断学习、不断读书来充实自己。

那么，正处在学知识的重要阶段的青春期女孩们，更要充分珍惜自己读书的权利，广泛涉猎各方面的知识，这样不仅能开阔自己的视野，还能够为自己的人生导航。

这些都和“书”有关

小颖的姐姐以前是在教育局里面做人事工作的，现在突然要转行做外贸，令小颖十分地惊诧。

“为什么不留在教育局里面工作呢？”小颖好奇地问妈妈，“我和同学说，我有一个在教育局里面工作的姐姐，他们觉得我可风光呢。为什么姐姐要换工作呢？”

“姐姐有她的想法，她觉得想要做自己喜欢做的事情。虽然说在教育局里面的工作清闲收入有保障，但是这不是姐姐想要的生活，所以我们应该佩服她的勇气，对吗？”妈妈说到这些，小颖觉得可以明白，又觉得不太明白。

“可是，姐姐对贸易了解吗？她有准备吗？”小颖问妈妈。

“当然啦，她在大学的时候就自己学习了很多关于外贸的知识，相信姐姐肯定会没有问题的。”

是啊！在小颖的眼中，姐姐是一个很有能力的人，所以她敢于“折腾”，至少在小颖看来，这也算是有胆有识吧，还有就是有一个被书本武装严肃的大脑，想必她早就为自己规划好了下一步。

后来，小颖的姐姐通过自己的努力，找到了一家由斯坦福大学出资开办的公司，写了一份很令人满意的项目策划书，当她在和经理面试谈话的时候，足足有一个小时。

经理感到惊讶，一个如此年轻的人怎么会写出这样的策划呢？不禁对小颖的姐姐刮目相看。

小颖有这样优秀的姐姐，令她感到骄傲。同时小颖知道，如果想和她一样风光，必须要懂得不安于现状，不断地用书本充实自己。

妈妈对我说：

小颖，现代社会竞争异常激烈，女孩需要懂得不断给自己充电，不断充实新知识，掌握新技能，了解新信息。只有具备真才实学和专长，才能增强自己在职业选择中的竞争力。

小颖，你现在还在安逸的校园中，也许对于这一点理解的还不是那样深刻和透彻，让妈妈给你举个例子来说明吧。

美籍华人李玲瑶在学生时代就好学上进、勇敢干练、聪颖智慧，加上开朗的性格，受到师长的欣赏和同学的拥戴，并常被邀请去电台、电视台主持节目。台湾一家著名杂志称她为“美得耀眼的女生”。中美尚未建交期间，她在华盛顿担任全美华人协会华盛顿分会负责人。1979 年，邓小平访美时，她和杨振宁一样，是接待小组成员；中美建交仪式上，她是少数被邀请到白宫观礼的华人代表之一；在中美建交华人庆祝大会上，李玲瑶担任大会司仪。在美国读完计算机学位后，在硅谷做了八年的资深电脑分析员。同时，她丈夫胡公明完成了核物理方面的深造，成为一个颇有造诣的核子工程博士，服务于著名的通用电气公司。

1980 年，他们决定开创自己的事业，在硅谷创办公司。不到两年，他们实现了自己的第一步目标，成为百万富翁。同时，公司也从高科技领域扩展到房地产和进出口贸易领域，并在北京、香港等地建立了办事处。此时的李玲瑶从一个纯粹的文化人发展成为一个干练的企业家。1984 年，李玲瑶被邀请回国参加国庆 35 周年庆典，她决定在内地投资，并说服不少在美华人来祖国投资或为祖国引进新技术。

与此同时，她感觉到自己在经济理论方面的不足。于是，在她48岁的时候，她重新进入学校学习，每次上课都坐在第一排的正中间，从不落一次课，认认真真做每一份习题论文。同时，李玲瑶还自学了经济学本科方面的所有课程，硕士加博士的5年，她读完了经济学9年的课程之后，她又上北大学习，并戴上了北大博士帽，她的事业也越来越成功。

在现实生活中，许多女孩都在追求一种“永恒”的东西，世上有没有“永恒”？有，变化就是永恒。要想让自己永远站在时代的前端，人人都必须不断“充电”，光靠原有的知识坐吃山空根本不行。只有居安思危，不断给自己充电，才能尽情地挥洒自己的智慧和才华，才能脚踏实地地阔步向前。

妈妈给我列的读书单

假期来临，萌萌和同学在一起商量“度假”计划。

“这个假期，我没有办法陪你们了。”花花不无遗憾地说，“妈妈给我买来了一摞的练习题，早就给我规定了假期的任务。唉！还不如不放假。”

媛媛说：“我听说儒勒·凡尔纳的科幻小说特别好，我已经买了《80天环游地球》、《海底两万里》、《格兰特船长的儿女》三本，用几天的时间就可以看完，听说他还写过很多其他丰富的小说，比如《地心游记》，还有《神秘岛》，总之都很好看。”

“对对，”葱头突然想起来什么了，“老师不是给我们布置任务了吗？我们每个人都要写一篇读后感，题目自定，我也要找一本自己喜欢看又方便写读后感的书。”

听到了大家的讨论，萌萌也想找几本好书来看，可是由于平日里她都不怎么爱看书，所以一时想不出要看什么书，总不可以背字典吧！

回到家，萌萌对妈妈说：“妈妈，我想利用假期的时间看几本书，您能不能帮我推荐几本女孩必看的书目？”

妈妈看着萌萌，似乎以为太阳是从西边出来了吧，笑着说：“萌萌居然要求主动看书了，真不简单。行啊，跟妈妈说说，你想看关于哪方面的书呢？”

萌萌不好意思地抓抓头说：“我不知道有什么好书值得看，所以想找您推荐的。我想看一些能够培养女孩优雅气质的书，最好是很经典的名著书。”

“嗯，让我想想。”妈妈沉吟了一会，然后胸有成竹地答应了萌萌，“萌萌，妈妈已经想出来几本不错的书了，晚上我就把书单列出来，好不好？”

“哦！妈妈真是太好啦！妈妈您是大太阳！”萌萌高兴地抱住妈妈欢呼。

妈妈对我说：

萌萌，爱读书的女孩，不管走到哪里都是一道风景。也许她貌不惊人，但她的美丽却是骨子里透出来的，她谈吐不俗，仪态大方。那是静的凝重，动的优雅；是坐的端庄，行的洒脱；是天然的质朴与含蓄的交融。

爱读书的女孩，她的美，不是鲜花，不是美酒，她只是一杯散发着幽幽香气的淡淡清茶。

没错，书籍是人类的精神财富，书籍更是女孩的最佳美容品。读书带给女孩思考；读书带给女孩智慧；读书会使女孩漂亮的大眼睛里变得层次丰富，色彩缤纷；读书教会女孩在该笑的时候笑，在应该忧伤的时候忧伤；读书还使女孩明白了自身的价值、家庭的含义，明白女孩真正的美丽在哪里。

世界十分美丽，但如果没有女人，就将失掉七分色彩；女人有十分美丽，但如果远离书籍，就将失掉七分内涵。读书的女孩是美丽的，“腹有诗书气自华”。书一本一本被读下肚的时候，书中的内容便化成了营养从内而外滋润着女人，由此女孩的面貌开始焕发出迷人的光彩，那光彩优雅而绝不显山露水，那光彩经得起时间的冲刷，经得起岁月的腐蚀，更加经得起人们一次次地细读。正因为如此，你将不再畏惧年龄，不会因为几丝小小的皱纹而苦恼。因为，你已经拥有了一颗属于自己的智慧心灵，有自己丰富的情感体验，你生活中的点点滴滴，将会书香四溢。

一本好书往往能够给予一个人最初的人生启蒙甚至终生的影响，尤其是那些经典名著，比如，《红楼梦》、《飘》、《围城》、《简·爱》、《第二性》，对女性的影响都比较大。

1.《红楼梦》

有人说，一个女人若没读过《红楼梦》，那简直是罪不可恕。大观园中的女子或冰清玉洁，或兰心蕙质，或仪态万方，或柔弱动人……什么才是真正的女人，曹雪芹用一部呕心沥血之作给我们以答案，多少年过去，仍可作为女人最好的生活教材。

2.《飘》

在这部传世佳作中，玛格丽特·密切尔教我们怎样成为成功的女人。书中两个女人——郝思嘉和玫兰妮是两个截然不同的女性典范。郝思嘉像一团烈火，坚强、独立，永远积极进取，永远不会被挫折打倒，她有着男子般的抱负和责任感，敢于把一家人的命运揽上自己柔弱的肩头；而玫兰妮则正像一潭静水，深沉、冷静，她温柔善良而博爱，永远怀着慈悲之心待人，即使对自己的情敌，也只有宽容之情。这两种女人都很伟大，都值得现代女性学习。

3.《围城》

在这部作品中，钱钟书用诙谐幽默的语言描绘了中国男人的劣根性。在今天品读，更可以使女人清楚地认识男性社会，打破对男人种种不切实际的幻想。方鸿渐是最具代表性的“劣质”男人代表，他优柔寡断、不思进取，骨子里又不乏虚荣和可恶的大男子主义，不过，这或许是所有男人的通病，只是被钱先生刻画得特别鲜明生动而已。其他诸如赵辛楣、李梅亭、高校长之流，已能评为“恶劣”级别，女性只有敬而远之了。女人读《围城》，能增加些许生活的智慧，避免在今后走入命运的“围城”。

4.《简·爱》

夏洛蒂·勃朗特塑造了一个生活在社会底层，受尽磨难却不甘忍受压迫，勇于追求个人幸福的女性形象——简·爱。简·爱认为爱情应当建立在精神平等的基础上，而不应取决于社会地位的高低、容貌的美丑和财富的多寡。这种爱情观是积极的，简·爱以无畏的勇气为现代女性树立了良好的榜样。女人都应做爱情的强者，敢于追求属于自己的幸福。

5.《第二性》

这部作品成为西蒙娜·德·波伏娃最成功的著作，被称为“有史以来讨论女人的最健全、最理智、最有智慧的一本书”。它是一本女性的哲学书，揭示了当代妇女面临的各种问题，比如，两性的平等。读《第二性》，我们可以看清自己的命运，把握自己的未来。

这些优秀的书籍就像是最好的朋友、最好的老师。在浮华的世界中，打开它们，投入多彩的书中世界，你的心灵将得到最大的滋养。

书香是女孩最好的化妆品，是有品位的女孩生命之外的生命，是她的精神寄托。

书就像一把金钥匙，帮助女人开阔视野，净化心灵，充实头脑。书让女孩变得聪慧，变得坚韧，变得成熟，使女孩懂得包装外表固然重要，但更重要的是心灵的滋润。读些好书，会让女孩保持永恒的美丽。

笔墨纵横间，漫卷清朗气

书法墨香营造的世界

这位阿姨不仅学问很好，人品也很好，她曾经对文霞说过："其实，书法中也无处不是昭示着做人之道：笔画排列均匀，是要学会以平等心对待一切的人；左右上下对称，体现相处和谐；地基稳固，代表做人要扎稳德行根基；笔画相接处要细，提醒待人接物要谦卑。字里行间，无处不是渗透着做人处世的学问。"这种翰墨的精神让阿姨在经历了几十年的书法学习之后，处世的风格也备受尊敬。

"一个真正的书法家，他的道德人品一定是第一位的。"阿姨这样告诉文霞，"以前有一个年轻人，他倾其所有的钱财用于拜师学艺，想得到真传，但是他花的很多钱打了水漂，而且并没有得到真正的学问。后来，有一个老者为他的真诚所打动，就教给他一种很特别的笔法，而且分文不取。但是在他学会这种笔法之后，老者告诉他说：你现在已经学会了这种笔法，在你将来的生活道路上一定会经历无上的荣耀，但是你记住，当你在名利双收的时候，也是你人生最危急的时刻。如果你不能经历考验的话，那你将会因此而声名倒地。文霞，你要知道，在学习书法的过程中，稍稍有名利心、攀比心，一定就会断送自己的艺术慧命。"

"嗯，"文霞似懂非懂地点点头。

原来要想学好书法，不仅要求人要有毅力和耐心，还不可以有名利心和攀比心，这世界上有几个人能够符合这样的条件呢？

可是看看那些历来书法界的名家，哪一个不是德才兼备？哪一个不是散发着淡淡的墨香呢？

妈妈对我说：

文霞，中国自古以来，无论是高官还是平民，只要是中国传统的文人，都会在笔墨间流淌出百折千回形态各异的中国文字，更体现出了一种千百年来磨砺而成的文人性格以及生命状态。中国的书法走向一直受到了传统文化和社会思潮的影响，而决定了中国书法基本风貌的首先是儒家思想，所谓“书以明道”，而这个“道”也就是书法所要表述出来的独特气质。

关于书法与做人之间的关系，自古至今一直有很多的论述。明代著名的书法家傅山曾经告诉他的学生说：“作字先做人，人奇字自古。纲常判周孔，笔墨不可补。未习鲁公书，先观鲁公诂。”他所提出的“作字先做人”的观点，就是说如果背叛了周礼儒学，连做人都立不住脚，那还学习做书有什么意义呢？即便是写书，也一定会流露出“小人之态”，这种低俗仅仅靠笔墨技巧是无法补救的。傅山通过这句话告诉他的学生，如果做人没有及格，那么学书就是空谈。比如在学习颜真卿的书法之前，必须要看颜真卿这个人是怎么做和怎么说的，就是要先学习颜真卿这种做人的态度。只要胸中有颜真卿的浩然正气，即便是一根小小的笔管也可以写出豪气万丈的书法来。

正因为如此，书法艺术几乎成为封建文人士大夫生命形式的例子不胜枚举。而传统的读书人也乐于用笔墨纸砚、梅兰竹菊来装点自己的生活环境，这是他们追求高洁意境的荣耀象征。唐代诗人刘禹锡在他的《陋室铭》中就曾经用这样的诗句来描述理想中的文人生活：“苔痕上阶绿，草色入帘青。谈笑有鸿儒，往来无白丁。可以调素琴，阅金经。无丝竹之乱耳，无案牍之劳形。”古人最重视的就是风骨，这种追求精神超脱的高雅是自古以来文人的崇高追求。

宋代的大学问家苏轼就算得上是一个文豪，也是一位大书法家，当他谈论到学识修养与书法的对应关系的时候，曾这样提到：“作字之法，识浅、见狭、学不足三者，终不能尽妙。”一个书法家如果学识浅薄、见识狭隘、学气不足，他的书法是不可以达到尽善尽美的程度的。而苏轼本人就是中国书法史上最富有浪漫个性和学问的书法家，他诗词歌赋、书画音律无所不精。他的书法既有阳刚之美，又有书卷之气。苏轼广博的学识造就了他那种气吞万里的胸襟气度。观苏轼书法，就不由得使人联想起他的“大江东去浪淘尽”的恢宏和豪迈。

书法艺术自古发展到今天，它给我们留下的不仅仅是一幅幅令我们无限追思和敬仰的笔墨宝卷，更重要的是要留给我们一笔沉淀千年的思想和精神财富。站在书法艺术的面前，我们应该感到无限的欣慰和幸福，每当我们停下匆忙的脚步，就可以随时去瞻仰去体会那份古朴优雅和那份博大深邃。

中国的书法艺术已经经历了漫长的积淀代代相传，浸透在民族久远的血液之中。透过那变幻万千的点线形式，我们似乎看到了那种沉浸与笔底，洋溢于案头的生命存在。

书法也是书写人生

文霞的妈妈认识一位阿姨学习书法已经有 40 余年，现在受人邀请在学校里面开班授课。文霞听妈妈告诉她说，无论工作是多么的忙碌，这位阿姨也一样是每天坚持练习写字，从不间断。

文霞感到很好奇，难道书法有这么大的魔力吗？怎么会让阿姨如此痴迷，手持一杆毛笔，一写竟是 40 年。

妈妈想把文霞带到阿姨的书法学校里面去，让文霞也接受一下良好的教育。出于好奇心的驱动，文霞也很想去看看。

来到办公室，阿姨热情地接待了文霞：“文霞，你好。”

文霞对阿姨说：“阿姨您真有魄力，居然一写就是 40 年从不间断。”

阿姨笑笑说：“是哦，我从 4 岁的时候开始练习书法，那个时候爸爸对我的要求很严格，一个点要点到上万个，直到全身放松为止。写书法，这里面有无穷的乐趣。通过一幅字，一个人有多少涵养，读过多少书，眼明的人马上可以判断出来。”

文霞听了阿姨的介绍，又喜欢书法，又担心自己会坚持不下去，因为书法并不是一时兴起，随随便便可以学会的，而是要付诸几十年的努力才可以见到效果。书法很高雅，让文霞神往，文霞真的很想试一试，想达到阿姨所说的那种境界。

妈妈对我说：

文霞，书法以其独特的工具材料为表现形式，具有鲜明的民族风格，从萌芽到发展至今绵延几千年而从不中断，一直屹立于世界艺术之林，并享有极高的声誉。书法自古以来是读书人的必修课。但是很可悲的是，现在的人们已经不再重视书法，甚至认为电脑打字可以完全取代汉字。甚至有的人不要说能写一手，就是连一些普通汉字都已经是能读而不会写了。现在，有的日本人要来和我们比赛写毛笔字，不能不说是一种耻辱。

如今的社会在发展，时代在进步，书写方式也由原先传统的毛笔向如今的硬笔转型，甚至有被键盘所代替的趋势，这是社会发展的必需无可厚非。但是，无论社会怎么变，但是作为一个中国人，我们不可以轻易丢掉自己的文化，丢掉祖先留给我们的宝贵财富。俗语说见字如见人，它能直接表现出人的学问、品格、情操、气质、甚至是人的经历与感悟，是我们人生的第二门面啊。

至于写书法，对于我们人格的养成有着很多促进的作用。

第一，有助于提高我们的文化修养。

中国文化的精神就是天人合一，贵在融洽，以求得精、气、神的统一。而书法艺术是生命与人格的表白，蕴涵着生生不息的民族精神，其最高意境是神采、骨力与意韵。要想识透书法的境界，不是一朝一夕的努力可以达到，书法的学习和领悟绝非三五年之功，而是需要毕生的心血来领悟，而在学习书法的过程中，稍稍有名利心、攀比心，就会断送自己的艺术慧命。

书法集中国的哲学、文学、美学于一体，所以每一个书法家都必须具备深厚的中华文化作底蕴，需要植根于中国古典的文学哲学的厚土之上，需要对生活有着深刻的感受。书法作品上面的每一个字都是书法家心绪意念与审美理想的相结合。正如苏轼所说，“退笔如山来足珍，读书万卷始通神”。

书法虽说与绘画音乐并称为姨妹，但艺术成分会更高。因为，书法没有绘画中的色彩映衬和音乐中的声音节奏，是一门纯抽象的艺术，但是它所包含的意韵远远高于绘画和音乐。构成它的元素看似只是简单的疏密、聚散、大小、曲直、黑白等，但是可以产生强烈的视觉冲击感和绵绵流动的气韵。这更需要书法家各方面的修养，特别要通过读书来增加文化涵养，才能做到胸中万壑尽显笔端，甚至达到书论中所描述的那“点似高山坠石，横如千里飘云，竖似高山流水，撇似犀象角鼻，捺如千钧弩发”的境界。

纵观历史上那些气度非凡而又心境空明的书法家，他们笔下的一幅幅作品诗、书、画相映衬，表现出大象无形的若浩渺之苍穹，流露出氤氲的书卷之气与学者的风骨气貌。

书法也同样是一门审美艺术，创作出来的作品在给人以美的享受同时，无形中也陶冶了自己的思想品德与情操并赋予一种生命向上的活力，提升了自己的胸襟与气质，在这点上古人做得很好，有着很高的心境。所以能真正做到视富贵如浮云，所以，当一个书法批评家评价一幅作品的优劣之时，评判的标准其实并不仅仅局限于看那字的结体与章法，而是更着眼于作品中有没有透视出一种对艺术对人生的理解与那模糊的意象和字外之功……

第二，学习书法有助于我们挥洒感情，陶冶性情。

根据一幅书法作品，我们只要认真观赏就能够感觉到作者当时创作书法时的心态。比如当我们看到一幅楷书作品，上面的点画一丝不苟，端端正正循规蹈矩，这就可以说明了作者当时书写时候的心境一定是平和、悠然、了无牵挂。因为要写字，如果在喧嚣的场所或者是心烦意乱的状态下根本是写不下去，更不可能写好楷书。要知道楷书的字体端正需要笔笔俱到，只要是一点一画出现败笔就会全幅尽废，容不得半点分神、半点马虎。

看一个人擅长写什么样的字，也可以观察出一个人的性格。如果一个书法家的一生专门以楷书见长，那么我们就可以毫无疑问地判断出他的性格相对来说是比较内向，而且做事的态度非常严谨认真，属于那种小心谨慎的人。而一个擅长写行草书的书法家，一般性格比较热情奔放不羁，这种人一般性格积极进取，不会轻易满足于现状。一幅好的行书或草书作品多数是作者在扎实的功底基础之上通过情感激情迸发的瞬间而完成的。

《祭侄稿》被誉为天下第二行书，它的作者是唐代著名的书法家颜真卿。这幅作品中记载着颜真卿痛惜在“安史之乱”中丧生的侄儿季明而所写的祭文。整篇文章气势磅礴、跌宕多姿、悲怆沉痛之情尽溢出笔端。作品里面的每一个字，都流露出书法家内心情感的起伏波动，是情感真挚的流露，也是心灵的奏鸣，是哀极的心声，也是血和泪的凝聚。撼动了读者心灵的同时，整幅作品也达到一种神高韵远的境界。所以说行书与草书的创作更容易能以生动的形象深刻地表达作者的情感。因为通过行书能够概括出一切书体的笔法，通过笔的中锋侧锋并用，而产生出强烈的节奏感。对于那些能楷书行草书兼写的书法家来说，一般就是具有内向外向双重性格了。书法家成功的背后一定付出了无数辛勤的汗水，是经历过多少次痛苦与失败的煎熬，是经历过多少个冬练三九夏练三伏的努力，才换来自己的成功。完成一张佳作，更是其之妙不能强求，唯有领会于心，应乎于手，没想到写出的作品竟然自然天成。书法之妙，其味无穷。

第三，通过练习书法，可以得到很多做人的道理。

要知道古来有多少书法大家，都是先学做人，再学做书，正所谓“书品即人品”，书法里面透露出来的深层意义和人生的思维模式，以及人生观和价值观。学书法与学做人，二者是不可分割的。学习书法离不开法度，正如我们学习做人离不开规矩。

一个人的品德、内涵、审美、志趣、思想等等各个方面都能通过那看似简单的线条得以彰显，也是对人生的一种由衷的表达。唐代的书法大师柳公权说过“用笔在心，心正则笔正”，我们从柳公权的书法中也可以看到起字的气势方正不阿,也可以感受的他本人胸怀坦荡的高尚情操和人品素养。

同时，学习书法也可以培养一个人忍耐性与坚毅的品格，当你全神贯注融入其中的时候，是一种暂时的精神超脱，红尘中的一切俗事歪理都会消失殆尽，灵魂也随之净化。

第四，学习书法可以使我们健康长寿。

自古人们就有“寿从笔端来”的说法。特别是在当今人们生活节奏的加快让很多人的精神都处于紧张，无形中破坏了人的内在系统的平衡，从而影响人的身体健康。而通过练字，可以养心、养性、养神、养生，能调节人的气血以至平和，放松神经，达到心理与生理的平衡，这是任何一种药物都不可以代替的自然医疗作用。

生命在于运动，而写书法也未尝不是一种运动，运动员的剧烈运动是在消耗体力资源，而书画家在练习之中则像是打太极一样，有着异曲同工之妙，通过练习书法，能调节阴阳、调节内脏、疏通经络、消除疲劳，使人能够心境恬淡、形神共养，心灵焕发。现代医学也通过研究证实，那样的静动能使人的神经系统的兴奋达到一种平衡，肌肉与关节得到很好的锻炼。历史上有很多书画名家都是健康长寿。如柳公权活到了88岁，文徵明90岁，清代刘墉86岁，苏局仙110岁，近代的大书法家启功先生也活到了93岁。可见，通过练习书法对于保健也是功不可没。

书法里的玄机其实很好懂

有一次，阿姨在教课的时候放出来一张幻灯片，文霞坐在下面张口说了一句“那是启功的字”。阿姨在讲台上说道：“文霞说得很正确。”对文霞进行了小小的鼓励之后，还对她报以微笑。

下课之后，阿姨走过来招呼文霞一起回去，并问她道：“文霞，你怎么知道那个是启功的字，他的字有什么特点你知道吗？”

文霞想了一下，摇摇脑袋：“我只是喜欢启功这个人，看他的字看得比较多，所以在课上看到之后一眼就可以认出来，至于他写的是什么字，有什么特点，我都是一点也不了解的。”

“呵呵，”阿姨边看文霞边笑着说道，“那你喜欢启功的字吗？”

“嗯，”文霞使劲地点点头，“可能书法就是可以反映一个人的品德吧，启功的字和他的气质就很符合。看上去又温和又刚强，是一种外柔内刚的字，好像是一个圆乎乎的人里面有根很硬的骨头在戳着。启功就是一个很有骨气的人。他说过，人不可以有傲气，但是不能没有傲骨。所以我特别喜欢他，也喜欢他的字。”

阿姨听文霞的讲述之后，高兴地说：“文霞，其实你讲的已经就是在鉴赏一幅书法作品了，只是你自己不知道。启功的字，看上去总是似乎绵软柔弱却源源不可切断，包含着很深的功力。而且不仅如此，启功的人品为时人所称道，这使他成为当今书法界当之无愧的泰斗。”

原来阿姨也很喜欢启功，文霞觉得她和阿姨还挺志同道合呢。

妈妈对我说：

文霞，一幅书法，我们在观赏的时候，最好能够欣赏出它真正好在哪里。下面我介绍一些关于欣赏书法的小常识，只要从以下几个方面来入手，就可以自己试着欣赏书法的美妙了。

首先，要欣赏书法的点画线条。

书法的点画线条具有无限的表现力，这些线条本身是抽象的，所构成的书法形象，却可以把全部的美都囊括其中。所以，在欣赏书法的过程中，要着重欣赏其线条的力量感、节奏感和立体感。

1. 力量感

线条美的标准之一就是有力量感。有了力量感，点画线条在人的心中就会唤起了力的感觉。早在汉代，著名的大学问家蔡邕就对点画线条做出了专门的研究，指出要“藏头护尾，力在字中”，要求点画要深藏锋角，有往必收，有始有终，便于展示力度。在这里需要注意的是，我们强调藏头护尾，并不是说可以忽略中间行笔，以使点画线条浑圆醇和，温而不柔，力含其中。但是点画线条的起至并非都是不露锋芒的。书法中往往需要藏露结合，尤其在草书中，更是千变万化。欣赏书法的这一点时，既要注意起至的承接和呼应，又要注意中段是否浮滑轻薄。

2. 节奏感

节奏感本来是指音乐中的高低、强弱、长短的变化规律。书法由于在创作的过程中运笔用力的大小以及速度快慢的不同，产生了轻重粗细长短、大小不等的交替变化，使书法的点画线条产生了节奏。汉字的笔画长短更加强了书法中点画线条的节奏感。一般而言，静态的书体节奏感较弱，动态的书体节奏感较强，变化也较为丰富。

3. 立体感

立体感是在书法过程中运用中锋运笔书写的结果。用中锋写出的笔画"映日视之,画之中心,有一缕浓墨,正当其中,至于折处,亦当中无有偏侧。"这样的点画线条才能饱满圆实,因而中锋运笔历来都很受重视。

其次,要欣赏书法的空间结构。

书法的点画线条在遵循汉字形体和笔顺原则的前提下交叉完成,分割空间,形成了书法的空间结构,包括单字的结体、整行的行气和整体的布局三个部分。

1. 单字的结构

单字的结体要求包括整齐平正,长短合度,疏密均衡。只有这样才能写出错综变化、形象自然的字,于平正中见险绝,险绝中求趣味。

2. 整行的行气

书法作品中的字与字上下相连,形成"连缀",要求上下承接,呼应连贯。楷书、隶书、篆书等静态书体虽然字字独立,但笔断而意连。行书、草书等动态书体可字字连贯,游丝牵引。此外,整行的行气还应该注意大小变化,齐整呼应,虚实对比,以及由此而产生的节奏感。这样,才能使行气自然连贯,血脉畅通。

3. 整体的布局

书法作品中要求集点成字、连字成行、集行成章,构成了点画线条对空间的切割,并由此构成了书法作品的整体布局。要求字与字、行与行之间疏密得宜,平整均衡,参差错落,变化多姿。其中楷书、隶书、篆书等静态书体以平正均衡为主;行书、草书等动态书体变化错综,起伏跌宕。

再次,要欣赏书法的神采意韵。

神采本来是指人面部的光彩。而书法中的神采指的是点画线条及其结构组合中透出的精神、格调、气质、情趣和意味的统称。所谓"神采为上,形质次之,兼之者方可绍于古人"。因此,书法艺术的神采实质往往是点画线条及其空间组合的总体和谐。追求神采,书写性灵始终是书法家孜孜以求的最高境界。

要想获得书法的神采,一方面依赖于书法家创作技巧的精熟,这是前提和基础,另一方面,只有创造心态恬然自如,才能够写出真情至性,融进自己的知识修养和审美趣味。

用绘画直抒胸臆

国画欣赏

秀娟和秋菊一起去艺术博物馆参观，因为最近这里举办特展，有一批珍贵的明清书画，她们有幸能领略其风姿。只不过，秋菊比秀娟懂得更多一些，秀娟对此却是一无所知。

走进展厅，他们两个人在一起看一幅幅的书画，不知道秋菊都在看些什么，反正秀娟只是在看热闹而已。

秀娟觉得自己是对艺术一窍不通的人，看这些画——混个脸熟就算了。

秋菊拉着秀娟的手，突然对她说：“秀娟，你看，那幅画是郑板桥的。”

顺着秋菊手指的方向，秀娟看到了一幅黑白相间带有题字的画，可是上面画的却是一块石头，秀娟笑着说：“不对，你一定是弄错了。郑板桥是画竹子的，这点常识我还是知道的。”

“不是，这个一定是郑板桥的。”秋菊固执地坚持自己的意见，“因为我是从画旁边的字来判断的，郑板桥写字的特点是‘乱石铺路’，以前爸爸给我讲过，你看这上面的字写得歪歪扭扭，忽左忽右，但是，在歪歪斜斜之间有一道中轴线，无论字写得再歪，始终和这条中轴线是对称的，这就是郑板桥写字的风格。”

“哦，”听到秋菊这么肯定的讲述，秀娟想一定是自己弄错了，结果她们找了一位旁边的讲解员叔叔询问，果然这幅画的作者是郑板桥。

“秋菊，我太崇拜你了。”秀娟由衷地赞美了她一句。

“呵呵，没有，我只是以前听爸爸说过，所以就记住了。”秋菊特别谦虚。

妈妈对我说：

秀娟，美术是人类创造的一种精神产品，它有别于听觉艺术的音乐、语言艺术的文学，是具有造型性、可视性、静态性、物质性的一种空间艺术。正因为有以上基本特征，美术作品首先应该是可以被人感知的，它能引起人们感官注意的空间艺术形式；其次，它通过其物质媒介向人们展现一个静止状态的相对理想的客观世界，进而触发人们二次创造特定的情感情绪。

青春期时期的女孩提升美术的素质是大有必要的。一个懂得欣赏绘画作品的年轻女孩，不一定有出众的外表，但绝对有超凡脱俗的魅力，这种魅力源自于那种行云流水般的神态，以及那雍容华贵的美感。若能将绘画的神韵融入自己的言谈举止中，定能焕发出与众不同的光彩。下面，简单介绍中国的美术。

中国画（亦称国画）是我国特有的画种，由于民族性格、历史文化传统、审美以及绘画材料和工具的不同，是经过无数画家的努力形成的、带有民族特色的画种，是世界艺术中的重要组成部分。要想了解中国画，首先要记住八个入门常识。

1. 中国画是我国传统造型艺术之一，简称中国画。

2. 中国画讲究形式美，要求作品有“形神兼备”、“气韵生动”的艺术效果。同时还十分重视用笔、用墨，构图不受时间、空间的限制，也不受焦点透视的束缚，画面空白的运用独具特色。中国画强调诗、书、画、印所构成的完美的艺术整体效果。

3. 中国画从题材上分为人物、山水、花鸟三类，从表现形式上可分为工笔、写意两种。

4. 中国画的工具有笔、墨、纸、砚。

5. 中国画用具有生宣纸、毛笔、衬纸、笔洗、调色盘、书画墨汁、国画或水彩颜色。

6. 中国画的用笔主要以下几个方法：中锋、侧锋、逆锋。此外，还有藏锋、露锋、散锋、聚锋等多种用笔方法。

7. 墨分五色：焦、浓、重、淡、清。中国画用墨有“墨分五彩”之说，即焦墨、浓墨、重墨、淡墨、清墨。

8. 从笔含水分的多少，又有干湿之分，归纳为干、湿、浓、淡四个字。

了解了中国画之后，我们知道了中国画无论是从材料上还是从绘画技法上都不同于其他绘画种类，有着独特的神韵。那么，如果想要学会如何来欣赏中国画，也需要了解八个重点：

1. 画工：画家的作品可表现出作者的成就。画面的形象，就是画工的具体体现，我们往往主观批判该画的好与坏，就是受画工的影响最大。

2. 布局：布局看来似是画面的设计，其实是作者胸怀中的天地，从画面布局中表现出来。中国画与西方绘画不同的地方甚多，最明显之处就是“留白”，国画传统不加底色，于是留白甚多，而疏、密、聚、散称为留白的布局。在留白之处，有人以书法、诗词、印章等来补白。亦有让其空白的，故从布局可见作者独到之处。

3. 书法：中国画与西方绘画不同之处，其中一项就是书法。国画画面上常伴有诗句，而诗句是画的灵魂，有时候一句题诗如画龙点睛，使画生色不少，而画中的书法，亦影响画面至大。书法不精的画家，大多不敢题字，虽然仅具签署，亦可窥其功底一二。

4. 诗句：字画中的诗词，往往代表主人的心声。一句好诗能表现作者的内涵和学识，一句好诗，亦能起到画龙点睛的作用。

5. 学识：功力及布局可以从画面窥其一二，至于作者的学识，对其作品影响很大，故中国有“文人画”之称。著名文人，其作品与众不同，就是一种“书卷气”。画家于画匠之别，学识是条件之一。

6. 人品：西方画家往往浪漫不羁，游戏人间。而欣赏者只观其画而不理画家的私德。中国人不同，画家或书家如行为不检、道德败坏、声名狼藉、大奸大恶者，即使其作品十分精美，亦无人问津。

7. 功力：从事书画修养越久的人，他表现出的功力，是初学者无法掌握的。尤其是书法，老手多苍劲有力，雄浑生姿。在国画方面，其线条、设计、意境亦表现出作者的功力。所以人生经验丰富的艺术家，其作品往往较年轻画家有不同的表现，这就是功力。

8. 印文：无论字或画，常有“压角”的闲章出现。所谓闲章就是画面或书法留白的角落。而印上的文字，有时影响字画甚大。从印文中也可看到作者的心态，或当时的环境。好的印文，配以好的雕刻刀法，盖在字画上，使作品更添光彩。

涂鸦很好玩

瑞娟在网上上传了一张自己的新照片，并且邀请她的好友们发表评论。

转天来上学，媛媛诡异地来到瑞娟身边，告诉她说：“瑞娟，你看看你的照片，鼻子变成匹诺曹了。”

嗯？怎么会？瑞娟一时没有反应过来媛媛的话。

回到家，瑞娟迫不及待地打开了电脑，看到自己的相片果真变成了“匹诺曹”，下面还有媛媛做出的一个胜利的手势。

“媛媛，你是怎么做出来的？害我出丑！”瑞娟忙不迭地打电话问她。

“哈哈哈哈！”电话那一头的媛媛笑开了花，“瑞娟，你不知道了吧，这个叫涂鸦，是网络的新玩法，我把你的图片修改了一下，你看怎么样，效果不错吧。”

听了媛媛的话，瑞娟感到又气又好笑，原来这个就是涂鸦，她才明白过来。

不行，瑞娟决定要报复媛媛一下。

她打开电脑的photoshop软件，选了一张她喜欢的埃及狮身人面像的图片，从中间剪开一个孔，把媛媛一张噘嘴的照片放了上去。将照片合成之后，瑞娟看看自己的劳动成果，满意地笑了。

“媛媛，你再看看我的照片。”瑞娟连忙给媛媛打电话。

“你又放新照片了？是不是还想等着我给你加工一下？哈哈。”媛媛笑着去开电脑了。

妈妈对我说：

瑞娟，你们所说的涂鸦，只是网络上的一种简单玩法。真正的涂鸦作为一种街头艺术，与街舞、RAP、DJ并列为街头文化的四大重要元素。最早的涂鸦，出现在20世纪60年代中后期的美国，当时社会上有人在地下铁的车厢内外作画，借着地铁传播他们的声音和想法。1971年，《纽约时报》专门刊文介绍涂鸦以及一位留下“TAKI183”标志的年轻人，由此，纽约城的涂鸦运动大肆蔓延，成群的涂鸦者涌现，多是低下阶级的年轻人、西班牙裔或是黑人。他们借喷漆宣泄不忿，导致纽约地铁遭到严重破坏，不过，涂鸦也因此成为纽约地铁史的一个部分。直到1972年，一群涂鸦艺术家成立涂鸦艺术家联盟“UGA”，邀请各区涂鸦高手在大学的一面披覆着纸的墙上作画，涂鸦才真正开始第一次被视为是一种合法的艺术。

世界各地的政府要员对待涂鸦大多持反对意见，认为涂鸦会破坏城市景观，但另外一方面，他们不得不采取一些平和的措施来使涂鸦合法化，例如德国的政府部门会和一些涂鸦组织合作，开辟一定的场地、发放执照给爱好者进行创作，同时每年举行“涂鸦比赛”，从思想、乐趣、艺术等方面进行评比，提高涂鸦的艺术性。对于其他乱写乱画者，会罚他为社区服务。涂鸦爱好者们认为：“只要有计划性的、选择适合的场地、物品，涂鸦并不会是一种污染！”

涂鸦爱好者一般把作品分为两种：bombs和pieces。前几年是以

“bombs”为主，意即在地铁通道、建筑物外墙等公众场合玩的涂鸦，以四五人为一组，一些人负责把风，另一些涂鸦作画，在短短几分钟甚至几十秒内完成涂鸦，迅速收起工具逃离现场。因为作画时间短，涂鸦者抱着“爽一把”的心态，一般都只是画团队标志，图案大而简单。由于这种涂鸦属于违章行为，有碍市容，画作很快会被洗刷掉。当时，“Mig”、“FBL”等自由组合的小团体，在“街仔”当中都颇有影响。现在，涂鸦艺术渐渐为人所知，一些商家或者院校都会举办涂鸦比赛，或在店面以涂鸦作为宣传画。由于举办者提供足够大的墙面，涂鸦画作以pieces（整幅墙）的形式为主，涂鸦爱好者也就欢呼着涌出地面了。其实，涂鸦是一种很好玩的游戏，但是并不是在所有的场合都适宜，如果你也想过过瘾玩把涂鸦的话，建议你用以下三种玩法：

1. 模拟“墙壁”

涂鸦多以墙壁、拉闸为介质，但是我们不可以随意在公共场合进行涂鸦，于是涂鸦者们用木板、帆布、墙纸等作为替代品。因为这些介质吸水性不同，如帆布吸水、吸涂料，底子又软；木板容易附着尘埃，为求仿真，最好提前一天涂上一层乳胶漆，风干为止。最简单的方法，是用报纸或者画纸覆盖住墙壁来涂，但底色会有所欠缺，色彩也会偏暗。

当然，最有质感还是在墙壁上涂鸦。有的人会把自己的房间贡献出来，供朋友们一起涂鸦实战。

2. 贴纸涂鸦

用“bomb”的手法来涂鸦，要求迅速，质量常常保证不了，所以不少爱好者先在家里用电脑设计或者预先“涂”出来，制作成小贴纸，贴在自己的物品或者宿舍门口等“小众”地方，供人欣赏。

3. 网络涂鸦

早期的网络涂鸦板是通过人机交互的方式，直接在屏幕所显示的画板上用鼠标或手写板涂画，而且，程序还会记录绘画时间和使用的工具次数，并提供绘画过程的回放，不过只能画线、填色，而且画出来的东西没法保存。发展到今天，主流涂鸦板 Oekaki 有比较杰出的有功能，绘画功能经接近 Photoshop 等主流图像软件，甚至有一种结合了网络聊天室程序，支持多人同时在线绘画，可即时看到对方的作品，连 MSN 里的手写板，也都算是网络涂鸦的一部分。

手绘，创意新生活

悦悦的妈妈快过生日了，悦悦想和同伴一起，去给妈妈挑选生日礼物。

到了礼品屋，里面琳琅满目的商品让两个人眼花缭乱，不知道应该给妈妈买些什么好了。

小屋里的主人见状，连忙过来帮助她们："小同学，你们想买什么样的礼物？送给谁呢？"

悦悦告诉这位店主人说："我想买礼物给妈妈。"

"哦，"店主人思考了一番说道，"那你应该给妈妈买对她而言实用的，而且最好是每天都用得上的，你想想，送什么好？"

悦悦想了又想，妈妈每天都用杯子喝水。干脆，送给妈妈一个小瓷杯好了，让她每天都可以用到。

"呵呵，小同学，你想的太好了。"店主人高兴地说道，"我们这里新到了一批彩绘水杯，都是手工画上去的。你帮妈妈选一个吧。"

悦悦看到这些手绘的水杯，一下子就喜欢上了，她挑选了一个暖色调的杯子，想给妈妈带去温暖……

"妈妈，这是您的生日礼物。"悦悦高兴地把水杯递给妈妈。

"呵呵，悦悦真懂事，谢谢你。"妈妈高兴地接过悦悦的礼物，"还是手绘的啊。"

"妈妈，你也知道手绘啊？我是今天去买杯子，才知道有的。"悦悦好奇地问妈妈。她怎么什么都知道呢？

"嗯，悦悦。如果你也喜欢手绘的话，也可以自己试着画呢，挺有意思呢。如果你想画的话哪天我带你去买工具。"妈妈对她说。

“真的？我也可以画？那我一定要试试。”不经意间，妈妈也送给了悦悦一个礼物。

妈妈对我说：

悦悦，手工绘画，简称为“手绘”，在中国应该算是近些年新起的一个新鲜事物，其实早在台湾香港等地“手绘服饰”已经是家喻户晓了，而街头手绘服饰店也相当的多。现在可以手绘的东西很多：比如服装，靠垫，抱枕，帆布鞋等等。所以如果喜欢绘画的女孩，可以通过手绘来施展才华我们可以在家具上、杯碗或是杯罩上来画。不同的手绘颜料，可以画在不同的物品上。

手绘的流程有哪些呢？如果你想尝试一下手绘的话，妈妈来一步一步介绍给你吧：

第一步：当然是购买必备用品。

如果是制作普通的手绘，只要两种主要颜料就足够了：一种是丙烯，一种是纺织颜料。丙烯颜料可以用来在棉质的衣服上来绘画，不会褪色。纺织颜料适合画一些简单颜色的图案，而且价格也不会是特别贵。

第二步：购买画笔。

用于手绘的笔千万不要买羊毫或者是狼毫笔，因为手绘颜料不像一般的颜料，当它在笔上干了之后，会有气球状的膜裹在笔上。所以买大中小号的尖头毛笔各一只就可以了，如果不够用，还可以买刷子头的水粉笔大小号各两支，足够用了。

第三步：准备衣服。

如果是准备自己画的话，就拿自己的棉质衣服就 OK 了，牛仔质地的也不是不可以，布面的靠垫也可以。衣服最好是单色的或者是不复杂的彩色，如果衣服的颜色过于复杂，就不能够突出绘画的效果了。

第四步：做好准备工作，开始画。

1. 如果你的绘画功底不够好，你就应该自己用铅笔在衣服上打草稿了，可以打得细一些，用以在后面描好边上好颜色。最好是用铅笔轻轻地上颜色，以后的颜色足以把铅笔道盖上。

2. 手绘的颜料很容易干，所以最好将其放到小格的颜料盒之内，并且用什么颜色就倒什么颜色，不要全部倒掉。

3. 下笔开始画的时候一定要仔细，而且也要考虑清楚，因为如果有一笔画错了，那基本上没有办法补救，所以一笔也不能画错。上色的时候可以用颜料粘上稀释液一起画出来的效果会更加自然。当然如果你想画简单的图案，直接上什么颜色都可以。

第五步：完工总结。

衣服画好之后晾在那里不要动，让它自然放干就好，趁这个时候可以把其他东西先收拾好。需要注意的是毛笔一定要及时清洗干净，因为上面完全是膜状物，要不及时清洗以后就不好办了。

创办一份《家庭画报》

“美娜你看，我自己做的画报。”敬澜拿出一张彩色的纸向美娜炫耀。

“是什么东西？画报？”美娜拿过敬澜手里的画报看了起来，这张画报还是敬澜自己打印出来的呢，上面的内容是关于她的服饰和首饰。

“嘿嘿，我们家里新买的打印机，想试试好用不好用，所以就自己做了一份画报。”敬澜得意地向美娜说道。

“我说你怎么有着闲情呢，呵呵”美娜看着敬澜笑着说，“不错不错，还挺高科技呢。”

看到敬澜的画报，美娜心里不觉冒出了一个想法，她也可以做一份类似的家庭画报，把自己从小收集的扑克牌编辑成为一份报纸，还可以把自己亲手做的小手工编辑成为一份报纸，再把我家里所有的布娃娃备个档案，再拍张全家福，编辑成一张报纸……最后把所有的报纸装订成册，那是多么有意思的一件事啊。

回到家美娜把自己的小想法和妈妈说了说，没想到妈妈居然也很赞成。

“美娜，这个想法不错的，可以收集起来，成为你少年时代美好的回忆。”妈妈对她说。

“嗯，我从现在开始思考一下我的《创刊号》怎么做吧。”

“呵呵，好。”妈妈摸摸美娜的头，“美娜的小想法越来越多了。”

妈妈对我说：

美娜，画报有很多种形式，除了我们在日常经常接触到的《周末画报》等刊物之外，其实我们完全可以自制画报，在我们小的时候这种情况特别的普遍，虽然现在市场上各种报纸杂志很多，如果能做一份属于自己的画报，无论是手工绘制还是电子排版，不都很好吗？

我想也许你对画报这种形式还没有特别清晰的认知。如果说的严格一些，画报是指以刊登图画和照片为主的期刊或报纸，可以用画来表达文字所表达不出的意思。其实，画报中的图画和文字是相得益彰的，只是比起一般的报纸，它的图片更加丰富，文字更为简约。这也是大势所趋啊，不是说，我们已经进入了“读图时代”吗？

但是，我猜你每天除了要完成老师布置的作业之外，可能从来没有想过主动去做一份画报，尤其是家庭画报，这在中国的家庭中本来就是比较少见的现象。

其实，为什么不呢？创办家庭画报，可是好处多多的。

首先，它能够活跃家庭的气氛，现在的生活节奏很快，爸爸妈妈忙于工作，你忙于学习，本来交流的时间就很少，除了过年过节，更是没有什么机会搞家庭活动了。而你利用自己的所学，办一份画报，写一写家庭新闻、生活感悟，画一画辛劳的爸爸妈妈、慈祥的外公外婆，用幽默的画笔画出生活中的趣事，这本是就是一件有意义的事啊。

而且，它还能让你自己的能力得到锻炼，用图来表情达意，是一项本领，因为图画更直观、更有冲击力，能够引起人们丰富的想象。而配图的文字又要求高度简洁，这对一个人的提炼能力也是一种考验。搜集查阅资料、动手动脑的能力等等也能得到相应的提高。更重要的是，他能锻炼我们从生活中发现趣味的能力，这能够丰富我们的精神世界。

想要办好家庭画报，首先必须在生活中有所发现，不能将每一件生活琐事都照原样画到画报里，我们要对它们进行筛选和甄别，发现其中有乐趣、有意义的内容。并根据其进行艺术创作。

栏目的设计、板块的安排、图画的制作、文字的搭配，这些就是具体的安排了，同时也是最能体现一个女孩子的慧性灵心之处，这是一个纯粹私人化的作品，所以不要有所顾忌，大胆地按照自己的想法去做就好了。哪怕只用蜡笔或水彩笔在一张朴实无华的白纸上涂鸦，只要能够体现自己的真情实感，同样是优秀的作品，因为我们进行这项活动的本意就在于此。

如果想要把这份画报做到更出色，最好多精通一些电脑技能，比如 word 等，如果你有兴趣，还可以尝试使用 photoshop 等软件，这样一些高难度的图片就不难画出了，当然了，更重要的是画画的基本技能，画报里面最好不全是打印的电子画作，缺少了手画的美图，也会让整个画报看起来缺乏自然亲切之感。

试着享受音乐和舞蹈

独处时，享受天籁之音

小艺新买了一个MP4，从此以后听音乐上了瘾。走路在听，课间在听，就连上自习的时候也在听。

“很奇怪小艺都听些什么？这么着迷？”荣荣特别想知道所以然，于是蹑手蹑脚地走到小艺身后，趁小艺没有防备，冷不丁地就把她的一个耳机拔了出来。

“你听的都是什么啊！”荣荣把耳机放在耳朵旁边不到5秒钟，就把耳机塞给了小艺。

小艺看到荣荣过来了，笑着摘下她的MP4，对荣荣说：“我在听古筝。”

“哎哟——”荣荣阴阳怪气地说，“那么慢性子的音乐，亏你也听。”

“呵呵，我就是喜欢古筝。”小艺说，“《沧海一声笑》，特别好听。”

“小艺，你一边听音乐，一边写作业，这样能保证质量吗？如果是我的话，只要听音乐，就没有办法做题了。”荣荣向小艺“取经”，问问她有没有听音乐不耽误写作业的好方法。

小艺说：“我是这样的，如果在思考问题的时候循环播放同一种音乐，就会好些。一般说来，如果我在思考数学题，我就会放单音或者是节奏简单的音乐，不会影响我的思考，如果是做英语题目，那就听一些轻快的音乐活跃思路，如果是做抄试卷之类的体力活，那就听节奏超级快的音乐，这样可以让自己写得更快一点，嘿嘿。”

呵呵，没想到，小艺还真有一套。

小艺接着说：“如果晚上失眠了，也可以用听音乐来缓解，我试过，还挺管事呢。如果心情烦乱不能做事情，最好也听一听音乐，可以调节情绪。其实，听音乐的好处可多呢。”

妈妈对我说：

小艺，音乐绝不仅仅是一串单纯的音符，而是一种深蕴着人的精神的文化现象。无论在我国传统的音乐中，还是西方古典音乐，浪漫音乐中，我们都可以感受到音乐的精神“脉搏”。音乐大师们在五线谱间发出的对天、地、人的畅想，对命运的慨叹，对未来的展望给懂得欣赏的人们带来心灵的震颤。

音乐是一道美丽的风景，但只有少数人有幸欣赏，因为这道风景不是用眼睛看的，而是用心去体会的。春秋战争时期，伯牙与钟子期“高山流水觅知音”的故事千古流传，令人交口称赞。音乐就是这样，有着无穷无尽的、无法用语言描述的“魅力”，你可以在它的世界里，尽情放纵自己的欢笑，自己的泪水，在流动的音符中寻找往昔生活的印迹，编织你七彩的梦，获得心灵超越无限的自由之境。

现代的生活日益紧张忙碌，音乐就显得更加重要，那是上帝赐给世人的声音，紧绷了一天的神经将会在音乐中得到松弛，压抑了数天的悲愤情绪将会在音乐中得到宣泄，发自心底的快乐也能在音乐中获得飞扬。音乐还能在咖啡牛奶浓浓的香气中带走你的思绪，给创作者以灵感，给奋斗者以希望。因此，音乐不仅能调整状态，还能陶冶情操。

音乐是用来享受的，所以不一定要听完整的大型交响乐，因为那太沉闷太累，对于为工作奔忙了一天的身心有害而无益。但一定要听听巴赫、莫扎特、肖邦的作品，而且经常听莫扎特的音乐有助于开发智力。安特里奥的音乐是小资们的首选，因为他的音乐既不特别高雅也不完全通俗，而是属于“有分寸的另类”，这与小资自身的风格不谋而合。

一些经典老歌听起来更是别具一番风味，像老鹰乐队，还有爵士乐。对于追求生活格调的女性来说，在艺术欣赏上，怀旧永远都不会错。当代歌星中，恩雅和席琳·迪翁已经过时，现在要重点推荐的是意大利盲人歌唱家勃塞里和英国少女歌星夏洛特·邱奇，他们都给歌曲加入了一些流行元素。罗大佑和蔡琴是永远不会过时的流行歌手，他俩是经过几代人检验经久不衰的。崔健、刘欢、田震也可以听听。歌曲欣赏的下限是王菲，也就是说到她为止，比她再低就与“欣赏”二字无缘了。

下面推荐一些乐曲，供大家在朝霞微露的清晨和灯火阑珊的夜晚，细细品味：

古琴曲《梅花三弄》

琵琶曲《十面埋伏》

筝曲《渔舟唱晚》

二胡曲《二泉映月》

管弦乐曲《春节序曲》

小提琴协奏曲《梁山伯与祝英台》

贝多芬《第九交响曲》

舒伯特《未完成交响曲》

威柏《邀舞》

柏辽兹《幻想交响曲》

约翰·施特劳斯《蓝色多瑙河》

柴可夫斯基的《如歌的行板》、《第六交响曲》

穆索尔斯基《图画展览会》

拉威尔《波莱罗舞曲》

奥涅格《太平洋231》

以乐会友，享受一种乐器

可能是受到了古装电视剧的影响，丽丽最近迷上了吹横笛。伙伴们经常可以看到她一个人拿着横笛吹奏，噪音相当之大。

“丽丽的笛声可以起到治疗便秘的效果——让旁人憋得很难受。”某同学说道。

众人付之一笑，却不想打扰丽丽的雅兴。

而丽丽却对之不以为然，依旧是我行我素。不仅如此，她还经常向大家汇报她的进展。

“我今天找到了一张简谱，你们猜是什么曲子？哈哈，《彩云追月》。等我练习好了，吹奏给你们听吧。”

“我发现我的乐感越来越好了，今天我自己随着感觉把《采蘑菇的小姑娘》的曲调用简谱写了出来。”

“你们看我新买来一个原生纸浆制成的高级笔记本，我要把我会吹的曲子的简谱都抄在上面。”

有自己的爱好，不管从什么样的角度来讲，都是有益的。丽丽的生活较之以往充实了很多。

妈妈对我说：

曾经有一位小提琴教授说过：“他所接触过的琴童，文化课学起来都不吃力，在班上差不多都是班干部或是三好学生。这种情况不是偶然，而是有很深的道理的。艺术教育比较注重个性，有利于完善人格，益于智力的开发。

通过学习一种乐器，可以改善我们原本封闭的性格，变得更加开朗，并且能够陶冶一个人的性情。不仅如此，学习音乐的孩子一般都是性情开朗、活泼、大方，妈妈以前也接触过一些原本性格内向的女孩通过学习音乐后，性情得到了极大的改善，处事待人、热情大方，更加喜欢与人沟通聊天。

懂得乐器，懂得音乐的女孩和一般的女孩相比起来更有气质，也更加有自己的品位。其实在生活中，处处都可以展现出艺术的品位和价值，而喜爱乐器，喜欢音乐的女孩会比一般的女孩能够更好地感受到品味和艺术，因此生活质量也绝对要远远超过一般的孩子，在所有艺术形式里音乐是最能给女孩带来气质和品位的，因为音乐是从心灵深处唤醒女孩的气质和灵感，使女孩对世界对人生有更深刻的感受和体会。

所以，丽丽，妈妈也希望你能找到自己喜欢的乐器，成为一个懂得感受生活的人。

在学习音乐的道路上一定会遇到种种问题和困难，我们还要懂得如何来解决和克服。聪明的女孩会在老师的引导下，找到适合自己的办法来渡过难关，因此每个爱好音乐的女孩，都有一个共同的特点，那就是懂得学习方法、善于总结经验，理解活学活用、知道举一反三的道理。这就是我们所说的本来聪明的女孩变得更聪明的原因了。反过来说，通过学习音乐也使得女孩掌握到更好的学习方法。

为什么学习乐器可以帮助人变得更加聪明？这其中有什么样的科学道理吗？

人的大脑分为两个部分，左半球专管对语言的处理和语法表达，比如词语、句法、阅读、写作、学习记忆等。而右半球负责对空间的感受，如对三维形状的感知，以及空间定位、自身打扮能力、音乐欣赏及歌唱等。用一句话来概括就是：左半球负责科学性的工作，而右半球负责艺术性的工作。简单一点说就是左脑管思维方面的活动多一些，右脑管运动和艺术的活动多一些。而乐器的学习必须要全面动用脑的两个部位。想想看，在练习乐器的时候，右手要动，左手也要动，眼睛要看着乐谱，耳朵要听音高，脑子里还要记乐谱背乐谱，可以说是真正的一心多用。在此时，大脑的左右两个半球都被调动起来了，左脑和右脑同时工作，既调动思维又要协调动作。这难道不是对于脑部动能的最好锻炼和平衡吗？在这种一心多用的状态下，也很难再分心干别的事情，对于培养人的集中注意力也是大有好处的。

将来等你学习乐器到了一定的水平，建议你最好参加一些有关表演乐器的社团活动。因为在乐团演奏是需要和别人配合的，对于你们这些独生女孩来说，最缺乏的可能就是合作的意识和团队精神，现在，参加一些乐团活动，对于提高演奏水平、提高合作和团体意识肯定是大有益处的。

舞动是张扬的青春

丽丽永远像是一个万花筒，不停地在变。自从她看了碟片的MV之后，把笛子甩在了一边，口口声声说自己要练习舞蹈。

“其实练习舞蹈没有什么可难的。我可以按照MV上的动作，从简单的做起。”

丽丽一派雄心勃勃的样子，引来了某些同学在私下里对她的再次漠视：“但愿她跳的不是老年迪斯科。”

从此之后，在楼道间多了一个隽秀的身影，是丽丽在那里不停地旋转。

同学们都笑谈说：“练习舞蹈可以使小脑更加发达，平衡能力增强。不信可以看丽丽，居然没有倒在那里。”

任何人都不会相信丽丽可以学成什么，因为她天生就是一个三分钟热度的女孩，今天看到吹笛很有趣，就练练吹笛，明天看到别人跳舞很好看，于是也想学。可是，任何的才艺都不是付出一朝一夕的努力就可以取得成就。而像丽丽这样的女孩，应该在生活的别处也不在少数，只要她们能够玩得开心就好吧。

以前丽丽曾经欣赏过一个傣族女孩跳她们家乡的民族舞蹈，她从小就练习这种家乡的舞蹈，那种舒展的姿势和轻盈的动作给人无限美丽的遐想。其实那个女孩长得并不是很漂亮，但是很多人在看过她的舞蹈之后都觉得她很美。

妈妈对我说：

丽丽，无论什么样的舞蹈，首先是一项才艺，可以给人增加气质和魅力，再有就是舞蹈对于形体的塑造也有很大的帮助，对于女孩来说，练习舞蹈，既可以让自己多掌握一种技能，同时还可以使身材更加健美，何乐而不为呢？

在练习舞蹈的时候，随着音乐翩翩起舞，那种轻盈的动作伴随着轻盈的心情，会让人感到无比愉悦，同时会为你带来体态美。舞蹈对于塑造形体究竟有哪些好处呢？

1. 锻炼肌肉。舞蹈可以对肌肉进行全面性、综合性的刺激，它的动作可以兼顾到头、颈、胸、腿、髋等部位。舞蹈还同时具备了有氧运动的效果，使练习者在提高主肺功能的同时，达到减肥的目的。

2. 和其他体育运动形式相比具有较强的趣味性。相对于跑步、游泳的枯燥来说，通过练习舞蹈更能带给女孩无尽的吸引力和新鲜感，还有更加良好的健身效果。

3. 练习舞蹈可以增强身体的协调性，并培养良好的节奏感。舞蹈自身都有一整套的连贯动作，流畅而轻快，整齐而有韵律感，对于乐感以及灵巧度的锻炼有很大帮助。而它的趣味性也更容易让人集中和专注，忽略掉运动疲劳。

4. 练习舞蹈有助于培养气质。由于舞蹈是一种极具表现力的运动，所以通过练习的过程中，表现自己的同时培养了优雅的气质并增强自信心，让人心情愉悦是缓解情绪的好方法。

很多人把健身舞蹈形象地比喻为“带着笑容去训练的项目”。在舞蹈课中，人们更关注的是能否在练习中愉快和尽兴，所以练习舞蹈对于心理放松有很大的意义。

练习舞蹈，不仅对人的形体塑造有很大帮助，同时也有助于强壮体质。

首先，舞蹈锻炼能够锻炼身体，有益健康。对于不同年龄的女孩来说，跳舞都是一项非常好的运动，坚持舞蹈练习不仅可以强身健体，增强抵抗能力，而且可以使自身的关节和肌肉得到锻炼，减慢身体骨骼的衰老。

其次，跳舞可以使心肺功能得到增强，促进血液循环，有一个舞友说：“当伴随着音乐翩翩起舞的时候，我忘记了一天的疲劳和工作的烦恼。虽然气喘吁吁，汗流浃背，但却可以使全身得到放松。现在我的精神面貌有了很大的改观，体质也增强了许多，感觉浑身充满着活力，心里充盈着快乐”。

另外，跳舞可以陶冶情操，丰富业余生活，增加脂肪消耗，也就是减肥！

通过学习舞蹈，不仅使女孩得到良好的形体训练，而且对于心灵更是一种美的陶冶。多年的实践证明，学习舞蹈的女孩经过长期地训练之后，她们的身体外形通常会变得更加曼妙。身材更加挺拔，举手投足间处处表现优雅的感觉，无疑就是长期练习舞蹈的结果。

创造一个展示的舞台

“咱们配合丽丽一起在旁边伴舞。怎么样？”

同学中有一个叫璇璇的淘气女孩不知怎的脑子里冒出这么一个歪主意。

“璇璇，怎么可以开这样的玩笑？还是让丽丽一个人在那里跳，比较好。”宁宁及时表态，毕竟，她可不喜欢那种被人瞩目的感觉。

“哈哈，逗你玩呢。”璇璇豪爽地一笑，“今天在路上我收到了一张传单，是关于舞蹈培训的，你们要不看？”

“好啊，好啊，我看我看。”宁宁很想知道社会上都流行什么样的舞蹈。

街舞、爵士、探戈、肚皮舞、钢管舞、普拉提、有氧拉丁……哇，原来舞蹈的种类可以这么丰富！

看了那张传单之后，宁宁的心里居然有点痒痒了，不知自己是否也适合学学跳舞呢？

“你看这上面还写着：免费试听，包教包会。”璇璇补充说明，“只要交钱，一定周到服务。”

嗯……宁宁不知道这些舞蹈，哪一种才是适合自己的呢？对于舞蹈，宁宁毕竟没有任何概念，还是先在私下学习一下舞蹈发展史比较好。

妈妈对我说：

宁宁，可能你很想学习舞蹈，但是不知道舞蹈究竟是一个什么概念，到底什么样的舞蹈是适合你的，对么？如果是这样，我们可以一起来了解舞蹈的基本分类和最粗浅的常识知识。

舞蹈作为艺术的表现形式之一，却包含着丰富的形式，有不同的种类、不同的样式、不同的风格。根据舞蹈的作用和目的，舞蹈可分为生活舞蹈和艺术舞蹈两大类。生活舞蹈源于生活的需要而衍生出来的；艺术舞蹈则完全出于艺术享受，是为了表演给观众欣赏的舞蹈种类。具体说来，有以下几大种类：

习俗舞蹈：又可以称为节庆舞蹈或是仪式舞蹈，是由我国许多民族在婚配、丧葬、种植、收获等场合的群众舞蹈演变而来。在这些舞蹈活动中，表现了各个民族的风俗习惯、社会风貌、文化传统和民族性格特征。

祭祀舞蹈：这种舞蹈是表现宗教和祭祀活动的舞蹈形式。主要用于祈求神灵庇佑、除灾去病、逢凶化吉，或是答谢神灵的恩赐，是一种礼仪性的舞蹈形式。过去的古人用这种方式表示对先祖的怀念或是希望先祖保佑自己的家族。

社交舞蹈：这种是人们进行社会交往，以联络感情的舞蹈活动。一般最常见的是在舞会中跳的各种交际舞。

体育舞蹈：是用舞蹈的形式来表现体育活动，以艺术审美的方式来锻炼身体，使身心全面健康发展。体育舞蹈的形式很多，比如各种健身舞、韵律操、冰上舞蹈、水上舞蹈，以及我国传统武术中的舞剑、舞刀和象征模拟各种动物、特定形象的象形拳、五禽戏等。

教育舞蹈：是指学校、幼儿园进行审美教育的舞蹈活动，是针对特定年龄学生开设的舞蹈课程，用来陶冶和美化学生的思想感情、道德情操，对于加强礼仪，以及增进身心健康、都能起到潜移默化的作用。

艺术舞蹈：专业或业余舞蹈家，可以通过对社会生活的观察、体验、分析、集中、概括和想象，进行艺术的创造，从而创作出主题鲜明、情感丰富、形式完整的舞蹈，是由少数人在舞台表演给广大人群观赏的舞蹈作品。

由于艺术舞蹈品种繁多，根据各个不同的艺术特点，又可以大致可为古典舞蹈、民间舞蹈、现代舞蹈、当代舞蹈和芭蕾舞。

古典舞蹈：是在民族民间舞蹈基础上，经过历代专业工作者提炼、整理、加工创造，并经过较长期艺术实践的检验，流传下来的，被认为是具有一定典范意义和古典风格特点的舞蹈。世界上许多国家和民族都有各具独特风格的古典舞蹈。欧洲的古典舞蹈，一般都泛指芭蕾舞。

民间舞蹈：是广大人民群众在长期历史进程中集体创造，不断积累、发展而形成的一种舞蹈形式。直接反映了广大劳动人民的思想感情。由于各个国家、各个民族、各个地区人民的历史文化、风俗习惯不同，以及自然环境的差异，因而任何一种民间舞蹈都具有独特的民族风格和地方特色。

现代舞蹈：是欧美地区的一种舞蹈流派，形成于19世纪末和20世纪初。这种舞蹈最主要的美学观点是反对当时古典芭蕾的因循守旧和单纯追求技巧的形式主义；主张以合乎自然运动法则的舞蹈动作自由地抒发人的真实情感，反映最真实的现代社会生活。

新创作舞蹈：是根据表现内容和塑造人物的需要，在借鉴和吸收各舞蹈流派的各种风格的基础之上创作出的具有独特新风格的舞蹈。

芭蕾舞：是源于欧洲宫廷的剧场舞蹈。当时法国宫廷的舞蹈师为实现融诗歌、音乐和舞蹈于一体的戏剧理想，创造出了“芭蕾”这样一种融舞蹈动作、音乐伴奏、哑剧手势、面部表情、戏剧服装、文学台本、舞台灯光和布景等多种成分于一体的舞剧形式，在西方剧场的主流舞蹈艺术中占据统治地位300余年，至今已历四个多世纪。

让闲适的生活充满惬意

对肥皂剧说“NO”

最近影舒迷上了看《豪杰春香》，每天放了学回到家，总是匆匆扒一口饭，然后就开始坐在电视机前等待节目播出。

其实影舒并不是一个喜欢看电视剧的孩子，可是不知道为什么这部电视剧却让她为之动情，也许由于故事的开始是以校园为背景的原因吧。每次看到春香和李梦龙吵架，影舒就会在心里暗暗地为两个人着急，生怕那个卞学道会见缝插针把春香哄过去，又担心那个自私的彩莲姐把梦龙骗走。为什么真正相爱的两个人之间总会经历那么多的分分合合呢？

影舒会陪着剧情的进展而变换心情，配合着电视剧的节奏哭或是笑。就连妈妈都说她：“影舒被这部电视剧迷住了。”

由于这是一部连续剧，所以影舒在很长的一段时间都是看完节目之后，差不多快晚上 10 点才开始学习，她也知道这样很浪费时间，可是如果不看的话，她又很关注剧情到底进展的如何了。

好看的电视与成堆的作业，让她欢喜让她忧。

这样一个星期过后，影舒发现自己的学习状态明显地下降了，上课也更容易走神了，作业本上的红叉叉越来越多，心里也特别着急。

“影舒，今天晚上回家一定不可以再看电视剧了，要专心学习了。”影舒一遍又一遍地告诉自己。

可是到了家之后，影舒依然控制不住自己："不知道下学道给梦龙下的圈套得逞没有……"

唉！影舒，你不是自己下了决心不再看电视剧的吗？怎么可以食言？

可是影舒还是控制不住自己，不知道剧情的发展，心里就会老惦着这件事，这样的话就算是学习也不会专心的。

实在是为难，影舒只好去找老妈来帮助。

"妈妈，我确实不想再看电视了，真的，可是如果我不看的话心里确实惦记着，您看这怎么办啊？"影舒实在拿自己没有办法，只好请教老妈。

"你看得那么上瘾，如果一下子突然就不看了那怎么可能？"妈妈对影舒说，"影舒，这样吧，这部电视剧还要演多长时间？"

"大约再有 4 天就都可以演完了。"影舒说。

"好，那这样吧。"妈妈说，"影舒记住，凡事要善始善终，看电视剧也是一样，你这四天痛痛快快地看电视，然后再提高学习效率把落下的功课追上来吧。不过要记住，以后千万不可以再看这种肥皂剧啦。"

"嗯，妈妈真好。"影舒高兴地点点头。

妈妈对我说：

影舒，影视作为一种特殊的艺术越来越多地走进人们的生活，成为一种不可或缺的娱乐方式。随着近几年影视业的繁荣，各种影片粉墨登场，异彩纷呈，因此，在花样百出的影视节目中有选择性地欣赏才是明智之举，而选择什么则要取决于一个女人的个人品位。

就小资而言，海外华人导演拍的影片是她们的最爱，因为他们也是"有分寸的另类"，像李安的《喜宴》、《推手》，王家卫的《重庆森林》、《春光乍泄》、《花样年华》，要反复看上几遍细细品味其中的滋味；而有些片子看就看了，实在没有必要花太多时间去回味；张元的实验电影，还有孟京辉的实验戏剧，倒可以经常挂在嘴边。欧美和日本的言情片、轻喜剧也是值得好好欣赏一番的，比如，《四个婚礼一个葬礼》、《网上情缘》、《绿卡》、《纯真年代》、《英国病人》、《布拉格之恋》、《情书》，都可以作为经典走上影片收集者的名单。而《X战警》之类的动作片不看也罢。浮华喧闹的香港商业片少看为妙，但周星驰的无厘头电影是个例外，尤其是《大话西游》这个不伦不类的经典，在搞笑中加入了爱情与轮回的主题。《大话西游》的经典台词和周式口头禅已经成了一种时尚，成为时尚男女装痞的重要手段。与周星驰一样，金·凯瑞在好莱坞也是个特例，他的《变相怪杰》、《楚门的世界》也在必看之列。

而肥皂剧，是从英语传至中文的外来词汇，通常指一出连续很长时间的、虚构的电视剧节目，每周安排为多集连续播出，因此又称系列电视连续剧。

肥皂剧在西方社会，曾一度被公认为是最低级的电视节目，是社会层次和文化层次不高的观众群体的一种简易消遣形式。甚至在英国有社会学学者指出，肥皂剧有明显的助长人类不良习惯的倾向。表面上看，肥皂剧确实缺少具有时效性和重要性的信息量，也不像纪录片那样博大精深也不像新闻评论节目那样针砭时弊。除此之外，肥皂剧从电视节目制作手段和节目质量的角度衡量似乎也是难称精品，大部分肥皂剧的演员是节目播出之后才有了名气。肥皂剧给人的意义也只能是消遣时间，对于整个社会的进步实在来讲真的没有什么意义。

在茶香中品味生活

有一次，妈妈带着昭昭到一个阿姨家去做客。这位阿姨爱好古董，家里面都是摆满了各种各样的古玩。在她家的书房里面摆放着一个博古架，上面放满了各种各样的寿山石。

阿姨热情地招待了昭昭和妈妈，并且拿出一套茶具来招待她们。

“昭昭，你还没有品尝过阿姨泡的茶吧，等等让阿姨给你露一手。”阿姨说着，开始忙活了起来，看她拿出各种泡茶的工具，还向她介绍着“这个是茶船，放茶叶用的；这个是温杯用的；这个是取茶叶用的，怕被异味污染……”昭昭大吃一惊：难道泡茶有这么难吗？昭昭平时在家喝茶就是把茶叶放进杯子里，然后用开水一冲就好了，哪有这么麻烦！

好不容易茶水好了，阿姨拿起精致的小茶壶往小茶杯里面倒茶。尤其是看到那个茶杯，昭昭的心里极其难过：比爸爸喝酒的酒盅都要小。昭昭心里不禁有点抱怨：自己都渴得不行了，这么小的杯子怎么能解渴呢？

阿姨把小茶杯端到昭昭面前，昭昭礼貌地接过茶杯，真想一饮而尽，可是昭昭转念一想：一口气都喝干了是不是显得不礼貌啊？为了保险起见，昭昭拿这个小茶杯放在嘴边抿了三次，才算把杯中的茶水喝完。

“哎呀！没看出来，昭昭还真是挺会品茶的呢。”阿姨看着昭昭高兴地说，“喝茶啊，有讲究的，一个小茶杯的茶应该分三次喝下，昭昭的动作最标准了。”

昭昭苦笑，这确实是歪打正着了。昭昭看着阿姨，不好意思地笑笑。

“昭昭，你能根据茶水的香气判断出是什么茶吗？”阿姨想考考昭昭。

“这个……不知道。”昭昭如实回答，心想是什么茶水，这么苦。原来，阿姨给她们喝的，还是上好的老白茶呢。只可惜昭昭根本就品不出来。

妈妈对我说：

昭昭，闲暇的时候，用一份静谧的心来感受茶水的凛冽，实在不失为一种享受。

现在的生活节奏加快了，越来越多的女孩都喜欢喝咖啡，对于那种节奏上慢半拍的茶叶似乎是敬而远之。如果是刚刚开始喝茶，只会觉得它苦，对于香气却不那么敏感，而如果长期坚持喝茶的话，就会对香气的浓淡有所感觉，当然有部分香气全凭别人的感受得知，那种香味只是类似菊花的“闷闷味”。尤其是那些经过训练之后的品茶师，嗅觉、味觉都会比较敏感！如果有时间的话建议你邀上几个好朋友跟自己一起品茶，不仅能够弥补自身味觉上的缺憾，而且有意见的交流，要知道，泡茶、赏茶之中有无穷的乐趣。

说到这里，你一定会感到比较好奇吧，让我来告诉你如何品味出茶香：

1. 首先是闻一闻茶的香气。

要从茶杯中闻到香味是要从最高温闻，温度渐降，香气有可能会发生变化，所以要都能把握住。最好连温度低到室温时都要仔细闻，这样不仅可以欣赏到茶叶的香气，并且可以分辨出茶的好坏，甚至是制茶的手法如何！在最高温时，也许会有呛鼻的感觉，只有部分的茶汤在最高温时会呛出香味来，所以在冲泡时，尽量在掌握住更高温泡，可以再冲泡出另外不可知的香味！经过几秒之后，香味就开始呈现，由淡转浓，再由浓转淡，这是第一道香。

2. 然后就是品茶汤。

有些茶，或许闻不出香气来，可是在入口时，就会有香气表现出来。不过同样的茶叶可能在过了一两个月后，会发觉入口的香气渐减，这是茶叶内部自行反应的缘故，属于正常，或许在别的地方表现出更佳的感觉！早期有人说那是“走味”！如果对于茶叶的后发酵有一定的认识，我想，“走味”不见得是件坏事。茶叶的状况值得珍藏，将茶叶冰在冰箱中的冷藏库，可减缓这种变化！

3. 第三种是喝完茶之后可以感受到从口中吐出的香气。

这时你会发觉呼吸之间有香气在口中徘徊。还有就是喝茶的场所会影响我们感受到这种香气。可以举出四个地方，比如室内、挑高建筑、凉亭、室外。如果风不大，湿度不大，海拔高度相近，以感觉香气明显来排列就是：室外＞凉亭＞挑高五六米的房子＞室内。所以，感受茶香的效果和环境中的气流是有很大关系的。我们可以不妨试试看，拿着茶杯，在室内和室外比较一下，都有类似情形！所以阳台喝茶一定比室内好；顶楼喝茶一定比阳台好！一般倒茶区选茶时，各家的营业场所通风情况应比家里好，香气也比较闻得到！

当饮下茶汤之后，口中会有翻搅的动作，例如吸气、吞口水的动作，都可以闻到茶的香气。尤其是饮入浓茶时，茶香会渐渐由口腔翻搅而显现出来。早期，有人用小壶泡茶，泡出来的茶汤虽然少但浓得让人皱眉头，但是，茶香滋味确是回味无穷。

将茶喝下肚之后再用心回味一下，那种醇厚的感觉简直是妙极了！但是并非所有的茶都会有回甘的现象。所以这种感觉要好好体会。茶汤下肚后，轻咳，会有甘味和香气跑出。

以前曾经听说有人可以通过品一杯茶而喝出茶种、海拔、施肥、制茶方式、茶龄、年份的相异，真的是这样吗？确实有。只要专心，以后自己就是！

走进魔法坊

青青看到小豆豆拿着一根粗绳子在那里捣鼓捣鼓，不知道她究竟在做什么。

"小豆豆，你在干吗啊？"青青出于好奇，过去想问个究竟。

"我在修炼。"小豆豆诡异地说，"青青，我想把这一根绳子变成两根绳子。"

"它如果是一根绳子的话，你不剪就永远是一根绳子。原来你在表演魔术啊，呵呵，我才不上套呢。魔术玩的全都是障眼法。"青青一针见血地指出了魔术的本质。

"都让你说穿了，就不好玩了。这个人，啥事都看得这么明白。"小豆豆嘟哝了一句，"我要表演了，请你免费观看，怎么样？"

"好啊。"青青笑着说，"你开演吧。"

只见小豆豆用手死死地抓住一根绳子，在那里不停地翻过来倒过去。

"哈哈哈哈！"青青早就看出了破绽，掩饰不住，笑了出来。

“小豆豆，你的表演速度一定有待提升，你自己还没有捋顺我都看出来了。”青青笑够了，指正小豆豆的表演缺点，“你那个绳子的两头都藏在手里，我在一旁看得一清二楚。”

“哈哈。”小豆豆听青青一说，她也笑了。

妈妈对我说：

小豆豆，试着变一些小魔术，其实好处还是有很多的。它可以快速地拉近人际关系，拉近亲子、朋友、同事之间彼此的距离，训练手脑的灵活性，同时还可以培养自己的自信心和幽默感，永远保持愉快的精神状态，大大改善单调紧张的生活，使情绪永远保持在愉快状态。

也许你会认为魔术不好学，其实不是。所有的魔术在知道答案之后，就会觉得非常简单，可是如果不懂原理，就算是再简单的魔术也会觉得非常神奇，每一次的魔术演出也都充满着无限的想象力和创造力。只要少许的努力练习，就能够大大改变单调、紧张的生活，从此人生会变得生动有趣。

向你推荐几个好学又好玩的小魔术：

1. 巧辨唇印

你可以把自己说成是可以倚靠嗅觉辨别气味的动物，你可以说自己“苦练”了多少年终于修成了正果。然后开始进行你独具匠心的小魔术，接下来你会发现，原来忽悠人这么容易。

（1）准备好一张正方形的白纸，反复对着之后撕成相同的9张。然后挑选出一张给其中一个女孩，并让她轻轻印上自己的口红印。随后可以再让其他女孩分别印上自己的口红印。

（2）把这些带有口红印的纸混合打乱，排列在桌子上，然后在桌子上表现出仔细地嗅味道，成功挑出第一个女孩印有口红印的纸。

提示：这个小魔术的秘密在哪里呢？原来在折纸的时候只有一张是四边都有撕痕的，所以并不是真的通过嗅觉辨认出来。不过，在表演的时候注意一定要惟妙惟肖，在用鼻子闻纸的时候神情一定要投入，否则就会很难感动对方。

2. 刺穿可乐罐

你可以向同学吹嘘自己是个力大无比的人，可以用一根牙签刺穿一个金属皮的可乐罐，如果其他人不相信，你就要表演给他们看哦。

（1）准备一罐可乐，一根牙签，一张面巾纸。在表演之前可以偷偷地将揉成小球的面巾纸吸饱可乐装在手里。

（2）右手拿牙签，左手拿可乐罐，千万不要让对方发现手中的小纸球。

（3）将牙签的尖端抵在可乐罐的侧边，右手快速往前推，牙签进入右手，但是看上去像是刺进了可乐。

（4）捏紧手中的纸球，把可乐挤出来。

提示：在表演这个魔术之前需要反复练习，否则就有可能会露馅。另外，面巾纸要吸足可乐，这样才会有可乐被穿刺的效果。

3. 确认硬币

告诉你的同学，你有读心术。

（1）从口袋里掏出两个硬币，一个一元，一个五毛。

（2）把硬币交给任何一个人，让他在身后把硬币分别放入左右手中。然后把两只手放到前面。

（3）随后告诉她将左手的硬币数额乘以55，将右手的硬币数额乘上66。

（4）这个时候，我们不需要问这个人他算出来的结果是多少，也可以确认其手中的硬币了。

提示：想知道为什么吗？其实非常简单，五毛的硬币在做运算的时候所花的时间比较多，所以很容易辨认出来。

4. 有魔力的吸管

（1）准备一根烟，一根用纸袋包装的吸管。

（2）用拇指和食指用力捏住纸袋，使吸管和纸袋充分摩擦，然后把吸管从纸袋中抽出来。

（3）将一根香烟立在桌子上，用手拿着吸管，绕着香烟转动，这时候香烟就会晃动起来，最后倒在桌子上。

（4）把吸管和香烟交给对方，但是肯定不会再成功。

提示：纸袋在与习惯摩擦的时候产生了静电，静电对香烟产生极强的吸引力，让香烟倒下。用手摸过的吸管静电将自动消失，所以对方在表演的时候吸管就没有吸引力了。

5. 抓橘子

（1）拿出一堆橘子，一个纸袋，一支彩笔。

（2）随便拿出一个橘子给对方，让他用彩笔做好标记，然后把所有的橘子都放进纸袋。

（3）让对方使劲摇晃把橘子捣乱。

（4）把手伸进纸袋，拿出做了标记的橘子递给对方。

提示：在递给对方橘子之前，就要把橘子捏软了，这样就能够凭手感顺利地从纸袋中找出来啦。

运动是生活的必需品

那天倩倩刚来到学校，铭铭就冲着倩倩大喊："倩倩，我今天是从家里走过来的。"

"啊？"铭铭是不是哪根筋不对头？怎么会从家里走路来呢？要知道，她的家离这里不是很近，如果坐公交车的话需要乘 3 站地，虽说不远也不近了。

"铭铭，你怎么想起来要步行来学校啦？"倩倩问她。

"锻炼身体，我妈妈听人说的，人的脚下面通全身各个部位的穴位，所以要多运动，多刺激。我妈妈还说，人想活多长时间，就要走路多长时间。"铭铭这样向倩倩解释。

"哈哈哈哈。"听铭铭这样说，倩倩乐了，"小小年纪就想着养生了，深谋远虑啊哈哈。"

铭铭也乐了："倩倩，不一定要养生，就算是一种锻炼方法吧。"

"嗯，明白，明白。"倩倩说，"那你以后要坚持这样走吗？"

“应该是吧，”铭铭很肯定地说，“其实如果走路上学的话，到学校的时间和坐车是差不多的。倩倩，你觉不觉得走路上学很时尚。”

“那是，独你一份。”倩倩戏称道。

从此以后，铭铭真的坚持要走路上学了。

妈妈对我说：

铭铭，运动是女孩永葆青春的秘诀，尤其是有氧运动，它具有抗氧化剂的效应，会使人的全身得到充足的氧气供给，加快呼吸系统的作用，钝化和转化体内的自由基，并控制其形成和活动，保护身体免受侵害，防止自由基引起的衰老现象。

有氧代谢运动种类繁多，如，慢跑、走跑交替、长时间游泳、划船、跳绳、上下楼梯、骑自行车、滑冰、越野滑雪、健身舞以及多种球类活动等。其特点是：强度低、时间长、不中断、有节奏、方便易行、容易坚持锻炼。

坚持有氧运动对身心健康的益处主要有以下10点：

1. 使你的血液变得很“富有”，可增加血液中红细胞、白细胞和血红蛋白，使身体的营养水平、代谢能力得到提高。与锻炼前相比，它能给每个细胞带走更多的二氧化碳和其他废物。

2. 使你的血管富有韧性，并使肌肉中的毛细血管网增多，使肌肉变得丰满而结实。

3. 增加肺活量，对呼吸系统有良好的影响。它提高呼吸深度，增加每次呼吸的气体交换量，从而保证在激烈运动时，满足气体交换的需要，提高身体机能水平。实践发现，增加肺部的生命力可以长寿。

4. 使心肌强壮，心腔容量增大，血管弹性增强，进而提高心脏的收缩力和血管舒张力，使心搏有力，每一次的心脏跳动收进更多血液，以增加心脏输送给全身的血液量。

5. 有效地改善心率。坚持适当的有氧运动，如健身操锻炼，可使心率适度降低，这样心脏就会得到更多的休息。由于心脏的工作能力和储备能力提高，人就能承受更大的负担。

6. 能增强骨骼密度，有效地防止钙损失，防止骨质疏松。

7. 有益于降血压、降血脂和控制血糖，是最科学的减肥术。

8. 塑造形体美，保持形体上的长处，弥补形体上的不足，提高肌肉的弹性、伸展性和协调性。

9. 改善不良情绪。由于有氧运动能提高中枢神经系统的机能水平，从而也提高了机体对外部环境的适应能力，故减少了患神经衰弱症的可能性，还可以减缓和消除紧张、激动、易怒、神经质等坏情绪。

10. 增加自信心、锻炼人的毅力、提高免疫功能、增强体能与耐力，可延缓衰老、长寿。

要使有氧运动产生效果，关键在于保持一定的运动量和适当的健身内容并持之以恒。它要求锻炼者每周要运动 3 ~ 4 次，每次坚持 20 ~ 60 分钟。

如果是由于课业繁忙或者是其他原因，实在没有时间进行运动的话，其实，步行就是最好的有氧运动。

医学之父希波克拉底曾经说了一句话，这句话流传了 2400 年。他是这样说的："阳光、空气、水和运动，这是生命和健康的源泉。"可见人的生命和健康离不开阳光、水和运动，这说明运动和阳光同样重要。

俗话说："饭后百步走，活到九十九。饭后就散步，不用上药铺。"可见，步行是最好的运动。目前，仅北美洲每天就有 8000 多万人参加步行运动，在欧洲，步行运动、徒步旅行日益成为现代人的生活时尚。有关机构研究表明，步行能够给人带来以下几种好处：

1. 步行可以逆转冠状动脉硬化斑块，特别适合中老年人。据医学统计，行走会使血压降低，降低血液黏稠度，利于强健心肌，减少血栓的发生。

2. 步行还能有效地预防糖尿病，糖尿病患者对葡萄糖利用差，步行能增加机体对葡萄糖的利用，从而控制糖尿病的发展。研究表明：

每周步行 3 次，糖尿病的发病机会比不运动减少 25%。

每周步行 4 次，糖尿病的发病机会比不运动减少 33%。

每周步行 5 次，糖尿病的发病机会比不运动减少 42%。

3. 步行能明显使体形健美，使脂肪减少，肥胖者有利于减肥。长时间走路可以消耗大量热量，促使体内脂肪分解，向机体供能，从而达到减肥的目的，保持优美体形。体形偏瘦的人通过步行锻炼也可以使肌肉增加，使身体变得健壮起来。

4. 步行能强筋壮骨。徒步锻炼，能运动全身骨骼系统，抻拉肌腱；活动关节，强健骨骼。

5. 步行能够改善思维，使情绪变得愉快。步行是一种“静中有动”、“动中有静”的健身法，能够直接缓解神经肌肉紧张。当烦躁和焦虑的情绪涌上心头时，以轻快的步伐走 15 分钟，紧张烦躁的情绪会得到有效缓解。

步行能使人们零距离地接触大自然、感受大自然，它是最好的有氧运动。步行运动最好一次步行 3 公里 30 分钟以上，一周最少步行运动 5 次。只要你长期坚持步行运动，再结合正确的饮食结构，再拥有一个良好的心态，相信活到百岁不再是梦想。

自信&乐观

——给独一无二的你

善于发现美好的生活

寻找生命中的阳光

一天早晨，天气凉爽，阳光也很好。槐槐和好伙伴们一起骑车到郊外的山上去玩。

一路上大家都是有说有笑，偶尔凉风吹了过来，惬意极了。大家都在憧憬山上一片杏花的景色，不知现在山上的杏花开得怎样了。

就在路口转弯的地方，槐槐看到了惊险的一幕：有一辆大卡车和一辆小汽车相撞，人已经被撞出有 5 米远。

这样的景象被槐槐的一个同伴渺渺看到之后，她当场就晕倒了。

“不好，渺渺晕倒了，我们赶快拨打 120。”槐槐赶快招呼周围的几个人，“要赶快告诉叔叔阿姨。”说着就往渺渺家里打电话。

槐槐断定渺渺一定是被这场车祸吓住了，送到医院之后，经过医生的救助总算从昏迷中醒了过来，但是面部表情看上去异常狰狞，而且一时感到很难接受自己。

看到渺渺的状况已经稳定了，槐槐她们几个人很想进去看看她，可是她不想见大家。

无奈之下，槐槐只好给渺渺递去一张小小的卡片，上面写着：渺渺，我们在外面都很惦念你，听医生说你很快就会康复了。心情一定要好一些，这样才能早日恢复。

槐槐记得妈妈曾经告诉过她：人的一生当中会遇到很多的苦难，

不管是幸福还是不幸，别人都没有办法代替你。因此无论怎样，我们都要学会与自己好好相处，掬一捧阳光给自己，多想想生活中的美好，那么痛苦就会减少很多。

槐槐希望渺渺能多回忆一些生活中美好的片段，这样她就能很快好起来了，也许那个时候她肯定会比现在更漂亮吧。

妈妈对我说：

槐槐，很多人一生都在寻找快乐，而学习的压力、父母的期望以及对未来的不确定让我们觉得生活中仿佛会有吃不完的苦。

快乐是什么？快乐是血、泪、汗浸泡的人生土壤里怒放的生命之花。正如惠特曼所说："只有受过寒冻的人才感觉得到阳光的温暖，唯有在人生战场上受过挫败、痛苦的人才知道生命的珍贵，才可以感受到生活之中的真正快乐。"

托尔斯泰在他的散文名篇《我的忏悔》中讲了这样一个故事：

一个男人被一只老虎追赶而掉下悬崖，庆幸的是在跌落过程中他抓住了一棵生长在悬崖边的小灌木。此时他发现：头顶上那只老虎正虎视眈眈，低头一看，悬崖底下还有一只老虎，更糟的是，两只老鼠正忙着啃咬悬着他生命的小灌木的根须。绝望中，他突然发现附近生长着一簇野草莓，伸手可及。于是，这人拽下草莓，塞进嘴里，自语道："多甜啊！"

无论在困境中还是顺境中，激情都是鞭策和鼓励我们奋进向上的不竭的动力。只有对生命充满激情，才能使自己对现实中所有的困难和阻碍毫无畏惧。激情，是一种能把全身的每一个细胞都调动起来的力量。

在所有伟大成就的取得过程中，激情是最具有活力的因素。每一项改变人类生活的发明、每一幅精美的书画、每一尊震撼人心的雕塑以及每一部让世人惊叹的小说，无不是激情之人创造出来的奇迹。最好的劳动成果总是由头脑聪明并具有工作激情的人完成的。

一位女孩曾讲述过自己的难忘经历，让我们深知在生活中保持旺盛的激情是多么的重要。下面且让我们来听听她的自述：

经历了黑色七月，我并没有取得自己梦想中的好成绩，尽管分数上还说得过去，但只能进一所不起眼的大学。经过半个年头，我终于放了寒假。在家里的时候，父亲向我问起了大学生活，我告诉他说：“其实真的很没劲。”

我的父亲是个铁匠。他听了我的话后，脸上一直很惊愕，沉默了半晌之后，转过身用他那粗壮的手操起了一把大铁钳，从火炉中夹起一块被烧得通红通红的铁块，放在铁垫上狠狠地锤了几下，随之丢入了身边的冷水中。

“滋”的一声响。水沸腾了，一缕缕热气向空中飘散。

父亲说：“你看，水是冷的，然而铁却是热的。当把热热的铁块丢进水中之后，水和铁就开始了较量——它们都有自己的目的，水想使铁冷却，同时铁也想使水沸腾。现实中，又何尝不是如此呢？生活好比是冷水，你就是热铁，如果你不想自己被水冷却，就得让水沸腾。”听后，我感动不已，朴实的父亲竟说出了这么饱含哲理的话，让我真的感动不已。

第二学期开始了，我反省自己，并且不断地努力，学习终于有了一点起色，内心也开始一天天地丰富充实起来。

如果你不想被平庸无色的生活冷却了你的斗志，你就得用生命的激情与辛勤的汗水让这盆冷水沸腾。不是吗？

罗曼·罗兰说：“痛苦像一把犁，它一面犁破了你的心，一面掘开了生命的新起源。”不知苦痛怎能体会到快乐？痛苦就像一枚青青的橄榄，品尝后才知其甘甜，但这需要品尝的勇气！其实，人在青少年时要让自己快乐非常简单，那就是少一点欲望，多一点自信，在身处绝境时，也能看到希望的光芒。当然，我们更要学会在痛苦中寻求快乐的音符，保持对生活的激情，这才是人生的真谛。

这个世界本来不公平

试卷的成绩已经公布了，竹君只听见馨馨在那里一个劲地抱怨：

“我赶上的是B卷，如果是A卷的话成绩肯定会更高一些。哎呀，那个 B 卷上面的题恰好我不会，为什么要分 A、B 卷呢？这样做不公平，就算是排名次也不能说明问题，大家做的卷子不一样嘛。”

原来，为了防止同学考试的时候作弊，老师在举行考试的时候分别做的 A、B 两套试题，这样相邻的同学就没有办法抄袭了，保证了试卷分数的含金量。

可是这样的一个制度引来了馨馨的抱怨，因为她偏巧赶上的是 B 卷，而那上面的几道题她又恰好不会做，这使得馨馨大为恼火。

回到家之后，竹君和妈妈无意中谈到了这件事，妈妈笑笑问竹君：“如果换做是你，你会怎样认为呢？”

“如果我复习得很到位，无论考什么都难不倒我。”竹君说道。

“竹君说的对。”妈妈很赞同地说，“在考试的时候，我们任何人都无法预料会出什么样的试题，所以不能有任何的侥幸心理，只能是踏踏实实把该准备的知识点都摸清熟透，以不变应万变，才能保证取得好成绩，哪有寄希望于老师出的题目呢？”

听妈妈这样一开导，竹君也觉得馨馨做得不对，甚至有点不讲道理。原本是自己没有复习好，反而怪老师出的题目不对她的胃口。

妈妈继续说道：“什么事情，都不会是绝对的公平的。只要分了 A、B 卷，肯定难易程度不一样。所以我们无法改变外在的条件，最好的方法只有做好自己。”

“嗯。”竹君点点头，发现妈妈越来越有哲理了。

妈妈对我说：

竹君，命运并不是对每个人都公平，有的人天生聪明绝顶，而有的人却是残疾。然而造物主创造世界万物时，他相信每一件事物都具有其存在的价值。如果我们只是空抱怨“一切都不公平”，那么做任何事情都注定不会有进展。在这个世界上只要找对了自己的位置，哪怕你只是一块不起眼的石头，总有一天也会发光、发亮。你要有足够的信心和毅力，并且要坚信“天生我才必有用”。

实际上，成功往往离你只有半步之遥。然而这半步，有时却要你为之付出几年、十几年、甚至几十年的努力才能跨越。并不是说你没有能力，而是你很难相信自己有这个能力。在我们身边有很多女孩生活在自卑中，周围写满了不自信，总拿自己的弱点与别人的强项相比，却不愿对自己大喊一声“我能行”！

李海龙生下来的时候没有两个手臂，在他5岁时的一场车祸又夺走了他的左腿。就这样，他的四肢只有一条右腿幸存。但父母从不让他因为自己的残疾而感到不安，积极培养他各方面的兴趣。

在一次收看残奥会转播节目时，他看到美国有个游泳运动员没有了一个手臂，却以近乎完美的表现夺得了冠军。顿时，小海龙萌生了学游泳，进残奥队，为国争光的念头。那年，小海龙才8岁。

但是教练却尽量婉转地告诉他，说他“不具备做游泳运动员的条件”，因为他只有一条腿，完成复杂的游泳运动近乎天方夜谭。最后他申请加入地方残联游泳队，并且请求教练给他一次机会。教练虽然心存怀疑，但是看到这个男孩子这么自信，对他有了好感，因此就收了他。

两个星期之后，教练对他的好感加深了，因为他似乎已经克服了自身的身体缺陷，可以在游泳池中做一些常规的动作，并且做得很到位。小海龙一直坚持刻苦训练，别人练半小时，他就练一小时，因为他知道自己的先天条件太差，只能靠后天努力来弥补，而且他的目标是残奥会。

他一生最伟大的时刻到来了。那是残奥会的现场。在游泳比赛场馆里，各国选手一一就位，等待着发令哨响。海龙在工作人员的帮助下，站在起跳台上，面对着碧色的池水，他仿佛看到了五星红旗冉冉升起，《义勇军进行曲》在耳边回荡，他微笑了。

出发了！只见海龙如一条梭鱼敏捷地跃入水中，奋力向前游。唯一的一条右腿掌握着平衡，由于没有手臂不能压水，他只能加快将头探出水面的频率，既为呼吸，也是用头与肩部代替了手臂，起到压水的作用。

海龙终于如愿以偿，他夺得了冠军。当他站在最高的领奖台上，残奥会主办方代表将金牌戴到他脖子上之前，他请求代表将奖牌放在自己唇边，他要吻一吻它。

“真令人难以相信！”有人感叹至深。李海龙只是微笑。他想起他的父母，他们一直告诉他的是他能做什么，而不是他不能做什么。他之所以创造这么了不起的纪录，正如他自己说的：“天生我才必有用，我相信我能行。”

海龙是好样的，他不只为残疾人，同时也为普通人树立了一个好榜样。“身残志不残”，这是他常挂在嘴边的话，也是支持他坚持不懈的一个理念。

也许在日常的生活中我们总是会听到有人在耳边抱怨“生不逢时”、“千里马好找，伯乐难寻”、“现在的工作不能体现自己的价值”。而实际上，这些人总是忽略一些问题，他们是否将自己放在了正确的位置上？是否为自己创造了被伯乐相中的机会？还是仅仅总安慰自己“天生我才必有用”而不去做出努力以改变现状？

我知足，我快乐

病来如山倒，病去如抽丝。昨天贝贝已经请假一天，在家里休息，没有想到今天照样高烧不退。

早上醒来贝贝发现自己浑身无力，说话都有些张不开嘴，一想起自己要落下这么多功课，心里不禁有些着急。

“妈妈，我要什么时候才能去学校啊？”贝贝问妈妈。

“贝贝，你烧得太厉害了，需要恢复两三天的时间，这些都是人体的正常反应。难道这点小痛苦你承受不了吗？”妈妈温和地说。

“嗯，总之生病让人心情不爽。”贝贝只管自己嘟嘟囔囔。

“贝贝，人的一生难免会遇到一些疾病的困扰，我们只要坦然去面对就好了。面对痛苦我们要乐观，要知道痛苦和快乐是一对孪生兄弟。难道一个小小的发烧就能把你打倒吗？”

“可是很难受啊。”贝贝很委屈地对妈妈说。

“体力的恢复是需要时间的，只要你保持心情愉快，多吃点东西，很快就会康复的。最重要的是要保持一颗快乐的心。生活中只有懂得在痛苦中寻找快乐的人，才会过得有意义。这个时候就是锻炼你的时候，你要学会在这种病痛中找到快乐，才能更快地成长。”

“嗯，妈妈我知道了。有你的陪伴我很高兴，你温暖的胸怀可以让我倚靠。”听了妈妈的话，贝贝心里感到暖暖的，觉得自己其实是很幸福快乐的。

“这就对了，贝贝。”妈妈很高兴地对她说，“懂得让自己快乐，能够让自己在痛苦中找到快乐，这是人生寻找的真谛之一。”

妈妈对我说：

贝贝，其实幸福本没有绝对的定义，许多平常的小事往往能撼动你的心灵。能否体会幸福，只在于你的心怎么看待。想要拥有幸福的生活，就要怀有一颗感恩的心。

有的时候我们会觉得自己拥有的一切不值得感恩，因为我们并不知道自己到底拥有哪些东西。朋友不值得感恩，因为他们并没有为我们做什么让我们感恩戴德的事情。老师不值得感恩，因为我们是交了学费的。身体健康不值得感恩，因为我们还小，本来就不该有什么疾病纠缠。

卡耐基的著作中有这样一个十分感人的故事。故事的主人翁是一位名叫波姬儿的女教授，她是一位充满勇气、坚强乐观的女性，她写过一本自传体的书，书名叫《我希望能看见》。

小时候，她渴望和小朋友做游戏，但苦于看不清地上画的线。当别的孩子回家后，她趴在地上认准地上的线，等下次再和小伙伴玩。

她在家里看书，把印着大字的书靠近她的脸，达到眼睫毛都碰到书页上。她得到两个学位：先在明尼苏达州立大学得到学士学位，再在哥伦比亚大学得到硕士学位。

她开始教书的时候，是在明尼苏达州双谷的一个小村子里，然后渐渐升到南德可塔州奥格塔那学院的新闻学和文学教授。她在那里教了 13 年，也在很多妇女俱乐部发表演说，还在电台主持谈书本和作者的节目。“在我的脑海深处”，她写道，“常常怀着一种怕会完全失明的恐惧，为了要克服这种恐惧，我对生活采取了一种很快活而近乎戏谑的态度。”

1943年，波姬儿已是52岁的老妇，奇迹出现了！著名的“美友医院”为她做了一次成功的手术。她看得见了，比她以前所能看到的还要清楚几十倍！

一个崭新的、令人兴奋的可爱世界呈现在她眼前。现在，她甚至在厨房水槽洗碗的时候，都会有战栗的感觉。

“我开始玩着洗碗盆里的肥皂泡沫，”她写道，“我把手伸进去，抓起一大把小小的肥皂泡沫，我把它们迎着光举起来。在每一个肥皂泡沫里，我都能看到一道小小彩虹闪出来的明亮色彩。”

在常人看来，波姬儿是不幸的，然而她自己却觉得自己是一个很幸福的人，甚至在厨房洗碗的时候，也会因兴奋而战栗，所有这一切都是因为她是一个懂得感恩的人，总是努力享受自己已经拥有的东西，而不去想自己没有或者已经失去的东西。

懂得知足，懂得感恩，不仅感谢帮助我们的人，更要感谢曾经以及还在拥有的一切。

世界无限大，而我们能够拥有生命、健康的体魄，享受食物、阳光，拥有家人的爱，不是值得感激的吗？

将快乐变成习惯

妈妈从花市买来了三株蝴蝶兰，很是好看。摆放在阳台上，在众多的花花草草中显得秀丽挺拔，而那粉色的花朵，从远处乍看，还真的很像是只蝴蝶呢。小夏和妈妈都很喜欢。

这天妈妈有事要出去，临走时吩咐小夏说：“小夏，听天气预报说今天会有阵雨。如果变天了，刮风下雨的话，你要记得把阳台外面的那几棵蝴蝶兰拿到屋里来。”

“好的，没问题。”小夏信誓旦旦地向妈妈保证。

妈妈走了之后，屋里只剩下小夏一个人了。她安安静静地在屋里面写作业。以至于外面刮起狂风居然毫无察觉。

当小夏算好了一道题目，伸个懒腰的时候，她突然发现，天阴沉沉的，要下一场大雨的样子。

“蝴蝶兰。”小夏的第一反应就是去阳台外面，可是当她跑过去的时候，发现那盆花已经没有了踪影。

哪里去了呢？小夏站在阳台上往下张望，原来那盆蝴蝶兰已经被风卷到楼下，摔个粉身碎骨。

这下完了，怎么向妈妈交代呢？小夏一下傻眼了。要知道这个花的价钱比较贵呢。

晚上妈妈回到家，小夏把事情原原本本地向妈妈交代一遍，已经做好了挨批评的准备。

“掉到楼下去了，没有砸到别人吧？”妈妈很关切地问。

“那倒没有，就是花都碎了。”小夏小声地说道。

妈妈听小夏沮丧的样子，安慰她说：“以后记得小心啊，反正也已经摔坏了，算了吧。”

“妈妈，你不生气吗？”小夏试探着问。

“我怎么会生气，我们买花是为了观赏，为了陶冶心情的。为什么要因为它生气呢？只是你今后做事要小心，知道吗？”妈妈安慰小夏道。

“嗯，以后我一定保证把花照看好。”小夏再一次信誓旦旦地保证，不会再失误了吧。

妈妈对我说：

小夏，很多人经常对已经发生的事情追悔莫及，这其实是一种很正常的现象，人多多少少都会有这样的体验。

从某种角度上来看，这未尝不是一件好事，你可以从中吸取经验教训，避免下次重复出错，但不能一味地追悔感伤，沉浸于此。事情已经发生，局面已经形成，再也无法挽回，你应该学会放下过去，这样才能重新开始。

安东尼·罗宾就经常以愉快的方式来结束每一天。他告诫我们说：“时光一去不返。每天都应尽力做完该做的事。疏忽和荒唐事在所难免，尽快忘掉它们。明天将是新的一天，应当重新开始，振作精神，不要使过去的错误成为未来的包袱。以悔恨来结束一天，实在是不明智之举。”

罗宾鼓励我们做一个关门的人，就好像英国前首相的劳仑·乔治一样。

乔治有一天和朋友在散步，每经过一扇门，他便把门关上。朋友疑惑地说：“你没必要把这些门关上。”乔治却说：“哦，当然有必要。我这一生都在关我身后的门，你知道，这是必须做的事。当你关门时，也将过去的一切留在后面。然后，你又可以重新开始。”

你想成为一个快乐的人吗？其中最重要的一点就是要学会将过去的错误、罪恶、过失全部忘记，然后坚定地向前看。只有忘记过去的事，努力向着未来的目标前进，才能使自己不断走向辉煌。

有位企业家做了一个错误的决定，这个决定让他蒙受了巨大的损失。在这之后，他拒绝承认自己的失误，拒绝接受不可避免的事实，结果，他失眠了好几夜，痛苦不堪，但问题一点也没解决。更严重的是，这件事还让他想起了以前很多细小的挫败，他在灰心失望中折磨自己。这种自虐的情形竟然持续了一年，直到他向一位心理专家求救后，才彻底从痛苦中解脱出来。

事实上，如果我们研究一下那些著名的企业家或政治家，就会发现，他们大多都能接受那些不可避免的事实，让自己保持平和的心态，过一种无忧无虑的生活。否则，他们中的大部分人被巨大的压力压垮。

道理很简单：当我们不再反抗那些不可避免的事实之后，我们就能节省下精力，去创造一个更加丰富的生活。如果你的内心为此不断痛苦和挣扎，就仿佛在拧麻花，两股力量互不相让，那最终深陷泥沼的只有你自己。要知道你只能在两者中间选择其一：可以选择接受不可避免的错误和失败，并抛下它们往前走；也可以选择抗拒它们，变得更加苦恼。

当然，你可以尝试着不去接受那些不可避免的挫败，但这样势必使人产生一连串的焦虑、矛盾、痛苦、急躁和紧张，你会因此整天神经兮兮、不知所终。

有一句古老的犹太格言这样说："对必然之事，轻快地加以接受。"在今天这个充满紧张、忧虑的世界，忙碌的你比非常需要这句话。

所以，请接受不可避免的事实吧，然后以一种乐观的态度轻松地生活下去！

健康是最好的储蓄

时针已经指向了午夜十二点钟，可是小珍的作业还没有写完。这时妈妈推开了小珍的房门。

"珍珍，已经这么晚了，你怎么还不睡觉呢？"妈妈过来想看看小珍究竟在干什么。

"妈妈我的作业还没有写完。"小珍只好如实回答。

"白天还看到你一直在玩啊，我以为你的作业都已经写完了啊。"妈妈很诧异地问小珍，"看看你啊，白天不抓紧时间学习，深更半夜的努力起来。"

"没事，我就熬夜一小会儿，写完之后就睡觉。"小珍跟妈妈解释道。

"可是珍珍，你知道熬夜的坏处吗？"妈妈跟她说，"你生病的时候有多难受，你都忘了吗？现在你年纪小，也许认识不到健康的重要性。平时的生活中也需要多注意才行啊。"

妈妈的一片好心，小珍不想辜负，她向妈妈保证以后也要多注意健康、合理作息，以免让父母担心。

妈妈对我说：

珍珍，很少有人能够彻底明白健康对于一个人的重要性，于是在身体健康的时候不停地挥霍健康，而等到身体出现不适的时候才追悔叹息。

一个人无论做什么事，身体健康永远都是最基本也最重要的前提。在人生的路上，需要你每天都能以精力饱满的身体去应对一切。尤其是对一些重大的事情，更需要你付出你的全部力量才能成功。如果你发挥出你的一小部分能力进行学习或做事，那一定是干不好的。你应该用你旺盛的斗志以及健康的身体投入，但倘若你因生活不知谨慎而造成精疲力竭，那么再去学习和做事时，你的效率自然要大减。在这种情形之下，成功是难以得到的。

这就如同一架机器，在毫无故障的情况下，自然可以正常运行，但倘若出现破损或其他故障，便会严重地影响做事效率。

我为什么就做不到呢？我并不笨啊！

你清楚地知道自己绝对有这个实力，于是你下定决心一定要考取第一名，并为之努力，甚至把休息的时间也用进去，可是你却发现这个目标对你而言还是难以达到，于是你为此感到非常困惑。

你认清了自己的实力，你也付出了努力，但结果却事与愿违，生活中这样的例子很多。很多人不是能力欠缺，也不是没有付出努力，也不是缺少机遇，他们的失败往往就集中在一点上，那就是体力不支。纵使意志再坚定，你糟糕的身体还是无法帮助你走向成功。事实证明，一个活力低微、精神衰弱、心理动摇、情绪波动的人，永远不能成就什么了不起的事业。这就像一匹有“千里之能”的骏马，倘若食不饱、力不足，那么在竞赛时恐怕也要败给最普通平常的马。

聪明的将军绝不会选择在军士疲乏、士气不振时，统率他们应付大敌。他一定要秣马厉兵，充足给养，然后才肯去参加大战。同样的道理，如果想在我们人生的这场战役中取得胜利，你能否保重身体，能否保持你的身体于“良好”的状态。因为，一个具有一分本领的体力旺盛的人，可以胜过一个体力衰弱有十分本领的人。

健康的体魄可以增强人们各部分机能的力量，而使其效率、成就较之体力衰弱的时候大大增加，也使人在学习和工作上处处取得成效、得到帮助。

所以，凡是有志成功、有志上进的人，都应该爱惜、保护体力与精力，而不使其有稍许浪费于不必要的地方，因为体力、精力的浪费，都将可能减少我们成功的可能性。

生活中有很多有志于成就大事的人，却因没有强健的体魄为后盾，而导致壮志未酬身先死。然而世间又另有大批的人，有着强壮的身体却不知珍惜，任意浪费在无意义、无益处的地方，而摧毁了珍贵的“成功资本”。

美国总是罗斯福曾说：“我从小就是一个体弱多病的孩子。但我后来要决意恢复我的健康，我立志要变得强健无病，并竭尽全力来做到这点。”倘若罗斯福不对身体加以注意与补救，他的一生，恐怕很难像现在如此辉煌了吧？

也许你会说即便拥有健康的身体也并不等于拥有所有，诚然，但是如果你失去了健康，那却意味着你失去了所有，因为健康始终是一个人最必需的，所以，从现在开始牢牢地守护你的健康，不要等到它溜走了你才追悔感伤。挑战，不仅仅要挑战智力、情商，还有健康。

用心才能享受生活

爸爸妈妈计划本周日带上木木一起去附近的河边去钓鱼，木木心里别提有多高兴了。

但是到了周日那天，吃过早饭之后，妈妈就跟木木说：“木木，爸爸昨天晚上接到了客户的邀请，今天要去陪一个客户去打高尔夫球，不能陪我们去钓鱼了。我们先过去好不好？”

木木露出了失望的表情，妈妈接着对木木说：“你一定知道爸爸的辛苦，既然爸爸是去打高尔夫球，也算是休息了。我们先去河边逛一逛，然后我们一起等爸爸，好吗？”

听了妈妈的话，木木也只好强装着微笑与爸爸告别了。

等爸爸走了之后，木木还是有点不高兴，妈妈就和木木说：“爸爸那样辛苦的工作，我们要能理解他，支持他。这样他才会觉得自己所做的事情是值得的。一个人很难遇到自己喜欢做的工作，如果我们支持他，爸爸就会更加努力地工作，即使遇到了困难和麻烦，也会很积极地处理。当他最终取得成就的时候，才能感到快乐和幸福。”

下午，木木背着鱼竿正在和妈妈在河边溜达的时候，突然接到了爸爸的电话，爸爸正在往回赶。得知这个消息，木木很是高兴，和妈妈坐在树荫下等待爸爸的到来。

这个时候，木木觉得自己幸福极了，我喜欢眼前的美景还有跟爸爸妈妈在一起的美好瞬间。这个时候，木木忽然间觉得自己不应该对爸爸有怨言，因为他有他自己的事情要做。每一个人都有自己的生活，只要能开心地生活，每一刻都是值得珍惜的，只有珍惜才能感觉到更多的幸福。

妈妈对我说：

木木，在日常生活中，我们常常可以看到两种生活状况迥然不同的人。一种人是每天风风火火，又忙家务，又忙孩子，又应付工作，又应酬于亲朋好友之间的交际，又惦记着股市行情，又盘算寻找一份第二职业，又关注着分房动向和职称评定，又算计着如何赢得领导信任以谋个一官半职，如此等等。总之，他们是行踪不定，难得清静，一副大忙人的样子。但是，他们实则是忙乱不堪，制造噪音，不自觉地干扰他人平静的生活。他们的办事效率是否高，生活是否充实姑且不论，但客观地讲，活得好累，想必是他们想否认也否认不了的人生感受。

而另一种人，则与之截然相反。他们不但把家务和孩子料理的十分周到，井井有条，而且工作干得有条不紊，人际关系正常和谐。他们也不是不关心职称、住房什么的，甚至也可能与股票、第二职业之类的东西有关系，但是，他们却以高效的工作成绩、平和的人际关系和高超的生活艺术等，赢得了领导和同事的称赞。他们给人一种特别有条理、特别自信、特别轻松愉悦的感觉，其自身的内心感受，想必也大概如此吧。

不要以为，这都是成人的世界，其实我们的身上也有这样的影子。

有的人像前者，整天沉浸在网络、交际、各种娱乐活动之间，于是不管是学习还是生活都异常紧张。而有的人则像后者，看似气定神闲，却能够把自己的学习和生活安排得井井有条。

生活像一个菜园，并不是种的越多越好，而是打理得越井井有条越好。打理生活的菜园子，是一门有趣的学问。

47 岁的美国人南希，在众人的眼中是一个成功的职业女性。她独立、能干，有私人小汽车，在郊区还有一套不错的大房子，经常有机会出入一些重要聚会。很多人都羡慕南希，可是她却有许多别人不知道的烦恼。南希说："虽然我的一些成就让人刮目相看，我却想不透大家夸赞我什么。我这一辈子都在努力成就这样或那样的事，可是现在我却怀疑'成就'究竟是指什么了。我永远在压力下工作，没有时间结交真正的朋友。就算我有时间，我也不知道该如何结识朋友了。我一直在用工作来逃避必须解决的个人问题，所以我一个任务接一个任务地去完成，不给自己时间去想一想我为什么要工作。假如时间可以退回去十年，我会早一些放慢脚步考虑一下，学会用心地生活，那就不会像现在这样感觉匮乏了。"

这对我们同样具有启发意义，当你不停地奔波忙碌，将自己置身于各种纷乱的生活之中，不妨让自己的学习和生活简单一些。

首先你要让自己的外部生活环境简单一些，因为如果你放弃了为它们过多地花费时间和精力，那么就等于你为自己赢得了更多的时间和精力去平衡你的生活。由此更深层地认识自我。

现代医学已经证明，人的身体和精神是紧密联系在一起的，当人的身体被调整到最佳状态时，人的精神才有可能进入轻松时刻；而当人的身体和精神进入佳境时，人的灵魂，也就是人的生命力才能进行简单化，然后才能达到更上一层楼的境界。

你是否体验到时间的匆匆和一去不复返？你是否真正地清楚自己现在的感受？你的时间为什么总是很紧张？其实你只需换一个视角，换一种态度，就可以改变现在一团糟的状况，然后全身心地投入最有意义的生活。

要知道，只有用心才能享受生活。

永远为自己叫好

善待自己

佩文像是童话里面的神奇公主，无论走到哪里，都能给人带来春天。

不知道为什么，班上的同学们都喜欢佩文，称她是“开心果”。

最近，佩文又有一个新的绰号——快乐天使，这个绰号是同学融融给她起的。

融融发现，那些过得快乐的人，他们总是会给自己找快乐。就好比佩文，她总是能为自己找到快乐的理由。在旁人的眼里，她就像是天使一样。

融融把这个重大的发现告诉了妈妈。

“对，融融你说得很正确。快乐是发自内心的，它不是争来的东西，也不是应得的报酬，而是自己给予自己的最好礼物。如果你想拥有美好的生活，不妨在给予他人爱心和关怀的同时，也给自己些温暖和快乐。如果你的心里装满了别人，而没有给自己留一个位置，那么当幸福经过你身边时，是不会停下脚步的。”妈妈为了进一步给融融说明这个道理，还给她讲了一个故事：

有一对双胞胎，他们虽然长相极其相似，但秉性却迥然不同。若一个觉得下雪天太糟糕了，另一个会觉得下雪天可以堆雪人了。若一个说电视声音太大，另一个则会说根本听不到。一个是极端的乐观主义者，而另一个则是不可救药的悲观主义者。

一日，父亲为了观察双胞胎儿子们的反应，就在他们的生日的时候，在悲观的儿子的房里堆满了各种各样新奇好玩的玩具及电子游戏机，而在乐观的儿子的房里则堆满马粪便。

晚上，他们的父亲走过悲观儿子的房间，发现他坐在一大堆新玩具中间伤心地哭泣。“好儿子，怎么了，你为什么哭呢？”父亲不解地问道。“我现在有这么多的玩具，那些伙伴们肯定嫉妒得要死，我还要读那么多的使用说明才会玩这些玩具，另外，这些玩具总是不停地要换电池，而且最后全都会坏掉的！”

走过乐观儿子的房间，父亲发现他正在马粪堆里快活地手舞足蹈。“咦，你屋里都是大粪，你高兴什么吗？”父亲惊奇地问道。这位乐观的儿子兴奋地答道：“我能不高兴吗？你瞧瞧这马粪，我敢说附近肯定有一匹俊俏可爱的小马！”

融融听了这个故事之后，恍惚间明白了妈妈要讲的内容：善待自己，为自己的生活添加快乐，才会得到最有色彩的生活。

妈妈对我说：

融融，“爱自己”听起来很简单，也是一个老生常谈的话题，但真正完全、理性地爱自己的人其实并不多，也就是说现实生活中，很多人实际上是缺乏“爱”的能力的。虽然我们知道这严重影响了我们原本应当更加灿烂的人生。

要懂得人间有爱、世界有爱，首先得从爱自己开始，爱自己是一切爱的基础。

是不是足够爱自己，你可以试着自问以下几个小问题：

(1) 你喜欢自己的父母以及他们给你取的名字吗？

(2) 你喜欢自己的才干或学历吗？

(3) 你喜欢自己的气质、谈吐、微笑和习惯性的小动作及打喷嚏的声音吗？

在现实生活中，有许多给出这样的答案：“不”、“还好吧”、

“已经这样了，能怎么办呢”等，这些答案不免使人感悲哀：为什么我们总是只会“发现”并且难以原谅自己的错误？

或许有人说，爱自己岂不表明一个人过于自恋？这种想法其实是错误的。我们必须清楚爱自己其实既是一种孩童般的天真无瑕，又带有一种哲人般的知性豁达；既包含着一种“要进取才有前途”的智慧，又有着“自己并没有那么重要”的襟怀和勇气。总之，就是热爱自己一切与生俱来或亲手打造的东西，并努力发扬光大其中的长处。

然而，“爱自己”却并不容易做到。简单点，在一件细小的事情中可以体现，复杂点，要用一生的过程去打造。因为在这个世界上没有人是完美的，身为凡人，我们的缺陷更是成箩成筐，如果较起真儿来我们干脆别活了。所以如今，只要我们尚拥有一颗热爱美好的心，并为此孜孜努力着，我们就应该以为自己是个可爱的人。

还有人说爱自己是一种自私的行为，这同样也是不正确的。

爱自己不是一种自私行为，我们这里所说的爱并不是虚荣、贪婪、傲慢、自命不凡，而是一种善待自己，对自己无条件接受的做法。如果你能够认识到自己是一个有自尊心的综合体，如果你能够注意养生，保持自己的身心健康，那你就已经学会爱自己了。如果你拥有了这种爱，那你也就可以把它奉献给别人了。

爱，非常像花散出的香气，无论有没有人去闻它，香气都是存在的。那些有爱的天性的人们，无论走到哪里，都会辐射出爱。而且，他们把爱撒播给别人并不是通过压制自己的欲望、牺牲自己的需要来实现的。而是由于他们十分充实地享受生活，所以非常希望别人也能分享这种快乐。他们在友善地对待他人的过程中，发现自己能够获得一个愉悦的心情，这种愉悦正是他们的爱产生的源泉。因此，为了更好地爱自己，不妨做如下尝试：

在你比较轻松、事情比较少的日子里，专门空出一天时间。在这一天中，做你自己最要好的朋友，满怀感情地对待自己，为自己祝福，你可以放声歌唱，你可以尽情地舞蹈，用一整天的时间来爱自己。

通过友善地对待自己，你会逐渐地觉得自己的状态开始好转，觉得生活是美好的，而且你还会对自己的身体和思想产生感激之情。

因为不敢爱自己，不会爱自己，没有爱过自己，因此没有养成爱自己的习惯，结果在“爱他”的过程中自卑产生了，自信消失了，随之消失的还有志气、理想、信念、追求、憧憬、主见和创造的精神。

也许你担心自己过于平凡，你既没有非凡的智慧，也没有一技之长，你更没有惊人的力量，甚至是财富和地位……哪怕你一无所有，你仍然有理由珍爱自己。我们始终都在走一条路，一条属于自己的路；我们始终都在营造一处风景，一道涂抹着个性色彩的风景。路在延伸，风景依然亮丽，我们把朝霞走成了夕阳，把暖春走成了寒冬……我们为什么不能爱自己呢？

我们有足够的理由爱自己，一是只有自己才是属于自己的；二是只有热爱自己，才能热爱他人；三是只有热爱自己，才能出现和巩固这个不断延长爱的世界。

要相信，每个人都有自己的位置，每个人都能找到自己的位置，发出自己的声音，踏出自己的旅途，做出自己的贡献，我们应该相信：正因为有了千千万万个“我”，世界才变得丰富多彩，生活才变得美好无比。

学会爱自己，只有爱自己，生命之花才能馨香芬芳。

我可以原谅自己的缺陷

妈妈希望娜娜能够成为一个有礼貌的孩子，所以每当有长辈来到家里，无论娜娜正在房间里做什么，都会放下手中正在进行的事，从里面走出来叫一声“叔叔好”、“阿姨好”。

这个时候，长辈们总会对妈妈说：“你家的孩子真懂事，真乖。”得到了长辈的表扬，娜娜就会很满足，美滋滋地离开。看到妈妈高兴的样子，娜娜也觉得自己的表现没有为妈妈丢脸。

但有的时候，娜娜和妈妈一起出去做客，她表现得并不自然。

如果有人问话，娜娜总是小心翼翼地回答，生怕什么说错了不恰当。回到家，娜娜总会问妈妈，今天自己是否有表现不好的地方？今天是否说了不该说的话？只有得到了妈妈的肯定和表扬，娜娜才会放心。

不过这样时间久了之后，娜娜发现自己变得敏感了很多，每做一件事情，说一句话都很担心这样是否合适，是否伤及别人，所以发现自己渐渐的都不敢说话了。

妈妈对我说：

娜娜，实际上你的这种担忧是多虑了。

“呀！刚才是不是说错话了，她看来有些不高兴！”刚才和一个好久不见的朋友打招呼，你似乎说错了什么，因为对方的神情明显有些不悦。

“我觉得你应该不会拒绝。”你在猜测别人的想法。

“我知道你是世界上最聪明的人，你做得棒极了！只有我就像个丑小鸭！”你的奉承因为你夸张的动作和表情让人觉得很不真诚，虽然夸奖了别人，但诋毁自己的做法并不可取。

在与人交往的过程中，难免会出现这样那样的行为，很多时候，当事情结束了，再回过头想一想，或许你会为自己的行为而感到懊恼，因为在你看来，那些行为并不完美。

事实上，人的行为并非一成不变，因此，你可以通过本身的努力对此加以改善，不妨从现在开始就试着改变它们。

1.“我从小身体就不好，妈妈说小时候我经常吃药打针，而且妈妈居然帮我准备这双鞋！这双鞋一直很挤脚，跑起来就更疼了！”体育课上，你使劲力气也跑不快，你觉得很难堪，于是你向人这样解释着。

千万不要因为烦恼就责怪任何人或事。实际上，根本不要谈到你的困难，更不要在进入下一个步骤之前提到它们。因为任何寻求怜悯，企图使你自己当时感觉好些的措施，都会确实削弱你个人的力量，如此更会使你自己成为可怜虫或受害者。

2.“这是表姐向我推荐的学习资料，她说很好的！”

也不要将你的选择归罪他人，不要引据他人的意见。你去哪个补习班或用哪套学习资料，不要说是别人极力推荐的，要为自己的构想负责。引用别人的意见通常不会造成损害，但如果你的自我意识非常薄弱，就会使情况恶化。因此，数周内不要引据他人的意见，然后再看看这种扩大效果的方法是否奏效，你是否觉得好些？或没什么不同？或若有所失？

要记住，一旦做了就不要逃避责任，纵然是采纳别人的意见而大祸临头。

3.“我们一起去游泳吧！”

还要避免使用“我们”。你拒绝了一项邀请，就说你很累，不管你的同伴是否也有同感，尽量使用第一人称单数的说法。

4.“这首歌我觉得你肯定喜欢！”

还要注意不要告诉别人他们的感觉。“我相信你不会喜欢的。”“我知道某某使你不悦，所以我不邀请他。”别人的想法和你一样经常会改变。你可以问问他自己的感想，但不要越俎代庖，告诉别人，经常企图预测别人想听的话，这正是好好先生典型的翻版。结果会增加了你对平凡的自我和一些被激怒朋友的恐惧感。

5.“我应该照你说的去做？”

有的人游移不定，这时也要注意：不要让他人左右你的思想。提醒他们“态度宜温和”，你当时的感觉是基于本能而生，无论如何这都是你的权利。永远不要为了维持和平而向他人道歉。

另外，当你向朋友或陌生人谈到自己时，不要只叙述事实。在这几周内，尽量少把事实平铺直叙地说出来，而代之以意见和反应。不要提到有关身份地位的象征，以免使陌生人铭记在心。同时避免机械式的对白，就好像细数你那天从早上六点开始的所作所为一样。如果你已经知道一个故事会按照什么方式讲，就不要把它说出来，因为背诵式的说明将会增加你在毫无准备的情形下对于说错话的恐惧感。

如果能够按照以上意见去做，你一定会发现，改变行为原来一点也不难。

缺陷也是一种优势

这天，宁宁在英语杂志上翻到了一个不认识的生词，就问妈妈："perfect 是什么意思？"

"去问问你的无声老师吧。"妈妈笑着对宁宁说。

宁宁明白了妈妈的意思，于是翻开了桌上的那本《牛津英语大词典》，对着客厅里的妈妈说，"找到了，是完美的意思。"

不过，宁宁好像从来都没有看到过什么真正完美的事物，生活中任何事情都不像想象中的那样尽如人意。

妈妈想了想说："完美是一种美好的东西，有了它，那些知道自己有缺点的人会感到惭愧，也会更加努力，以使自己成为一个完美的人。但是在生活中的完美是不存在的，人的世界中本来就有诸多的缺憾，不完美才是完美，太完美了就是缺陷。"

为了说明这个道理，妈妈还给宁宁讲了一个故事：

从前有一个圆，被弄掉了一个边，它总想找到那个小边，好让自己变成一个完美的圆。可是，由于它的不完整而滚动得非常慢，也因而领略了沿途鲜花的美丽，它和虫子们聊天，它充分享受阳光的温暖。它找到许多不同的碎片，但都不是原来那一块。

它坚持着找寻……直到有一天，它实现了自己的愿望。然而，成了一个圆以后，它滚得太快了，错过了花开的时节，忽略了虫鸣……当它意识到这一切时，它毅然放弃了历尽千辛万苦找回的碎片。

当听妈妈讲到这里时，宁宁若有所悟，"妈妈，生活中很难有完美存在，我也应该学着来接受这个不完美的世界和生活。而我，也并不是完美的，我也一定会有自己的缺陷和弱势，这是自然的必然，对吗？"

"是啊，宁宁。"妈妈很赞同她的说法，"所以，不可以为了追求完美而浪费了大好时光，顺其自然原本不是坏事。"

妈妈对我说：

“我个子那么矮，以后只能穿高跟鞋了！”

“就像放风筝，家境好的人一出生就等于站在了楼顶，而我只能站在楼底，这样他们的风筝一开始就飞得比我高！”

“我的声音一点都不像女孩子的声音，别人的声音都是柔柔的，而我的声音很沙哑，像是风吹过树叶的声音，沙沙的。”

宁宁，也许你为相貌、身高抱怨过，为家庭条件、学习环境发过牢骚，但只要你乐观、积极、充满智慧地去面对，就能扭转自己的人生劣势，出奇制胜。

当日本成为世界上屈指可数的现代化强国之时，在这个岛国的一个偏僻小山村却几乎与世隔绝，十分落后，生活极为困苦。

一天，村里一位智者召集全村人，语重心长地说：“如今，都是什么年代了，咱村的人还过着和原始人差不多的生活，我深感内疚和痛心！不过，大都市里的人过着现代化生活的时间长了，一定会感到乏味。咱不妨走点回头路，干脆过原始人的生活，利用咱的‘落后’出卖‘落后’，也许会招徕很多城里人。咱们呢，也可以借此机会做生意赚钱。”

这一计谋博得全村人的喝彩。从此，全村人开始模仿原始人的生活方式，在树上搭房，穿树叶做的衣服……

不久，日本新闻媒介惊奇地发现并报道了这个过着“原始人生活”的小山村。此后，成千上万的人慕名而至，参观者络绎不绝，众多的游客为山村带来了可观的财富。有经营头脑的人也来了，他们来这里修路、造宾馆、开商店，将这里开辟为旅游点。小山村的人趁机做各种生意，终于富裕起来了。过了若干年，这里的居民白天上树成为一种职业，晚上回到地面，脱掉兽皮树叶做的衣服，穿上现代时髦服装，住进建筑在景点外围的水泥结构的宿舍里，过上了现代化生活。

其实，有时劣势和缺点不一定是件坏事，如果引导得好，就会转化为优点。把自己弱的部分转化为优势，对任何人都非常重要。

李小龙曾在海外华人中声誉很高，但很少有人知道李小龙练武本来是有先天缺陷的。

他是近视眼，必须戴着隐形眼镜。

对此，李小龙坦诚地说："从小我就近视，所以我从咏春拳学起，因为它最适合进行贴身格斗。"

美国总统罗斯福天生长了一张难看的大嘴，嘴唇又厚又黑，牙齿也极不整齐。后来有人精心为其制作了一个大烟斗，每次讲演时，他都将那个大烟斗轻轻托于嘴旁，这不仅遮掩了他那张大嘴的难堪，而且使他那别具一格的演讲家气质显得更加动人潇洒。

周总理也是一位很会利用缺陷的人。战争年代，他的右臂不幸负了伤，伤愈后难以伸直。以后他顺其自然，每每出入于社交场合，他总是把右臂轻轻放在胸前，形成他一种特有的不失风雅的习惯姿势。

这对我们是一个很好的启发，从他们那里我们可以学到如何，化不利为有利，走向成功。

格兰恩·卡宁汉自小双腿因烧伤无法走路，但是他却成为奥运会历史上长跑最快的选手之一。他认为，一个运动员的成功，85%靠的是信心及积极的思想。换句话说，你要坚信自己可以达到目标。他说："你必须在三个不同的层次上去努力，即生理、心理与精神。其中精神层次最能帮助你，我不相信天下有办不到的事。"

所以，我们要拥有积极的心态，这样就能使一个人将自己的弱点转化为优势。你可以根据下列步骤，把自己的弱点转化为优点。

1. 孤立弱点，将它研究透彻，然后设计一个计划加以克服。

2. 详细列出你期望达到的目标。

3. 想象将你自己的弱势变成强势的景象。

4. 立即开始，努力成为你希望成为的强人。

5. 在你的最弱之处，采取最强的步骤。

6. 请求他人的帮助。

自己给自己鼓掌

勤勤的学校要组织一次以“爱护绿地，爱护公共设施，争做文明市民”为主题的教育活动，勤勤被光荣地选为学校的形象标兵。

要知道，勤勤还是第一次参加这样的活动，而且还被评选为标兵，真是让她的内心有点忐忑不安。

虽然学校已经进行过集体培训了，但是明天活动就要正式开始了，对于明天的表现，勤勤没有十足的把握，似乎也不像之前的那段日子信心满满了。

“哎呀！关键时刻不要掉链子啊。”勤勤在心里暗自犯嘀咕。

晚上回到家，勤勤和妈妈打了声招呼，也没有说什么，就直接钻进了卧室。

而妈妈似乎观察到了勤勤有点小异常，轻轻推开房门来到她的屋里。

“勤勤，你怎么了？”妈妈问道。

“妈妈，我是学校的形象标兵，全校也就这几个人。明天我们就都要登台亮相了，但是现在我就显得很没有底气，不知道自己明天的表现会怎样。”

“哦，原来是因为这件事情啊。”听了勤勤的解释，妈妈如释重负，“勤勤，让妈妈来给你讲个历史故事好吗？”

接下来，妈妈就告诉了勤勤这样一个故事：

战国时期，毛遂在四公子之一平原君门下做一名门客。公元前257年，秦国军队包围了赵国都城邯郸，赵惠文王派平原君出使楚国请求援助。但楚王不是个容易对付的角色，于是平原君带了二十个门客前去，如果能通过谈判达成协议，固然最好，万一不行就用武力强迫楚王同意。可是，他挑来挑去还缺一个人。

这时，有个人站起来，对平原君说：“主公，我自认为符合去的条件。”

平原君觉得他眼生，便问他：“你叫什么名字，到我门下多长时间了？”

门客说：“我叫毛遂，来三年了。”

平原君说："有才德的人，就像锥子在口袋里一样，很快就会显露出来。你在我门下这么久了，却从未听到有人称赞过你，可见你才能一般。这次任务关系重大，我看还是免了吧。"

毛遂说："正因为您没有把我放在袋子里，所以才没有冒尖儿。"平原君听他出言不凡，刚好又找不到更为合适的人选了，就决定让他跟着一同去。

到了楚国，楚王果然没有合纵抗秦的打算。众门客束手无策，只见毛遂不慌不忙，拿了宝剑，来到平原君与楚王面前，楚王命他退下，毛遂按着宝剑说："你用不着仗着人多势众，如此呵斥我。如今我离你只有十步之遥，我主公在这里，你发什么火！"

楚王看他拿着宝剑，便和气地说："那我倒要听听先生的高见了！"接着，毛遂向楚王详细分析与赵国结盟有百利而无一害，楚王听了当即与平原君歃血为盟，并派春申君黄歇为大将，率领八万大军，浩浩荡荡地前去援助赵国。毛遂也因此赢得了平原君和其他门客的尊重，一举成名。

讲完这个故事之后，妈妈舒了一口气，温和地对勤勤说："孩子，毛遂出使楚国是凭借自信争取的机会，然后让自己一举成名，获得了成功。你被选中成为全校的形象标兵，是一种幸运，更是对你自身的肯定。很多同学都没有争取到机会，所以你要珍惜这次机会，相信自己能够做得很好，做得很漂亮。"

"嗯。"听了妈妈的鼓励，勤勤信心满满的，"那我明天要好好表现。"

妈妈听了很高兴："孩子，不要让他人的言论左右了你的思想，要相信自己内心的想法，努力去实现它，这样，你才能够取得人生的胜利。孩子，妈妈相信你是最棒的。妈妈等着你的好消息。"

妈妈对我说：

勤勤，自尊是建立在自重和自爱的基础之上。一个尊重自己的人，能够正视自己的价值，既不妄自菲薄、自暴自弃，也不会随意放任自己，降低对自己的要求。

有一个小男孩在孤儿院长大，他常常为自己的出身而自卑。有一次他悲观地问院长："像我这样没有人要的孩子，活着究竟有什么意思呢？"院长笑眯眯地对他说："孩子，别灰心，谁说没有人要你呢？"

有一天，院长亲手交给男孩一块普通的石头，说道："明天早上，你拿着这块石头到市场去卖，但不是真卖。记住，无论别人出多少钱，绝对不能卖。"

男孩一脸迷惑地接下了这块石头。

第二天，他忐忑不安地蹲在市场的一个角落里叫卖石头。出人意料的是，竟然有许多人要向他买那块石头，而且一个比一个价钱出得高。男孩记着院长的话，没有卖掉。回到院内，他兴奋地向院长报告，院长笑笑，要他明天拿着这块石头到黄金市场去叫卖。在黄金市场，竟然有人出比昨天高出十倍的价钱要买那块石头，男孩拒绝了。

最后，院长叫男孩把那块普通的石头拿到宝石市场上去展示。结果，石头的身价比昨天又涨了十倍。由于男孩怎么都不卖，这块石头被人传扬成"稀世珍宝"，参观者纷至沓来。

男孩兴冲冲地捧着石头回到孤儿院，他眉开眼笑地将一切情景禀报给院长。院长亲切地望着男孩，说道："生命的价值就像这块石头一样，在不同的环境下会有不同的意义。一块不起眼的石头，会因你的惜售而提升它的价值，而被说成是稀世珍宝。你不就像这块石头一样吗？只要自己看重自己，自我珍惜，生命就有意义、有价值。"

一个人只有珍惜和看重自己，生命才会有意义、有价值。每个人的生命就像故事中的石头一样，只有你先珍视和看重自己，别人才会看重你。

我们的价值不是取决于别人对我们的态度，也不会因为我们遭受挫败而贬值，无论别人怎么侮辱你、诋毁你、践踏你，你的价值依然存在。

因此，任何时候都要正视自己的价值，不要因为别人对自己的评价和态度而改变对自己的看法，无论别人怎么说，你的价值都不会因之而改变。

常言道，天生我材必有用，但这个有用的前提就是将个人价值与社会价值统一起来，做一些对他人有用的事，这样我们才能充分施展自己的才华，实现自己的理想。

杰克是一位黑人青年，从小在一个环境很差的贫民窟中长大，由于缺乏教育和引导，他跟别的坏孩子学会了逃学、破坏财物和吸毒。他刚满 12 岁就因抢劫一家商店被逮捕；15 岁时因为企图撬开办公室里的保险箱，再次被逮捕；后来，又因为参与对邻近的一家酒吧的武装打劫，他作为成年犯第三次被送入监狱。

一天，监狱里一个年老的无期徒刑犯看到他在打垒球，便对他说："你是有能力的，你有机会做些你自己的事，不要自暴自弃。"

杰克反复思索着老囚犯的这席话，突然意识到，虽然他还在监狱里，但他具有一个囚犯能拥有的最大自由：他能够选择出狱之后干什么；他能够选择不再成为恶棍；他能够选择重新做人，做一个对社会有价值的人。

5 年后，杰克成了明星赛中底特律老虎队的队员。底特律垒球队当时的领队马丁在友谊比赛时访问过监狱，由于他的努力使杰克假释出狱。不到一年，杰克就成了垒球队的主力队员。

从容地独立于世

推销独特的自己

在凌凌的家庭成员中，姐姐是她的“偶像”，因为凌凌的姐姐萌萌不仅是一个成绩优异的学生，而且还是一个很有办事能力的班干部。

凌凌经常分析萌萌姐姐如此强势的原因，这也许和她是白羊星座有关的缘故吧。

凌凌还记得当时萌萌姐姐还在上学的时候，班主任老师对她说：“你是个女孩，所以请你来当副班长好不好，我们再选一个男同学当正班长。”

没有想到的是，萌萌姐姐很果断地对班主任老师说：“如果要我当班长，我一定就当正班长，不要当副的。”

老师看到萌萌姐姐的态度如此肯定，那种自信让老师不得不相信萌萌姐姐是个有能力的学生，最后还是选择她任班长。而且，姐姐从一进校就当上了班长直到毕业，没有人能够取代她。

凌凌很为自己的姐姐叫好。

如果要问萌萌姐姐有什么“成功秘诀”没有，她一定会说：“自己相信自己，让别人相信自己，然后努力去做就 OK 了。”

这就是凌凌的姐姐，凌凌真希望有一天也能像她一样如此“强悍”。

妈妈对我说：

凌凌，不管是参加班干部竞选还是进行社会实践，要想脱颖而出，每个人都必须有自我推销的能力。

也许当你看到“推销”这个词时会觉得诧异，因为在很多人看来，推销似乎针对的只是商品，而推销只是成人的“活计”，其实，事实上并非如此。

你想做班长，你就要列出你认为你可以当班长的优势，你想社会实践，你就要表明你的诚意，你的责任心、学习能力等。我们现在是学生，而有一天总会走上社会，你如何在这个竞争激烈的社会立足，让它接纳承认你。首先，你自己要能肯定自己，自己能够推销自己。

生活中，我们往往可以看到很多人的能力并不强，可是他却获得了一份很好的工作，有的人虽然满腹才学，却呆板木讷，碌碌无为，这并不难理解，前者之所以能获得不错的工作往往是因为他善于推销自己。而如果你认识不到自己的价值所在，推销又从何谈起呢？生活本身就是一个不断推销自己的过程，这也就要求我们必须学会推销，掌握推销技巧。

1960年，美国大选到了剑拔弩张的时候，在两位主要候选人约翰·肯尼迪和查理·尼克松之间展开了一场非常关键而激烈的电视辩论。

辩论前，很多政治分析家都一致认为肯尼迪处于劣势，因为他年纪轻，名气比较小，而且是一位天主教徒，虽然非常富有但是说话的时候操着浓重的波士顿口音。但是，实际上，美国观众在荧屏上看到的却是一个心平气和、说话很轻松又富有幽默感的肯尼迪先生，面孔十分讨人喜欢。坐在旁边的尼克松却显得饱经风霜，紧张而不自在，据说，就是通过这次电视辩论的对比，肯尼迪因为借机很好地推销了自己，从而赢得了美国大众的喜欢，最终打败了强劲对手尼克松。

如果想了解自己的价值，以至于能够成功地推销自己，我们应该做些什么准备工作呢？

第一，要了解自己的具体情况。比如通过问自己一些“我是什么样的人”、“我有什么优点和缺点”、“我能满足他人什么需要”、“我最擅长的事情是什么”，等等问题来了解自己。

第二，要充满自信心。在推销自己的时候，只有充满自信，才具有感染力，才能让对方相信自己的优秀，让对方明白接受你的推销才是当前他最好的选择。

第三，要有沟通表达能力。出众的口才和沟通能力更容易让别人相信你所说的每一句话，从而达到你的目的。平常你可以多和他人沟通，并通过辩论来提高自己的口才。

第四，注意外在形象。你不一定要拥有美丽的外表，但是务必要给人以清爽的感觉。

第五，认识对方。一个人要想成功地推销自己，还要弄清楚对方是谁，判断对方的看法和观点。再根据具体情况见机行事，不能盲目乱来。

此外，还需要掌握推销的要领：

1. 要善于面对面推销自己，并注意遵守下面的规则：依据面谈的对象、内容做好准备工作；语言表达自如，要大胆说话，克服心理障碍；掌握适当的时机，包括摸清情况、观察表情、分析心理、随机应变等。

2. 要有灵活的指向。萝卜青菜各有所爱，对人才的需求也是这样。有时你虽然针对对方的需要和感受去推销自己。仍然说服不了对方，没有被对方接受，那么你就应该重新考虑自己的选择。倘若期望值过高，就应适时将期望值降低一点；还可以到与自己专业技术相关或相通的行业去推销自己。美国咨询家奥尼尔这样说：“如果你有修理飞机引擎的技术，你可把它变成修理小汽车或大卡车的技术。”

3. 要有自己的特色，这样才能引起别人的注意。

4. 应以对方为导向。要注重对方的需要和感受，并根据他们的需要和感受说服对方，并被对方接受。

5. 要注意控制情绪。人的情绪有振奋、平静和低潮等三种表现形式。在推销自己的过程中，善于控制自己的情绪，是一个人自我形象的重要表现方面。情绪无常，很容易给人留下不好的印象。为了控制自己开始亢奋的情绪，美国心理学家尤利斯提出三条忠告：低声、慢语、挺胸。

没有人天生就是自我推销的高手，也许你胆小害羞，也许你不善言谈，而自我推销无疑是对你自己的一个巨大挑战，勇敢地向自己挑战吧！

我不是世界的中心

再过几天就是晓白的生日了，爸爸妈妈说今年要给晓白过一个“豪华级别”的生日——举办生日晚会，请了很多的人过来陪她一起过生日，除了爸爸妈妈的一些比较要好的朋友、同事之外，晓白也想请她班上的同学过来。

晓白兴冲冲地抓起了电话听筒，给所有能想到的人都打了电话，最后她想起了班上有一个最不爱说话的男生张亮，晓白也想邀请他过来，让他和同学们关系更加融洽一些。

“张亮，下个周六的晚上，我要在家里举行一次生日晚会，我和爸爸妈妈都希望你能够参加，你有时间吗？”

“我还是不去了吧，路途太远了，怕晚上回来之后不方便。”

其实晓白心里清楚，张亮是害怕见到许多的陌生人，于是晓白安慰他说：“没事的，咱们班上有很多同学都来了，我还和妈妈说了，你的口琴吹得特别好，给你安排一个节目。如果你不来的话大家会感到遗憾的。”

“这样……那好，周末我过去吧。”电话那头的张亮终于大大方方地答应了。

妈妈在晓白后面一直听她打电话，她表扬晓白说：“晓白做得不错，你能够让别人感觉到他在你心目中的重要地位，这是一个很好的习惯啊。每一个人都有被尊重的需要，我们要满足人们的这种需要，这样很多事情都会迎刃而解。”

“嗯，那我们怎样才能让别人感觉到自己很重要呢？”晓白想进一步请教妈妈。

“其实很简单，只要在生活中不吝啬自己对他人的由衷赞美和认可，能尊重他人的兴趣爱好，在你的尊重和认可中让对方认识到自己的价值就可以了。这也是发挥你影响力的一种重要途径。”

嗯，晓白明白了，在生活中要懂得尊重别人，赞美别人，因为自己并不是这个世界的中心。

妈妈对我说：

晓白，很多人都会有类似的体会：当被别人夸奖学习成绩好时，你的心里顿时觉得美滋滋的。当别人说你很懂礼貌时，你的笑容顿时绽放如花，当有人夸你漂亮，你会一整天心情愉悦，卡耐基也曾说：姓名是最甜蜜的语言，当你与有交往时，提出他的名字，并真诚地赞美他时，往往这样的人更容易走向成功……

而当你由衷地赞美对方时，你会发现，对方的反应也会同你一样。甚至是两个陌生人之间，也会因为一句赞美而迅速地拉近了距离。

每个人都渴望得到别人及社会的肯定和认可，尤其在付出了必要劳动和热情之后，都期待着别人的赞美。所以，不妨把自己需要的东西先慷慨地奉献给别人，而这无疑是在给你的人际交往添加润滑剂。

世界上的人大都爱听好话，没有人打心眼里喜欢别人来指责他，就是相濡以沫的朋友，你批评几句，对方往往脸上也有挂不住的时候。

美国哈佛大学的专家斯金诺通过一项实验研究证明，连动物的大脑，在收到鼓励的刺激后，大脑皮质的兴奋中心也会开始起劲调动子系统，从而影响它行为的改变。同样的道理，人作为万物的灵长，期望和享受欣赏是人类的基本需求之一。

林肯有一次在写信时，开门见山地说：“任何人都喜欢受人奉承。”美国著名心理学家威廉·詹姆斯也说：“人性深处最大的欲望，莫过于受到外界的认可与赞美。”

人类正是因为有这种渴望与价值的冲动，才会有人在一文不名、帮人打杂的情况下，仍不惜花掉仅有的微薄工资，去买法律书来看，充实自己、提高自己。

这个可怜的杂工绝非虚构，他就是美国前总统林肯。

人类大部分的成功和失败都源于对这种需求的满足。许多在事业上卓有成效的伟人正是因为他们懂得这种取人之术——真诚地赞美他人。

罗斯福的才能，就表现在对正直人给予恰当的称赞上。毛泽东也不例外，更是赞美别人的专家，他赞美刘胡兰“生得伟大，死得光荣”；赞美张思德“为人民利益而死重于泰山”；赞美解放战争中的彭德怀“谁敢横刀立马，唯我彭大将军”。毛泽东真可谓是用赞美的手段推动社会进步的第一人。

然而，现实生活中，我们却往往忽略了赞美。通常情况下，我们不惜一切也会去供给我们的家人、朋友生理所需的养分，但却从未注意到他们的自尊一样需要细心的灌溉、滋养，适度的赞美和鼓励将会像一首优美的乐章一样，在他们心中萦绕不去。

当然，如果赞美并非发自内心，而是流于一种肤浅、做作的巴结或谄媚，将是毫无意义的。那种虚假的并非发自内心的赞美，就像假钞一样，胡乱使用，早晚会惹来一身麻烦。

人一生中，除非碰上了什么重大问题；否则，至少有95%的时间都花在想自己的事情上。如果我们肯稍歇片刻，试着去想想别人的优点，唯有如此，我们才有可能真诚地赞美别人，而不至于口是心非，纯为外交辞令式的恭维谄媚了。

只要给予他人由衷的认可和毫不吝惜的赞美，人们自会感怀在心，牢记着你的每一句话，甚至在你早就忘掉自己的赞美之后，他们仍将视同珍宝般反复地在记忆中取出，慢慢地品味、咀嚼。

赞美的力量是巨大的，所以，在面对别人的时候，发现对方的优点，并给予真诚的赞美吧！

没有人必须要对我好

青青手里捧着一个礼品盒走了进来。

“青青，又是谁送给你的啊？”惠惠看见了，好奇地问道。

“不是别人送我的，是我买完了送给别人的。”青青如实坦白，然后好像觉得这样有点跌份，又继续向惠惠补充说明，“上次我过生日的时候，是他先送我的。所以我才买东西送给他的。”

“呵呵。”惠惠听她这么说完之后笑了，“其实，即便是别人不送给我们礼物，我们也可以主动先送给别人啊。”

“那才不行呢，如果没有人先主动给我送东西，我才不会主动送给别人东西。不管是过生日还是过节，这是我的原则。”倔强的青青说道。

“如果所有的人都是像你这样的逻辑，那礼品厂就该关门啦。”惠惠笑着对青青说。

“哼，只有别人先对我好，我才会对别人好呢。我永远都不会向别人主动示好，那样我会感觉没有自尊的。”青青所说的，应该是自己的真心话吧。

青青要求“别人要先对她好，她才会对别人好”，如果人都变得不主动了，那彼此之间会不会很冷漠了呢？惠惠无从知晓。

妈妈对我说：

惠惠，卡耐基曾经说过：“你见到的每个人都觉得自己在某个方面比你高明，因此通向他心灵的可靠途径就是用微妙的方式让他感到你承认他是重要的，而且要诚心诚意地尊重他。”

有这样一个故事：一个小孩不懂得见到大人要主动问好、对同伴要友好团结，缺少礼貌意识。聪明的妈妈为了纠正他这个缺点，把他领到一个山谷中，对着周围的群山喊：“你好，你好。”山谷回应：“你好，你好。”妈妈又领着小孩喊：“我爱你，我爱你。”不用说，山谷也喊道：“我爱你，我爱你。”小孩惊奇地问妈妈这是为什么，妈妈告诉他："朝天空吐唾沫的人，唾沫也会落在他的脸上；尊敬别人的人，别人也会尊敬他。因此，不管是时常见面，还是远隔千里，都要处处尊敬别人。"小孩朦朦胧胧地明白了这个道理。任何人的心底都有获得尊重的渴望，受到尊重的人会变得宽容、友好、容易沟通。

在人际交往中尊重别人的人格是赢得别人喜爱的一个重要条件。人格，对每个人来说，都是最珍惜、最宝贵的。对每一个人来说，他都有这样一个愿望：使自己的自尊心得到满足，使自己被认可、被尊重、被赏识。如果你不尊重他的人格，使他的自尊心受到了伤害，当时，他或许会一笑了之，但是，你却严重地打击了他。事实上，如果你表示出了对他的不尊重，即使他当时对你还是很友善，但是，如果他不是一个精神境界极高的人，他以后是不会很喜欢你的。这样，你就"赢得了战场，而输掉了战争"。

相反，如果你满足了他的自尊心，使他有一种自身价值得到实现的优越感，那么，这表明你很尊重他的人格，你帮助他获得了自我实现。他因此会为你所做的一切表示友好，对你有一种感激之情，他便会喜欢你。

一些高明的政治家是精于此道的。为了笼络人心，赢得别人的拥护和支持，他们绝不轻易伤害别人的自尊和感情。一位评论华盛顿政治舞台的专家指出："许多政客都能做到面带微笑和尊重别人，有位总统则不止如此。无论别人的想法如何，他都会表示同意。他会盘算别人的心思，并且能掌握这些心思的动向。"只有尊重别人，别人才会喜欢你。你满足别人的精神需求，别人才会满足你的精神需求。

怎样才能算是尊重别人呢？

1. 不要总是自命清高，容不下别人的批评和建议

对于别人的批评、意见，你要虚心接受，即使有不对的地方，你也不要当面反驳。不要什么事都认为自己正确，你应该学会站在别人的立场考虑问题，这样就会改变你固执的做法。

2. 对你周围的人要宽容

别人一不小心得罪了你，并再三向你道歉，你却仍然骂骂咧咧，得理不饶人，结果只会导致你们之间的关系越来越疏远，最终失去一个朋友或能做你朋友的人。

3. 不要在别人面前装出一副冷漠的神情

你冷漠地对待别人，别人会以为你瞧不起他。如果你周围的人诚恳地向你征求意见或诉说苦闷，你却显出一副心不在焉、不感兴趣的样子，即使你心里并没有不尊重对方的意思，可你的行为已经伤了对方的心。

4. 不要贬低别人的工作能力

当你周围的人在某一方面做出成就时，你应该给予适当的赞扬，而不是对其成就进行有意无意的贬低。即使你周围的人工作能力不强，你也不要贬低。否则，不但会使你们的交往不成功，还会激起更深的矛盾，甚至反目成仇。

最重要的一点就是要学会倾听。倾听，是有效的沟通过程中最强有力的招数，可是，事实上却很难找到喜欢倾听的人。如果你遇到真正能听你说话的人，而且能告诉你，你所说的真正意思，而不是他以为你说的是什么，那就是珍贵的经历了。善于听别人说话的人，应该能给对方反馈，说话的人会有心照不宣之感。说话的人知道，你的确在听他说话，他就能更倾心、更热忱、更愿意回报。

道理很简单，听话者的态度会直接影响说话者的兴趣，假如你是一个说话者，而你的交流者没耐心听你讲话，或者把你的话当耳边风，随便敷衍，你绝对不会有好的感觉。相反，如果对方相当重视你的谈话，你肯定更容易和对方交流。

只有这样，才能赢得别人对你的好印象，你与他人的交往也才能成功。

求人不如求己

芬芬和妈妈很谈得来，在芬芬的眼中，妈妈既是一个好妈妈，又是一个好朋友。

这天，芬芬和妈妈一起聊天，谈起了同学们的一些事情。

“妈妈，其实我的同学们也都私下里谈论着自己的父母。”芬芬对妈妈说。

“是吗？那你们都谈些什么呢？”妈妈好奇地问芬芬。

“其实大家谈的问题都差不多，一般都是谈论谁的父母不发脾气，谁的父母更好看，谁的父母更宠孩子，谁的父母更有钱，谁的父母官职更高等等。”

妈妈听了芬芬的话，说道：“我挺好奇你们这些孩子的，父母有钱没钱，有权没权对你们来讲有很大关系吗？”

“妈妈，您不懂了吧。父母有钱有权，那我们这些孩子长大以后，路可就好走多了吧。但是我的家境是比上不足，比下有余。因此我既不自卑，也不自傲。”

妈妈听芬芬这样一说，脸上显出了不快的表情：“芬芬，一个人，无论家境如何，到了社会上，都应该靠自己的实力立足，而不是倚靠父母。”

“妈妈，我虽然不想事事倚靠你，但是我也想着以后遇到困难了还可以有爸爸妈妈做靠山，现在我不这么想了，我还是希望凡事倚靠自己。”芬芬把心里的真实想法跟妈妈说了说。

“好孩子，这样想就对了。”妈妈很高兴，“小的时候，你可以靠着拐杖，学会了走路。但当你稍微长大了之后，比如从现在开始，你就应该摆脱依赖这根拐杖，迈开自己的双腿，学会去开路。没有人可以让你依赖一辈子，包括父母。你每摆脱一份依赖，你就多一份自主，也就会向成功迈进一大步。”

芬芬决定将来要靠自己，抓住机遇获得好的发展。

妈妈对我说：

芬芬，妈妈很高兴你在这么小的年纪，就明白了事事要依靠自己的道理。打个比方，送给你一船的鱼都不如教给你捕鱼的方法来得划算，你说对吗？所以，妈妈希望你将来能够通过自己的努力，抓住好的机遇，获得自己想要的生活，而不是事事去依赖别人。

并不是所有的机遇都会主动找到你的头上，机遇有时害羞得像个小姑娘，有时神秘得像行踪不定的女巫，总不肯轻易露面，但人的生存是主动的，所以，机遇大多是被人创造出来的。许多人不仅善于抓住机遇，更善于创造机遇，他们总是在努力，总是在奋斗。开始时他们是在追寻机遇，而一旦他们自身的实力积累到一定程度时，机遇便会自动登门拜访。

而且，随着我们自身才能的不断提高，其所面临的发展机遇也会相应的有质和量的提高。可以说，没有他们这些主观的努力，就不会有这么多的良好机遇。从这个角度来说，机遇是那些有准备的人创造出来的，是对其努力的一种肯定和回报。芬芬，如果你看了林肯的传记，了解了他幼年时代的境遇和他后来的成就，就可能对“没有机会只是弱者的托词”这句话感触更深了。年幼的林肯住在一所极其简陋的茅舍里，既没有窗户，也没有地板；以我们今天的观点来看，他仿佛生活在荒郊野外，距离学校非常遥远，既没有报纸、书籍可以阅读，更缺乏生活上的一切必需品。就是在这种情况下，他一天要跑二三十里路，到简陋不堪的学校里去上课；为了自己的进修，要奔跑一二百里路，去借几册书籍，而晚上又靠着燃烧木柴发出的微弱火光阅读。林肯只受过一年的学校教育，但是他竟能在这样艰苦的环境中努力学习，一跃而成为美国历史上最伟大的总统，成了世界上最著名的典范人物。

林肯没有坐等机会降临到自己的头上，而是一直在努力地改善自身条件，坚持不懈地学习，尽全力地寻找机遇、发掘机遇。林肯的经历告诉我们“人生不会没有机遇”。无论你的先天条件处于怎样的弱势，只要我们自己不与弱者为伍，坚持与强者为邻，学习他们坚强的意志、顽强的精神和永不服输的斗志，即使机遇不来找你，你也会找到发展的机遇。

通观世界历史，我们会惊奇地发现：凡是在世界上做出一番大事业的人，往往不是那些幸运之神的宠儿，反而是那些“没有机会”的苦孩子。

例如，只有划水轮的福尔顿，只有陈旧的药水瓶与锡锅子的法拉第，只有极少工具的华特耐，用缝针机梭发明缝纫机的霍乌，用最简陋的仪器开创实验壮举的贝尔……物质的匮乏使他们看来已经“没有机会”了，可正是他们推动了世界文明的进步。

“没有机会”永远是那些失败者的托词。当我们尝试着步入失败者的群体中对他们加以访问时，他们中的大多数人会告诉你他们之所以失败，是因为不能得到像别人一样的机会，没有人帮助他们，没有人欣赏他们。他们还会对你叹息好的地方已经人满为患，好的机会已被他人挤占。总之，他们是毫无机会了。

制造机遇需要对自己的行动目标心中有数，并做到胸有成竹，而且对于制造机遇的方式技巧也要运用自如。接下来，需要的是一般常人难以匹敌的韧劲，一种不达目的绝不放手的劲头。但这种劲头并不是蛮干，而是向着明确的目标不断学习、不断改善自我。

比尔·盖茨说，等待机遇而至成为一种习惯，这真是一件危险的事。工作的热心与精力，就是在这种等待中被消磨殆尽的。对于那些不肯努力学习、工作而只会胡思乱想的人，机会是可望而不可即的。只有那些勤奋刻苦的人，不肯轻易放过任何机遇的人，才能看得见机遇。

机遇的降临往往是非常偶然的，机遇就暗藏在你的日常行事之中；不管你从事什么，其中都有机遇。

当一个人计划周详、考虑缜密，在多种有利因素的配合下，时机常常会来到你的身边。一个强者，总能创造出契机，并能借助机遇的双翼，搏击于学业与事业的长空。

人不仅要把握机会，更要创造机会。走向成功的人，绝不是一个逍遥自在、没有任何压力的观光客，而是一个积极投入、“执迷不悟”的参与者。善于制造机遇，并张开双臂迎来机遇的人，最有希望与成功为伍。积极创造机遇，也正是我们必须具备的人生态度。

机遇是一种重要的社会资源。它的到来，条件往往十分苛刻，且相当稀缺难得。要获得它，需要极大的“投入”，才会有“产出”，需要高昂的代价和成本，这就是准备相当充足的实力、雄厚的才能功底。机遇相当重情谊，你对它倾心，它也会对你钟情，给你报答。但机遇绝不轻易光顾你的门庭，不愿意花费“投入”的人，也得不到它的偏爱与回报。

机遇绝非上帝的恩赐，它是创造主体主动争来的，是主动创造出来的。机遇是珍贵而稀缺的，又是极易消逝的。你对它怠慢、冷落、漫不经心，它也不会向你伸出热情的手臂。守株待兔的人，常与机遇无缘，主动出击的人，才易俘获机遇，这是普遍的生存法则。你若比一般人更主动、热情的话，机遇就会向你靠拢。敢于创造机遇，才能把握成功。创造机遇需要一种韧劲、磨劲，需要耐心。当你确定明确的奋斗方向，有坚定的信念，并时时刻刻准备“接纳”机遇时，机遇女神可能真的离你不远了。

但创造机遇只有耐心和韧劲是不够的，它还需要一定的技巧。应该积极主动地出击，展示自己的优点和强项，创造成功的机遇。

机遇最喜欢爱拼善攻、有挑战性格的人。所以，在机遇面前，无疑需要敢于拼搏、锲而不舍的劲头，将自身的能量最大限度地发挥出来。只有勇于战胜那些看似难以克服的困难，才会使机遇发挥出极大的效能。有些人为艰难所折服，就会使已到手的机遇不能得到充分利用，而使自己功亏一篑，也使机遇付诸东流。青少年正处于人生的花季年华，面临着许许多多的机遇。但如果你要更健康地发展、更快乐地成长，就要勇于创造机遇。请记住，人生路上灿烂的花朵，往往是靠自己争取创造的。

生活百味都需要品尝

孤单值得享受

铭铭因为生病了，不能去学校上课，所以只好一个人闷在家中。

下午的时候，铭铭闲着感觉无聊，想起了和小伙伴们有说有笑的场景。可惜现在只有自己一个人，不觉有点孤独了。

一个人的下午，该怎样度过？

睡过去吗？不困。

看电视吗？无聊。

写作业吗？不想。

那一个下午做点什么好呢？简直把铭铭愁坏了。

一个人的时光真的这样难熬吗？心情一下低落了很多，铭铭的眼泪不禁啪嗒啪嗒地落了下来，真希望自己能够赶快回到学校，能和小伙伴们在一起。

铭铭很想给妈妈打个电话诉诉苦，于是拨通了她的手机号："妈妈，你什么时候回来啊。我在家里无聊死了。"

妈妈在电话的那一头安慰铭铭说："铭铭你的病都好了吗？好好休息，妈妈晚上会准时回家的。"

"妈妈，我已经不难受了，一个人待着觉得没意思，不知道做点什么。"铭铭对妈妈说。

"难道一个人就不能做些有意思的事情吗？怎么会觉得没有意

思呢？”妈妈问铭铭说，“如果你不难受了，可以做点自己喜欢做的事情，又没有人打扰你，不是很难得的时间吗？对了，你以前不是说想找个清闲的时间自己做多面相框吗？现在就弄吧，等你做好了妈妈也到家了。”

“嗯。”铭铭从床上爬了下来，终于找到属于自己的快乐时光了。

妈妈对我说：

铭铭，心情在一个人的生活中是无比重要的，然而，不是每个人都能带着好心情来度过每一天。人们常常会遇到不愉快的事情，从而背负上坏的情绪。

一个人一天早上醒来，发现她刚刚装修好的地下室被水淹了，她惊慌得不知所措。

“我第一个反应，”她报告说，“是想坐下来大哭一场，为自己的损失号啕。但是我没有这样，我问自己，最坏的情形会怎样？答案很简单：家具可能全泡坏了，嵌板可能给泡得弯曲不平，还留下水渍，地毯也报销了，而保险公司可能不会赔偿这些。

“第二，我问自己，我能做什么来减轻灾情？我先叫孩子把所有可以拿得动的家具搬到没有水的车房里去。我向保险公司经纪人报告，并且用电话请地毯清洁工带吸尘器来。然后我和孩子向邻居多借些除湿机，使地下室能加速干燥。等到我丈夫下班回家的时候，一切都已经整理就绪了。

“我考虑了可能发生的最坏情形，想出怎样做些补救，然后动手忙起来，做了我必须做的事。我根本没有时间忧虑。当做完这一切时，我的心里轻松多了。”

每个人都希望“一帆风顺”，可是生活也有酸甜苦辣。面对人生烦恼和时代变化所带来的困惑，面对疾病的纠缠追求的失落、奋斗的挫折、情感的伤害、学习的压力等等困扰，人们的不良情绪就会油然而生。这时你必须努力让自己快乐起来。

高山流水、鸟语花香都是天籁之音，可以让人心旷神怡，让人感受到大自然的亲切。海浪声、滴水声、下雨声、蝉鸣声、鸟啼声，都是大自然的优美音乐，非常悦耳动听，能够镇静人的情绪，松弛人的身心。

而人类自己创作的优美音乐，都是从大自然的天籁之音获得灵感的，因此具有同样的功能。特别是在都市中生活的人，尤其应多听一些优美舒缓的传统音乐，因为那才是充满灵性的作品。

美国科学家也做了类似的实验：在不同的温室里播放不同音乐，如欧洲经典音乐、印度音乐和摇滚乐等。实验结果表明，效果最好的一组是欧洲经典音乐，植物长得很茂盛，并按着音乐来源的方向生长。离音乐源最近的植物都会绕着扩音器生长。印度音乐、爵士音乐效果也很好，而效果最差的是摇滚乐，植物生长得不好，经过两个星期，有些植物竟然枯萎了。

以此类推，音乐对人也能发生良性影响。科学研究证明：与身体节奏相一致的音乐会使脑电波更有规律，使之达到大脑思维的最佳状态，让左脑与右脑同步协调，使上下脑增加沟通，最后让整个大脑的潜能逐渐地发挥出来。

因此，听音乐的时候，尽量不要去想不高兴的事情。在音乐的作用之下，脑电波会减慢或协调起来，使整个大脑处于放松的状态。潜意识对正面暗示比较容易接受。而此时的脑海里，最好浮现一些美好的景象，以避免负面暗示的不良影响。

当一个人听到自己喜欢的音乐时，呼吸就会加深，神经就会松弛，疲劳便会得以消除。欣赏音乐可以使人浮想联翩，随着音乐的优美旋律去“云游”四方。这样就可以通过音乐尽情享受自由的心境。

给心情放假，也是要你不要乱给自己定性，自寻烦恼。有很多女孩，她们常用“放牛班、劣等生……”等名词套在自己身上，造成自我否定的现象。她们会说，“我在别人面前会脸红”、“我在学校的功课不比别人好”……医生们发现：她们只是在异性面前才会脸红，或功课只有某一科不好而已。她们用一些负面的词造成了自己负面的心理暗示，进而造成自己吓自己的负面形象。

使用肯定句，这一点极为重要。如果你说，“我不要挨穷”，虽未言“穷”，但这种消极的语言会将“挨穷”的观念印在你的潜意识里。因此，你要正面地说：“我越来越富有。”

当你有比较大的内心冲突和烦恼时，安慰自己“一切都会过去”。遇到挫折时，不妨先坐下来理一理头绪，看一看问题究竟有多少，切不可让它充塞在头脑里而成为一堆乱麻。应该时刻想到：“我能胜任！”

或者“我可能会失败，但是失败是成功之母！只要坚持下去，一定会成功！”不论遇到什么样的阻力，要保持自己的精神状态，要坚信：“别人能办到的，我也能办到！”慢慢地，你就会被自己所鼓舞，心情就会好起来的。

德山禅师在尚未得道之时曾跟着龙潭大师学习，日复一日地诵经苦读，这让德山有些忍耐不住。一天，他跑来问师父：“我就是师父翼下正在孵化的一只小鸡，真希望师父能从外面尽快地啄破蛋壳，让我早一天破壳而出啊！”

龙潭笑着说：“被别人剥开蛋壳而出来的小鸡，没有一个能活下来的。鸡的羽翼只能提供让小鸡成熟和有破壳力量的环境，你突破不了自我，最后只能胎死腹中。不要指望师父能给你什么帮助。”

德山撩开门帘走出去时，看到外面非常黑，就说：“师父，天太黑了。”

龙潭便给了他一枝点燃的蜡烛，他刚接过来，龙潭就把蜡烛吹灭。

他对德山说：“如果你心头一片黑暗，那么，什么样的蜡烛也无法将其照亮啊！即使我不把蜡烛吹灭，说不定哪阵风也要将其吹灭啊。只有点亮了心灯一盏，天地自然一片光明。”

德山听后，如醍醐灌顶，后来果然青出于蓝，成了一代大师。

其实，像德山开悟成佛一样，一个人想拥有快乐的心境，自己要学会清除心理垃圾，下意识地为心灵松绑，点亮自己的心灯。否则，你快乐的梦想只能“胎死腹中”。

心灵就是一座炼金的熔炉，快乐就在其中，只要将其熔炼，快乐就会闪闪发光。给你的心情放个假，让它在轻松的氛围中呼吸新鲜的空气，你会拥有一份更美好的生活。

放弃是一种智慧

金秋时节，瑶瑶和同学们相约来到农村乡下，此时正值捉蚂蚱的最佳时机。

“瑶瑶，你看，这只蚂蚱有些与众不同，它的头顶上有两个橘红色的点，你看到没有？”听到好伙伴媛媛的呼唤，瑶瑶凑了过去，果然发现一只与众不同的蚂蚱，尤其是它头上的两个橘红色斑点与绿色的外衣配在了一起，特别的惹眼。

“媛媛，快把它捉住吧。”瑶瑶赶快提醒媛媛。

“好。”媛媛朝那只蚂蚱下手过去。

不过这只聪明的蚂蚱似乎发现了媛媛的企图，它从一只草叶急忙跳向另一只草叶，还险些滑了下来。

而媛媛也不会善罢甘休。最终这只蚂蚱终于落到了媛媛的手里，媛媛是利用它长腿的弱点把它捕获的。

她手里紧紧抓着蚂蚱向我炫耀：“瑶瑶，你看我抓到了。”

“媛媛，你手里根本就没有啊。”瑶瑶过去看媛媛的手中，分明只有两只后腿。

“蚂蚱跑了，它居然丢掉了自己的两只腿。”媛媛看到那两条腿，想到蚂蚱为了逃命居然会硬生生地把自己的后腿扯掉，不免有点心疼，“我只是想把它抓过来玩一玩，并不想弄死它啊。”

瑶瑶和媛媛不禁一起为这只蚂蚱感叹：真是一只懂得生存智慧的蚂蚱，在面临生死存亡的关头，能够理智地做出最有利于自己的选择。

妈妈对我说：

瑶瑶，在你做出选择的那一刻，也就意味着你放弃了一些东西。放弃一个对自己的成长不利的坏习惯，放弃一个带自己步入歧途的“朋友”，甚至放弃一个很不错但不适合自己的工作，都并不是你的损失。相反，去除一个坏毛病、绝交一个坏朋友，可以使青少年朋友很好地保护自己不受到伤害；而放弃一个看似不错的发展机会，会激励你继续学习、不断进步。

柏林爱乐乐团素有“世界第一交响乐团”之称，而它的首席指挥也素有“世界第一指挥”之称，因而，柏林爱乐乐团首席指挥的位置几乎是所有指挥家所梦想的。然而，当柏林爱乐乐团决定聘请英国著名指挥家西蒙·布特尔担任首席指挥时，布特尔却出人意料地拒绝了。许多人都对布特尔的放弃感到不可理解。对此，布特尔说：“柏林爱乐乐团是以演奏古典音乐而闻名于世的，而我对于古典音乐的理解还不够透彻，如果我接受了邀请，恐怕不能带领柏林爱乐乐团迈上一个台阶，反而会起到阻碍作用。再好的机会，如果你没有能力把握，那么还是放弃为好。”这之后，布特尔默默地学习研究古典音乐。经过10年的努力，布特尔以对古典音乐的不懈追求和透彻理解及自己精湛的指挥和表演一次次取得了成功，令听众为之倾倒。当他再一次接到柏林爱乐乐团的邀请时，布特尔没有丝毫惊讶，也没有丝毫犹豫，毅然接受了邀请。他以自己出色的指挥，创造了音乐史上一个又一个奇迹。

生命有涯，而以有限的生命去追求现实世界那无限美好的万事万物，必须加以选择，学会放弃。放弃是一种智慧，一样东西再好，如果客观条件不成熟或者主观上还没有能力把握，那么还是放弃的好。布特尔第一次拒绝出任首席指挥就是如此。懂得放弃的人，知道什么该放弃，什么不该放弃；他们既不盲目追求不属于自己的东西，也不轻易放弃属于自己的东西。放弃该放弃的，那是勇气；不该放弃的不放弃，那是豪气；该放弃的不放弃，那是怄气；不该放弃的放弃，那是傻气。

放弃是一种智慧，放弃不等于抛弃。抛弃是一种妥协，是一种让步，是一种彻底的失败。放弃是一种超脱，是一种激励，更是一种策略——是为了腾出空间来接纳其他更多、更好的东西。布特尔第一次的放弃，使他有更多的时间去学习研究古典音乐，为他再次接受柏林爱乐乐团的邀请，担任首席指挥，创造音乐史上一个又一个奇迹奠定了基础。正是他第一次的放弃，成就了他最后的成功。

放弃是一种智慧。在忙碌的生活节奏中，放弃一些东西，可以让你有时间享受另外一些轻易不能够得到的东西。正如父母经常会放弃聚会，选择陪你在家里过周末，这是他们对你的爱的表示。你与父母在一起，深深地体会到这份爱，也会将这份爱以另一种方式反哺给父母。学会放弃，放弃一些东西，有时你会发现一种不一样的美丽。

放弃，其实并不是完全让你去以消极的态度去面对人生。相反的，是让你真正的学会放弃。用正确的判断力去学会放弃一些东西，从而不再去做那些"明知不可为而为之"的事情。

学会放弃，面对现实。其实，一生中有着很多的事情需要你去做，但是你并不能使自己把每件事情都做好。所以，你就必须学会放弃，去把那些你认为该去做的事情做得更好。

生活就是如此，很多看似美好的东西会使你失去另外一样东西，而这样东西往往才是你真正喜欢的。懂得放弃，才能让你得到适合自己的东西，这是一种人生智慧，希望青少年朋友能够慢慢体会。

假如三毛放弃悲伤

"妈妈，我回家了。"霞霞放学回来，不忘向妈妈问好。

"霞霞回来了，今天白天都学了些什么？"妈妈关切地问霞霞。

"嗯，今天，我们学了三毛的一篇文章。妈妈您说三毛这个人是不是精神有问题，要不然的话她怎么会写出那么多与众不同的作品呢？而且最后还自杀了，真是可惜啊。"

"嗯，是啊。三毛的作品中总是免不了带点忧郁的气质，这和她本人的个性有很大的关系。"妈妈说道，"你有没有读过三毛的《为了梦中的橄榄树》？在她的笔下，流浪成为一种流行。有的时候我也会感叹，这样一位有才华的女性为什么会选择结束自己的生命？如果她好好地活下去，是不是可以创造出更多的好作品呢？"

"她总是悲伤，一点都不积极，怎么能够勇敢地面对人生呢？"霞霞了自己的看法，"除非，在她活着的时候就放弃悲伤，做一个快乐的人，那该有多好啊。”

哎，在霞霞看来，三毛真是一个又可怜又可惜的名字。

妈妈对我说：

霞霞，我想你此时的想法会和我的不谋而合，你一定想说：如果她总是能保持一种积极的心态，事情就不会发展成为悲剧，对吗？

有一位禅师曾经说过：心态就像对待握在我们手中的小鸟，如果它是积极、温和的，就可以放飞它，任它在天际飞翔；如果它是消极、冷酷的，就可以掐紧它，将它捏死在手中，就看你怎样选择。

可以选择积极、乐观、愉快地过每一天，也可以选择消极、悲观和闷闷不乐。

可以选择堂堂正正，踏踏实实，也可以选择违法犯纪，偷奸耍滑。

可以选择积极上进的朋友，也可以选择自甘堕落的朋友。

凡此种种，我们都有选择的自由。

不管你是选择积极，还是选择消极，下决心时所费的力气没有太大的区别。只是结果有天壤之别。

选择积极，你将跨入成功的快车道。

选择消极，你将陷入失败的污泥潭。

罗伯特博士在哈佛大学主持了一系列有趣的实验，实验对象是三群学生与三组老鼠。

他对第一组学生说：“它们很幸运。你们将和天才小白鼠在一起。这些小白鼠相当聪明，它们会到达迷宫的终点，并且吃许多干酪，所以要多买一些喂它们。”

他告诉第二组学生说：“你们的小白鼠只是普通的小白鼠，不太聪明。它们最后还是会到达迷宫的终点的，并且吃一些干酪，但是不要对它们期望太大，它们的能力与智能都很普通。”

他告诉第三组学生说：“这些小白鼠是真正的笨蛋。如果它们能找到迷宫的终点，那真是意外。它们的表现自然很差，我想你们甚至不必买干酪，只要在迷宫终点画上干酪就行了。”

以后6个星期，学生们都在精确的科学情况下从事实验。天才小白鼠就像天才人物一样行事。它们在短期间内很快就到达了迷宫的终点。你期望从一群“普通小白鼠”那里得到什么结果呢？它们也会到达终点，但是在这个过程中并没有写下任何速度记录。至于那些愚蠢的白鼠呢？那更不用说了。它们都有真正的困难，只有一只最后找到迷宫的终点，可以说是一个明显的意外。

有趣的事情是，根本没有所谓的天才小白鼠和愚蠢小白鼠之分，它们都是同一窝小白鼠中的普通小白鼠。这些小白鼠的成绩之所以不同，是参加实验的学生心态不同而产生的直接结果。简而言之，学生们因为听说小白鼠不同才采取了不同的心态，而不同的处理导致不同的结果。

用积极的心态解决问题，可以引导问题向有利的方向发展，最后往往能够取得不错的成绩。学生的积极心态如何决定了他们采取的措施和投入的精力，而最后的结果可以从他们训练出的小鼠的能力上体现出来。

学习和工作也是如此，将学习与工作看作是任务，是负担，那么它会越来越重，直到压得我们喘不过气；如果能够以积极的心态去主动寻找学习和工作中的乐趣，在快乐中学习和工作，在学习与工作中快乐着，那么，无论做什么事情，都能有很好的成效。

没有完美的选择

晚上甜甜的妈妈有收听广播的习惯，在所有妈妈收听的节目中，甜甜最喜欢的是安然主持的《财富星空》。

晚上甜甜要回房间写作业了，临走之前不忘告诉妈妈：“妈妈，等《财富星空》开始的时候，您一定要叫上我。我们一起听吧。”

“好啊。你也喜欢安然的这个节目。”妈妈笑着说。

“当然，她的声音和妈妈的声音很像。”甜甜说道。

这次在《财富星空》节目中，主持人讲述了一个比尔·盖茨的故事：

在比尔·盖茨读中学的时候，他接到全国最大的国防用品合同商TRW公司的电话，要他南下面试。为了实现自己的梦想，比尔·盖茨征得学校的同意，做了三个月的“临时工作”。

三个月后，比尔·盖茨回到学校。他补上三个月中落下的功课，并参加期末考试。对他来说，电脑当然不在话下，他毫不担心。

其他功课他也很快赶上了。结果他的电脑课老师只给了他一个“B”，原因当然不在于他考试成绩不佳——他考了第一名——但他从不去听这门课，在“学习态度”这条标准中被扣了分。但比尔·盖茨并没有抱怨什么，而是接受了这种不公平的现实，并把这种得失置之度外，集中精力做数据的编码工作。他成了名副其实的电脑程序员，具备了坚实的编程基础和丰富的经验，最终成就了自己。

节目结束了之后，比尔·盖茨接受生活中不公平的故事还在甜甜的脑海中回荡。

甜甜真是有点搞不明白：“妈妈，这种不公平，为什么要接受？如果社会到处都是公平的，我们的生活该有多幸福啊。”

“实际上,不公平是一种正常的存在,在这个世界上,贫穷、战争、疾病、犯罪、吸毒等不平等的现象不是仍旧存在吗？”

在这个不公平的世界，甜甜不明白要怎样适应才行？

“是这样的，生活中会有很多不公平的事情出现，承认生活中的不公平并不是要求我们不尽力去改变这个世界，正好相反，而是在不公平的面前激发自己的潜能，让自己生活得更好。”妈妈说道。

哈！甜甜明白了妈妈的话，在成长的道路上又前进了一步。

妈妈对我说：

一位教育专家说：“五天的学校教育往往抵不过社会两天的晕染。”学校德育侧重于正面教育，灌输的是真、善、美的东西，而现在的孩子在家庭、社会却耳闻目睹了许多光怪陆离、纷繁复杂的社会现象，所以，一旦走出校园感受到多姿多彩的社会时，便感到学校老师灌输的思想信念、道德情操显得那么单薄、那么脆弱。

达尔文有一句经典的理论：“适者生存。”适者生存也就是随着社会的发展趋势解决遇到的问题。一个人不能左右社会发展的趋势，社会更不能按照一个人的意愿发展。我们每个人都不能脱离人群，脱离社会而生活，如果不适应社会的变化，就会被社会所遗弃。只有适应别人，适应社会，我们才能长大，变得成熟。

有这样一个故事：

很久很久以前，人类都还赤着双脚走路。

有一位国王到某个偏远的乡间旅行，因为路面崎岖不平，有很多碎石头，刺得他的脚又痛又麻。回到王宫后，他下了一道命令，要将国内的所有道路都铺上一层牛皮。他认为这样做，不只是为自己，还可造福他的人民，让大家走路时不再受刺痛之苦。

但即使杀尽国内所有的牛，也筹措不到足够的皮革，而所花费的金钱、动用的人力更不知要多少。虽然根本做不到，甚至还相当愚蠢，但因为是国王的命令，大家也只能摇头叹息。

一位聪明的大臣大胆地向国王提出建议："国王啊！为什么您要劳民伤财，牺牲那么多头牛，花费那么多金钱呢？您何不只用两小片牛皮包住您的脚呢？"国王听了很惊讶，但也当下领悟，于是立刻收回成命，采取这个建议。据说，这就是"皮鞋"的由来。

故事告诉我们这样的道理：想改变世界，很难；要改变自己，则较为容易。与其改变全世界，不如先改变自己——"将自己的双脚包起来"。

当遇到事情不是那么尽如人意的时候，最好的方法是改变自己的某些观念和做法，以抵御外来的侵袭。当自己改变后，眼中的世界自然也就跟着改变了。如果你希望看到世界改变，那么第一个改变的必须就是自己。

适应需要坚强的意志和顽强的耐心。有时就像婴孩从母体里脱离，要适应到外面的世界生存一样，挣扎是痛苦的，但痛苦后的啼哭又是十分幸福的。

适应是对你智慧技能的一种消耗。所以，在适应中我们还需不断加强知识的积累和体能的锻炼，储备良好的智慧、体能等竞技食粮。

学会适应生活、适应社会，是一个深思熟虑的过程。切忌在摸清目标背景的实质前盲目行动。适应的过程，是一道精确的算术题，你的内心必须有2～3个熟练的解题公式。这样，你才会立于不败之地。

生活中，又应该如何去适应种种变化呢？

首先，加强自我认识能力的培养。要对自己有一个客观的了解，知道自己的优势和不足，有优点不要骄傲，有缺点不必自卑，当遇到困难时才不至于产生心理失衡。

其次，训练良好的自控能力。培养自己的自控能力，学会用友好的方式解决问题，当产生矛盾时，避免出现攻击行为。

再次，提升自我解压能力。由于生活经验不足，承受能力有限，在遇到困难和矛盾的时候可能不会调整和控制自己的情绪，这时要让自己学会缓解精神压力，懂得宣泄和放松，才能保持心理平衡和良好的心态，才能冷静地处理遇到的困难，并保持愉快的心情。

最后，增强有效解决问题的能力。当矛盾和冲突无法回避时，需要学会应对的技巧和方法。此时应该自主寻求解决问题的突破口和方法步骤，学会主动适应环境，从遇到的问题中解脱出来。

在今天这个世界中，唯一不变的就是变化，而计划也总是赶不上变化。而人们依然要好好地生活在这个世界上，这就需要人不断地转变自己的观念，积极地应对。如果脚下真的不平，而土地短时间内又没有办法改变，那就用一块布把自己的脚裹起来吧，那样自己依然能走得很好。

试着寻找这么一块布，寻找适应变化的方法吧！

挫折、磨难也值得感谢

从游乐园回来已经快晚上了，芸芸和爸爸妈妈都沉浸在欢乐之中，时不时地哈哈大笑起来。正当大家在一起说说笑笑的时候，爸爸的电话铃响了，原来是爸爸的老同学打来的。

挂了电话，妈妈问道："是什么事情啊？"

爸爸说："是李军啊，他今年又要参加一次司法考试。"

"啊。"芸芸问爸爸说，"李叔叔还要参加考试吗？他都已经考了两次了，还舍不得放弃啊。"

“是啊。”爸爸说道，“李叔叔其实很聪明的，但是这几次考试都不顺利。第一次是因为生病没有考上，第二次是因为单位出差耽误了复习没有考上，要不是这些原因估计他肯定能考上。”

“嗯。不过我挺佩服李叔叔的，面对挫折还不放弃，真坚持啊。”芸芸由衷地赞叹。

听了芸芸说的话，妈妈接着说道：“人的一生总有可能会遇到下岗、失业、失恋、离婚、破产、疾病等等厄运，即使你比较幸运，没有遇到那么多不顺利的事情，你也要面临升学压力、生活压力等等各种各样的烦心事，这些事在人生的某一时期萦绕在你的周围，时时刻刻折磨着你的心灵，使你寝食难安。只有经受过这些磨难的人才能更快乐地成长，我们的生活也会在折磨中不断得到升华。”

听了妈妈的话，芸芸恍然大悟：“我知道了，一切事物如果想要变得更强，必须经过折磨，这样我们才会变得更加坚强，我们在承受压力和折磨的时候也会学到更多的知识。我也要像李军叔叔那样去挑战折磨我们的压力，争取做到最好。”

妈妈对我说：

芸芸，其实有许多奇迹都是在厄运中出现的，因为顺境使人们舒服，却也容易使人不再有所追求，因为顺境容易消磨斗志，从而平平常常，无法杰出；而逆境能磨炼坚强的意志，奋力拼搏，顽强奋进，也许能够使自己的能力得到超常发挥，获得更令人陶醉、令人神往的成就。

卡耐基克里蒙·史东是美国“联合保险公司”的董事长，美国最大的商业巨子之一。被称为“保险业怪才”。史东幼年丧父，靠母亲替人缝衣服维持生活，为补贴家用，他很小就出去贩卖报纸了。有一次他走进一家饭馆叫卖报纸，被赶了出来。他乘餐馆老板不备，又溜了进去卖报。气恼的餐馆老板一脚把他踢了出去，可是史东只是揉了揉屁股，手里拿着更多的报纸，又一次溜进餐馆。那些客人见到他这种勇气，终于劝店主不要再撵他，并纷纷买他的报纸看。

史东的屁股被踢痛了，但他的口袋里却装满了钱。

勇敢地面对困难，不达目的绝不罢休——史东就是这样的孩子，他的人生轨迹也是如此。

史东还在上中学的时候，就开始试着去推销保险了。他来到一栋大楼前，当年贩卖报纸时的情况又出现在他眼前，他一边发抖，一边安慰自己“如果你做了，没有损失，而可能有大的收获，那就下手去做。”还有“马上就做！”他走进大楼，如果他被踢出来，他准备像当年卖报纸被踢出餐馆一样，再试着进去。他没有被赐出来。每一间办公室，他都去了。他的脑海里一直想着：“马上就做！”每一次走出一间办公室，而没有收获的话，他就担心到下一个办公室会碰到钉子。不过，他毫不迟疑地强迫自己走进下一个办公室。他找到一项秘诀，就是立刻冲进下一个办公室，就没有时间感到害怕而放弃。那天，有两个人跟他买了保险。就推销数量来说，他是失败的，但在了解他自己和推销术方面，他有了极大的收获。第二天，他卖出了 4 份保险。第三天，6 份。他的事业开始了。20 岁的时候，史东自己设立了只有他一个人的保险经纪社，开业的第一天，他就在繁华的大街上销出了 54 份保险。有一天，他有个令人几乎不敢相信的纪录，122 件。以一天 8 小时计算，每 4 分钟就成交一件。

1938 年底，克里蒙·史东成了一名拥资过百万的富翁。

他说成功的秘诀是由于一项叫作“肯定人生观”的东西。他还说：“如果你以坚定的、乐观的态度面对艰苦，你反而能从其中找到好处。”

逆境客观上是一种不幸，实质上是弥足珍贵的财富。

对于一个人来说，摆脱痛苦的欲望比获得幸福的欲望会更强烈。幸福对于处于痛苦之中的人来说，常常是一种奢望，人们往往是以摆脱痛苦为第一步。在我们的现实生活中，许多生活在边远山区、经济落后的农村的孩子，其刻苦学习的精神，远比一些生活在大城市里的富裕家庭中的孩子要强。究其原因，是因为他们看到农村的环境、生活条件，比起大城市来说，要艰苦得多。他们强烈的要求变换自己的生活条件与生存环境。而在目前来说，实现这一目的的最可靠、最直接的办法，就是好好学习，争取考上大学。大城市的孩子，在其学习的动力中，没有变换生存环境这个动力，如果他再没有更加崇高的理想，那么其学习的劲头，当然就无法跟那些农村的、穷困山区的学生相比了。

从这种现象可以看出，痛苦、艰难，其本身虽然不是构成幸福的条件，但是，它是促使人们奋发努力的一种力量来源。毛泽东所说的“穷则思变”也是这种思想的发挥。古代的孟子说：“生于忧患，死于安乐。”“忧患”就是艰难困苦，不堪忍受；“安乐”就是安逸舒适，快乐惬意。“生于忧患”，就是困苦磨炼了人的意志，催人奋发向上，使人生命力顽强，朝气蓬勃。“死于安乐”，就是说安逸舒适的生活，会消磨人的志向，使人贪图享乐，惧怕艰苦，不思进取，从而使人失去了生存能力与旺盛的生命活力。自古以来，有多少富家子弟就是由于贪图安逸，坐吃山空，最后贫困潦倒，以至于死无葬身之地。而那些穷苦人家的孩子，自小就在与艰难困苦的斗争中生活，患难给了他们以坚强的意志，困苦使他们变得勤劳聪明，他们的物质生活是贫乏的，然而其内心是充实的。

人生之路并不是坦途一条，获得幸福之路也不是通畅无碍的。人生有顺逆境之分，幸福的取得也有难易之分。但不管在怎样的条件下，人们都不应放弃对幸福的追求。在顺境中，人们以舒畅的心情谋求幸福，在逆境中，人们依然应当坚忍不拔、矢志不渝地追求幸福。幸福既可以在顺境中顺利地实现，也可以在逆境中艰难地获得。一般来说，大多数人都希望一生顺利，平安地获得幸福。但现实往往并不尽如人意。人的一生中，既会有得心应手的顺境，又会有困难重重的逆境。我们争取处在顺境中，但也不应该害怕逆境带来的磨难，而应该公正地看待顺逆境。顺境固然有利于事业的成功，逆境却能磨砺人的意志，激发人们克服困难，顽强进取。温室里的花朵经不起风雨的袭击；饱受风浪考验的海鸥却能够搏击海空。

芸芸，如果是你，你愿意选择在顺境中安逸一生还是在逆境拼搏一生？

打扮&服饰

——给渴望美丽的你

让皮肤净白无瑕

我是何种肤质

“哎呀，怎么办啊，娟娟！”媛媛焦急地直扯娟娟的衣袖。

“你找我有事儿呢？还是找我袖子有事儿呢？”娟娟越看别人急她倒越不急，“你有事儿说事儿。我袖子都快被你给扯下来啦，大小姐——”

“我这不急嘛。你看我脸上，这几天不知道怎么回事儿，不停地长东西。”媛媛边说边把脸凑过去，“瞧见没？额头上呢！这儿，一大块……”

“哎哟！你是吃坏什么东西了，还是用什么错误的洗面奶了？怎么长这么多啊？”娟娟看到媛媛脸上一片重灾区的样子，也着急起来。

“这几天我也没吃什么特别的东西啊。洗面奶？买了一瓶，不过忘记名字了。”媛媛就这样，脾气好，但是健忘，所以常常弄得身边的人脾气不好。

“对你无语了。”娟娟没好气地说，“你不知道洗面奶的名字，我就算能看出你是什么肤质，也不知道究竟是不是你的洗面奶搞的啊。”

“这和肤质还有关系吗？”媛媛一脸无辜的表情。

妈妈对我说：

娟娟，你应该好言安慰媛媛，叫她不必过于担心。如果是青春痘的话，还要恭喜她呢，说明她长大了。如果不是，也有可能是皮肤过敏了。

不过，如果是青春痘，又没处理好的话，会留下伤疤的。那该怎么处理呢？这和各人的肤质有关。

人的皮肤大致分为以下几种：

第一，中性皮肤，这种肤质的人最幸运。中性皮肤是最为理想的肌肤，此类肤质的特点是皮肤构造细腻，既不缺水，也不缺油，水油均衡，毛孔细腻，皮肤光泽滑嫩，皮肤的PH值呈弱酸性，富有光泽和弹性。如果你是这种肤质，平常只要生活作息正常、睡眠充足、做好清洁工作及基本保养，并注意选择滋润及营养成分不太高的护肤品，就足以保持皮肤的最佳状态，造就最令人羡慕的皮肤了。但因为现在的环境、辐射、荷尔蒙等的因素，这样的肤性只能在14周岁之前的孩子们身上才可以找到。

第二，干性皮肤。此肤性毛孔细小，皮肤粗糙，天生皮脂分泌不足，肌肤基本处于饥渴状态，时常有紧绷感，脸部比较干燥，看起来缺乏光泽，容易有干裂、脱皮及过敏现象，特别是在秋冬季节，常有脱皮现象。而且这种肤质还容易产生长皱纹、长斑。你如果出现上述的问题，除了是天生的原因，还有不少原因也会使得皮肤趋于干燥，比如过度风吹日晒，使用碱性或药性洗面皂、不良化妆品，过度蒸脸，内服药物，饮食不当，水分吸收及摄取不够充分及年龄增长等，这些都会使得润滑皮肤的皮脂腺不够活跃，皮肤也就变得干燥！到了40岁以上的，比较多有完全的干性肌肤的现象。

第三，油性皮肤。这种肤质的人整张脸看上去油光铮亮的，比干性皮肤及正常肤质的人有过量且较厚的皮脂油。在青春期，这种皮肤常由于荷尔蒙分泌失衡，内分泌活动旺盛，皮脂腺分泌油脂增加；另外，喜欢吃含脂肪或煎、炒、油炸等烹调食物的人，也会因刺激皮脂腺而产生更多油质。此类肤性毛孔粗大，容易长痘长黑头，但有一个最大的好处就是不容易长皱纹。拥有这类肤质的人，战痘可能是你最常面对的大事，因为油性皮肤常有污物与油质阻塞住粗大毛孔的现象，容易长粉刺和面疱，但不容易产生皱纹。甚至有些人还在青春期时，满脸、满肩、满背都是青春痘、粉刺的经历。之所以会造成这种和油性皮肤性质相同的粉刺皮肤，也是因为体内荷尔蒙增加刺激皮脂腺所致。

第四，混合性偏干皮肤。指中间T字部位泛油，毛孔粗大且较油。T字部位就是指眼睛和鼻子部位构成的T字形的部位。如果是这种肤质，在T字部位也会有黑头的现象，而两颊以及眼睛周围多较干，有长细纹。

第五，混合性偏油皮肤。是指T字区最油，而其他地方相对比T区的油要少，而且这种肤质的T字区常常伴有黑头的现象。

第六，敏感性皮肤。上述四种肤质皆有可能产生过敏的肤质。所谓敏感就是指因为吃、碰、抹、喝等这些动作而所引起的发痒、发红、长疹等等的现象。如果出现这种现象，就被称为过敏。过敏往往因人而异，过敏源也因体质的不同而不同。如果皮肤一旦出现过敏，想要得到正确的治疗的话，只有先认清楚自己是因何种过敏源引起的，过敏才能有效控制。

那么形成各种肤质的原因有哪些呢？原因其实比较多。表面上来说，大致可以分为三种。人的皮肤如果水油平衡，则呈现为中性肤质；如果缺油缺水，则呈现为干性皮肤；如果缺水不缺油，则为油性皮肤或者混合性皮肤。

但如果从深层次上说肤质的成因就比较多了，大致有以下几个原因：

第一，先天遗传。确切地说遗传的不是肤质，而是体质，人的体质大致可分为虚寒体质和燥热体质，如果您的父母是燥热体质，那您的皮肤就很有可能是油性或混合性的。但在14岁之前，这种现象并不明显，这就是跟荷尔蒙有关了。燥热体质会呈现油性或者混合性肤质，是因为体内温度过高，形象一点说就是体内的水分“被蒸发了”，导致身体极度缺水，而水分的减少，严重影响了内脏的正常工作，消化不了的油脂和各种毒素的积累，最终导致皮肤越来越坏。当然，如果你的父母皮肤很好的话，你的皮肤也不会差。

第二，环境影响。在城市和污染严重的地区，这种影响就更加明显。

第三，后天疾病。在第一个原因中曾经说过疾病，特别是内脏疾病，常常导致身体毒素积累，这样就会导致内分泌不协调，更深的说，是荷尔蒙分泌不协调，皮肤也会越来越坏。

第四，使用化妆品不当。对自己肤质的不了解以及胡乱用一些成分不当的化妆品，很有可能破坏皮肤，但是一般来说这种影响比较小，有可能只是轻微的过敏，可以很快治愈。不过，如果真想弄清楚原因，为了对自己的脸负责，妈妈还是建议媛媛去医院的皮肤科看看为好。

走出保护皮肤的误区

外面的太阳越来越大，天气也越来越热了。空气中到处可以感觉到浮躁两字。

上课的时候有些同学就受不了这气温，拿着作业本或者笔记本不停地扇着。

因为上课开风扇声音太大，会影响大家听课，所以老师规定上课谁也不许开风扇。并且还给了大家一个望梅止渴的办法，说是：“心静自然凉。”

“凉什么凉？大自然明明是热的！”芊芊在那边小声嘀咕着，“要实事求是！老师！”

小玮拉了拉芊芊：“‘忍’字头上一把刀，老师也是为你好……”

“哼……”芊芊不满地从鼻子里发出声，也不作声了。

大家都那样，抱怨归抱怨，真正敢对着老师干的可没几个。

这不，一到下课，大家都嚷着要开风扇。

“你干吗啊？不会走慢点啊！”小玮生气地大叫起来，“我的唇膏都被你碰到地上了！”

“大夏天的，还涂什么唇膏啊。”芊芊从地上捡起唇膏，立刻赶着去开风扇去了。

这边小玮的脸已经由白变成红色了，战争一触即发。

“先别生气，看看坏了没。”旁边的同学马上叫住了小玮，“还好，还好。还盖着呢，没坏！小玮，你怎么夏天也涂唇膏啊。”

“唇部护理可不分夏天冬天！我这个唇膏可是有防晒功能的。”小玮得意地说。

妈妈对我说：

芊芊，小玮说得没错。唇部护理和肌肤护理一样，是不分春夏秋冬的。认为唇膏只能在冬天用，那是对皮肤保护的误区之一。

其实啊，唇部皮肤特别容易受到损害。在炎热的夏天，直射的太阳很容易会把唇部肌肤烤伤，使它变得薄、脆而干燥。这样进入冬季后更容易受冷而脱皮。所以即使是夏天也不能忽视唇部的保养，并且最好选择有防晒功能的润唇膏。

一般来说，女孩子可以从18岁就开始护肤了。这个时候可以只做做简单的补水等项目，之后随着年龄增长和皮肤状况再增加相应的项目。

那么在护肤上一般有哪些误区需要注意呢？

第一个误区，素面朝天型。认为不做任何保养对肌肤较好。有些女生对自己的皮肤相当有自信，认为保持自然就是最好的。但是你要知道，现在我们的皮肤每天要面临大量空气中的污染物和强烈的紫外线、冷空气等等造成的干燥等，为了提高肌肤对抗越恶劣的环境的能力，适时地给予它水分和保护是非常必要的。所以即使皮肤再好的女生，还是要做些基本的保湿护理，否则不久之后，引以自傲的好皮肤也会跟你说拜拜的。

第二个误区，资源节约型。与家人合用护肤品。有些女孩子会觉得，母女之间或姐妹之间共用护肤品没什么问题，反而显得更亲密。其实这是大错特错了。每个家庭成员之间肤质虽说的确会比较相似，但是由于年龄和生活习惯不同，肌肤的状态肯定会有有所不同。比方说，妈妈使用的化装水、乳液营养性比较高，如果让青春期的女儿用了则容易造成青春痘。所以针对全家人的肌肤护理一定要分工明确分开使用，这样才能做到专业。最好是按照各自的肤质有各自的洗面奶和化妆水等。

第三个误区，糊涂乱抹型。将洗面奶直接涂在脸上，边洗脸边搓出泡沫。有些人女生贪图方便或赶时间，经常将洗面奶直接涂在脸上，然后再在脸上搓出泡沫来。事实上，泡沫型的洗面奶必须要先在手中充分起泡后才能涂抹到脸上，这样才不会伤害肌肤角质。如果洗面奶还没有完全起泡就放在脸上搓洗，会伤害到肌肤的角质层，并使肌肤越来越脆弱敏感。所以不要贪快偷懒，不如早一两分钟起床，用在洗脸上的时间多一些。

第四个误区，粗枝大叶型。经常忽略细小部位。你可以检查一下自己上化妆水和面霜时的方式，是不是做到了面面俱到，有没有忽略了一些细微的部分。比如，看看眼睛下方、嘴角四周是不是显得比较干燥。如果很干燥，就证明你在平时的保养中并没有好好照顾到它们。所以做保湿护理工作时一定要仔细认真，对于细小的部位更是要多几分注意，因为脸上的肌肤问题多是从最细微的地方出现的。

第五个误区，花钱买放心型。觉得美容品越贵越好。有些女孩子化妆品也好，护肤品也好，总喜欢买贵的，觉得似乎越贵就一定越好。不是这样的。选择护肤品不在于价钱是否昂贵，而应选择你的皮肤喜欢、感觉舒适的。护肤品的挑选原则是：不选贵的只选对的。价格昂贵的护肤品在成分和技术方面当然有它们的优胜之处，但不一定代表适合所有的皮肤。

第六个误区，一劳永逸型。在使用防晒产品时，认为防晒产品度数越高越好，用高度数的一整天都不用再涂抹了。事实上，高度数的防晒产品固然防晒、隔离效果更为理想，但并不是每种场合都适用高度数的防晒品。对于皮肤来说，度数越低的防晒品负担越少。如果你大部分都在室内活动，防晒系数为 25 就已经足够，没必要用度数更高的产品，让你的肌肤负担更重。即使你使用高度数的防晒品，也会因为汗水、脸部分泌的油脂等原因，随着时间而失效。因此，每隔三小时补充一下防晒品，无论度数低或高都是有必要的。

第七个误区，天然最好型。有些女孩子喜欢直接把生鸡蛋、柠檬片等放到脸上敷，认为成分天然，最好不过了。其实，并非天然就是好的。柠檬酸是果酸的一种，的确可以起到清理皮层的作用，但如果你拿来敷脸，美白的作用微乎其微。特别是柠檬有感光的作用，如果你敷了柠檬再晒太阳，反倒会让肌肤变黑，还会有色斑爬出来，效果适得其反。而敷用生鸡蛋等，则存在卫生的问题。因为生鸡蛋中有可能含有寄生虫或细菌等，这样可能会引发皮肤炎症。

第八个误区，坚持到底型。认为开始使用护肤品后便一定不能停，要一直用下去。事实上，护肤品用久了皮肤也会觉得腻，会醇化。挑选个不外出的休息日，停用一下护肤品，你会发现，只要有足够的睡眠，即使不用护肤品，肌肤的状态也并不是你所想的糟糕。趁此机会锻炼一下你的肌肤，不要让你的肌肤对护肤品产生依赖。而当你再使用原来的护肤品时，它们又回到最初使用时的明显效果。

所以，看来好好护理自己的皮肤还是很有讲究的。大家一定要多多注意，避开误区，合理保护，才能有更好的肌肤。

我要当“水嫩娃娃”

“盈盈！你现在忙不忙？”艾艾神神叨叨地走到盈盈桌前，好像有什么重大事情要宣布的样子。

“有什么事吗？”盈盈正拿着镜子在梳头发。

“你先停停！看看我的脸！”艾艾一把抢过盈盈的镜子。

“君子动口不动手——”盈盈作势要去抢回来。

“好了，我承认，我不是君子，是女子，行了吧？”艾艾一副可怜兮兮的模样把盈盈也逗乐了。

“到底怎么了？”盈盈也不抢镜子了。

“你摸摸这儿，还有这儿……”艾艾拿着镜子不停地晃着，“干得都跟冬天里堆着的枯草一样了，你给我想想办法吧。”

妈妈对我说：

艾艾，皮肤到了冬天，常常会变得比其他季节干燥，所以不必惊慌。只要做好保湿措施就照样可以做“水嫩娃娃”。

那么我们应该选择什么样的保湿品呢？春天的保湿品与冬天使用的保湿品常常有所不同。冬天的气候比起春天更加干燥，水分蒸发得更快，所以使用的保湿品油性要大；而在春天，皮脂分泌开始变得旺盛，身体内部不再缺少油分，而是缺少水分，所以要选择油分低的补水性保湿品。

此外，可以轻度去角质，让肌肤绽放光彩。在整个冬天，身体的新陈代谢会放慢，肌肤表面的老化角质不易脱落，而是容易贴在皮肤表面，使皮肤没有光泽。如果能适度采取温和轻量的磨砂，这将对恢复皮肤的光滑柔细很有好处。这个季节，轻量的磨砂或去死皮是必要的，但要注意的是，要使用非常温和的细粒磨砂膏，磨砂后紧接着敷上保湿面膜，补充肌肤中的水分，这会使保湿效果加倍。

另外，平时一定要注意饮食。

第一，清晨补水要慎重。不是每个人都要一大早起来喝一杯凉水的。许多女生把起床后饮水视为每日的功课，觉得它润肠通便，降低血黏度，让整个人看上去水灵灵的。早上起来后喝一大杯水是没有错。可是早晨怎样补水才更健康呢？

其实，没有一定之规，早餐补水也要因人而异。消瘦、肤白、体质寒凉的人，早晨不适合饮用低于体温的牛奶、果汁或冷水，可以换作温热的汤或者粥。早晨空空的肠胃，不适合喝鲜榨果汁，即使是在夏季也要配合早餐一起饮用。

早晨补水忌咸。煲得浓浓的肉汤、咸咸的馄饨汤等都不适合早晨喝，这只会加重早晨身体的饥渴。

第二，多喝看不见的水。有的人看上去一天到晚都不喝水，但身体却并不缺水，肌肤还是白白嫩嫩的，那是因为她们从食物中摄取的水分已经足够应付身体所需。

我们平时吃得很多食物也含有丰富的水。比如米饭，其中含水量达到 60%；而粥呢，就更是含水丰富了。

翻开食物成分表不难看出，蔬菜水果的含水量一般超过 70%，即便一天只吃 500 克果蔬，也能获得 300 ~ 400 毫升水分。加之日常饮食讲究的就是干稀搭配(也可以理解成我们常说的“三菜一汤”)，所以从三餐食物中获得 1500 ~ 2000 毫升的水分并不困难。因此，我们可以充分利用三餐进食的机会来补水，并且多选果蔬和不咸的汤粥，补水效果都不错。

第三，记住利水的食物。所谓利水食物是指能增加身体水分排泄的食物，如西瓜、咖啡、茶等。这些食物含有利尿成分，能促进肾脏尿液的形成。还有粗粮、蔬菜水果等往往含有膳食纤维，能在肠道结合大量水分，增加粪便的重量。而有些辛辣刺激的成分，如干辣椒等则会促进体表毛细血管的舒张，让人大汗淋漓，使体表水分流失。补也好，利也好，都是身体使水分达到平衡的手段。

第四，畅饮与美容无关。人的身体如果缺少水分，皮肤看上去就会显得干燥而没有光泽。喝得水太少还容易发生便干，甚至便秘，皮肤也容易生小痘痘。即便这样，单单补充水分对肤质和肤色的影响毕竟是有限的。而现在很多饮料打出了美容牌，申明它们由于添加了某种维生素，就能达到某种神奇的护肤等美容效果。比如有种含乳饮料里面含有维生素 B6，它们的产品声称“能令皮肤润滑细嫩”。

其实，正统的营养学专著中并没有提到它的美容作用。好在摄入一些维生素没有什么危险，而且还可以预防冠心病的发生，虽然广告中的美肤美容作用被夸大了，但也算有益无害吧。

第五，爱运动的人更要会补水。运动补水要掌握以下原则：

不能渴了才补。因为你感到口渴时，丢失的水分已达体重的 2%，这个时候补水已经太迟正确的补水时间应该是：运动前、中、后都要补水。具体做法是：运动前 2 小时补 250 ～ 500 毫升；运动前即刻补 150 ～ 250 毫升；运动中每 15 ～ 20 分钟补 120 ～ 240 毫升；运动后按运动中体重的丢失量，体重每下降 1 千克需补 1 升水。

另外，在夏天的时候，要做好防晒工作。出门必带防紫外线辐射的太阳伞，还要抹上防晒指数适当的防晒霜。防晒指数常常用 SPF 来表示。

一般来说，最低等防晒品的防晒指数为 SPF2 ～ 6，中等防晒品为 SPF6 ～ 8，高等防晒品为 SPF8 ～ 12，SPF 值在 12 ～ 20 范围内的产品为高强防晒产品，SPF 值在 20 ～ 30 之间的产品为超高强防晒品。但是在国外由于喜欢在日光下曝晒的人很多，所以设计的防晒产品指数相对要高，有的甚至达到 SPF80。

对于我们黄种人来说，一般黄种人的皮肤平均能抵挡阳光 15 分钟而不被灼伤，那么使用 SPF15 的防紫外线用品，便有约 225 分钟的防晒时间。客观上讲，防晒指数的高低反映出防晒产品紫外线防护能力的大小。SPF 指数越高，所给予的保护越大，但 SPF 值的增长与屏蔽紫外线的能力并不成正比。如何选择合适的 SPF 值呢？

1. 一般类型皮肤的人，SPF 值以 8 ～ 12 为宜；

2. 对光敏感的人，SPF 值以 12 — 20 为宜；

3. 只在上下班的路上接触阳光的上班族，SPF 值在 15 以下即可，以脸部防晒为主；

4. 在野外游玩、海滨游泳时，防晒品的 SPF 值要在 30 以上。游泳时最好选用防水的防晒护肤品。

5. 敏感性皮肤应挑选植物配方的防晒品或是含有二氧化钛的物理性防晒霜。

最好的办法是：避开一天中从上午 10 点至下午 2 点紫外线最强烈的一段时间外出。

展现美丽的部位

美丽从“头”开始

“葱头！你什么时候把头发给烫了？”洛洛看着葱头像“方便面”一样的头发，不知道说什么好。

“怎么样？还好吧？”葱头得意地甩了甩头，完全没注意到洛洛脸上的表情和语气后暗藏的话外之音。

“你这烫得是一次性的还是永久性的啊？”洛洛心想，要是永久性的，我就说好看。

“一次性的。呵呵，最近不是流行卷发吗？我想试试效果，所以先让理发师给我弄了临时的，要是好呢，我周末就去烫个定型的。你觉得这个怎么样？”看来葱头新奇劲把她的审美观给临时屏蔽了，以致让她忘记了自己偶尔吃的方便面其实和她现在的头发是多么的像。

“这个……嗯……啊……”洛洛看葱头一副美滋滋的样子，不忍心直接拿心里想的“方便面”的比喻去打击她。

“算了，看你那样子，吞吞吐吐的，肯定是不好了。”葱头有点失望，“不过真有那么差吗？”

“你还是再考虑考虑吧。”洛洛委婉地笑了笑，“不是说美丽要从‘头’开始吗？”洛洛一语双关。

葱头沮丧地从书包里拿出一面小镜子，边照边嘀咕:“从头开始？”

妈妈对我说：

葱头，洛洛真是个心思细腻的孩子。很顾及朋友的面子和情绪。

确实，要想有一个美丽的形象，头发是不可忽略的部分。

头发是另一种气质的投影，健康、亮丽的秀发往往吸引不少目光，也能衬托出美丽的容颜，散发出与众不同的神韵与气质。

如何才能拥有一头富有弹性、活力且乌黑亮丽的秀发呢？针对不同发质的需求，每个人每天如果都能确实执行正确的头发美容方法，那么秀发就可能做到天天亮丽、神采飞扬。

专业的美发师往往会根据不同的顾客的脸形建议她们留不同的发型。

要想有一头飘逸的头发，做头发护理是必需的。

最基本的头发护理就是洗头了。头发的清洁是发质健康的基础。也许有人要说："洗头谁不会？倒上洗发水，用热水洗洗不就行了吗？"如果你这么简单地对付你的头发，那么头发自然也会简单地应付你：爱长什么样就长什么样。至于你想要达到有一头满意的美发的效果，那可就不一定了。

那么，洗发有什么要注意的呢？

首先，洗发前须了解自己的发质属于哪一种，这就如皮肤保养一样。头发的类型由头发的天然状态决定，即由身体产生的皮脂量决定，不同的发质有不同的特性。了解头发的性质，是护理头发的第一步。

一般来说，人们把发质分为以下几种：

第一种，油性发质。油性发质的特征是：发丝油腻，洗发后第二天，发根就会出现油垢。头皮如厚鳞片般积聚在发根，容易头痒。

油性发质由于皮脂分泌过多，而使头发油腻。这种发质的形成大多与荷尔蒙分泌紊乱、遗传、精神压力大、过度梳理以及经常进食高脂食物有关。这些因素可使油脂分泌增加。一般来说，发质细的人，油性头发的可能性较大。这是因为每一根细发的圆周较小，单位面积上的毛囊较多，皮脂腺同样增多，故分泌皮脂也多。如果你的头发细长、油腻，第一天洗完后，第二天清晨起来就发现整个头发黏糊糊的，像抹了一层油似的，那么那么你的头发是油性发质，需要经常清洁。

第二种，干性发质。干性发质的特征是：油脂少，头发干枯、无光泽；易缠绕，且容易打结；头发松散，头皮干燥，容易有头皮屑。特别在浸湿的情况下难于梳理，通常头发根部颇稠密，但至发梢则变得稀薄，有时发梢还开衩。这样发质的头发往往很僵硬，弹性较低。其弹性伸展长度往往小于25%。干性发质的形成常常是由于皮脂分泌不足或头发角蛋白缺乏水分造成的，经常漂染或用过热温度恤发，天气干燥也是形成干性发质的原因。

第三种，中性发质。中性发质的的特征是：不油腻，不干燥；柔软顺滑，有光泽，油脂分泌正常，只有少量头皮屑。如果没有经过烫发或染发，保持原来的发型，总能风姿长存。如果你的头发不油腻，不干燥，那么你的头发是中性发质。

第四种，混合性发质。混合性发质的特征是：头皮油但头发干。这种发质的头发靠近头皮1厘米左右以内有很多油，越往发梢越干燥甚至出现开叉。处于行经期的妇女和青春期的少年多为混合型头发。这种发质的形成可以因为体内的激素水平不稳定造成，并由此出现多油和干燥并存的现象。此外，过度进行烫发或染发，再加上护理不当，也会造成发丝干燥但头皮仍油腻的发质。

认清自己的发质，选用真正适合的洗发、护发方法，对头发的健康美观很重要。对比上面四种不同发质的特点，看看你的头发属于哪一种类型。然后再对照下面的护理要诀区别对待自己的头发。

第一种，油性发质的护理要诀：

a. 注意清洁头皮；

b. 不要用过热的水洗发，以免刺激油脂分泌；

c. 护发素只宜涂在发干上，不要抹在头皮上；

d. 不要经常用发梳擦头，最好用梳代替发刷，并只梳理发丝。

第二种，干性发质的护理要诀：

a. 用营养丰富的洗发水；

b. 每星期做两次焗油；

c. 避免暴晒在阳光下，宜用有防晒成分的护发产品和补湿产品

第三种，中性发质的护理要诀：

a. 注意头皮保养，洗发时多进行头皮按摩，以保证血液循环良好，养分可以输送到发尾；

b. 定期修剪，保持秀发营养充足。

第四种，混合性发质的护理要诀：

a. 集中修护发干，避免头发开叉或折断；

b. 停止电发染发，修剪干枯发干，让头发得到修养；

c. 选用保湿型护发素，注意头部按摩；

d. 改善个人饮食，少食油腻食品，增加黑色食品的摄入量。

事实上，头发是耐洗的，所有的发质都需要经常清洗。但是经常清洗并不等于要求你一天洗个两三次，或者每天一次，经常清洗的概念是脏了才洗。一般有相对正确合理的洗发次数。那么正确的洗发次数是多少呢？

由于四季更迭，环境各异，所以，洗发的次数也应有所不同。一般来说：

干性发皮脂分泌量少，洗发周期可略长，一般 5 ~ 7 天洗一次。

油性发皮脂分泌多，洗发周期略短，一般 2 ~ 3 天洗一次。

中性发皮脂分泌量适中，一般 3 ~ 5 天洗一次。

洗好了头发是美发的第一步。接下来就是发型的问题了。

发型和脸形关系密切。举例来说：如果一个圆脸的女生，烫了大卷，颧骨两边的头发向两旁翘着，这样会显得颧骨更高，反而失去了美感。而如果将颧骨翘翘的头发向下延伸一下，避开脸形最宽的位置，则会起到比较好的效果。所以说，脸形与发型的关系是很密切的，从某种程度上甚至可以说，脸形决定了发型。

至于修什么发型，最好的办法是去比较专业的美发院，那里有优秀的美发师，他们会给你很好的建议。

怎样保养明亮的双眸

“乐乐，黑板最左边那一竖行是什么字啊？给我念念。”程程眯着眼睛，还是看不清，最后只好求助乐乐。

“你自己不会看啊？”乐乐头也没抬，“我正写作文呢！”

“看不清呢！好像最近视力有所下降。不知道怎么回事，不仅黑板左边的字有时候变得模糊，人远了也有点看不清鼻子和嘴巴。”程程决定站起来伸长脖子去看。

“不会是快要成近视眼了吧？”乐乐停了停笔，看程程一副水鸭的模样又好笑，又觉得担心。

“不是吧？我可不想戴眼镜。”程程被吓到了。

“你平时总在光线不足的地方写作业，我提醒你还不注意，现在知道害怕了吧？”乐乐越说，程程越觉得紧张。

“我该怎么办啊？”

妈妈对我说：

程程，你们这个年龄啊，眼睛确实要好好保护。因为你们学习的负担比较重，就更要讲究用眼的方法了。

据中国、美国、澳大利亚合作开展的一项防治儿童近视调查显示，我国近视眼人数已近4亿，居世界第一，近视发生率已经达到世界平均水平的1.5倍，青少年近视发生率更是高达50%至60%。近视人数连年攀升，已经成为影响我国人民健康的重要问题。

所以，怎样避免成为近视眼就变得越来越重要了。毕竟，再明亮有神的眼睛戴上一副眼镜也失色不少。

那么，什么是近视眼呢？近视眼又是怎么形成的呢？万一不小心成了近视眼，又该如何正确对待呢？这些常识我们最好能有个大致的了解。这样才能防患于未然，尽量做到不戴眼镜或者降低眼镜佩戴度数。

近视眼也称短视眼，因为这种眼只能看近不能看远。用专业的术语可以这样解释：近视眼处在休息状态时，从无限远处来的平行光经过眼的屈光系折光之后，在视网膜之前集合成焦点，在视网膜上则结成不清楚的象，这时远视力明显降低，但近视力仍然正常。说得通俗点，就是看远处的东西，正常视力范围内别人能看清的，近视眼患者却看不清，而看近处的东西时，则和视力良好的人没有什么差别。

近视眼一般分为假性近视和真性近视两种。假性近视具有治疗（含休息）则消失，不治又复发的特点。虽然治疗时各种方法可能都有一定效果，但所有效果都不能持久。不过，不管怎样，假性近视还是有治愈的可能和希望的。

成为真性近视前常常有一段时间是假性近视期。

而如果一旦成了真性近视，则往往不通过一定的手术就不能再恢复到以前的好视力了。

从近视发生的原因来考虑，主要有体质因素和环境因素。

体质因素也叫遗传因素。根据群体调查，已证明各民族之间近视眼的发病率差别很大，亚洲人中以中国人和日本人多发近视。欧洲犹太人较英、德等国本地人的近视眼为多见。在这些因为遗传形成的近视中，又可大致分为高度近视和单纯近视。

第一类：高度近视。患高度近视的人父母的近视程度有以下几种情况：

1. 双亲均有高度近视，这样的子代均为高度近视 (100%)。

2. 双亲之一有高度近视，这样的子代又有人发病者的常常略超过 50%。

3. 双亲表现正常，没有高度近视。这样的子代有人发病的概率大概为 25%。

这三种情况均符合常染色体的隐性遗传规律，但也可受环境因素的影响使其表现程度减轻或外显不全。

第二类：单纯近视：即低、中度近视，指屈光度在 6.0D 以下的近视或近视散光。一般无明显的眼底变化，矫正视力可以正常，这是最常见的一种屈光不正。

由这两类遗传引起近视的人，大多数在很小的时候就需要佩戴眼镜了。

除了体质因素外，就是环境因素了。据相关科学调查结果发现：90% 以上的近视的孩子都属于环境因素引起的近视。

现在的孩子从 2 ~ 3 岁开始便入学接受学校教育。随着近距离用眼时间的逐渐增大，孩子眼睛的望远能力就逐渐弱化，慢慢地就会出现睫状肌麻痹，视物成像在视网膜前，形成近视，也就是所谓的“学校近视”，再加上年级越高、度数越深的现状，有人甚至戏称说：今世“进士（大学生）”尽是近视。

既然大多数的近视是由环境因素导致的，那么减少近视的发生率，可以从控制环境上来下功夫。

那么，什么样的环境容易导致孩子近视呢?

第一是用眼距离过近。据有关资料报道，青少年近视眼以长期用眼距离过近引起者为多见。青少年眼睛的调节力很强，当书本与眼睛的距离达 7 ~ 10 厘米时仍能看清物体，但如果经常以此距离看书写字，就会使眼睛的调节异常紧张，从而可形成曲折性（调节性）近视，所谓的假性近视。如果长期调节过度，使睫状肌不能灵活伸缩，由于调节过度而引起辐辏作用加强，使眼外肌对眼球施加压力，眼内压增高，眼内组织充血，加上青少年眼球组织娇嫩，眼球壁受压渐渐延伸，眼球前后轴变长，超过了正常值就形成了轴性近视眼，所谓真性近视。正常阅读距离应是 30 ~ 35 厘米。

第二是用眼时间过长。有的青少年看书写字做作业或者看电视等连续 3 ~ 4 个小时都不休息，甚至到深夜才睡觉休息，这样不仅影响身体健康，而且使眼睛负担过重。眼内外的肌肉由于长时间处于紧张状态而得不到休息，久而久之，看远处时，眼睛的肌肉不能放松而呈痉挛状态，看远处就感到模糊而形成近视。有的学生过了一个暑假视力就明显下降就是这个原因。

一般主张连续看书写字或看电视 40 ~ 50 分钟就应休息片刻或向远处眺望一会。

第三是照明光线过强或过弱。如果光线太强，如阳光照射书面等，会引起强烈反射，刺激眼睛，使眼睛不适，难以看清字体，所以，千万不要再眼光下看书。

相反，光线过弱，书面照明不足，眼睛不能清晰地看清字体，头部就会向前，凑近书本。这样也容易导致眼睛疲劳，使得眼睛的调节过度或痉挛而形成近视。

第四是在车上或走路时看书。有的青少年充分利用时间，边走路边看书或在行走的车厢里看书，这样对眼睛很不利。

因为车厢在震动，身体在摇动，眼睛和书本距离无法固定，加上照明条件不好，加重了眼睛的负担，经常如此就可能引起近视。

第五是躺着看书。许多青少年喜欢躺在床上看书，这是一种坏习惯。

因为人的眼睛应保持水平状态看书，使调节与集合取得一致，这样才能减少眼睛的疲劳。而如果躺着看书，两眼不在水平状态，眼与书本距离远近不一致，两眼视线上下左右均不一致，书本上的照度就会不均匀，这会使眼的调节紧张而且容易把书本移近眼睛，无形中可加重眼睛负担2～3倍，日子久了就形成近视。

第六是睡眠不足。当睡眠不足时，第二天精神不振，头昏脑涨，大脑没有充分休息，疲劳未能消除，就会加重眼睛负担，促使近视发生。

睡眠不足是近视眼的形成原因中很重要的一条。

第七是课桌不符合要求，写字姿势不正确。

若桌椅太低，头就容易前倾，脊柱弯曲，胸部受压，眼睛调节相对紧张。

若桌椅过高，双脚悬空，下肢容易摆动，不能保持正确姿势，也能使眼睛发生疲劳，久而久之容易发生近视。

第八是空间射线的影响。这里主要指看电视、玩电子游戏和长时间上网的情况。

经常看电视，尤其是信号不足，接收率不高的农村地区，没有公用天线，屏幕不清晰，雪花点也多，很易使眼肌疲劳。

经常玩电子游戏机的同学更易损坏视力。商场出售的各种学习机，也能直接引起学生近视。

当今计算机是一门不可缺少的课程，但是长时间操作容易引起眼的干燥和疲劳，从而引起近视。所以这些时间都需要适当控制。

眼科专家指出：环境因素引起的近视是具有可控性的。因为青少年正处于生长发育期，眼球的可塑性很强，睫状肌的弹性恢复的余地很大。

只有平时多注意，多多关心爱护自己的眼睛，才有可能成绩也优秀，眼镜也明亮。

小妙方：让牙齿洁白如玉

最近一段时间以来，燕燕一直在四处打听怎么让自己的牙齿变得更白。

这家伙成天瞎折腾。

据说她试了很多方法，但好像都不怎么管用。

不过燕燕在追求美丽上从不泄气，打着“将牙齿美白到底”的旗号到处搜罗奇招妙术，问她你不觉得累吗，她居然说：“一白遮百丑！”

真是服了她了，把美肤的话都用到牙齿上来了。

不过，牙齿真的能变白吗？有什么好的方法呢？

妈妈对我说：

燕燕，牙齿当然能通过一定的办法变白了。因为它们变黄是有一定原因的。

那么，为什么我们的牙齿不够白呢？首先因为我们看到的牙齿的颜色不仅是牙齿表面的颜色，还包括透过牙齿表面的牙釉质显现出来的牙本质的颜色。

牙釉质的颜色是白色半透明的，一般偏淡黄色。当你觉得你的牙齿颜色不够白的时候，很多情况下是因为你的釉质矿化的程度比较高。其实这样的牙齿反而比较坚固。

当然了，造成牙齿着色发黄的原因有很多，一般来说分为内源性和外源性两种：

外源性着色是指由于牙齿表面存在着多种细菌，它们在牙齿表面分泌许多黏性物质，日常饮食中的茶垢、烟渍，以及饮用水中的某些矿物质和人们唾液中的矿物质吸附在这些黏性物质上形成菌斑和牙石，从而逐渐使牙齿变黄或变黑。

内源性着色是在牙齿发育过程中形成的，如四环素沉积在牙本质内，就会使得牙齿变成黄色、棕色或暗灰色，称为四环素牙；如果饮用水中含氟过多，也可能导致氟斑牙，牙面呈白垩色、棕褐色斑块；如果牙髓坏死后，细菌分解牙髓的代谢物，以及牙齿本身的脱水也会让牙齿变色。外源性的着色通常通过洁牙就可以还原牙齿原本的色泽。而内源性着色，往往就需要通过化学漂白或者遮盖美白来完成。牙齿美白的方法本质上讲只有两种，一种是化学漂白，另一种是遮盖美白。常见的美白牙齿的方法：冷光牙齿美白法、牙托美白法、牙帖美白法、专业型牙膏美白等都属于化学漂白类，而市场上比较流行“烤瓷美白”则属于遮盖美白。

这些美白往往要花费相对比较高昂的费用。那么，有没有既省钱又美白的小妙方呢?

还是有的。这里有几种方法可以用在日常生活中，方便而实用。

第一，用小苏打美白。刷牙时在牙膏上加上一点小苏打，刷三次后牙齿洁白如玉，牙锈自然脱落。

第二，用醋美白。陈醋、白醋都可以，但是不可以是醋精。将其含在嘴里1分钟到3分钟，然后吐掉去刷牙。

这种效果非常好。但是，牙齿会觉得非常酸、麻，并且酸麻的感觉可能会持续2分钟左右。而且这种方法不能连天天做，大约2个月左右做一次就好了。否则对牙齿不利。不过有紧急情况的时候，可以成为救急的方法。比如出门约会前，发现牙齿好黄，可以含一口醋，还可以顺便用来除口臭哦。

第三，把橘子皮晒干，磨成粉，和牙膏混在一起刷牙，牙齿很快就可以白。

第四，在刷牙的时候，在牙刷上用点酵母粉可以帮助牙齿变白的。

第五，刷完牙后，沾柠檬汁，擦拭每一颗牙齿。柠檬的洗净力强，又有洁白作用，且含有维生素C，能强固齿根。

第六，把生花生嚼碎，但是不要吞下去，拿花生屑当牙膏刷牙，也可以让牙齿变白。

第七，把墨斗鱼的骨头碾碎放在牙刷上当牙膏使用。墨鱼，也叫乌贼，它身体有块大骨头，是白色的，用指甲刮一刮，能出来很多白色粉末，把这些粉末当牙膏用，可使牙齿变白。

第八，每次刷牙时在牙膏上撒点盐。这个方法可谓最为省事易做。

另外，也许你经常听到别人说洗牙。洗牙就是人们的俗称，医学术语称为“洁治”。所谓“洁”，就是去掉牙面的细菌、牙石、色素等牙垢；而“治”则指它是治疗牙周病的基本方法之一。

通过洗牙可以减轻牙龈炎、牙周炎的炎症状况，但靠单纯洗牙是不能治愈牙周病的。所以显而易见，洗牙的主要目的是为了防治口腔疾病，而不是单纯为了好看，也就是说不是为了美白。不过，牙医建议，为了牙齿健康，一年一次的洗牙是必不可少的。

不过，不管美白牙齿的方法有多少，牙齿健康才是最基本最重要的。所以每天两次的刷牙习惯一定要坚持，而且，专家建议，牙刷最好三个月一换，牙膏呢，最好也不要总是使用同一个品牌，要换着用，这和洗发水、沐浴露的要求是一样的。

选择合适的服装

这样穿最合适

“喂！你们有谁看了前段时间网上流行的犀利哥没？”杜杜又开始八卦了。

“什么犀利哥？”玲玲听说什么“网上流行”的字眼就已经十分感兴趣了，再加上有个什么“哥”的，她就更感兴趣了，“是不是就是那个打扮时髦、穿得像巴黎时装秀的身份不明的男乞丐？”

“玲玲，你的话有逻辑错误啊。什么叫打扮时髦的乞丐？乞丐还有打扮时髦的说法吗？”旁边有一位同学被玲玲一长串的修饰词语弄得有点丈二和尚摸不着头脑。

“呵呵，你还别不信人家玲玲的话，我特意从网上下了两张图片。一张是街头犀利哥的，一张是正在走秀的时装男模的，你看看他们穿的，风格太像了。”杜杜变戏法似的从书包里拿出两张照片。

玲玲认真地看了两秒钟，说了句让大家都喷鼻血的总结语：“我说，怎么从来没看见有人穿得像T台的模特儿，原来乞丐穿着才合适啊……”

大家当场笑晕。

妈妈对我说：

杜杜，玲玲还真幽默。不过，她说的话确实值得我们大家思考：怎样穿着是最合适的？是不是像T型台的模特或者电视里的演员们一样就是漂亮的呢？

很显然不是的——弄不好就成“犀利妹”或“犀利姐”了。

那么，什么才是适合自己的穿着打扮呢？穿衣服有没有特别需要注意的地方呢？

答案是肯定的。穿衣服要分季节、场合和面向的对象。一般来说，像你们这样的青少年，由于在学校和家里的机会比较多，而面对社交场合的情况比较少，所以最合适的莫过于各系列的休闲服了。

休闲服是我国继双休日的实施之后兴起的一种新型服装，它主要是在工作之余，休闲时间非正式场所所穿的服装。它的特点总的来说是：简单，舒适。

休闲服是一种比较随意的服装，在色彩搭配上比较活泼，没有特别的限制和要求，在面料的选择、搭配上同样也有很大的包容性，随意而自然，与职业服装相比，具有多样化和简单化的特点。现代休闲服主要包括职业休闲服、运动休闲服、娱乐休闲服和居家休闲服四大风格。

职业休闲服一般是上班族穿的便装。这样职业休闲服与正式职业装不同，它不讲究严格的搭配方式，而是依据着装者喜好，在随意的搭配中显出不同的韵味。款式以修长为主，如衬衫与长外套、裙的搭配，同时还可以加纱巾、胸针、胸花点缀，起到画龙点睛的效果。色彩以流行色为主，款式上以短小及灵活的搭配方式为主，如内长外短的着装方式，还有马甲与针织衫、长袖衬衫相配，再加上一条窄窄的直筒裤或小A字裙，背上时髦的双肩背包，或者将一件上衣扎在腰间，性格外向、好动的年轻人可选择牛仔裤和T恤衫来装扮，很有几分青春的气息。

运动休闲服与运动服相比，像运动服但又不完全是运动服，是带有一些运动趣味的便装，一般是在与运动有关的场合穿戴，如去看体育比赛，或参加一些运动类的社交活动就可以穿运动休闲服，这种服饰的款式的双臂部分一定要活动自如，不能有被束缚住的感觉。学生们上体育课时很多时候就穿运动休闲服。

娱乐休闲服，这是指参加娱乐活动所穿的服装。因为娱乐休闲活动是分门别类的，与之相适应的娱乐休闲服同样各具特色，如参加舞会，女孩子们可穿上下摆较大、修长、旋转时可以撒开变成一个圆圈的华尔兹舞裙。如服装的色彩较深，可加一条靓丽的丝巾，或在胸前、领口加一些首饰，打破色彩沉闷的感觉，一般来讲，出席这类场合一般大摆比直裙要好，长裙比短裙好，裙装比裤装好。不过，中国的青少年参加这样的舞会机会不是很多。

家居休闲服多种多样，品种繁多，一般以舒适为主，色彩趋向于暖色。如外出购物，适当披上一件色彩相宜的外套则又成了购物休闲装；如外出旅游则在色彩上要求更加鲜艳、明快，鞋子要便于行走，服装款式要便于攀登，睡衣类则可多采用棉织品。

穿什么衣服合适通常还和人的体型相关。

说到体型，人们往往将其归纳为标准型、葫芦型、运动员型、梨子型、腿袋型和娇小型六种类型。

第一种：标准型。西方女性理想身高为 170 厘米，东方女性为 162 厘米，当然，稍高一点也是可以的。这种体型要求颈部、肩膀、躯干、胸部、腰部、臀部、大腿、臀边肉和小腿等，都要有完美的比例。如果你属于标准体型，那么穿什么衣服都好看，不过有这样体型的人十人中仅一人而已。我们不必奢望有一天会变成像她们一样，那只是浪费时间毫无意义的妄想。绝大多数的人都是属于下列五种体型的人。

第二种：葫芦型。身材就像葫芦一样，胸部、臀部丰满圆滑，腰部纤细，曲线玲珑，十分性感。这种身材的女生适宜穿着低领、紧腰身的衣服，质料以柔软贴身为佳。葫芦型身材如果穿宽大蓬松的服装，会减损许多魅力。但是如果你认为这种身材是一种缺点的话，则应穿着直统式洋装或长衬衫，以便遮掩腰部过细的曲线。

第三种：运动员型。这种身型身材苗条、胸部中等或较小、臀部瘦削扁平，没有腹部及大腿边的赘肉。这种体型，应该是比较容易穿衣的，但要避免紧身衣裤或低腰长裤。适合的穿着有舒适飘逸的罩衫、打褶的裙子、宽松的洋装、宽松打褶的长裤等。

第四种：梨子型。这种身型上身肩部、胸部瘦小，下身腹部、臀部肥大，形状就像一粒梨子。由于腹部肥大的关系，往往形成腰线提高，也就是变成上身较短。宽松的洋装和伞装是适合的衣着，目的是要避免对腰部的注意力。其次，上衣要宽松，长度以遮住臀部为宜。

第五种：腿袋型。这种体型臀部和大腿边有许多赘肉，看上去就像在大腿旁边挂上了两个袋子一样。如果是这样的体型，要绝对避免穿紧身裤子，那样只会暴露缺点。穿样式简单的打褶裙子或长裤，颜色也最好选择明度和彩度较低的暗色。尽量把注意力放在上身，佩戴色彩鲜艳的丝巾、围巾等装饰物。此外，这种体型不适合的服装还有：及膝靴子、紧衬衫、大花格子、粗横条纹或背后有口袋的长裤。

第六种：娇小型。这种体型指身高在155厘米以下的女生。由于受到身高的限制，服装可变化的范围相比高大、健壮的体型要少得多。娇小型的人如果以为穿上很高的高跟鞋或梳高耸的发型，就能使得身材瘦高，那是白费心机的。而且这样做可能只会显得滑稽或格格不入。最佳的穿着是朝向整洁、简明、直线条的设计。垂直线条的褶裙、直统长裤、从头到脚穿同色系列或素色的衣服、合身的夹克都会使得娇小型的人显得轻松自然。大型印花布料、厚布料、太多的色彩、松垮垮的衣服、大荷叶边、紧身裤等，都应避免。

不过对于青少年朋友，还是不建议穿过于高跟的鞋子。因为直到25岁前，身体都一直在生长的过程中。另外，也不提倡花过多的心思在漂亮的穿着上。说来说去也还是一句话：怎么舒服怎么合适。

我在乎穿衣的形象

“哇！赛赛！你这件立领的风衣真是太漂亮了！”莫莫从赛赛穿着新风衣进教室的那一刻就一直盯着她，在赛赛到莫莫课桌边时，终于忍不住喊起来。

“是吗？谢谢！”虽然赛赛表现得什么也没发生似的，不过得到莫莫这个时髦小专家的夸赞，心里还是美滋滋的。

当然了，赛赛知道，要镇定。最近有个词不是十分地流行吗？正好可以很好地形容我此时的表情：装！

“你什么时候这么会买衣服了？和以前的大不一样啊！”赛赛心里美着呢，没想到没心没肺的莫莫开始乱说话，“越来越能装了哈……”

心里的想法被人看穿有时候不是一件很爽的事，因为感觉自己有点像透明人，没有秘密、没有安全了。

“我以前的衣服怎么不一样了？”赛赛只能继续装。

“你的脸形吧，有点圆圆的，像个小孩子……”

“什么叫像个小孩子，人家本来就是！”赛赛立刻打断莫莫的话。

“好吧，赛赛小朋友——”莫莫看她故意嘟着嘴，也跟着打趣，“你以前那些衣服啊，圆领的多，再加上你的脸也圆，结果从远处看，我总觉得有两个圆圈向我滚过来……”

“什么！你这家伙！”赛赛故意作生气的样子，过去假装要掐莫莫的脖子，“不想活了吧……”

“啊！一个圆圈滚过来……两个圆圈滚过来……哈哈。”

妈妈对我说：

赛赛，莫莫那孩子还真有想象力，呵呵。虽然损是损了点，不过话倒是没错。衣领的形状如果和脸形配合得好，衣服的形象都会大大改观呢！

生活中，我们常看到的女生们的脸形主要有以下七种：椭圆形、倒三角形、三角形、四方形、长方形、菱形和圆形。

脸中的五官，可借着化妆来修饰，但是脸形的长短宽窄，却不是那么容易用化妆来改变的。最好的办法，就是用衣领来美化。领子影响脸形最大，更左右着一袭服装的实际效果。

现在就按脸形的大致分类，提供几个相应的适合的衣领式样：

第一，椭圆形：这是最完美理想的脸形，通常称为瓜子脸或蛋形脸，又叫作第一美女脸形。因为这种脸形没有什么缺陷，不需加以掩饰，所以任何领子都适合。

第二，倒三角形：类似心形，上额宽大、下颚狭小，也算是属于理想的短形脸之一，所有的领子都适合。

第三，三角形：好象梨形，下颚宽大、上额狭小，穿V字形的领子看起来脸形柔和些。

第四，四方形：这种脸形大多属于宽大形，给人很强的角度感，如穿圆形衣领，反而突出了宽大的感觉。用U字形领口可缓和这种脸形。方形而不显大的脸，很富有个性，应该强调个性美。这种脸形的人要注意，不宜穿方形领口的衣服；不宜戴宽大的耳环。适合穿V形或勺形领的衣服；可戴耳坠或者小耳环。

第五，长方形：此种脸形，梳刘海儿可减少其长度感，船形领、方领、水平领都适合。

另外，这种脸形的人，不宜穿与脸形相同的领口衣服，更不宜用V形领口和开得低的领子，不宜戴长的下垂的耳环。适宜穿圆领口的衣服，也可穿高领口、马球衫或带有帽子的上衣；可戴宽大的耳环。

第六，菱形：这种脸形尖锐狭长，其下颚上额皆显狭小，利用刘海将上额遮盖住，而且两鬓的头发要梳得较蓬松，如此就可增加上额的宽度，使脸形呈倒三角形，衣领的选择也就没有限制了。

第七，圆形：圆形脸，显得宽大、饱满，宜增加长度感，减少圆的感觉。以V字形的领口来缓和最为恰当。穿圆领口时，领口需大于脸形，这样脸形将显得较小。就好像有两个大小相同的圆形，其中一个四周围绕着无数个小圆，中心那个圆，当然就被衬托得显大了。另一个圆四周配置了差不多大的几个圆，就感觉不到中间这个圆有多大了，这就是视觉上的错觉。所以大的方型脸、大圆脸一定避免穿紧贴颈子的衣领，领子要低些，且不能太狭小。矮瘦娇小的人，衣领不能太过于宽大，衣领大小与脸形比例务必调和。

圆脸的人除了不宜穿圆领口的衣服外，也不宜穿高领口的马球衫或带有帽子的衣服，不适合戴大而圆的耳环，戴耳坠或者小耳环比较好。

除了脸形外，有时候衣领的形状也要照顾脖子和肩膀的形状。

比如粗颈的女孩子就不宜穿关门领式或窄小的领口和领型的衣服，也不宜用短而粗的紧围在脖子上的项链或围巾。适合用宽敞的开门式领型，当然也不要太宽或太窄，粗颈的女生适合戴长珠子项链。

而短颈的女生则不宜穿高领衣服，也不宜戴紧围在脖子上的项链。适宜穿敞领、翻领或者低领口的衣服。

如果颈很长，那么最好不要穿穿低领口的衣服，也不要戴长串珠子的项链。比较适合长颈女孩的是高领口的衣服，系紧围在脖子上的围巾和戴宽大的耳环。

如果你的肩膀特别窄的话，也不宜穿无肩缝的毛衣或大衣，窄而深的 V 形领最好也能避免。比较适合的是穿开长缝的或方形领口的衣服，或者穿宽松的泡泡袖衣服也可以，然后加点垫肩类的饰物。

对于宽肩的女孩子来说，则不宜穿长缝的或宽方领口的衣服，也不宜用太大的垫肩类的饰物，不要穿穿泡泡袖衣服，最好穿无肩缝的毛衣或大衣，用深的或者窄的 V 形领。

平时买衣服的时候就应该多多注意，最好买的时候就买适合自己的衣服，这样穿的时候才能穿出好的形象。

我的“着装四大要领”

“喂！奕奕，你这衣服上黑黑的是什么啊？”媛媛扯着奕奕衣服的一角，看了又看。

“不是吧？墨水！”奕奕经过媛媛这么一提醒，极度沮丧起来，

"什么时候弄上去的！我的可怜的衣服……"

"是不是你那支'英雄'笔又不出水儿了？你又甩它了吧？"媛媛无奈地看着奕奕，"我说趁早扔了吧，你还不信，看看，这位'英雄'妒忌'红颜'咯……"

"我想起来了！肯定是昨晚写作文写着写着没有墨水了，我心里一怒，就——"奕奕马上从文具袋里翻出那支倒霉的英雄牌钢笔，"现在就让你'光荣'下垃圾桶！"

啪叽一声，英雄笔应声而落。

"我这漂亮的红衬衣怎么办？上个月才买的！"奕奕低头看满是小黑点的衣服，无比难过。

"也许可以拿到干洗店试试。要是还不行，估计就只能扔了。"媛媛有点幸灾乐祸，"穿衣服最重要的是整洁干净。"

"怎么能扔呢！妈妈买给我的生日礼物！"奕奕没好气地说。

"啊——"大家都没办法了。

妈妈对我说：

奕奕，媛媛说得没错，衣服最重要的是整洁干净。现在的孩子，人人都赶时髦，讲时尚，常常会忘了穿衣服的一切基本原则和要领。

妈妈认为啊，着装主要有四大要领：

整齐清洁、质地优良、适合需要和舒适满意。

整齐清洁是着装的第一大要领。俗话说："人要衣装，佛要金装"。服饰在仪表中具有重要的地位，凡是要留给人一个外表美的形象，着装是不可忽视的。

不过，不管多么新款的时装若不够整洁，将大大影响穿着者的仪容，无论是上班还是普通上街的便服，都应该以整齐清洁为原则。

质地优良是着装的又一大要领。衣服和皮肤亲密接触，如果质地不好，比如有些衣服起毛球，或者脱毛掉色，就会大大影响着装的美观。其实，有时不仅影响美观，还会影响身体健康。

一般来说，贴身的衣服都要求是纯棉的为最好，当然了，如果有钱，纯丝的也是不错的。

再者，可能大家也注意到了，冬天穿的衣服如果不是纯棉或者纯丝的，而是有化学成分的或者纤维的，就会产生静电。

那买衣服的时候要怎么样才能知道衣服的质地是什么呢？

常见的服装面料的特性又是什么呢？到底该如何鉴别呢？这里简单介绍一下，以方便大家买衣服时注意看商标上的面料构成，决定要不要买那件衣服。

第一类，棉布。棉布是各类棉纺织品的总称。它多用来制作时装、休闲装、内衣和衬衫。它的优点是轻松保暖，柔和贴身、吸湿性、透气性甚佳。它的缺点则是易缩、易皱，外观上不大挺括美观，在穿着时必须时常熨烫。

第二类，麻布。麻布是以大麻、亚麻、苎麻、黄麻、剑麻、蕉麻等各种麻类植物纤维制成的一种布料。一般被用来制作休闲装、工作装，目前也多以其制作普通的夏装。它的优点是强度极高、吸湿、导热、透气性甚佳。它的缺点则是穿着不甚舒适，外观较为粗糙，生硬。

第三类，丝绸。丝绸是以蚕丝为原料纺织而成的各种丝织物的统称。与棉布一样，它的品种很多，个性各异。它可被用来制作各种服装，尤其适合用来制作女士服装。它的长处是轻薄、合身、柔软、滑爽、透气、色彩绚丽，富有光泽，高贵典雅，穿着舒适。它的不足则是易生折皱，容易吸身、不够结实、褪色较快。

第四类，呢绒，又叫毛料。它是对用各类羊毛、羊绒织成的织物的泛称。它通常适用以制作礼服、西装、大衣等正规、高档的服装。它的优点是防皱耐磨，手感柔软，高雅挺括，富有弹性，保暖性强。它的缺点主要是洗涤较为困难，不大适用于制作夏装。

第五类，皮革。皮革是经过鞣制而成的动物毛皮面料。它多用以制作时装、冬装。又可以分为两类：一是革皮，即经过去毛处理的皮革。二是裘皮，即处理过的连皮带毛的皮革。它的优点是轻盈保暖，雍容华贵。它的缺点则是价格昂贵，贮藏、护理方面要求较高，故不宜普及。

第六类，化纤。化纤是化学纤维的简称。它是利用高分子化合物为原料制作而成的纤维的纺织品。通常它分为人工纤维与合成纤维两大门类。它们共同的优点是色彩鲜艳、质地柔软、悬垂挺括、滑爽舒适。它们的缺点则是耐磨性、耐热性、吸湿性、透气性较差，遇热容易变形，容易产生静电。它虽可用以制作各类服装，但总体档次不高，难登大雅之堂。

第七类，混纺。混纺是将天然纤维与化学纤维按照一定的比例，混合纺织而成的织物，可用来制作各种服装。它的长处，是既吸收了棉、麻、丝、毛和化纤各自的优点，又尽可能地避免了它们各自的缺点，而且在价值上相对较为低廉，所以大受欢迎。

鉴别服装面料成分的最简易的方法是燃烧法。做法是在服装的缝边处抽下一缕包含经纱和纬纱的布纱，用火将其点燃，观察燃烧火焰的状态，闻布纱燃烧后发出的气味，看燃烧后的剩余物，从而判断与服装耐久性标签上标注的面料成分是否相符，以辨别面料成分的真伪。

第一类，棉纤维与麻纤维都是刚近火焰即燃，燃烧迅速，火焰呈黄色，冒蓝烟。二者在燃烧散发的气味及烧后灰烬的区别是，棉燃烧发出纸气味，麻燃烧发出草木灰气味；燃烧后，棉有极少粉末灰烬，呈黑或灰色，麻则产生少量灰白色粉末灰烬。

第二类，毛纤维与真丝。毛遇火冒烟，燃烧时起泡，燃烧速度较慢，散发出烧头发的焦臭味，烧后灰烬多为有光泽的黑色球状颗粒，手指一压即碎。真丝遇火缩成团状，燃烧速度较慢，伴有嗞嗞声，散发出毛发烧焦味，烧后结成黑褐色小球状灰烬，手捻即碎。

第三类，锦纶与涤纶。锦纶学名聚酰胺纤维，近火焰即迅速蜷缩熔成白色胶状，在火焰中熔燃滴落并起泡，燃烧时没有火焰，离开火焰难继续燃烧，散发出芹菜味，冷却后浅褐色熔融物不易研碎。涤纶学名聚酯纤维，易点燃，近火焰即熔缩，燃烧时边熔化边冒黑烟，呈黄色火焰，散发芳香气味，烧后灰烬为黑褐色硬块，用手指可捻碎。

第四类，腈纶与丙纶。腈纶学名聚丙烯腈纤维，近火软化熔缩，着火后冒黑烟，火焰呈白色，离火焰后迅速燃烧，散发出火烧肉的辛酸气味，烧后灰烬为不规则黑色硬块，手捻易碎。丙纶学名聚丙烯纤维，近火焰即熔缩，易燃，离火燃烧缓慢并冒黑烟，火焰上端黄色，下端蓝色，散发出石油味，烧后灰烬为硬圆浅黄褐色颗粒，手捻易碎。

第五类，维纶与氯纶。维纶学名聚乙烯醇缩甲醛纤维，不易点燃，近焰熔融收缩，燃烧时顶端有一点火焰，待纤维都融成胶状火焰变大，有浓黑烟，散发苦香气味，燃烧后剩下黑色小珠状颗粒，可用手指压碎。氯纶学名聚氯乙烯纤维，难燃烧，离火即熄，火焰呈黄色，下端绿色白烟，散发刺激性刺鼻辛辣酸味，燃烧后灰烬为黑褐色不规则硬块，手指不易捻碎。

第六类，氨纶与氟纶。氨纶学名聚氨基甲酸酯纤维，近火边熔边燃，燃烧时火焰呈蓝色，离开火继续熔燃，散发出特殊刺激性臭味，燃烧后灰烬为软蓬松黑灰。氟纶学名聚四氟乙烯纤维，ISO组织称其为萤石纤维，近火焰只熔化，难引燃，不燃烧，边缘火焰呈蓝绿碳化，熔而分解，气体有毒，熔化物为硬圆黑珠。氟纶纤维在纺织行业常用于制造高性能缝纫线。

第七类，粘胶纤维与铜铵纤维。粘胶纤维易燃，燃烧速度很快，火焰呈黄色，散发烧纸气味，烧后灰烬少，呈光滑扭曲带状浅灰或灰白色细粉末。铜铵纤维俗名虎木棉，近火焰即燃烧，燃烧速度快，火焰呈黄色，散发酯酸味，烧后灰烬极少，仅有少量灰黑色灰。不过，在服装店，可能店主不会让你抽他们的衣服上的丝线去燃烧。也许买回家后可以试试。

说到适合需要和舒适满意，前者是指穿着要和身体、体形相协调，根据自己的体形特点做到扬长避短。而且饰物佩戴和配件使用等方面，必须适应具体的时间、地点和目的的要求；后者则是说要根据自己的爱好、情趣、个性和审美观，按照着装的基本要求选择合意的服装，穿出自己的风格和魅力。

饰品搭配有学问

鞋子是搭配的重头戏

“小冬冬！你怎么西装裤搭了个运动鞋就出来了？”姗姗往小冬冬脚上一瞥。

“怎么啦？有什么问题吗？”小冬冬觉得自己被指责地有点不明所以。

“没见人这样穿的啦！”姗姗又看看她说，“你不觉得很奇怪吗？就像有人扎了个麻花辫还绑个大红花！”

“不是吧？你不是说了今天周末，大家一起逛街吗？所以我就套了双运动鞋啊，不然，穿个高跟皮鞋，你想累死我啊？”小冬冬倒是无所谓，反正看姗姗大惊小怪早都看习惯了，“况且也没你形容的那么糟吧？”

“不然你以为呢？”姗姗看小冬冬一副孺子不可教的样子，有点气急败坏。

“顶多算绑个小红花吧，呵呵。”小冬冬厚着脸皮说道。

大家都彻底无语了。

妈妈对我说：

小冬冬，逛街时穿运动鞋是没错的，不过既然和好朋友们一起出去玩，又要走很远的路，不如干脆把衣服也换成休闲装，这样，姗姗看着就不会觉得“大惊小怪”了。

因为运动鞋加西装裤的搭配确实是有点不伦不类，看着很不搭调。

别小看了鞋子的作用，以为它们在脚上，别人可能注意不到，事实是，鞋子与衣饰若搭配得当，可穿出别具一格的美感来。反之，则让人感觉滑稽。有时候若没搭配好，可能会让你的整体形象都大打折扣呢！所以，从某种意义上说，鞋子也是搭配的重头戏。

要想弄清楚鞋子该怎么搭配，首先有些关于鞋子的常识应该要知道。比如说鞋子的分类，颜色的分类等等。

这里主要讲讲鞋子的分类。鞋有多种分类方法。按不同的分类方法，同一双鞋可以归为不同的类。主要分类法有以下几种：

1. 按穿用对象分，有男、女、童等鞋。

2. 按季节分，有单、夹、棉、凉等鞋。

3. 按材料分，有皮鞋、布鞋、胶鞋、塑料鞋。

4. 按工艺分，有缝绱、注塑、注胶、模压、硫化、冷粘、粘缝、搪塑、组装等鞋。

5. 按款式分，头型有方头、方圆头、圆头、尖圆头、尖头；跟型有平跟、半高跟、高跟坡跟；鞋帮有高、低，中统、高统。

6. 按用途分，有日常生活鞋、劳动保护鞋、运动鞋、旅游鞋等。

在与服饰相搭配时，主要考虑到款式和材料两方面的性质。下面重点就女生们可能常见的几种鞋子的款式与日常穿着的搭配技巧来谈。

第一款：靴子。靴子一般分为长筒靴，中筒靴和短筒靴，适合与牛仔裤、窄筒裤这类式样紧瘦的裤子搭配，不宜与西裤、宽筒裤搭配。另外，装饰较多且时髦的高筒靴只适合个高腿长的女性，对于腿形好看者，短裙搭配中筒靴最为洒脱，而短筒靴对中年女性及职业女性尤为适合，不论穿裙子还是裤子，短筒靴都显得较稳重成熟。

第二款：轻盈便鞋。圆头或小方头的便装皮鞋舒适清朗，一般由牛皮、小牛皮、磨砂皮等质料制成。如果你崇尚潮流，又不想失去淑女风范，它将是你最佳的选择。

第三款：木屐式便鞋，那三厘米高的粗跟在木质地板上可踏出犹如筝般的乐声，若配以双肩吊带中式长裙，像是典型的东方美人款款而来。

第四款：经典女鞋。具有经典感觉和各款女鞋，深受都市成熟女性的青睐，比较确切地对应了她们虽然丰满但依然曲线玲珑的身材，也对应了她们以精巧的饰品和精美和服装构成的那份精致和美丽。在此类鞋款中，色彩一般以黑、灰等暗色为主，皮革以质地细腻、柔软、光亮的小牛皮为首选，偶尔也尝试翻毛皮与鳄鱼皮。

第五款：厚底女鞋。厚底女鞋看上去又厚又笨又重，许多女性之所以对它情有独钟，原因之一恐怕是此鞋可以帮助她们获得物理意义上和高度，使他们在人群中“出类拔萃”。

确实，厚底鞋若搭配得当，可穿出别具一格的美感来，但身材娇小的人若穿上厚底鞋，则可能会使原来的玲珑、纤巧、细弱的美感荡然无存，给人滑稽之感，而身材本来就高大的女性，厚底鞋会令她们处于高耸入云的境地。所以对这款鞋子的选择要慎重。

第六款：休闲运动鞋。它会让你在闲暇时段感受到生活的轻松。休闲运动鞋多采用聚集胺脂类新型材料，轻便透气，便捷自如。高帮复古球鞋于前卫中透出古典之美，可与简洁优雅的裙相配新款的鞋，橡胶鞋底向前延伸上翘至鞋尖，若与T恤相配，青春亮丽之美无法言说。

当然，在青少年中，女孩子穿牛仔裤的越来越多了。那么，牛仔裤与鞋子之间的搭配方法有哪些呢？下面来细细介绍一下。

牛仔裤的裤型主要有三种：直筒型牛仔裤、喇叭形牛仔裤和小裤脚型牛仔裤（也叫弹力型牛仔裤）。

第一型：直筒型牛仔裤。此类型牛仔裤最好配低帮的皮鞋、休闲鞋和旅游鞋，注意皮鞋最好是圆头或大头型的。颜色方面的搭配，如果是黑色或深色的牛仔裤，建议配黑色、褐色的皮鞋、休闲鞋和旅游鞋；淡色的牛仔裤配淡色的相对应的鞋子，这样做尽量使颜色对比度平衡而不失调。

第二型：喇叭形牛仔裤。此类型牛仔裤尽量选择长一点，最好能盖住脚踝，选择尖头形的低帮皮鞋为最佳，颜色搭配参照第一条方法。

第三型：小裤脚型/弹力型牛仔裤。此类型牛仔裤也是最时尚、最前卫的穿着法。裤子建议不要太长，因为所要搭配的是皮靴、高帮皮鞋、高帮休闲鞋或高帮旅游鞋，颜色搭配方面也参照第一条方法。

最后，稍微说一下颜色选择。一般来说，黑白色为万搭颜色，褐色也是不错的选择。不过，最万无一失的做法是：选择和衣服同色系的鞋子。

学会穿高跟鞋

自从被姗姗当街批评以后，小冬冬穿西装裤的时候，就再也没穿过运动鞋了，而是顶着她那双一成不变的高跟鞋，叮叮咚咚地响，每次都引得大家低头行注目礼。

不过没过几天，小冬冬连裤子带鞋都换了！

姗姗忍不住问："怎么不穿你那叮咚作响的高跟鞋了？"

"脚疼啊。再穿，我的脚就要叮咚作响了！"小冬冬打趣道，"看看我可怜的脚踝给磨得……"

"大小姐！你不会打算在教室秀你的美腿吧？！"姗姗马上制止。

"呵呵，本小姐一时忘记了，以为我们学校是女校呢。"小冬冬一副嬉皮的样子，"不过，我的脚不臭的，你要不要闻闻？"

姗姗再次无语。

妈妈对我说：

姗姗，看来小冬冬还不大会穿高跟鞋。

的确，对大多数女孩子来说，穿高跟鞋是迟早的事。因为高跟鞋能够增加人的身高，使身材显得苗条、秀丽。

所谓高跟鞋，是指鞋跟特别高的鞋，穿这种鞋的人脚跟明显比脚趾来得高。高跟鞋有许多种不同的款式，尤其是在鞋跟的变化上更是非常多，如细跟、粗跟、楔形跟、钉型跟、槌型跟、刀型跟等。

高跟鞋除了增加高度，更重要的因素是可以增进诱惑力。高跟鞋使女人步幅减小。再加上穿高跟新会使重心后移，这样腿部就相应挺直，并造成臀部收缩、胸部前挺，使女生的站姿、走姿都富有风韵，袅娜的韵致也就应运而生。

那么高跟鞋的正确穿法和走路方法是什么样的呢？有什么特别需要注意的吗？

首先我们要弄清楚，日常生活中人们对高跟鞋的分类。一般大家按鞋跟的高度将高鞋分为三大类，一种是前高后高的厚底鞋，另一种是一般高度的高跟鞋，这种鞋的后跟在四厘米以内，最后一种是特高高跟鞋，这类鞋跟往往在七厘米以上。

每一种高度的走法都略有不同。下面就一一说明。

第一类，前高后高厚底鞋。

这类有点像踩高跷的厚底高跟鞋，因为与地面接触不灵敏，穿着时要注意有摔倒的危险。当然，也不能因为它看起来休闲就把它当球鞋穿。那将是非常不安全的穿法。

穿这类高跟鞋走路时，整个前脚（先走的那一只脚）跨出踏地后，抬起脚跟，身体前倾，另只一脚再踏出第二步。因为底厚，所以鞋底弯曲度不大，走起来方式有点像是大象踏步。又因为鞋跟高，要保持行进中的稳定，这时膝盖可稍稍弯曲。至于穿这种鞋仍想要保持走直线的美姿，则会有点难度。不过如果这时的直线行进维持在身体的2/3宽度，那还是可以接受的。

第二类，普通高跟鞋（4cm ~ 7cm）。

普通高跟鞋可说是既想美形，又想有行动力的美女最合适的选择。穿这类鞋时，为了走起路来可以摇曳生姿，选鞋时要注意：鞋脚背带最好可以覆盖脚背一半以上的面积。这样可以防止附着力不够，走起路来鞋跟拖拖拉拉的，那就很破坏美感了。

走路时，踏出第一步时脚掌先着地，然后立刻将重心往前移至脚尖，身体自然向前移动。另一脚的脚跟先离地，随后跨出步伐。

此时上身背部挺直，缩小腹，双手自然摆动。这样走路不仅看起来变得有精神了，腿也加长了好几厘米呢！

第三类，特高高跟鞋（7cm 以上）。

虽然说鞋跟越高，越可以让女生的躯体自然挺立摆动，可是过高的鞋跟，加上不当的走姿，往往也更容易扭伤脚。而且为了屈就不适人体工学的高度，走姿也可能变得很怪异，这样也许反而破坏了穿高跟鞋的美感。

穿这种高度的鞋子，走路时脚掌先着地，然后迅即将重心往前移至脚尖，身体自然向前移动，和穿上一类鞋子走路时不同的是，这时为了保持稳定度，走路时膝盖可以稍稍弯曲，并同时利用大腿及腰部的力量摆动双腿，背部椎自然挺立，避免着地时脚跟先着地，重心摆后，因为那样的话很容易造成脚部扭伤。

另外，在穿高跟鞋的时间长短上也要注意：切不可长时间，比如说整天都穿着同一双高跟鞋。因为总穿相同高度的高跟鞋，脚部的同一处就会经常受到挤压，就可能引起一些脚病。一旦对脚部造成一定的伤害，久而久之脚部就会变形，这样反而违背了高跟鞋当初为了塑造美的初衷。

当然了，我们平时若能稍加注意，是可以预防脚病的发生的。可以免去那些因为穿高跟鞋而带来的不必要的麻烦，因此穿高跟鞋要注意：

1. 选购新高跟鞋一定要稍微紧一些，不要太大，否则会因为高跟鞋不跟脚而导致扭伤，或者因为磨脚而起泡。但注意也不宜太紧，导致最后买了不能穿，最好在试鞋的时候多走走。另外，穿新鞋都有一定的磨合期，所以新的高跟鞋一开始不要长时间穿，最好在家里，等过一段时间再外出穿着。

2. 平时端坐时，应先弯曲双脚，然后轻轻将双腿伸展，维持此姿态 30 分钟，不要抬起双腿，可使脚部放松。

3. 穿着高跟鞋走路时应挺胸收腹，自然大方，稳步而行，不宜弯腰曲背，也不宜疾走快跑，更不能上山爬坡。

4. 平时多注意脚部的保养，养成热水泡脚的习惯，并适当的按摩一下。

5. 如果穿鞋跟比较高的高跟鞋，要注意场合，不要在平时挤车或不平整的马路上穿，因为这种鞋是为特殊场合设计的，如舞会等。

6. 有些特别高的高跟鞋的设计并不是为了来走路的，而是在特定时候穿的，比如模特走 T 台时，这类鞋在平时就没有必要穿了，要特别注意。

7. 平时穿高跟鞋走路应注意不断地休息，休息时可以把脚尖翘起，活动一下小腿。

8. 最好不要赤脚穿皮鞋，这样会伤害脚部的皮肤。

9. 穿尖头的高跟鞋时，要注意有时间活动一下脚趾，这样可以舒缓一下，防止同一部位过分受到挤压。

10. 平时修剪指甲不宜太狠，防止指甲发炎。

11. 穿高跟鞋走路，脚跟一定要不时向后移，不要因为高跟而导致脚趾受力过大，要给脚趾一定的空间，哪怕是很小的。脚趾使劲往前冲，看上去也不美观。

12. 如有时间时，可站在距一堵墙一米处，将上半身抵向墙壁，而下半身伸展向外保持脚跟平放地上，重复做几次，每次伸展 20 秒，常做以上练习，有助于防止脚部不适。

不过，穿高跟鞋对女性的身体健康有时候是不利的，尤其对于青春发育阶段的少女更是有害无益。因为处于青春期的女生身体正处于生长发育阶段，而女性的足骨发育成熟在 15~16 岁，过早穿高跟鞋使足骨按高跟鞋角度来完成骨化过程，易发生畸形。

除此之外，骨骼结构中软骨成分较多，柔软且富有弹性，可塑性较大，骨组织内含水分和有机物多，无机盐少，这样就极易变形。过早穿高跟鞋容易引起腰椎形态变化，因为穿高跟鞋的时候，全身重心都必须移在脚掌上，而足趾则被挤压在鞋子的尖端，这就会使骨盆的负荷量增加。加之骨盆两侧被迫内缩，压迫神经和牵拉肌肉，就很容易发生腰酸腿疼。因为穿高跟鞋时，为了使重心得到平衡，身体自然而然地需要向前倾，背部就要稍弯曲，臀部也需稍突出，膝关节被动僵直，长期下去可致骨盆和脚部变形和弯曲。而骨盆一般到25岁才定型，骨盆是人体传递重力的重要结构，未定型的骨盆负荷加重，会导致骨盆口狭窄，直接影响成人后的分娩。

所以，专家建议，最好的穿高跟鞋年龄是等成年后再穿。

怎样选择饰品

“菲菲！你快看前面那个小姑娘！”梅子有时候也挺八卦的，开始关注别人了。

“有什么好看的？花花绿绿的。”菲菲看了一眼，觉得梅子每次都做些莫名其妙的事，或者说，没用的事。

“哎，你说对了，就是花花绿绿才叫你看滴……”梅子得意极了，觉得终于有一次菲菲能和自己站在同一战线了，“看见她头上的头花没？红的！再看发卡，蓝的！再看小耳环，黄的！项链，绿的！对了，还有手镯，银白的！天啊，整个一‘五颜六色’啊！”

“哈哈！也许今年是人家小姑娘本命年呢！”菲菲看梅子那么夸张的表情笑得不行。

妈妈对我说：

梅子，女孩子佩戴饰品的时候确实要特别注意，不仅要注意颜色不能弄得像雨过天晴的彩虹般七彩斑斓，也要注意不能一次戴太多饰品，不然不仅自己戴着累得慌，别人眼睛看着也累得慌。

选择好的饰品时，首先要知道它们哪些属于通常意义上的饰品。

现代饰品分类的标准很多，但最主要的不外乎按材料、工艺手段、用途、装饰部位等来划分。

第一、按材料分类。主要有金属类。这类饰品包括贵金属、黄金（按K金成色高低可以表示为如下等级：足金24K、22K、18K、14K、10K、9K、8K，K是混色金的成色的一种表示方式，24K黄金的含金量99.998%，基本视为纯金，22K黄金含量为91.665%，依此类推，k前数字越小，含金量越低）、铂、银等。

另外还有铁、镍合金、铜及其合金、铝镁合金、锡合金等常见金属。

第二类是非金属类。主要有皮革、绳索、丝绢类；塑料、橡胶类；动物骨骼（象牙、牛角、骨等）、贝壳类；木料（沉香、紫檀木、黄杨木、枣木、伽南木等）、植物果核类（山核、桃核、椰子壳等）；宝玉石及各种彩石类。

其中宝石类又可以分为：

1. 高档宝玉石类，如钻石、翡翠、红蓝宝石、祖母绿、猫眼、珍珠等；

2. 中档宝玉石类，海蓝宝石、碧玺、丹泉石、天然锆石、尖晶石等；

3. 低档宝玉石类，石榴石、黄玉、水晶、橄榄石、青金石、绿松石等；

最后是玻璃、陶瓷类，如景泰蓝、琉璃等。

现实生活中，人们多根据首饰造型和戴法的不同分类。

一般将首饰具体划分为戒指、耳环、项链、手镯、别针、袖扣、领针、发夹、腰链、脚环等等品种及一些较难命名的头饰、臂饰、脚饰、胸饰、腰饰等和日常实用装饰首饰，如手表、打火机等。

饰品的佩戴是一门大学问，很多时候它甚至比服装本身还重要，佩戴得宜，有如画龙点睛。

如何发挥饰品的这种内在魅力和功能呢？首先应该知道什么场合戴什么首饰以及什么场合可以戴首饰。

饰品的种类这么多，那女生该如何正确地选择呢？

爱美的是人的天性，特别是女孩子，都想把自己打扮得美丽妖艳，除了发型服装外，饰品也是很重要的东西。一件搭配得当的小配饰，往往能起到意想不到的作用，可谓点睛之笔。

卖饰品的店铺很多，无论是实体店还是网店，多如过江之鲫。每个店铺里的饰品更是琳琅满目，让人眼花缭乱，无从选择。但女孩们，记住这句话，适合自己的才是最好的。

选择饰品一定要根据自己的身型和性格气质来定位。

第一，根据自身体型来选择饰物。体型小巧的女孩子，就不宜搭配体积大的饰品。这样会给人一种不和谐的感觉，也可以讲是反差太大。比如耳饰类，体型小巧的女孩子应该搭配耳钉、长度稍短的耳坠，如果搭配大型的耳环或长线耳坠的话，很容易把别人的注意力引向耳饰的长度与自身身形的比较之中，扩大了自身的缺点，实非明智之举。

第二，根据自己的性格特点选择饰物。不同的人，在性格方面也有很大的差异，有的女孩子温文尔雅，有的女孩子活泼可爱，在饰品选择方面，也不能光追求新鲜。佩戴饰品是为了好看的，为了提升自身的气质与形象，不根据自身性格特点选择饰品，盲目搭配，往往不能体现其应有的价值，花钱不说，而且费力又不讨好。

那么该怎么选择呢？人因为脸形、身材、性格、气质的不同，而具有不同的风格倾向，而人本身具有的风格倾向往往决定了她适合哪一种款式风格的服装和首饰。

第一类，优雅型首饰：富于曲线美，有易碎感，如小花排列的手链、精雕细刻的戒指等等，适合线条圆润、气质优柔文雅、极富女人味的人。优雅风格的人可用有飘逸感的轻质面料的裙装来搭配透明、娇贵的仿真首饰，如琼瑶小说中清丽脱俗的女主角。

第二类，古典型首饰：正统、精致、高贵，适合面部端正、气质高雅的都市女性型的人。紧贴颈部的珍珠项链、一分硬币大小的扣式耳环等都能与古典型的质地高档、直线裁剪的服装相配，完全可以体现出传统的闺秀风范。

第三类，自然型首饰：粗犷、自然，多用树叶等形状做别针、坠子造型，适合身材高挑、具运动员风格的人。自然风格人的装扮应力求线条简捷，质朴大方、不留豪华设计痕迹。整体风格闲适、潇洒。

第四类，戏剧型首饰：大胆、夸张、有个性，适合身材高大、脸部棱角明显、走到哪儿都引人注目的人。戏剧型人的着装及配饰设计应有强烈的时代感和时尚感，适合大胆造型的耳环、成串的手镯、宽大的戒指等装饰型饰品。通身忌平凡。

第五类，前卫型首饰：造型小巧、新奇、别出心裁，极具个性，适合小巧玲珑、活泼好动、有俏皮少女或男孩儿气质的人。前卫风格的人可用奇特质地的面料做超短设计打扮自己，定能独树一帜。

第六类，浪漫型首饰：多采用蝴蝶结、花瓣、花心型造型，线条流畅柔美。适合身材适中、圆润、性感、有着洋娃娃般迷人双眼的人。浪漫风格的人最好穿紧身、性感设计的服装，多用大波纹的蕾丝做装饰，配上花型设计的耳环，细细的、有漂亮坠子的项链。

不管选择你属于哪一类，戴了什么风格的饰品，最后要特别提醒的是：饰品的搭配不要多，一两件算是精巧的装饰和点缀，而多于三件就显得庸俗不堪了。永远记住：饰品只是点缀作用，主要用于调节着装，使之与自己所要展现的气质更为合拍的。别搞得自己身上像卖杂货的杂货架就不好了。

有品位的女孩最美丽

“思思，最近你怎么变了个人似的，天天捧着书看，也不给我们讲穿着打扮了。到底看什么好书呢？”媛媛看思思最近变得一有空就捧着书本，有点不理解。

“打扮就那么点东西，我都讲完了。平时你们自己多多注意就好啦。”思思笑了笑，“从现在起，我要多花点时间阅读，成为一个外表美和内心美同时兼备的最美的人！”

“你说的就是让自己变得更有品位吧？”媛媛凑过脑袋，翻了翻思思手里的《美学史》，“早该这么做了……”

“你什么意思？话里有话啊？难道我以前没品位吗？”思思急了。

“别急啊。我是说‘更’有品位，说明你以前还是有一定的品位的，只是还不够……”媛媛说着说着就觉得，自己怎么越解释越乱啊。

“总之，你看书吧，我支持你！更支持你的‘最美说’！”媛媛一边说着，一遍挠后脑勺。

妈妈对我说：

思思，对一个女生来说，穿得干净清爽是最基本的要求，如果懂得服饰仪容当然更好，不过最好的，还是有文化内涵，做一个由内而外的有品位的美女。也只有这样的女生，美丽才不会因为年龄而褪色，反而会因为智慧而越发让人觉得光彩亮丽。

做一个有品位的美女要修炼那些内功呢？

第一，要养成看书的习惯。无论什么时候，书都是最好的老师。

女孩到了二十几岁后，就已经开始慢慢地接触社会了，在与别人交往的过程中，谈吐与修养是最能征服别人的。你读过的每本书都可能成为社交的资本。书籍里常常暗藏着很大的乐趣。当遇到一本自己感兴趣的书时，你会发现心情是愉悦的。而且每本书也都有着很大的智慧。一个不喜欢看书的女孩，是不会充满智慧的。可以毫不夸张地说，没有人会喜欢与一个肤浅的女孩交往。

所以，没事的时候，去到书店逛逛吧。认真地挑几本可以提升自己的书籍买回家阅读，不管是名著，还是理财的，又或者是励志的，都有值得我们学习的地方。

书，可以让人们的生活丰富，也可以让人们的思想改变。选择阅读一本好书，胜过跟随一名优秀的导师；选择一本合适的书，可以学到人生的哲理，学会以一种平和的心态去迎接生活里的痛苦或快乐。有时候，在人生迷茫时，选对了一本书，甚至可以改变你的人生轨迹。

第二，要有一双发现美的眼睛，一种感受生活中的美的心态。

女孩要学会远离那些灰暗的小说，因为它们只会让大家与悲伤越贴越近。很多时候，生活并不是小说里情节的翻版。

不要总是用心理暗示自己遇到的不幸。要知道在这个世界上，有着很多人比你还不幸，只要能够抬头看到阳光就是幸运的。那些生活里的挫折，比起一个人的人生它只不过是一个再小不过的插曲。

想在这个社会上立足，就要有平和的心态，在患得患失的人生里，我们时刻都在选择着，也被别人选择着，不管怎样，痛苦与快乐的生活都是我们自己的选择，所以，有什么理由要让自己沉溺在痛苦中呢？

不管做什么事情都先想着成功。并在这种一定会成功的积极心态下，乐观地、实实地去努力奋斗。因为悲观永远都是成功的阻碍，只有积极向上的情绪才有可能让生活变得美好。要相信明天一定比今天会好，不要报怨生活，因为抱怨有时候只是证明自己没有真正地去努力而已。

第三，跟有思想的优秀人交朋友。朋友在精不在多。

女孩应该有选择性地交朋友，尽管大家常说人脉非常的重要，那也不意味着你就需要广开人脉之源，要知道，交的朋友越多，你要应酬的事也相对越多，烦恼也随着越多。

其次，你选择什么样的朋友圈也会对你的人生有着很大的影响。如果你的朋友都是一些积极向上乐观的人，你也会被他们感染的，如果你的朋友一个一个都是悲观主义者，整天只知道报怨生活，却不会脚踏实地地学习，时间久了，你同样会被感染的。

但是，结交朋友时，你应该对她们付出真诚，不要只是为了想利用她们的优点们才与她们交往。因为没有人是傻子，你对别人好与不好，别人也都清楚得看得到。用自己的真诚与那些有思想的优秀人交朋友吧！

第四，学会忍耐与宽容。也许你说，我是公主，大家都应该宠着我。要知道，总有一天，你会面向社会，而社会并不是一个任性的地方。你的大小姐的脾气要迟早要吃亏。

因为可能有些时候就因为你的计较，会让你失去自尊，成为被人指责的没有教养的女生。也许你会觉得我为什么要忍耐，这是懦夫的行为。而事实是，忍耐并不是懦弱，也不是伤自尊，而是宽容美。有时候，我们需要放下理直气壮的坏脾气，在适当的时候让一步，这不仅可以体现出你的涵养，而且还会让你成为受人欢迎的女孩。

生活中总会遇到很多不公平的事情，也会遇到很多让你无法接受的人，我们不能总想着去改变别人。

所以，这时候，与其非常愤怒地大声指责别人的行为，不如怀着理解的心态给对方一个微笑，任何一个人都不会去伤害一个善良的人。声嘶力竭的与别人争论并不能赢得所谓的自尊，反而让你丢掉自尊。

第五，重视自己的身体。女孩不仅要学会调节自己的心态，也要好好保护自己的身体。身体是最重要的，相信每个人都知道，但是在真的做起来时，并不是一件简单的事情。在饮食方面要多多注意，多看一些关于健康饮食的书。

任何一个女孩，千万不要为了这样或那样的理由，比如盲目减肥，不照顾自己的身体健康。不管明天有多么美好，你总是一副病态，估计也不会感觉到。《红楼梦》里就算贾宝玉再怎么爱林黛玉，那个瘦弱多病的林妹妹估计享受幸福人生的日子也不会长。没有健康的身体和足够的时间，还空谈什么幸福？

第六，远离泡沫偶像剧。女孩要特别提防那些虚假的偶像剧。电视里的白马王子与灰姑娘都是生活里的男孩或女孩向往的，但是遗憾的是，它们并不是真实存在的，而往往是超越了生活的，女孩子如果一味地沉溺于这种造假的童话氛围里，时间久了可能会被幼稚化，觉得生活处处不美好。如果真有那么的空余时间，还不如多看一些能够帮助自己的节目呢。

要知道生活中，一夜暴富或是一夜之间一贫如洗或许会有，但不会像电视剧里播放的那些简单而直接。爱情和亲情也没有影片里的那样决绝与残忍。有些偶像剧会严重影响人们对社会的判断能力，所以，请远离泡沫偶像剧。相信一个优秀的女孩，应该不会花大把的时间沉溺在偶像剧里的。

最后，大家一定要多笑。就像很多人喜欢晴天一样，你的笑容就是晴天里的太阳，会带给人温暖和力量。

形象&气质

——给逐渐成熟的你

寻找一种持久的美丽

公主，我想永远都是

“霜霜，你的头发该洗洗了，实在是太脏了。”妈妈善意地提醒霜霜。

霜霜照了一下镜子，确实是该洗了，不过还好，可以再撑一天，霜霜笑嘻嘻地对妈妈说：“可以再忍一天，明天再洗吧。”

妈妈无可奈何地看着霜霜说道：“咳！真拿你小孩没有办法。”

到了学校，同学兰兰看着霜霜的头发，打趣地说道：“霜霜的头发上都是油，你赶快回家洗洗吧，都可以炒菜了。哈哈哈哈。”

气！兰兰的这张刁嘴真是够可以的。霜霜心想就冲她，今天晚上一定要洗头发。

有的时候霜霜觉得妈妈说话有点前后矛盾，妈妈有时会说：“女孩最重要的应该是内在美，而不是外在美。”霜霜确实很听话，不重视外在美啊，谁知妈妈又说：“霜霜你太邋遢，一点都不重视形象，这怎么可以！”

霜霜纳闷了，怎么总是自己不对啊！

妈妈对我说：

霜霜，古代哲人穆格发曾说：“良好的形象是美丽生活的代言人，是我们走向更高阶梯的扶手，是进入爱的神圣殿堂的敲门砖。”

同是女孩，有的女孩富有魅力，人见人爱，而有的女孩却哀叹自己满腹才学，无人赏识；有的女孩能够展现真我，活出精彩，也有的女孩却怨苍天无眼，命运不济。为什么同样的人生，却有着不同的境遇、不同的结果呢?

生活经验告诉我们，虽然每个女孩都想追求完美的人生，但很少有人真正去注意自己在生活中、社会交往中的形象。一个注意自身形象并自觉保持好形象的女孩，总能在人群中得到信任，总能在逆境中得到帮助，也必定能在人生的旅途中不断找到发挥才干的机会，最终做到时刻用自己的风采魅力影响别人，活出自我真正精彩的人生。

所以说，好形象是女孩一生的资本，充分利用它不仅能给你的日常生活添色加彩，更有助于提升你的个人魅力及影响力。

宋庆龄女士是全世界人民公认的伟大女性，她除了拥有崇高的品质、高尚的人格外，还具有很好的仪表形象。

美国作家艾斯蒂·希恩曾在作品里这样描写她：“她雍容高贵，却又那么朴实无华，堪称稳重端庄。在欧洲的王子和公主中，尤其年龄较长者的身上，偶尔也能看到同样的影响力。但对这些人而言，这显然是终生培养训练的结果，而孙夫人的雍容华贵与众不同，这主要是一种内在的影响力。它发自内心，而不是伪装出来的。她的胆略见识之高，人所罕见，从而能使她在紧要关头镇定自若，同时，端庄、忠诚和胆识又使她具有一种根本的力量，这种力量能够消除人们由于她的外表而产生的那种柔弱羞怯的印象，使她具有坚毅的英雄主义的影响力。”

女孩具有好形象，除了展示个人的气质风度外，更有助于提升自己的魅力及影响力。宋庆龄女士的一生就印证了这个观点。

每个人的形象，无论好坏，也都是充满着独特影响力的。因此，形象是每个人向世界展示自我的窗口，向社会宣传自我的广告，向别人介绍自我的名片。别人从我们的形象中获取对我们的印象，而这个印象又影响着他们对我们的态度和行为。同时，每个人都在这个最基本的互动过程中追逐着自己人生的梦想，实现着生命的价值。

有人说：“形象是女人的招牌，坏形象会毁了女人一生，而好形象令女人的魅力迅速提升。”

妈妈认识的有位主管曾说起她同事的故事：

李兰工作能力很强，与同事相处也都很融洽，唯一美中不足的一点是：她的外表实在是有点邋遢。不喜欢化妆，也似乎对自己的不修边幅毫不在意，而且说话粗声大气，给人的感觉实在是很粗鲁。她常常搞不懂为什么自己工作认真努力，升迁却总也轮不到她。

这位主管说：“其实，旁观者都看得出来，这是因为她的外表实在是很吃亏，而不是工作能力的问题，可是谁又能开口告诉她呢？每每遇上重要的事情欲让她接洽，却总会担心客户以貌取人，认为这是一家不注意形象、不专业、不敬业的公司，毕竟公司要注意自身的形象。”

很多追求成功的女孩只注重培养能力，而忽略了对自身形象的塑造，结果必定会影响自己成功的速度。如果她们能静下心来，认真地树立起自己的好形象，那就好比给自己的人生打造了一块金字招牌，能够让你在风高浪险的生命历程中从容地经营人生，从容地成就人生。

每个人都应该明白：好形象如果能够充分运用，将有助于提升你的魅力，促进你的成功。

自然——这是化妆的最高境界

“小玉，你的脸怎么弄的，边上有一道红。”细心的薇薇看到了小玉脸颊边上有一道红的颜色。

“哎呀，糟了，昨天没有洗干净。”小玉下意识地抹抹自己的脸，“我试着化化妆，效果不是很好，等我弄好了再给你们看吧。”

说到化妆，薇薇总是对此敬而远之，因为这实在是一个高难度的技术活，懂得化妆的女孩首先一定要懂得审美才好，因为一旦弄巧成拙，就会像马戏团里的小丑一样——让人看了就会忍不住发笑。

“我一辈子都不会化妆，没有艺术细胞。”薇薇很抵触化妆这样的事情。

“我正在学习中，等我学会了，我来教你们吧。”小玉对此表现得很热情，不过薇薇对此没有一点反应。

在薇薇看来，学生时代化妆总归是不太妥当的，回家请教一下老妈再说。

“妈妈，你说我们现在有必要学习化妆吗？”薇薇很想了解妈妈的态度。

“你们现在还都是学生，如果是上课的话，进行化妆就十分的不妥。不过，适当地了解一点，也是有必要的，因为你们可能会接触到其他的场合，也许用得上。比如要上台演出啦，不化妆的话，从台上看人的脸就像是死灰一样的暗淡，还有比如你们想利用假期的时间到社会上进行一些商业的宣传活动，适当地化妆也是适宜的。”

看来，妈妈并不是特别反对化妆，她继续说：“化妆是一种需要，而并不是通过她来使自己变得漂亮。你们现在的皮肤正娇嫩，过多的化妆反而掩盖了最天然纯真的美丽。况且有些化妆品又会伤害到皮肤，所以如果不是特殊情况，妈妈是不赞成你们化妆的。至于小玉的做法，就更不可取了，她把心思都用在化妆打扮自己，那肯定不会专心学习。薇薇，你相信一个没有内涵和女孩是美丽的吗？”

“嗯，妈妈说得对。”薇薇得到了满意的答复，高兴地跳着回到屋里去了。

多亏老妈的权威解释，让薇薇能够辩证地看待化妆。

妈妈对我说：

薇薇，女孩在遇到某些特殊的场合，确实需要因时因地打扮一下。那么香脂淡粉会恰到好处地突出女孩的优点，让女孩熠熠生辉，信心百倍。所以掌握各种场合的化妆技巧，就会让你轻松应对。

一、零缺点的脸

要去照相啦，毕业照、Party 照，甚至个人写真集，你可不想照片上的自己晦暗无光吧。是不是很羡慕杂志上的模特总是一张零缺点的脸？试试下面的方法，你会发现，美丽也是可以用心打造出来的。

1. 开始化妆了，先从基础的粉底开始，在面部凹陷部位上抹上浅一号的粉底。不到20岁的女孩肤质都不错，但如果长了烦人的痘痘，遮瑕就是不能缺少的。只有拥有一张完美无瑕的脸，才会有一个好的妆容。

2. 眉毛如果修剪得很清晰，只需要再修饰一下眼部就可以了，在眼睑上涂上明亮的颜色，再刷上睫毛膏，整个眼部就化好了。

3. 在脸颊处轻轻扑上一层腮红，粉色让人在灯光下看起来非常健康，只要淡淡一层若有似无地泛着粉红色就可以了。

4. 整个彩妆的最后一步就是唇部了，唇部不需要太鲜艳，但要突出亮泽饱满，涂上时下最流行的果冻唇彩，会得到令人满意的效果，而且还有好吃的味道。

二、5 分钟速变小女人

一头碎碎的短发，如何打造出淑女风范？其实只需 5 分钟，野蛮女友就变成小女人啦。

1. 头发：2 分钟。

取适量摩丝抹在全部头发的表面，将头发卷在发梳上，吹风机风嘴紧贴着发梳移动，塑造出柔和圆润的发型，让脖颈后面的头发有弹性地轻盈翘起。

2. 面庞：1 分钟。

好的气色是淑女不可缺少的，打造一张水灵灵、粉嫩嫩的脸庞就要靠粉底了。

3. 眼睛：1 分钟。

“刻意的”成熟造型，让孩子气的发型兼具女性的妩媚，冷色系眼影让双眼更迷人，再涂上睫毛膏，整个双眼充满温柔迷离。

4. 双唇：1 分钟。

用亮丽的颜色突出性感饱满的双唇。不到 5 分钟，一个温柔平和的小女人诞生了。

三、艳冠群芳 Party 妆

想成为 Party 女王，就要配上最 IN 的彩妆，在陆离的灯光下，你的电眼和娇唇就是全场的焦点！

1. 眼妆：晶莹闪烁的光泽和浓密纤长的睫毛让你在 Party 上成为最时髦的美艳女郎。

在 Party 上，你可以尽情选择浓艳的绿色。如果担心翠绿色眼影看起来太过突兀，你可以在眼线处加上一些灰色，同时在眼睫毛梢刷上较浅的颜色。

对于那些即使在 Party 上也喜欢清淡眼妆的女孩来说，在上眼睑和睫毛的根部之间窄窄地画上条状的明亮颜色是值得推荐的简单办法。在简化处理眼影之后，眼线和睫毛就不能马虎了。

2. 唇妆：只有粉嫩的、水汪汪的娇唇，才配得上迷人的微笑。

纯正的桃子色唇彩非常适合 Party，它让你看上去娇艳无比，又温柔妩媚。不过大部分唇彩都有不能持久的问题，对于一整夜的狂欢，你可以在擦上唇彩前先使用一支唇线笔涂满整个嘴唇（不过千万不要涂出你本来的唇线范围）。

超级闪亮的嘴唇是 Party 妆的游戏规则。选择一支不仅光泽度惊人、着色力也同样超群绝伦的唇彩，你就可以轻而易举地让唇妆更加持久。或者，在你最心爱的唇膏上扫上一层干净、透明的唇彩，也是一个好办法。

妆容动人，气质华贵，与甜美的笑容相映衬，时尚感十足的“花仙子”便诞生了。

善良——好女孩先从内心“美”起来

小王的化妆研究终于到了一个境界，这一天薇薇看到了她的精彩亮相。

“不会是美白加烟熏妆吧。”薇薇匪夷所思地看着小玉的那张脸，“你脸上涂的什么呀，涂的太白了就不是人类的颜色了，不好看。还有你的那个眼睛画得太粗太黑了，一点也看不出眼睛大来。”

薇薇的直言不讳让小玉十分不爽:“你懂什么,这叫美,这叫艺术,你知道吗？一点都不懂还乱发表意见，我不理你了。”

看来薇薇真的是把小玉惹毛了。小玉执意要和薇薇一起去逛街——就顶着这张脸出去，薇薇也不好说些什么，只得遵命。

在繁华的商业街上，薇薇和小玉看到了远处有一所大学的学生在组织一个公益展卖活动，两个人好奇地走过去观望。

原来事情的经过是这样的，这个学校里有一个家庭环境并不富裕的同学不幸患了白血病，无疑是为这个家庭雪上加霜。班上的同学很同情她，于是在这里为她举行展卖活动。

薇薇对他们的商品很好奇，呵呵，都是学校里的学生们自己捐出来的吧，有各种各样的图书，有八成新的衣服，有成套的学习用品，有漂亮的工艺品，还有各种有趣的日常生活用品和一些小物件，甚至还有学生自己的笔记（连这都有啊）。

活动的规则是这样的，如果有想参加活动的行人可以拿走自己想得到的物品，然后随意捐钱，没有固定的数额。这样做呢，一是可以让路人不白捐钱，还可以把聚集爱心的物品带回家，二来就是可以吸引更多人来为这位同学筹钱。

小玉看到这个活动之后，兴味盎然地要去参加，还一个劲地鼓动薇薇：“大家一起去吧，太有意义了。”她说着就跑了过去，挑出一个自己喜欢的小相框，居然给了他们 50 元。

薇薇在一旁看呆了：平时还真是小瞧了小玉，看她还是挺仗义的孩子，殊不知，她的心比她的脸要好看一百倍。

“呵呵，昨天我买到了打折的化妆品，便宜了好多钱，所以就多捐一点。所以我不吃亏啊。”小玉还觉得自己占了一个大便宜，很满足的样子。

看到小玉是这样，薇薇也过去捐钱了。其实，这样的活动就是很有意义的啊。

妈妈对我说：

“我为什么要奉献爱心啊？即使不奉献爱心也不是我的错，没有谁必须要这样做啊！”

有人说：“爱和帮助不仅让别人快乐，也是让自己快乐起来的绝妙方法。”但在生活中，我们总是会听到冷冰冰的声音，声音里的冷漠让人感到彻骨的寒冷。其实这些人在封闭了自己对别人的爱的同时，也封闭了别人对自己的爱，拒绝了快乐的体验。

所以说，善良的女孩永远心中有爱，怎么会得不到众人的喜爱和赞美呢？打开心门，传递内心的爱，相信它一定像股股暖流，不仅带给别人温暖，还有快乐、尊重和满足。

1878年冬天，一个衰弱不堪、嘴唇冻得发青的乞丐在街上拦住了匆匆经过的屠格涅夫。乞丐伸出一只通红的、肿胀的、肮脏的手，向作家乞讨。作家掏遍了身上所有的口袋，但什么都没找到。

他窘极了，便紧紧地握住乞丐颤抖的手：“别见怪，兄弟，我身上一无所有。”乞丐也紧紧地握了握作家的手，“哪里的话，兄弟，”乞丐口齿不清地慢慢说道，“就这也该谢谢您啦。这也是周济啊，老弟。”

乞丐感受到了屠格涅夫的关爱，也许在那一刻，他不仅仅震撼，还有深切的感动，也许在那一刻，他更加确定了自己生命的意义。而正如屠格涅夫对于此事的描写：“我懂了，我也从我的兄弟那里得到了周济。”他也体验到了爱，体验到了幸福的感觉。

真正的爱是一种能力，它具有一种伟大的力量，即便是对素不相识的陌生人，爱也能让陌生人之间充满感激和温情。

二战中的一天，欧洲盟军最高统帅艾森豪威尔乘车回总部，参加紧急军事会议。

那天大雪纷飞，天气极冷，车一路奔驰。忽然，他看到一对法国老夫妇坐在路边，冻得发抖。他立即命令身旁的翻译官下车去问问。一位参谋急忙说：“我们得按时赶到总部开会，这种事还是留给当地的警方处理吧！”艾森豪威尔坚持说：“等警方赶到，这对老夫妇可能早冻死了！”

原来，这对老夫妇是去巴黎投奔儿子，车抛锚了，前不着村后不着店，正不知如何是好。艾森豪威尔立即请他们上车，特地绕道将老夫妇送到巴黎，才赶回总部。

曾经有一位哲学家这样问他的学生们：“世界上最可爱的东西是什么？”

学生们听了，便争先恐后地站起来回答。

最后一个学生回答道：“世界上最可爱的东西，是善。”

哲学家说：“的确，你所说的‘善’这个字中包含了他们所有的答案。因为善良的人，对于自己，他能够自安自足；对于别人，他则是一个良好的伴侣、可亲的朋友。”

善良、诚恳、坦率、慷慨，都是宝贵的财富，这种财富要比千万的家产有价值得多。

如果一个人能够大彻大悟，尽力去为他人服务，他的生命将来也必定会有惊人的发展。人生的美德再没有比和气、善良来得更宝贵的了。

一个有爱心的人一定是满足而快乐的，因为关爱别人所得到的快乐必定将他的心填得满满的，充满爱心的人一定更平和，他更热爱生活。

智慧——这是传说中不老的美貌

吃过晚饭，南南和妈妈聊起了今天家长会上的情况。

南南问妈妈道：“今天来的那么多的家长，哪位家长给您的印象最深刻呢？”

妈妈想了一会儿说：“坐在第三排靠左边墙的那位。”

南南想了一下：“哦，您说的是方小晴的妈妈呀？她是一位单亲妈妈，家里的情况可惨了。小晴的爸爸前年出车祸去世了，留下他们母女过日子，生活得很拮据。小晴还是我们班的贫困生呢？”

妈妈很惊讶地说：“是吗？这个我不知道。但是小晴的妈妈给人感觉很积极，特别是在家长会上的发言让我很佩服。她家的生活是那样的拮据，还让小晴上舞蹈学校，真的很难得啊！妈妈还得向她学习啊！”

看到妈妈可爱的样子南南笑了：“您是最好的妈妈，不需要跟她学习。”

妈妈说道：“你忘记了吗？上次记者采访马云时的那句话你还记得吗？”

“记得啊，当然记得了。时刻要向站在你身边的人学习。”南南明白了妈妈的意思。

“对啊，我们要学习小晴妈妈的这种精神气啊？咱们在物质上比他们富有，但是缺乏他们的那种精神气啊！也许艰难的生活使她无法给自己买漂亮的衣服，使她无法好好打扮自己，可是看上去依然很美，让人心生欢喜。”

南南说：“嗯，我也很喜欢小晴，她的衣服普普通通，吃的用的都很俭省，可是每天仍旧是高高兴兴的，我们都特别喜欢她。”

“是啊，南南，所以我们要珍惜现在的生活啊！虽然她们生活在一种物质贫穷的状态中，但是能给你一种积极向上的精神气质，是很难得的。一般来讲，贫困和潦倒往往是会在一起的，但是当在贫穷中的人被一种积极的精神左右着，那么即使再贫困，也不会是一个潦倒的人。”

“呵呵，怪不得你们在离开学校的时候，那么多的家长在谈论小晴的母亲呢？原来大家都很喜欢她，都被她的这种精神所吸引了呀！”

妈妈对我说：

女孩选择美貌还是智慧？这个问题很多人都在问，却没有满意的答案。“外表美不重要，只要内在美”。

这句话是经久不衰的真理，因为一个女孩如果她的内心真的很善良，很完美，那么她会随着心态的平和和宁静而日益变得美丽的。当今社会，美女的含义也不仅仅局限于外貌。

美丽观点一：美貌女生更容易赢得爱情。当美女多好啊，老是有护花使者围着转，被人宠爱、被人呵护，不管什么时候都是人们聚焦的中心，即使不会煮饭也照样有帅哥鞍前马后地效劳。

美丽观点二：美女可以通过后天努力培养智慧。美女就算智慧不高也没有问题啊，正常就好了，美女在这个社会上毕竟有太多的优势。智慧是后天的，可以慢慢培养。相反的，一个有智慧的丑女却很难成为让人赏心悦目的美女。

美丽观点三：美丽是人生的敲门砖。女孩子有了美貌，就如船儿张开了帆，很多事情上都会一帆风顺，万事皆通。

智慧观点一：在爱情上，智慧女子更有主动权。美貌女子虽然更容易受到异性追求，但通常很多人追你也许不是真的爱你。美女对男人期望也过高，反而不容易找到幸福。智慧女子则不然，她们懂得如何扬长避短，懂得如何辅佐男人，通常会成为备受丈夫称赞的贤内助。

智慧观点二：智慧女子在工作上能力更强。美女虽然在求职中更有优势，但一旦进入工作状态，美女不及相貌平平的女子那样专注工作。相比之下，美女更容易受到外界的干扰，比如帅哥送花、讲究穿着打扮什么的，因此业绩上通常不如相貌平平的女子出色。

智慧观点三：智慧是花钱买不到的。因为一个人的美貌是可以改变的，现在科技那么发达，只要花钱随便一整容就可以了。而智慧是你花钱买不到的，是人的一种内在美，表现着这个人的内在品质。

智慧观点四：智慧是一生的财富。美女再美，也总有人老珠黄、鲜花凋谢的时候。而有智慧的才女则不然，相由心生，腹有诗书气自华。人不是因为美丽而可爱，而是因为可爱而美丽，智慧是可以伴随一辈子的财富。南南，我相信在你的心中肯定已经有了答案，因为美丽与智慧常常会是并肩的，聪明的女孩一定会让自己变得越来越漂亮。

我是仅有且独有的风景

我自信，我快乐

今天放学回到家，海子看到妈妈正在和她的老同学王阿姨在门口聊天，海子已经很长时间没有见到王阿姨了，赶快跑过去与阿姨打招呼。

“王阿姨好。”海子快步走上前。

“海子,你好。很长时间不见面,听妈妈说你最近的进步不小啊。”阿姨看到海子也很高兴。

“谢谢阿姨夸奖。”海子为了不打扰阿姨和妈妈说话，直接回到屋里去写作业。

王阿姨走了之后，海子就跑了出去找妈妈：“妈妈，王阿姨有很长时间不来我们家了，她还都好吗？”

妈妈看看海子，说道：“王阿姨和我是从小最要好的朋友了，不过我现在看到她有点伤心难过了。”

“发生了什么事情吗？”听妈妈这样一讲，海子便很好奇地想知道个究竟。

“王阿姨因为工作上的原因，陷入了困境之中。你也知道王阿姨是做翻译工作的，她做的尽管很出色，但是这却不是她自己最想做的工作，她喜欢的是报社记者。”妈妈向海子娓娓道来。

“不喜欢就可以换个工作啊。为什么在自己不喜欢的地方一直待着呢？”海子不等妈妈讲完，发表起自己的意见。

“其实刚开始我也是这样和王阿姨讲的，可是她对于自己在报社是否能有出色的表现比较不自信。你想，她做了五年的翻译，已经多少有了资历。如果是换了工作，她很担心自己会适应不了，会做不好。而且目前的工作环境她也比较熟悉，如果再进入一个新环境的话，她也担心自己会接受不了。因为她对于自己没有十足的把握，所以才陷入了两难的境地。”

“哦！是这样啊。”看来王阿姨也挺不容易的。

妈妈继续说：“其实，在两年前她本来有机会去做报社记者，就是由于她的胆怯和自卑，失去了一个很好的机会使得自己与喜欢的工作失之交臂，也不能让自己的专长得到发挥。这种失落和挫败感让她十分难过。海子，王阿姨这样的心情，你能理解吗？”

“嗯，如果王阿姨当时对自己更自信一些就好了。”海子小声地说道。

“是啊。”妈妈意味深长地说道，“我们不要因为出身和境遇感到自卑，只要我们能战胜内心的胆怯，勇敢地去做自己喜欢做、想做的事情，就能获得成功。当我们能享受成功的喜悦时，幸福就悄悄降临了！”

“嗯，”海子点点头，“相信王阿姨能勇敢地面对困难，战胜内心的胆怯，积极去争取，一定能得到属于她自己的幸福的。”

妈妈对我说：

拿破仑曾经说过：“只要有信心，你就能移动一座山。只要坚信自己会成功，你就能成功。”

哈佛大学哲学系的一名教授一次上课时，为大家讲述一个小故事，故事的主角是一名著名学者的助手，故事是这样的：

风烛残年之际，一个学者知道自己时日不多了，就想考验和点化一下他的那位平时看来很不错的助手。他把助手叫到床前说：“我需要一位最优秀的承传者，他不但要有相当的智慧，还必须有充分的信心和非凡的勇气……这样的人选直到目前我还未见到，你帮我寻找和发掘一位，好吗？”

“好的，好的。”这位助手很认真、很坚定地说，“我一定竭尽全力去寻找，不辜负您的栽培和信任。”于是，这位忠诚的助手就开始想尽一切办法为自己的老师寻找继承人。

然而他领来一位又一位，都被学者婉言谢绝了。有一次，病入膏肓的学者硬撑着坐起来，拍着那位助手的肩膀说：“真是辛苦你了，不过，你找来的那些人，其实还不如你……”

半年之后，学者眼看就要告别人世，最优秀的人选还是没有眉目。助手非常惭愧，泪流满面地坐在病床边，语气沉重地说：“我真对不起您，令您失望了！”

“失望的是我，对不起的却是你自己，”学者说到这里，很失望地闭上眼睛，停顿了许久，又哀怨地说，“本来最优秀的人就是你自己，只是你不敢相信自己，才把自己给忽略、给耽误、给丢失了……其实，每个人都是最优秀的，差别就在于如何认识自己、如何发掘和重用自己……”话没说完，学者就永远离开了这个世界。那位助手非常后悔，甚至整个后半生都在自责。

在一个人的心态与性格中，有非常重要的一点，那就是如何看待自我。如果一个人对自我没有一个清醒的认识，那也很难谈到客观地对待外部世界。自信是在客观地认清自己的现状之后仍保持的一种昂扬斗志。自信就是成功者必须依赖的精神潜能。

在当代许多世界名人中，有些人是相当自信的，有时甚至给人一种说大话、吹牛皮的感觉，但是，他们确实做到了，或者仍在努力做。但无论如何，自信都给他们一种前进的动力，使他们敢于去攀登人迹罕至的事业高峰，创出一番骄人的业绩。

有人说过：“人生最大的损失，除丧失人格之外，就要算失掉自信心了。”一个人可以没有金钱，没有美貌，没有洋车洋房，但是，只要你拥有自信，那么，成功就不会将你拒之门外。何必一直羡慕别人、模仿别人呢，每个人走向成功的路都是不一样，但是那些成功的人一定拥有一个共同点，那就是相信自己一定能行。其实，成功就是自信地走属于你自己的路。

孩子，你要记住，自信的人最美丽，也最容易得到成功老人的青睐。好好握紧自信，不要将它轻易丢掉，因为那是属于灵魂的青春！

我是独一无二的

爬山之美，美在不走寻常路。

每次蕾蕾和爸爸妈妈一起爬山的时候，大家早已都习惯于走铺好的石阶板路，从来没有想到过爬山还有别的路可以走。

不过，这一思维惯性到了蕾蕾的好朋友佳佳那里得到了彻底的颠覆：爬山，佳佳从来不走石阶板路，只走土路。佳佳的老家有很多山，她从小就是爬山长大的，所以对于爬山的熟悉莫过于走平地。

这一天，蕾蕾和佳佳相约去爬山，佳佳跟蕾蕾说："蕾蕾，今天咱俩爬坡，怎么样？"

啊！蕾蕾可不敢，如果摔下来怎么办？还是走台阶比较稳当。

蕾蕾不答应，连连摇头。

"不用害怕，我在你后面，保证你不会出事的。你爬一次就知道了，走台阶其实很累的。"佳佳一个劲地鼓动蕾蕾。

既然如此，蕾蕾只好尝试一下，反正有佳佳帮她，也不用太害怕，只要紧紧跟着她就好。

就这样，两个人上路了。佳佳带着蕾蕾走到别人都不会去的地方，看了很多别人看不到的风景，蕾蕾感到很兴奋。

"蕾蕾，你看，那边有个人背着一个袋子，估计是在摘果子吃啦。"佳佳根据经验判断，"我看看去，如果是的话我摘过来几个你也尝尝。"说完就一溜烟地跑下去了。

蕾蕾一个人站在那里等她，看到周围的树木和远处道路上熙熙攘攘的人群，突然觉得走一条别人都不曾走过的小路感觉居然这么好。不一会佳佳上来了，原来那个人在摘花种子，她正好顺了一些，也好拿回去种。

这一天蕾蕾玩得很开心，因为她找到了一个和以往不一样的玩法，真的是别有滋味。

妈妈对我说：

不走寻常路，多一些独辟蹊径的勇敢和智慧，你会做得更好，离成功更近。

人们惯于模仿，既出于一种惰性，更出于对先贤圣哲的追捧。但是对好的东西的模仿很容易堕落成一种媚俗，失去自我，而且在先贤们和周围人的压力下，大概没有人敢喊出自己的声音。

莎士比亚曾经说过：“你是独一无二的。”一个人只懂得模仿他人，最终的结果只有一个——失去个性。而个性是人之为人的最基本因素，没有个性便没有独立的人格，没有深邃的思想，更没有创造力。

洛克菲勒有句名言：“如果你想成功，你应辟出新路，而不要沿着过去成功的老路走……即使你们把我身上的衣服剥得精光，一个子儿也不剩，然后把我扔在撒哈拉沙漠的中心地带，但只要有两个条件——给我一点儿时间，并且让一支商队从我身边经过，要不了多久，我还会成为一个新的亿万富翁。”

创新作为一种最灵动的精神活动，最忌讳的就是呆板和教条，任何形式的清规戒律，都会束缚其手脚，使其无法大展所长，只有敢于挑战传统、打破常规之人，才能真正有所作为，才能敞开胸怀拥抱成功。毫无疑问，你们是最具有创新精神的群体，是具有保守思想最少的群体，是最勇于开拓进取的群体，是最勇于打破常规的群体，是创新思维最为活跃、精力最充沛、最好动脑筋、创造欲最旺盛的群体。

李大钊曾说：“青年之字典，无‘困难’之字；青年之口头，无‘障碍’之语。青少年，一言以蔽之——敢为天下先！”所以，这是一个属于你们的时代，而要占领这个时代的首要条件，就是张扬自我个性，用“离经叛道”去打破所有过于迷信的经验、传统、权威和规则！

要想成功，就必须走出自己的路来，老跟在别人屁股后面，最后只能落个“跟屁虫”的臭名，所以一定要有自己的个性，个性是区别大众的，大多数成功的人都是有个性的，他们都是根据自己的个性去思考自己的未来，去设计成功的路线和方法。

创新之路犹如春草，是置之死地而后生的产物，会带来阵痛，也会有牺牲。但是，只要我们学会冷静地思考，用“天下之事，因循则无一事可为，愤然为之，亦未必难”来启迪自己，用“智者不袭常”来引导自己，那么，我们所看到的就会是另一番全新景象。当我们面对学习和生活中一些比较简单的问题时，传统与规则确实能起到提高工作效率的作用，但是，在一些较为复杂的问题上，传统与规则不但不能使问题得到圆满解决，而且还很容易让我们自设陷阱、自设障碍，从而误入死胡同，迷迷糊糊转不过弯来，以致常常做出一些糊涂事来。

这时候，请把你的个性展现出来吧！

别人的眼光，与我无关

这早上雨爽快要去上学的时候发现书包背带坏掉了，怎么办？总不能抱着书包去上学吧！雨爽一时不知道该怎么办，情急之下，妈妈对她说：“雨爽，我们家有一个很老很老的军绿色背包，还是十年前妈妈背的，实在不行你先将就一天，妈妈把你的书包拿去修，好不好？”

话说雨爽也没有别的好办法，只好倚靠妈妈的“救援”了，等妈妈把她的书包拿出来，雨爽一看就傻了：那是什么时代的包啊，妈妈真有趣，居然还把这样土得掉渣的包留下来。

可是如果不背这个书包的话，今天就没有办法去上学了，雨爽想到这里，也只好硬着头皮把它背到学校里来。

到了学校，雨爽看到了同学米米异样的眼光，不由得把头低了下来。

“雨爽，你的新书包是在哪里买的？真够时髦啊。”米米一声惊叹。

什么？不会听错了吧？时髦？雨爽感到不可思议，米米在故意取笑自己吧。

“没有，我的书包坏掉了，这是妈妈的书包，我先用着。”雨爽急忙向米米解释，希望她不要介意。

“哈！那真巧啊。雨爽，你可能还不知道吧，现在市场上有一股复古风，就像你这样的几十年前的老样式又流行回来了。哈哈！原来是你家的古董啊，我以为你赶潮流特意买的呢。”米米边说边笑。

听米米这样一说，雨爽不禁也乐了，再看看这个包包，好像没有那么土了。

晚上回到家，妈妈跟雨爽说：“我帮你把书包修好了，明天你就可以换过来了。”

“不用，妈妈，这个书包我想多背几天呢。”雨爽认真地告诉妈妈。

“为什么？你不是嫌那个式样很老吗？怎么突然又不换了。”妈妈一脸疑惑地问雨爽。

雨爽把白天米米说的话原原本本地向妈妈又复述了一遍。

妈妈听了之后也开心地笑了起来：“没想到，那个年代留下来的东西，现在居然会流行，呵呵。”

是啊！人们的审美眼光啊！究竟什么是美的？什么是丑的？什么是新潮的？什么是过时的？还真不好说呀！

妈妈对我说：

雨爽，好好想想自己是不是一个有主心骨的人？你在做事时是按照自己的想法做决定，还是听从别人的话摇摆不定？你会不会因为有人说你新买的裙子太花哨而闷闷不乐一整天？你会不会因为别人说你不行就不再去努力？很多时候，我们在通向成功的奋斗之路上常常被一些人和事所干扰，最终失去了真实的自我，在歧路上越走越远，找不到回头的路。

白云守端禅师有一次和他的师父杨岐方会禅师对坐，杨岐问："听说你从前的师父茶陵郁和尚大悟时说了一首偈，你还记得吗？"

"记得，记得。"白云答道，"那首偈是：'我有明珠一颗，久被尘劳关锁，一朝尘尽光生，照破山河万朵。'"语气中免不了有几分得意。

杨岐一听，大笑数声，一言不发地走了。白云怔住了，不知道师父为什么笑，心里很烦，整天都在思索师父的笑，怎么也找不出师父大笑的原因。

那天晚上，他辗转反侧，怎么也睡不着，第二天实在忍不住了，大清早就去问师父为什么笑。杨岐禅师笑得更开心，对着因失眠而眼眶发黑的弟子说："原来你还比不上一个小丑，小丑不怕人笑，你却怕人笑。"白云听了，豁然开朗。

很多时候我们就是陷于别人给我们的评论之中而迷失了真实的自己。别人的语气、眼神、手势等都可能搅扰我们的心，使我们丧失往前迈进的勇气，甚至让我们成天沉迷在愁烦中不得解脱，在前进的道路上迷失自我。事实上，别人怎么说、怎么做，那是别人的事情，是别人的生活态度，而你怎么说、怎么做、怎么想，才是你的生活态度。不要因为身边的一些事和人，而受到影响；不要因为别人的一句本非善意的话，而受到伤害；不要因为别人做的一些无关紧要的事情，而否定自己。但丁说："走自己的路，让别人去说吧！"我们都有自己的生活方式、自己做人的原则，太在意别人的看法、盲从他人，便会丧失主见、失去自我，这样的人生，还有什么意义呢？我们不能如矮子观戏，人云亦云。

上帝曾把 1、2、3、4、5、6、7、8、9、0 十个数字摆出来，让面前的十个人去取，说道：“一人只能取一个。”

人们争先恐后地拥上去，把9、8、7、6、5、4、3都抢走了。

取到2和1的人，都说自己运气不好，得到很少很少。

可是，有一个人却心甘情愿地取走了0。

有人说他傻：“拿个0有什么用？”

有人笑他痴：“0是什么也没有呀，要它干啥？”

这个人说：“从零开始嘛！”便埋头不言，孜孜不倦地干起来。

他获得1，有0便成为10；他获得5，有0便成了50。

他一心一意地干着，一步一步地向前。

他把0加在他获得的数字后面，便十倍十倍地增加。终于，他成为最成功、最富有的人。

其实，你的生活是你自己的，不是别人的。在这个世界里，每个人都是一道彩虹，是一道别人永远无法再次演绎的彩虹。这个世界多姿多彩，每个人都有属于自己的位置，有自己的生活方式，有自己的幸福，何必羡慕别人？放开自己，挣脱别人对我们的束缚，不要被别人的言论所左右，找到属于你自己的天空，你才能活得更洒脱，才能在充满坎坷的人生道路上走得更踏实。

优雅从切磋琢磨处得来

为了形象，也要在乎“小节”

“哇！饿死俺了，总算有饭吃了。”安安和同伴们在外行走了一天，找到一家吃饭的小地方，就是因为如此，把安安高兴坏了。

当饭菜端上桌，安安不顾一切地抓起筷子，把食物大口大口地往里送，看她那个样子，原本感觉不到饥饿的同伴们也被她勾起了食欲。

安安吃饭的样子是如此的香喷喷，还不时地发出“吧唧吧唧”的声音，周围的几个人都齐刷刷地看着她。

可能是由于先前安安吃得太过于投入，没有意识到周围人的表现，待会她好不容易抬起头抹抹嘴巴，看到很多双眼睛都在看她，感到了有点诧异：“你们快吃饭啊，怎么一直都在看我，我有那么好看吗？”

安安的同学柔柔最先发言：“安安你一直在发出‘吧唧吧唧’的声音，自己都不知道吗？一点淑女的样子都没有。”

安安大大咧咧地说：“我本来也不是淑女啊，装什么斯文啊。”

柔柔不客气地说：“听你吃饭的声音，感觉像只小猪。”

安安一听乐了：“呵呵，在家我妈有时也这么说我。”

可怜的安安，因为一个吃饭的小节不注意，都被人当成猪了。

有的时候，这个小节也挺重要呢。其实安安以前听妈妈讲过的，很多有见识的人在观察别人的时候，都是从一个毫不起眼的小节来观察的。

妈妈对我说：

安安，仪态美是指人的仪表、姿态所显示出来的外在美。仪表，主要是指装饰装束；姿态，主要是指行为举止的姿势形态，表现在日常生活的小节当中。

大哲学家培根说："形体之美胜于颜色之美，而优雅的行为之美又胜于形体之美。"

如果一个女孩拥有优雅端正的体态，敏捷协调的动作，优美的言语，行之有效而又大方的修饰、甜蜜的微笑和具有本人特色的仪态，即使是容貌平平，也会给人留下美好的印象。

所以说，一个受人尊重的女性，并不是最美丽的女性，而是仪态最佳的女性。

一、吃的仪态美

吃的仪态可看出一个女性的家教修养。

1. 在公共场合吃饭时切忌高谈阔论，影响邻桌的客人，更不可因小孩不听话而动怒打骂。

2. 在饭桌上切忌谈论一些不雅的事情。

3. 切忌吃饭时发出吧嗒嘴声。

4. 要注意拿筷子的样子、喝汤的姿态、嚼饭菜的口形、拿碗的动作等，均应以自然为主，千万不可为了"美"而做作。

二、立的仪态美

1. 正式站姿

这种站姿一般适合于在正式场合，肩线、腰线、臀线与水平线平行，全身对称，目光直视，所表达的是一种坦诚的、谦和的、不卑不亢的形象。

2. 随意站姿

这种站姿要求头、颈、躯干和腿保持在一条垂直线上，或两脚平行分开，或左脚向前靠于右脚内侧，或两手互搭，或将一只手垂于体侧。表达了淑女的含蓄、羞涩、收敛。微微含胸、双手交叉于腹前，手微曲放松，则表达了一种性感女性的曲线之美。倾斜的肩、分开的脚、突出的胯无论从哪个方向来看都具有一种动感。有时又表达了一种健壮的肢体美。

3. 装扮站姿

这是一种具有艺术性和表现欲望的站姿，在表达情感上最为生动，有时甚至会感到夸张。在T型舞台上、艺术摄影中常可以见到这种站姿。头斜放，颈部被拉得修长而优美，一手叉在腰上，脚左右分开，重心在直立腿上，向人们在展示一种自信的美，一种艺术的美。

三、坐的仪态美

优美的坐姿，要求上身挺直，两眼平视，下巴微收，脖子要直，挺胸收腹，脖子、脊椎骨和臀部成一条直线。另外，一切优美的姿态让腿和脚来完成。

上身随时要保持端正，如为了尊重对方谈话，可以侧身谛听，但头不能偏得太多，双手可以轻搭在沙发扶手上，但不可手心向上。双手可以相交，搁在大腿上，但不可交得太高，最高不超过手腕两寸。左手掌搭在大腿上，右手掌搭在左手背上，也很雅致。

不论坐何种椅子，何种坐法，切忌两膝盖分开，两脚尖朝内，脚跟向外。翘大腿坐时，尤其是一脚着地，一脚悬空时，悬空的一只脚尽量让背伸直，不可脚尖朝天。女孩子最忌两脚成“八”字伸开而坐。

四、行的仪态美

走路时要想保持良好姿态，可遵循以下原则：

1. 上半身挺直，下巴微收，两眼平视、挺胸收腹、两腿挺直、双脚平行。

2. 迈步时，应先提起脚跟，再提起脚掌，最后脚尖离地；落地时，应脚尖先落地，然后脚掌落地，最后脚跟落地。

3. 一脚落地时，臀部同时做轻微扭动，但幅度不可太大，当一脚跨出时，肩膀跟着摆动，但要自然轻松。让步伐和呼吸配合成有韵律的节奏。

4. 穿礼服、长裙或旗袍时，切勿跨大步，显得很匆忙。穿长裤时，步幅放大，会显出活泼与生动。但最大的步幅不超过脚长的两倍。

5. 走路时膝盖和脚踝都要富于弹性，否则会失去节奏，显得浑身僵硬，失去美感。

五、衣的仪态美

爱美是女孩的天性，但并不是每个女孩都懂得如何打扮自己，有些人花了不少钱买贵重的衣服，但穿在身上却总是缺那么一点完美感；而有的人却能花很少的钱把自己打扮得漂亮又大方，这就是个人审美观的问题了。

一个有穿着品位的女孩，绝不会一味地追求昂贵和时髦的衣服。比如一个身材矮胖、腿部粗短的女性，穿流行的窄腿裤或超短裙是肯定不合适的，她应当选择色泽较深，花纹单纯或直条纹的稍宽裤管的长裤或长及小腿以下的长裙，裙摆遮住粗壮的小腿肚为宜，脚下可穿高跟鞋，使裤管遮住鞋跟，这样可使身材看起来修长一些。

此外，衣料的质地也很重要，身材丰满或个性活泼的女性，宜穿软料的衣服，而硬料则比较适宜瘦小的女性穿。

服装的式样对女性的仪态美也有很大影响。短的衣服，适于身材高挑的女性，而身材矮小的女性衣服最好长一些；丰满的女性式样应力求简单，有时不妨戴一条长项链，也可起到拉长身材的作用。身体瘦小的女性，式样还可以有些变化，如可在小圆领上加些飘逸的荷叶边，但切忌衣服不合身。

六、笑的仪态美

对女性来说，笑也很有讲究。在日常生活中，常看到有些女性不注意修饰自己的笑容，而影响了自己的仪态美。笑有很多种，如拉起嘴角一端微笑，使人感到虚伪；吸着鼻子冷笑，使人感到阴沉；捂着嘴笑，给人以不大方的印象。

要想笑，嘴角翘。这是公认的美的笑容，达·芬奇的名画《蒙娜丽莎》中的微笑被誉为永恒的经典微笑。美丽的笑容，犹如三月桃花，给人以温馨甜美的感觉，发自内心的笑是快乐的，但切忌皮笑肉不笑，或无节制的大笑、狂笑。

愿你讲究笑的艺术，修饰笑的仪容。

现代女性要学会运用美的微笑、美的肢体语言、美的表情、美的仪态来展现你的风采，让你美在容颜上，美在言行举止上，进而美在思想上，美在心灵上，从而让你成为有气质、有修养、有风度、有魅力的新女性，以赢得他人的尊重，获得事业和人生的成功！

擦亮我的气质招牌

在婷婷身边有很多朋友，不同的人有不同的气质，在别人的眼中一目了然。每个人都有自己的气质特性和招牌动作。

黛黛：

招牌气质：大大咧咧的粗线条

招牌口碑："什么事情不必太计较，乐和乐和就行了。"

招牌行动：过火地热情助人

花花：

招牌气质：自恋 + 臭美

招牌口碑："哎呀！你这样做我不满意。"

招牌行动：在一切事物中挑挑拣拣

媛媛：

招牌气质：善解人意的活泼女孩

招牌口碑："大家好才是真的好。"

招牌行动：不会干扰别人

这就是婷婷的朋友，她们每个人都有不同的气质名片。婷婷觉得自己应该也有独特的一面，因为她不和她们任何一个人相同。至于自己的招牌是什么，叫别人去评判吧。

不过婷婷相信，当女孩有一个好的招牌，一定会受到很多人的爱戴和青睐。

妈妈对我说：

婷婷，女孩的美丽，已经被人们无数次地讴歌和赞美，文人骚客为此差不多穷尽了天下的华章。其实，在美丽面前，诗歌、辞章、音乐都是无力的。无论多么优秀的诗人和歌者，最后都会发出奈美若何的叹息！美丽的女孩人见人爱，但真正令人心仪的永恒美丽，往往是具有磁石般魅力的女孩。那么，什么样的女孩才具有魅力呢？三个字：气质美。

气质是女孩征服世界的利器，就如同一座山上有了水就立刻显现出灵气一样。一个女孩只要插上了气质的翅膀，就会立刻神采飞扬、明眸顾盼、楚楚动人起来。

著名化妆品牌羽西的创始人靳羽西说过：“气质与修养不是名人的专利，它是属于每一个人的。气质与修养也不是和金钱权势联系在一起，无论你是何种职业、任何年龄，哪怕你是这个社会中最普通的一员，你也可以有你独特的气质与修养。”

那么，现代的女性应具备哪些气质呢？

1. 人格之美

女性气质的魅力是从人格深层散发出来的美，自尊、自爱、端庄、贤淑、善解人意、富于同情心等都是美好的人格特征。相反，轻浮、自私、叽叽喳喳和鼠肚鸡肠的女人，即使容貌长得再漂亮、惹人喜爱也只是过眼云烟。

2. 温柔的力量

说到温柔，人们自然会想到圣母的画像，想起在极其柔和的背景中圣母玛丽亚温柔而圣洁的微笑。这微笑向人们展示了她的善良、无邪、温柔和博爱，她巨大的艺术魅力亘古不衰。男人们最喜欢的大概不是女人的外貌，而是女人的阴柔之美。

3. 腹有诗书气自华

读书和思考可以增加一个人的魅力。知识和修养可以令人耳聪目明，也会给一个女孩增添不凡的气质。学识和智慧是气质美的一根支柱，有了这根支柱，完全可以弥补容貌上的欠缺。

4. 可贵的坚韧

柔的温情并不是主张女孩子一味地顺从、依赖、撒娇，女性也要有个性、有主见、有行为的自由。这种独立性是一种情感中的柔韧和追求中的坚定，是一种意志上的自持和克制力，是一种既不流于世俗又深深地蕴含着理性的行为。那些见异思迁、毫无主张、遇到挫折便哭哭啼啼的女孩，即使长得再漂亮也不会有人喜欢的。相反，对美的事物毫不动摇，坚持不懈追求的精神，完全可以使丑姑娘变得美丽。

在现实生活当中，所有的男人和女孩都喜欢与这样的女孩相处，因为这种女孩使你既有眼球上的好感，还有一种吸引人的特别力量，能不断地感染你，使你羡慕，让你追随。

气质是一种灵性，一个女性如果只靠化妆品来维持，生命必定是苍白的。

气质是一种智慧，一点点地雕琢着一个人，塑造着一个人，一个不经意的动作，就能吸引所有人的目光。

气质是一种个性，蕴藏在差异之中，只有不断创新，才能拥有与众不同的韵味，成为一个让人一见难忘的人。

气质是一种修养，在城市流动的喧嚣中，洗练一种超凡脱俗的“宁”与“静”，面对人间沧桑，才会嫣然一笑。

对女孩而言，气质是一种永恒的诱惑，因为气质不仅仅靠外貌就能获得，而且还要拥有丰富的智慧与常识，拥有傲人的气度与素质。

在生活水平日益提高的今天，用来美化包装女孩的手段可谓层出不穷。皮肤不白可以增白，五官不正可以再造，脂肪过剩可以吸除，形体不美可以训练，但至今还没听到有“女孩气质速成”之类的技术面世。

事实上，女孩的气质首先是先天的或者说是与生俱来的，其次，后天长期的潜心修养也很重要。而刻意模仿、临时突击则是难以从根本上改变气质的，弄不好“画虎不成反类犬”，成为效颦的东施，反为不美。

真正高贵脱俗、优雅绝伦的气质，需要的是全方位的修养和岁月的沉淀。像一抹梦中的花影，像一缕生命的暗香，渗透进女孩的骨髓与生命之中，让她们能够在面对岁月的无情流逝时，仍然能够拥有一份灵秀和聪慧，一份从容和淡泊……

真诚并不等于要说实话

“佩佩，已经十一点多了，你怎么还不睡觉啊？”妈妈进来催促佩佩赶快休息，“是不是白天又没有抓紧时间，再不睡觉的话明天又该起不来了。”

“妈妈，我一会儿再睡，我要想出一个作文思路再睡。”佩佩对妈妈说。

“你思考的是什么作文题目呢？”妈妈好像对佩佩的思考很有兴趣，饶有兴味地问她。

“是一个话题作文，关于狼来了的故事。这是一个很老套的故事，但是命题要求需要从一个新颖的角度来写。我想了很多，还是觉得不够新颖，这些题目都落了俗套。”

佩佩说着把自己想出来的题目给妈妈看：不要做撒谎的孩子、撒谎会让我们陷入困境、撒谎的孩子不可爱。

“嗯，确实一般般，这样的作文不会得高分的。”妈妈直言不讳地跟佩佩说，“因为你在思考命题的时候没有跳出一个圈，那就是你的思维一直局限在撒谎不可取这个观念中，所以就跳不出来了。”

听了妈妈的话，佩佩好像觉得妈妈有思路了，于是满怀希望地问道：“妈妈，您认为呢？”

“难道撒谎就全是错的吗？你可以想想，有些撒谎是正确的啊。”妈妈启发佩佩。

啊？撒谎还有正确和不正确之分吗？在佩佩的观念中，只要是撒谎就都是不正确的。妈妈的想法一定是错了吧？

“佩佩，其实在生活中也有很多善意的谎言，也许你现在还小，体会不到的缘故吧。我来给你讲讲关于这方面的感人故事吧。”

“嗯，好的，我特别想听。”佩佩拖着小脑袋，一下子忘记了睡意。

妈妈对我说：

佩佩，我们先从一个故事讲起吧。

一天中午，克米里太太刚到厅门，就听见楼上的卧室有轻微的响声，那响声对于她来说太熟悉了，是阿马提小提琴的声音。

“有小偷！”克米里太太急忙冲上楼。果然，一个大约11岁的陌生少年正在那里摆弄小提琴。他头发蓬乱，脸庞瘦削，不合身的外套里面好像塞了某些东西，毫无疑问他是一个小偷。克米里太太用自己的身躯挡在了门口。

这时，克米里太太看见少年的眼里充满了惶恐、胆怯和绝望。那是一种非常熟悉的眼神。刹那间，让她想起了往事……愤怒的表情顿时被微笑所代替。她问道：“你是克米里先生的外甥琼吗？我是他的管家。前两天，克米里先生说你要来，没想到来得这么快！”

那个少年先是一愣，但很快就回应说：“我舅舅出门了吗？我想先出去转转，待会儿再回来。”克米里太太点了点头，然后问那位正准备将小提琴放下的少年，“你也喜欢拉小提琴吗？”

“是的，但拉得不好。”少年回答。

“那为什么不拿着琴去练习一下呢？我想克米里先生一定会很高兴听到你的琴声的。”她语气平缓地说。少年疑惑地望了她一眼，但还是拿起了小提琴。

临出客厅时，少年突然看见墙上挂着一张克米里太太在歌德大剧院演出的巨幅彩照，身体猛然抖了一下，然后头也不回地跑远了。克米里太太确信那位少年已经明白是怎么回事，因为没有哪一位主人会用管家的照片来装饰客厅。

那天黄昏，回到家的克米里先生察觉到异常，忍不住问道："亲爱的，你心爱的小提琴坏了吗？"

"哦，没有，我把它送人了。"她缓缓地说道。"送人？怎么可能！你把它当成了你生命中不可缺少的一部分。"克米里先生有些不相信。

"亲爱的，你说的没错。但如果它能够拯救一个迷途的灵魂，我情愿这样做。"看见丈夫一脸的迷惑，她就将事情经过告诉了他，然后问道："你觉得这么做有什么不对吗？"

"你是对的，希望你的行为真的能对这个孩子有所帮助。"丈夫说。

五年后，在一次音乐大赛中，克米里太太应邀担任决赛评委。最后，一位叫里特的小提琴选手凭借雄厚的实力夺得了第一名！评判时，她一直觉得里特似曾相识，但又想不起在哪里见过。

颁奖大会结束后，里特拿着一只小提琴匣子跑到克米里太太的面前，脸色绯红地问："太太，您还认识我吗？"克米里太太摇了摇头。"您曾经送过我一把小提琴，我一直珍藏着，直到有了今天！"里特热泪盈眶地说："那时候，几乎每一个人都把我当成垃圾，我也以为自己彻底完了，但是您让我在贫穷和苦难中重新拾起了自尊，心中再次燃起了改变逆境的熊熊烈火！今天，我可以无愧地将这把小提琴还给您了……"

里特含泪打开琴匣，克米里一眼瞥见自己的那把阿马提小提琴正静静地躺在里面。她走上前紧紧地搂住了里特的手，五年前的那一幕顿时重现在她的眼前，原来他就是"克米里先生的外甥琼"！克米里太太眼睛湿润了，少年没有让她失望。

佩佩，撒谎确实不是一个好习惯，但并不是所有的谎言都会给我们的生活带来痛苦，有些谎言之所以美丽是因为它建立在善意的基础之上的。如果善意的谎言用得恰到好处，会为我们的生活增添更多的感动。

心无旁骛，我行我素

做自己喜欢做的事

“小如，这个假期，你想怎样安排呢？”妈妈饶有兴致地问小如。

“嗯，我想做一点自己喜欢做的事。”小如认真地对妈妈说。

“嗯，你说我听听。”妈妈想让小如说得细致一点。

要知道，班上有很多同学的家长都希望利用这个假期给孩子好好补习功课，甚至有一位家长买来了一摞的习题，让那个同学在一个假期之内全部完成，否则就不可以游戏。

也许，妈妈也希望小如能够做上几本习题，巩固一下学习的知识，可是小如实在是想做一些自己喜欢做的事。

听到妈妈问小如有什么计划，小如心里有点发凉，也许妈妈正准备做思想工作，希望她要利用假期的时间好好学习呢。

“妈妈，我想和您商量……我不学习了行吗？”小如想还是先下手为强，主动和妈妈商量起来。

“呵呵，当然好啊。只要你把时间放在做有意义的事情上，做什么妈妈都会支持的。”妈妈说出这句话的时候，小如感觉自己快要幸福死了，眼前的这位母亲，简直就是一位天使。

“嗯，我想利用假期的时间把全套的凡尔纳探险小说读完，还想用假期的时间练习吹长笛和口琴，剩下的时间用来写作业，其实我们的作业很多呢，每天完成一点点，足够我写一个假期的。”小如把自己的构想向妈妈陈述了一番。

“小如，妈妈支持你的想法。”妈妈的话好比是一颗定心丸，总算让小如愉悦起来，她继续说，“你已经学习了一个学期，已经很累了，利用这个假期，好好地调节一下是很有必要的。妈妈不强迫你像其他的同学那样在假期补习。不过，开学之后，我们要有一个更好的精神风貌对待学业，争取更上一层楼，好吗？”

“哦！万岁！”小如高兴的神情溢于言表。

妈妈对我说：

小如，我们每个人每天都有许多事情可做，在众多事情当中，你一定要清楚地了解一点，那就是：一定要做自己喜欢做的事。

但是往往有很多人并不清楚这一点，为了种种原因，他们最后逼迫着自己去做一些自己不喜欢做的事，最后往往后悔莫及。

有一位机械师不喜欢自己的工作想转行，却迟迟下不了决心，因为他已经学了二十几年的机械，如果突然换一份其他的工作，会感到很不适应，尽管不喜欢，却无法抛开累积二十多年的机械专业知识。他想改变，但又甩不掉过去的包袱，自然无法突破。于是他陷入了痛苦之中，他常常叹息着说：“如果当初我选择喜欢的事情就好了。”

生活中，像这位机械师的人很多，不管是学习或是工作，他们大多都在做着自己讨厌的事情，又不得不逼迫着自己去做好这些事情。不断挣扎中，他们往往失去了动力，当遇到学业或事业的瓶颈时也无法突破。他们也想过要改变，为此还不断地征求别人的意见，可最后还是很少有人试着去改变。

这其实是一个矛盾，既然知道自己再继续做下去也不会有兴趣，就应该果断地做出离开的决定。与其在不喜欢的事情上浪费时间，不如把精力投入在喜欢的领域。也许你担心无法适应或开拓一个新领域，其实大可不必，一个人在做自己喜欢的事情，就必定充满了力量，想象力和创造力也更容易被激发出来，只要付出努力，相信一定会取得成功。

很多年前，一位名人讲过一句话：“你一定要做自己喜欢做的事情，才会有所成就。”

所以，尝试着改变自己目前的状况，如果想让自己做事更有成效，你就必须做出更好的决定，采取更好的行动。

罗克的故事对你或许会有所启发。

罗克一直很喜欢运动和数学，从小到大，他一直是运动健将，不仅担任过体育队长和篮球、乒乓球队长，是校田径队的杰出运动员，罗克曾经想过要如何把兴趣发展成职业，也曾经梦想成为世界冠军。

但罗克在思考后觉得：“靠体力过生活，并不是我真正喜欢过的生活，虽然我非常喜欢运动。”

在高中和大学的时候，罗克的数学成绩一直都是名列前茅，他也曾经想过，要当一位数学教授。但罗克发现，当一位数学教授，也并不是他最喜欢做的事情，于是他继续寻找另一个可以当成他终生事业的工作。

17 岁的时候，罗克接触了汽车销售业，因为他很喜欢车子，他想自己应该可以做得不错；真正进入了这个行业之后，他发现这个行业有非常大的特色，但是他的个性似乎并不适合，于是，他又转行了。

从 16 岁到 21 岁，罗克陆陆续续换了 18 种不同的工作，每一处，他都想着一定要做自己喜欢做的事情。他不断地思考，最后他终于得到了一个伟大的发现，那就是他身上的一个特点：他从小到大一直很热心，很喜欢帮助别人，同学数学不会，他很喜欢教他；别人篮球打得不好，他会自告奋勇过去教他。因为罗克相信，只要自己可以，别人一定也做得到。

在一个很偶然的机会，罗克参加了一个激发心灵潜力的课程，它给了他非常大的震撼。

罗克发现，自己上了那么多的课程，学习了那么多的资讯，却没有任何一个课程比得上他的老师安东尼·罗宾，在短短的 8 小时当中，所分享给他的那么多。

罗克想，假如他以后也能做别人所做的事情，把一些真正对人们有帮助的资讯，不管用何种渠道，书籍、录音带或是录像带，然后分享给想要获得这些资讯的人，那该有多好。投入这项工作之后，罗克终于找到了那个他最喜欢的工作，这就是他毕业所寻找的方向。经过了七八年的坚持，他终于可以在心理学崭露头角，让非常多的人得到非常具体的帮助。

从故事中我们不难看出，做喜欢做的事对一个人所产生的影响。

一个人只有在做自己喜欢的事情才能充满激情，所以，突破现在的自己吧，积极行动起来，去做喜欢喜欢的事情吧！

放下欲望的包袱

“我们有时总是觉得自己所拥有的还不够，但在很多时候，这种‘不够’不是指它不能满足我们真正的需要，而是指不如别人拥有的多和好。”

看到这句话，宁宁能够很自然地联想到花花。

“妈妈，你不要买 QQ 车啦，如果你要是买的话，我再也不想让你接我回家了，丢不起的人。”花花在电话里冲着阿姨乌里呱啦地乱叫，宁宁在旁边静静地听她讲。

“其实 QQ 车也很可爱，而且颜色丰富，我就很喜欢啊。”宁宁是这么说的，也是这么认为的，因为以前她自己还想过以后长大了就买辆 QQ 算了，看上去既轻巧又实用，价格便宜，而且颜色丰富，买一辆草绿色的，多酷啊。

“怎么会？现在谁家开的起码都是个本田、奥迪之类，买辆 QQ 在城市里开，把人寒碜死了，还不如不买算了。”花花说得都要哭了，宁宁也拿她没有办法。

“阿姨赚钱也不容易啊，买辆便宜点的，生活不会有太大的压力。而且我们买车的着眼点是实用，又不是比阔。阿姨也是为了接送你上学方便才打算买车的吧。”宁宁换个说法，好言安慰花花。

"哼，反正我跟妈妈说了，要不就买辆好车，要不就别买了，买了我也不坐。"花花撅着嘴，固执地说道。

宁宁似乎想见了阿姨现在为难的表情。

妈妈对我说：

宁宁，先让妈妈给你讲个故事吧。

乡下住着一对清贫的老夫妇，有一天他们要把家中唯一值点钱的一匹马拉到市场上去换点更有用的东西。老头牵着马在集市上走，他看到一头母牛很好，于是他用马换来了这头一母牛，接下来他又用母牛去换了一只羊，再用羊换来一只肥鹅，又把鹅换了母鸡，最后用母鸡换了别人的一口袋烂苹果。而在每次选择交换中，他都想给老伴一个惊喜。

当他扛着装满烂苹果的大袋子来到路边一家小酒馆歇息时，遇上两个英国人。闲聊中他谈了自己赶集的经过，两个英国人听后大笑不止，说他回去一准得挨老婆子一顿臭骂。老头子坚称绝对不会发生那样的结果，英国人就用一袋金币打赌，二人于是一起跟着老头子回到乡下家中。

老太婆见老头子回来了，十分高兴，她兴奋地听着老头子讲赶集的经过。每次老头子讲到他做出的选择时，她都充满了对老头的钦佩。

她嘴里不时地说着："哦，我们有牛奶了！"

"羊奶也一样好喝。"

"哦，鹅毛多漂亮啊！"

"哦，我们从今往后就有鸡蛋吃了！"

最后听到老头子背回一袋已经开始腐烂的苹果时，她同样不愠不恼，大声说："我们今晚就可以做苹果馅饼吃了！"

结果，英国人输掉了一袋金币。

看到这个故事，宁宁你是否也从中得到了一些启发呢。其实，心态好的人总能从容面对各种选择，在他们看来，"没有了巧克力，但我有牛奶；没有了牛奶，但我有面包；没有了面包，但我还有烂苹果；

有烂苹果，也不错”！

的确，生活中很多处境和事情是自己无法把握的，于是，不少人就在这些不如意的地方一味地发牢骚，抱怨这个、埋怨那个，总觉得是整个世界欺负了自己，亏待了自己。结果，就在这无休止的牢骚中，自己的心情也变得越来越坏，而事情却丝毫没有发生改变，依然是最初认为的那样让人无奈。

而面对同样的境况，另一些人却可能采取完全不同的态度和方法。没有别人的洋房，但是自家的房子也可以遮风挡雨；没有别人家里的豪华汽车，但我可以每天坐公交车或步行，这样不仅可以锻炼身体，还可以顺便观看马路两边的风景；自己没有姣好的脸庞和婀娜的身材，身边却不乏真诚的朋友……如此想来，其实自己的生活还是很不错的。

记得有人曾说过这样一句话：“我一直在为自己没有鞋穿而苦恼，直到有一天我遇到一个没有脚的人。”将没有脚的人与自己相比而使得自己从中得到安慰，这样听起来似乎有一点点残忍，但是，这又何尝不能激起自己珍惜眼下的幸福和拥有呢？

平时有很多女孩喜欢与身边的人攀比，当发现自己在很多时候都不如别人时，往往会陷入自卑和忧伤中，并不断将自认为的劣势放大，最终使自己陷入无边的烦恼当中。每当这时，你可以试着回过头来想一想，除了自己，还有谁在这件事情中有所损失？何必这么委屈自己，自己的身上一定有别人没有的闪光点，何必将自己完全否定掉呢？

学会变换心境，快乐其实一直不曾远去。

恬淡，让我活得快乐

一天小艺去彤彤家里玩，看到彤彤的书桌上面放了一根铁管。

“彤彤，这个是干什么用的啊？还挺新鲜的。”小艺拿着这个铁管，好奇地问。

“这是我自制的锥子。”彤彤看看小艺回答说，“你听说过头悬梁锥刺股的故事吧，我就是要做个锥子，等复习的时候困了，扎自己一下。”

“哈哈哈哈！”小艺忍不住大笑起来，“彤彤你的成绩已经不错了，所以到了晚上困了就睡吧，要不然的话转天白天困得不行了在课堂上睡着，那损失不是更大吗？再说了，万一你困的时候没有扎准，如果扎到别人那可就不对了。”

面对小艺善意的批评和提醒，彤彤说：“我将来要考重点大学，你也知道我这次考试的成绩，那点分数不够的。不这样学，怎么办？”

“刻苦学习是应该的，不过也要注意方法，如果学习能够提高效率的话，那比晚睡两个小时的效果要好得多。而且，你这种方法也太自虐了，阿姨看见了一定会心疼的。”小艺这样说道。

小艺回到家之后，就把这件事情告诉妈妈，并且探寻一下妈妈的意见，是否赞成自己也这样做呢？

“妈妈，你看彤彤成这个样子，考上个重点大学就有这么重要吗？”

“其实不是的，一个人不一定就要通过考学来成就，只要是做自己想做的事，立定心努力去做，早晚有一天会成为对人有用的人。妈妈不希望小艺为了考学把自己逼成这个样子，还要量力而为才好。当然，这并不是说不需要努力，我们还要尽心好好学习，对吗？”

“嗯。”小艺心里美滋滋的，为自己能有这样一个开通的妈妈而自豪。

妈妈对我说：

小艺，先让妈妈来给你讲个故事吧：

有一年冬天，一对婚姻濒临破裂而又不乏浪漫情调的夫妇准备做一次长途旅行，以期重新找回昔日的爱情。两人约定：如能找回爱情就继续在一起生活，否则就分手。当他们来到一个长满雪松的山谷时，下起了大雪，他们只好躲在帐篷里，看着大雪漫天飞舞。不经意间，他们发现，由于特殊的风向，山麓东坡的雪总比西坡的雪下得大而密，不一会儿，雪松上就落了厚厚的一层雪。然而，每当雪落到一定程度时，雪松那富有弹性的枝杈就会弯曲，使雪滑落下来。就这样，反复地积雪，反复地弯曲，反复地滑落。无论雪下得多大，雪松始终完好无损。其他的树则由于不能弯曲，很快就被压断了。

妻子似有所悟，对丈夫说："东坡肯定也长过其他的树，只不过由于不会弯曲而被大雪摧毁了。"丈夫点头。就在这时两人似乎同时恍然大悟，旋即以前的一切恩怨都成了过眼云烟。丈夫兴奋地说："我们揭开了一个谜——对于外界的压力，要尽可能适应；在适应不了的时候，要像雪松一样弯曲一下。这样就不会被压垮。"一对浪漫的夫妇，通过一次特殊的旅行，不仅揭开了一个自然之谜，而且找到了一个人生的真谛。

我们就如同故事中的树木，懂得给自己减压的人就是松树，而不懂得减压的人自然就像其他树木一样难逃折断的厄运。

"我一定要考上重点中学！"你一面给自己打气，一面又觉得倍感压抑，你的心里像敲起了战鼓，鼓点像暴雨中的雨点一样急促而有力，但是每一滴都狠狠地砸下来，让你有些承受不了了。

你给自己制订了学习计划，你每天严格地按照计划执行，只是随着时间的推移，你心里的那种压力越来越大，有时你甚至觉得有种透不过气来的感觉。

渐渐地，你吃不下饭，晚上总是很难入睡，即使入睡了也很容易被惊醒，你觉得浑身无力，走路像踩在棉花上一样。不管是上课还是自习，你的精力都无法集中。

心里那种无形的压力愈加膨胀，像块巨石牢牢地控制住了你。

这样的事情想来大家都会不陌生。这里说的其实就是压力。

压力是人的内心深处的一种情感体验，一定的压力会让人奋起，成为人行动的动力，但如果压力过大，那么对一个人的影响就非常严重了，用塞利教授的话说就是：压力的杀伤力比我们周遭环境中产生的任何事物都还要强大。

我们都知道，生活中充满了各种各样的压力，而且即使是最有智慧的人也无法将压力消灭。倘若我们不懂得如何给自己减压，那么终有一天终被压力压垮的。

所以，当压力不可避免时，如果你想在充满压力的环境下求得生存，并尽可能地保持轻松愉悦的心境，就需要拥有松树的智慧了。随着压力的增大，不断地给自己减压，最后逃离压力的暗影。

不要埋怨压力，重要的是改变你在充满压力的环境中的境况，而这给自己减压。“光明”一直在你的心中，只要你愿望见到主。

摒弃躁动，让心安稳下来

在穆穆看来，小豆豆有时真像是个万花筒，为什么这样说呢：因为她变得太快了。

“汪峰，我崇拜的汪峰，居然出书了。”小豆豆兴奋地捧着那本封面深沉的书在穆穆眼前晃来晃去，说道：“以后，我也想写书，觉得写出挺好的。你看，我今后朝这个方向发展好不好？”

“嗯。”穆穆漫不经心地回答。

“嗯，我不仅要写书，还要学画画，然后把我的作品也印在书上，你觉得好吗？”小豆豆又冒出了一个新点子。

“好啊，可以。”穆穆敷衍道。

“那我要好好想想学什么画比较好？我是学习素描呢，还是画水彩呢，还是画油画呢，还是画国画呢？哎，穆穆你说呢。”小豆豆看穆穆老是不说话，想征求她的意见。

“这个……”穆穆真不知道该怎么回答她，“你要先画画找找感觉才好啊。”

费了九牛二虎的力气，穆穆总算把她哄顺了。

过了几天之后，小豆豆又慌慌张张地跑了来：“穆穆，你看，演唱会啊，我最喜欢的歌星啊。不行，我以后要当个歌星，我要体验一下被人崇拜的感觉。”

我晕！

“小豆豆，你的画怎么样了，想好自己要画什么了吗？”穆穆故意试探着问道。

“嗯，是这个样子，我画了画之后，觉得我最适合的是——简笔画。”小豆豆很认真地告诉穆穆她的调研结果。

穆穆彻底无语了。

妈妈对我说：

穆穆，生活中有很多女孩就是这样，他们看到一部小说在社会上引起强烈反响，就想学习文学创作；看到电脑专业在科研中应用广泛，就想学习电脑技术；看到外语在对外交往中起重要作用，又想学习外语；想当歌星，又想当企业家、老板，今天学电脑，明天学绘画……由于他们对学习的长期性、艰巨性缺乏应有的认识和思想准备，只想“速成”，一旦遇到困难，便失去信心，打退堂鼓，最后哪一种技能也没学成。这种情况，与明代边贡《赠尚子》一诗里的描述非常相似：“少年学书复学剑，老大蹉跎双鬓白。”意思是说有的年轻人刚要坐下学习书本知识，又要去学习击剑，如此浮躁，时光匆匆溜掉，到头来只落得个白发苍苍，我们一定不要当这样的女孩。

还是俗语说得好，“罗马不是一天建成的。”太过于急躁，会使得我们离成功越来越远。但是在今天这个一直在提速的时代，渴望一天建成一个罗马的青年却越来越多。浮躁心理成了当前一些青少年的通病之一，表现为行动盲目，缺乏思考和计划，做事心神不定，缺乏恒心和毅力，见异思迁，急于求成，不能脚踏实地。

浮躁的人自我控制力差，容易发火，不但影响学习和事业，还影响人际关系和身心健康，其害处可谓之大。轻浮、急躁，对什么事都深入不下去，只知其一，不究其二，往往会给学习、生活带来损失。不浮躁是要踏实、谦虚，戒躁是要求我们遇事沉着、冷静，多分析多思考，然后再行动，不要这山看着那山高，干什么都干不稳，最后毫无所获。

《郁离子》中有个故事说，郑国有个人住在边远的地区，三年学习做雨具，好不容易学成了，可天太旱，无雨，雨伞没有用，自然没人买。于是，他就放弃了做雨具，改学做汲水的工具，用了三年手艺又学成了，却逢天雨不断，汲水工具没什么用，只好又回去干做雨具的老本行。可是此时盗贼四起，人们都急需军服兵器，他又改行去做兵器，手艺学成，又失去时机。

可见，要想真正地有所作为，浮躁不可不戒。这里有一些方法可以帮助青少年戒掉浮躁的坏习惯：

1. 学着知足常乐。比上不足，比下有余，从中获得自足、宁静。

2. 自我暗示。自我暗示是控制情绪的一个简捷而实用的好方法。例如，你可这样暗示自己：无论面对怎样的处境，总会有一种最好的选择，我要用理智来控制自己，绝不让情绪来主导我的行动。只要我善于控制自己的情绪，我就是一个战无不胜、快乐的人。

3. 开拓当中要有务实精神，要实事求是，不自以为是，踏踏实实，做好每一件事情；遇事要善于思考。考虑问题应从现实出发，不能跟着感觉走，命运应掌握在自己手里。道路就在脚下，切实做一个实在的人。

4. 多读一些书，找到自己浮躁的根源，例如，曾国藩的《养心经》，或者学习书法，让内心趋于平静。

5. 努力戒掉浮躁的坏毛病，尝试利用合理的时间来建造属于自己的精致罗马，相信，聪明的你一定能够做得更好。

淑女潜质必备

女人味是什么味

丽丽近来看韩剧看多了，所以经常和同伴们谈论“女人味”的问题。

在丽丽的眼中什么样的才是女人味十足呢？

“头发一定是香的，这样的女孩才算有女人味。”

“如果只是头发香还不行，一定要用香水。让自己走到哪里都散发香的味道。”

“不穿高跟鞋，那还算是女人吗？女人味的浓淡和高跟鞋的鞋跟长度是成正比的。”

“这个年头，还有谁穿件衣服把脖子都包起来呢？适当地裸露一点，毕竟我的皮肤白皙而又富有弹性。”

大家都早已经习惯了丽丽的唠叨，只是不敢苟同她的观点，所谓的女人味，一定要有香味才算有味吗？

“丽丽要小心，香水不要抹多了，否则会让人感到刺鼻而栽个跟头。”有一个同学这么不长眼，竟说丽丽不喜欢听的话。

实际上，女人味，所指的不是香味，而是回味吧。

妈妈对我说：

丽丽，所谓女人味，指的是一种人格、一种文化修养、一种品位、一种美好情趣的外在表现，当然更是一种内在的品质。简而言之，女人的味道就是女人的神韵和风采。有味道的女人，三分漂亮可增加到七分；没味道的女人，七分漂亮可降低到三分。没味道的女人，即使她有着如花的脸蛋、傲人的身材，但只要她一开口便足以暴露出她贫瘠的内心和空荡荡的精神。因此说，漂亮并不代表女人味。

做女人一定要有女人味，那样才能吸引众人的目光，尤其是来自异性赞赏的目光。最有资格评价女人的是男人，那么，在男人眼中，到底什么才是女人味呢?

1. 矜持

不管你是白领还是蓝领，也不管你待字闺中还是已为人妻，作为女人，永远不要大大咧咧、风风火火。要记住，凡事有度，矜持永远是女人的最高品位。

2. 智慧

外表漂亮的女人不一定有味，有味的女人却一定很美。因为她懂得“万绿丛中一点红，动人春色不需多”的规则，具有以少胜多的智慧；她懂得凭借一举一动、一言一语、一颦一笑的优势，尽现自己的至善至美。

3. 有度

再名贵的菜，它本身是没有味道的。譬如“石斑”和“鳜鱼”，虽然很名贵，但在烹调的时候必须佐以姜葱才能出味。女人也是这样，妆要淡妆，话要少说，笑要微笑，爱要执着。无论在什么样的场合，都要好好地“烹饪”自己，使自己秀色可餐。

4. 品位

前卫不是女人味，切不要以为穿上件古怪的服装就有味了。当然这也是味，但却是“怪味”。

5. 情调

有钱的女人不一定有女人味。这样的女人铜臭有余而情调不足，情调不足就索然无味。

女人味，如果叫你真正说说其内涵，大多又很难说清楚。很多男人认为，一个充满女人味的女人至少要有以下六大特征：

(1) 举止斯文，声音悦耳，说话节奏不快也不慢。

(2) 善良，有一点点不做作的天真。

(3) 独立自主，保持本色，独具个性。

(4) 善解人意，不强人所难，与人为善，有理也让人三分。

(5) 穿着得体，不传统守旧也不夸张，但绝对干净清爽。

(6) 大方，但不张扬，让人乐意与她相处或共事。

要学会包容

婕婕有时觉得，在她的同伴中，如果缺少了关键的人物，往往大家都热闹不起来。比如说，在她的朋友圈中，如果缺少了春春和乐乐就热闹不起来了。因为她们两个人特别喜欢唱反调，而且春春的论调在大多数的时候和乐乐是相反的，而乐乐也擅长用很绅士、很高雅的话语讽刺春春两句，想想也怪有趣的。

在婕婕看来她们两个人拌嘴就像是在说对口相声，配合得相当的好。

虽然总是在一起有点小吵吵，不过却不伤害彼此的情谊，大家一样还都是好朋友，要不然的话她们两个人吵了几百回，居然没有翻脸，还能把周围的人逗乐了。

“嗯，人嘛，没有什么事情可值得认真的，乐和乐和就行了。”豪爽的乐乐经常会说出这等波澜壮阔的话来。

“有时想想乐乐还真不错呢，我想发泄一下脾气，找不到合适的人，只有乐乐能帮得上我。”这可是春春的肺腑之言了吧！

正是因为大家在一起彼此关心，彼此包容，生活才会是如此丰富，充满欢笑。

妈妈对我说：

婕婕，你的这几个朋友，妈妈都很喜欢。你认为的不错，懂得包容的人都会是活得愉快而充实的。

城堡里住着一个富翁，他有3个儿子，当他知道自己不久将离开人世时，他便决定把自己的财产全部留给3个儿子中的一个。可是，到底要把财产留给哪一个儿子呢？富翁于是想出了一个办法：他给3个儿子每人一年时间去游历世界，回来之后，看谁做了最高尚的事情，谁就是财产的继承者。

一年时间飞快地过去了，3个儿子陆续回到家中，富翁要3个人分别讲一讲自己的经历。大儿子得意地说："我在游历的路上，遇到了一个陌生人，他十分信任我，把一袋金币交给我保管，可是那个人却在几天后意外去世了，我就把那袋金币原封不动地交还给了他的家人。"二儿子自信地说："当我旅行到一个贫穷的村庄时，看到一个可怜的老人不幸掉到湖里了，我立即跳下马，从河里把他救了上来，并留给他一些钱。"三儿子犹豫地说："我，我没有遇到两个哥哥碰到的那种事，在我旅行的时候遇到了一个人，他很想得到我身上的钱袋，于是一路上千方百计地害我，而我也确实差点死在他手上。可是有一天我经过悬崖边，突然看到那个人正在悬崖边的一棵树下睡觉，当时我只要抬一抬脚就可以把他踢到悬崖下，我想了想，觉得不能这么做。正打算走，我又担心他一翻身掉下悬崖，就叫醒了他，然后继续赶路了。跟两位哥哥的经历相比，这实在算不了什么有意义的事情。"富翁听完3个儿子的话，点了点头说道："诚实、见义勇为都是一个人应有的品质，称不上是高尚。有机会报仇却放弃，反而帮助自己的仇人脱离危险的宽容之心才是最高尚的。我的全部财产都是老三的了。"

在故事中，富翁认为宽容之心是最高尚的，这不无道理。安德鲁·马修斯说："一个脚跟踩扁了紫罗兰，而紫罗兰却把香味留在那脚跟上，这就是宽容。"

生活中，我们因为理解而宽容，因为宽容而舒适。正像人们常说的那样："宽容是人间最大的美德。"

人活一世，难免会出现这样那样的过错和失误。这个时候，一句宽慰和谅解的话，也许就能扫除心理的障碍，走出失败的阴影。相反，如果在别人最需要你谅解的时候你却恶语讥讽，那对对方而言无疑是雪上加霜。如果你处在对方的立场，当你需要别人的宽容时，你希望得到哪种结果？相信一定是前者。既然这样，那就学着多宽容人，多体谅人，这会让你拥有更宽广的心胸，也拥有更多的朋友。

由此看来，宽容确实是一种高贵的品质、崇高的境界，是精神成熟、心灵丰盈的体现。有了这种品质、这种境界，人就会变得豁达，变得成熟。宽容是一种仁爱的光、无上的福分，是对别人的释怀，也是对自己的善待。有了这种光芒、这种福分，人就会远离仇恨，避免灾难。

因此，对于初涉人世的青春期女孩来说，不要过分纠结于身边朋友可能出现的错误或失误，试着用宽容的心态来看待，你会成长很多、成熟很多，同时也会收获更多的从容与快乐。

温柔是一种武器

这天，大家一起骑车出去游玩。“砰——”半路上，源源的车胎突然爆了，她看到在桥的对面有家修自行车的地方，但是看着近，却要绕过桥才能到达，大家只好停了下来想想办法。

“我们拦辆出租车，捎我们一路吧。”文文出个主意，“我去拦车。”

不一会，一辆出租车停了下来。

但是文文在价钱上和出租车司机产生了争执：“我们只是要找一个附近修理自行车的地方，所以您不可以多找我们要。”文文很强势地要求司机。

“我们都是打表计费，起步价就是十块钱。你觉得不合适，就不要乘出租车，自己走着去算了。”出租车司机不甘示弱。

文文气不打一处来：“哼！出租车司机有的是，偏偏要找你吗？一点都不会做生意。”

就在这时，源源及时上前解围，很客气地对司机说：“叔叔，我们只是要绕过桥去修理自行车，如果要收十元钱的话确实有点贵了。您看便宜一点好吗？”

司机看看她，顿时消气了：“好吧，你给五块钱，我把你拉过去算了。”

文文看到源源三言两语就把事情搞定了，觉得很惊诧：“源源，你真是人见人爱、花见花开、车见车爆胎啊。”

大家一笑，高高兴兴地去修理车子，然后继续前行。

妈妈对我说：

文文，你看，因为源源说话柔和，所以司机叔叔才愿意帮助她，对不对？

温柔是一种境界，是女孩别致的风情。

女人的温柔是民族遗风、文化修养、性格培养三者共同凝练所致。一个女人，善于在纷繁琐事忙忙碌碌中温柔，善于在轻松自由欢乐幸福中温柔，善于在柳暗花明时温柔，善于在负担和创造中温柔，更善于填补温柔、置换温柔，这些是走向“魅力女人”的不可轻视的艺术。

无论是一言一行、一颦一笑、一举足一抬头……温柔的手会时时光顾。于人，温柔能折射出一个女孩的兴趣情调、品质修养，于社会，温柔能折射出一个社会的时代风尚、文明程度。

不说容貌体肤，单就可爱女孩的气质情致而论，那千种娇媚，万般风情，谁又能说得尽呢？

你尽可以潇洒、聪慧、干练、足智多谋，但有一点不能少，你必须温柔。女人存在的理由就是因为她具备男人所缺乏的温柔。

“温柔”这两个字很自然地和关心、同情、体贴、宽容、细语柔声联系着。温柔有一种无形的力量，能把一切愤怒、误解、仇恨、冤屈、报复融化掉。在温柔面前，那些吵闹吼叫、斤斤计较、强词夺理、得理不饶人，显得那么可笑可怜。

温柔是一场无风无雷的小雨，淋得你干枯的心灵舒展如春天的枝叶。

女人，最能打动人的就是温柔。温柔像一只纤纤细手，知冷知热，知轻知重。只这么一抚摸，受伤的灵魂就愈合了，昏睡的青春就醒来了，痛苦的呻吟就变成甜蜜幸福的鼾声了。

温柔是女人特有的武器，温柔有一种绵绵的诗意，女人把它缓缓地、轻轻地放射出来，飘到你的身旁，扩展、弥漫，将你围拢、包裹、熏醉，让你感受到一种放松、一种归属、一种美。所以，温柔，是属于女人的一种风情。

看一个女人善良不善良，就看她是不是温柔。人总是以善为本，可善良是看不见摸不着的，温柔不温柔是显而易见的。如果说善良是平静的湖泊，温柔就是从这湖上吹来的清风。

一个不温柔的女人根本谈不上善良，就算她有倾城倾国的美貌再加上一百条优点和一千种特长，也绝不是可爱的女人。

温柔是一块磁石，只要你进入它磁场之内，你就不知不觉被它吸引，想躲也躲不开。

温柔里面包含着深刻的东西，不是生硬地表演出来的，而是生命本体的一种自然散发。只有生长于生命内部的这种本性，才经得起考验，历久不衰，一直相伴到生命的终结。

温柔不是娇滴滴、嗲声嗲气，这里有真假之分。娇滴滴、嗲声嗲气是假惺惺，是故作姿态；而温柔是真性情，是骨子里生长出来的本能的东西。

温柔是人人都能感觉到的。一个女人站在面前，说上几句话，甚至不用说话，你就能感觉出这个女人是温柔还是不温柔。

如今，女性也已经承担重要的社会责任，与男性一分高下。不得不承认，作为群体，如今女性的温柔明显减少，多了些咄咄逼人。这种温柔的减少，多少有点不正常。调查显示，男性如今在家做饭洗衣的比例逐年上升，甚至不少男性学会了织毛衣，这种反差不能不说明一些问题。

很多女孩在谈到温柔时，会这样说，都什么时代了，还谈什么温柔?

应当指出，女性在追求独立人格的同时，也不应放弃温柔的一面，何况温柔与追求独立人格并不矛盾。温柔是美德、是理解、是关怀，只有懂得温柔的女孩，才会给人如沐春风的感觉。

温柔如风，可拂去心里的烦恼与忧愁；温柔似雨，可滋润心里的干渴与浮尘；温柔像虹，能映照自暴自弃之人重新扬帆的锦绣前程；温柔也似利剑，剽悍粗犷的人会在这利剑前垂下高傲的头颅。温柔，最是女人本色。

自己的情绪自己做主

悦悦最近迷上了玩数独，每当闲暇的时候，她就会捧着一本厚厚的数独来做些思维游戏。这种思维游戏很有难度，每做出一道题都要花很长的时间去想，而且最后想出来的结果也未必就是正确的，所以有的时候比较令人懊恼。但是即便如此，悦悦仍然很喜欢玩这种游戏。

这一天，当悦悦正陷入思索的时候，好朋友素素来找她玩。可能当时是因为悦悦太过着迷，以至于素素喊她的名字，她竟然没有听见。

素素可能觉得很纳闷吧，便顺手把悦悦手里的数独书抢了过来，开玩笑地说道：“让我看看悦悦在研究什么，这么入迷？”

书被素素这么一抢，悦悦的思路完全被打断了，顿时气恼万分，生气极了，朝着素素大喊：“你怎么偏偏这个时候来呢，真讨厌！”

素素被悦悦的异常举动吓了一跳，什么也不说了，闷闷不乐地回家了。

正在厨房里的妈妈听到了屋里的动静，过来问：“悦悦，你怎么了？”

“刚才我正在思考题目，素素过来打断了我的思路。我就按捺不住地对她发脾气了，其实我也不是故意的，只是一下子控制不住自己了。”

“哎，悦悦。你能想象到素素心里有多难过吗？让妈妈给你先讲个故事吧。”

有一个男孩脾气特别坏，于是他的父亲就给了他一袋钉子，并且告诉他，每当他发脾气的时候就钉一根钉子在后院的围篱上。

第一天，这个男孩钉下了50根钉子，慢慢地，天天钉下的数量减少了。

他发现控制自己的脾气要比钉下那些钉子来得容易些。

终于有一天这个男孩再也不会失去耐性乱发脾气，他变得平和多了。他告诉父亲这件事，父亲告诉他，现在开始每当他能控制自己的脾气时，就拔出一根钉子。

一天天过去了，最后男孩告诉父亲，他终于把所有钉子都拔出来了。

父亲握着他的手来到后院说："你做得棒极了，我的好孩子。但是看看那些围篱上的洞，这些围篱将永远不能回复成从前。你生气的时候说的话永远都收不回，就像这些钉子一样留下疤痕。假如你拿刀子捅别人一刀，不管你说了多少次对不起，那个伤口将永远存在。他或许会永远记恨，话语的伤痛就像真实的伤痛一样令人无法忍受。"

悦悦听了妈妈的那个故事，心里更觉得惭愧了："乱发脾气确实是不好的。"

妈妈抚摸着她的头说："悦悦，冲别人乱发脾气，只会伤害到别人，并且这些令人讨厌的话是收不回来的。"

"嗯，是我错了。"

妈妈见悦悦已经承认了错误，微笑着对她说："你能认识到自己错了就已经很难得，我想你以后可以渐渐控制自己的情绪，对吗？以后记得要对人好一些，别让坏脾气像洪水一样一触即发！"

"嗯，妈妈，我明白了。现在我就去找素素。"悦悦说完之后，欢快地朝素素家跑去。

妈妈对我说：

炎炎夏日，老和尚正在给小和尚讲佛理。

老和尚说，心头火烧毁的往往是自己的心，所以要制怒。

“心静自然凉啊！”老和尚讲。

老和尚的佛理刚讲完，小和尚便虔诚地向老和尚请教：“师父，刚才你最后一句说了什么？”

“心静自然凉。”老和尚说。

“心静之后是什么？”

“自然凉。”

“什么自然凉？”

“心静。”

“哦，心静自然凉。”小和尚小声念道，忽又问，“师父，自然凉前面是什么？”

“是心静。”

“心静前面是什么？”

“心静前面已经没有了。”老和尚说。

“哦，心静后面是什么呢？”

“自然凉。”

“自然凉？那自然凉前面是什么呢？”小和尚不停地问。

“混账！你这哪里是讨教，分明是在胡闹！”老和尚气不打一处来，额头净是汗。

每个人都难免有不易控制自己情绪的时候，只是有的人成功地给自己的情绪上了把锁，有的人沦为情绪的奴隶，于是喜怒无常。

情绪是一个人内心深处的一种思想情感，每个人都是自己情绪的主人，但有时会受各种因素的影响，情绪往往变得无法控制，如果你能够驾驭自己的情绪，你的人生一定要比别人精彩得多。

应该怎样控制自己的情绪呢?

你也许会因为朋友不守信而生气，你可能因为解题不顺利而烦恼不已，这时你应该尽力抹掉这些在盘旋在头脑中的令人讨厌的、不健康的情绪。在每一个清晨，告诉自己今天是一个全新的自己。迅速地抛开所有不快的记忆。

如果你觉得沮丧、气馁或绝望，一定不要计较，不妨痛快淋漓地洗个澡，然后一个人静静地思索、顿悟。请记住：此时，你必须忽略一切令你沮丧的想法和念头，还有一切困扰你的东西。不要让自己纠缠于每一件令人不快的事，不要继续纠缠于过去所犯的错误和令人不快的往昔。你要做的是全副武装地对抗这些情绪，将它们驱逐出去。相信几次之后，你便能和他们告别，让你的心灵沐浴阳光。

转移注意力，也是抚平烦躁、根治不安情绪的一剂良药。当你觉得不快时，试着将你的注意力转移到与这种情绪完全相反的方面上，并树立快乐、自信、感激和善待他人的理念。这样，你就会惊奇地发现，那些困扰你许久的情绪在转眼之间便无影无踪了。

如果你感到疲惫不堪，感到沮丧、郁闷时，你不妨试着去分析原因，你也许会发现，之所以出现这样的情况，主要是因为精力不支，而精力不支的原因或者是由于学习过度、暴饮暴食，在某种程度上违背了消化规律的缘故，或者是由于某种不合常规的习惯在作祟。

你还应该尽可能地融入社会环境中去，多多参与一些娱乐或体育活动。有的人通过听音乐消除了疲惫、沮丧的情绪；有的人则在剧院里，在愉快的谈话中，或者在阅读使人愉快、催人奋进的书籍时，使自己从疲惫、沮丧中恢复过来。

时刻准备着给自己的情绪上把锁吧！千万不要让那些不悦的情绪像心上的暗影紧紧追随着你！

不当时尚芋头，摒弃盲从的美

魅力女孩的八个时尚标签

一天，舒兰和几个女孩一起在校外的小饼屋里讨论最时尚的生活方式。

从从说：“在我看来，最时尚的生活莫过于到处环游世界。”

华华说：“我想象的时尚生活是在将来能够经常参加各种社交派对，结识不同圈子的朋友，学习不同场合的着装和彩妆。”

娜娜说：“我认为自己最时尚的生活是能把工作当成一种乐趣，就是找一份自己做不累的工作，那多爽啊。”

看来舒兰的朋友们都是够时尚的。

“舒兰，你呢？”娜娜问舒兰道。

“我觉得最时尚的生活是在将来多学一门才艺，调节自己的生活吧。我很想让自己的生活慢下来，过得更加惬意。”舒兰美美地想象自己的时尚理念。

回到家，舒兰向妈妈报告自己各自的时尚理念。妈妈听了之后，笑着说道：“你们现在这些小孩子都很有想法，我像你们这么大的时候哪里想过这些问题呢？呵呵，都够时尚的。”

“我们的想法都很超前吗？”舒兰歪着脑袋问妈妈。

“嗯，总之不落后。舒兰，有想法的女孩，生活是不会落伍的。”妈妈笑着告诉她。

妈妈对我说：

舒兰，21世纪的女性，比以往任何时代的女人都充满了自信、勇敢，她们敢于选择自己想要的生活，有新型的价值观念、道德观念和处世方式。时尚女人一般都具有以下共同特征：

1. 经济独立

21世纪的时尚女人普遍有自己的事业，即使婚后锦衣玉食，也绝不会放弃自己的工作。她们经济独立，拥有一份待遇不菲的工作；她们思维敏捷，聪明智慧，努力在事业和爱情中间取得平衡；她们独立自主，自尊自立，认为嫁给谁就等于找到了长期饭票简直就是荒谬，“傍大款”遭到唾弃。她们有较强的理财能力，懂得怎样用钱更好地安排自己的生活。

2. 爱自己，才能爱别人

这是21世纪时尚女人中最流行的口号，最时髦的举止。时尚女人会时时倾听自己的内心，诚实地面对自己真实的感受和欲念，选择自己想要的，从不曲意承欢，不委曲求全，不刻意讨好别人而压抑自己。她们认为只有用这样的态度爱自己，才能真正了解爱的意义，进而才有能力去爱一个男人，保证双方在“爱”中不受伤害。

3. 不断“充电”

注意时事、关心环境、了解政治、接近人文，时尚女人拥有热切求知的好习惯，书籍、电影、资讯光碟、网络是她们最好的朋友。熟练使用一门以上的外语、进修MBA或一门实用课程，对于她们来说是提升自己知识与能力、开拓事业的必不可少的手段。她们认为只有一个知识与智慧、美貌与才情兼备的女人才会充满活力与信心。

4. 工作即娱乐

传统的铁饭碗的职业观彻底改变，时尚女人不惧怕放弃稳定的职业，频繁跳槽成为一种流行的生活方式。她们比男人更懂得工作对于人生的重要性，愿意将生活的乐趣融合进繁忙的工作中，并为之努力。如果面对一份自己毫无兴趣的职业，即便有再高的薪水，她们也会义无反顾地离开。

5. 角色多变

现代社会的快速发展造就了时尚女人作为社会角色的多变性。她们有时温柔似水，有时狂放不羁，有时是甜蜜的情人，有时是办公室里板着面孔的女主管。很难用“好”和“坏”、“天使”和“魔鬼”、“淑女”和“荡妇”这样绝对的字眼来形容她们，因为她们就像一个矛盾的统一体，光怪陆离却又和谐完美。

6. 交友广阔

时尚女人时刻注意扩大自己的社交圈，艺术展览、科技研究、商贸交流、国际环保，只要对自己有益的活动，她们都不会拒绝参加。在这些活动中，可以认识各个行业、各个领域的朋友。从这些朋友身上，她们可以开阔眼界、学习新的知识、参与更多的社交活动，也为自己创造更多打开世界的机会。

7. 旅行

更多的时尚女人会选择独自旅行的方式来度过自己的闲暇时光。她们认为单独旅行不仅可以摄取新知，更是一种自我探索，独自面对陌生的外界环境，能够培养自律，训练自信，感觉生命的美好与完整。只有更多地感受生活形态，才能明白自己真正适合什么样的生活。在与大自然近距离的接触中，女性的自我疗伤能力将愈加增强，心灵将愈加健康而自由。

8. 健身

时尚女人关爱自己身体的每一部分，会将更多的时间和金钱花在有益于健康的活动上。跑步、游泳、健身、爬山，只要是对身体有好处的运动，她们都乐此不疲。健身操、芭蕾等与音乐相关的运动也会继续风行，因为大多数女性每周至少有一次这样的运动机会，她们认为体育与音乐对培养自己的气质起着重要的作用。

我不要当时尚的奴隶

“今天我买了一双新的靴子，你们看这个怎么样？”青青高兴地向大家炫耀她穿过靴子的形象。

“嗯，青青穿什么衣服都很漂亮。”婷婷由衷地夸赞她。

“对，今年流行穿靴子，大家都买靴子穿吧。”青青鼓动她们。

听青青这么一说，婷婷心里还真有点痒痒了，回到家，和妈妈商量这件事：“妈妈，您看我能买双靴子穿吗？”

“婷婷，你是学生，穿休闲鞋或运动鞋都很合适，怎么想起来要穿靴子呢？”妈妈疑惑地问她。

“看到青青穿靴子了，很漂亮。”

“青青腿很长，穿靴子当然会比较漂亮。可是你的腿不如青青那样的修长，搭配不好的话反而会起反作用呢。”妈妈耐心地向她解释。

“哦，原来是这个样子。可是青青说今年很流行靴子的，很多人都穿。”婷婷向妈妈狡辩道。

“婷婷，你要知道，流行的不一定就是最好的，也未必是最适合你的。如果你要买靴子穿的话，那你的裤子还有上衣以及外套这些都要和靴子相称才行。而且你现在还在上学的年纪，穿上靴子到学校去，你自己觉得自在吗？”妈妈这样一质问，婷婷无话可说了。

“其实有很多女孩盲目地追随流行，而并不懂得如何真正地打扮自己。比如说，有的女孩腿又短又粗，却偏偏喜欢穿裹腿的裤子，有的女孩屁股很大，却偏偏喜欢穿又瘦又短的毛衣。这样一味追随时尚，却不懂得如何打扮自己是最好的，既浪费了很多金钱也得不到很好的效果。婷婷，你要知道打扮自己也是学问呢。”

妈妈的话让婷婷心服口服，看来也许是自己不太适合穿靴子吧。

妈妈对我说：

婷婷，女孩应适当追求时尚，让自己的魅力与时俱进。对时尚的追逐、对自然的崇尚，是女性的永恒话题，而漂亮、随意、充满青春活力也应是最喜好自由生活、重视自我感受的年轻女性的专利。

为了在纷繁芜杂的时尚潮流中升华而出，女性必须把握几条重要的原则。

第一，注重时尚的和谐。

首先，时尚应当与自己的年龄和谐。不同年龄追求不同的时尚，女性要根据自己的年龄特征选择适当的时尚服装。其次，时尚也应与自己的性格和谐。只有当内在性格与时尚追求和谐一致时，女孩的美才能得到最充分的体现。如旗袍给人以文静的感觉，“假小子”式的姑娘就不宜穿着。再次，要注意使时尚与所处的环境相和谐。即在选择时尚服饰时，应与一定场合的气氛相和谐。在办公室，职业女性头顶耀眼的红发就很不庄重；在教室里，女教师漂亮的手链将使她在学生心中的分量减轻。

第二，抓住时尚的精髓。

时尚有其特定的内涵，非经提纯不能窥见其全貌，为此你首先需要做的就是对时尚提纯。要从它的核心部位入手，将它的实质构成寻找出来、挖掘出来，为己所用。

时尚的女性应当善于抓住流行色。流行的引领是服装，服装的引领是色彩。选用一两种流行色与基本色一起搭配，就能够做到既保持了自我又跟上了时尚。

时尚的女性应当善于用细节点缀自己。选购裘皮大衣、添置羊绒套裙不必考虑流行色，但可以配上流行色的套衫或围巾。甚至一枚别针、一对耳环、一副项链，那上面的一点点流行色彩，可以使整个的女性具有流行特质。

时尚的女性应当善于自己创造流行。寻找流行目标，关爱自己，展现魅力，把自己当作是流行的晴雨表，时不时怪怪的却是蛮可爱的装束，不小心就制造了新一轮时尚。

第三，不做时尚的奴隶。

俗话说：“有人创造流行，有人跟从流行。”因为有众多的人迷信流行，因而有了大众时尚。

时尚，把一颗颗不安分的心倾泻成引人注目的新潮，把一次次压抑的情绪化为光怪陆离的冲动。时尚本无对错之分，但是盲目跟从时尚就难免陷入误区。

有的女孩为了追求时尚，往往不考虑自己的年龄、体形、肤色，甚至盲从一些标新立异的行为，如吸烟、染发和穿另类时装。

为了追赶时尚，她们甚至不惜重金，弄得自己看起来一派风度，口袋里的钱越来越少，感觉却越来越糟。究竟要把自己放逐到什么地步，自己也不知道。

做时尚的奴隶是可悲的。现代女性要学会的是用自己的眼睛观察自己，相信自己具有与众不同之处。如果仅仅生活在他人的时尚观念中，你所拥有的当然只能是茫然和盲从。

避开时髦的陷阱吧！为什么不张扬自己的个性，创造出自己的风格呢？只有当你的内涵和外表协调统一时，你才是最美的！

时尚与女性并不是对立的，它完全可以令女性更加富有魅力。聪明的女性不会成为时尚风潮的奴隶，而是根据自己的内在精神需求与性格气质，从纷繁芜杂的时尚风潮中升华而出。时尚女性，魅力永恒！

时尚要与健康同行

“哇，真是太帅了，帅死了。”听到了罗罗的一声尖叫，周围的人都把目光投向她。

姗姗也跑了过去，想看个究竟。尽管罗罗喜欢大惊小怪，在她看来习以为常，不过姗姗总是好奇究竟是什么原因导致她如此。

原来，罗罗手里拿着一本时尚杂志，上面有一篇介绍无痛穿耳的广告，还在旁边印上一个女孩模特，她的耳朵上打了一排的耳洞，上面分别镶上了各种饰品。怪不得罗罗会兴奋成这样。

“姗姗，你说，我也去打耳洞好不好，反正不会疼。”罗罗兴致勃勃地对姗姗说，“而且你看，我也可以在耳朵上扎一排的耳洞，然后镶上我所有的钻饰。”

“不过看上去有点让人眼睛发麻。不是，纠正一下说法，是让人感到眼花缭乱。”姗姗赶快用了一个比较美观的词汇向罗罗阐述自己的意见，不知道她听明白没有。

“是啊！我要的就是这样的效果啊，不然的话怎样吸引别人的注意呢？”罗罗洋洋得意地说道。

这个罗罗，怎么想一出是一出啊！姗姗干脆闭嘴不言。

晚上回家吃饭，姗姗把这件事告诉了妈妈。

“妈妈，罗罗近期有个比较个性的想法，她准备在耳朵旁边打一排的耳洞……”

没等姗姗说完，妈妈很着急地拦住她说道：“姗姗，你一定要劝她不要这样做，实在是非常危险的。”

“危险？很危险吗？罗罗说是无痛穿耳。”看到妈妈夸张的表情，姗姗解释道。

“不是的，你不懂。”妈妈说，“以前我在媒体上面看过报道，曾经有个小女孩因为打了一排的耳洞，最后导致面瘫了。因为耳朵上面也有很多细微的神经组织，如果打了耳洞造成这些组织的沟通不通畅，就容易造成炎症，或者使耳朵萎缩，甚至出现面瘫。”

啊！原来打耳洞是这样危险的事情啊。

“不仅是这些，你想想，耳朵被打穿之后，会不会为细菌的侵入打开了便利的通道？还有，平时佩戴的那些廉价的饰品都是摆在柜台上任人挑选，肯定也不卫生啊。甚至还有些不正规的打耳洞的地方，在手术时连酒精消毒都没有，安全很没有保障啊。”

看来打耳洞确实很危险，姗姗心想一定要把这些告诉给罗罗。

妈妈对我说：

女孩趁着年轻，追求时尚本没有错，但越来越多的女孩在追逐潮流的同时，漠视了健康的重要性。一些所谓的“时尚”虽然只是很不起眼的生活方式，但这些有损健康的生活方式一旦成为习惯，对健康的负面影响就不可小觑了。

时下流行的有损健康的观念主要有：

1. 塑身内衣

塑身内衣有的束腰，有的收腹，有的修饰腿部线条，还有一种连体内衣，厚厚的强力纤维把上腹、腰、下腹、臀、腿从上到下紧紧地箍起来，穿着它连呼吸都有些困难。如果为了某个场合，短时间内用内衣修饰体形没有问题，但如果天天如此，恐怕就要影响健康了。

女性由于体内激素的作用，脂肪沉积，特别在臀、胸、腹等部位，是自然的生理现象，没有必要去刻意改变。追求不健康的所谓“骨感美”，长期用紧身衣、腹带等束紧胸部、腰腹部，将严重影响健康。特别是处在青春期的女孩，身体尚未发育完善，如果一味求“瘦”，束腰、收腹，会影响腹部器官的正常生长发育。

腹部有许多重要脏器，如肠、胃、子宫、卵巢等，束身衣长时间紧缚肌肉，影响身体的自由活动，从而使腹部的血液供应受到限制，腹腔器官供氧不足，会影响众多器官的生理功能。另外，束腰还导致影响下肢血液循环，可能出现下肢水肿。

2. 打耳洞

打耳洞已不是什么新鲜事了，而且随着“韩风”日劲，耳洞的数目也有逐渐上扬的趋势。

但是打耳洞越多，细菌病毒越容易入侵。耳钉、耳坠等饰物放在柜台上，长期暴露在空气中，本身未必干净。有的摊主在打耳洞前，都不用酒精消毒，街边的所谓“无痛穿耳”就更没有安全可言了。病毒和细菌侵入身体，极有可能造成感染，特别是气温渐高的春季和夏季。更严重的是，在耳朵上过多穿孔，有可能造成软骨炎，使耳朵萎缩。至于在鼻、舌、眉、脐环等部位打洞，就更危险了。

3. 滥吃减肥药

当减肥成为时尚，就是一件很可怕的事情了。不少女性在医院减肥遭拒之后，开始自寻门路买减肥药吃，殊不知这是一件更加危险的事情。不少减肥药是处方药，如果在医生的指导下服用，是安全有效的药品，但若不顾禁忌、不遵医嘱随便吃，就会出现不良后果。其实减肥的根本在于改变不良的生活习性，滥吃减肥药是没有效果的。

对于单纯性肥胖者而言，少进食、多运动比任何减肥药都要安全有效。女孩随着年龄的增长，自然会在臀、胸、腹等部位沉淀脂肪，如果为了减肥而强制性节食，势必导致营养不良，甚至器官功能衰竭。所以，减肥切忌盲目，一定要在专业医师的指导下进行。

礼仪&交往

——给细心周到的你

懂礼仪的我更受欢迎

礼仪就像是优雅的瑜伽

泉泉还记得有一次和妈妈一起去听音乐会，在她们的旁边坐着一位雍容典雅却丑陋不堪的老太太。

她气宇轩昂地坐在椅子上，仿佛是高贵的女王，但老人扶在椅子把上的左臂不停地抖动，从袖口伸出的则是一只干枯如同树皮的大手。无法否认的是，她打扮得极尽精致：发髻梳理得有条不紊，戴着两只银光闪动的大耳环，穿着光滑如水的裙子，连指甲都精心修剪过。

这么丑的一个人，却打扮成这样，乍一看还真有点像个老妖婆。

不过这个老婆婆脾气却很开朗，她表情愉悦地和泉泉谈话，虽然很丑，但是却很和善：“我患有帕金森氏综合征，已经三年了。”

“啊！”泉泉和妈妈都很吃惊，这样一个身患绝症的病人，居然笑起来如此从容，更加难得的是她的彬彬有礼使得她看上去更加自然，完全不像是病人的样子。

不知为什么，对这个老婆婆，泉泉产生了一丝崇敬之情。

走出音乐厅，妈妈对我说：“你看，这个老奶奶其实很坚强，她打扮不是为了自己，而是让别人感受到她对生活的信心。这是对别人的尊敬，也是一种礼仪，一种优雅。”

"嗯。"泉泉对妈妈说，"我将来也要对别人彬彬有礼，让别人都能感受到我的优雅。"

妈妈笑着点点头。

妈妈对我说：

泉泉，人们常用"她真是风度翩翩"、"她真是秀外慧中"等类似的话来赞美一个人，这指的都是一个人的风度。

风度是一个人性格、气质、文化水平、道德修养的外在写真，是人自身所具有的较为稳定的行为习惯的外在表现方式，即一个人在言谈举止中自然表现出的各种独特的语气、语调、手势、动作等。

由于每个人的性格、气质不同，内在修养不等，行为习惯各异，所以每个人的风度也就不尽相同。良好的风度是众人所追求的，而它是以个人良好的文化素养、渊博的学识、精深的思辨能力为内核的。那些胸无点墨、不学无术的人，任凭其仪表怎么美丽，也不可能具有美好的风度。

良好的风度需要较长时间的培养与修养，要加强自身内在的涵养，使自己心灵美，然后这种内在美才可能转化为良好的风度。在展示自己的风度的同时，礼仪必不可少。

小赵是个很有上进心的青年，他一直希望能有机会和成功人士交往，向他们学习。在一次聚会上，经朋友介绍，有幸结识了一位地位显赫的企业家，他很庆幸能和这样的人结识。双方握手之后，小赵竟连一句主动的话都没有。结果是人家问一句他答一句，本来很轻松的场面，一下子变得像个考场。对方大失所望，找了个理由就离开了。

没有人愿意和毫无风度、不懂礼貌的人交往。如果不懂怎样和人交往，必将是孤立的。可以说，人际关系的好坏是决定人生成败的重要因素。所以，我们必须注重自身礼仪，随时随地给别人留下良好印象：说话有尺度，交往讲分寸，办事重策略，行为有节制，别人就很容易接纳你、帮助你、尊重你，满足你的愿望。

生活中，一些人能像磁石吸引铁屑一般，自然而然地吸引周围的人，做事则得心应手、顺心如意，这是因为他们拥有磁铁般富有吸引力的风度和个性。尽管看起来他们似乎没有那些不怎么成功的人努力，但机遇围绕着他们打转，朋友们称他们为“幸运儿”。如果我们进一步分析他们，会发现他们有着迷人的风度且彬彬有礼，这就是他们赢得人心的原因所在。

培养受人欢迎的风度是很有必要的，它能使成功的机遇倍增，能够发展人际关系，塑造良好形象。有什么方法可以帮助我们打造自己的翩翩风度呢？这里有很多小的细节，不妨将之变为自己的习惯，你会在不经意间成为一个有风度的人。

1. 懂得幽默。以轻松的心态处世，人生将充满光明，也会使与你接触的人受到感染。

2. 时常微笑。笑容会使你显得和蔼可亲、平易近人。

3. 注意你的声音。讲话的语调镇定、平稳的人最受人喜爱。

4. 刚见面时握手，谈话中找时机轻拍一下对方的肩，都是热情的表现。

5. 注意自己的身姿，抬头挺胸，让大家知道你充满自信。

6. 不要吝啬赞美的话，如果你对谁有好感，就该向他说出来。要对别人有兴趣，谁都觉得，只关心自己的人很乏味。

7. 不要急于求成。懂得保持一定的距离，懂得适可而止，才更有吸引力。例如，参加聚会不做第一个到和第一个走的人，给朋友打电话不要不知道结束。

8. 兴趣广泛、关心时事，这样才有丰富的谈话资料。难以想象有谁对每天只知道上班、下班、吃饭、睡觉的人有兴趣。

9. 能相信别人。爱猜疑的人不会给人以温暖和关怀，而温暖和关怀是魅力不可或缺的要素。

10. 要有自己的原则。让人知道你也会生气，也会对某些事看不惯，不是一个“好好先生”。

其实，只要大家在生活中多留意，一定能发现很多可增加魅力的细节和方法。发现之后，试着将这些变成自己的优点，那么你离成功就不远了。

大文豪兼大哲学家伏尔泰曾经说过："美只愉悦眼睛，而气质的优雅使心灵入迷。"如果想让别人打心底里欣赏自己，就尝试着成为一个有气质、有风度的人吧！

微笑，时刻准备的"见面礼"

楚楚和妈妈谈话，脑瓜里突然冒出来一个问题："我们上美术课，老师说蒙娜丽莎的微笑流传了几百年，征服了很多人，她的微笑很美。老师还说，我们也应该经常微笑，微笑是世界上最美的语言，真的是这样吗？"

妈妈看着楚楚，笑笑地说："的确如此，你想想，你是喜欢一个整天微笑的伙伴呢，还是喜欢一个整天愁眉不展、从来都不笑的伙伴呢？"

"当然是整天微笑的伙伴了。"楚楚不假思索地回答。

"对啊。"妈妈继续楚楚的思路延续下去，"别人和你一样，也会这么想。只有经常微笑的人才会吸引更多的人喜欢他。"接下来，妈妈讲给楚楚一个故事：

从前有一个小女孩，天生容貌丑陋，她有着严重的自卑情结，别人很少能够从她脸上见到笑容，她也没有什么朋友。幸福女神决定帮助这个小女孩，使她不再孤独。

幸福女神就带她去参观两座玫瑰园。当她们走进第一座玫瑰园时，里面阳光明媚，鸟语花香，随处可以听到爽朗的笑声。在里面遇到的每一个人，都会热情地跟她们招呼，并且送给她们一个真诚的微笑。之后，幸福女神就问小女孩道："你喜欢这里吗？"

小女孩点了点头说："喜欢。这里的人非常热情亲切。"

随后，幸福女神又带小女孩走进第二座玫瑰园。那里面死气沉沉的，天空阴郁，地上长满了杂草，玫瑰花也开得无精打采，她们见到的每一个人，都面带忧郁，没有一个人主动跟她们打招呼。

从第二座玫瑰园里出来之后，幸福女神又问小女孩道："现在你把这两座玫瑰园比较一下，你愿意生活在哪一座玫瑰园里呢？"

小女孩毫不犹豫地回答道："当然是在第一座玫瑰园里了，因为他们每个人的脸上都有着灿烂的笑容。"幸福女神抚摸着小女孩的头说："是啊，当你笑的时候，也就拥有了一座健康的玫瑰园。同时，你也就把自己的幸福分享给了身边每一个人，他们也会被你引入第一座玫瑰园。"

小女孩恍然大悟。她开始经常微笑地面对他人和生活。从此，她变成了一个人见人爱的小女孩。

听了妈妈讲过的这个故事，楚楚决定要练习微笑，一会儿抿着嘴，嘴角上扬，稍有笑意，一会儿露出几颗牙齿，眼睛眯成月牙状。

妈妈看到楚楚的各种鬼脸造型，忍俊不禁。

"其实楚楚，你根本没有必要刻意练习微笑的表情，只有发自内心的微笑才能准确无误地表达你的友好，缩短你和朋友的距离，使你更具有无人可敌的魔力。微笑是一种智慧的体现，善于恰如其分地展现自己微笑的人，绝对是一个聪慧而有修养的人。"

妈妈对我说：

微笑无声，却传达着"我喜欢你"、"我表示欣赏、赞同"、"你很受欢迎"等丰富的含义。微笑，是为人处世中最有价值、最富有吸引力的面部表情。行走在不同民族不同地域，也许肤色不同语言不同，但是，只要微笑，一定能够打开一扇沟通的大门。

微笑能给对方良好的第一印象；微笑可以表示对他人的尊重和友好；微笑能打破僵局，解除人的心理戒备；微笑能表示对他人赞许、理解、谅解等态度。

不要小看微笑的力量，它能够让人以令人舒服的方式收获成功。

一天，美国旅馆大王希尔顿在新旅馆营业员工大会上问大家："现在我们旅馆新添了第一流的设备，你们觉得还应该配上哪些第一流的东西，才能使顾客更喜欢希尔顿旅馆呢？"员工们纷纷提出自己的意见，但希尔顿并不满意，他说：“你们想想，如果旅馆只有第一流的设备，而没有第一流服务员的微笑，顾客会认为我们提供了他们最喜欢的全部东西吗？如果缺少服务员美好的微笑，能使我们的上帝有回家的感觉吗？”

稍停片刻，希尔顿又接着说：“我宁愿走进一家设备简陋而到处充满服务员微笑的旅馆，也不愿去一家装饰富丽堂皇但不见微笑的旅馆。”

正是这微笑，让希尔顿旅馆赢得了不少顾客，给希尔顿带来了信誉和成功。的确，微笑是人际沟通的通行证。微笑能给人以温暖，令人愉悦和舒畅。

有人把微笑称为一种有效的“交际世界语”，这是十分恰当的。正如罗杰·E·艾克斯泰尔所指出的：“有一个世界通用的动作，一种表示，一种交流形式，它存在于所有的文化与国家中，人们不分国别、不分种族地使用它，并理解它的含义。它可以帮助你与各种关系的人交往，不论是业务伙伴，还是朋友，它是人们交流中唯一最有用的形式。那就是微笑。”

与人初次见面，面露微笑，就好像具有一种磁力，使人顿生好感；见到老朋友，点头微笑，打个招呼，会使人感到你不忘旧情，是个重礼仪的人。服务人员自然地面露微笑，则会给人一种宾至如归的感觉。一家百货公司的经理曾说过，在录用女店员时，小学未毕业却能经常微笑的女子，比大学毕业而满脸冰霜的女子机会大得多。

要提醒你的是，在微笑时，要发自内心、发自肺腑，无任何做作之态，防止虚伪地笑。只有笑得真诚，才显得亲切自然，与你交往的人才能感到轻松愉快。切不可“皮笑肉不笑”或笑过了头，给人傻乎乎之感。

你知道吗，微笑其实是可进行技术性训练的。因为人们微笑之时，口角两端向上翘起。练习时，为使双颊肌肉向上抬，口里可念着普通话的“一”字音。还得训练眼睛的“笑容”。取厚纸一张，遮住眼睛下边部位，对着镜子，回忆过去的美好生活，使笑肌提升收缩，嘴巴两端做出微笑的口型，随后放松面部肌肉，眼睛随之恢复原形。还可以在多人中间，讲一段话，讲话时注意自己的笑容，并请同伴给予评议，帮助矫正。

微笑，可以化解人际交往过程中可能存在的一块块坚冰，并能够使自己的亲和力增值不少。

既然这样，那就微笑吧，因为太阳每天都是新的！

“第一印象”至关重要

这天早上，寒寒和妈妈一早就起来了，因为妈妈要带寒寒去参加一个交流会，所以早早起来做准备。

寒寒洗漱完毕，妈妈把她唤到桌子旁边吃早点，她却一个人进屋里了。

“妈妈，您不吃饭吗？”寒寒一边狼吞虎咽地咀嚼食物，一边问妈妈。

“呵呵，寒寒你先吃，我要进去化个淡淡的妆。”妈妈话音未落就走了。

寒寒暗自觉得好笑，不过是一个简简单单的会议，也不是多么隆重的场合，没有必要化妆啊。等寒寒吃完饭，妈妈也出来了，寒寒看看她，很直接地问道：“妈妈，我们不过是去参加一个小小的聚会，又不是大的场合，没有必要化妆啊。”

妈妈说道：“这个你就不懂了吧。化妆不仅仅是让自己好看，更多的是对别人的一种尊重。”接着，妈妈给寒寒讲了一个故事：

我国东北盛产大豆，以其粒大、油多、脂肪丰富而闻名全国。近年来，一大批农民企业家迅速崛起，陈志贵就是其中一个。他以当地特产的优质大豆为原料，创办了一家豆粉饼加工厂。由于经营有方，业务很快就做大起来，还发展到了东南亚地区。

一天，陈志贵收到一张来自中国香港的大订单，他亲自带领工人连夜加班，终于在规定的时间内完工，将货物发往了香港。

但几天之后，香港公司打来电话，说货物“有质量问题”，要求退货。

陈志贵十分纳闷，自己的产品一向以质量过硬而赢得卓越信誉，况且，这批产品由自己亲自监工生产，怎么会出现质量问题呢？一定是其他环节出了问题！他立即飞往香港想要看个究竟。

当西装革履、风度翩翩的陈志贵出现在香港公司的总经理面前时，对方竟然惊讶地张大了嘴巴。虽然还不明白退货的问题出在哪里，但感觉敏锐的陈志贵已从对方的细微变化中捕捉到了什么。

在之后两天的相处中，陈志贵不卑不亢、侃侃而谈，充分表现出一个现代企业家应有的气质和风度，最终不仅“质量问题”烟消云散，还和那位总经理成了好朋友，成为长期的商业伙伴。但是“质量问题”始终是陈志贵心中的一个疑团。

原来，这批货是香港公司的一个部门经理向陈志贵订的货，但在向总经理汇报后，总经理得知这批货是由农民家庭加工生产的，脑海里凭空臆想出了一个土得掉渣的农民形象。他顾虑重重，对那批货看也不看，就做了退货的决定。但当形象良好、个性十足的陈志贵突然出现在他面前时，他才知道自己犯了多么可笑的错误。

听了这个故事之后，寒寒才意识到原来形象有这么重要。

“那当然了，”妈妈说道，“良好的形象会增强我们的影响力，如果我们仪态端庄，穿着整齐，就会吸引更多人的目光，从而给人留下一种很美好的印象，也会给人带来一种愉悦的享受。没有一个人喜欢不修边幅的人。”

既然如此，寒寒也想换件漂亮的衣服再和妈妈出去吧。

妈妈对我说：

形象，并不是一个简单的穿衣、外表、长相、发型、化妆的组合概念，而是一个综合的全面素质，一个外表与内在结合的、在流动中留下的印象。形象的内容宽广而丰富，它包括你的穿着、言行、举止、修养、生活方式、知识层次以及和什么人交朋友等。它们在清楚地为你下着定义——无声而准确地在讲述你的故事——你是谁、你的社会位置、你如何生活、你是否有发展前途……形象的综合性和它包含的丰富内容，为我们塑造成功的形象提供了很大的回旋空间。

一个成功的形象，展示给人们的是自信、尊严、力量、能力，它并不仅仅反映在对别人的视觉效果中，同时它也是一种外在辅助工具，它让你对自己的言行有了更高的要求，能立刻唤起你内在沉积的优良素质，通过你的穿着、微笑、目光接触、握手，一举一动，让你浑身都散发着一个成功者的魅力。

追求“成功”实际上是人生的一场最重大、最复杂、最有挑战性、最激动人心、最有趣、只有运用智慧才能取胜的游戏。正如同我们生活中任何游戏的取胜都有其固定的规则和策略一样，只有遵循一个最佳规则，你才能取胜。谁不遵循这个规则，谁就要失败！

英国反对党领袖伊恩·邓肯·史密斯在2002年9月接受BBC电视台记者采访。他面色茫然、毫无生机，他用有气无力的、贫乏的语调攻击了托尼·布莱尔首相及其政党的政策。记者问道：“你认为自己能出任下一届首相吗？”他犹豫了一下，目光下垂，语气不坚定地说：“是的，我可以，但我需要努力争取。”几分钟之后，电视台出现不满意的观众的电子邮件及电话录音：“他自己都不相信自己能成为首相，让我们如何相信他可以做我们的首相？”“他看起来根本就不像个英国首相！”“难道保守党再找不到别人做领导者吗？”

这是英国反对党在认为前领袖威廉姆·休不能展示给英国选民一个良好的形象后，在2001年新换的领袖。前领袖威廉姆被英国人戏称为“小老头”，他只有四十多岁，却像个走入暮年的老人，神色、语气缺乏朝气和自信，这位新换的领袖和威廉姆如同孪生兄弟。再看看劳动党领袖，英俊的托尼·布莱尔，总是满面春风地带着笑容，走路和说话浑身都散发着朝气和热情，他看起来就能够鼓舞他人，看起来就像个出色的领袖。也难怪很多英国选民虽然不支持劳动党的政策，却投给了托尼·布莱尔一票，至少从领袖的外在魅力上托尼还值得这一票。一位英国朋友说：“保守党的领袖让我对这个党已经失望，他们这两届的领袖看起来就不像能成为首相的人。”一位英国朋友甚至激进地宣称：“除非保守党能够找出一个长着头发的领袖，否则他们永远只能够坐在反对党的座位上！”由于竞选人“看起来不像个领袖”，让保守党一次次失去了驻守唐宁街的机会。

对于经常出现在媒体上的政治家来说，他们的形象对于选票的影响能够千百次地证明“看起来就像个成功的人”的重要性。政治家们只有经得起千千万万个选民的百般挑剔才能够走向自己的成功大道。因此，“看起来像个领袖”对于政治家们来说，是获取选民信任的第一个至关重要的条件。正是“看起来像个领袖”的魅力，使里根、克林顿、肯尼迪、希拉克、撒切尔夫人等人满足了选民对领袖形象的要求而连任。

如果看起来不像个领袖，无论你的政治观点多么深入人心，也会失去很多追求“魅力领导人”的选民。这样的例子在西方的商业界也数不胜数。因为他们深刻理解“看起来像个成功者”的形象对事业的促进作用。由此可见形象是多么的重要。

人也如产品，需要有成功形象，辅佐自己事业成功。每个人都有每个人的长处，你不能向这方面发展，可以向另一方面发展，只要凭借你的长处打造自己的成功形象，你就一定会与众不同，超凡脱俗！

所以寒寒，希望你能找对了自己的长处，切合自己的特点，改造自身的形象，那每个人都会散发出与众不同的迷人光彩，使自己成为名牌！

口才决定我的未来

曾经有一位国学大师说过：“人才不一定有口才，而有口才的人一定是人才。”

有的时候，蓝蓝很想锻炼自己的口才，却无从下手。

不得不承认，蓝蓝没有勇气在众人面前讲话，如果要在人前讲话、发言，她总是不敢正视听众的目光，当大家的目光注视到蓝蓝的时候，蓝蓝会感到如芒在背，心跳加快，脑中一片空白。

其实，对此蓝蓝自己也是颇为苦恼，但是却不知如何是好。

“练练说相声吧。”好朋友向蓝蓝提议，“说相声的人都有口才，或者你先学学说快板也行。”

“练习绕口令，是不是也能让人变得有口才呢？”蓝蓝自己也拿不准主意。

在英语的扩展阅读中，老师会向同学们介绍很多关于著名演讲家的演讲词，他们讲话时能言善辩、口若悬河的气势让蓝蓝叹为观止。

口才啊口才，蓝蓝做梦都希望自己有副好口才。

妈妈对我说：

在生活中常常会有这样一种情形，如果你对一件事情或一个人产生了一种想法之后，再继续思考，你会发现，你很容易按照原来的思考的方向继续下去。

其实这是因为一个人的思维具有惯性：当你朝某一个方向思考问题时，你就会倾向于一直考虑下去。这就是为什么有些人一旦沉醉于某些消极的想法之后，就一直难以自拔的道理。

在与人相处的过程中，如果你试图说服他人，这时就需要懂得运用这一原理了。

你要知道，与人讨论某一问题时，不要一开始就将双方的分歧亮出来，而应先讨论一些你们具有共识的东西，让对方不断说“是”，然后再逐渐地提出你们存在的分歧，这时对方也会习惯性地说“是”，一旦他发现之后，可能已经晚了，只好继续说下去。

促使对方说“是”的方法有很多，你可以尝试着用以下几个最简单的方法，促使他人对你说“是”。

1. 当你与别人交谈时，不要先讨论对方——而且不停地强调——

对方所同意的事。因为你们都在为同一结论而努力，所以你们的相异之处只在方法，而不是目的。

2. 让对方在一开始就说“是，是的”。假如可能的话，最好让对方没有机会说“不”。

3. 使对方说“是”，其实比想象中的要容易。任何问题的答案只有两种——“是”与“不”。

开始时，这两者各占一半的机会，因此只要稍加努力，那么否定的一半也会变成肯定的了。

看到这里，也许你会觉得“是”的反应其实并不难，它甚至是一种很简单的技巧，然而它却为大多数人所忽略。只要你留心，你会发现懂得说服技巧的人，会在一开始就得到许多“是”的答复。这可以引导对方进入肯定的方向，就像撞球一样，原先你打的是一个方向。只要稍有偏差，等球碰回来的时候，就完全与你期待的方向相反了。

也许有些人会认为，在一开始便提出相反的意见，这样不正好可以显示出自己的重要而有主见吗？但事实并非如此，在现实生活中，这种“是”的反应很有用处。

詹姆斯·艾伯森是格林尼治储蓄银行的一名出纳，他就是采用这种办法挽回了一位差点失去的顾客。艾伯森先生向我们讲述了他的经历。

“有个年轻人走进来要开个户头，我递给他几份表格让他填写，但他断然拒绝填写有些方面的资料。

“在我没有学习人际关系课程以前，我一定会告诉这个客户，假如他拒绝向银行提供一份完整的个资料，我们是很难给他开户的。但今天早上，我突然想，最好不要谈及银行需要什么，而是顾客需要什么。所以我决定一开始就先诱使他回答‘是，是的’。于是，我先同意他的观点，告诉他，那些他所拒绝回答的资料，其实并不是非写不可。

“但是，假定你碰到意外，是不是愿意银行把钱转给你所指定的亲人？

“‘是的，当然愿意。’他回答。

“那么，你是不是认为应该把这位亲人的名字告诉我们，以便我们届时可以依照你的意思处理，而不致出错或拖延？

“‘是的。’他再度回答。

“年轻人的态度已经缓和下来，知道这些资料并非仅为银行而留，而是为了他个人的利益。所以，最后他不仅填下了所有资料，而且在我的建议下，开了一个信托账户，指定他母亲为法定受益人。当然，他也回答了所有与他母亲有关的资料。

“由于一开始就让他回答‘是，是的’，这样反而使他忘了原本存在的问题，而高高兴兴地去做我建议的所有事情。”

捕捉住人性的弱点，在人际交往中会让每一个人都受益无穷。中国有句格言最能反映东方人的智慧，“以柔克刚。”所以，如果你要说服他人，就要请记住这个原则：设法使对方开口说是。

在坐姿中表现优雅

雨轩一个人坐在沙发上，塞着耳机陶醉于音乐中，这时妈妈推门进来看到她的样子：“雨轩，你看看你的两个脚丫子都要翘到天上去了，快放下来吧。”

听妈妈这样一说，雨轩才注意到自己，原来自己的脚翘起了“二郎腿”，竟浑然不知。

“妈妈，您如果不说的话我都没有意识到啊。”雨轩不好意思笑笑，和妈妈解释道。

“所以，良好的坐姿要在平时就训练好。不要觉得是在自己家里就可以随便，因为一个人在家中的表现，到了外面可以自自然然地在不经意间流露出来。如果你到了社交场合，也是这样的坐姿，那就失掉了威仪，也会受到别人的轻视。”

“嗯，妈妈言之有理，我马上就改。”雨轩谢谢妈妈的好意提醒。

“呵呵，雨轩可以平时在家中就训练自己良好的坐姿，习惯成自然之后，无论走到哪里都会有优雅的表现了，对不对？”妈妈和蔼地说。

“嗯，嗯，妈妈，良好的坐姿都需要有哪些注意的地方呢？您教我吧。”雨轩决定要向老妈请教。

“好啊，没问题。”妈妈痛快地答应了。

妈妈对我说：

雨轩，坐姿是一种艺术，坐姿不好，直接影响到一个人的形象。对于女孩来说，这一点尤为重要。因为它决定着你是一位高贵优雅的“女神”，还是一个缺乏教养的人。

在各种场合，都要力求坐得端正、稳重、温文尔雅，这是坐姿的最基本要求。

坐姿如何，是影响社交的一大要素。虽然，对于一般女性不宜用“坐如钟”来一律强求，但坐姿不端，在别人的心目中会留下一个不好的印象。

坐是以臀部作支点，借此减轻脚部对人体的支撑力。坐能使人们较长时间的工作，也是人们日常生活、社交中常用姿势之一。因此，端庄、优雅、舒适的坐姿很重要，而且良好的坐姿对保持健美的体型也大有益处。

那么，什么样的坐姿可使女性稳重、端庄、落落大方呢？

1. 面带笑容，双目平视，嘴唇微闭，微收下颌。

2. 立腰、挺胸、上身自然挺直。

3. 双肩平正放松、两臂自然弯曲放在膝上，亦可放在椅子或沙发扶手上，掌心朝下。

4. 双膝自然并拢，双腿正放或侧放，双脚并拢或交叠。

5. 谈话时，可以有所侧重，此时上体与腿同时转向一侧。

正确的坐姿关键在于腰。不论怎么坐，腰部始终应该挺直，放松上身，保持端正姿势。在社交场合中，坐姿要与场合、环境相适应。

1. 自然坐姿

平时坐在椅子上，身体可以轻轻贴靠于椅背，背部自然伸直。腹部自然收紧，两脚并拢，两膝相靠，大腿和臀部用力产生紧张感。与客人谈话时椅子坐得很浅，就显得你比较拘束。以脚用力着地来平衡身体，时间稍长就会觉得酸，这样的坐姿背部微驼，下巴突出，体态也不美。不妨一开始你就坐得深一些，然后背部保持直立，膝盖并拢，这会使你显得优雅而又从容。

很多人坐下来的时候喜欢将脚架起来，在社交场合，这一般被认为是不礼貌的坐法。如果是积习难改，那一定要注意架腿方式：收拢裙口，遮掩到膝盖以下部分。支撑的脚不要倾斜，双腿内侧靠近，大腿外侧收紧。双手自然搭在腿上。这样显得美观，能产生自然的美腿效应。

2. 坐沙发的坐姿

一般沙发椅较宽大，不要坐得太靠里，可以将左腿绕在右腿上，两小腿相靠，双腿平行，显得高贵大方。但不宜翘得过高，不能露出衬裙，否则有损美观与风度。也可双腿并拢，让双膝紧靠，然后将膝盖偏向与你讲话的人。偏的角度视沙发高低而定，但以大腿和上半身构成直角为原则，以表现女性轻盈、秀气的阴柔之美。

3. 曲线坐姿

双膝并拢，两腿尽量偏向后左方，让大腿和你的上半身构成 90 度以上的角度，再把左脚从右脚外面伸出使两脚的外线相靠，这样，你的身形便成一个 S 型，雅致而优美。以这种姿态而坐的女性一般是完美主义者，极重视自我的完美，追求每一部分、每一细节都显优雅，无懈可击。

4. 正式坐姿

膝盖与脚跟都并起，双面垂直向下，背脊伸直，头部摆正，视线向着对方。这种坐姿可用于面谈之类的正式场合，可给予对方诚恳的印象。但也不要双膝并得太紧，一动不动，这会给人产生一种紧张感，一种不安全感。

5. 进退坐姿

在交往时对入座和退座也都有一定要求。入座时，应轻、缓、稳，动作协调柔和，神态从容自如。人应走到椅子前，转身背对椅子平稳坐下，若离椅子较远，可用右脚向后移半步落座。女子入座，要娴静、文雅、柔美，若穿裙子则应注意收好裙脚。一般应从椅子左边入座，起身时也应从椅子左边站立，这是一种礼貌。如要挪动椅子的位置，应当先把椅子移到欲就座处，然后坐下。坐在椅子上移动位置，是有违社交礼仪的。落座后，应双目平视，嘴唇微闭，面带微笑，挺胸收腹，腰部挺起，重心垂直向下，双肩平正放松，上身微向前倾，手自然放在双膝上，双膝要并拢。亦可双脚一脚稍前，一脚稍后；两臂曲放桌子上或沙发两侧的扶手上，掌心向下。坐椅子时，一般只坐满椅面的三分之二，脊背轻靠椅背。端坐时间过长，可以将身体略为倾斜，头面向主人，双腿交叉，足部重叠，脚尖朝下，斜放一侧，双手互叠或互握，放在膝上。若是着西装裙的女子，最好不要交叉两脚，而是并靠两脚，向左或向右一方稍倾斜旋转。起立时，右脚先向后收半步，然后站起。

坐时应克服不雅的坐姿。包括半躺半坐，前仰后倾，歪歪斜斜，两腿伸直跷起或双腿过于分开，跷二郎腿并颤腿摇腿，将两手夹在大腿中间或垫在大腿下，用脚勾着椅子腿，脚放在沙发的扶手上等。不雅的坐姿给人轻浮且缺乏修养的印象，是失礼及不雅之举动。

容貌和身材是天生的，但坐像却是可以更改的，坐像不佳就能直接削减气质的效应。因此，生活中的女性在社交场合中，只要意识到自己的一举一动都在别人的“监督”之下，就能时时注意约束自己，在潜移默化之中渐渐养成优雅的坐姿。

我有我的社交圈

我喜欢结交更多的朋友

悠悠赖在家里和妈妈聊天，妈妈喝了杯水，对悠悠说道："悠悠，在生活中，个性的魅力是最能吸引他人注意的，通过自己的个性最能够彰显一个人的影响力，这种影响力实质上是通过得到别人的喜欢而发挥出来的。"

悠悠好奇地问妈妈："我希望自己有更多更多的好朋友，怎样才能得到别人的喜欢呢？"

妈妈笑而不答，却反过来问悠悠："你认为怎样做才好呢？"

悠悠想了一下，并没有得到合适的答案，妈妈就给悠悠讲了一个故事：

美国总统西奥多·罗斯福不仅是政界耀眼的明星，在日常的生活中他同样是一个异常受欢迎的人，不管是政府官员还是他的亲戚朋友，就连仆人都喜爱他。他的那位黑人男仆詹姆斯·亚默斯，写了一本关于他的书，取名为《西奥多·罗斯福，他仆人的英雄》。在那本书中，亚默斯说：

"有一次，我太太问总统关于一只鹑鸟的事。她从没有见过鹑鸟，于是他详细地描述了一番。没多久之后，我们小屋的电话铃响了。我太太拿起电话，原来是总统本人。他说，他打电话给她，是要告诉她，她窗口外面正好有一只鹑鸟，又说如果她往外看的话，可能看得到。

“他时常做类似的小事。每次他经过我们的小屋，即使他看不到我们，我们也会听到他轻声叫出：‘呜，呜，呜，安妮！’或‘呜，呜，呜，詹姆斯！’这是他经过时的一种友善招呼。”

有一天，罗斯福到白宫去拜访，碰巧塔虎脱总统和他太太不在。他喜欢卑微身份者的情形全表现出来了，因为他向所有白宫的仆人打招呼，都叫出名字来，甚至厨房的小妹也不例外。当他见到厨房的亚丽丝时，就问她是否还烘制玉米面包。亚丽丝回答说，她有时会为仆人烘制一些，但是楼上的人都不吃。

“他们的口味太差了，”罗斯福有些不平地说：“等我见到总统的时候，我会这样告诉他。”亚丽丝端出一块玉米面包给他，他一面走到办公室去，一面吃，同时在经过园丁和工人的身旁时，还跟他们打招呼……他对待每一个人，就同他以前一样。他们仍然彼此低语讨论这件事，而艾克胡福眼中含着泪说：“这是将近两年来我们唯一有过的快乐日子，我们中的任何人，都不愿意把这个日子跟一张百元大钞交换。”

“你知道罗斯福为什么受到那么多的人的喜爱吗？”妈妈讲完故事后问悠悠。

“是因为罗斯福对每一个人都真正关心。”

“对他人的关心让他赢得别人对他的敬爱，这是罗斯福成功的秘诀之一，也让他成了一个很有影响力的总统。悠悠，其实我们每一个人都希望得到别人的喜欢，罗斯福的成功告诉我们一个真理，只有真正喜欢别人的人才能得到别人的喜欢。”妈妈说。

“妈妈。我明白了。我们要关心他人，一个只会关心自己的人很难得到他人的喜欢，过度喜欢自己的人，把精力都放在了关心自己身上，别人无法从他那里得到关心，当然也不会注意他。”

妈妈说：“对，就是这个道理。要想得到别人的喜欢，我们就要先去喜欢别人。”

妈妈对我说：

悠悠，友爱是人在一生中最值得珍藏的一笔财富。当你取得了巨大的成绩，他像你一样沉浸在幸福之中；当你遭遇困境厄运，他同你一样悲痛忧伤。不论你遇到什么事情，你时刻都会感觉到在这个社会上你不是一个人在孤立无助地生活，你时刻都在另一双眼睛的视野里，你时刻都在另一颗心灵的关怀中。

真正的友情是我们最宝贵的财富，为了友情，我们甚至可以放弃生命。

在越南有这样一个故事：

几发炮弹突然落在一个小村庄的一所由传教士创办的孤儿院里。传教士和两名儿童当场被炸死，还有几名儿童受伤，其中有一个小姑娘，大约8岁。

村里人立刻向附近的小镇要求紧急医护救援，这个小镇和美军有通讯联系。终于，美国海军的一名医生和护士带着救护用品赶到了。经过查看，这个小姑娘的伤最严重，如果不立刻抢救，她就会因为休克和流血过多而死去。

输血迫在眉睫，但得有一个与她血型相同的献血者。经过迅速验血表明，两名美国人都不具有她的血型，但几名未受伤的孤儿却可以给她输血。

医生用掺和着英语的越南语，护士讲着仅相当于高中水平的法语，加上临时编出来的大量手势，竭力想让他们幼小而惊恐的听众知道，如果他们不能补足这个小姑娘失去的血，她一定会死去。

他们询问是否有人愿意献血。一阵沉默做了回答。每个人都睁大了眼睛迷惑地望着他们。过了一会儿，一只小手缓慢而颤抖地举了起来，但忽然又放下了，然后又一次举起来。

“噢，谢谢你。”护士用法语说，“你叫什么名字？”

“恒。”小男孩很快躺在草垫上。他的胳膊被酒精擦拭以后，一根针扎进他的血管。

输血过程中，恒一动不动，一句话也不说。

过了一会儿，他忽然抽泣了一下，全身颤抖，并迅速用一只手捂住了脸。

“疼吗，恒？”医生问道。恒摇摇头，但一会儿，他又开始呜咽，并再一次试图用手掩盖他的痛苦。医生问他是否针刺痛了他．他又摇了摇头。

医疗队觉得有点不对头。就在此刻，一名越南护士赶来援助。她看见小男孩痛苦的样子，用极快的越语向他询问，听完他的回答，护士用轻柔的声音安慰他。顷刻之后，他停止了哭泣，用疑惑的目光看着那位越南护士。护士向他点点头，一种消除了顾虑与痛苦的释然表情立刻浮现在他的脸上。

越南护士轻声对两位美国人说：“他误会了你们的意思，以为自己就要死了。他认为你们让他把所有的鲜血都给那个小姑娘，以便让她活下来。”

“但是他为什么愿意这样做呢？”护士问。

这个越南护士转身问这个小男孩：“你为什么愿意这样做呢？”

小男孩只回答：“因为她是我的朋友。”

故事让人震撼！这个越南小男孩为了救他的朋友，甚至甘愿献出他自己的生命。由此我们可以看出，有的时候，友爱是无价的，它甚至可以超越生命。

无须更多的语言，做一个辛勤的耕耘者吧，去耕种那一片友谊的花园。

自我封闭，损失最多的一定是自己

晚上闲着没有事做，盈盈打开电视来消遣时间。

盈盈找到了一档娱乐节目，主持人采访一个即将大学毕业的学生，问她未来的职业规划是什么，她说：“我是学管理专业，将来希望做一个出色的经理助理。”

主持人继续问道：“那你对将来的经理有要求吗？”

这个学生如实回答："如果我将来的经理是一个具有个性魅力的人，我会以我的职业生涯做赌注，一心一意为他工作。"

看到这里，盈盈的妈妈对爸爸说："看来在工作中要提升个人魅力啊，才能吸引更多的人才为你服务。"

爸爸回答道："你说的没错，我需要提高我的个人魅力才能增加在职员心目中的影响力，在这个社会中有个性魅力的人确实有很大的影响优势。你看你在家里的影响里就远远大过我，盈盈很多事情都听你的，这就是一个很好的证明嘛。"

盈盈听了问妈妈："什么是个性魅力呢？"

妈妈说："一个人的魅力更多的是来源于内心，那才是个人魅力的源泉。有魅力的人会放开自己，懂得关心别人，这样才能得到大家的爱戴。"为了说明这个道理，妈妈还给盈盈讲了一个故事：

有个女孩，家境非常富裕，不论是财富、地位、能力、权力，还是漂亮的外表，都没有人能够比得上，但她总是郁郁寡欢，连个可以谈心的人也没有。于是她去请教一位长辈，如何才能具有魅力，赢得别人的喜欢。

长辈告诉她："你能随时随地和各种人合作，心地慈善，讲些善话，听些善音，做些善事，用些善心，那你就能成为有魅力的人。"

女孩听后，问："善话怎么讲呢？"

长辈道："就是说欢喜的话，说真实的话，说谦虚的话，说利人的话。"

女孩又问："善音怎么听呢？"

长辈道："就是转化一切声音，把辱骂的声音转为同情的声音，把毁谤的声音转为帮助的声音，哭声闹声、粗声丑声，你都能不介意。"

女孩再问："善事怎么做呢？"

长辈道："就是帮助的事、慈善的事、服务的事、合法的事。"

女孩更进一步问："善心是什么心呢？"

长辈道："善心就是你我一样的心、一颗平常心、包容心、责任心。"

女孩听后，一改从前的骄矜，不再自恃相貌美丽，也不在人前夸耀自己富有，对人总谦恭有礼，对周围的人体恤关怀，成为拥有魅力的人了。

听了妈妈的故事，盈盈明白了："魅力不是来自于外表，而是来源于纯洁善良的心。多懂得关心别人，自己也会得到最真实的快乐。以后我要向故事中的小女孩学习。"

妈妈笑着说："盈盈，其实你也不必刻意要求自己，只要能拥有一颗温暖的心去关心自己周围的同学，很快你就会成为一个受欢迎的人了。"

"嗯。"盈盈高兴地点点头。

妈妈对我说：

从前，有个女孩出身于农民家庭，父母都没有文化。尽管如此，她自小勤奋好学，家中对她寄予的希望很大，她也想依靠自身的努力使父母生活得更好一些。因此，她埋头苦读，从小学到高中，再到大学，她的学习都很好。但由于一心读书，她很少交朋友，根本就没有什么知心伙伴。因此，她常感到很孤单、很寂寞。尤其是参加工作后，在机关上班，工资较低，仍旧无法接济父母，她心里经常自责。不仅如此，她总是感到很难与人相处，总是一人独来独往，心中也很想与人交往，但又不敢，也不知道怎样去结交朋友。四年前经人介绍和某同事结婚，但两人感情基础不好，常为一些小事吵架。因此，两年来她有一种难以言状的苦闷与忧郁感，但又说不出什么原因，总是感到前途渺茫，一切都不顺心，老是想哭，但又哭不出来，即使是遇有喜事，她也毫无喜悦的心情。过去很有兴趣去看电影、听音乐，但后来就感到索然无味。工作上也无法振作起来。她深知自己如此长期忧郁愁苦会伤害身体，但又苦于无法解脱。有时她感到很悲观，甚至想一死了之，但对人生又有留恋，觉得死得不值，因而下不了决心……

对于孤独的人，所有这些怜悯都不能穿透那堵把自己和世人隔开的墙壁。在这封闭的墙内，不仅拒绝别人哪怕是极微小的帮助，而且还用各种方式来惩罚自己。在孤独这座牢狱里，拥有孤独的人同时充当了双重角色：受难的囚犯和残酷的罪人。正由于孤独使人丧失了自尊与自信，他们总是自我责备、自我贬低。无论对环境还是对自我，都不能积极地对待。对环境压力总是被动地接受而不能积极地控制，更谈不上改造；对自我也总感到难以主宰而随波逐流，于是在人生征程上没有理想与期待，只有失望与沮丧。总感到茫然无助，陷入深重的失落感而难以自拔，对一切都难以适应，只能退缩回避。我们周围常常有这类人，当生活环境发生重大变化而呈现出巨大反差时，当人生之旅中出现一些变故、遇到一些挫折时，或者仅仅是环境不如意时，便精神不振、心神不定，百无聊赖而焦躁不安，不思茶饭，更无心工作，甚至不想生活，整个儿跌入消极颓丧中。只有敞开自己的心灵，用心去接纳别人，与别人分享自己的快乐与忧伤，才能彻底摆脱孤独的阴影。

孤独和自我封闭给人们带来的是种种消极的体验，如沮丧、失助、抑郁、烦躁、自卑、绝望等，因此孤独对人体健康有很大的危害。据统计，身体健康但精神孤独的人在十年之中的死亡数量要比那些身体健康而合群的人死亡数多一倍。人的精神孤独所引起的死亡率与吸烟、肥胖症、高血压引起的死亡率一样高。

一般来说，人的天性是不能忍受长期的孤独的，但是，有的人自己将自己推至了孤独的境地。

其实，孤独并不可怕。一生之中，每个人都得或多或少地体验到孤独感。妈妈想介绍一些克服孤独感的一些方法：

1. 战胜自卑。只有咬破自卑心理织成的茧，你才能冲出黑暗，远离孤独。

2. 为他人做点什么，让自己受欢迎。

3. 多交一些知心朋友，交流之中，你能够体会到友谊的温暖。

4. 多参与外界活动，开阔心胸。

5. 培养一些业余爱好，从中获得乐趣。

狄德罗曾经说过："忍受孤寂或者比忍受贫困需要更大的毅力，贫困可能会降低人的身价，但是孤寂可能败坏人的性格。"为什么要自我封闭而承担那么大的辛苦和劳累呢？刚刚步入青春期的孩子们，千万不要走近自我封闭的怪圈，因为那样只能伤害你自己和与你最亲的人。

我要改变一下自己

文文还记得自己在上小学的时候，从来不喜欢和别人主动说话，就连见到阿姨都不打招呼。就因为这个原因，妈妈没少批评过她："文文这个毛病可不好，不要说和别人打声招呼，如果能对人笑一下就不错了。这以后长大怎么得了？"

后来一次偶然的机会，文文听说有一个人做过一项试验：把一只狗放到四面都是镜子的地方。这只狗看到周围都是凶恶的狗，于是不停地冲着这些狗狂吠，而镜子里的狗也冲着这只狗狂吠。这只狗就一直狂吠不止，直到最后累死了。

但是这只狗并不清楚事实真相：他所狂吠的对象恰恰是它自己。

这个故事的意思就是告诉人们：自己的态度可以决定外界的环境。

看过了这个故事之后，文文明白了之前为什么别人不喜欢找自己来玩，因为一切都是作用力与反作用力的关系。如果自己不喜欢主动和别人打招呼，怎么可以奢求别人友善地对待自己呢？

从此以后，文文就开始试着慢慢改变自己，多与人沟通，才发现原来生活比之前美好得多。

妈妈对我说：

有一条鱼在很小的时候被捕上了岸，渔人看它太小，而且很美丽，便把它当成礼物送给了女儿。

小女孩把它放在一个鱼缸里养了起来。每天，这条鱼游来游去总会碰到鱼缸的内壁，心里便有一种不愉快的感觉。

后来鱼越长越大，在鱼缸里转身都困难了，女孩便为它换了更大的鱼缸，它又可以游来游去了。可是每次碰到鱼缸的内壁，它畅快的心情便会暗淡下来。它有些讨厌这种原地转圈的生活了，索性静静地悬浮在水中，不游也不动，甚至连食物也不怎么吃了。

女孩看它很可怜，便把它放回了大海。

它在海中不停地游着，心中却一直快乐不起来。

一天它遇见了另一条鱼，那条鱼问它："你看起来好像闷闷不乐啊！"

它叹了口气说："啊，这个鱼缸太大了，我怎么也游不到它的边！"

我们是不是就像那条鱼呢？在鱼缸中待久了，心也变得像鱼缸一样小了，不敢有所突破，有一天到了一个更为广阔的空间，已变得狭小的心反倒无所适从了。

其实，心有多大，世界就有多大。如果不能打碎心中的四壁，你的翅膀就舒展不开，即使给你一片大海，你也找不到自由的感觉。

打开自己，需要开放自己的胸怀。

开放，是一种心态、一种个性、一种气度、一种修养；是能正确地对待自己、他人、社会和周围的一切；是对自己的专业和周围的世界都怀有强烈的兴趣，喜欢钻研和探索；是热爱创新，不墨守成规，不故步自封、不固执僵化；是乐于和别人分享快乐，并能抚慰别人的痛苦与哀伤；是谦虚，勇于承认自己的不足，并能乐观地接受他人的意见，而且非常喜欢和别人交流；是乐于承担责任和接受挑战；是具有极强的适应性，乐意接受新的思想和新的经验，能够迅速适应新的环境；是坚强，敢于面对任何的否定和挫折，不畏惧失败。

不打开自己，一个人就不可能学会新东西，更不可能进步和成长。开放的胸怀，是学习的前提，是沟通的基础，是提升自我的起点。在一个组织里，最成功的人就是拥有开放胸怀的人，他们进步最快，人缘最好，也容易获得成功的机会。

具有开阔胸怀的人，会主动听取别人的意见，改进自己的工作。

比尔·盖茨经常对微软的员工说："客户的批评比赚钱更重要。从客户的批评中，我们可以更好地汲取失败的教训，将它转化为成功的动力。"比尔·盖茨本人就是一个心态非常开放的人，他鼓励公司里每个人畅所欲言，当别人和他有不同意见时，他会很虚心地去听。每次公开讲演之后，他都会问同事哪里讲得好，哪里讲得不好，下次应该怎样改进。这就是世界巨富的作风，也是他之所以能成为巨富的潜质。

开放的心自由自在，可以飞得又高又远；而封闭的心像一池死水，永远没有机会进步。如果你的心过于封闭，不能接纳别人的建议，就等于锁上一扇门，禁锢了你的心灵。要知道褊狭就像一把利刃，会切断许多机会及沟通的渠道。

花草因为有土壤和养分，才会茁壮成长、美丽绽放，人的心灵也必须不断接受新思想的洗礼和浇灌，否则智慧就会因为缺乏营养而枯萎死亡。

拥有开放的心，你才能充分利用成功的第一原则：一个人只要对自己的信念坚定不移，就没有做不到的事情。打开你的心，让想象力自由翱翔，让你成功的希望越飞越高。

精心营造自己的社交圈

媛媛和花花都是梦秋的好朋友，但是她们两个人的性格却是截然不同的。

媛媛看上去非常的阳光灿烂，脸上的笑容总是如升起的太阳一般有朝气。而且只要是有她在的地方，总能给大家带来快乐。她特别喜欢笑，即使是生病或是受伤了，她也很少哭鼻子。她还是一个很热心的女孩，乐于帮助别人解决问题。

而花花是一个喳喳呼呼说话有时会很尖刻的小女生，有的同学会对她退避三舍。

最近花花不知怎么了，身上总是带有一种青春期特有的伤感，仿佛一朵忧郁的兰花，总是莫名其妙地皱眉，和往常相比，好像更不合群了。如果单单是变得忧郁了那也是个不错的进步，关键是脾气反而变得更大了，除了和这几个合得来的朋友之外，她都不怎么和其他的人相处。在大多数同学的眼中，她成了一个“冰美人”。

那天花花一反常态地跟大家说：“我想转学，到贵族学校去积累点人脉。”

花花一定是大脑发烧了吧。梦秋看到她坚定的表情，感到匪夷所思：积累人脉就一定要去贵族学校吗？这是否有必然的联系呢？

梦秋想：花花一定是大脑先浸的水，然后又发炎了。

记得很早之前，妈妈就和梦秋说过：“你想拥有什么样的生活，完全是自己可以决定的。如果以快乐的心情看待周围的人和事，就会觉得生活很美好，如果以忧伤的心情看待周围的人和事，那么你会觉得自己是最委屈的人。”

梦秋真希望花花要珍惜眼下的生活。

妈妈对我说：

梦秋，在现在这样的一个社会，我们不得不提到一个词就是“人脉资源”。亚里士多德说，一个生活在社会之外的人，同他人不发生关系的人，不是动物就是神。很多同学可能会说：“人脉不就是互相帮忙吗？如果我帮不上别人的忙，人家凭什么要来和我打交道呢？”这是对人脉的一种误解。我们在这里要谈一个关于非权力感召力的概念。非权力感召力是一种对他人的感召力，是在与他人的交往中，在人际关系的互动中产生的。与他人建立真诚美好的关系是非权力感召力的源泉。

卡耐基曾经指出：一个人的成功有时并不在于他有多强的能力，当一张无所不至的人际关系网撒下时，就已经成功了一半。

他又指出，人们在事业和生活中的成功，15% 靠的是专业知识，85% 靠的是人际关系。作为一种人脉感召力，非权力感召力的获得依赖人脉的因素，可能要高达 90% 以上。

非权力感召力作为一种感召力有时候通过单独行动来影响别人

是有难度的，你需要他人的帮助，所以拥有这种感召力的人总是拥有良好的人际关系。他们广交朋友，在遇到困难的时候，他们依靠朋友的关系网，总能化解眼前的困难。即使这些成功者智商并不高，但他们在事业上也能超人一等。

《射雕英雄传》里的郭靖就是这样的一个典型例子。

都说郭靖是个笨人，但是他却成了天下人人佩服的大英雄。看看靖哥哥周围的人，他怎么可能不成功呢？郭靖的师傅不下十位，既有以侠义自称的江南七怪、擅长内功心法的马钰道长，又有武功盖世的洪老帮主、童心未泯的周伯通，更不用说聪明过人的奇女子蓉儿，等等。

正是这“多元化”的师资组合，站在人尖的肩膀上，“笨”得像木头一样的郭靖终成一代大侠。郭靖虽然脑子反应比较慢，但他深深懂得，独腿走不了千里路，要真正在江湖上闯出一条路来，必须兼收并蓄，集众家之长。

学校是我们汲取知识的重要场所。在学校里，有老师，有同学，有校友。这些人都将是使你日后学业有成、事业发展的资源，如果我们从现在就开始好好把握这些资源的话，他们终将会发挥出更加巨大的能量。

有一首歌唱得好，“千金难买是朋友，朋友多了路好走”。还有一句类似的俗语，“在家靠父母，出门靠朋友”，说的都是人脉。人脉就是人际关系网，就是你结交的好人缘，就是你在需要时，可以毫不犹豫开口求助的那些人。这是一个 Teamwork 的年代，谁都不可能成为鲁滨孙那样的孤胆英雄，而应该是站在巨人肩膀上的英雄。

自己制定一个交友的标准

妞妞总是觉得自己的好朋友太少了。自己曾经分析过原因，但是还是找不到原因。

后来，妈妈提示给妞妞一个答案：“妞妞，你对待别人的态度反差太大了。你仔细想想自己平时的表现，对待你的好朋友，你会有说不完的话，可是对那些和你不熟的人，你会一句话都不说，这样的话，你怎么会有更多的朋友呢？你应该平等地接纳更多的人，才会获得更多的朋友啊。”

“可是，当我遇到了和自己不熟的人，我就觉得不好交流，怎么办？”妞妞把为难之处告诉了妈妈。

“如果是这样的话，那让妈妈给你一个关于对待朋友的禁忌吧，如果你把这些记住了，就不会在和朋友交流的时候犯错了。”妈妈的话，犹如是一颗定心丸，让妞妞心里踏实了许多。

“那，妈妈，您把那份宝贵的禁忌告诉我吧。”妞妞迫不及待地向妈妈哀求。

“嗯，我会告诉你的，不过，妞妞，妈妈还想告诉你的是，交朋友最宝贵的在于真诚，不要因为不敢和人说话而禁锢住自己，只要让人感受到了你的真诚，语言再笨拙都不会影响你们交流的效果，真的。”

妈妈对我说：

妞妞，人际关系需要维护与和谐，没有和谐的人际关系你怎能无忧无虑的去办事，所以人际交往要时时注意和谐，在与人交往的时候，需要注意一些禁忌，可以保证你在与人交往的过程中不会犯错：

1. 忌言谈举止轻浮

与人交往时，语言要文明，举止要礼貌，说话有条理，言简意赅。别人谈话时，要虚心倾听，不打断对方谈话，不做心烦意乱的动作，不搔首、抓腮、挖耳、抠鼻、剪指甲、跷着二郎腿等，更不要随便翻阅别人的东西。

2. 忌分等级待人

对别人一视同仁，不卑不亢，不论对方地位高低，资历深浅，条件优劣，自己都要热情谦虚，既不巴结讨好，也不傲慢自居。

3. 忌自以为“什么都懂”

对不知道的事不说，别人不了解的也不要牵强附会、东拉西扯，让对方反感，交往必然失败。

4. 忌过分打扮

与人交往时，衣着要与身份相符，整洁大方。当然，也要考虑被交往对象的生活习惯。如不修边幅或过分修饰，难免使对方产生误解或给人一种浮华轻薄、华而不实的感觉。

5. 忌随便误解对方

对别人谈论的事，要正确理解。如果是出于无心，就不要过于认真，想入非非，甚至造成误解，使人感到不雅。

6. 忌花言巧语，虚伪客套

在交往中，态度要诚恳，实事求是，讲心里话，不用虚伪的客套话骗人。当然，讲话也要注意分寸。

7. 忌显示自己有恩于人

在交往中，不要多谈自己的好处，不要认为自己足够对得起人家，别人太对不起自己了。应该常提受人恩德的事，使对方心中也感到舒服。

8. 忌了解自己不应该知道的事情

在交谈中，不可多嘴多舌，贸然打听别人的秘密或对方难以启齿的事情，使对方受窘。忌有意无意揭穿他人的秘密。

9. 忌幽默过度

朋友之间，熟人之间开开玩笑是免不了的。它不但可以活跃气氛，融洽关系，增进友谊，还可以使开玩笑的人具有幽默感。但是，凡事都有个“度”，超越了这个“度”，不但达不到预想的目的，还会弄巧成拙，适得其反，开玩笑也是如此。

开玩笑的“度”，没有固定的衡量标准。它是因人、因时、因环境、因内容而定。具体如下：

要看对象。由于人的性格、秉性各不相同，使得他们的承受能力也有所不同。有的人开朗活泼，有的人寡言少语，也有的人生性多疑。因此，同样的玩笑对有的人可以开，对有的人就不能开。

要看时间。同一个人，在不同的时间里会有不同的心境和情绪。有时情绪好，有时情绪低落。同样一句玩笑，在对方心情开朗时，他不会计较，而当他心情坏时，就可能耿耿于怀。因此，开玩笑最好选择在大家心情都比较舒畅时。

开玩笑还要看场合和环境。一般来说，在安静的环境中；在庄重、紧张的场合；在悲哀的环境中，不应该开玩笑；在大庭广众之下，应少开或不开玩笑。要看内容。开玩笑要讲究内容健康高雅，注意情调。

10. 忌随便发怒

喜怒哀乐，本是人之常情，也是人的内心世界的真实表现。俗话说“气大伤身”，发怒者会给自己的身体带来不良的影响自不必说，还要影响发怒者的自身形象。因为人们常会认为发怒者缺乏修养，不宜深交。

11. 忌口出恶语

俗语说：“良言一句三冬暖，恶语伤人六月寒。”在社交活动中应极力避免恶语的出现。语言本是人们交流思想、传递信息和沟通情感的工具，但恶语却是损害别人尊严，刺痛别人神经和破坏相互关系的祸根，是社交之大忌。但是，只要我们每个人都从我做起，不断提高自身素质和修养，注意语言美，充分认识到尊重别人，就是尊重自己，伤害和侮辱他人的同时也贬低了自己，那么，在社会交往中就不会出现恶语伤人之事了。

12. 忌搬弄是非

所谓飞短流长，意思就是说长道短，评论他人的好坏是非。这同样是社交之大忌。常言道，人与人交往贵在真诚，要以诚相见。那种当面是人背后做鬼，私下议论别人是非的做法，是不利团结的，而且会伤害朋友之间的感情，最终使你失去朋友。

对朋友的过失不能幸灾乐祸。人非圣贤，孰能无过！一个人在工作和生活中出现差错和过失是在所难免的。对待朋友的错误不能熟视无睹，更不应幸灾乐祸，而应积极相助，指点迷津。这才称得上是真正的朋友。只有这样的人在社会交往中才会赢得朋友的信赖，交到更多更好的朋友。

13. 忌言而无信

社会交往中，信用二字至关重要。自古就有“一诺千金，一言百系”，“一言既出，驷马难追”的说法。因此，要让别人相信你，尊重你，你就必须要言而有信。

古人云：“人无信，不可交”。如果言而无信，在社交场合中就不会有自己真正的朋友。

斗争并不意味着友谊的终结

那天的排球比赛简直就是一场恶战。

幼幼和小婉是好朋友，可是在比赛过程中被分到了相对的两个组，也就是说，在这场比赛中她们将成为对手。

在比赛的过程中，她们两个人都在想方设法刁难对方，小婉故意把球抛得很高，而幼幼则使用速了球的手段，打得对方措手不及。

还有一次，由于幼幼抛球的速度过猛，刚球过来的时候恰好打在小婉的头上。看上去真是一副要争得你死我活的架势。

经过激烈的角逐，最终还是幼幼的那一组赢了。

走下比赛场，幼幼赶忙过来问候小婉：“刚才那一下，肯定把你打疼了吧。”

“嗯，刚被打中的时候是有点晕，现在没事了。你发球真是够迅猛的，我们都没有反应过来。”小婉笑了一下，顺便还赞扬了她的技术水平。

幼幼为了表示对小婉的歉意，特意请她吃蓝莓刨冰。

妈妈对我说：

常言道：不打不相识。人与人之间的友谊可能就是因为争斗而建立。而且友谊还会在不断的争斗中得到巩固，不断加深。

双方不打一场不会相识，经过交手而互相了解，更加投合，这种例子不胜枚举。最常见的就是武侠小说中的各路英雄，特别是结拜的兄弟，常常是因为误会而发生争执，但是当真相大白时，彼此又会互相欣赏而成为至交好友。

友谊的形成是一个方面，友谊的持续又是另外一方面。维持友谊往往比友谊的形成更加困难，因为这是一项长期的工程，需要精心呵护。人与人相处，难免会发生各种各样的摩擦和争斗。因为每个人的性格不同，处事的方法不同，了解的事情也不一样，因而在同一件事的认识上会发生这样或那样的偏差，误会也会随之产生。但是误会总是会消除的，在一番明争暗斗之后才会发现友谊的可贵，曾经失去才会倍加珍惜。互相包容，互相理解，容忍对方的小毛病，使小的争斗不至于扩大，不至于动摇友谊的根基。所以，争斗其实也有它积极的一面，条件是争斗之后妥善处理误会，吸取教训，修补裂缝，使友谊更加坚固。从争斗中吸取教训，学会宽容。每个人都会有一些缺点，如果互相抱怨，互相指责，无法忍受对方，友谊就无从谈起了。

另外，在这样一个“物竞天择，适者生存”的社会，竞争无处不在，即使是再好的朋友也可能会发生竞争。而竞争既可能是良性的君子之争，也可能是使用阴谋诡计互相陷害，而我们要做到的就是在竞争的时候始终不忘做人的基本原则，不要做出让人心寒的事情。这样才能在争斗过后，保持友好的关系。如果使用不正当的手段，就会让对方不齿你的行为，再也不会信任你，而友谊也就荡然无存了。因此，保持友谊的争斗应该是良性的竞争。而且，在竞争中双方能够互相学习，共同促进能力的增长，这样的斗争何乐而不为呢？

所以，幼幼和小婉，希望你们将来能保持着用宽容的心态来看待朋友间的矛盾，就会发现自己的人脉会越来越宽、越来越广，那真是一件让人高兴的事情！

谁说万人迷就一定虚伪

别人都夸我"人缘好"

"好，先这样，有时间我们常联系。"妈妈放下了电话，反而笑眯眯地看着旭旭。

"旭旭，杨阿姨刚才一直都在表扬你。说你既聪明又懂事，走到哪里都招别人喜欢。"听妈妈这样一说，旭旭心里乐开了花。

"杨阿姨自己也有个女儿啊。"旭旭想起来了。

"杨阿姨总是说，如果她的孩子能像旭旭一样活泼开朗、懂事大方就好了。"妈妈说道。

杨阿姨家有个小女孩是和旭旭同岁的，可是她为人比较冷漠，而且对别人都不感兴趣，很难和大家融在一起，别的人也很难走入她的内心世界。确实，连旭旭都不太喜欢和她玩，因为旭旭一看到她冷漠的表情，就不想和她接近了。这样的女孩首先是不懂得如何尊重别人，在与人交往中总是处于被动的境地，如果不主动找她说话，她就不会搭理任何人，谁会总是上感着她呢？

一个浑身上下透着亲和力的人，和一个整天板着脸神情严肃的人相比，相信绝大多数的人都会选择前者作为自己的交往对象。因为只有他身上具备这种爱人的气质，他才会表现得对他人有很大的兴趣，就能吸引人们与他交往。

由此旭旭得到了一点体悟：如果要想让别人不冷落自己，要想让自己在一个圈子中更具有影响力，最好的方法是提升自己的亲和力，多一点对他人的关心和尊重，这样才能在人际交往的舞台上更具魅力。

妈妈对我说：

旭旭，首先和妈妈一起分享这个故事吧：

黄牛看见狐狸在树下呜呜地哭，就问它为什么悲伤。

狐狸抹了一把眼泪，说："人家都有三朋四友，唯独我孤零零的，心里难受哇……"

黄牛问："花猫不是你的朋友吗？"

狐狸叹了口气，说："花猫与我交友一载，没请过我一次客，这算什么朋友？我早跟它散伙了。"

黄牛问："山羊不是你的朋友吗？"

狐狸摇摇头，说："山羊与我结拜半年，从未给过我一分钱的好处，还有啥朋友味？我早跟它断绝来往了。"

黄牛长叹了一声，问："听说你曾经跟大黑猪的关系还可以。"

狐狸气得直跺脚，说："我早把它给踢了！你想想，大黑猪能帮我什么忙？当初我根本就不该认识那个蠢家伙。"

黄牛戏谑地一笑，调侃地说："狐狸先生，我送你一样东西吧。"

狐狸眼睛一亮，心想这下可以讨到便宜了，立刻止住哭，问道："什么东西？"

黄牛扭过头，扔下一句"贪鬼"，说完头也不回地走了。

对朋友不能付出真诚的人永远得不到真正的友谊，他们将是可怜的终生孤独者。

有人曾说："有求于人才会去找朋友，很快就没有朋友。如果你愿意要朋友，先做别人的朋友。"交朋友贵在真诚，一个只肯为自己打算盘的人，到处受人鄙弃，他一辈子都很难交到朋友。

古希腊政治家伯利克里说过："我们结交朋友的方法是给他人以好处，而不是从别人那里得到好处。"只有真心对朋友好，以真心换真心，这样你会取得朋友的信赖和帮助，你的朋友也就会越来越多，这才是真正的交友之道。希望有所收获的付出的友谊不是友谊，而是交易。懂得付出的人是真正拥有财富的人，尽管他拥有的财富并不变，但只要他能帮助朋友，只要还有朋友需要他的帮助，那么他就是一个真正富有的人。

与人交往，可圆可方

慧慧在小区里看到几个小朋友在墙上乱涂乱画，跑过去对他们说："你们不可以在这上面乱画，快别画了，快别画了。"

可是奇怪的是，这些小孩子好像并不把慧慧的话放在心上，无所谓地依旧在那里乱涂乱画，而且涂得越来越乱了，还有小朋友在那里朝慧慧做鬼脸。

"你们这些坏小孩，太不道德了。一会保洁员过来肯定会说你们的。"慧慧很生气。

这时妈妈走了过来："慧慧，发生了什么事情。"

"这些小朋友在乱涂乱画，我要他们马上停下来，他们却都不理我，我很生气。"慧慧向妈妈"告状"。

"是吗？让妈妈过去试试。"妈妈说着就走了过去。

"小朋友，你们在做什么？"妈妈走过去热情地和他们打招呼。

"我们在画画。"

"哦，画得真好。"当妈妈表扬他们的时候，这些小孩显得很高兴。

"不过，这么漂亮的画，你们却把它放错了地方。墙上的画都是不会保存很长时间的，只要过一段时间，就会有叔叔过来把墙粉刷一遍，那你们不就白画了吗？而且，这面墙原本是白色的，你们却把它涂得这样脏，那要辛苦保洁员阿姨来清理，对不对？"妈妈耐心地开导他们。

好像妈妈的说教很有效，那些小朋友站在那里，听妈妈说话。

"所以，你们应该把漂亮的画都画在纸上，带回家给爸爸妈妈看看，对吗？"妈妈这样问他们。

其中有几个小朋友点点头。

“嗯，那回家拿纸，在纸上画吧。这面墙，让我们共同爱护它好吗？”

慧慧真服了老妈了，她这样一说，那帮小孩都特别服帖。

“妈妈，您玩的是什么手段，真高啊！刚才把我气的，他们怎么就不听我说呢？”

“他们都是小孩子，你说话有那么多的棱角，他们怎么会接受呢？”妈妈一语点破了慧慧的疑问，“我在说服他们之前，要先夸奖他们，肯定他们，后面的话他们才会接受啊。说话也是需要圆融的。”

看来，慧慧还需要再修炼一段时间了。

妈妈对我说：

每个人都有自己的想法，但并不是每个人都会将自己的想法暴露，在与人交往时，面对不同的人，你会有不同的态度，有的人你愿意亲近，你觉得他值得做朋友，而有的人则相反，所有的这些，你如何迅速地判断和识别呢？

其实，要想了解他人并不难，你不是想猜测出别人的内心活动、选择可以交往的朋友吗？那就需要从对方的一言一行中去捕捉一点一滴的信息，以此来判断对方的想法。这其实也是人际交往时必须具备的能力，这样不但能使沟通交流变得畅通，而且还会为你提供切实的帮助。

要想了解他人，首先要学会察言观色。一个人的想法往往会通过他的态度及动作流露出来，只要我们仔细地观察他人，即学会察言观色，便可以了解他人的想法。

春秋时期的齐国宰相管仲深明察言观色之道，等到适当的时机再从旁进谏。但是有一次，他稍不小心，还是触到齐桓公的“逆鳞”。

当管仲审核国家预算支出的情况，发现宴客费用居然高达三分之二，其他部门的经费只有三分之一，难怪会捉襟见肘、效率不高。他认为这太浪费，此风断不可长。于是，管仲立刻去找桓公，当着众臣的面说："大王，必须要裁减执行费用，不能如此奢侈……"

话未说完，没想到桓公面色大变，语气激动地反驳说："你为什么也要这样说呢？想想看，隆重款待那些宾客目的是使他们有宾至如归的感觉，他们回国后才会大力地替我国宣传；如果怠慢那些宾客，他们一定会不高兴，回国后就会大肆说我国的坏话。粮食能够生产出来，物品也能制造出来，又何必要节省呢？要知道，君主最重视的是声誉啊！"

"是！是！主公圣明。"管仲不再强争，即刻退下。

管仲的机智与聪明就在于他善于察言观色。如果换作是其他忠义顽强好辩的人士，继续抗争下去，可以想象会有什么后果。

从桓公的脸色和语气中管仲察觉到此时桓公心情不佳，不会接受劝谏，自己应做到该进则进、该退则退、当止则止，于是他不再继续损害君主的尊严，而是在后来的工作中慢慢影响桓公，使问题逐步加以改善。

事实上，我们在与人交往也应这样，要注意顺着对方的心意，不可逆犯对方的忌讳。否则非但达不到目的，反而会使自己处于非常尴尬的局面。所谓"出门观天色，进门看脸色"，尤其是在求人办事时，只有善于从对方面部表情做出准确判断，再付诸行动，才会有成功的可能。

其次，可以通过语音洞察人心。

说话速度是一种特征，是一个人与生俱来的气质及平日与人交往中锻炼所形成的。但是异常的说话速度常常与内心的思想有很密切的联系。比如，平时能言善辩的人，突然变得口吃起来，或者相反，平时说话不得要领的人，突然说得头头是道，这就要注意是否发生了什么事情，影响他们，以致使他们的心里发生了重大变化。

这是因为一般情况下，人在深层心理有烦恼不安或恐惧等感情时，说话速度都会快得异乎寻常，以此自欺欺人，缓和内心的不安与恐惧，但是，由于没有冷静地思考，所以，即使说得滔滔不绝，内容却空洞无物。

同样，如果是一个平时总是沉默寡言的人，突然间话多得令人感到不自然，此人一定有了不愿他人知道的秘密。

与说话速度一样，声调也是语气的特征之一——人的思想处于激动状态时，声调往往会提高。某位作曲家也曾说："要提出与对方相反的意见时，最简单的办法就是提高音量。"

如果你做一个生活的有心人，仔细留心他人的语速和声调，就可以轻而易举地探知他人内心的想法。心中的巨人一旦唤醒，就可以产生神奇的力量。

幽默地"笑傲江湖"

南南的个性大大咧咧，不仅如此，还很会说笑话，有的时候，即便她没有讲笑话给大家听，大家看到她还是想发笑。也许是因为这个原因吧，大家都很喜欢南南。

南南的幽默感，是有特点的：首先，南南模仿能力超强。如果和同学一起在电视上看到好看的片段，南南一定可以给大家再"倒带重来"一遍。如果在学校中遇到比较搞笑的人或事，南南也会利用她的模仿能力再给大家表演一番，甚至到了出神入化的地步。

其次，南南这个孩子，还是有点贫的。她对于不熟的人还可以比较正经对待，不过看到了这些熟悉的朋友，就忍不住想多说几句没用的废话。再有呢，就是南南很大咧，不像一般的女孩那样拘小节，有的时候看上去也很搞笑呢。她会像绅士一样蹲下来帮助同学修理自行车，总是乐呵呵的样子，谁会不喜欢她呢？

总之，南南的幽默也许是天生的。大家确实喜欢幽默的人，她能给大家的生活带来不少欢乐。

妈妈对我说：

南南，能成为一个幽默的人，那肯定会为人际交往能力加分不少。

在社会生活中，幽默是无处不在的。幽默是语言的润滑剂，如果你善于灵活运用，必将为你的生活带来无穷的轻松和乐趣。

幽默是人际交往中的磁石，可以将你周围的人吸引到你身边来；幽默也是转换器，可以将痛苦转化为欢乐，将烦闷转化为欢畅。每个人都喜欢与机智幽默的人做朋友，而不情愿与忧郁沉闷、呆板木讷的人交往。

首先，幽默可以缓解冲突。

人际交往中，磕磕碰碰在所难免，遇到棘手的问题或尴尬的场面，恰当地运用幽默，能产生神奇的效果。

小镇上一家酒馆老板脾气暴躁，听不得半句坏话。一次，一个过路人在此喝酒，刚喝一口，就忍不住叫起来："酒好酸。"老板听后大怒，吩咐伙计操起棍子打人。这时又进来一位顾客，问："老板为什么打人？"老板说："我卖的酒远近闻名，这人偏说我的酒是酸的，你说他该不该打？"这个人说："让我尝尝。"刚尝一口，那人眼睛、眉毛都挤在一起，脱口说道："你还是把他放了，打我两棍子吧。"大家哄堂大笑，一句诙谐的话语平息了一场纠纷。

公共汽车上，一位女乘客不停地打扰司机，车子每行一小段，就要司机提醒她，她要在哪里下车。司机一直很耐心地听，直到她大叫："但是我怎么知道我要下车的地方到了没有？"司机却幽默地说："你只要看我脸上笑开了，就知道了。"

其次，幽默还可以帮助你拥有成功的社交。

在中国内地素有"巴蜀鬼才"之称的魏明伦到我国台湾做文化访问时，与闻名海内外的台湾奇才李敖相见。

李敖："欢迎魏先生，我是李敖。"

许博允（音乐家，李魏会面的牵线人）："你们两位都是鬼才，这次会面，真可说是'鬼'撞'鬼'了，哈哈。"

魏明伦："不敢当，不敢当，李敖先生是大巫，我是小巫，今天是小巫见大巫。"

李敖："巫山在四川，魏先生从四川来，大巫自当是魏先生。"

许博允打趣李魏见面是鬼撞鬼，而魏明伦更正说是"小巫见大巫"，这样，魏明伦既回应了许博允的打趣，又表达了自谦，可谓一举两得。而李敖的表现，出言也是相当俏皮，他以魏明伦来自四川的原因，谦称“大巫自当是魏先生”。这么一来，三人会谈的场景仿佛就在眼前，不由得使我们感受到一股春风拂面般的欢畅。而这，自然要归功于三人幽默风趣的谈吐。

语言幽默的人在社交中往往大受欢迎。最能聚集人脉的人常常是颇具幽默的人。我们都喜欢幽默的人，但并不是每个人都会使用幽默。相反，许多人认为幽默是上帝赋予的先天禀赋，后天无法获得。其实，幽默是可以后天获得的。

对生活丧失信心的人不可能再运用幽默的资源，整天垂头丧气的人也无法体会幽默的妙用。因此，能够幽默的人首先应该对生活充满期望和热爱，自信地对己对人，即使身处逆境，也是快乐的。

要使自己变得幽默，快乐是幽默的源泉，保持快乐，不仅可以带给自己幽默，还可以让别人幽默起来。怎样才能保有“快乐”呢？秘方之一是自娱自乐。这一点每个人都会，但最好不要应付了事。即使心情忧郁时，也找点自己愿意做的事，给情绪添点欢乐的色彩。

幽默是可以学习的，因此为了开发自己的幽默资源，必须先进行“投资”。多读些民间笑话、讽刺小说，多看一些喜剧，多听几段相声，随时随地收集幽默笑话。你可以将幽默、有趣的文章剪贴，并加以分类归档。

周围世界中充满了幽默，你要睁大眼睛，去观看，并且竖起耳朵，去倾听。幽默来源于两个世界，一个是你真诚的内心世界，一个是生活中周围的客观世界。当你用智慧把两个世界统一起来，并有足够的技巧和创造性的新意去表现你的幽默力量时，你会发现自己置身于趣味的世界中，人际关系也由此顺畅起来。另外，在运用幽默口才时应注意以下几个问题：

1. 要注意场合

在不适当的场合展示所谓的幽默，会造成不良的影响，甚至是严重后果。

美国前总统里根有一次在国会开会前，为了试试麦克风是否好用，张口便说：“先生们请注意，五分钟之后，我将宣布对苏联进行轰炸。”一语既出，众皆哗然。里根在错误的场合、时间里，开了一个极为荒唐的玩笑。为此，苏联政府提出了强烈抗议。

2. 其次要区别对象

就像音乐是给会欣赏音乐的人听的，绘画是给会品味画的人看的一样，找错对象的幽默难免会造成双方的难堪。

3. 与残疾人开玩笑要注意避讳

俗话说:“不当着和尚骂秃子，瞎子面前不谈灯。”拿他人的缺陷、不足开玩笑，会伤害对方。

4. 内容要健康，格调应高雅。

5. 态度要友善。冷嘲热讽地开玩笑，别人会产生反感。

6. 和异性、不同辈分的人开玩笑要适当，“荤段子”不可说。

7. 不可板着脸开玩笑。

8. 不要以为捉弄他人也是幽默。别人会误以为你是恶意的而令你祸从口出。

9. 不可总大大咧咧地开玩笑，让人觉得你不够成熟、踏实、庄重。

正如一位名人所说：“幽默是生活波涛中的救生圈。”幽默能够营造一种轻松、诙谐的谈话和交往氛围，能让人在紧张的环境中得以放松，能愉悦人的心情，也能够抚平生活中出现的波涛和褶皱。既然幽默有这么多的好处，青少年朋友何不学着成为一个能带给身边人快乐的幽默大师呢？

热忱提升人气

回家之后，冬冬没有了往日的吵闹，而是把书包往沙发上一撂，呆呆地坐在那里。

妈妈似乎看到了冬冬有些不对劲，从厨房里走了出来。

“冬冬，你是不是饿了呢？”妈妈关切地问。

“没有，不饿。”冬冬回答妈妈。

“那为什么显得这样无精打采呢？是不是遇到什么困难了？”

妈妈坐在冬冬旁边，耐心地等她回答。

“唉！”看来，冬冬也只好和妈妈诉苦了，“老师委托我在全班收集20篇优秀作文汇编成一本作文选集。然后课间的时候我就让同学每个人都推荐1～2篇自己认为写得好的作文。可是，她们都推脱说自己写得不好，都不把作文交给我，到了今天放学，我没有收集到一篇作文。”

“嗯，是因为同学的不配合，所以你的工作陷入了僵局，对吗？”妈妈了解是怎么回事了。

“是啊。”冬冬心中很是感激，最了解自己的人莫过于老妈，接下来冬冬想请妈妈帮忙出主意，“妈妈，我该怎么办呢？”

没想到，妈妈却笑着对她说：“冬冬，有时候我们在做事情的时候要讲究方法和策略。当我们说服不了别人的时候，可以用自己的行动来激发他人心中的热忱，以此来调动他人来跟我们合作，从而获得成功。我们要善于激发起他人内心深处炽热的精神特质，让他们积极活跃起来，发挥自己的能力，为圆满做一件事情而做好充分的准备。”

冬冬想了想妈妈说的话：“我知道了，其实每个人心中都有一种热忱，我应该想办法把他人的热忱激发出来，对吗？”

妈妈说：“你想想，怎样才能达到目的呢？”妈妈看冬冬已经有点开窍了，就回到厨房继续做饭。

晚上开饭的时候，冬冬对妈妈说：“我可以强制性地要求每个同学一人交一篇，他们就不会推脱了，然后，我再把选出来的好文章贴在班级中，让同学来平定，选出最优秀的20篇文章。您觉得这个方法好不好？”

妈妈听了这个想法，点头表示同意，她鼓励冬冬道：“我相信，你的努力一定会带动起全班同学的热忱，相信你们一定能够编出一本优秀的作文集。到那时候你们的积极行动就会得到报偿，你们就会被成功的喜悦和幸福所包围。”

妈妈对我说：

冬冬，妈妈想先给你讲一个故事：

哈佛毕业生汤米·德赖佛最近在加州一家公司找到了一份业务员的工作。按照公司历来的做法，公司会交给德赖佛一份很难缠的潜力客户名单。其中有一家公司以前是考尔佛公司的大客户，但是在多年前断绝往来了。

德赖佛说："我决定把跟他们做成生意当作是我个人的一项挑战。这表示我得先说服老板我可以把这家公司扳回来。他本来不太肯定，但是他不想泼我的冷水。于是他允许我去拜访那家客户。"

德赖佛把赢回这家客户当作自己的使命，于是，他提供了保证价，缩短交货期，并允诺更好的服务。他向那位采购处长表示公司"将会做一切令你们满意的事"。

当德赖佛第一次与采购处长面对面地谈话时，他的热忱就扮演了重要的角色。他面带微笑地走进会客室，并说道："很高兴能再回来，让我们一起来共同合作。"

德赖佛从来没有想过他可能无法成交，他完全忽略他的公司已经丢掉了这个客户的事实。他以最高昂、热忱的态度说服他的客户，公司已准备好再为他们服务。

"后来，采购处长告诉我们老板，他们考虑我们的唯一理由是因为我的热忱。他们的订单后来一年有50万美元。"德赖佛说。

"热情比怨恨更得人心"这句在哈佛校园流行已久的格言几乎被每一个哈佛学子牢记。热忱可以看成是人的一种性格，但同时也不要忽略了，热忱也是人的才能中很重要的一个因素。也许有时候两个人在技术和能力方面不相上下，但是在做同一件事情时，热忱的那个人一定会比略微冷淡的人容易成功。为什么呢？因为拥有热忱，你身边的人便会感受到你的热情与真诚，他们也就容易与你形成情感和理智上的认同，这在无形中提升了你的人气。

聪明的人是懂得抓住契机、谋求优势效应来提高自己人气的。

有一次，情歌王子张信哲到合肥进行演出。偏巧那天下起了淅淅沥沥的雨。场内等待张信哲到来的观众的热情并没有丝毫减弱。这时，张信哲站在敞篷车上慢慢驶入演出场地，并热情地与歌迷打着招呼，一点都没有明星大腕的架子。音乐响起，他很投入地深情演唱着，并不时地与台下的歌迷互动，丝毫不顾初冬凉凉的雨水。本来名气就很响的他用尽职和真诚赢得了台下无数人的感动，他的人气也自然一路飙升。

这就是抓住了契机，营造出了一种优势效应，而这种优势效应又很好地提升了张信哲的人气。

并不是每个人都能像张信哲那样登上闪亮的舞台，但是你依然可以利用身边可能的契机来提升自己的人气。如在班级的联欢晚会上，你可以大方地唱首歌，或跳支舞，这样能够让台下的人感觉到你的热情和活泼。你也可以在一些比较关键的场合从容镇定地表现自己，这样也能给他人留下与众不同的好印象。提升自己的人气，机会很多，只要你用心，就一定能够达到目标。

所以，要想获得成功的奖赏，你就必须拥有将梦想转化为现实的热忱和冲劲。只有这样，你才能使自己得到巨大的发展，进而把事情做好。

谎言如秋天的落叶

“丹丹，你的作业本呢？”老师上课的时候，当着全班同学向丹丹询问。

“嗯，我落在家里了。老师，明天我拿过来吧。”

其实是这样的，昨天丹丹忘记了数学作业，而且作业本也没有带走，就放在学校里。

今天早上来上学，看到同学都在交作业，才想起来自己把数学作业这件事抛在了脑后。当数学科代表催丹丹要作业，丹丹只好编个谎话告诉科代表作业放在家里了。

老师听了丹丹的解释之后，说道：“今天我这节课不讲新的内容，只是做一个小测验。你回家把作业本拿来吧，我在这里等着。”

啊！这可怎么办？要知道自己根本就没有写啊。丹丹本以为老师会让她明天带过来就可以蒙混过关。谁知……要怎么跟老师解释呢？

“老师，我爸爸妈妈都上班去了，我没有家里的钥匙。所以拿不了。”情急之下丹丹又编出了第二个谎话，希望老师能够放我一马。

“嗯，好吧，明天一定记得拿过来。”老师终于没有再刁难丹丹，丹丹松了一口气。

可是，心里面总觉得有点不自在。

妈妈对我说：

丹丹，你是否觉得谎话像是一块石头，即便是没有砸到自己的脚，也会很令人不舒服呢？不想去上课了我们可以找到老师：“我今天有点不舒服。”因为贪玩没有完成作业就说：“老师，昨天家里有点事儿，所以……”不敢给爸爸妈妈看糟糕的成绩就说：“我们的成绩还没有出来。”……要知道，试图用谎言掩盖事实是徒劳无功的，因为谎言总有被戳穿的那一天。牧羊人把所有的羊都叫到小屋里。可是有一只小羊正在吃草，一直不肯进来，牧羊人就丢了一块石头过去，结果石头正中其犄角，把犄角打断了。牧羊人只好拜托小羊，不要把这件事告诉主人，这时小羊说：“即使我不说，也隐瞒不了的。我的犄角断了是任何人都看得到的。”

撒谎是隐瞒不了事实的，大家可以想象小羊即使按照牧羊人说的去做，主人会相信吗？即使侥幸蒙过一时，迟早也会被发现，主人只会有一种被愚弄的感觉，而这是最可怕的。

一个人撒谎时，他也许忘记了，还有事实这一关需要过。

诚实是衡量人品行是否高尚的一把尺子，这把尺子适用于所有人。

一天，年迈的猴王把三个儿子叫到跟前，说：“我刚才随手从一棵李子树上摘了三个李子，其中有一个是甜的。现在你们每人挑一个吃，谁吃到的那个是甜的，谁就继承我的王位。”

三个儿子觉得这样很公平，于是一致同意了猴王的决定。它们每人都从猴王手里拿过来一个李子，塞进了嘴里。“父王，我这个是甜的！”大儿子惊喜地说。

“父王，我这个才是甜的！”二儿子争辩道。

“是吗？你们两个吃的都是甜的？”猴王问道。

“是的，父王，我敢发誓我吃的才是那个甜李子。”大儿子和二儿子异口同声地说。

“那么你呢？”猴王问小儿子。

“父王，我吃的这个李子又苦又涩，王位就给哥哥们吧。”小儿子轻声地说。

“不，孩子，我决定把王位传给你，因为你是个诚实的人！”

原来，那三个李子都是又苦又涩的。猴王早已品尝过，只不过想借此来判断三个儿子的品性如何。结果，小儿子说了实话，而大儿子、二儿子明知所吃的李子又苦又涩，但为了得到王位，便欺骗猴王说自己所吃的李子是甜的，却没料到聪明反被聪明误，王位最终属于了诚实的小儿子。

海涅说：“生命不可能从谎言中开出灿烂的鲜花。”诚实是做人的根本，诚实是一切美德的根本。要想获得别人的信任与尊重，我们就得先做到诚实，因为欺骗别人的人最终会欺骗自己。故事中猴王的大儿子和二儿子就是一个很好的例证。

找啊找啊找朋友

没有知心朋友怎么办

这天放学之后是莎莎的值日，莎莎把教室打扫干净之后，发现后排的一位同学还没有回家，就跑过去看看她："我要锁门了，你怎么还不回家呢？还有什么事情吗？"

那个同学抬头看了看莎莎，这时莎莎才发现她的眼圈红红的，吓了一跳："你怎么了？为什么哭？有什么困难吗？我可以帮你吗？"

也许莎莎的问话太过于温暖，触动了她的缘故吧，她一下哭得更厉害了，还断断续续地说道："我没有朋友！她们都不理我了。"

啊！为什么？听到了她的哭诉，莎莎就把赶快回家这事抛在了脑后，连忙坐下来安慰她。

原来，中午她和她的好伙伴因为一点鸡毛蒜皮的事情吵了起来，她的伙伴拉拢其他的同学把她孤立起来，所以她的心里很难过。

"没关系，反正都是自己的同学，她们虽然把你孤立了起来，其实他们心中也很不舒服。你找个机会跟她好好说说就行了。"莎莎帮她出主意。

"呜呜……"她痛苦地在那里哭。

莎莎想到了自己的好朋友，从不会因为一些话而闹别扭，正因为有了她们才使莎莎的生活更加快乐。莎莎从内心感激她们，真正的好朋友是多么的宝贵。

妈妈对我说：

莎莎，听到你那位同学的遭遇，妈妈心里很替她感到难过。其实，这位同学之所以没有知心的朋友，一方面是由于不懂得体谅别人，所以让人感觉与之很难相处，再一方面就是说话尖酸刻薄，让人无法接受。面对你同学的困惑，我们在给予同情的同时还应该是抱着“有则改之，无则加勉”的态度，在日常与人交流接触方面，还需要在某些方面提起注意：

1. 在与人交谈的过程中尽可能的少说话。给别人诉说的机会，而自己要做一个好的听众。

2. 记住不说任何人的坏话。如果找不到什么好话说，那就保持沉默。

3. 和人发生冲突之后要尽快宽恕别人，不要记仇。

4. 无论何时何地，当我们在想到对方的时候，都要给予最美好的祝愿！

5. 尽可能不要随意地批评别人，不得不批评的时候也最好要采取间接的方式，记住一个原则就是始终对事而不对人。在合适的时候要向对方表明，你真心喜欢他也愿意帮助他。

6. 任何时候保持面带微笑。

7. 懂得赞叹周围所有的人。称赞如同阳光和空气，如果缺少它我们就没有生长的养分。不论什么样的称赞永远都不会多余。

8. 当你犯了错误的时候，要及时道歉；当你要受到指责的时候，最好的调和方法是主动负荆请罪。

9. 不要打断别人的话，即使当他说错了的时候。在这个时候即使打断了他的话，他也是不会耐心听你述说的。

10. 你要想办法使自己在和每一个人以任何形式的谈话中，都让对方有一种好的感觉——首先是对他自己，然后是对你的行为，最后是对你。

11. 在任何时候都要给对方留足脸面。不要让任何人感到难堪，也不要贬低别人，更不要夸大别人的错误。

12. 不要用有色眼镜来观察他人，那样你就会发现他做的好事。当你在赞许一个人的时候，要充说明理由，这样就不会有谄媚之嫌。

13. 在发生矛盾的时候，首先最重要的保持镇静。你首先要倾听对方的意见，还要用批评的眼光看待自己，并对他给予自己的启发表示谢意。

14. 努力试着从别人的立场上来分析事情。印第安人曾经说过："首先要穿别人的鞋走上一段路。"遇到情况不要忘了问自己：他这样做是出于什么原因？理解一切意味着宽恕一切。

15. 学会从对方的角度来看待事物。经常问问自己：真正需要的是什么？我如何能够让他得利？

16. 你不要总是觉得自己有道理。你可以比别人聪明，但是不可以自以为是。你要承认也许是自己错了——这样可以避免一切的争吵。

17. 你要经常引用别人高尚的思想和动机。每个人都希望被别人认为是宽宏而无私的，如果你想让别人有所改善的话，那么你就做出仿佛他已经拥有了这些优良品质的模样。那样，他会尽一切可能不让人失望的。

18. 不可以吹嘘自己，也不要过分夸大自己的优点，而是要承认自己也有缺点。你要谦虚谨慎戒骄戒躁，如果想树立对敌，就要处处打击别人。如果你想得到朋友，须懂得得饶人处且饶人。

19. 常常赠送一些小礼品给周围的人——可以是没有任何理由的，寻找让别人快乐的途径。

20. 对别人可以多提建议，而不可以发号施令。这样做才可以促进合作关系，避免引发矛盾。

21. 当别人发怒的时候，你要表示理解并切身感受对方的难处，因为他人的怒火常常只是为了引起你的注意，所以在这个时候需要给予及时的同情和关注。

22. 最好是要表现出对别人感兴趣，并将此作为自己的口号：对别人感兴趣，而不是自己显示出有趣。你要表示自己正在思考帮助对方的方法。

23. 要始终称呼对方的全名，这可以表明你对别人的尊重。每个人都愿意听到自己的名字，这比听到任何一个名字的代替品都更让人更加高兴。当然，为此你要努力记住对方的姓名。

和好朋友分离，我心里很难过

这个暑假蓉蓉的好朋友芸芸要随着妈妈到外地老家一个月。少了一个可以玩耍的同伴，这个假期的蓉蓉，心里感觉格外的空空荡荡。

妈妈看出来蓉蓉的不高兴，于是问她道："蓉蓉，最近看你怎么老打蔫呢？"

"妈妈，我想芸芸了。"蓉蓉向妈妈如实招来。

"呵呵，只要过一个月她不就回来了吗？人家总是应该要回家看看的，对吗？"妈妈对蓉蓉说。

"嗯……"蓉蓉低头不想说话。

在以往的日子里，只要蓉蓉感到孤独，只有芸芸可以随时来陪她。

这才分开一个月，蓉蓉就难过成这样，如果将来有一天真的各奔天涯了，那可怎么办啊！

妈妈对我说：

蓉蓉，在好朋友离开的时候，你很想念，这说明你们之间的友谊。妈妈很希望你们能够成为永久的好朋友，友情永远都像现在一样不会变质。

永远有多远？

让妈妈先给您讲个故事，好吗？

冬梅、夏莲、秋菊、春桃四个女孩是好朋友。从天南海北来到同一所大学后，四个好朋友便形影不离，不管缺了谁就像一只漂亮的碗缺了个口子一样地不完美。四年的时间她们不但储蓄了丰富的知识，也储蓄了深厚的感情。彼此关怀，彼此信任，彼此倾诉。生活就像一张美丽的大网，而这四个女孩就在美丽的大网里编织着精彩的人生。转眼大学毕业在即，眼看就要各奔东西，女孩们恋恋不舍。可天下无不散之宴席，四年同窗终须一别。到了临别的最后一天晚上，四个女孩决定每人写上一句祝愿的话，放在一个罐子里，埋在她们经常去学习、玩耍的那棵大树底下，等到以后四个人聚在一起的时候，再把它挖出来看看那些祝愿是否变成真实了。罐子埋好以后，怕被别人发现，女孩们又在上面铺了一层树叶，而后四人抱头痛哭了一场。

光阴似箭，一晃十年过去了。女孩们都已为人妻、为人母，同时也在各自的公司中担任着重要的角色。在这十年中，她们从没见过面。也许是生活的压力太大，工作的竞争太激烈，时间对她们来说变得尤其宝贵。在这紧张的空气中，友谊渐渐地被忽略，大树底下的祝愿也越来越模糊。

一次意外的机会又让四个女孩碰到了一起。一位海外华侨要回国内投资大笔的资金以回报祖国，准备在自己的母校召开一个竞选会，局时将会在其中挑选一个公司作为投资对象。

华侨的母校正是她们的母校，冬梅、夏莲、秋菊、春桃同时接到了这个消息，她们都对自己充满了信心，四个人带着全盘的把握与难以抑制的兴奋，踏上了去母校的路。

四个人没想到再次的重逢竟是这样的尴尬，一下子竟无所适从。眼看着离竞选会的日子越来越近，她们也顾不得重拾母校的风采与昔日的友谊，各自忙着准备材料、文件以及各种各样对自己公司有利的业绩。她们的认真、仔细、真诚也着实给华侨留下了美好的印象。可是投资的对象只有一个呀，四个人都陷入了极度的烦恼之中。

在竞选前一天的晚上，她们又聚到了一起。四人沉默不语。本来都是想来让其他三人把机会留给自己，可到了一起却怎么也说不出口了。最后还是夏莲提议说："还记得当年那棵大树下的祝愿吗？不如我们先打开看看吧。"大伙都同意了。于是趁着皎洁的月色，她们又来到了那棵大树下，大树还是依旧。四个人一起动手把罐子挖了出来，打开，又把一张张纸条打开。

四个人都震惊了，因为每张纸条上写着的竟是同一句话"愿我们的友谊天长地久”。那一夜，四个女孩又抱在一起痛哭了一场。

四个好朋友做出了一个共同的决定，都放弃了这次竞选。之后，她们便分别离开了自己的公司，联合开了一个新公司，她们又重新找回了共同属于她们的友谊和生活。

英国有一位诗人赫巴德曾经说过：一个不是我们有所求的朋友，才是真正的朋友。可见，真正的友情应该具有“无所求”的性质，一旦有所求，“求”也就成了目的，友情也就变质了。让友情分担忧愁，让友情加深交流，让友情促进工作……如此这般，友情似乎成了忙忙碌碌的工具，那它自身又是什么呢？应该为友情卸除重担，也让朋友们轻松起来。朋友就是朋友，除此之外，别无所求。

有人说“友情来自于共同的事业”，有人说“在家靠父母，出门靠朋友”，有人说“患难见知己，烈火炼真金”，这些其实都有些偏颇。其实，真正的友情不依靠于事业、祸福和身份，不依靠经历、地位和处境，它在本性上拒绝功利、拒绝归属、拒绝契约，它是独立人格之间的互相呼应和确认。它使人们独而不孤，互相解读自己存在的意义。朋友就是互相使对方活得更加自在的那些人。

但愿我们友情长存

花花、媛媛、果果和葱头四个人是好朋友。

“我们四个人，可以组成‘四人帮’了。”花花那天突发奇想，“我们想一只能够代表我们心声的帮歌，好不好？”

还没有等其他的几个朋友反应过来，花花说道：“大家都没有异议，那就这样定了。我们想想，定首什么歌呢？我想出来的是《有没有一首歌让你想起我》。以后即便是我们都各奔东西了，还一样会想起彼此吧。”

媛媛说道：“我想起来的歌是周华健的那首《朋友》，多么经典，我只要听了就会很感动。朋友可是一辈子的财富啊。”

葱头说道：“我没怎么听过音乐啊，这个也太难为人了。我喜欢听《最初的梦想》，可以来歌颂朋友之间的默契吧。”

“呵呵，不关怎么说，都是歌颂友情的。果果，你的呢？”媛媛等着听果果的想法。

“我，我最喜欢的是《光》，说的意思是说有梦想就有希望，好像和友情没啥关系，不过可以说我们是一个有梦想的团伙，怎么样，你们觉得可以吗？”果果歪着脑袋问他们。

最后，四个人各持己见，也没有把最后的“帮歌”定下来，不过这个“四人帮”的称呼却是毫无悬念地保留了下来。四个人相约要互帮到底。

妈妈对我说：

纪伯伦说过：“你的朋友能满足你的需要。你的朋友是你的土地，你怀着爱而播种、收获，就会从中得到粮食、柴草。”

友谊对人生是不可或缺的。如果没有友情，生活将缺少悦耳的和音。在没有友情的人群中生活，那种苦闷不言而喻。心灵犹如一片荒漠，而友谊却如甘露，可令沙漠生出绿洲。

朋友使你的生活绚丽多彩。或许在生活的某些关键时刻，朋友比家庭成员更有用。部分原因是他们和你没有血缘关系，又没有契约约束，他们根本不属于你，也没有和你结为一体。你失败的时候，他们并不感到羞耻，因为没有任何人把你和朋友联系在一起考虑。甚至也没有人知道你们一直在相互来往。但是作为丈夫、家庭成员甚至恋人就不一样了，你遇到的麻烦马上就会连累他们。

从朋友身边离去时，你会感到朋友的智慧的建议对你大有帮助。对朋友来说，不管你发生什么事，他们都会使你恢复常态……不会使你失去理智，不会使你感到孤独。

朋友总是在你不在的场合毫不犹豫地代表和维护你的利益，在听到有可能对你造成不利影响的流言蜚语或无耻谎言时，坚决地予以制止和反驳……在你哭泣的时候，他们替你哀伤；在你欢乐的时候，他们为你祝福。

女人不能离开友情的滋润。友情是女人一生最珍贵的财富。

美国国家安全顾问康朵莉莎·赖斯是一位杰出的黑人女性，她不但在政坛叱咤风云，更在男性世界中从容周旋，备受媒体关注。

赖斯之所以能有今日的地位，有一个原因不容忽视，那就是她与布什及布什一家始终保持良好关系，并赢得了布什一家的友谊。周末的时候她是戴维营的常客，除了谈论政策外，她还陪布什全家去看电影。赖斯与布什有一个共同的爱好，就是体育，他们都是体育迷。布什曾拥有一个棒球队，而赖斯则曾表示希望成为国家橄榄球联盟的主席。

赖斯与布什既是亲切的朋友，又是事业上的好伙伴。布什对外访问时，赖斯会首先对出访意义进行演讲，向公众阐述布什的外交政策。访问过程中赖斯总是坚持陪着总统，随时了解事件的进展，并提供给布什总统必要的资料。

在布什对外政策受到来自国内外压力时，在布什需要人支持他时，赖斯总是坚定地站在他的身旁为他精心谋划，并为他的计划不遗余力地进行各类宣传。

赖斯今天的成功，与她本身的实力和努力是分不开的，但与总统及其家庭亲密的朋友关系也是其中的一个因素。赖斯赢得了布什的信任和尊重，在一些重大的外交问题上，布什更注重听取她的意见，有媒体称赖斯抢走了本应属于国务卿鲍威尔的光彩。

正如马克思的一句名言："人的生活离不开友谊，但要得到真正的友谊却是不容易的；友谊需要忠诚去播种，用热情去灌溉，用原则去培养，用谅解去护理。"

友谊是急需小心积累和保存的财富。

友谊需要真诚，因为真诚是架设在人心之间的桥梁，是沟通心灵的纽带，是震荡情感的波弦。

友谊需要带有真诚的宽容，这种宽容是人类友谊中最有魅力的黏合剂、润滑剂，它犹如种花，回报你的是姹紫嫣红、满园春色。

走出那扇看不见的门，把自己化作清凉的雨丝，把自己化作透明的山泉，只有拿出自己的真诚来，才能获得一份属于自己的友谊。

友谊是甘甜的佳酿；友谊是纯洁的泉水；友谊是深情的海洋；友谊是女人应当用一生去守护的财富！

我的“蓝颜知己”在哪里

今天薇薇听小颖讲了一个很感人的剧情，听罢之后，薇薇终于大彻大悟：都知道泡沫剧是垃圾，但还是有人热衷于欣赏，这是有原因的——泡沫剧实在是太感人。

女孩被一个高大帅气的男孩追求，渐渐地动了心，便要跟现在的男朋友分手。男友自然不同意，女孩便整天吵吵闹闹。没有办法，男友只好答应女孩的要求。不过，分手的条件是他想见见女孩的新男朋友。女孩很不情愿但也只得答应。第二天一大早，女孩便把一个高大英俊的男孩带到男友面前。

女孩本以为前男友一见到自己的男朋友必定气势汹汹地讨伐。可前男友没有，他很有风度地和男人握了握手。然后，他说他很想和她男朋友交谈，希望女孩回避一下。女孩只得听从前男友的建议。站在门外，女孩心里七上八下，生怕两个男人在屋内打起来。然而结果证明，她的担心完全是多余的。几分钟后，两个男人相安无事地走了出来。

送新男友回家的路上，女孩忍不住问：“他和你谈了些什么？是不是说我的坏话。”男人一听，停下了脚步，他惋惜地摇摇头说：“你太不了解他了，就像我不了解你一样！”女孩听完，连忙申辩道：“我怎么不了解他，他木讷，缺少情趣，家庭保姆似的简直不像个男人。”

“你既然这么了解他，就应该知道他跟我说了些什么。”

“说了些什么？”女孩非常想知道前男友说的话。

“他说你心脏不好，但易暴易怒，以后，叫我凡事顺着你；他说你胃不好，但又喜欢吃辣椒，叮嘱我今后劝你少吃一点辣椒。”

“就这些？”女孩有点吃惊。

“就这些，没别的。”

听完，女孩慢慢低下了头。男人走上前，抚摸着女孩的头发，语重心长地说："你之前的那个男友是个好男人，他比我心胸开阔。回去吧，他才是真正值得你依恋的人，他比我和其他男人更懂得怎样爱你。"

说完，男人转过身，毅然离去。

自从这次风波过后，女友再也没有提过"分手"二字，因为她已经明白，她拥有的这份爱，就是世界上最好的那份。

小颖讲完之后，惋惜地对薇薇说："薇薇，我多么希望我也能有这样一个蓝颜知己啊。"看着小颖傻傻的样子，薇薇不禁笑了起来。

妈妈对我说：

爱情是一个永远也说不完的古老话题，也正因为有爱情，乾坤都被粉饰得灿烂了许多。

爱情，不是简简单单的一个名词，那是人生的一种际遇，是岁月谱写的真实的"童话"，是两个人从相互守望一直到离对方而去，是一段很长很长的故事，有开始、高潮和结尾。故事需要描述才有韵味，爱情也需要描述才有色彩，所以爱情需要慢慢经营。两个人走到一起不容易，两个人同行也不容易，两个人分开不容易，两个人结合也不容易。自己爱的人，爱自己的人，让自己明白什么是爱的人，陪伴自己一生到老的人，这不同的爱情角色，穿插了许多的故事和人情。爱情就像是在经历一次远航，迷失方向只会迷茫和伤心；心情阳光，航程才会顺畅；不在乎得失，不吝啬付出，不苛求回报，洒洒脱脱，真心真意；爱就爱了，无悔无求。爱情不单纯，爱情不简单，爱情需要经营，一路走来，多少难忘，多少感动，爱情需要两个人相互守望，扶持，一直到老。

面对一份令你刻骨铭心的爱情，发生了矛盾，当你不知道如何取舍时，你就需要想可否宽容，在爱情的世界里，在让与不让组成的圆里，我们是否需要更多的宽容呢？只有这样爱情才会长久。学会宽容既是善待自己，也是善待了对方，不要轻易说放弃，爱情是不应该轻易放弃的，有很多时候就是需要对方的那一点点宽容。

爱的结构是复杂的，它需要的是双方的互敬、互助、互谅、互让。两个人能走到一起不容易，彼此应好好珍惜。即使对方有一定的缺陷和行为失误，也应给予宽容和谅解。

他们是我的贵人

圣诞节即将来临，每个同学都会收到一堆一堆的卡片。

在冰冰收到的卡片中，除了学校中的同学朋友送的之外，还有很多是从学校的传达室拿过来的。

冰冰的朋友圈很大，开朗的性格使她乐于交朋友，而别人也喜欢她这个朋友。她能够和她姐姐的同学成为好朋友，还可以和网上论坛认识的网友成为朋友，还可以和社会上一些公益团体中的志同道合者成为朋友。

冰冰在网上曾经认识过一位美国小姑娘，她们之间彼此学习英语和汉语，现在到了圣诞节，那个美国小姑娘送给她一串热热闹闹的风铃，让同学们看到了好不羡慕。

其实冰冰更加珍惜她的这些朋友，在她看来，这些朋友是她的一笔宝贵资源，帮助她了解外面更广阔的世界，扩大了信息的吸收量。

“这些朋友啊，是我的贵人。”可爱的冰冰带着不无感激的语气这样说。

对于冰冰来说，她可以向这些朋友学习很多，所以，在她的谈话中有时总是夹杂着“一个老师告诉我的”、“明天有一个学姐要来找我”这样的短语。

圣诞节，看到有这么多人关心冰冰，同学们既为她高兴又很羡慕她。

妈妈对我说：

古人说：“近朱者赤，近墨者黑。”所以多跟杰出者交往，肯定有利于自己今后的发展。

多与杰出者、成功者交往，你不仅能在做事、做人方面获得收益，而且在人生的关键路口也会赢取助力。

2001 年 11 月 16 日，布什总统提名赖斯担任新一任国务卿，顶替前一日辞职的鲍威尔。

在踏入政坛之前，赖斯知道没有他人相助是很难成功的，特别是她这样一个黑人家庭出身的女人。她在积极寻找她生命中的贵人。1995 年她去得克萨斯州拜访前总统老布什，在这里，她第一次见到了现任总统小布什。而当时小布什已经成为新当选的得州州长。他们那次相谈甚欢，但话题不是政治，而是他们最喜欢的体育。

赖斯和小布什第二次相见是在 1998 年，当时小布什已开始将目光瞄准白宫，两人在老布什位于缅因州的夏季度假别墅见了面。赖斯回忆那次见面时说道："在打网球中间，我们还常出去划船，坐在别墅后门廊上进行了多次聊天，话题是下一任美国总统将面临的外交政策。"随着小布什当选总统，赖斯的政治梦想便迅速得以实现，并迅速问鼎国务卿这一宝座。

古人说到立志、立身时无不谈到择友。朋友间的相互影响是无形而巨大的。多与杰出的人交往，不仅对自己心智有益，也会使生活充满乐趣。与杰出者交往也会快速地学到一些方法和经验，快速地成长。而且通过与杰出者的交往，你会快速地结交人脉，这是与一般人交往所得不到的。当然，要与杰出的人在交往中产生精神的共鸣，撞击出心灵的火花，必须有充分的个人修养作为基础，这就要求自身应时时修炼、时时完善。

古希腊哲人亚里士多德与亚历山大大帝交往后，成为亚历山大的朋友兼老师。亚历山大给了他巨款作为科研经费，号召全国人民贡献出亚里士多德所需的各种动植物的标本，亚里士多德得以建立起世界上最大的动物园，为他写下动植物方面的著作打下基础。

恩格斯甚至抛下了自己的事业，倾力从经济上资助贫困的马克思。他与马克思一样，具有高深的见解，马克思在同他的讨论中，得到许多启迪。他俩堪称人类历史上最伟大的一对朋友。他们若没有彼此这个杰出的朋友，恐怕只能做出人们所看到的贡献的一半，他们的名字也会失去许多光辉。

你和什么人在一起，五年以后就会成为什么样的人。要成功必须要和成功的人在一起。我们来听听博恩·崔西的声音：

“不管在你的现实生活或是想象中，你习惯相处的那些人，会对你想成为理想人物的目标有着极大的影响力。

“你的目标应该是能够‘与鹰共翱翔’。你的目标应该是要和你所知道最好的人为伍。你要和胜利者在一起，同时要远离那些自暴自弃、没出息的人。由于诸多无法掌控的因素，你身旁约有80%的人都是不甚积极、没雄心壮志、没有目标、不太成功之辈。他们在生活中并没有很大的成就。他们每天都在浪费时间，牢骚不断，并且一逮到机会就报怨个没完。假如你和这种人在一起，就会变得像他们一样。你一定要谨慎地选择那些你愿意花时间交往的朋友，因为他们对你的思想、人格，以及发生在你身上的任何事情都会有影响。

“你的目标就是要成为别人乐意为伍的人。当你变成一个更积极且更有魅力的人物时，你将发现自己会吸引其他积极有吸引力的人与你为友。”

与杰出者交往中，应注意以下方面：

1. 应保持谦逊、谨慎，自大、骄傲会适得其反。

2. 多向杰出者请教、询问，用他们的智慧和经验来促进自己的成长。

3. 应自尊自爱，不恭维奉承。

4. 多了解杰出者的事迹、成就，顺利交往的可能性才更大。

在很多时候，选择对了一个同行伙伴，自己往往能走得更远。因此，试着与杰出者为友，你一定能够收获更多。

都是社交惹的祸

好朋友借了钱不还

那天有一个同学过来找秋秋，急匆匆地对秋秋说："秋秋，能借给我 50 块钱吗？我有急用。"

秋秋看到她急急忙忙的样子，毫不犹豫地拿出了 50 块钱给她救急，要知道，这 50 块钱可是秋秋一个星期的零花钱啊。

过了一个星期之后，那位找秋秋借钱的同学依然没有把钱还给秋秋，秋秋嘴上没说什么，可是心里却想："为什么她还不把钱还给我呢？是不是忘了呢？"

如果那个同学真的是忘了呢，那秋秋就要损失 50 块钱；可如果万一是她有其他的难处不好开口怎么办？如果秋秋催得太急了也不合适啊。

这件事情，让秋秋左右为难。一方面是自己的利益，而另一方面是同学的情谊。

回到家，秋秋把这件事告诉了妈妈，妈妈却对她说："秋秋，你说金钱和人情，哪一个更重要？"

"当然是人情重要。"秋秋不假思索地回答。

"是啊，我以为你不明白呢！"妈妈笑着说道，"钱如果没有了将来还可以再赚，可是如果失去了友谊，你怎样才能补偿？"

妈妈的话好像敲醒了秋秋原本混乱的思绪，对啊，不过是吃一点亏，何必斤斤计较呢？

妈妈接着说道："即便那位同学真的是有意为之，我们也可以置之不理。因为凡事理得心安，我们问心无愧就好，而对他人不必苛责太多，可以今后不再借给她钱。"

嗯！秋秋明白了妈妈的意思，在金钱和情谊中来做选择，一定毫不犹豫地选择后者。

妈妈对我说：

秋秋，古人说过"吃亏是福"。一个肯吃亏的人并不是痴人，而是有高度智慧的人。

在我国东汉时期，有一个名叫甄宇的太学博士，他为人忠厚，遇事懂得谦让，周围的人都特别敬佩他。

有一年临近除夕，皇上赏赐给群臣每人一只外番进贡的活羊。具体分配时，负责人为难了：因为这批羊有大有小，而且肥瘦不均，很难做到公平分配。于是，大臣们纷纷献策：

有人主张抓阄分羊，结果全凭运气，不得抱怨；

有人主张把羊只通通杀掉，肥瘦搭配着分配；

……

于是朝堂上像炸开了锅，人们七嘴八舌地争论不休。这时，甄宇说话了："分只羊有这么费劲吗？我看大伙儿随便牵一只羊走算了。"说完，他率先将最瘦小的一只羊牵走了。紧接着众大臣纷纷效仿，这群羊很快就被分配完了，而且每个人都高高兴兴的。

此事很快传到光武帝耳中，甄宇得了"瘦羊博士"的美誉，称颂于朝野内外。不久他在群臣的推举下，被朝廷提拔为太学博士院院长。

甄宇主动牵走了小羊，表面上是他吃了亏，实际上他却占了大便宜。他因为"吃亏"而得到了群臣的拥戴以及皇上的器重，从而使自己获得了升官的机会。吃小亏占大便宜，说的就是这个道理。

郑板桥也深谙这个道理，因此他在为人处世上也能够做到游刃有余。

他做知县时，就写过“吃亏是福”的条幅。相传他的叔叔因一宅墙要与邻居打官司时找他帮忙，他却说“让他一墙又何妨”。叔父听了他的劝告，也觉得即使赢了官司也会伤害邻里感情，便放弃了告状的念头。后来，这位板桥先生因“开仓济民”的思想，得罪了好多官员，被罢了官，只好以卖画为生。他吃了“亏”，却因此更受到世人的尊敬爱戴。

上面两个故事能够给青少年很多启发：有时候，最喜欢占便宜的人未必到最后也饱尝硕果，倒是最先吃亏的人会占到最后的大便宜。吃亏也是一种福，聪明的人往往运用这种福祉为自己赢得更多的利益。他们退一步是为了更好地向前走十步，甚至一百步！

因此，刚刚步入青春期，也许还喜欢争强好胜的女孩子们最好明白，人生在世，学会智慧地吃亏，你会成熟很多，也会收获更多。

就让吃亏成为自己人生中的一门必修课吧！

在人群中受到排挤

晓晴班上的学习委员是个优秀的女孩，也是一个漂亮的女孩。但是同学们都不喜欢她。为什么呢？因为她总是看不起同学，觉得自己比别人都强，那种从骨子里带出的骄傲使同学们就渐渐地远离她了，更准确地说，是不敢靠近她。

这天，晓晴有一道许久想不出来的题目，就想拿过去问问学习委员，而她却态度很不好地说了一句：“我一会儿要排成绩表，忙得很。”

晓晴小声咕哝一句：“啧！估计她也不会吧，又死要面子不说。我怎么要往枪口上撞呢？怎么找到她那里了？”

那个女孩身边没有朋友，可是她却找不到自身的缺点，反而觉得我们大家都不如她，所以嫉妒她，真是岂有此理！

试想，这样的女孩，走到哪里能够受到欢迎呢？

妈妈对我说：

晓晴，人缘好的人，说话有人听，办事有人帮，走到哪里都有朋友，显得十分的友好亲切，自己也会感到轻松愉快，工作效率也高；而人缘不好的人，形影相吊，孤家寡人，他对别人冷淡，别人对他的态度也漠然，谁与他都格格不入，到哪里都不会有人受到欢迎，而自己感觉到是处在一个紧张、沉闷的环境中，甚至会导致心理、生理疾病。

如果在与人相处的过程中发现有矛盾，首先应该多分析一下自己的原因。

1. 多反思自己。自己是否在平时与人相处的时候总是沾沾自喜、目中无人，是否经常会盛气凌人，是否容易在一些小节方面得罪别人，是否自身有很多的缺点和不足。

2. 多观察别人。如果有人对你有意见，是否是因为你过于优秀而使他产生了自卑感而对你敬而远之。

不管是因为自己的原因还是由于别人的误解，既然已经在与人交往的过程中出现了隔阂，要想解决这个问题，就应该想办法缩短与别人的心理距离，达到彼此相容。具体说来应注意以下几点：

1. 注意加强个人修养。在日常生活中的为人处世中，不要处处争强好胜，以和为贵，处事大度，与人为善、心胸坦荡，更不要怕闲言碎语，能够谅解他人，不虚伪自私，更不应该有报复猜疑心理。必要的礼貌与适当的控制有助于解除误解。假如你能够宽容忘却别人的过失，会使人更愧疚、悔过，便会以加倍的友好弥补过去的失误。

2. 等距离交流。应该对每位同学都热情相待，态度真诚谦让，主动大方。不要与某位同学成为密友，形影不离，给人造成错觉：他们是好友，我们知趣些。你得到一个陪伴，却失掉了众多能够帮助你的人。等距离外交并不是要讨好每一个人，更不是不讲原则地做老好人。

3. 敞开心扉。就是说能够开诚布公，使别人了解你、认识你，达到情感交流的目的。向别人敞开心扉要比自我封闭更能使自己感到满足。一般人都喜欢坦诚的人。在与人相处的过程中发挥自己最大的能量，互通有无，使人信服，以调动大家的积极性。

与朋友吵架之后该如何收场

最近不知道为什么，欢欢和铭铭之间产生了一丝小小的嫌隙，她们不像以往那样喜欢相互斗嘴，也不像以往那样喜欢扯八卦。

也许小小的摩擦发展到一定程度之后就该擦出火光来了吧，这天，她们吵了起来。

其实事情的起因很小很小，铭铭背过身站着的时候，后退了一步，没有看到走来的欢欢，两个人撞上了。

“哎哟喂！你撞死我了！”欢欢生气地大喊起来。

“是你没有躲及时，怎么可以怨我撞的你？”铭铭不客气地反驳欢欢，“你总不可以要求我的后脑勺也长眼睛吧。”

铭铭的话说得真有学问，不过也很抬杠，让欢欢憋了一个大红脸，她大吼了一句：“你是不是想找碴儿吵？”

铭铭漠然地看了她一眼：“不要拿吵来威胁我，跟你吵得还少吗？我早就不怕了。”

欢欢大叫：“你吵啊！你吵啊！”说完之后，摔门跑了出去。

就是因为这么一件小事情，两个人吵了起来，以后她们可怎么办？

妈妈对我说：

在日常生活中，相互的交往不可能事事顺心，样样如意，难免会发生争吵而引起矛盾，这是很正常的，关键是要看我们自己怎样对待，是否能分辨清楚原因，恰到好处地加以解决，协调好彼此之间的关系。

同学之间吵架的原因有很多，主要有以下几种：

1. 比如开玩笑有些过火了，行动上让对方觉得很难堪，双方处事的态度不同等原因都会引起矛盾。

2. 有的时候会遇到别人的挑拨，使自己对朋友产生了误解，有时由于双方所受到的待遇不公平，使自己产生了赌气的行为，与对方不能和睦相处。

3. 有的好朋友之间原本相处得很好，但是因为其中一方心理状态不平衡，正在生气或是正在烦恼，稍不顺心，便会失去理智，无法自制。

无论是由于什么因素引起的吵架，都会使双方烦恼不安。因此，正确分析好原因，因人因地选择解决的方法。

1. 采取宽容大度的态度，主动从自身去找原因，以己之心度人，以人之心度己，宽容大度。自己错了主动承认，做自我批评，即使是对方的错误，也要先检查自己态度上的过失，争取在缓和的气氛中沟通思想。这是解决争吵的正确态度，要求我们平时要加强自身修养，提高心理素质，做到遇事不急躁，三思而后行。

2. 正确分析争吵原因。对偶发的、自然因素造成的争吵要采取忍让的态度。人与人的交往难免会磕磕碰碰，没必要事事较真。对一些事采取幽默手段处理，便会化干戈为玉帛，会给生活增添色彩。对待涉及原则性的争吵，则需要我们理智地思考，以理服人，以情动人，求得共识。

3. 采取灵活有效的方法。对内向性格的人，以无言的行动感动对方，易于矛盾的和解；而对外向的人，最好使用直截了当的方式，这样符合他们的性格特点。也可以通过书信形式，达到沟通目的。

把握处世的度

人脉，要的就是宽度

“小蕊，和妈妈去参加一个展览会，好不好？”妈妈亲切地问小蕊。

“嗯……我不去，我不想和那些人说话。”小蕊特别不情愿和妈妈过去。

“正是因为不熟，所以才要去试着往来的啊。”妈妈安慰小蕊说，“小蕊，你要慢慢有意识地转变自己，多和不同类型的人交往，才能扩大自己的视野。”

“为什么要强迫自己和不喜欢的人来往呢？我真搞不明白你们这些大人，我不喜欢的人就是不理。”小蕊气呼呼地问妈妈。

“怎么可以这么说呢？你不喜欢别人就是别人的错吗？很有可能那是很优秀的人，是你的心还不能接纳，所以妈妈想让你多接触不同类型的人，不要只局限在学校这样的小圈子，多接触接触社会，你的心量就会慢慢变得开通很多。然后你会发现生活不仅是你所了解的这样一个小圈子，外面还有很多更精彩的内容等你去发现呢。”

“是这样吗？”小蕊心里其实暗自佩服老妈的口才呢。

“小蕊，和妈妈去吧。有妈妈，你怕什么！好不好？”妈妈再一次问道。

“嗯，好吧。”

妈妈对我说：

俗话说“人上一百，形形色色”，人活在世上，会跟各种各样的人打交道。所以要学会与各种类型的人相处。

1. 傲慢无礼型

这种人一般以自我为中心，自高自大，常摆出一副盛气凌人、唯我独尊的架势。和这种人相处，你千万不要低三下四，也不要以傲抗傲，你只需长话短说，把需要交代的事情简明交代完就行。

2. 固执己见型

这类人一般观念陈腐，思想老化，但又坚决抵制外来建议和意见，刚愎自用，自以为是。对待这种人，你不妨单刀直入，把他工作和生活中某些错误的做法一一列举出来，再结合眼下需要解决的问题提醒他将会产生什么严重后果。这样一来，他即使当面抗拒你，内心也会开始动摇，重新审视自己决定的正确性。这时，你趁机摆出自己的观点，动之以情，晓之以理，那么，他接受的可能性就大多了。

3. 自私自利型

这种人一般缺少关爱，心里比较孤独。他永远把自己和自己的利益放在第一位。和这种人相处，你必须从心灵上关注他，让他感受到情感的温暖和可贵。

4. 过分糊涂型

这种人有点精神分裂倾向，做事时注意力不集中，记忆力低下，理解能力不够。不是理想的共事伙伴。但这种人很有人缘，看起来随便、大度。

5. 深藏不露型

这种人自我防卫心理特强。生怕你窥视出他内心的秘密，其实，这是一种非常自卑的表现。你想了解他的为人和心理，不妨和他坐在一起多喝几次酒，让他酒后吐真言。

6. 沉默寡言型

这种人一般性格内向，不善交际与言辞，但并不代表他没话说。和他共处，你需要把谈话节奏放慢，多开掘话题。一旦谈到他擅长或感兴趣的事，他马上会“解冻”，滔滔不绝地向你倾诉起来。

7. 草率决断型

这种人乍看起来反应敏捷，但常常在交涉进行到高潮时，忽然做出决断，缺乏深谋远虑，容易做出错误判断。和他相处最好的办法就是经常给他泼泼冷水，让他保持清醒的头脑。

8. 无私好人型

这种人的确是天底下最善良的人，往往容易被人忽视，所以你可能也会忽视或者拿他们不当回事。如果那样的话你就错了，其实他们才是你可以真心相处的朋友。

9. 毫无表情型

这种人，就算你很客气地和他打招呼，他也不会做出相应的反应。按心理学中所说，叫无表情。无表情并不代表他没有喜怒哀乐。只是这种人压抑住了激情，不表露出来罢了。所以，对于这种人，你无须生气，只需把你想说的继续往下说，说到关键时刻，他自然会用言语代表表情。

10. 生活散漫型

这种人缺乏理想和积极上进的心，在生活中比较懒惰，工作上缺乏激情。和这种人相处，你只有用激将法把他的斗志给挖掘出来。

11. 清狂高傲型

这种人谁也看不起，他们处处要显得与众不同，比别人优越，其实这种人的内心是有着深深的自卑的，他们多半是目光短浅的人。对这种人，你根本用不着与之计较，他喜欢吹嘘自己，那就由他去吧。就是他贬低了你，你也不要去与他们较量，何必与不在一个层次上的人分个谁行谁不行呢。

12. 性格古怪型

这种人多半是天生的，有很大的遗传因素在里边，但他们不势利，也不愿与人同流合污。你可能会莫名其妙地与他们“遭遇”冲突，但不要记恨他们。他们一般是事情过去了也就算了，仍然会像从前一样对你，所以，你不要企图去改变人家什么，当然，人家也不想改变你什么。对这种人，注意不要做过深的交往，也不能对他们有过激的行为和语言。

13. 搬弄是非型

这种人到处打听周围人的隐私，并乐于制造、传播一些谣言，企图从中获得些什么。这种人让你讨厌，但他们并不可怕。所以，你也不必如临大敌，与他们计较。只要他们说的构不成诽谤，又能伤着你什么呢。

14. 家庭妇女型

这种人，上班一进办公室就把家里昨天晚上直到今天早上发生的事一五一十地跟办公室里的人讲。对公司的任何风吹草动都了如指掌，背后议论。这样的人，你少接他们的话就是了，他说什么你全当没有听见。这样的人，在关键时候不太会说你的坏话，还可能会说你的好话，因为他们比较有同情心。

玩笑开大了

笑笑爱和人开玩笑，这本身很好，不过有一次，她的玩笑开大了。

那次，笑笑和同学曼曼正在那里斗嘴，有个同学过来找曼曼。淘气的笑笑趁曼曼转过去与同学说话的空当，把曼曼座位的椅子悄悄地撤走了。

曼曼和那位同学说完话之后，没有任何防备地坐下了，可想而知她一下子坐空了，硬生生地摔在了地上。

“哇哇——是谁把我的椅子拿走啦。”曼曼大概是摔疼了，坐在地上大哭起来。

同学都围了过来扶她，这时的笑笑意识到问题的严重性。

“曼曼没事吧，我是和你开玩笑呢。”笑笑一脸歉意地和她说。

“你这是开玩笑吗？把我摔坏了怎么办？呜呜……”曼曼一边哭一边抱怨，“你也摔一下，就知道有多疼了。”

后来这件事情被老师知道了，笑笑也因为这件事受到了严重的批评，还写了一份检查，并向曼曼道歉。

还好曼曼没有被摔坏，否则的话麻烦会更大。

妈妈对我说：

笑笑，开玩笑确实能给生活增添欢乐，这一点是值得肯定的，但是不管什么事情，都应该有个度才行。生活不能没有玩笑，没有玩笑的生活是乏味的。生活中到处都是笑料，而玩笑正是生活乐趣的一种折射。在紧张的学习之余，同学们三五成群地聚集在一起，或以幽默的语言使人捧腹，或以诙谐的语言令人发笑，或以滑稽的动作使人动容，这自然是一件好事。

开玩笑，无疑也是一种情绪调节和精神调剂。学习的空隙之余，大家说说笑笑，能使高度紧张的神经松弛下来，一句话能使大家前俯后仰、活络筋骨。

再说，开玩笑可以增进朋友关系、融洽感情，彼此接近，得到精神上的快慰。如果周围有一些心情开朗、性格乐观的朋友，并且善于开玩笑，你就会感到与他们在一起心情很舒畅。

不过，玩笑毕竟是玩笑，有些玩笑是开不得的。因此，在开玩笑的时候要注意“六要”“二不要”。

这其中的“六要”是：

一是要笑得有趣，玩笑的内容要健康。开玩笑不仅是为了可以松弛一下神经，而且要能够做到让人在不知不觉的笑声中获得启迪，增长见识，增进团结，互相激励。如果内容庸俗，即使能够引人发笑，那种玩笑的格调也不高，也难以使人从心底发出笑声来。

二是要笑的自然，看准对象。无论任何人都有自己的个性。有的人天生就是乐天派，爱开玩笑；有的人性格孤僻，从来都是少言寡语；有的人高兴的时候怎么着都行，而情绪低落的时候却听不得半句玩笑的话。如果不管三七二十一，一律对待的话，就会闹得不欢而散。

三是要看时机。有的人平时也要与人相互玩笑、逗乐，但是当他在苦闷、烦恼或者是不幸的时候，一样需要同情、理解和安慰。如果我们不顾别人的需要，一样要像平时那样的打趣、逗闹，可能会闹得双方不愉快，甚至发生争吵。

四是要看场合。不可以不分时间地点，完全凭兴致到处开玩笑。别人在聚精会神思考问题，就不要去打扰，否则会打断别人的思路。在严肃的场合应该保持肃静，绝对不要去开玩笑。

五是要有分寸。你碰我一下，我推你一下，这种玩笑虽说是无可厚非，但是如果逐步升级，你撞我一下，我就一定要打你一拳，你踢我一脚，我也一定要回敬你一脚，不讨便宜绝对不罢休。如果是这样的矛盾，迟早会酿成悲剧。

六是语言要妥当。不能以庸俗低级的言语来换取廉价的笑，不要以带有挑战性的、侮辱人格的话来讨别人的便宜。应该通过自己良好的语言素养，使别人在笑声中陶冶情操，得到美的享受。

“二不要”是：

一是不要“恶作剧”。开玩笑应该以风趣说笑、和谐的戏谑为前提，而不应该“恶作剧”。像吹牛皮式的玩笑，以别人生理缺陷为话题的玩笑，揭别人短的玩笑，都是玩笑中的败笔。

二是不要在吃饭的时候开玩笑。因为在吃饭的时候引人发笑，不仅有碍卫生，而且很容易因发笑而将食物吸入气管，甚至有可能造成食物堵塞而窒息猝死。

我很想拒绝

“蕾蕾，帮我个忙，可以吗？”安安一副哀求的表情。

“啥事，别客气，说吧。”面对安安的求援，蕾蕾反而显得很大方。

“我今天不想去上课了，你能不能帮我请个假？”安安说道，“我想去一个僻静的花园里背我喜欢的散文，今天上午的课没有意思，不想去了。你就跟老师说我病了，行不？”

蕾蕾心想这个安安居然让自己帮助她说谎，怎么可以答应呢？蕾蕾显出了犹豫的神色。

“蕾蕾你放心，出事我兜着，你按照我说的来，老师不会怀疑的。”安安一脸的恳切让蕾蕾无法拒绝。

“哎！算了，我舍命陪君子了。”蕾蕾无奈地答应了安安。

到了学校，蕾蕾找到了班主任老师：“安安今天请病假，不能来学校上课了。”

可是谁也没有想到班主任老师居然给安安的家里打了个电话，捎带着向安安的家长聊一下安安的近况，结果纸里包不住火，终于露馅了。

“蕾蕾，安安根本就没在家啊，她现在也不在学校，那她现在哪里？”老师过来拿蕾蕾质问。

……怎么说呢？真是让蕾蕾犯难。

于是，蕾蕾只好说：“是早上安安这么让我转达的，其他的我也不知道。”

就为这件事，蕾蕾反思了一个上午，原本就不想答应安安的，为什么又不好意思拒绝呢？

哎！

妈妈对我说：

说“不”固然代表“拒绝”，但也代表“选择”，一个人只有通过不断的选择来形成自我，界定自己。因此，当你说“不”的时候，就等于说“是”。你“是”一个不想成为什么样子的人。勇敢说“不”，这并不一定会给你带来麻烦，反而是替你减轻压力。如果你想活得自在一点，原则一点，就请勇敢地站出来说“不”。记住，你不必为拒绝不正确的事情而内疚，因为那是你的权利，也是你走向成熟必上的一课。

尤其是女孩子，容易对别人有过分的迁就而丧失自我，这就需要我们学会选择和拒绝。

在生活中，我们应该懂得如何委婉地拒绝别人，委婉地说“不”，这样才能有更多的时间和精力去处理自己有能力处理的事情。委婉地说“不”，你既不会让自己为难，也能够给别人多一个机会去寻找更适合帮忙的人。答应下来吧，可能要连续加几个晚上的班才能完成，而且这也不符合学校的规定；拒绝吧，面子上实在抹不开，毕竟是多年的同学了。应该怎么找一个既不会得罪同学、又能把这件事情顺利推出去的理由呢？

其实当你的同事向你提出要求时，他们心中通常也会有某些困扰或担忧，担心你会不会马上拒绝，担心你会不会给他脸色看。因此，在你决定拒绝之前，首先要注意倾听他的诉说，比较好的办法是：请对方把处境与需要讲得更清楚一些，自己才知道如何帮助他。接着向他表示你了解他的难处，若是你易地而处，也一定会如此。“倾听”能让对方先有被尊重的感觉，在你婉转地表明自己拒绝的立场时，也比较能避免伤害他的感觉，或避免让人觉得你在应付。“倾听”的另一个好处是，你虽然拒绝他，却可以针对他的情况，建议他如何取得适当的支援。若是能提出有效的建议或替代方案，对方一样会感激你。甚至在你的指引下找到更适当的支援，反而事半功倍。

有时候拒绝是一个漫长的过程，对方会不定时提出同样的要求。若能化被动为主动关怀对方，并让对方了解自己的苦衷与立场，就可以减少拒绝的尴尬与影响。当双方的情况都改善了，就有可能满足对方的要求。总之，只要你是真心地说“不”，对方一定会体谅你的苦衷。

要学会说“不”，在繁复的俗事中将自己解脱出来，从而将精力、时间集中真正对自己有意义的事情上，与此同时，青春里的女孩子也要学会怎样正确地拒绝别人。不仅仅学会拒绝别人的索求，更要学会拒绝别人的给予。

身处逆境时，旁人出于同情，出于怜悯，出于种种纯洁或是不怎么纯洁的理由，会伸手搀扶你一把。你不要把这种搀扶当作一种依靠，一种幸运。你要学会拒绝，为自己舔舐伤口。人生的道路很漫长，坎坷之途谁都有。人，最终还是要靠自己站起来，越过这个坎，磨难将是你的一笔财富。

学会拒绝是一种自卫、自尊；学会拒绝是一种沉稳的表现；学会拒绝是一种意志和信心的体现；学会拒绝是一种豁达，一种明智。学会拒绝，才能活得真真实实、明明白白，才能活出一个真正的自己。

自制力——交往中的保险锁

“美美，下周爸爸带着你去泰山玩，好不好？”爸爸笑着问美美道。

美美高兴地从床上跳了下来：“好啊，好啊！我要去，我要去！”

这个时候妈妈及时制止了美美过于亢奋的行动：“美美，现在已经是晚上九点多了，邻居都已经休息了，尤其是隔壁屋的王奶奶有心脏病，你这样大声嚷嚷会把人家吓到。”

“哦——”美美的心情实在是太高兴了，哪里能考虑到这么多呢？所以也只好不大喊大叫了。留着力气，到泰山上去喊吧，哦哈哈哈哈。

美美这样一想，心里忍不住又高兴起来，但是不可以喊，怎么办？于是美美控制不住自己，在原地蹦啊蹦啊蹦。

“美美，不可以乱蹦。”妈妈再一次批评她。

“又怎么了？我又没有喊？”美美实在不理解妈妈为什么总是限制自己的行动。

“你这样蹦蹦跳跳，楼下住的人受得了吗？”妈妈对她说，“好孩子，妈妈知道你心里很高兴，不过你要学着控制自己，要有自制力，对不对？”

“嗯，好吧。”美美想，留着体力，到时候去泰山上蹦吧。现在——回屋休息。

妈妈对我说：

自制是基于对社会规范有明确认识并自觉地调节和控制自己行为的品质。

自制力强的人，能够理智地对待周围发生的事件，有意识地控制自己的思想感情，约束自己的行为，成为驾驭现实的主人。

自制是日常行为的一把保险锁，它要求我们能够以理性来平衡自己的情绪，接受理性的指引，先“谋定而后动”，管住自己的言行和举止，而后引导所有积蓄的力量流入成功的海洋。

相反，如果一个人有缺乏自制的习惯，总是让自己的情绪主导着一切，口无遮拦，行无规矩，随心所欲，没有规划，也不会有目标。那样的话，要么他所有的努力如同脱缰野马，根本控制不了，也达不到既定的目标；要么他的行为与环境格格不入，最终也达不到成功的彼岸。

东汉末年，杨修以才思敏捷、颖悟过人而闻名于世，他在曹操的丞相府担任主簿，为曹操掌管文书事务。曹操为人诡谲，自视甚高，因而常常爱卖弄些小聪明，以刁难部下为乐。不过，杨修的机灵、颖悟又高过曹操，致使曹操常常生出许多自愧不如的感慨和酸溜溜的妒意。

建安十九年春，曹操亲率大军进驻陕西阳平，与刘备争夺汉中之地。刘军防守严密，无懈可击，又逢连绵春雨，曹军出战不利。曹操见军事上毫无进展，颇有退兵的意思。

这天，曹操独自一人吃着饭，同时也在思考下一步的行动。一个军令官前来请示曹操，当晚军中用什么口令。军中规定每晚都要变换口令，以备哨兵盘查来人。此时，曹操正用筷子夹着一块鸡肋骨，于是脱口而出：“鸡肋。”军令官听了也觉没有什么奇怪。

消息传到杨修耳里，他便整理笔札、行装，做离开的准备。一个年轻的文书见状后问道：“杨主簿，这天天要用的东西，有什么好收拾的？明天还不是要打开？”

“不用了，小兄弟，我们马上就可以回家。”杨修诡秘地一笑说。

“什么？要回家了？丞相要撤退，连点蛛丝马迹也没有啊。”小文书不解地看着杨修。

杨修淡然一笑说：“有啊，只是你没有察觉到罢了。你看，丞相用‘鸡肋’作军中口令，‘鸡肋’的含义不就是‘食之无肉，弃之可惜’吗？丞相正是用它来比喻我军现在的处境。凭我的直觉，丞相已考虑好撤军的事了。”

消息又传到夏侯那里，夏侯听了也觉得有理，便下令三军整理行装。当晚，曹操出来巡营时一见，大吃一惊，急令夏侯来查问，夏侯哪敢隐瞒，照实把杨修的猜度告诉了曹操。对杨修的过分机灵早已不快的曹操，这下子抓到了把柄，立即以惑乱军心的罪名，把杨修杀了。

后来的事实证明，曹操虽杀了杨修，终于还是下令退离了汉。然而，就杨修而言，他早晚必死无疑。

因为他几次三番地恃才傲物，逞口舌之快，不能在曹操面前收敛自己，而把小聪明用在一些无用的小事上面，又不顾忌上下尊卑，随心所欲地言行。

正是因为他不能够控制自己的言行，才招来了杀身之祸。

自制力薄弱的人遇事不冷静，不能控制激情和冲动；处理问题不顾后果，任性、冒失。这种人易被诱因干扰而动摇，或惊慌失措。自制力是一种克制或节制，自我约束是一种美德，是文明战胜野蛮、理智战胜情感、智慧战胜愚昧的表现。

自制力能使生活之路变得平坦，还能开辟出许多新道路，如果没有这种自制力，就不能有所创新。在政治上，春风得意的人并非因为天赋非凡，而是因为性情的非凡才使他获得成功。如果我们没有自我控制的能力，就会缺乏忍耐精神，既不能管理自己，也不能驾驭别人。

自我控制的能力是高贵品格的主要特征之一。能镇定且平静地注视一个人的眼睛，甚至在极端恼怒的情况下也不会有一丁点的脾气，这会让人产生一种其他东西所无法给予的力量。人们会感觉到，你总是自己的主人，你随时随地都能控制自己的思想和行动，这会给你品格的全面塑造带来一种尊严感和力量感，这种东西有助于品格的全面完善，而这是其他任何事物所做不到的。

在某国的特种部队，流传着这样一个故事：

一个间谍被敌军捉住以后，他立刻装聋作哑。任凭对方用怎样的方法诱问他，他都绝不为威胁、诱骗的话语所动。最后，审问的人也许故意和气地对他说："好吧，看起来我从你这里问不出任何东西，你可以走了。"这个间谍会怎样做呢？他会立刻带着微笑，转身走开吗？不会的！没有经验的间谍才会那样做。

要是他真是这样做，他的自制力是不够的，因为只要他一跨步，意味着已经暴露他的身份，死亡的危险马上就会降临。有经验的间谍会依旧像毫无知觉似的呆立着不动，仿佛他对于那个审问者的命令，完全不曾听懂似的，这样他就胜利了。审问者原是想以释放他、在他自由的地方，来观察他的聋哑是否是真实的。一个人在获得自由的时候，常常会制止不住心灵上的动静。但那个间谍听了依然毫无动静，仿佛审问还在进行，审问者的确相信他确是个残疾人，说："这个人如果不是聋哑的残疾者，那一定是个疯子了！放他出去吧！"就这样，这名有经验的间谍，以他特有的自制力，使自己免遭一劫。

由此可见，自制力是多么的重要。如果我们想为人生的画卷描绘美丽的图案，则有必要学会在大小事上进行自我控制。必须学会容忍和控制，感情必须服从于理性判断。你必须尽量避免坏的心情、坏的毛病、骄傲狂妄的心态等。这样，成功的钥匙才有可能掌握在你自己手中。

品格&品质

——给温润如玉的你

友爱别人就是善待自己

不可以盛气凌人

在对于行乞人的态度上，媛媛和露露最终达成了一致，她们想到了一个好方法，花钱不多还可以给那些人送去温暖：花很少的钱买了一杯热的豆浆，给那个乞丐送了过去，希望他能够暖一暖。因为长时间坐在地上是很冷的。

当她们两个人过去给那个乞丐豆浆的时候，那个乞丐很感谢她们，并很有礼貌地向她们哈腰。

露露想起了那个很有名的"嗟来之食"的例子。

是说有一个穷苦的人宁可饿死，也不接受别人侮辱的施舍，所以即便是在送给别人东西，也不可以把身价端得太高。

露露记得有一次家里要换一辆新的车子，于是妈妈就想把以前家里的旧车送给别人，在送给别人之前妈妈自己花钱修理了一下，把不好用的零件都换成了新的，还把车子擦得干干净净。当时露露就感到很奇怪，于是问妈妈："我们已经把车子白送给别人了，让他们自己去修理不好吗？为什么我们还要花钱？"

妈妈告诉露露说"我们不能因为是把车子白送给别人就觉得欠了我们好大的人情，而且把车子修理好了别人用的才会顺手，对吗？"

露露明白了妈妈的用意，即便是给予，也要恭敬，也要考虑到别人的感受。

妈妈对我说：

露露，很高兴你是如此懂事的孩子。不过，妈妈还想给你讲一讲特蕾莎修女的事迹。

特蕾莎修女原本是欧洲人，后来到印度为穷人服务。自从踏上印度的国土，她就不再穿鞋。曾经有人问特蕾莎为什么不穿鞋，她说：她所服务的印度民众都太穷太苦，他们没有鞋穿，如果我穿上鞋，那我与他们的距离不就差得太远了吗？我服务于他们，我不想与他们有距离，我不能穿鞋！

人并不都是自私的，但是一般的人却很难放弃自己的立场，全心全意为他人着想，而特蕾莎修女做到了这一点，她用自己的行动向我们诠释了爱的真谛。

服务于穷人就要和穷人穿得一样，这样才能更好地体会到穷人的心境与需要，可以想象特蕾莎修女为人想的多么周到。也许我们无法将爱践行得如此纯粹，但是这种“为他人着想”、“爱就要对他人的痛苦感同身受”的观念却值得我们学习。

还有一个故事也是说明了这个道理：

一个晴朗的夏日午后，山姆正从学校向家走去。他一边慢慢地向前走，一边认真地看着手里的书。

今天，他用自己全部的积蓄买了这本渴望已久的书，因此，他感到十分快乐。

不一会儿，山姆便走上了公路。公路边上一个盲人向山姆请求：“给我一些钱让我填填肚子吧。”但是山姆一文钱也没给他。

为什么？山姆居然不给这个可怜人一点东西？没错，他已花光了所有的积蓄。

山姆因此感到十分难过，不再有心情看书，他缓缓前行。很快，他便看见一辆豪华的马车飞驰过来，上面坐着哈里和他母亲。

盲人仍然站在路边，向来往的行人举着帽子。“我们给他一点钱吧！”哈里请求母亲。

他母亲于是取出几分钱，交给了哈里。可哈里却并没有把钱递进盲人的帽子。

哈里用出吃奶的劲，把钱扔进了路边的树丛中。那个可怜人找不到这些钱，因为他什么也看不见。

山姆转身羡慕地看这辆马车，也看见了哈里扔钱的一幕。他正因不能帮助这个穷人而难过呢，于是赶忙跑过去，帮盲人一分一分地把钱全部找到。

这耽搁了山姆很长时间，使他几乎错过了晚饭。

你觉得这两个男孩中，谁的表现才是真正的爱呢？

当然是山姆，哈里付出的只是金钱而已，而没有对穷人进行实质性的帮助，也没有给予他一丝温暖，这种“爱的表示”是没有意义的。

所以，露露，我们帮助别人，并不在于给他多少东西，而在于那一份难得的爱心。即便是需要帮助的人，他们也是有自尊的。

爱总是要伴随着某种牺牲

在繁华的商业区，经常看到霓虹灯的流光溢彩中夹杂着不和谐的符号——衣着光鲜的人群中总是有行乞的身影。

“我从报纸上看过报道，这些人都是团伙的行骗，根本就不值得同情。”露露如是说，“而且他们这样做也是在影响市容，社会是有救济所或者是遣送所的，他们并不是没有路可以走，为什么一定要行乞呢？”

相对于露露的理智清醒，媛媛似乎有些怜悯他们：“如果是我的话，我就会给他们送去一点零钱，不多，而且就算是上当了也不会对自己造成什么影响，如果他们真的需要帮助呢，我们也算做了一件好事。”

“可是，我们只能给他们一些零钱，这也并不能解决他们什么问题啊。”露露比较不认同媛媛的做法，觉得她这样做无异于杯水车薪。

“那总比什么都没有强吧。”媛媛这样反驳。

据此，露露不明白究竟要以什么样的心态来对待比较好呢？

妈妈对我说：

露露，有的时候，对一个人付出爱心并不是一件容易的事，因为爱经常要付出代价，要牺牲掉自己的一些东西去帮助别人，成就别人。爱心并不是有钱人的专利，而是一份恭敬的心，心灵的慰藉远远比给钱更要有意义。

举个例子，当你看到大街上一个脏兮兮的乞丐的时候，让你伸出双手，去握住他的手，拍拍他的肩，这种动作必定能够让他感受到你的爱，但是你愿意这样做吗？我想，你应该会很不情愿，因为这需要克服内心的障碍。你是一个特别爱干净的人，难以忍受灰尘堆积或者不清洁的事物，但你又想要给别人一点安慰，对他表达你的友善，于是，这两种念头在你的内心深处斗争起来，你也不确定，爱的信念能否战胜讨厌肮脏的念头。

其实，这是人们经常遇到的情况，之所以会出现这种情况，是因为爱是需要付出代价的，爱总是伴随着某种牺牲存在的，只是这种牺牲的程度有大有小。如果你说你爱你的妹妹，但是你舍不得用自己的压岁钱为她买她喜欢的美丽发卡，如果你说你爱你的父母，但是你不愿意努力学习以安慰他们希望子女成龙成凤的心，如果你说你爱你的祖母，但是你不愿意放弃玩耍的时间帮助她做一些家务活。那么，你的爱不是真正的爱，你没有为了这爱付出应该付出的东西，这种爱是浅薄的，与真爱的境界相去甚远。

也许，你会认为：我顶多也就能给他一块钱，甚至就是几毛钱，可能对他来讲不能解决什么问题。而妈妈想告诉你的是：量力而行，只要付出你的爱心就够了。露露，还记得有一次，在学校倡导为灾区人民或者某位病患捐款的时候，你听了老师或者校长关于灾难的讲述，心中确实产生了怜悯之心，内心中爱的信念促使你对他们产生了深深的同情，你决定要为他们捐款，于是回到家里，向妈妈要了五十元钱捐了出去，你认为这样自己就已经尽到了心意，然后就把这件事情抛到脑后。

可是你想过没有，当你拿出零花钱去买一根一元钱的雪糕时，你肯定没有想到这一元钱也可以捐赠出去。当老师提醒你的时候，你却不以为然，因为，这一元钱实在太微不足道了，一元钱难道能帮助灾区人民盖房子吗？能帮助得了不治之症的小女孩康复吗？

妈妈想给你讲一个真实的奉献爱心的例子：“几天前，我从一个瘫痪二十年的人那里收到十五美元的捐款，这个人只有右手能动。他唯一的嗜好是抽烟。他对我说：‘我一星期没有抽烟，我把省下的钱交给你们。’这对他来说一定是极大的牺牲，但是他是在怎样地分享自己的爱啊，这是多么壮丽啊！我用他的钱买了面包，送给那些饥饿的人，双方——作为给予者的他和接受者的穷人——都很快乐。”

也许这位瘫痪的病人在其他方面并无可取之处，但是他的这“微不足道”的十五美元却在我们的心里留下了壮丽的投影。一个人，不管它到底拥有多少东西，他能够尽自己的所能去爱别人，帮助别人，这份心意，就是弥足珍贵的。所以露露你可以好好想想，自己的一元钱也许微不足道，但是如果许多人都捐出自己的一元钱，有困难的人就会很容易地解决自己的问题。而且，你的一元钱，会让被帮助的人心里感到温暖，感到安慰，这也是最重要的。露露，我相信你是聪明的，你肯定得到了答案，对吗？

不忘关怀和尊重

瑶瑶的班上有个男生叫何琦，不过同学在议论他的时候总是取他的谐音说：“何琦啊何琦，何其次啊。”因为他实在是一个不受待见的人物，

有一个女孩特别喜欢卡通的小装饰，有一次买了一个小熊造型的围脖，大家都夸好看，只有何琦看了看，冷冷地说：“你小学毕业了吗？弄个熊脑袋顶在头上，不嫌寒碜。”弄得女孩生气地冲着他发飙，劈头盖脸地骂了过去：“我愿意，你管得着吗？”

这个何琦，他不是自找没趣吗？

还有一次，有个同学在博客上发表了一篇文章，虽然是转载的，但是那篇文章确实很难得，而何琦却很不以为然地说：“那篇文章是好，可以总是拿别人的就不对了，跟个小偷似的。”

如此这般，叫同学如何对他客气呢？于是，有些性格泼辣的女生就直接叫他“欠扁的人”。

其实那个男生性格挺好相处，人也是大大咧咧，就是这张嘴太臭了，叫人无法招架。所以，也不要怪同学对他退避三舍了吧。

妈妈对我说：

瑶瑶，你说的没错，人如果偶尔拿自己调笑是可以的，但是如果拿别人来开心就不对了，因为任何人都有自尊，都需要尊重。

乔治·萧伯纳是20世纪爱尔兰著名的戏剧作家，他写过许多享有世界声誉的作品，深受各国人民的喜爱。

一次，萧伯纳代表英国去苏联参加一个活动。当他在大街上散步时，见到一位可爱的俄罗斯小姑娘，胖乎乎的脸蛋，长长的辫子，俏皮极了。他忍不住停下脚步，把自己当成一个孩子一样，和小姑娘玩了起来。小姑娘也很喜欢这个和蔼可亲的外国人，两个人玩得很开心。

玩了很长时间，萧伯纳该走了。分别的时候，萧伯纳俯下身，一只大手放在小姑娘的脑袋上，说：“你回去可以告诉你妈妈，就说今天陪你玩的，是世界上有名的剧作家萧伯纳。”

他原以为小姑娘听完以后会高兴地跳起来，没想到，小姑娘听到后却十分平静，她拉着萧伯纳的手，抬起头天真地说：“哦，我不像你那么出名，我只是一个和别人一样的小姑娘而已，不过，你回去时可以告诉别人，就说今天陪你玩的，是俄罗斯的一位小姑娘。”

萧伯纳听了，心里愣了一下，他意识到自己有些太自以为是了，同时也深深地被这位小姑娘自信的神情折服了。

从那以后，每当说起此事，萧伯纳还会说，这位俄罗斯小姑娘是他的老师，他一辈子都忘不了她。

一个人无论他的处境是失意还是得意，只有选择了善待他人，才能获得别人对自己的善待。

妈妈有一个认识的阿姨曾与一个公司的董事长做了多年邻居。当那个董事长的公司财源茂盛的时候，他的汽车碾扁了别家的小鸡小鸭；他的狼犬自由散步，对着邻家的小孩子露出可怕的白牙；他修房子把建材乱堆在邻家门口。坦白说，他在邻居中间没有什么人缘。

后来，这位董事长的公司因周转不灵而歇业，大家还会经常在街巷中相遇。他的脸上有笑容了，他的下巴收起来了，他家的狼犬也拴上链子，他也经常弯腰摸一摸邻家孩子的头顶。可是，他仍然没有什么人缘。

这位阿姨曾跟我说：“人在失意的时候得罪了人，可以在得意的时候弥补；在得意的时候得罪了人，却不能在失意的时候弥补。”我也觉得是这个道理。

那位董事长暂时停止改善公共关系，专心改善公司的业务。终于，公司又生意兴隆起来，他又有小车可坐，不过他的座车从此不再按喇叭叫门，并且在雨天减速慢行，小心防止车轮把积水溅到行人身上；他的下巴仍然收起来，仍然时不时地摸一摸邻家孩子的头顶。再后来，他搬迁了，全体邻居依依不舍送到公路边上，用非常真诚的声音对他说“再见”。

瑶瑶，你看，只有先放低自己的身段，懂得如何尊重别人，才会获得他人由衷地尊重。

善良的女孩人见人爱

善良带来快乐

依依是个女孩，她可聪明啦，而且物理题做得特别好。班上有很多女孩喜欢找她问问题。只要一下课，会有很多女孩拿着作业本找依依去了。

“依依，你看，刚才老师讲到这一步，我不明白。”

“依依，这样的题型我们以前根本就没有做过啊，你会吗？”

“依依，你能不能一步一步地讲给我听。上课老师讲的，我一句没听明白。”

这几天依依真是够辛苦的，只要到了课间，就会看到她这里忙不迭起来。说真的，这个依依还真是挺招人疼的，她给同学认真讲题的那种精神让很多同学着实地感动了，服务质量那叫一个上乘。对于有的实在是太笨的小女生，依依还会特意帮她画一张示意图，然后一步一步地给她讲，讲到一步，就问她“这一步你明白了吗？”那个同学表示明白了，她才开始讲下一步。

最近快考试了，依依忙了起来，都下课放学了还有同学缠着她讲题，依依也只好舍己为人了。那天依依从学校走出来，已经是傍晚八时。

“依依，你为了给同学讲题目，浪费了自己多少时间。你还有时间复习吗？”有同学很关心地问她。

“嘿嘿，没事。”依依憨憨地一笑，告诉那位同学说“你不知道，其实给人讲题，最受帮助的是自己。”

“为什么？”那位同学感到很疑惑。

“你想啊，如果你只是在自己做题，你就只想把题目解出来就好，而我在讲题，就要考虑如何让别人明白，所以对题目的理解就更深了一层。你能体会到吗？”

依依说的似乎有道理，因为最后考试成绩发布，她的分数依然遥遥领先。

妈妈对我说：

依依，我能体会到你在劳累中的快乐，能倚靠自己的能力给同学带来这么的帮助，是一件多么值得荣幸的事情。让妈妈先给你讲一个帮助别人的故事吧。

一天，某个村庄来了一位智者，人们纷纷向他请教自己最困惑的问题。一位少年，总感觉自己有很多问题无法释怀，于是也去拜访年长的智者，少年问：“我怎样才能变成一个自己愉快，也能带给别人快乐的人呢？”

智者笑着说：“孩子，在你这个年龄有这样的愿望，已经很难得了。很多比你年长的人，从他们问的问题本身就可以看出，不管怎样跟他们解释，都不可能让他们明白真正重要的道理。我送给你四句话，第一句是，把自己当成别人。”

少年想了一下问：“是不是说，感到痛苦忧伤的时候，就把自己当成别人，这样痛苦自然就减轻了；欣喜若狂的时候，把自己当成别人，那些心情也会变得平和一些？”

智者微微点头，接着说：“第二句话是，把别人当成自己。”

少年沉思了一会儿，说：“这样就可以真正同情别人的不幸，理解别人的需要，而且在别人需要帮助的时候给予适当的帮助，是吗？”

智者表示认同，继续说道：“第三句话是，把别人当成别人。”

少年思索着：“要充分尊重每个人的独立性，在任何情形下都不能侵犯他人的秘密，对吗？”

智者哈哈大笑：“很好！第四句话是，把自己当成自己。”

少年说：“这句话的含义，我一时体会不出，而且这四句话之间有许多微妙之处，我怎样才能把它们体会明白呢？”

智者说：“很简单，用一生的时间和经历。”

少年沉默了很久，然后道谢告别。

后来少年变成了中年人，又变成了老年人，在他离开这个世界很久以后，人们还时时提到他的名字，人人都说他是一位智者，因为他是一个愉快的人，他的热情也给每一个遇到他的人带来了快乐。

如果你也能够像上面故事中的少年一样，将别人视为自己来看待，那么帮助别人也就是帮助自己，自己就不会这样不情愿、不开心了。这就是快乐与行善之间的关系，明白了这一点，你就会明白那些甘于奉献的人为什么总是面带微笑，为什么都是快乐地投身到自己的善行中去，因为她从自己的善行中感受到了无尽的快乐与幸福。

常常会想到感恩

“然然，你迟到了哦。”面对着质问她的同学们，然然俨然一副有理说不清的表情。

“咳！你们不知道，我在小餐馆里吃了饭才出来的，那里上菜的速度好慢了，我足足等了有 20 分钟。”不知道然然这样的解释他们能否信服。

“噫——找借口。”果不其然，同学们不买账。

回到家，妈妈看出了然然脸上的不愉快。

“然然，你今天好像有点不高兴。”

“是啊，我是很不高兴。中午我在一家小餐馆吃饭，他们上菜的速度特别慢，我等了 20 多分钟，还不停地催他们。反正，都是那家餐馆不好，害我迟到，以后我再也不去那里吃饭了。”

“呵呵，我以为是什么事呢，原来是因为这个呀。服务员他们忙不过来，难免会手忙脚乱把你忘了，所以你要多体谅他们才对啊。”

“哼，那是他们的问题。”然然才不想从心里原谅他们。

“然然，我建议你要多想一想好的方面，比如你自己不会做饭，如果没有这家餐馆开张，你的午饭要到哪里解决呢？我们感谢他们为我们提供服务，解决了我们生活中的不便。心中常存感恩，生活才会变美好。”妈妈用她的语言戒尺敲敲然然的脑袋。

嗯，如果这样想的话，好像他们就是可以谅解的了吧。

妈妈对我说：

然然，是否有的时候，你会抱怨别人对你不公平，认为生活对你不公平？比如你说的，为什么你要等很长时间才可以拿到饭菜，别的人就没有等这么长时间？

其实在生活中还有很多孩子对自己的生存现状不珍惜，比如别人上学车接车送，自己却要去挤公共汽车；别人可以全家人都开开心心地生活在一起，而自己的爸爸妈妈却因整天忙于工作而难得与你见上一面；别人生活在城市，自己却生活在农村……

其实，我们完全没有必要为这些事情感到难过。曾经有一位哲人说过，只要活着就值得感谢。如果我们把生活中遇到的各种磨难和挫折都当作“一份小礼物”，那么我们的生活会减少多少不必要的烦恼啊。

人生如花开花谢，潮起潮落，有得便有失，有苦也有乐。

有一次，美国前总统罗斯福家里遭窃，被偷去了许多东西。一位朋友闻讯后，忙写信给罗斯福，安慰他不必太在意。

罗斯福给朋友的回信是这样的：

亲爱的朋友，谢谢你来信安慰我，我现在很平安。感谢上帝，因为：第一，贼偷去的是我的东西，而没有伤害我的生命；第二，贼只偷去我部分东西，而不是全部；第三，最值得庆幸的是，做贼的是他，而不是我。

对任何一个人来说，遭到盗窃绝对是件不幸的事，但是，罗斯福并不怨恨盗窃的贼。相反的，他还能找出感谢上帝的三个理由。这种感恩他人、感恩生活的习惯让罗斯福在遭遇不幸的时候仍能够保持平和的心态。

感恩是一种快乐生活的哲学。英国作家萨克雷说：生活就像一面镜子，你笑，它也笑；你哭，它也哭。你感谢生活，生活将赐予你灿烂的阳光；你不感谢，只知一味地怨天尤人，最终可能一无所有！

一个人如果习惯于感谢他人，他将得到他人的信任和喜欢。一个人如果习惯于感谢生活，他将得到生活的眷顾和宠爱。

妈妈以前还听说过这样一件事情，在贫困山区有一个女孩。她以出色的成绩考上了重点大学，不幸的是父亲在她进校不久，遇车祸身亡，家中无力供她上学，在她准备退学回家时，社会给了她关怀，老师和同学也慷慨捐款捐物。大家的赠物，她舍不得使用，藏在箱子里。每天打开箱子看看这些赠物，就想到自己周围有那么多的关怀、爱心，心中就不由产生出一种感激之情。这种感激之情又驱使她去战胜困难，顽强拼搏。这个在物质上贫困的女孩，在精神上却是很富有的。她心怀感恩，终于读完了大学，还以优异的成绩留学美国。后来她说："大家给我的一切，是我的精神财富，永远留在我的心里。我要努力学好本领，回报祖国，回报父老乡亲。"人若有了感恩之情，就像这位女孩，生命就会时时得到滋润，并时时闪烁纯净的光芒。

感恩可以将他人的关爱化成我们成长的动力。我们每个人都应该明白，生命的整体是相互依存的。无论是父母的养育、师长的教诲，还是配偶的关爱、他人的服务、大自然的慷慨赐予……人自从有了自己的生命，便沉浸在恩惠的海洋里。一个人真正明白了这个道理，就会感恩大自然的福佑，感恩父母的养育，感恩社会的安定，感恩食之香甜，感恩衣之温暖，感恩花草鱼虫，感恩苦难、逆境，就连自己的敌人，也不忘感恩。

提起霍金，人们就会想到这位科学大师那永远深邃的目光和宁静的笑容。世人推崇霍金，不仅仅因为他是智慧的英雄，更因为他还是一位人生的斗士。

有一次，在学术报告结束之际，一位年轻的女记者捷足跃上讲坛，面对这位已在轮椅上生活了 30 余年的科学巨匠，深深敬仰之余，她又不无悲悯地问："霍金先生，卢枷雷病已将你永远固定在轮椅上，你不认为命运让你失去太多了吗？"

这个问题问得显然有些突兀和尖锐，报告厅内顿时鸦雀无声，一片静谧。

霍金的脸庞依然充满恬静的微笑，他用还能活动的手指，艰难地叩击键盘。于是，随着合成器发出的声音，宽大的投影屏上缓慢而醒目地显示出如下一段文字：

我的手指还能活动，我的大脑还能思维，

我有终生追求的理想，有我爱和爱我的亲人和朋友，

对了，我还有一颗感恩的心……

所以，然然，你想得到生活的眷顾吗？你想做生活的主人吗？那么，我们就一起开始学会真诚地感谢生活吧！感激自己所得到的一切，以平常心看待生活中的每一件事情，尤其是在遇到困难、遭到不幸的时候，仍然要感谢生活。

打磨一颗钻石般的怜悯心

米米喜欢看泡沫剧，而且还喜欢一边抱着枕头一边看，一边看一边掉眼泪。

"多么善良的女孩啊！"若若总是习惯于用那种夸张的语气来赞美她。

可奇怪的是，米米总是嘴上说："好可怜啊！好可惜啊！"可是，她很少会付出行动来帮助一个人，在这一点上她比不上若若。

"我们学校正在号召给乡村学校贫穷的孩子们捐款捐物，请同学们量力而行，奉献自己的爱心。"老师在课上向同学们颁布了这样的一条消息。

"啊！那些孩子们真可怜啊！"米米习惯性地上演她的同情心。

"喂！说点正格的，我们到底应该捐多少啊？"若若直截了当地切入了正题。

回到家，若若问妈妈捐款的数额应该多少是合适的，妈妈则告

诉她说：“捐款贵在自己的一份心意，并不在钱数的多少。你可以把自己买零食的钱省下来捐出去，就会有意义得多。”

嗯，若若付诸实际，打算开始克制自己的零食，把这份钱省下来捐出去。

妈妈对我说：

若若，其实做任何好事，都不是为了自己出风头，也不是为了表现自己有多么的善良。我们只求尽力，只求安心，心里就会感到很愉快，生活起来也更加有动力。

妈妈认识的一位阿姨就曾经遇到过让她挠头的事情。事情的起因也是因为她的孩子学校里要捐款，然后她家的小孩就对老师说：“我可以捐十万。”老师听了之后也愣住了，因为毕竟不是一个小数字，下了学之后就去家访询问。一经了解才知道，原来这个阿姨存了十万元打算用于装修和添置家具，结果在夫妻谈话的时候被小孩听到了，知道家里有十万块钱。这个小孩在班里是班干部，事事喜欢争先，所以才对老师说她可以捐十万。你看，这样算是做好事吗？我们做好事的时候，是否只是纯粹地想帮助别人呢？这些实际上是需要用心体会的。

先让妈妈来与你分享一个故事吧：

一座城市来了一个马戏团。有 5 个孩子穿着漂亮的衣服，牵着父母的手排在队伍中等候买票。他们不停地谈论着上演的节目，一个个兴高采烈，好像已经看到了台上的表演似的。

终于轮到他们了，售票员问要多少张票，父亲小心地回答：“请给我 5 张小孩的和 2 张大人的。”

售票员说出了价格。

母亲的心颤了一下，转过头把脸垂了下来。父亲咬了咬唇，又问：“你刚才说的是多少钱？”

售票员又报了一次价。

父亲眼里透着痛苦，他实在不忍心告诉他身旁兴致勃勃的孩子们：我们的钱不够！

一位排队买票的男士目睹了这一切。他悄悄地把手伸进口袋，把一张20元的钞票拉出来，让它掉在地上。然后，他蹲下去，捡起钞票，拍拍那个父亲的肩膀说："对不起，先生，你掉了钱。"

父亲回过头，他明白了原因。他眼眶一热，紧紧地握住男士的手，感谢这位男士在自己心碎、困窘的时刻帮了忙："谢谢，先生。这对我和我的家庭意义重大。"

所谓关爱，就是在别人最困难的时候挺身而出，为他们提供帮助，而且在帮助的时候，不伤害他人的尊严。对于故事中的父亲来说，就是不让他在孩子们面前失掉"伟大父亲"的光环。

没有人喜欢被施舍，中国古代就有"不食嗟来之食"的名言。其实历朝历代的人都是如此，现代人也不例外，也许你的同学中就有家境贫困的人，他需要你的呵护尊严的帮助，如果你以一种居高临下的态度送给他玩具或者请他吃麦当劳，他的心灵一定会受到伤害。所以，希望你能够小心翼翼地避免这种行为。

诗人埃米利·迪金森提醒我们，同情之心增加了我们生命的意义。他在诗中曾这样吟咏：

如果我能让一颗心免于破碎
我就没有白活
如果我能为一个痛苦的生命带去抚慰
减轻他的伤痛和烦恼
回到自己的鸟巢
或让一只弱小的知更鸟
我就没有白活

也许我们今天生活在宽敞明亮的教室里，吃着可口的饭菜，穿着光鲜美丽的衣服，所以觉得苦难离我们很遥远，但是事实真的如此吗？"天有不测风云"，没有人能预测到明天会有什么样的事，如果今天我们不去同情和帮助别人，那么明天当我们处在困难甚至是苦难之中的时候，谁来帮我们呢？

做个纯粹的女孩，赶走嫉妒和虚荣

心灵无私自高贵

今天舒舒收到了来自姑姑的问候。

记得在舒舒小的时候，有一次，姑姑要把舒舒接到她的家里玩。她家里面装饰的特别漂亮，而且有好多好多好吃的糖果和好玩的玩具，白天的时候，舒舒徜徉其间，玩得不亦乐乎。姑姑看舒舒很高兴的样子，就对她说："舒舒，你晚上住在这里吧。"

"好。"当时的舒舒玩得正高兴，毫不犹豫地就答应了。

可是到了晚上快睡觉了的时候，舒舒忽然想起了妈妈，情绪一下子就低落下来。

姑姑把一个毛毛熊塞在舒舒的手里，对她说："你摸摸这个，特别软。"

不知为什么，舒舒一下子感觉很委屈，哇哇大哭起来。

"我想妈妈，我要回家，我不在这里了。"舒舒越哭越觉得伤心，根本无法安静下来。

姑姑看舒舒执意要回家，只好在晚上把她送了回来。

回到家的时候，已经是晚上 10 点多钟了，当时妈妈还在灯下看书。

相对于姑姑家来说，舒舒自己的家里显得清寒了许多，但是舒舒却觉得心里暖暖的，心情一下子好起来，终于破涕为笑了。

真的是这样，哪里都不如自己的家好。舒舒觉得自己的家不豪华，但却是最温暖的。

妈妈对我说：

舒舒，这件事情我还记得很清楚，当时我正在灯下整理白天学习的笔记，看到你突然回到家来，脸上挂着泪珠。想不到当时小小年纪的你天性如此美好，让妈妈记忆犹新。

在很久以前，曾经有一个贵夫人看到一个六七岁的小女孩独自在街上拾破烂，就把她带了回来。那位贵夫人给她洗澡，为她换上干净的衣服，又拿出最好的食物招待她。但到了晚上，那孩子却偷偷地跑掉了。贵妇人很担心她，就把她寻了回来。但第二天她又跑掉了，贵妇人对她的做法很不理解，就派了一个人悄悄地跟踪她。结果，那个人在一棵树下找到了她。原来，这树下有她的母亲、姐姐和妹妹。她们在那里做饭、吃饭、睡眠、醒来；她们在那里哭，在那里笑。因为那里就是她们的家。

原来，小女孩的逃跑是因为她不想丢下自己的母亲而自己去享受美好的生活。因为她是那样爱她的母亲，尽管那是一个贫穷的蓬头垢面的母亲，但在她的眼里，却是最美的母亲，而母亲就是她的家。

这就是一个小孩子的天性，因为爱是人类的天性，他们的心灵没有被污染。无论在什么情况下，有爱心的人始终心系他人的安危，很少关注个人的得失，更不会因为别人的欺骗或者背叛而改变自己的爱心。

“那天踢球的时候，他得罪我了，这口气我一定要出。”我们在生活中经常会听到这种类似的话，即便是很不值得理会的小事情也要睚眦必报。其实，这只是我们的想法，小孩子一般是不会这么想的。因为人的天性是爱。

1911 年的诺贝尔和平奖获得者阿尔弗雷德·弗里德是奥地利著名的记者。阿尔弗雷德从小就是一个善良的孩子。因为家里比较贫穷，所以父母每天都为了一家人的生计奔波忙碌。为了能帮助父母减轻一点负担，小阿尔弗雷德决心去摆一个小书摊，并把自己的计划告诉了父母。

最初，阿尔弗雷德的父母并不同意他这么做，担心这样会影响到他的学业。后来，在阿尔弗雷德的软磨硬泡下，他的父母终于同意了。

很快，小阿尔弗雷德就成了一个小书摊的摊主了。因为他服务热情，而且有很多有趣的图书，所以小书摊的生意特别好。在劳动中，小阿尔弗雷德学到了许多知识，也认识了很多朋友，每天都过得特别充实。

有一天，已经接近傍晚了，小阿尔弗雷德麻利地收拾东西，准备回家吃晚饭。这时，有 4 个和他差不多大的孩子围了过来，把他压在身子下面。一个孩子厉声问道："你的钱呢？钱在哪里？快点给我们！"

当 4 个孩子在他身上乱搜的时候，他又气又急，慌乱中，他忽然看见街对面有一个警察，就大喊了一声："警察来了！"那 4 个孩子看见警察来了，都慌了，爬起来就跑。其中有一个孩子比较小，跑得慢，所以被小阿尔弗雷德一把抓住了。

警察过来了，看着凌乱的书摊和两个孩子，很严肃地问道："这里发生了什么事？你们两个在做什么？"

小阿尔弗雷德看了看旁边那个孩子，说："他想……他想租书看，可是我要收摊回家吃晚饭了。所以他就帮我收拾摊子。"

那个孩子感到很意外，他迷惑不解地问阿尔弗雷德："刚才，你……你为什么不报告警察？"

小阿尔弗雷德并没有回答，却反问那个孩子："你们为什么要来抢我的钱呢？"

那个小孩低下头，不好意思地说："我们已经观察你好几天了，本来也没想抢你的钱，可是今天我们没有弄到吃的东西，都饿坏了，所以才……"

"就因为我看你们的衣服很破旧，所以我知道你们抢钱肯定也是迫不得已，我也是穷人家的孩子，所以我才没有报告警察。”小阿尔弗雷德诚恳地说。

收拾好书摊之后，小阿尔弗雷德对那个孩子说：“你跟我一起走吧，咱们一起吃饭去。”

那个孩子很感动地点了点头。小阿尔弗雷德带着他到附近的小吃店里，吃完饭后，又买了几张饼，说：“你带给你的朋友们吧。欢迎你们明天还到我这里来，我可以请你们免费看书。”

第二天，直到很晚了，那4个孩子才来。这时，小阿尔弗雷德才知道，他们原来都是流浪儿，靠乞讨和拾破烂为生。从那以后，小阿尔弗雷德总是尽量帮助他们，而这4个孩子只要有时间，就会聚集在书摊上看书，帮小阿尔弗雷德收拾书摊。后来，他们居然成为很好的朋友。

古人云：“人之初，性本善。”施爱行善是人的天性，真正有爱心的人，无论在什么时候都不会放弃自己的爱心，即使是面对伤害过自己的人时也是如此。

控制不住想嫉妒别人

“莲莲，你怎么了？”妈妈看到莲莲这个样子，吓了一跳。

“呜呜……今天，班上有个女生当着我的面说老师偏心眼，说老师偏向我。”

事情的原委是这样的，白天上体育课的时候莲莲旁边有个女生在站队列的时候和莲莲说了几句话被老师看到了，把他们两个人都叫了出来。由于莲莲的态度比较好，所以老师就让莲莲回到队列继续上课，而那个女孩因为和老师顶嘴还用白眼翻老师，所以被罚站了一节课。

等下了课之后，她就到处和别人讲是老师偏向莲莲，本来应该是莲莲和她一起罚站的之类。莲莲心里很难过，忍不住就哭了。

“原来就是这点小事也往心里装，莲莲不要哭了，看看你多没出息啊。”妈妈笑着安慰莲莲道，“估计那个女孩是看你没有被罚站才生气的缘故，所以下课要在同学中间讨个说法吧，呵呵。”

“嗯，她就是这个意思，那也不能踩我呀。本来就是她先和我说的话。”

“莲莲，这样的同学，我们不要理会，好不好？相信你的同学也不会喜欢她的。”

“嗯，是，她周围的朋友特别少。”

“对啊，谁愿意和这样一个小气的女孩在一起玩呢？看到别人比她好就生气，这实在是不应该。莲莲，你也要从心里原谅她，也要同情她，毕竟她罚站了一节课啦。”

听妈妈这样一讲，莲莲反而破涕为笑了。

妈妈对我说：

莲莲，嫉妒是人固有的一种心理。即对才能、际遇、名誉、地位比自己好的人怀有怨恨的情感。它是一种负面情绪，是人际交往中的不利因素。

嫉妒是基本人性之一，只不过有的人会把嫉妒表现出来，有的人则把嫉妒深埋在心底。

嫉妒是无所不在的，朋友之间、同事之间、兄弟之间、夫妻之间、亲子之间，都有嫉妒的存在，而这些嫉妒一旦处理失当，就会形成足以毁灭一个人的烈火。朋友、同学、同事之间嫉妒的产生都是因为以下的情况，例如：“他的成绩又不见得比我好，可是老师却喜欢他！”“他和我是同班同学，在校成绩又不比我好，可是竟然比我发达，比我有钱！”换句话说，如果你受到了肯定或奖赏、获得某种荣誉时，那么你就有可能被同学或同事中的某一位（或多位）嫉妒。女孩的嫉妒会表现在行为上，说些“哼，有什么了不起”之类的话，但男孩的嫉妒通常摆在心里，有的摆在心里也就算了，有的则开始跟你作对，表现出不合作的态度。

有嫉妒之心者，也往往自高自大，认为“老子天下第一”，从而看不起别人，无视别人的成绩，贬他人的才干如草芥。而当别人取得一些成绩时，他的心理便会失去平衡，总会千方百计地给那些优于自己者制造出种种麻烦和障碍：或打小报告，无中生有，唯恐天下不乱；或做扩音器，把一件小小的事情闹得满城风雨。嫉妒者还终日郁郁寡欢，唉声叹气。只有被嫉妒者降到了与他一样的或较低的位置，他们才认为这样可以理所当然地消除妒气了，从而偃旗息鼓。这也正应了“小人常戚戚，君子坦荡荡”一说，嫉妒别人者当也属于小人之列。

本来，嫉妒是人类的一种普遍的情绪，它源于人类的竞争，其本身具有一定的生物学意义，或起积极作用，或起消极作用。有些人嫉妒是出于不服与自惭而不甘居下，奋发努力，力争上游，这就是积极的心理与行为。这种情形在充满竞争的现代社会里，更有其积极的意义。爱情当中的嫉妒也是有一定积极意义的。爱情具有强烈的排他性，自己的恋人如果反对你同别的异性接触和交往，正是反映了他（她）对你的爱的程度。相反，如果从不“吃醋”，毫无嫉妒心，那么也许你们之间的关系还只是“喜欢”水平的友谊，而不是爱情。莎士比亚就曾经把嫉妒视作爱情的“卫道士”。

嫉妒心理出现以后，很快地就会导致嫉妒行为，例如中伤别人、怨恨别人、诋毁别人。而更强烈的嫉妒心理还有报复性，它把嫉妒对象作为发泄的目标，使其蒙受巨大的精神或肉体的损伤。青年的嫉妒心理出现以后，如果不能直接用某种嫉妒行为达到目的时，就可能会转而等着看嫉妒对象的“好事”，稍有一点挫折或失败出现在嫉妒对象身上时，他们便幸灾乐祸，鼓倒掌、喝倒彩，以此挖苦对方，满足日益膨胀的嫉妒心理需要。如果嫉妒对象遭受到比较大的挫折，他们更是乐不可支，不给予半点同情和安慰。

实际上，嫉妒心理及相应的嫉妒行为除了暂时地平衡他们的心理之外，毫无可取之处。一方面，身受其害的嫉妒对象会远离这个“作恶多端”的嫉妒者，旁观者也会对嫉妒者的小人行径不满，嫉妒者以前建立的一些人际关系也可能由此而失于和谐，变得紧张起来。

另一方面，嫉妒者也并不是一个胜利者，他们自己也承受着巨大的心理痛苦，在以后的交往活动中也会裹足不前，不敢与那些条件优越或有很强能力的人交往。所幸的是，严重的嫉妒心理在大多数人那里找不到生长的温床，只有心胸狭隘的人容不得别人比自己有半点的超出，在交往中，心胸狭隘的特点更是暴露无遗。他们总希望别人都围着自己转，一旦满足不了这个愿望时，他们就会发脾气。他们还会因一些微不足道的事而产生嫉妒心理，别人在外貌、财富、学识、地位、爱情等方面的差别（主要是优越），都可以成为滋生嫉妒的基础，例如，别人因面容端正可爱成为交往的焦点，他（她）就会嫉妒得暴跳如雷。这些心胸狭隘的人往往还缺乏修养，他们在本不该产生嫉妒心理时却产生嫉妒的怨恨之后，总是不能控制情绪的发展，更不能将其转化到积极的方面，而是立即将嫉妒心理转变成嫉妒行动，一直到发泄了怨恨、平衡了心理之后，方才罢休。

就拿周瑜来说，一生度量太窄的周瑜，在取得火烧赤壁大战成功后，竟容不下与他共同抗曹的诸葛亮的存在，并密令部将丁奉、徐盛击杀诸葛亮。不料诸葛亮早有准备，密杀不成。为此，周瑜万分气愤。几次阴谋不成，使得周瑜一次比一次气憋于心。最后被“气死”了。

周瑜在临死之前，非但未能悔悟自己的致命弱点，反而含恨仰天长叹曰：“既生瑜，何生亮？”可见嫉才之心，到死也不肯更改。

我爱“面子”，但是不爱虚荣

娇娇新买来一个LV的包包，把大家都吓了一跳。

“天啊！你这是哪里来的一笔外财，买这么贵的包！”香香禁不住惊异地问她道。

“嘿嘿，”娇娇诡异地一笑，“这是我买的盗版包，比正版的便宜好多，你们没有看出来吧。”

“还真是是看不出来，盗版的也很漂亮。”香香由衷地赞叹这个包，并且问她“娇娇，买个盗版的包，也要花不少钱吧。”

“那当然，我磨了我妈半天，需要好几百块呢。”娇娇说道。

香香说：“好几百块，够我们买好多书看啊。”

其实，娇娇真没有必要买这么贵的包。首先大家还都是学生，这么贵的包在一般的场合是用不上的，再说自己没有独立的经济来源，有什么资格买这么贵的包呢?

回到家,香香和妈妈谈到了这件事,妈妈说:“一个人的衣着也好，搭配的其他装饰也好，最重要的原则是与其身份相称，与自己的经济条件相称，金钱并不是衡量的标准。如果自己没有这个收入水平，却硬要买这么贵的包，那与自己的身份气质不相配，看上去也一定是不伦不类的样子。”

妈妈说的真有道理。

“还有就是一个女孩要安贫乐道，才可以保全自己的志气。如果喜欢追求高档的享受，将来一定难以自拔。好比娇娇，小的时候都是用最好的，将来她会变得简朴吗？很难。因为由俭入奢易，由奢入俭难。为了好吃的，好穿的，就放弃了自己的原则，放弃了自己的理想，这也是极为不明智的。香香，你不可以这样。”

“嗯，请妈妈放心，我一定不会这样的。”香香向妈妈保证。

妈妈对我说：

虚荣心就是以不适当的虚假的方式来保护自己自尊心的一种心理状态，这种心态在女生中出现的极为普及。很多女孩在虚荣心的驱使下，往往只追求面子上的好看，而不顾现实的条件，最后对自己造成危害。有时在强烈的虚荣心指使下，甚至会产生可怕的动机，带来非常严重的后果。记得曾经有这样一个报道：一个原本工作出色的年轻人，由于羡慕别人有钱有地位，自己设计了一个火灾现场，装作英雄去救人，后来经过调查核实，火灾现场是他一手制造的，虚荣心使他冲昏了自己的头脑，不仅没有得到自己想要的，还断送了自己美好的青春，最后进了监狱。他毫不掩饰地承认，他这次犯罪的动机就是为了获得名誉。由此可见，虚荣心是要不得的，应当把它及时克服掉。

虚荣心的产生也与人的心理需要有关。人类的心理需要分为安全需要、爱的需要、尊重的需要和自我实现的需要。其中尊重的需要就包括了对成就、力量、名誉、地位、声望等方面的欲望。与自己的现实情况向符合的需要才是正当需要，否则就很有可能通过不适当的手段来获得满足，在条件不具备的情况下，达到自尊心的满足就产生了虚荣心。因此，有的人说虚荣心是一种歪曲了的自尊心是有一定道理。

如果要克服虚荣心，应该从以下的点来着手：

1. 首先要做到自尊与自重，这是克服虚荣心的关键。做人起码要诚实、正直，绝不可以为了一时的心理满足，而不惜用各种手段来满足。有的女孩为了满足物质的需求，甚至会牺牲自己最宝贵的贞操，这是值得我们深思的。只有把握住自尊与自重，才不至于在外界的干扰下失去人格。

2. 其次需要树立崇高的理想。我们应该追求内心真实的美，而不图可以虚名。很多人能在平凡的岗位上做出不平凡的成绩，就是因为有自己的理想并脚踏实地地加以实践，同时，做到有自知之明，这就是说要能正确评价自己，既看到自己的长处，又看到自己的不足，把消除为实现理想而存在的差距作为主要的努力方向。

3. 最后就是正确地对待舆论。因为虚荣心与自尊心是紧密联系的，而自尊心又和外界的舆论密切相关。别人的眼光不足以动摇我们，外界的舆论不应当是影响自己进步的外因，我们只要立定脚跟，不停地努力下去。只有这样的自信和自强，才能不被虚荣心所驱使，成为一个真正高尚的人。

被别人批评是件值得高兴的事情

这一天，娆娆回到家闷闷不乐的，在英语课上，由于她的发音不准，旁边的同桌在下面偷偷地笑话她。娆娆听到同桌在笑话，一紧张，又忘了句子应该怎么说，憋了一个大红脸。

因为这件事，娆娆一直对同桌耿耿于怀。

回到家之后，娆娆的妈妈听了她的抱怨，笑着问她说："比如说，你的鼻子上粘了一个黑点，你也没有看到就出门了，而一路上并没有人告诉你在鼻子上有黑点。你想想，那些看到你的人会怎样？"

娆娆想想说："他们一定会笑话我。"

"如果有人告诉你，你的鼻子上有个黑点。你知道了之后就会把黑点擦掉，那就没有人再笑话你了对吗？"

听妈妈这样讲，娆娆若有所思地点点头。

"你的缺点就像鼻子上的黑点一样，大家都看得到，只有你自己看不到。你说，有人帮我们指出来了，我们是要感谢他对不对？"

这时娆娆明白了妈妈的意思，也很认同妈妈的说法，使劲地点头："这样说的话，那位笑话我的同桌，我不应该生气，应该感谢他。"

"对呀，如果你不改正自己的缺点，一样要被人笑话的。"妈妈很高兴地继续说，"还不止这些呢，有的人就专门喜欢被别人夸，喜欢戴高帽子，比如孙悟空。后来观世音给了他一个高帽子，原来是个紧箍咒。我们不想戴紧箍咒对吗？"

娆娆开心地点点头，不再因为刚才的事生气了。

妈妈对我说：

娆娆，俗话说得好，良药苦口利于病，忠言逆耳利于行。意思就是说，一味特别苦的药往往是最好的药，味道越苦的药越是有利于治病。忠诚的话往往会不受听，但是却有利于修正自己不好的行为。别人的批评就是苦味的良药，我们千万不可以不以为然，而是要虚心地接受。对待别人的批评不仅可以体现出一个人的胸怀，而且可以检验出一个人处世的原则和综合素养。

一般而言，我们在对待别人的批评会抱有三种态度：

第一种是抵触。这种抵触有的表现在思想上，有的表现在行动中。有的人在面对别人批评的时候看起来乖巧温顺、一言不发，其实他的内心可能很不服气，这种是表现在思想上的抵触相对来讲不容易察觉。

第二种态度是听之任之。无论你是表扬也好，批评也好，总之都是与我无关，高兴的时候就装装样子，不高兴的时候就把一切都抛到九霄云外中去。你说你的，我做我的，你走你的阳关道，我走我的独木桥，这样的态度对自己的危害也不小，这种不端正的态度，很难有所作为。

第三种态度是把所有的批评都牢牢记在心里，并且心存感激，发奋学习，虚心待人，积极进取，如果一以贯之，将来一定大有作为。鲁迅先生在小的时候因为给父亲抓药而上学迟到被抓到，受到了私塾先生的严厉批评，本来他有充分的理由为自己辩护，但是他却没有，只是默默地回到了书桌旁，在书桌上刻下一个“早”字，并在心中种下一个坚定的信念。从此以后，他事事早成，终于成为享誉世界的一代文学家。

娆娆，不知道你是否思考过：在批评面前，我们到底是属于哪一类人？我们应该如何正确地对待来自外界的各种批评呢？

苏联著名的平民教育家苏霍姆林斯基曾经在他的著作《怎样培养真正的人》中说过：“要学会感激人。当听到夸奖之后，要感谢人家，同时又要为你朝着人的完美方向前进而高兴；听到指责之后，也要感谢人家，因为他们在教你像人那样去生活。如果一个人只喜欢言不由衷的赞扬，而听不进别人中肯的批评，那么这个人终将一事无成。相反，如果一个人在听得进表扬的同时，又能非常愉快地接纳别人的批评，我敢肯定这种人必定有着和别人不一样的胸怀和涵养，这种人日后必定会成就一番大事业。”很显然，苏霍姆林斯基对待批评的做法值得我们效仿。

说到这里，也许你会问，如果有些人的批评是不怀好意，甚至是恶意诽谤，我们也要虚心接受吗？对待这样的批评，最好的方式就是“有则改之，无则加勉”。无疑，这也是我们对待一切批评的基本原则。

勤勤勉勉，好女孩自食其力

责任感激发潜能

“茜茜，这是邻居家的小外侄女，妈妈有事要出去，帮妈妈照看一下吧。”

“好。”茜茜在屋里看小说，头也不抬就答应了。

邻居家来了一位小客人——超级调皮的小朋友，委托妈妈帮忙照看一下，妈妈恰好有事要出去一小会儿，照看小朋友的接力棒就传到了茜茜的手中。

“只要不让她磕着碰着就好了。”妈妈在旁边叨叨两句，走了。

茜茜还差一段文字就把这一章看完了，心想把这点看完再出去吧，没想到很快就出了状况。

“坪—哐—”

是什么声音？茜茜连忙跑了出去，原来是这位小朋友把厨房里的草莓酱摔倒了地上。

哎！茜茜只是晚出来些，就酿成事故了。

那一段文字也别看了，赶快把现场收拾一下吧。当茜茜手忙脚乱的时候，又听见一声“哇哇”的哭声，原来这个小家伙把头撞到了柜角。真是太淘气了。

干脆，茜茜什么也不做了，陪在小朋友的旁边寸步不离。

还好，没有很长时间妈妈就回来了。

“茜茜，你是怎么搞的？你看，妹妹脸上划了一道痕。”妈妈看到屋里狼藉的样子，开始批评茜茜了，“厨房里怎么到处都是草莓酱啊？”

“她太淘气了，我只是一眼没有看住，她就摔在那了。”茜茜的辩解似乎有些苍白。

其实，都怪茜茜最一开始没有在意，如果认真听妈妈的吩咐呢，或者是及时出来照看小孩而不是躲在屋里，可能就不会出现这样的状况了吧。

经历了这件事情，茜茜明白了一个道理，以后无论做任何事，一定要尽心尽力才行。

妈妈对我说：

茜茜，在生活中，很多人总是习惯为自己寻找各种各样的理由，其实这是没有责任心的体现。

责任心体现在诸多方面，比如把用完的玩具归置好、把看完的书本放回书架、完成教师布置的作业和交给的任务等，一个具有强烈责任心的人更容易为自己为他人为社会负责，他是一个对他人热情关怀、对朋友忠诚守信、对学习和工作认真负责，而且还是一个关心社会、热爱祖国的人。

事实证明，只有有责任心的人才能成就事业，社会也需要有责任的心来营造和谐。

历史上，有很多名人都是有责任心的典范：范仲淹“先天下之忧而忧，后天下之乐而乐”，以天下人之幸福安康为己任；辛弃疾“醉里挑灯看剑，梦回吹角连营”，以国家之安定团结为己任；林则徐“苟利国家生死以，岂因祸福避趋之”，以社稷之安宁为己任。

古人用自己的方式承担着自己的责任，我们也需要勇敢地承担起责任：作为父母的孩子，我们要用爱去回报父母的养育之恩，这是我们对父母的责任；作为地球儿女，我们要用仁爱对待每一个生命，这是我们对大自然的责任……

责任无大小轻重之分，所有的责任都同样有意义，同样需要人们去承担。只有承担起自己的责任，我们才能扮演好各种各样的角色；也只有勇敢地承担责任，生命才有了和谐美好的精神意义。

许多人都在为我们做表率，告诉我们责任的意义。晋文公的法官李离，他的下属错误判断，枉杀好人，他就伏剑而死，他说“理有法，失刑则刑，失死则死”。面对珍贵的生命，他选择了承担起自己的责任，虽然他魂归普陀，但他的责任心，与日月齐辉，与天地共存。责任，高于生命而存在！

面对大厦前飘扬的各国国旗，一个小姑娘做出了自己的选择，她来到会议责任人面前缓缓地说：“为什么没有中国的国旗？一定要升起中国的国旗，因为我在这儿！”她用极其舒缓的语调表达着中国人最炽热的爱国心、责任感！因为她知道爱国是每个中国人的责任，每个炎黄子孙应尽的责任，国家荣辱，是每一个人的责任。

可是，生活中，人们往往对于承认错误和担负责任怀有恐惧感。因为承认错误、担负责任往往会与接受惩罚相联系。所以，很多人找出各式各样的理由和借口来为自己开脱。殊不知，这样并不能掩盖并弥补已经出现的问题，也不会减轻要承担的责任，更不会让你把责任推掉。

美国西点军校认为：没有责任感的军官不是合格的军官，没有责任感的员工不是优秀的员工，没有责任感的公民不是好公民。缺乏责任感难免会受到惩罚，但与其为自己的错误找寻借口，倒不如坦率地承认。敷衍塞责，找借口为自己开脱，只会让人觉得你不但缺乏责任感，而且还不愿意承担责任。

没有谁能做得尽善尽美，但是，一个主动承认错误的人至少是勇敢的，如何对待已经出现的问题，能看出一个人是否能够勇于承担责任。

天下没有免费的午餐

这天，妈妈下班带来一套“福娃纪念版明信片”，苏苏一看就喜欢上了。

“妈妈，把这个送给我好吗？”苏苏试探着央求妈妈。

不过妈妈故意卖了一个关子：“这套纪念版的明信片，在市场上根本就买不到，很有收藏价值。这样吧，你做出一点小努力，取得一点小成绩，我就把它送给你，好吗？”

“好吧。”看来妈妈不会把明信片白白送给苏苏，苏苏只好答应妈妈的要求。

“游戏的规则是这样的，你要听好。”妈妈开始给苏苏布置任务，“你坚持一个星期，每天早上预习功课，连续一周数学作业都是‘优’，我就把它送给你。”

“嗯。”苏苏觉得这对自己来讲并不难，于是就这么说定了。

从那天以后，苏苏决定每天早上六点起床，开始预习当天的功课，并且每天做作业的时候都认真了许多，因为以前她经常犯丢三落四的毛病，所以要仔细仔细再仔细。

一周过去了，苏苏都按照妈妈的要求做到了，妈妈很高兴地把明信片送给她，还说：“苏苏，这个礼物是你经过自己的努力得到的，是不是和白送的感觉不一样。”

是啊，这份礼物，苏苏会倍加珍惜的。

妈妈对我说：

从前，老虎并不像现在这样威风，相反，他是所有动物中最弱小的一个。因为捕捉不到动物，常常是饥一顿，饱一顿。

狮王把所有的小动物都召集起来说：“老虎是我们中的一员，我们不能眼睁睁地看着他饿肚子而不管不问。我建议，大家都伸出友谊之手，拉他一把，帮他渡过难关。”

于是，动物们都给老虎送去了好吃的东西，唯有猫什么东西也没有送。

狮王不高兴地对猫说：“大家都为老虎送了东西，你怎么什么都不送呢？”

猫说：“你们送给他的东西虽然很多，但总有一天会吃完的，我要送给他一件永远吃不完的礼物。”

狮王不屑地说：“算了吧，你除能送几只老鼠外，还能送什么呢？”

猫回答说：“以后你会看到的。”

几个月以后，狮王又来到老虎家。好家伙！老虎家里里外外到处都挂着好吃的东西。

狮王问：“这些东西都是猫送的？”

“不，”老虎说，“他送的礼物要比这些东西贵重千万倍！”

狮王好奇地问：“那究竟是什么东西？”

老虎说：“他教我练壮了身体，又教我学会了捕食的本领。”

“噢！”狮王从头到尾把老虎打量了一番说，“难怪你那么崇拜他呢，连衣服也和他穿得一模一样！”

再多的好东西都比不上一身本领。要想在社会上立足，就要摆脱依赖他人的想法，不断提高自身的能力，练就一身谋生的好本领。这样才能为自己赢得尊严。事实上，只有当一个人能够自立的时候，才能为自己赢得尊严。一个在穷困中仍然能够保持自立精神，不依靠别人的施舍生活的人，最终必将获得人生的成功。

杰克7岁那年，他的父亲去世了，他还有一个两岁大的妹妹，母亲为了这个家整日操劳，但是赚的钱难以让这个家的每个人都能填饱肚子。看着母亲日渐憔悴的样子，杰克决定帮妈妈赚钱养家，因为他已经长大了，应该为这个家贡献一份自己的力量了。

一天，他帮助一位先生找到了丢失的笔记本，那位先生为了答谢他，给了他1美元。

杰克用这1美元买了3把鞋刷和1盒鞋油，还自己动手做了个木头箱子。带着这些工具，他来到了街上，每当他看见路人的皮鞋上全是灰尘的时候，就对他们说：“先生，我想您的鞋需要擦油了，让我来为您效劳吧！”

他对所有的人都是那样有礼貌，语气是那么真诚，以至于每一个听他说话的人都愿意让这样一个懂礼貌的孩子为自己的鞋擦油。他们实在不愿意让一个可怜的孩子感到失望，他们知道这个孩子肯定是一个懂事的孩子，面对这么懂事的孩子，怎么忍心拒绝他呢？

就这样，第一天他就带回家 50 美分，他用这些钱买了一些食品。他知道，从此以后每个人都不需要再挨饿了，母亲也不用像以前那样操劳了，这是他能办到的。

当母亲看到他背着擦鞋箱带回来食品的时候，她流下了高兴的泪水，“你真的长大了，杰克。我不能赚足够的钱让你们过得更好，但是我现在相信我们将来可以过得更好。”妈妈说。

就这样，杰克白天工作，晚上去学校上课。他赚的钱不仅为自己交了学费，还足够维持母亲和小妹妹的生活了。他知道，“工作不分贵贱，只要是靠自己的劳动赚来的钱就是光荣的”。

苏苏，如果凡事都想倚靠别人，是永远无法赢得别人尊重的，而更重要的是自己也体会不到劳动的价值和快乐。只有自食其力才能够为自己赢得尊严，因此，苏苏你现在就要开始试着从点点滴滴的小事开始尝试着用自己的双手来创造劳动成果。相信这样的锻炼和经历，对于你将来更好地适应社会将是大有益处的。

做个努力进取的女孩

学校要组织一个手抄报的评选活动，好的作品会挂在学校的橱窗里展示。老师给了珉珉一张全开大的美术图画纸：“珉珉，这件事交给你来做，好好画吧。”

天，珉珉看到那张大大的纸不禁嘘了一口气，全开大的纸，还要尽快完成，还要尽量画得最好。我嘘……

回到家，珉珉就开始构思如何来布置这张手抄报。妈妈过来，看到珉珉的屋里摆满了各种彩色水笔、彩色铅笔、水彩颜料、水粉颜料和油画棒，疑惑地问她：“珉珉，你到底在做什么？”

“老师叫我画一张手抄报去参加学校的评比，我要画得好一点才行。”

“嗯，那工程量很大啊，那你就好好画吧。妈妈想给你提个醒，如果想把手抄报做好，只是把表面画得花花绿绿不一定就是最好的手抄报，你最好想一个好的主题，还要在你的报纸上选编最好的材料，这份报纸才有生命力。”妈妈看珉珉有决心把手抄报做好，还给她支招。

多谢老妈的提醒，看来珉珉要多在内容上下功夫，这份报纸才不是华而不实的。

一个周末，珉珉把全部的心血都放在这份手抄报上，白天画，晚上画，不放过每一个细节。周一去学校的时候，珉珉把这份画好的手抄报也带给了老师。

当珉珉把这张全开大的白纸展开的时候，好多同学都围了过来看，并且在人群中发出一阵阵的赞叹，听到同学们的肯定，珉珉感觉神清气爽，这两天连续的疲劳一扫而光。

后来，珉珉的那张手抄报真的就张贴在了学校的橱窗里足足有一个多月的时间，直到这张纸被太阳晒得褪去了颜色，才被人换下来。

妈妈对我说：

珉珉，画手抄报是一件小事，不过在这个过程中，我看到了你身上隐藏的一种品质，就是坚持、不放弃。要想做成任何一件事，都要有一种锲而不舍的恒心与毅力，让妈妈感到最高兴的是你具有这种出色的品质。历史上诸多伟人的成功，都是由于他们的坚忍不拔。纵然他们怀有天赋，领悟力超凡，但他们的作品也并非一蹴而就，只有经过精心细致的雕琢，反反复复地修改，才有经得起细看的作品诞生。

古罗马的大诗人维吉尔的传世之作《埃涅阿斯纪》是用了二十一年时间才完成的。俄国大文豪列夫·托尔斯泰的作品《安娜·卡列尼娜》是他用了整整八年的时间反复构思、反复修改，最终才把一部关于家庭私生活的小说改编成了一部具有鲜明时代特征的社会小说的。亚当·斯密写作《国富论》用了十年的时间，孟德斯鸠写作《论法的精神》用了整整二十五年的时间。

透过这些伟大的作品，我们的确可以体会到作家的艰苦劳动。

他们为了完成一部作品，往往要花费几年甚至几十年的心血。如果没有坚强的恒心与毅力，又怎么能克服重重困难，最后取得成功呢？

人类历史上的诸多伟大成就，无不是恒心和毅力的结果，如埃及平原上宏伟的金字塔和耶路撒冷巍峨的庙堂，人类因为有了恒心和毅力，才有机会登上了气候恶劣、云雾缭绕的珠穆朗玛峰，在宽阔无边的大西洋上开辟了航道；正是因为有了恒心和毅力，人类才夷平了新大陆的各种障碍，建立起了人类居住的共同体。

恒心与毅力还让天才在大理石上刻下精美的创作，在画布上留下大自然恢宏的缩影。恒心与毅力创造了纺锤，发明了飞梭；恒心与毅力使汽车变成了人类胯下的战马，装载着货物翻山越岭，在天南地北往来穿梭；恒心与毅力让白帆撒满了海上，使海洋向无数民族开放，每一片水域都有了水手的身影，每一座荒岛都有了探险者的足迹。

很多人总是抱怨自己的失败，失败的原因很多，但不能持之以恒是尤为重要的一点。因为一切领域中所有的重大成就无不与坚忍不拔的毅力有关。从某种意义上来说，成功更多依赖的是人的恒心与毅力，而不是天赋与才华。

英国著名的外交官布尔沃说："恒心与毅力是征服者的灵魂，它是人类反抗命运、个人反抗世界、灵魂反抗物质的最有力的支持，它也是福音书的精髓。"才华固然是我们所渴望的，但恒心与毅力更是令人感动的。

梦想&超越

——给希望无限的你

为自己的梦想护航

有想法的女孩

那天，乐乐和她的几个小伙伴围坐在一起讨论起自己的将来了。

花花抢先发言：“将来我想买好几百套的衣服，每天都不要穿重复的。我要把房间的四个角落都放上衣柜，分为春、夏、秋、冬四个季节。我还想养一只哈士奇，给它量身定制12套衣服，每个月都让它和别的狗与众不同。”

叶叶听了不耐烦地摇摇头：“就你那点理想，真俗气。”

花花不高兴了：“怎么俗了？那你的理想是什么，你说啊！”

叶叶接着说：“将来我的理想是能在世界上很多的国家打工，每一年去不同的地方，在那里一边打工一边赚钱养活自己，然后再用闲暇的时间去观览那里的风土人情。过了一年之后，我再去另一个国家。如果我赚的钱够多，我还可以申请一所不错的大学继续深造。等我环游一周回来，你们就发现我的世界观整个都变了。到时候我就写一本书，那一下就火了啊！”

花花听了之后倒吸一口凉气：“对不起，请问你会几国语言？”

豆豆接下来说了她的理想：“我的理想简简单单，没有那么难以实现。我只想在我所接触的范围内，把每一件小事做好，对每一个人都善意，能有利于事，能有利于人，能做到这些就很不容易了。如果有可能的话，我愿意在当地做一名志愿者。”

这些是朋友们的理想，乐乐不禁想到了自己，自己的理想是什么呢？看来，乐乐要好好规划了。

妈妈对我说：

其实，乐乐，妈妈相信你一定是个有自己想法的女孩，期待着你说出自己的想法。

“我做不到啊！我脑袋不行，完成这件事对我来说是不可能的！”你没有意识到你的自我降低是导致你站在别人身后的罪魁祸首。

“现在这样我已经很满足了，不需要再改变什么了”，这些安于现状的想法会扼杀你真正的愿望。

“能干的人那么多，根本不会有我的份”，害怕竞争令你不敢“妄想”。

“这不是我真正想要的,可是爸妈非得让我做,我不得不做”;“有了家，没法再变动了”。这一类的托词让他们相信自己不该再有梦想。

每个人的一生就好比一张白纸，你可以在白纸上用不同的色彩描画你未来的蓝图。但是，如果你存在以上的心理，那你只能漫无目的地画画，而你手中的画笔也会被人夺走，最后导致让别人替你画画。

这也导致了这样的一个结果，那就是：你永远只能跟在别人的身后，成为别人思想的附庸。

保罗·盖蒂在取得成功前有过3次失误。第一次是在保罗？盖蒂年轻的时候，他买下了一块他认为相当不错的地皮，根据他的经验和判断,这块地皮下面会有相当丰富的石油。他请来一位地质学家，对这块地进行考察。专家考察后却说：“这块地不会产出一滴石油，还是卖掉为好。”盖蒂听信了地质专家的话，将地卖掉了。然而没过多久，那块地上却开出了高产量的油井。

保罗·盖蒂的第二次失误是在1931年。由于受到大萧条的影响，经济很不景气，股市狂跌。盖蒂认为美国的经济基础是好的，随着经济的恢复，股票价格一定会大幅上升。他于是买下了墨西哥石油公司价值数百万美元的股票。随后的几天，股市继续下跌，盖蒂认为股市已跌至极限，用不了多久便会出现反弹。然而他的同事们却竭力劝说盖蒂将手里的股票抛出，这些被大萧条弄怕了的人们的好心劝说，终于使盖蒂动摇了，最终将股票全数抛出。可是后来的事实证明，盖蒂先前的判断是正确的。

保罗·盖蒂最大的一次失误是在 1932 年。他认识到中东原油具有巨大的潜力，于是派出代表前往伊拉克首都巴格达进行谈判，以取得在伊拉克的石油开采权。和伊拉克政府谈判的结果是，他们获取了一块很有前景的地皮的开采权，价格只有几十万美元。然而在此时，世界市场上的原油价格产生了波动，人们对石油业的前景产生了怀疑，普遍的观点是，这个时候在中东投资是不明智的。盖蒂再一次推翻了自己的判断，令手下终止在伊拉克的谈判。

1949 年盖蒂再次进军中东时，情况和先前已经大不相同，他花了 1000 多万美元才取得了一块地皮的开采权。

保罗·盖蒂的 3 次失误，使他损失了一笔又一笔的财富。他总结自己这些年的失败说："一个杰出的商人应该坚信自己的判断，不要迷信权威，也不要见风使舵。在大事上要有自己的主见，以正确的思维方法战胜一切！"

在以后的岁月中，保罗·盖蒂坚持己见，屡战屡胜，最终成为富豪。

爱因斯坦曾说：要是没有能独立思考和具有独立创造能力的个人，社会的向上发展就不可想象。社会需要具有独立思考和创造能力的人，这同时也是个人成功的必要条件，所以，如果你总躲在别人的背后，那么你只能一辈子碌碌无为。

有人说，朋友的建议是真诚而善意的，难道不应该听吗？父母的建议，尤其在重大事情上，难道不应该听取吗？当然，意见和建议都需要虚心地听取，但千万不能过分地依赖，否则就会失去自己。我们大可不必把自己的命运交给别人来决定，青少年要学会独立思考，要想成功必须把思考的权利掌握在自己手里。

天上下雨地下滑，自己跌倒自己爬。不论是思考做事还是为人处世，需要的是自助自立的精神，而不是来自他人的影响力，也不能依赖他人。爱默生说，坐在舒适软垫上的人容易睡去。依靠他人，觉得总会有人为我们做任何事，所以不必努力，这种想法就像高纯度海洛因，会使你在不知不觉中上瘾，最后自我毁灭。所以，要努力掌握自己的思维，做自己真正的主宰。

《小鞋子》给我的启示

那天，苗苗和妈妈一起看了一部来自伊朗的著名影片《小鞋子》，这部电影主要是讲述了这样一个故事：

故事的主人公阿里是一个正在上小学的男孩，因为家里的经济条件十分不好，所以他只能和妹妹共穿一双鞋上学。上午他去学校上课，中午跑回家赶快把鞋子给妹妹，然后妹妹再穿着鞋跑去学校上下午的课。

有一回，由于妹妹在上学的路上跑得太快，将这双不合脚的鞋子甩了出去并掉进了水沟里面。妹妹回到家向哥哥哭诉却没有告诉爸爸，因为懂事的孩子心里明白，即便是告诉了爸爸，他们一样得不到新的鞋子，因为爸爸也拿不出来钱。兄妹两个人都在企盼，要是能有一双新鞋该多好啊。

有一天，学校通知要在市里展开马拉松比赛，第二名的奖品是一双新鞋。阿里听说了这个消息之后马上就报了名，他希望自己能够获得第二名，赢得那双鞋子。比赛的时候，由于没有鞋子，阿里光着脚跑完了全程。可谁知道，冲着第二名去的他，居然成了第一名！当人们向小冠军表示祝贺时，当无数的闪光灯在眼前闪耀时，阿里的眼睛里竟然充满了自责的泪水！只因为他得了冠军，而不是季军，他参加比赛的目的是为了得到那双鞋子！这才是他参加比赛的初衷所在，而其他的名次，纵有太多的荣耀和更好的奖品，对他而言都无所谓了。

看了这部电影之后，苗苗很感慨，妈妈问她：“苗苗，你有什么感想吗？”

“觉得兄妹两个人真可怜，如果我认识他们，一定会送给他们两双鞋子的。”苗苗认真的对妈妈说。

“嗯，还有吗？”妈妈继续问道。

“嗯，还有，这个电影剧情安排的有点滑稽。追求的东西偏偏却得不到，而得到的东西却是自己不在乎的。”

“嗯，是啊。我也有这样的想法，所以，我们在努力的时候，应该看准了自己的目标，对吗？否则的话就像电影里的阿里一样，白费劲了。”妈妈对苗苗说。

是啊，在努力的过程中保证不偏离方向，在努力的过程中不盲从。这就是《小鞋子》给苗苗最大的启示吧。

妈妈对我说：

苗苗，明确自己的目标，是铸成伟大成就的前提。

成功的道路是目标铺成的，设计人生的第一步，无疑应是为自己找一个明确的目标。

美国一位潜能大师有一句名言：“成功等于目标，其他的一切都是这句话的注解。”

美国汽车大王亨利·福特世界闻名，他的成功始于什么呢？答案是远大的目标。

他的目标就是为大众制造汽车，让人们享受快乐的时光。目标确定以后，福特先生就开始了他事业的毕生追求。

1947年6月6日，亨利·福特先生离开了他为之奋斗、追求了大半生的汽车事业。美国各大报纸纷纷发表讣告和文章，表示对他的深切悼念。其中美国《纽约时报》写道：……当他来到人世时，这个世界还是马车的时代。当他离开人世时，这个世界已经成了汽车世界。他为“大众”造车，大众既是熟练机械师亨利·福特的受益人，也偶然成为使他受益的人。

要想做生活、工作的主人，做时代的强者，就必须设定明确的目标，做到未雨绸缪、有的放矢。

哈佛大学曾做过一个非常著名的关于目标对人生所产生影响的跟踪调查，调查对象是一群智力、学历、环境等条件都差不多的年轻人，调查结果显示：

27%的人，没有目标；

60%的人，目标模糊；

10%的人，有清晰但比较短期的目标；

3%的人，有清晰且长期的目标。

25年的跟踪调查结果发现，他们的生活状况及分布现象十分有意思：

那些占3%的人，25年来几乎都不曾更改过自己的人生目标。25年来他们都朝着同一个方向不懈地努力；25年后，他们几乎都成了社会各界的顶尖成功人士，他们中不乏行业领袖和社会精英。

那些占10%有清晰短期目标者，大都生活在社会的中上层。他们的共同特点是，那些短期目标不断被实现，生活状态稳步上升，成为各行各业不可或缺的专业人士，如医生、律师、工程师、高级主管，等等。

其中占60%的模糊目标者，几乎都生活在社会的中下层，他们能安稳地生活与工作，但都没有什么特别的成绩。

剩下27%的是那些25年来都没有目标的人群，他们几乎都生活在社会的最底层。他们的生活都过得很不如意，常常失业，靠社会救济，并且常常都在抱怨他人，抱怨社会，抱怨世界。

因此，目标是人们行动的方向盘，目标是一种目的，一个可以实现的梦想，没有目标，人们就像行尸走肉，不会去努力，他们也不知道为什么要去努力，一错再错，错过了机会，错过了运气，错过了发展，可悲啊！有目标，人们就会勇往直前，告别漂泊的日子，重新改写着他们的命运。

美国汽车巨头福特曾经特别欣赏一个年轻人的才能，他想帮助年轻人实现自己的梦想。可年轻人的梦想却把福特吓了一大跳，他一生最大的愿望就是赚到1000亿美元——超过福特财产的100倍！

福特问他："你有了那么多钱以后做什么？"

年轻人迟疑了一下说："老实说，我只觉得那才能称得上是成功，至于做什么我也不大清楚。"

福特说："一个人果真拥有那么多钱，将会威胁整个世界，我看你还是先别考虑这件事吧。"

之后长达5年的时间里，福特拒绝见这个年轻人，直到有一天年轻人告诉福特他想创办一所大学，他已经有了10万美元，还缺少10万。福特这时才开始帮助他，他们再也没有提起过1000亿美元的事。

经过8年的努力，年轻人成功了，他就是著名的伊利诺伊大学的创始人本·伊利诺伊。

只有向自己提出伟大的目标后，才能有了主心骨的感觉，那你才会全力以赴；反之，只拿着一个模棱两可的概念，那你的行动还会一盘散沙，四处碰壁，迷失方向。所以，要想当一名杰出的青少年一定要重视目标的价值，在生命的开端给自己一个好的开场白。

在苏格兰盛行一句话，其实顶上就是一片悬崖，人们称之为"黑暗里程"。在生活中，我们迟早也要走过这样一段黑暗而危机四伏的旅途。给自己设定一个看得见的目标，把天梯搬到自己的脚下，我们就会顺利攀援过去。

中国古话也说得好："凡事预则立，不预则废。"目标可不会和人开玩笑的！

珍惜独特的自己

欢欢的电脑因为没有装杀毒软件而彻底崩溃了，欢欢用了一个下午的时间与病毒"肉搏"，终于把原本垂死挣扎的电脑搞定了，大喜过望之余，欢欢写了一篇日志来抒发感觉……

"欢欢，你写的这都是什么啊？简直是语句混乱，是不是你的脑袋也有病毒了？根本读不通啊。"花花看了欢欢的日志，不禁发起了牢骚。

面对花花的评价，欢欢并不觉得生气，反而温和地对花花说："世间万事万物都是有联系的，只不过由此及彼而已吧。所以你所说的语句混乱，大概是你的大脑过渡不够快的缘故吧。"

"哼哼，胡搅蛮缠的欢欢，本来写的就是语句混乱啊。"花花很不服气。

周围的同伴们听到了她们两个人的争吵，也都凑到电脑前一睹欢欢的大作。其中一个同学就很认真地对欢欢说："唔，你的这篇有点像意识流写法。"

欢欢写文章，重在一个"扯"字，照她的话说是"无扯不成文"，所以看上去轻松幽默，又回味有余，比一般的那种正规的写法是有所不同，也许就是因为这个原因，让欢欢的博客点击率居高不下。

也许这就是欢欢的文章特色吧，希望她能永久地把这种风格保持住。

妈妈对我说：

多莲娜一直认为自己是学不会游泳的，有一次，在澳洲的一个漂亮饭店里，看着善泳的朋友们在阳光下嬉戏，忽然有一种不舒服的感觉涌上心头。多莲娜为了怕被朋友耻笑就告诉他们，自己怕晒黑，所以不想下水。朋友们笑着怂恿她："不要因为怕水，你就永远不去游泳……"

阳光洒在他们水滑滑、光亮亮的肌肤上，他们像海豚一样欢快地嬉戏着，而多莲娜其实并不想躲在没有阳光的阴影里看着别人快乐。"可是有什么办法呢，我是学不会游泳的呀！"多莲娜对自己说。

一个月后，朋友邀多莲娜到一个温泉度假中心，她鼓足勇气下水了。

多莲娜发现自己并非如想象中那么无能，很快她就掌握了一些简单的游泳动作，但她不敢游到水深的地方。

“试试看，”朋友和蔼地对她说，“让自己灭顶，看会不会沉下去！”

“你说什么？”多莲娜还以为这个游泳高手故意开玩笑。“不要怕！”朋友说，“如果有意外，我不会不管你的。难道你不想在水里自如地玩耍吗？你现在需要的是克服恐惧。”

多莲娜试了一下。朋友说得没错，在我们意识清明的状态下，想要沉下去、摸到池底还真的不可能。真是奇妙的体验！

“看，你根本淹不死，沉不下去，为什么要害怕呢？”

多莲娜上了一课，若有所悟。从那天起，她不再怕水，虽然目前不算是游泳健将，但游个四五百米是不成问题的。

自信是成功的第一秘诀，它是一种感觉，只有有了这种感觉，人们才能怀着坚定的信心和希望，开始伟大而又光荣的事业。我们必须要有自信心，我们必须相信我们的天赋是要用来做某种事情的。无论代价多么大，这种事情必须做到。

如果我们具有那种震慑人心的自信，如果我们展示给人的是一种自信、勇毅和无所畏惧的形象，那么，我们的事业必定会获得巨大的成功。如果我们养成了一种时刻具有必胜信心的习惯，那人们就会认为，我们比那些丧失信心或那些给人以软弱无能、自卑胆怯印象的人更具备成功的潜质。

要使他人相信我们，我们自身首先必须展现自信和必胜的精神。自信和他信几乎同等重要。

以自信和征服者心态生活在世界上的人，与那种以卑躬屈膝、唯命是从的被征服者心态生活的人相比，与那种仿佛在人类生存竞赛中遭受惨败的人相比，他们的境遇也将截然不同。

理想与现实，向左还是向右

未来从现在开始

“爽爽，你不是说从这周开始要去图书馆学习吗？怎么还不去啊。”妈妈问道。

爽爽懒洋洋地赖在床上：“今天不想去了，从下周开始吧。”

“又拖到下周了？”妈妈用很重的语气重复了一遍爽爽的话，“好吧，但是现在都几点了，你该起床了吧？你可是说过的不再睡懒觉了。”

“我要再睡一会儿再起。”爽爽和妈妈在那里泡蘑菇。

妈妈看爽爽这个样子，就坐在旁边对她说：“爽爽，你看，你给自己安排的计划总也实现不了，你知道原因是什么吗？”

“你制定了计划是很好，但是不容易实现，因为有很多事情都是今天推明天，明天推后天，慢慢地你就会把它扔到脑后了。这样的习惯最要不得了。”

“嗯，好吧，我现在就起床按照计划去图书馆学习。”爽爽高兴地接受了妈妈的话。

妈妈对我说：

爽爽，以前有一首特别有名的诗，不知道你是否记得：

明日复明日，明日何其多！

我生待明日，万事成蹉跎。

世人皆被明日累，明日无穷老将至。

晨昏滚滚水东流，今古悠悠日西坠。

百年明日能几何？请君听我《明日歌》。

这是明代钱福写的一则《明日歌》，这首歌旨在告诫人们珍惜今日。珍惜当下，不要将事情拖到明日去做，明日复明日，长此以往，万事皆成蹉跎。

与之相对应，明代文嘉又写了一则《今日歌》，内容为：

今日复今日，今日何其少！

今日又不为，此事何时了？

人生百年几今日，今日不为真可惜。

若言姑待明朝至，明朝又有明朝事。

为君聊赋《今日诗》，努力请从今日始。

特蕾莎修女和他们的思想一样，她说，世界上最美好的一天就是“今天”。为了把握好生命中的每个今天，特蕾莎修女为“今天”做了详尽的安排：

早上4点半，起床，做默想和晨祷。6点钟参加清晨弥撒，然后做杂务——有时是打扫院子，有时是清理厕所。7点半吃早点。8点钟开始服务工作——有时去麻风病院照顾病人；有时去安息之家服侍和安慰垂死者；或者去弃婴之家照料孩子；或者去贫民区帮助穷人；或者到医院、学校去查看，每一天她都会去不同的处所服务。对她而言，只要是对人有帮助的事，就没有一件是卑下的。

中午，午饭后休息半小时。

下午，参加一小时的集体祈祷，然后读《圣经》，或其他神修著作，接下来处理修会里的杂务。有时候修会里来了很多客人，人们急切地等着见她。她没有会客室，就站在教堂外的走廊里和客人说话。

晚上，晚饭后半小时做杂务，然后参加集体敬拜圣体的仪式，最后以集体晚祷结束一天。夜里10点钟，修女们就寝之后，她还必须在那间只有一桌一椅的斗室里继续工作——有许多来自世界各地的信件等着她处理，她必须持续工作到深夜。

时间对特蕾莎修女来说是极其宝贵的，以至于吃饭都被她认为是对时间的一种浪费。她甚至付诸行动把一日三餐减为一日一餐，致使教皇亲自出面干涉，她才不得不放弃。

我们知道，时间对每个人都是公平的。历史上凡是有成就的人都是善于抓住“今天”的人。

人们问富兰克林：“你怎么能做那么多的事呢？”“您看看我的时间表就知道了。”他的作息时间表是什么样子的呢？5点起床，规划一天事务，并自问：“我这一天要做些什么事？”上午8点至11点，下午2点至5点，工作。中午12点至1点，阅读、吃午饭。晚6点至9点，用晚饭、谈话、娱乐、检查一天的工作，并自问：“我今天做了什么事？”

朋友劝富兰克林说：“天天如此，是不是过于……”“你想爱生命吗？”富兰克林摆摆手，打断朋友的话：“那么别浪费时间，因为时间是组成生命的材料。”

富兰克林说：“把握今日等于拥有两倍的明日。”今天该做的事拖延到明天，然而明天也无法做好的人，占了大约一半以上。不能做好今天的事，就可能无法做大事，也可能永远无法成功。所以，应该经常抱着“必须把握今日去做完它，一点也不可懒惰”的想法去努力才行。歌德说：“把握住现在的瞬间，你想要完成的事务或理想，从现在开始做起。只有勇敢的人身上才会有天才的能力和魅力。因此，只要做下去就好，在做的过程当中，你的心态就会越来越成熟。那么，不久之后你的工作就可以顺利完成了。”

正像李大钊所说，我以为世间最可宝贵的就是“今”，最容易丧失的也是“今”，因为它最容易丧失，所以更觉得它宝贵。时间并不能像金钱一样让我们随意储存起来，以备不时之需。我们所能使用的只有被给予的那一瞬间，也就是今日和现在。如果我们不能充分利用今日而让时间白白虚度，那么它将一去不返。

比照他们，我们又在做什么呢？“就还有这么点，明天再说吧！”“这么多，反正今天也做不完，明天再继续吧！”“这个不着急，明天再开始也不晚。”诸如此类的话几乎成了我们的口头禅。这样日复一日，最后我们发现堆积在我们手上的工作越来越多，不知道该从哪儿下手。其实，所谓“今日”，正是“昨日”计划中的“明日”；而这个宝贵的“今日”，不久将成为遥远的过去。对于我们每个人来讲，得以生存的只有现在——过去早已消失，而未来尚未来临。昨天，是张作废的支票；明天，是尚未兑现的期票；只有今天，才是现金，是有流通性的有价值之物。

不要肆意挥霍你手中最珍贵的今天，在我们还可以自由地支配它的时候，让它发挥最大的作用，成就自己青春的梦想。

成功人士的做事秘诀是：抓住现在，不要留恋于过去，也不要把该做的事推到未来。

确立目标也有原则

“妈妈，今天我写了份自我规划，你看看好不？”饭后，玲玲看到妈妈比较闲，跑过去“骚扰”她一下。

妈妈把玲玲的规划拿过来，认认真真的看了又看，然后她哈哈哈哈地大笑起来。

“您笑什么？有这么好笑吗？”玲玲看到妈妈笑得这么开心，很想问个究竟。

“玲玲，我是笑你上面写的‘期末考试成绩全班第一名’，你只要能进全班前五名就可以了。”妈妈笑着说道。

哼，原来妈妈不相信玲玲的规划。

玲玲很不服气地问妈妈：“虽然我现在的成绩在班上只有十几名，但是就没有可能拿全班第一吗？”

“当然不是没有可能，而且完全有可能。”妈妈认真的和玲玲说，“可是玲玲，任何成绩都是需要通过付出才能得到的，以你现在的水平，要拿全班第一，你知道要付出多少辛苦和代价吗？而你做好了吃苦的准备了吗？”

妈妈的这一番话把玲玲问傻了，是啊，自己在制定目标的时候，也只不过是心血来潮，只是觉得有决心就可以做到一切，至于怎么个努力法，还真没有想过。

“玲玲知道上进，这是很正确的，妈妈要表扬你。妈妈只是想提醒你，制订计划要符合自己的实际状况，不能脑子一热就给自己定目标了。你可以先把目标锁定在进入全班前五名，然后循序渐进，稳步提高，这才是最正确的，你说是不是？”

嗯，玲玲妈妈说的有道理，如果乱制订计划，那是没有任何意义的。

妈妈对我说：

很多女孩对于未来都是抱着顺其自然的态度，很少有人会认真地思索，总认为“命里有时终须有，命里无时莫强求”。其实这种看似乐观的想法，换一个角度看完全是一种消极的人生态度。要想坚定地走在人生旅途上，摒弃那些障碍，你必须确立目标。

制定目标，有以下6个需要遵循的原则：

1. 目标应该是明确的。有些人也有自己奋斗的目标，但是目标是模糊的、泛泛的、不具体的，因而也是难以把握的，这样的目标同没有差不多。

比如，一个人在青少年时期确定了要做一个艺术家的目标，这样的目标就不是很明确。因为艺术的门类很多，究竟要做哪一个学科的艺术家，确定目标的人并不是很清楚，因而也就难以把握。目标不明确，行动起来也就有很大的盲目性，就有可能浪费时间和耽误前程。生活中有不少女孩，就是由于确立的目标不明确、不具体而一事无成。

2. 目标应该是专一的。确定的目标要专一，而不能经常变幻不定。

确立目标之前需要做深入细致的思考，要权衡各种利弊，考虑各种内外因素，从众多可供选择的目标中确立一个。一般来说，在某一个时期或一生中一般只能确立一个主要目标，目标过多会使人无所适从，应接不暇，忙于应付。生活中有一些女孩之所以没有什么成就，原因之一就是经常确立目标，经常变换目标，所谓“常立志”者就是这样。

3. 目标应该是实际的。

确立奋斗的目标，一定要根据自己的实际情况来确定，要能够发挥自己的长处。

如果目标不切实际，与自己的条件相去甚远，那就不可能达到。为一个不可能达到的目标而花费精力，同浪费生命没有什么两样。

4. 目标应该是远大而合理的。所有谈论成功的书籍都在告诉我们：“每一个成功者都有一个伟大的梦想。”借着这句话，我们依样画葫芦去做，可是没有成功。这是为什么呢？

梦想一定要远大，但同时设定的目标一定要合理。远大就是不要把精力投入到琐碎之事上，不因其耗空能量而无所作为。必须让自己的能力空间增大，给才华以施展的余地，从而让时间产生明确而深远的价值。合理就是顺应大方向、大潮流、大趋势，合乎逻辑、规律、变化。目标合理才能左右逢源、合体合用、勇往直前。

5. 目标应该是特定的。

确定目标不能太宽泛，而应该确定在一个具体的点上。如同用放大镜聚集阳光使一张纸燃烧，要把焦距对准纸片才能点燃。如果不停地移动放大镜，或者对不准焦距，就不能使纸片燃烧。

这也同建造一座大楼一样，图纸设计不能只是个大概样子，或者含糊不清，而必须在面积、结构、款式等方面都是特定和具体的。目标应该用具体的细节反映出来，否则就显得过于笼统而无法付诸实施。

6. 目标应该是富有挑战性的。

一个真正的目标必定充满挑战性，正因为它具有挑战性，又是由你自己所选择的，所以你一定会积极地去完成它。当你列出自己想成为的人、想做的事及想拥有的东西，又在每一项中圈出你认为最重要最具挑战性的事情后，再尝试找找其他重要的答案，你可能会需要用不同颜色的笔在每一项中标示出两三件对你而言重要的事情。

你需要相信，如果你被撞伤后只顾躺在那儿抚痛自怜，身上就会出现瘀血块，豁出去猛跑一阵，反而会另有所获。挑战性的目标必能激发挑战性的精神，有此精神则无畏、无惧、无限成功。

如果你是一个学生，只为分数而学习，那么你也许能够得到好分数；但是，如果你为知识而学，那么你就能够得到更好的分数和更多的知识。如果你为做生意而努力，那么你可能会赚很多钱；但是，如果你想通过做生意来干一番事业，那么你就有可能不仅赚很多钱，而且会干一番大事。

“国有国法，家有家规”，目标确立自然也要遵循一定的原则。当我们有了一个心动的目标，再加上必胜的信念，井井有条，那么离成功就差一半路程了。

不要幻想，要现实

说来也奇怪，其实凡凡有过很多的幻想，但是却总是觉得没有一件是可以实现的。

凡凡曾经梦想过要把历史上有名的诗、词、曲各背100首，还想过要在某一天把周围所有的植物名称都记下来，还想过每天早上都可以坚持五点半起床，利用早上安静的时间晨读，还想过要把好玩的卡通画都集在一个本子上……

但是，总之，凡凡想法中的种种，从来没有一样是可以真的实现的，连自己都没有勇气给自己制订计划了。

人不可以总是耽于幻想，否则再美好的计划不能实现总是空的，一定要付诸实践，哪怕一天只做一点点，天长日久积累起来，数量也是很可观的，“不行跬步，无以至千里，不积小流，无以成江海”，就是这个道理吧。

妈妈对我说：

“明天是周六，我想去书店买书！”

“这个周末，我们去敬老院吧！”

“妈妈，咱们家的花园长出杂草了，明天我帮你一起除草吧！”

和很多人一样，你总是计划得好好的，可是最终完成的却没有几件。最后你还要找出各种各样的理由来为自己解释。

“临时有事，太忙了！”

“我忘了！下次吧！”

于是，自然地，你又重复着口头演说，而最终毫无行动。因为在内心深处，你从来没有意识到行动的重要性，所以你总是不愿意去行动。

人有两种能力，思维能力和行动能力，很多人总是达不到自己的目标，往往不是因为思维能力，而是因为行动能力。

在偏远地区有两个人，其中一个贫穷，一个富裕。

有一天，穷人对富人说：“我想到南海去，您看怎么样？”

富人说：“你凭借什么去呢？”

穷人说：“我有一个水瓶、一个饭钵就足够了。”

富人说：“我多年来就想租条船沿着长江而下，现在还没做到呢，你凭什么去？”

第二年，穷人从南海归来，把去过南海的事告诉富人，富人深感惭愧。

这个故事说明了一个很简单的道理：说一尺不如行一寸。

俄国著名剧作家克雷洛夫说：“现实是此岸，理想是彼岸，中间隔着湍急的河流，行动则是架在河上的桥梁。”

只有行动才会产生结果。行动是成功的保证。任何伟大的目标，伟大的计划，最终必然落实到行动上。拿破仑说：“想得好是聪明，计划得好更聪明，做得好是最聪明又最好。”

所以，不要只是憧憬，不要只是计划，对于要做的事情，就应该积极地行动起来，行动才能使一切成为可能。

杰米是个很普通的年轻人，20多岁，有太太和小孩，收入并不多。

他们全家住在一间小公寓里，夫妇两人都渴望有一套自己的新房子。他们希望有较大的活动空间、比较干净的环境、小孩有地方玩，同时也增添一份产业。

买房子的确很难，必须有钱支付分期付款的首付款才行。有一天，当他签发下个月的房租支票时，突然很不耐烦，因为房租跟新房子每月的分期付款差不多。

杰米跟太太说："下个礼拜我们去买一套新房子，你看怎样？"

"你怎么突然想到这个开玩笑，我们哪有能力。可能连首付款都付不起！"他的太太非常怀疑他的话。

但是他已经下定决心："跟我们一样想买一套新房子的夫妇大约有几十万，其中只有一半能如愿以偿，一定是什么事情才使他们打消这个念头。我们一定要想办法买一套房子。虽然我现在还不知道怎么凑钱，可是一定要想办法。"

下个礼拜他们真的找到一套两人都喜欢的房子，朴素大方又实用，首付款是1200美元。他知道无法从银行借到这笔钱，因为这样会妨害他的信用，使他无法获得一项关于销售款项的抵押借款。

可是皇天不负有心人，他突然有了一个灵感，为什么不直接找包销商谈，向他借私款呢？他真的这么去做了。包销商起先很冷淡，由于杰米一再坚持，他终于同意了。他同意杰米把1200美元的借款按月偿还100美元，利息另外计算。

现在他要做的是，每个月凑出100美元。夫妇两个想尽办法，一个月可以省下25美元，还有75美元要另外设法筹措。

这时杰米又想到另一个点子。第二天早上他直接跟老板解释这件事，他的老板也很高兴他要买房子了。杰米说："T先生(就是老板)，你看，为了买房子，我每个月要多赚75元才行。我知道，当你认为我值得加薪时一定会加，可是我现在很想多赚一点钱。公司的某些事情可能在周末做更好，你能不能答应我在周末加班呢？有没有这个可能呢？"

老板对于他的诚恳和雄心非常感动，真的找出许多事情让他在周末工作10小时。杰米和他的家人也欢欢喜喜地搬进了新房子。

显然，杰米能买到新房子，是他坚持行动的结果，行动让他的想法有了实现的机会。

当列车呼啸而过时，你一定觉得很壮观，但倘若没有行动的车轮，它又如何飞驰？生命也是如此，想让生命的列车启动，唯有行动！而行动无疑成了生命乐章中最动听的音符。

切勿盲目自大

过于自信是很危险的，无论是对自己，还是对别人。

小静子喜欢鼓捣电脑，自称无论什么问题，她都可以搞定，同学们笑称是因为她有“重装系统”这招绝对的作弊器。

只要是电脑出了问题，可以放心大胆地修理，修理好了最好，如果修理不好，那就重装。

“呵呵，电脑有问题的，找我来好了，包管能修好！”就这样，小静子也自诩为“电脑奇侠”。

在小静子的自吹自擂之下，大家潜意识中都认为她是当之无愧的电脑专家，只要电脑出了问题，找她就 OK 了。

之前只要是电脑坏了，同学默默总会找小静子修理，有的时候她可以修理好，有的时候她也不会修理了，干脆重装，电脑又完好如初。

不过，这次默默的电脑问题很严重，启动电脑之后，无论如何都无法打开任何程序，这可怎么办呢？

默默赶忙找来小静子。

小静子研究了半天，做出一个决定：“默默，重装吧。”

唉！

“重装系统”就好比是江湖大师手中的灵丹妙药。

不过这次，貌似重装系统也不管用了。因为电脑运行了 1 个多小时，竟然没有重装完。

“有问题。”小静子纳闷地说，“究竟是哪出事了呢？难道是电脑的脑瘫了？”

最后实在没有办法，默默只好找来了专业的维修人员，经过检测，她的电脑是硬盘出现了坏道，所以无法用修理软件的方法来修复。

“看来，我的电脑水平差得很远。”小静子不好意思地对默默说。

妈妈对我说：

每个人都会有自己的闪光点和骄傲，但不可将这份骄傲无限放大，脱离实际。盲目自大的人不清楚自己的优点和缺点，他们企图掩饰自己的缺点，而夸大自己的优点。这样的人不但得不到人们的欢迎，还会被人们所厌弃。

小静子，希望你能够从下面这个寓言故事中体会出一点道理。

旋花高傲地挺起它那粗壮的躯体，笔直地伸向高空。碧绿的叶片是那样的宽厚密实，阳光映照在上头，熠熠生辉，令人羡慕不已。旋花陶醉于自己的美貌，不禁骄傲起来。它觉得跟周围这些粗俗丑陋的植物为伍，简直是降低身份，有损斯文，难以忍受。

它看到身边那棵老态龙钟的千年老树，觉得特别不顺眼，特别是深秋季节，当老树把它那枯黄的树叶洒满一地的时候，旋花更是厌恶倍增。

“你听着，老家伙！”有一天旋花不礼貌地对老树吼道，“你为什么总是挨在我的身旁，你也不睁开眼睛看看自己丑陋的样子！讨厌的老头，请识相一点，赶快离我远点！我一看到你就恶心！”

老树装作耳背没有听见，默默地忍受着旋花无礼的指责，只管想着自己的心事。不甘寂寞的旋花对此无可奈何，只得把矛头转向附近的刺李。年轻的刺李长得非常茂密，简直就像一堵密不透风的围墙。

“喂，你叫什么名字？你那些讨厌的尖刺让人望而生厌，一想到它我心里就不舒服。你太不自觉了，难道没有想到别人看到你那浑身是刺的怪模样，心里是多么的憎恶和难受吗？”

年轻气盛的刺李本想顶它几句，但一看到旋花那蛮不讲理的傲慢样子，觉得与这种不懂礼节的家伙斗嘴，只能是白费口舌。于是，它不吭不响，既不愿听，更不想去搭理。

老蜥蜴正趴在温暖的泥地上晒太阳，对旋花那种高傲自大、目中无人、老子天下第一的傲慢样子，它实在是看不下去也听不下去了，忍不住用责备的口气数落了几句："狂妄的旋花啊，看来你是一个地地道道的大笨蛋！你怎么不好好想一想，要不是爬缠在老树的枝干上，你能长得这么壮，爬得这么高吗？如果没有了刺李带刺的篱墙，你这个可怜虫早就让那些过路的人踩死了！"

故事在讲旋花，实际上是比喻有些人自己取得了一点点成功，就洋洋自得，认为自己有多么的优秀、多么的了不起，进而目空一切、不可一世。殊不知，大多数人都是普通人，没有超自然的能力，有的只是奋发向上的拼搏劲头和坚持不懈的毅力，少不了的还有父母的培养、老师的教育和朋友的帮助。缺少了这些，谁都不可能有安逸舒适的生活，不可能有坐在明亮的教室读书学习的机会，不可能有一次又一次的进步和荣誉。

有一条涓细的小溪，细小的流水是由山上融化的雪水和天上所下的丝丝雨水汇聚而成的。

一场大雨过后，溪水暴涨，细小的溪流一下子就变成了滔滔的洪水。小溪高兴得忘乎所以，心中滋长了骄傲的情绪，很想把自己升格为一条滔滔的大河。

于是，小溪借助雨水的威力，使劲地冲刷两边的堤岸。它卷走泥土，冲塌石块，尽力拓宽自己的河床。

令小溪感到遗憾的是，那可恶的风很快就驱散了带雨的乌云，明亮的太阳又高悬在蓝天中了。雨过天晴，溪水骤减，不仅无力再拓宽河床了，而且那小小的溪流也被自己所冲积的泥石挡住了。

如果小溪再不吸取教训、努力改变现状的话，往日那活泼跳动的小溪恐怕只能成为一汪不能够流动的臭水了。

我们就像那一条小溪，能力有限却能够涓涓流动不停息。如果有一天，借助外界的力量我们变得强大了，这时，正确的做法是再次审视自己的能力与成功事件的关系，是否真的是自己的力量促使了事情的成功，有没有外界力量的介入，等等。而不能像小溪一样盲目地想将自己升为更为宽阔的大河。如果没有正确认识自己的能力，当外力不复存在时，恐怕也要被“泥石”挡住了。而这“泥石”不是别的，正是我们内心滋长起来的那一份狂妄和自大。

盲目自大的人往往过高地估计个人的能力，失去自知之明。心高气傲的人，有的自视过高，总爱抬高自己贬低别人，把别人看得一无是处，总认为自己比别人强很多；有的固执己见、唯我独尊，总是将自己的观点强加于人，在明知别人正确时，也不愿意改变自己的态度或接受别人的观点。自大的人一般很少关心别人，与他人关系疏远。他们经常从自己的利益出发，不太顾及别人。不求于人时，对人缺少热情，似乎人人都应为他服务，结果落得门庭冷落。还有的自大者过渡防卫，有明显的嫉妒心，这种人有很强的自尊心，当别人取得一些成绩时，其妒忌之心油然而生，极力去打击别人、排斥别人。当别人失败时，幸灾乐祸，不向别人提供任何有益的信息。同时，在别人成功时，这种人常用“酸葡萄心理”来维持自己的心理平衡。

盲目自大的人认为自己是“天之骄子”，什么都懂，什么都会，应得到优待，而实际上这样的人不易被社会所接纳，而造成这一障碍的就是他们不切合实际的想法和眼高手低的作风。

了解了盲目自大的诸多害处，我们可以认真思考一下，自己有没有这种不良的心理倾向，如果有，一定要努力克服。

时刻准备着
——机遇偏爱有准备的人

智商统治不了成就

舒舒说："是不是将来一定要考上名牌大学才会有成就呢？爸爸妈妈要我好好学习，将来考上最好的大学。"

妍妍说："能考上最好的大学当然值得为之努力，不过我认为，并不是说考上了好大学就是唯一的出路。"

"那你是怎么想的呢？"舒舒问她道。

"有自己的理想，有自己的爱好，坚持自己要做的事情，以后早晚会成为对社会有用的人。"妍妍说道。

"端正自己的品行，自食其力，不当社会的累赘，一样可以活得很自信，那有什么不好呢？"妍妍补充说道。

"努力让自己掌握一技之长，能够贡献出自己的价值，那和上不上好大学又有什么关系呢？"妍妍滔滔不绝地继续发表言论。

"有一颗善良的心，让周围和我生活在一起的人都感受到温暖和快乐，这不是很有意义吗？"妍妍说的越发慷慨激昂。

舒舒打断了妍妍的话："妍妍，没看出来，你真是一个有理想的人，将来一定会有成就的。"

是啊，成就要靠自己努力，将来的生活要靠自己经营，和智商学历的高低有什么必然的关系吗？

妈妈对我说：

舒舒，人类在关于怎样才能成功的问题上，从来不曾停止探索的脚步。熟悉电影的人一定都会记得《阿甘正传》，这是一部好莱坞大片，男主角汤姆·汉克斯更是凭借它而一举夺得奥斯卡“小金人”。

那么，汉克斯在片中饰演的角色是怎样的呢？为何这部影片至今还常常为人们所津津乐道？

影片中的男主角名叫 Forrest Gump，他从小就是一个有点行动不便的男孩，准确地说是有点残疾。然而不幸的事情不在这里，而在他的母亲到处为他找学校，却没有一所学校愿意接收他，原因在于他的智商只有 75。

但是后来 Forrest 的表现让每位观众都为之感动。他凭借他的执着、善良、守诺、勇敢的个性，一度成为美国人民心中的英雄。

故事是虚构的，却向我们揭示了这样一个道理：智商的高低与人生的成就不能直接画等号！阿甘的重情重义、执着乐观的个性，是他成功的重要能量，这便是来自于情商的魅力。

心理学家霍华·嘉纳说：“一个人最后在社会上占据什么位置，绝大部分取决于非智力因素。”许多材料显示，情商较高的人在人生各个领域都占尽优势，无论是人际关系方面，还是在主宰个人命运等方面，其成功的机会都比较大。

资深学者丹尼尔·戈尔曼宣称：“婚姻、家庭关系，尤其是职业生涯，凡此种种人生大事的成功与否，均取决于情商的高低。”一份调查报告披露，在贝尔实验室，顶尖人物并非是那些智力超群的名牌大学毕业生；相反，一些智商平平但情商甚高的研究员往往以其丰硕的科研业绩成为明星。其中的奥妙在于，情商高的人更能适应激烈的社会竞争局面。

与社会交往能力差、性格孤僻的高智商者相比，那些能够敏锐了解他人情绪、善于控制自己情绪的人，更可能取得成功。情商为人们开辟了一条事业成功的新途径，它使人们摆脱了过去只讲智商所造成的无可奈何的宿命论态度。

丹尼尔·戈尔曼博士用了两年时间对全球近500家企业、政府机构和非营利性组织进行分析，发现成功者除具备极高的智商以外，其卓越的表现亦与情商有着密切的关系。在一个以15家全球企业，如IBM、百事可乐等数百名高层主管为对象的研究中发现，平凡领导人和顶尖领导人的差异，主要是来自情绪智能。

卓越的领导者在一系列的情绪智能，如影响力、团队领导、政治意识、自信和成就动机上，均有较优越的表现。这就是为什么人们不是推举一些特别聪明的人做领导，而是推举一些能关心别人、与人关系融洽的人做领导的原因。相比之下，情商高的人更能为众人办事，也更能发挥群体的积极性。

一个人事业上的成功，需要有正确的思想和理念的指引。真正具有建设性的精神力量，蕴藏在左右一生命运的情商中。每时每刻的精神行为，会对命运产生决定性的影响。情商高的人生活更有效率，更易获得满足，更能运用自己的智能获取丰硕的成果；反之，不能驾驭自己情感的人，内心激烈的冲突，削弱了他们本应集中于工作的实际能力和思考能力。

绝大多数人的智商是差不多的，而后天的情商教育与情商培养可以改变你的生命轨迹，引领你走向卓越、超越平庸。当你信任情商的力量时，情商就会带给你意想不到的奇迹。

走出自卑

最近一段时间婷婷的学习状态不佳，所以上课的时候总是遭到老师的点名。

其实婷婷明白老师的好意，可能是想检查一下自己对知识的吸收是否有漏洞，不过心里总是有点黯然，毕竟，老师在意识中把自己划为了后进生了吧。

以前下了课，婷婷总是喜欢离开自己的位子找别人玩一玩，而现在，只要安安静静地坐在自己位子上就好了。

是不是自己成绩不好了，别人就不喜欢我了呢？婷婷想到这里就觉得有点小自卑了。

婷婷觉得，貌似找自己问问题的同学不如以前多了，找自己借作业本的同学也不如以前多了。哎！

婷婷自己心里难过起来了，只能希望自己好好上进，下次考试一定把成绩追回来。

妈妈对我说：

婷婷，每个人的出生都有自己的意义和使命。很多人看不到自己身上的价值和潜能，总认为自己一无是处，不是抱怨生活就是抱怨自己，这样的人谈不上自信，更谈不上自尊。

阿良是一个啤酒厂的工人，有着一份稳定的工作，然而他总是觉得自己无一技之长，感到自己比别人差。他总是抱怨上天不公平，不能够赐予他像其他人一样的天赋。在一个晚上，他又坐在经常去的酒吧发牢骚，一个人拿着两只大小不同的酒杯坐到了阿良的身边，并且将两个酒杯都倒上了酒，问："你能告诉我这两个酒杯有什么区别吗？"

"一个大，一个小！"阿良看了一眼说道。

"不过，在我的眼里这两只酒杯一点区别都没有。它们都是用来盛酒的。"那个人看了一眼阿良继续说道，"我已经观察你很长一段时间了，我真的不知道你有什么值得抱怨的。其实，在这个世界上，人与人之间存在着差别，就像是这两个酒杯一样有大有小。但是，不管怎样，它们不能够改变的都是要被装上酒才能够体现它的价值和用处。人活在世上也是一样，不管老天爷给予我们什么样的聪明和财富，但是，只有我们努力地活着，才能够体会得出人生的意义所在。"

阿良似懂非懂地望着这个突然走过来的人。

"其实，你也用不着抱怨的，上天偏爱于这个世界上的每一个人，难道你没有发现自己在这个世界上是多么的重要吗？譬如，你是你孩子唯一的父亲，你给了他生命，甚至一切。你作为一个丈夫，在你的家庭之中起到的作用是巨大的。如果没有你，我想你的妻子很难一个人将这个家支撑下去。对于你年迈的父母来说，你便是他们全部的寄托和希望啊！你所做的每一件事情，他们都在密切地关注着，你成功的时候，他们感到自豪，你失败的时候，他们也同样为你难过……你看看，你在他们心目中是多么的重要啊！”那个人语重心长地对阿良说道，“我想你在他们心目之中的位置是别人永远无法替代的。难道不是这样吗？我真的不知道你还有什么好抱怨的。”

听完这番话，阿良感激地对那个好心的陌生人点了点头，怀着一种重生的心情走出了酒吧。从此，阿良再也没有为自己抱怨过。

其实，每个人都有自己的特长和优点，只要你认真去发掘，就会发现。在生活中，一些缺乏自信、自暴自弃的人，往往会把优秀的标准定得太高，而对自身的优点却视而不见。事实上，每个人都不是一无是处的，每个人身上都有独特的天赋，如果你能够正视自己的优点，重视自己，不自轻自贱，你就会发现自己和所有杰出的人士一样，同样具备成功的资格和条件。

不要让机会溜走

“惠惠，这么简单的题目，你难道不会吗？”老师匪夷所思地望着惠惠。

“啊！”惠惠吃惊地张大了嘴巴，这样简单的题目，怎么会做错了呢？

哎！当时真粗心，一下把步骤跳过去了，“老师，这道题我真会……”

“在这个地方失分就太可惜了。”老师的谆谆教诲让惠惠无地自容，“这道题目根本就没有难度梯度，完全就是要给分的题，你竟然做错了。”

如果这道题目惠惠没有做错的话，可以多得 6 分。

惠惠曾经下过多少次决心，自己都不记得了。她一遍又一遍地告诉自己：这种不应该扣分的题，一定要拿到分数，可是却总是错过这样拿分的机会。

考试是如此，没有抓住给分的机会，自然成绩不会理想。

其实，生活中的很多事情，又何尝不是如此呢？当同学热情地为她讲题的时候，惠惠就失去了一次思考的机会；当和同伴一起乐不思蜀地逛街时，惠惠就失去了一点学习的时间。

哦，机会就在眼前，怎么去做，需要自己把握。

妈妈对我说：

“答案怎么是这个！太奇怪了！”

“都怪我自己！我怎么没想到这个才是最正确的呢？”

“你看你看！我就说你当时就不能选这个，现在后悔了吧？”

很多人会有这样的体会，在做题目时明明自己小心了再小心，可是答案最后还是选错了，尤其是在做逻辑分析题时，正确的概率就更小了。其实这是因为题目具有一定的隐藏性，答案就像和你做起了捉迷藏的游戏，你要给自己一双慧眼，能够敏锐地洞察，否则那个神秘的答案终究不肯出现。

或者是在旅行时，为了找一条风景更优美的路，在看起来幽静美丽的林荫道与一条杂乱无趣的路之间，往往很多人容易选择前者，而后者却很可能在百步之后便会发现是风光无限。

很多时候，答案往往具有隐藏性，这就需要每个人都睁大慧眼，只有这样，才能到达成功的终点。

非洲的草原上，一匹狼气喘吁吁地跑着，三个昼夜的躲藏和奔跑已经让它随时有倒下的可能了。它的汗水流下来，一滴一滴地掉在身下肥沃的土地上，滋润着绿油油的小草。它的舌头向外伸着，它的腿像灌满了铅，饥饿、疲劳牢牢地抓住了它，但它偶尔回头时那坚定的眼神似乎在告诉那个穷追不舍的狩猎者：我不会放弃最后一丝希望。

这是一个经常狩猎的富翁，虽然惊叹于狼的坚韧，但他依然紧紧地跟着这只疲惫的狼。

狼愈来愈慢，最后被迫到了一个类似于“丁”字形的岔道上，此时，正前方是迎面包抄过来的向导，他也端着一把枪，狼夹在中间。富翁以为这匹狼会选择岔道，谁知，这匹狼并没有这么做，而是出人意料地迎着向导的枪口冲过去。狼在夺路时被捕获，它的臀部中了弹。

这让富翁十分费解：狼为什么不选择岔道，它冲向向导是准备夺路而逃？难道那条岔道比向导的枪口更危险吗？

面对富翁的迷惑，向导说：“埃托沙的狼是一种很聪明的动物，它们知道只有夺路成功，才能有生的希望，而选择没有猎枪的岔道，必定死路一条，因为那条看似平坦的路上必有陷阱，这是它们在长期与猎人周旋中悟出的道理。”

这不由得让富翁陷入了沉思。

坐在草地上，回想历次的狩猎，富翁第一次感到如此触动。过去，他曾捕获过无数的猎物——斑马、小牛、羚羊甚至狮子，这些猎物大多被当作美餐，然而只有这匹狼却让他产生了“让它继续活着”的念头。

就在向导要剥下狼皮的那一瞬，富翁制止了向导。他问：“你认为这匹狼还能活吗？”向导点点头。富翁打开随身携带的通信设备，让停泊在营地的直升机立即起飞，他想救活这匹狼。

直升机载着受了重伤的狼飞走了，飞向500公里外的一家医院。

据说，那匹狼最后被救治成功，如今在纳米比亚埃托沙森林公园里生活，所有的生活费用由那位富翁提供，因为富翁感激它告诉他这么一个道理：在这个相互竞争的社会，真正的机会也会伪装成陷阱。

所以，在选择之前，一定要给自己一双慧眼去做出正确的选择。

第一次就把事情做对

小涵和嘉宁两个人写作业，各自的特点非常鲜明，那就是：小涵完成的速度快，而嘉宁的正确率高。

因为小涵很粗心，她每次做完一道题目，从来都不及时验算或是检查，而是说“等都做完了我再从头到尾好好检查”，可是每次当她把作业都写完了，就感觉是完事大吉，早就把检查的事抛到了脑后。

而嘉宁不是，她每完成一道题，一定会及时检查自己做的是否有差错，及时验算保证结果的正确。嘉宁的习惯就是“我每做一道题目，就要保证我做的是正确的。在第一次就争取做对。”

这两种做作业的态度，当然嘉宁的那种方式更值得认同。

其实从对待写作业这样的小事就可以看出处理其他事情的态度吧。“第一次就把事情做对”，无疑是最高效，也是最稳妥的方式。

妈妈对我说：

“第一次就把事情做对”是著名管理学家克劳斯“零缺陷”理论的精髓之一。也只有在第一次就把事情做对，你才有足够稳固的基础来顺利地走接下来的路。

第一次就做对是最便宜的经营之道。无论做什么事，都要讲究做到位。时间管理专家常常告诫工作中的人们：“永远不要‘随手’把东西暂时先放在那里，即‘别把东西放下，而要把东西放起来’。不这么做的话，就意味着第一次没有把工作做完，过一会儿就至少得做两次了。”

当人们被要求“第一次就把事情做对”时，许多人会反驳：“我很忙。”因为很忙，就可以马马虎虎地做事吗？其实，返工的浪费最不值得。第一次没做好，再重新做时既不快，花费也不少。

有位广告部经理曾经犯过这样一个错误，由于完成任务的时间比较紧，在审核广告公司回传的样稿时不够仔细，在发布的广告中弄错了一个电话号码——服务部的电话号码被广告公司打错了一个数字。就是这么一个小小的错误，给公司带来了一系列的麻烦和损失。后来因为一连串偶然的因素使他发现了这个错误，他不得不耽误其他的工作时间并靠加班来弥补，同时，还让上司和其他部门的同事陪他一起忙了好几天。幸好错误发现得及时，否则造成的损失必将进一步扩大。

所以，只要在做事情之前想一想出错后可能给自己和他人带来的麻烦、造成的损失，就应该能够理解“一次就把事情做对”这句话的重要性。

“第一次就把事情做对”，这句话，我们有必要将它作为自己的准则。现在有很多学生，似乎流行起了找家教。为什么要找家教呢？是自己的学习能力出了问题，跟不上老师讲课的步伐吗？其实，很多学生并不是因为自己在课堂上的理解能力有问题而需要在课堂之外找来家教再学一次书本上的内容，很多学生因为对某位任课老师有偏见或是因为前一天晚睡导致白天上课的时候精力无法集中，从而使自己在课堂上无法高效率地吸收老师讲课的内容，这样一来，就会对该门课的知识一知半解，只能在课后花不少的时间来补习。一位资深的中学老师曾经说过：“课堂上的45分钟对一个学生来说尤为重要。如果在这45分钟里你无法吸收老师的讲课内容，那么要想将这块知识补起来，你则需要在课后至少花费2～3个小时，而且效果并没有课堂上的好。”

在学习中可能也会出现这样的情况，学生因为知道周末会有家教来帮助自己学习，那么在课堂上更是逍遥自在，不会认真地去听老师究竟讲了什么。如果有同学问他为什么不认真听讲，他会带点炫耀地回答：“反正我有家教，到时候什么都可以知道。”其实，这样的学生就是走进了一个很严重的学习误区。他们将课堂上最宝贵的时间浪费了，反而要在课后花费大量的时间和金钱来弥补自己在课堂上的不认真，这样的学生一定不懂得“第一次就把事情做对”的道理。如果自己能够抓住课堂上的45分钟认真听讲，一般来说每个学生都能够充分掌握老师讲课的内容。即使可能会遇到一小部分不理解的内容，那也可以在课后抓紧时间请教老师或同学，尽快将这块知识消化掉，也就完全没有必要在晚上或周末补习。将周末的时间拿来休息，或是与同学一起外出郊游，那岂不是更好？

所以，青春期的女孩们，不要让自己在课上课下都忙得一塌糊涂。

学习成绩的好坏不一定与你花费在学习上的时间成正比，也与你是否请了家教没有必然联系。真正会学习的人是懂得在最关键的时间认真听讲的人，这样的人也便拥有了在课下“闲庭信步”的自由和乐趣。因此，不要让自己在课下忙得一塌糊涂，尝试着将所有的学习精力用于课堂上，你一定会有不小的收获。

而且，时间并不像金钱以及原料，可以预先蓄积。不管你喜欢或者不喜欢，每分钟都会给你60秒的时间消费。既然已经决定用这一段时间来做某一件事情，就要努力做到“时有所值”。抓住做事的每一分钟，让每一分钟都有很高的效率，这样，很多事情都能够在第一次的时候就确保成功。而且只有在第一次就将事情做对，你也才有更充裕的时间来做其他的事情。

那就从现在开始，让“第一次就将事情做对”成为自己的行为准则吧。

选择对自己最有利的

周日的时候兰兰和媛媛去逛书店，两个人都需要买一些学习的参考书。

兰兰瞄上了一本《经典解题王》，这本书看上去又厚又大，而且价格便宜，里面收录了数千道不同类型的习题，超值。

兰兰兴奋地把这本书拿过去给媛媛看。

媛媛看了之后，没有像兰兰想象中那样兴奋，反而对兰兰说：“你看我选的这本。”

说着，她把她手里的这本《题型分析精解》拿给兰兰看。

看来是仁者见仁，智者见智了吧。那本书没有兰兰的这本厚，内容没有兰兰的这本全，而且价格和兰兰的这本差不多。

兰兰想了一下，还是自己选的这本值。

媛媛帮兰兰分析：“你选的那本确实实惠，但是你想想，我们学习的时间本来就很紧，也没有多余的时间做更多的题，所以选书就要选小而精，针对性比较好的。像我的这本虽然价格贵，但是确是名师讲授的解题方法。你的那本看上去很厚，内容丰富，但是肯定不比我的这本思路清晰。况且，你敢保证自己有足够的时间把题目做完吗？如果空下大半本的题目都没有做，那不是更浪费吗？”

兰兰想了一下媛媛的话，感觉她说的有道理，看来自己还是再选一本针对性较好的书吧。

妈妈对我说：

兰兰，妈妈想对你说的是，无论你是要选择一本书，还是要选择一种生活方式，都要在选择之前细心考虑，选择对自己最正确的。

没有人愿意拒绝幸福，有的只是不去选择。曾有一位精神病医生，他有着丰富的临床经验，退休后，他撰写了一本医治心理疾病的书。这本书足足有一千多页，书中有各种病情的描述以及针对这种病情的药物、情绪治疗办法。

有一次，这位精神病医生受邀到一所大学讲学，在课堂上，他拿出了这本厚厚的著作，说：“这本书有一千多页，里面有治疗方法三千多种，药物一万多样，但所有的内容，只有四个字。”

众人都很惊奇，只见他说完后就在黑板上写下了：“如果，下次。”

这位医生说，造成自己精神消耗和折磨的莫不是“如果”这两个字，“如果我考进了大学”、“如果我当年不放弃她”、“如果我当年能换一项工作”……

医治方法有数千种，但最终的办法只有一种，就是把“如果”改成“下次”，“下次我有机会再去进修”、“下次我不会放弃所爱的人”……

当你执着于过去的痛苦时，痛苦就必然占据你的整个心灵，而这实际上恰好是放弃了选择幸福的机会。

钱钟书在《围城》中讲过一个十分有趣的故事。他说天下有两种人。譬如一串葡萄到手后，一种人挑最好的先吃，另一种人把最好的留在最后吃。但两种人都感到不快乐，先吃最好的葡萄的人认为他的葡萄越来越差，第二种人认为他每吃一颗都是在吃剩下的葡萄中最坏的。原因在于，第一种人只有回忆，常用以前的东西来衡量现在，所以不快乐；第二种人刚好与之相反，同样不快乐。

但这两种人为什么不这样想：“我已经吃到了最好的葡萄，有什么好后悔的；我留下的葡萄和以前相比，都是最棒的，为什么要不开心呢？”选择幸福，往往只在于一念之间。

美国第16届总统亚伯拉罕·林肯所说的一样：“我一直认为：如果一个人决心想获得某种幸福，那么他就能得到这种幸福。”幸福离你并不遥远，一直以来，它与你就只是一窗之隔，只要你决心伸出手臂，就可以拥抱幸福了。

有一对年轻夫妇，他们住在美国南部的一个小城市里，其邻居是一对年老的夫妇。妻子几乎瞎了，并且瘫痪在轮椅中，丈夫身体也不很好，他整天待在屋子里照料妻子。

一年一度的圣诞节快到了，这对年轻夫妇想装饰一棵圣诞树送给这两位老人。他们买了一棵小树，将它装饰好，带上一些小礼物，在圣诞前夜把它送了过去。老妇人感激地注视着圣诞树上闪烁的小灯，哭了。她的丈夫也一再说：“我们已经有许多年没有欣赏圣诞树了。”在以后的日子里，只要拜访这两位老人，老人都要提起那棵圣诞树，对于这对年轻夫妇来讲，也许他们只是做了一件很小的事情，但他们把最大的幸福送给了他人，因而自己也获得了巨大的幸福。这种幸福是一种十分深厚的感情，而且一直留在他们的记忆中。

兰兰，希望你能展开双肩，打开那扇窗户，让幸福如清风一样沐浴着你，温暖着你。所以，还等什么呢，好好选择你想要得到的吧！

受伤的翅膀，高傲地飞翔

羡慕别人漂亮，不如懂得自我张扬

亚亚的几个好朋友，她们都有各自的优点，让亚亚感到自愧不如。

亚亚的好朋友丫丫善解人意，乐于助人，在这一点上亚亚比不上她。但是，亚亚却努力让自己变得和她一样懂得关心和爱护别人，时而庆幸有这样一个好榜样在自己身边。

亚亚的另一个好朋友莎莎为人宽厚，乐观幽默，在这一点上亚亚也不如她，不过，亚亚发誓会努力也让自己变得像她一样热爱思考，与人友善团结。

亚亚还有一个好朋友莉莉特别喜欢打扮自己，又很有时尚感。亚亚不如她漂亮，但是却并不因此而自卑，因为亚亚知道外表的漂亮是多么的空洞和没有说服力。

尽管亚亚在很多方面都比不上她的好朋友们，但是她还是相信我要好好改进我自己，要得到她们每个人的优点：要变得善解人意、乐于助人、为人宽厚、乐观幽默，把自己打扮得乖巧伶俐——这样就天下无敌了！

妈妈对我说：

亚亚，每一个想要成功的人，都要经得住各种各样的考验，不管是遇到困难，还是遭遇失败，我们都只有经受得住失败的考验，最后才能迈向成功。很多人经常会给自己鼓励，比如著名的新东方学校的张少云。

新东方学校有一个出名的“扫地王”——张少云。他来自贫穷的农村，在新东方实用英语学院读了两年非正式的大专英语，毕业后就在新东方看教室、打扫卫生，但他发誓“扫地也一定要扫出出息来，扫出前途来”！他一边干好本职工作，一边确定了在新东方教书的目标。他在家里挂了一个小黑板，模拟课堂，一遍一遍地讲，一遍一遍地写，坚持了一年多。到了2002年年初，他把这小黑板带到新东方大楼，直接给招聘主管老师模拟讲课，一举成功。现在，张少云已经成为新东方学校最优秀的讲师之一。

巴尔扎克的事例也值得我们深思。

巴尔扎克听从父亲的意愿做了法律系的一名大学生。大学毕业后，他觉得自己完全可以在文学方面做得更出色，于是他放弃了父亲对他做的安排，毅然拿起笔搞写作。为此他的父亲非常生气，以至于父子关系十分紧张。不久，恼怒的父亲便不再向他提供任何生活费用，而他写的那些作品又不断地被退回来，他陷入了困境，开始负债累累。“我一定能够成功！”看着退回来的稿子，巴尔扎克非但没有放弃努力，反而把全部的心思用在写作上。

最困难的时候，巴尔扎克只能吃点干面包，喝点白开水。但他很乐观，每当就餐时，他便在桌子上画一只只盘子，上面写上“香肠”、“火腿”、“奶酪”、“牛排”等字样，然后在想象的欢乐中狼吞虎咽。在这段艰难的日子里，巴尔扎克花700法郎买了一根镶着玛瑙石的粗大的手杖，并在手杖上刻了一行字：我将粉碎一切障碍。

这句气壮山河的话传递出了巴尔扎克内心强大的自信，也正是由于这句话的支持，巴尔扎克走过了那段艰难的日子。最终，他成功了，跻身世界大文豪之列。

不要害怕困难，困难恰好是我们意志的炼金石，是潜力的催化剂，只要我们善于从艰难困苦中攫取力量，便不会被生活击垮。

比尔·盖茨在接受世界八大财经媒体之一的《金融时报》采访

时说：“我有过颓丧和胆怯，微软公司在每次起飞过程中遇到的困难和阻力一次比一次大，从技术难关、竞争对手的围攻到政府的指控，如果我不是最终以勇气和毅力战胜颓丧和胆怯，恐怕早就被市场竞争的浪潮淹没了。”

大多数的成功者出身贫寒或学历较低，他们白手起家创业，赢得了令人羡慕的成就，他们没有一个是一帆风顺，不经失败和挫折就获得成功的。

帆船利用帆来决定前进的方向，人生也是经由你的思想来决定幸福或不幸。只要坚信“我能够”，胜利便非你莫属！

最后，建议你的是，要常常对自己说：“Yes，I can.”

崇拜海伦·凯勒：勇敢坚强的典范

妈妈的书桌上放了一本小书《假如给我三天光明》，周周好奇地拿起来翻了翻。

“周周，你在做什么？”妈妈走了进来，“哦，你在看那本书啊。”

“妈妈，海伦·凯勒是什么人啊？”周周问。

“她是美国著名的盲聋教育专家。她最令世人称道的地方就是她很坚强，因为她在两岁的时候因为猩红热而失明，而且双耳失聪。”

“啊！那她还是成为教育专家。”周周感到很惊讶。

“是啊，因为她敢于和命运抗争。你知道她小的时候是通过感受喉咙的变化而逐渐摸索发音的，这是多么的不容易啊。后来她还考上了大学。”

“哇！真不简单。”对于这个海伦·凯勒，周周感到由衷地赞叹。

“是的，因为她的坚强，所以在她成名之后受到很多人的关注和敬仰，尤其难得的是她将精力专注于对盲童和聋哑儿童的教育方法研究上，这样的奉献社会的精神，很受世人的称道。”

“通过自己的艰苦抗争取得成就已经极其难得，而她居然还想到了要奉献社会，真是太值得尊敬的一个人。”周周觉得这个人简直是不可思议的伟大。

“你知道吗？当她去日本访问的时候，当时的日本政府破例请她用手触摸日本的国宝——鉴真和尚塑像，这在日本历史上还是史无前例的，可见她在世界各地备受尊敬。”

“嗯，她是一个勇敢坚强的典范，所以无论给她什么样的礼遇，都受之无愧。”周周说道。

了解了海伦·凯勒，周周的心中突然涌起了一股正气：做人应当如此。

妈妈对我说：

周周，坚强是一种品性，是千锤百炼磨砺出来的结果，坚强是每一个人在不幸中支撑身心的精神柱梁。

生活中的不如意乃至不幸的确存在，只是因为生活之中有了坚强，一切才变成了风雨之后的彩虹，绚丽而又张扬。

而对于生活的不如意，女性似乎成了“柔弱”的代名词。但柔弱不等于软弱，女人也有自己的脊梁；不是经不起风雨的花草，而是傲然挺立的木棉。

女人不是软弱的，而是柔韧的！她们也许不会像男人那样有泪不轻弹，但是她们流过眼泪，开始踏上新的征程的时候，结束的是懦弱，开始的却是罕有的坚强。

女人的坚强也许不会像男人那样有英雄气概、惊天动地，但是在巨大的人生灾难面前，她们往往比男人更加坚强和出色。经历过风雨的女人，坚强可以使她们更从容地面对生活。像美丽的蝴蝶破茧而出，战胜了生命中的痛苦之后，绽放出令世界倾倒的光芒。

台湾影星王思懿，在演艺事业取得巨大成功前，曾遭遇过理想破灭的巨大打击。

王思懿从小酷爱舞蹈艺术，为了跳好一个动作，可以练习上百次而毫无怨言，从小学到中学，她已经打下了扎实的舞蹈功底，因此很顺利地考上了艺专舞蹈科。

在舞台上翩翩起舞，这是王思懿最美丽的梦想。她的形体条件很好，双腿修长，身段苗条，天生就是块练舞的材料。她的个性又十分要强，凡事喜欢冒尖，所以学习上刻苦用功，进步很快，成绩一直名列前茅。

天有不测风云。在一次腾空飞跃交叉舞步的练习中，王思懿不慎跌倒，腿部关节的韧带因此拉断，医生告诉她不能再跳舞了。王思懿一向将舞蹈视为自己的生命，将舞台视为自己唯一的世界，突然遭受到如此打击，她伤心得落下了眼泪。

坚强的王思懿不甘心就这样放弃自己的梦想。伤愈之后，她仍然回到学校，坚持上课习舞。尽管她的舞蹈还是有相当水准，但她越来越明显地感到力不从心，艺术上已无法再有新的突破、新的超越。于是到了三年级时，她怀着极为无奈、极为痛惜的心情，从艺专休学，去寻找属于自己的新的发展空间。

她选择了广告模特儿的工作，幸运的是，她很快成了这一行业的新宠。

不久她又投入影视圈，并逐渐走红。她在《水浒传》中扮演潘金莲令千万大陆观众牢牢地记住了她的名字。她出色的演绎彻底颠覆了“千古淫妇”的形象，反而将一种女性的美及对爱情、自由的追求诠释得淋漓尽致。因而不仅获得圈内行家的佳评，且深受广大观众的喜爱。她从此走上家喻户晓的明星之路。

王思懿的成功，首要的原因就在于她能以坚强的信念支撑自己。尽管遇到了严重的挫折，看似步入绝境，也不放弃希望，而是用积极的心态引导自己开创一片新的未来。

《易经》曰：“天行健，君子以自强不息。”

我们或许比王思懿幸运一些，没有遭受过那么大的打击。但谁又能完全避免挫折和失败呢？每一天，都可能有不如意的事情发生，比如面试没有通过，比如被老板责备，比如受到不公平的待遇……

哭泣是允许的。痛哭一场，洗净你心中的尘埃，然后擦干泪水，你还是你，一个坚强的你。再对自己念一遍那句经典的台词：“明天又是新的一天。”

坚强是一种傲人的勇气。坚强是困境之中一抹浅浅的微笑。坚强是失败后一个坚定的眼神。

女人用坚强守护心灵的沃土，懦弱才不会乘虚而入；女人用坚强交上生命的答卷，灵魂才会在美好的港湾停泊、歇息。

坚强可以让你坦然面对一切突如其来的挫折，将这些挫折转化为动力，从中总结经验教训，最终创造出辉煌的人生。

无法流泪时，就笑出来

姗姗的雷人签名：要么好好活着，要么赶紧去死。

"既然选择了生，那我们就不要抱怨了，无论处在什么境地，都要乐观地活下去。如果不是这样，整天怨天尤人的，那生命有什么意义呢？什么样的好生活不是自己创造的呢？"

听了姗姗的一番言论，媛媛不禁向她挑起了大拇指："好样的姗姗。"

媛媛说："很多时候就是这样，越是成就大的人，越是遭遇过比常人多的苦难呢。我想起来一个那天在杂志上看过的故事。"

18世纪，在法国里昂的一次宴会上，人们就一幅油画是表现古希腊神话还是历史发生了争论。主人眼看争论越来越激烈，就转身找他的一个仆人来解释这幅画。使客人们大为惊讶的是，这个仆人的说明是那样清晰明了，那样深具说服力。争论马上就平息了下来。

"先生，您是从什么学校毕业的？"一位客人很尊敬地问道。

"我在很多学校学习过，先生。"年轻人回答，"但是，我学的时间最长、收益最大的学校是苦难。"

这个年轻人为苦难的课程付出的学费是很有益的。尽管他当时只是一个贫穷低微的仆人，但不久以后他就以其超群的智慧使整个欧洲为之震惊。

他就是那个时代法国最伟大的天才——法国哲学家和作家卢梭。

姗姗听了之后不甘示弱："那天我还读到了一首诗，也是描写苦难的。让我来深情朗诵一遍吧。"

既然是“深情朗诵”，也只好悦耳“冻”听了。
在弱者的眼里，苦难是魔鬼；
在强者的眼里，苦难则是天使。
苦难让我们变得坚强，
苦难让我们始终保持着清醒的头脑，
苦难让我们知道一切都是如此来之不易……
感谢苦难，感谢那曾经带给我们无限苦痛的“命运女神”。

妈妈对我说：

姗姗，在自然界里，有一种蝉要在地下生活整整17年，这些蝉被称为“17年蝉”。17年一到，在极其有限的时间内，幼虫一齐涌出地面，一平方米的土地上同时有几百只幼虫进行着蜕变的过程。然后，爬到树枝上的蝉们，尽情地歌唱着生命的美好。蝉在地下生活长达17年，而在地上只能存活短短的两个星期。

短短的两个星期，就是蝉的一生。而人生也不过是百年，拿这百年与地球四十六亿年的历史相比，人与蝉都处于同样的境地，都不过是转瞬间的、不可预测的生命而已。

也许，正因为如此，生命之火燃烧着的每时每刻才显得十分珍贵。只有开朗而愉快地、乐观而勇敢地生活，才能体现出生命真正的价值。

人生在世，贫穷、疾病、残疾、人际关系恶化、破产等种种困难，不胜枚举。一个人在痛苦中挣扎时，往往缺乏冷静，所以，很容易忽视周围的一切，认为全世界就自己是个倒霉鬼，就自己一个人处于困境之中。

太阳很亮的时候，生命就在阳光下奔跑。当太阳熄灭，还会有那一轮高挂的明月；当月亮熄灭了，还有满天闪烁的星星，如果星星也熄灭了，那就为自己点一盏心灯吧。无论何时，只要心灯不灭，就有成功的希望。美国一种家喻户晓的美食叫“琼斯乳猪香肠”，在它的发明背后有一个催人泪下的与命运做斗争的故事。该食品的发明人琼斯原来在威斯康星州农场工作，他身体强壮，工作认真勤勉。可天有不测风云，在一次意外事故中，琼斯瘫痪了。

但是，琼斯始终没有放弃与命运做斗争。他决定让自己活得乐观、开朗些，做一个有用的人，他不想成为家人的负担。他把自己的想法告诉家人：“我的双手虽然不能工作了，但我要开始用大脑工作，由你们代替我的双手。我们的农场全部改种玉米，用收获的玉米来养猪，然后趁着乳猪肉质鲜嫩时灌成香肠出售，一定会很畅销！”

苍天不负有心人，事情果然不出琼斯所料，等家人按他的计划做好一切后，“琼斯乳猪香肠”一炮走红，成为人人知晓、大受欢迎的美食。

天无绝人之路，生活中总有难题，同时也会给我们解决问题的能力。琼斯能够成功，是因为他坚信人生没有过不去的坎儿，坚信冬天之后有春天。他在困难面前没有低头，没有被挫折吓倒，而是另辟蹊径，终于迎来了属于自己的成功。

生活中不可能总是阳光明媚的艳阳天，狂风暴雨随时都有可能来临。每一个人都要以一种勇敢的人生姿态去迎接命运的挑战，跌倒了再爬起来，坚持下去，就一定能成功。

一个人最大的危险是迷失自己，特别是在苦难接踵而至的时候……命运的天空被涂上一层阴霾的乌云，但坚强者始终高昂着那颗不愿低下的头。因为他心中有盏灯，点亮了所有的黑暗，那盏灯就是坚强者永远都不会放弃的希望。

无论一个人多么不幸，无论生活有多么难，只要心中有希望，就一定能走出阴霾。

坚持就是希望

妈妈送给悦悦一包福瓜种子。

福瓜是一种观赏植物，种出来之后会在藤上长出黄色的小瓜。

“悦悦，你拿去种着玩吧，我看到邻居阿姨家的长出了小瓜，真是很好看呢。”妈妈笑着对悦悦说。

悦悦也很想看看长出来的小瓜会是什么样子，于是欣然跑到楼下的花园里去取了一点土，把种子撒在花盆里，等待着它长出小瓜的那一天。

悦悦每天都坚持给它浇水，隔一段时间给它松松土，又过不多久，就窜出了叶子。

悦悦不间断地观察它，每天都坚持自己照料它，终于过了5周之后，一个像金橘大小的小福瓜就长了出来。

呵呵，悦悦实在是太高兴了，到了学校，把这个好消息告诉了同学。

文文说："你的小福瓜长得可真快。以前妈妈的朋友阿姨家有一盆滴水观音，放在家里两年没有开花，阿姨觉得那盆滴水观音不可能开花了，就送给了我们。没有想到的是，来到我们家一个月之后就开花了。"

"唉！真可惜啊，就是因为不懂得坚持。"悦悦在旁边配合文文说道。

文文继续说："前几天热啊，把我们家院子里的蚂蚁都热死了，结果这几只蚂蚁刚死，就降温下雨了。多可惜啊，就是因为它们不懂得坚持。"

看来，坚持是个放之四海而皆准的硬道理，无论是对人甚至是对动物，都是适用的。

妈妈对我说：

刚刚开始了几天的晨起运动是不是又因为你想睡懒觉而放弃了？没执行多久的学习计划是否也因为你的不能坚持而被迫中断了？也许在日常生活中经常会遇到这种情况，开始时雄心勃勃，最后却是草草收尾。

世上最容易的事是坚持，最难的事也是坚持。能否坚持不懈，是界定一个人成功与失败的分水岭。青少年时期容易产生急躁的情绪，许多事情就会浅尝辄止，只一个小小的放弃的念头，就会让青春与成功失之交臂。

一次，古希腊大哲学家苏格拉底对他的学生们说："今天咱们只学一件最简单也是最容易做的事儿。每人把胳膊尽量往前甩，然后再尽量往后甩。"说着，苏格拉底示范做了一遍："从今天开始，每天做300下。大家能做到吗？"

学生们都笑了。这么简单的事，有什么做不到的？过了一个月，苏格拉底问学生们：“每天甩手300下，哪些同学坚持了？”有90%的同学骄傲地举起了手。

又过了一个月，苏格拉底又问，这回，坚持下来的学生只剩下八成。

一年过后，苏格拉底再一次问大家：“请告诉我，最简单的甩手运动，还有哪几位同学坚持了？”这时，整个教室里只有一人举起了手。

这个学生就是大哲学家柏拉图。

比尔·盖茨认为，巨大的成功靠的不是力量而是韧性。如今社会的竞争常常是持久力的竞争，有恒心、有毅力的人往往能够成为笑到最后、笑得最好的人。对于青少年来讲，恒心和毅力是成功的必要条件，如果半途而废，浅尝辄止，那么梦想永远只能是梦想。

像参加马拉松赛跑，最初参加竞赛的人可以说是成百上千。但是跑出一段路程之后，参赛的人便渐渐少起来。原因是坚持不下去的人，逐渐自我淘汰了，而且越到后面人越少，全程都跑完能够冲刺的人更少，冠军实际上就是在这些坚持到最后的人当中产生的。

马拉松赛跑与其说是赛速度，不如说是比耐力，就是看谁能够坚持到最后。

日本象棋第15代名人大山康晴曾说过：“当你认为已经必死无疑了，却经常有起死回生的情形出现。”因此，一直到最后关头都不要轻言放弃，在黑暗之中力求寻觅一线曙光的机会。他曾说出一段亲身体验：

照相机、闪光灯的闪烁和声响，使已经明白战败的我，重燃起一股奋战到底的勇气，究竟为什么我已不曾记得了。我咬紧嘴唇，心想或许还有一线生机。时间最后只剩下一个多小时，在专家看来胜负已成定局，休息室的观众大多也判定“大山败北”，只有我还在埋头苦干。我此时反以旁观者的身份来看自己是否能战胜自己……我可以感觉到旁观者都认为我输定了。

观战者都在谈论着：“大山这家伙怎么还不投降！”但是我的敌人是自己，高岛八段一轮猛烈无比的进攻我都咬紧牙关硬撑了下来，时间一分一秒地流逝，高岛八段的一连串攻击似乎未见成效，而在强烈的攻击中也忽略了许多不起眼的要点，最后在疲劳的拖累下，他开始显得焦躁不安。

反正我是输定了，我想。在长时间的焦躁情绪中，高岛终于犯下大错。在残余的时间内两人成了平分秋色的局面。最后，高岛终于弃子认输了。

本来是一面倒的局势，却因为采取哀兵之姿，最后关头终于反败为胜。当时与其说是因赢得胜利而高兴，倒不如说是因为战胜自己而雀跃不已。

从上面这些例子可以知道，当事情愈来愈难做时，当失败如排山倒海般压过来时，大多数人会选择离开，只有意志坚强的人才能够坚持到底。而最后的胜利，也往往属于这些坚持到底的人。所以，悦悦，当你快要坚持不住的时候，你知道应该怎样做了吗?

不展翅就永远失去了飞翔的可能

今年的暑假小枫想组团来一次“冒险”的活动：去很远的地方旅行。不知道妈妈是否能够放心呢。

回到家，小枫就和妈妈商量这件事情：“妈妈，暑假的时候，我想和几个同学一起出去旅行半个月，您能 放心吗？”

“小枫，你们要去哪里啊？妈妈真有点不放心啊！”妈妈听了小枫的话，感到很吃惊。

“其实没有什么，就是大家在一起玩玩啊。”小枫真怕妈妈不答应她，“没问题的，又不是只有我一个人。”

“那好，小枫。其实大家一起出去，独立生活一下，锻炼锻炼也好，这也是你们成长的一个很好的机会。不过，妈妈希望你们不要离家太远了，好吗？”

“嗯，我们一定找一个既安全又好玩的地方。”小枫信誓旦旦地向妈妈保证，“我到了那里之后帮你买纪念品吧。”

“好啊。”妈妈笑着答应了小枫。

妈妈对我说：

小枫，听说你们要出去独自旅行，刚开始我很不放心，后来我想，有一个独自在外闯荡的机会也不是坏事，这样你也可以接触到更广阔的视野，还可以锻炼自己的胆量。

打个比方：一只鸟儿，倘若不展翅，就永远失去了飞翔的可能。曾经有一个小男孩将一只鹰蛋带回他父亲的养鸡场，他把鹰蛋和鸡蛋混在一起让母鸡孵化。于是一群小鸡里出现了一只小鹰。

小鹰与小鸡一样过着平静快乐的生活，它根本不知道自己与小鸡有什么不同。慢慢地，小鹰愈长愈大。

一天，它看见一只老鹰在养鸡场上空自由展翅翱翔，小鹰十分羡慕，它多想像老鹰一样飞上天空，去感受一下高处俯瞰的美妙，但是小鹰又觉得害怕："可是我从来没有张开过翅膀，没有飞行的经验，如果从半空中坠下岂不粉身碎骨吗？"

经过一阵紧张激烈的内心斗争，小鹰终于决定甘冒粉身碎骨的风险，也要展翅高飞一下。随着两翼涌动出的一股奇妙的力量，小鹰成功了，它飞上了高高的蓝天，小鹰惊喜地发现：世界是如此的广阔和美妙！

很多人都希望成功，但在千千万万人当中，只有少数的人才能取得成功，原因何在？其实很多人都并非能力的问题，他们完全可以像鹰一样翱翔蓝天，而他们却因为缺乏冒险的勇气和精神，于是缩手缩脚、患得患失。最后，就只能像小鸡一样默默无闻，一辈子蜷缩在农场的那一小片天空。

人生本身就是一场冒险。如果你贪图安逸，希望过着宁静的生活，这固然没有错，但却也因此会与成功失之交臂。因为只想维持现状便意味着原地踏步，不求进步，这时如何奢望成功的到来呢？

很多时候，成功的机会往往与风险并存，要想抓住成功的机会，就得学会冒险，否则，就会丧失许多可能是人生重大转折的机会，从而使自己的一生平淡无奇，毫无建树。当然，敢于冒险的人并不一定个个成功，但成功者当中，很多是因为他们敢于冒险。

有一次，摩根旅行来到新奥尔良，在人声嘈杂的码头，突然有一个陌生人从后面拍了一下他的肩膀，问："先生，想买咖啡吗？"

陌生人自我介绍说，他是一艘咖啡货船的船长，前不久从巴西运回了一船咖啡，准备交给美国的买主。谁知美国的买主却破了产，不得已，只好自己推销。他看出摩根穿戴考究，一副有钱人的派头，于是决定和他谈这笔生意。为了早日脱手，这位船长说，他愿意以半价出售这批咖啡。

摩根看了货。经过仔细考虑，他决定买下这批咖啡。当他带着咖啡样品到新奥尔良的客户那里进行推销的时候，大家都劝他要谨慎行事，因为价格虽说低得令人心动，但船里的咖啡是否与样品一致却还很难说。但摩根觉得，这位船长是个可信的人，他相信自己的判断力，愿意为此而冒一回险，便毅然将咖啡全部买下。

事实证明，他的判断是正确的，船里装的全都是好咖啡。摩根成功了。

就在摩根买下这批货不久，巴西遭受寒流袭击，咖啡因减产而价格猛涨了 2 ～ 3 倍。摩根因此而大赚了一笔。

同样的情况下，相同的机遇，只有敢于冒险的人才善于把握，最后获得成功。很多人在机遇面前过于谨慎，虽然小心谨慎并没有什么不好，但过于谨慎往往让你很容易错失机遇，这就像一个笑话里所说的：有天晚上，机会来敲某人的门，当这个人赶忙关上报警器，打开保险锁，拉开防盗门时，它已经走了。

如果不展翅，你将永远失去了飞翔的可能，所以，为了一览无余，不妨多一点冒险精神！

走出局限的视野，能力才能无限

一天晚饭过后，妈妈和任梦在小区的花园里散步，她们一路边走边聊。任梦和妈妈说："我一定要好好学习，将来考上好大学。"

任梦这一番话让妈妈感到诧异："奇怪，梦梦这是怎么了？以前很少听到你要主动好好学习啊。其实，妈妈并不是要求你一定要上大学，只要你能够认真学习，掌握一定的知识和能力，将来能在社会上立足就行了。"

任梦说："大学生活多好啊！上了大学之后，没有老师和家长的管束，也没有那么多的作业。每天都可以过无忧无虑的生活。"

妈妈很好奇地问她："梦梦，这些是谁和你说的呢？"

"是表姐啊。"她告诉妈妈，"她说她有三天都没去上课，和同学出去旅游了。老师居然没有请她的家长，真是太自在了。"

妈妈听了任梦的话，很郑重地跟她说："梦梦这就是你想去上大学的理由吗？如果你很想去玩的话，妈妈可以给你请假，带你出去玩。不是所有的大学生都像你的表姐那样优哉游哉地混日子。她现在还没有找到自己的目标和方向，其实那种空虚无聊的生活过长了是很痛苦的。"

任梦疑惑地问妈妈："是真的吗？她是那样的悠闲，没有做不完的作业，也没有人规定她每天必须做什么，她有什么可痛苦的呢？"

妈妈看任梦很疑惑的样子，微笑着向她解释道："那是当然了，一个人整天都无所事事，靠打发时间过日子，不知道自己想要干什么，也不知道自己能干什么，那活着还有什么意思呢？他们整天只会空想，而不去积极地实践，天天都无精打采的，时间久了就会失去喜悦和快乐的感受，你说这样的人活着会快乐吗？"

任梦明白了妈妈的话的意思：作为一个人，眼光一定放得长远，生命才更加有意义。

妈妈对我说：

生活中，遭遇失败，人们最常做的就是自我否定：是我能力太差了！或者就是抱怨自己命运坎坷。面对失败，人们很容易忘记：人生并非为失败而来，而是为成功而来。

不幸的是，不少人已经沉浸在这种消极的思想中：我就是不行，只能一事无成。因此丧失了活力，在生活中漫无目的地游荡，没有了目标，没有了意义。

如果你无法跨越自己视野的界限，就像推着小推车收瓶子、捡破烂的人，一旦认为自己只能干这个，那他就会一辈子推着晃晃悠悠的小车子走街串巷收破烂。

其实，每个人都是自己心中的“No.1”，每个人的能力都是无限的，只有跨越视野的界限，他才能够最大限度地运用自己的能力。

有个人曾给自己十分景仰的人写了一封信，赞美伟人的卓越成就。他收到的回信说：“不，我的朋友，你错了，我只不过是个普通人，没有过人的特殊能力。在大多数事情上，我仅仅略高于一般水平，有些方面我还不如一般人。这当然是受我的身体情况限制：我没法跑，只能走，我也肯定不擅长游泳。要说有什么还可以的话，那就是我骑马的技术还不错，但也不是什么了不起的骑手。我的枪也打得不怎么好，原因是视力太差，必须离猎物很近才能瞄准目标。所以你看，从身体条件来说，我只不过是普通人。从文字水平来说，我也没有优秀的写作能力。我这辈子写的东西倒不少，可我总是像奴隶一样苦干，才能写出点东西来。”

这个人就是西奥多·罗斯福。按照他对自己的评价：他很普通，他也没有任何杰出的才能，但是他如何以有限的能力去做出有口皆碑的伟业呢？

首先，我们要盘算一下自己所有的能力，通过盘点，我们也许会发现自己有哪项才能，有哪些发展的潜力，从而确保获得令人满意的成功。然后在此过程中问问自己：我的能力是否可行。

海军上将理查德·贝理德曾是北极探险队的一员，他深深爱上了北极，对每次的远征都念念不忘，时常回忆自己的探险经历。他想把毕生献给北极探险，可是因为这种探险的次数少之又少，他的雄心抱负看来不切实际。贝理德无法实现自己的渴望，于是变得郁郁寡欢，十分不满，牢骚满腹。坦白地说，他把自己变成了人人讨厌的人。那么除了北极探险，就不能想想自己的社区？还有，邻居有没有什么需要，要不要什么帮助？能不能把那些不谙世事、躁动活跃的少年组织起来，建立少年俱乐部，避免他们乱闯惹祸？或许还可以发挥自己的才能，带领童子军行军？他肯定会给这些正在成长的孩子点燃羡慕的火焰，让他们学会在极地探险克服困难的素质——勇敢、合作、无私、正直。

如果我们自己也渴望充分利用自己的能力，那也有必要用考试来检验一下。我们的抱负实际吗？是在实践可能性的范围之内吗？如果不是的话，我们应该明智地将热情导入其他的渠道，去探寻为我们敞开的其他机会。一开始，也许你会发现有重重路障，但它们慢慢会变成指引我们的一道道路标。

其次是约束我们的能力，使之得以最大限度地利用。成功需要远见和勤奋，需要思考和关注。细致的准备是我们发挥能力不可或缺的过程。世界上尚未发现的最伟大的资源就蕴藏在我们每个人的体内。发挥自己的能力是我们的责任。

有人竞赛获得了大奖，有人顺利地考入满意的学习，还有的人得到了公费出国的机会。嫉妒的人会说："这家伙，真走运，他总是那么顺利，命运怎么就那么青睐他呢？"

可是，现实生活中的幸运、机遇、突破和成功几乎没什么关系。所谓的"幸运"，通常在"有所准备"碰上"机遇"的那一刻才会出现。即使曾有一段时间，被机遇"拉"着走的人会占一会儿上风，但最终还是"推"着机遇走的人会代替被机遇"拉"着走的人。真正的成功其实有赖于我们的实实在在的努力。

居里夫人的女儿为母亲写了一部传记，描述了居里夫人在发现镭的漫长征途中执着不懈的拼搏。居里夫人和丈夫都对镭的存在确信不疑。于是，他们在简陋的试验室里开始了漫长而艰苦的奋斗。那是一段充满困惑和失落的日子，所做的一切都是为了提炼出镭。两个人以惊人的耐心，面对成吨成吨的沥青混合物残渣，把它们分成一公斤一公斤的样本。在经历了无数次的失败、沮丧甚至是绝望之后，他们终于发现了镭。

生活中很多人往往没有一个使命和目标，他们随意漂流，浪费了能力，拒绝了成就和自我的实现，于是也就失去了与自我实现相关联系的满意和喜悦。

这些人之所以没能发挥出他们的能力，就是因为他们无法超越自身视野的障碍，总认为自己能力差，所以也就一事无成。

妈妈送给青春期女儿的书